完譯詳註 漢典大系 4

晏子春秋

林東錫 譯註

東文選

【譯註者의 말】

    세상을 살면서 제이인자의 아름다움을 마음껏 엿볼 수 있는 것이 바로 이 《晏子春秋》이다. 세상에서는 누구나 제일인자가 되고자 한다. 그러나 이 인자의 가치가 발휘될 수 있고, 그 존재가치가 인정되는 세상이야말로 살 맛나는 인간 세상임을 이 《晏子春秋》의 내용이 우리에게 시사하고 있다.

    晏子는 〈세 임금을 섬기되 세 가지 마음이 아닌 한마음으로 모신 인물〉이라고 흔히 한 마디로 규정한다. 그러나 내용을 읽어보면 그보다는 제이인자로되, 도리어 세상의 제일인자가 덕과 지혜를 가질 수 있도록 하는 임무를 삼는 것이 얼마나 아름다운 것인가를 우리에게 일러 주고 있다고 말할 수 있다.

    세상의 모든 것은 어느 좌표에 있건 그 존재와 있음의 당위성이 있다. 그러한 당위성을 인정하고 들어가 보면 천하는 아름다움으로 가득 차 있고, 또한 내가 할 일, 내가 하는 일, 우리가 추구해야 하는 일 들이 시간이 모자랄 정도로 널려 있다. 그것도 아름다운 광채를 띠며 우리를 기다리고 있다. 인간이 진실된 마음으로 하는 일에 그 어느것 하나 하찮은 일이 있겠는가.

    딱딱하려니 하는 선입견의 고전, 그것도 문학작품도 아닌 옛날 한 인간의 고사를 두고 감성적이거나 직관적인 어휘들로 표현하는 것이 격에 맞지 않을지 모르나 실제로 晏子의 행동이나 일처리하는 모습과 발상, 그 밑바닥에 깔린 순수한 본질을 만나보면서 그렇게 느끼지 않는다면 오히려 이상한 것이 아닌가 한다.

    더구나 司馬遷조차도 《史記》晏子列傳의 贊에서 『가령 晏子가 지금 다시 있다면, 내 비록 그를 위해 마부가 된다 해도 기쁨과 흠모로 모시리라 假令晏子而在, 余雖爲之執鞭, 所忻慕焉』고 극찬을 아끼지 않았다.

    세상에 촌철살인의 해학들이 아무리 많다 해도, 晏子의 기발한 대치나

번뜩이는 재치는 차라리 고전이라기보다 미래형의 〈인간적 난제 해결의 典
本〉이라고 할 만하다. 이유는 그 바탕이 선하고 긍정적이며 인간적이고 나
아가 주객 누구도 상처받지 아니하며, 어느 상대이건 인정하며, 시공을 넘
어 그 누구라도 수긍하며, 결과는 둘 다 승리하도록 결말이 나는 기지와
해학 이외의 것은 한 가지도 없기 때문이다.

그리고 그 주제는 바로 내가 져주고, 밑지고, 손해 보고, 양보하고, 검소
히 하며, 욕심을 줄이고, 자랑하지 아니하며, 공을 남에게 돌릴 줄 알며, 나
의 우월감을 내세워 남을 설득시키려 들지 않으며, 정직과 진실이 가장 확
실한 무기이며, 가장 낮은 곳이 가장 높은 곳이라는 이를테면 얼마만큼 비
우면 더 행복할까 하는 욕심의 逆指向에 있으니, 이는 바로 내면의 욕심이
며 아름다움의 역산이다.

儒家의 고전들 중에 형이상학적 관념세계에 대한 무거운 질감의 언어투
성이로 이루어진 것이 經이라면, 이 《晏子春秋》의 내용은 한 편의 간결한
드라마같이 줄거리가 있고 교훈이 있으며 쓴웃음 끝에 감동의 무게가 실린
그러한 것들로 당장 내 스스로 景行할 만한, 몸 가까이 벌어지는 사건들에
대한 맑고 밝은 해결방법이 제시되어 있다. 그 때문에 晏子의 사상에 대한
주제 분류에서 질서유지와 經을 근간으로 하는 儒家에 넣기도 하고, 검약
과 박애를 근본으로 하는 墨家의 반열에 넣기도 하여, 결국 儒墨兼通의 독
특한 윤리세계를 이루고 있는 것이다.

그러나 실제로 어디에 속하건 그것은 중요하지 않다. 도리어 인간 본연
의 한 단계 높은 至善과 아름다움을 궁행한 모습을 발견하면 그것으로 족
할 것이다.

지난해 겨울 山東 지역만을 주제로 여행할 기회가 있어 淄博市 臨淄를
답사하게 되었다. 이 臨淄라는 곳은 바로 고대 晏子가 활동한 곳이며, 春秋
戰國을 통틀어 齊나라 수도 그곳이다. 周初 姜太公이 이곳을 봉지로 받아
기원전 11세기부터 기원전 221년까지 무려 1천 년 동안의 그 강성했던 제
후국의 문화를 간직한 고도의 자리로, 다시 지금까지 2천 년을 지켜온 지
역이다. 春秋五霸의 齊 桓公과 그를 통해 『九合諸侯, 一匡天下』한 재상 管
仲과, 그외에도 司馬穰苴・孫武・孫臏・淳于髡・田單・孟嘗君이 활동했던

곳이며, 孔子와 孟子가 달려와 웅변을 토하고, 蘇秦을 비롯한 수많은 책사들이 찾아와 꿈을 키우며 명멸했던 곳이다. 戰國時代에는 일시에 70만의 장정을 징집할 수 있었다고 하였으며, 晏子의 말을 빌자면 『거리에 사람들이 얼마나 많은지 그들이 소매를 들면 휘장을 두른 것처럼 캄캄하고, 그들이 일시에 이마의 땀을 손으로 흩뿌리면 비가 오는 것 같다 張袂成陰, 揮汗成雨』(卷六 內篇 雜下)라고 한 곳이다.

벌써 아득히 지난 과거사를 그대로 보기는 어렵지만, 그곳엔 齊國祕事宮이라 하여 齊國 臨淄城의 일부를 복원하여 박물관으로 쓰고 있었다. 그 속에서 밀랍 모형으로 晏子와 景公의 숱한 고사를 재현하여 놓은 것을 보고, 상상 속의 2500년 전의 세계로의 시간 여행에 흠뻑 젖을 수 있었다. 그리고 더욱 놀라운 것은 제국고성의 동북쪽에 있는 殉馬坑(1982년 발견)의 모습이었다. 남북 26미터, 동서 23미터에 말을 묻은 뼈가 가지런히 놓여 있는 그대로였다. 지금은 1백6필만 발굴하였지만, 이를 근거로 추산하면 약 6백필 이상이 묻힌 상태라는 것이었다. 이는 바로 晏子가 모셨던 景公(기원전 547-490년)이 58년간 재위에 있으면서 얼마나 말을 좋아했던지, 『好治宮室, 聚狗馬, 有馬千駟』를 근거로 바로 이 景公 때 벌어진 奇事가 아닌가 고증하고 있다.

그외에 桓公臺와 『孔子가 齊나라에 가서 韶라는 음악을 듣고 석 달을 고기맛을 잊었다 子在齊聞韶, 三月不知肉味』(《論語》 術而)는 孔子聞韶處며, 管仲墓와 바로 이 《晏子春秋》의 주인공인 晏子의 무덤인 晏嬰墓는 풀과 나무가 무성한 그대로였다. 또한 《晏子春秋》 內篇 諫下(049)의 내용 그대로인 三士塚, 그리고 그뒤로 아물거리는 그리 높지 않은 牛山·稷山·愚公山이며 古書에 인용되어 대단한 물인 줄로 여겼던 淄水 등, 옛 기록에서 상상 속의 어느 다른 세계의 지명인 양 알았던 곳들이 사실대로 눈앞에 펼쳐져 나타났다. 참으로 묘한 감회 속에 발길이 떨어지지 않았다.

却說하고, 나는 이 《晏子春秋》를 譯註하면서 내 자신 속에 꽉찬 욕심의 쓰레기를 덜어내기 위한 약으로 써보아야겠다는 감흥을 느끼곤 하였다. 채움이라는 것이 거북한 것이요 위선을 낳는 독약이라면, 비움은 청정한 것이요 원하지 않아도 선해지는 묘약이 아닌가 한다. 또 나아가 인간관계에서의 문제 해결에 기지와 해학을 밑바탕에 깔고 임해 보면, 천하의 그 어떤 난제도 풀어낼 수 있고, 상대를 敗者로 만들지 않으면서도 서로가 승리할 수 있다는 사실을 터득하게 되었다. 참으로 신기한 법칙이다. 이에 소박하게도 이 시대에 있어서 몸은 이인자로되 덕은 일인자인 晏子 같은 푸근한 인물들이 있어 동시대를 나와 함께 살아가고 있는 이웃이고, 그들이 이 나라의 지도자 중의 하나였으면 하는 바람을 가져 본다. 참으로 훌륭한 해법들을 이 책에서 구할 수 있을 텐데 하는 아쉬움이 앞선다.

끝으로 이 책의 교정과 對校·출간과정에서 작업의 고통은 물론 옛사람을 눈에 보는 듯 만난 교훈의 기쁨을 함께 맛보았다고 막 긴장을 풀며 얘기하는 東文選 韓仁淑 편집장에게 소리 없는 박수를 보내며, 함께 마음 고생을 한 辛成大 사장과 편집부 여러분에게 감사의 말을 적는다.

1997년 6월 茁浦 林東錫이 負郭齋에서.

【일러두기】

1) 이 책은 張純一 校注本 《晏子春秋》(〈新編諸子集成〉 六, 世界書局 1978, 新三版)를 대본으로 完譯詳註한 것이다.

2) 譯註를 위해 1926년의 〈商務印書館本〉을 근거로 上海書店에서 1989년 영인 출판된 〈四部叢刊本〉 初編(47)을 일일이 대조하였다.

3) 〈文淵閣本 四庫全書〉의 《晏子春秋》는 脫刊, 漏落, 錯刊이 심하여 부분적으로 참고하였다.

4) 孫星衍·黃以周 校正의 《晏子春秋》(上海古籍出版社, 1989, 印本)도 세밀히 참고하였다.

5) 현대의 백화어 역주본 중에 《晏子春秋今註今譯》(王更生, 臺灣商務印書館, 1987)과 《晏子春秋全譯》(李萬壽, 貴州人民出版社, 1993)은 서로 대조하여 참고하되, 서로 상이한 것은 〈張氏本〉과 〈四部本〉을 확인하여 수정한 것도 있다.

6) 역주 체제는 먼저 전체 일련번호(001-215)와 각 편장번호를 괄호 속에 넣어 찾아보기 쉽게 하였다.

7) 각 장의 제목은 원문을 원래대로 살려 번역한 다음, 이를 앞으로 모아 그 제목을 통해 내용을 알 수 있도록 하였다.

8) 각 장의 주석 다음에 관련자료가 있을 경우 같은 《晏子春秋》 내의 연관 부분은 고유의 편장번호와 이를 밝히고, 다시 다른 典籍의 관련자료는 이를 최대한 수집, 일일이 제시하여 주석에서의 번거로움을 해결하였을 뿐만 아니라 각 기록의 중복과 연관성을 연구하고 활용하기에 편리하도록 하였다.

9) 해석은 逐字逐句式의 직역을 위주로 하되 문장 의미의 순통함을 위해 의역으로 이루어진 부분도 있다.

10) 《晏子春秋》 전체에 대한 해제와 관련 참고자료는 모두 뒤로 실어 이

방면의 학문적인 연구에 도움이 되도록 하였다.

11) 번역의 오류, 오자, 탈자 등의 漏疎함이나 원만치 못한 부분, 또는 관련자료에서 누락된 것 등은 계속 수정·보충해 나갈 것이다. 이에 연구자 여러분들의 지적과 질정이 있기를 바라며, 아울러 많은 조언이 있기를 충심으로 기원한다.

【晏子春秋 目錄】

卷一　內篇 諫上

001 [1-1] 莊公矜勇力, 不顧行義, 晏子諫. 3
장공이 용력을 자랑하며 의를 행하려 들지 않자 안자가 간하다.

002 [1-2] 景公飮酒酣, 願諸大夫無爲禮, 晏子諫. 5
경공이 술에 취하여 여러 대부들에게 예를 차리지 말기를 청하
자 안자가 간하다.

003 [1-3] 景公飮酒酲, 三日而後發, 晏子諫. 8
경공이 술에 취하여 사흘이 지나서야 깨어나자 안자가 간하다.

004 [1-4] 景公飮酒七日, 不納弦章之言, 晏子諫. 9
경공이 이레 동안 술만 마시면서 현장의 말을 듣지 아니하자 안
자가 간하다.

005 [1-5] 景公飮酒, 不卹天災, 致能歌者, 晏子諫. 10
경공이 술만 마시면서 천재는 구휼하지 아니하고 노래 잘하는
이들을 불러들이자 안자가 간하다.

006 [1-6] 景公夜聽新樂而不朝, 晏子諫. 13
경공이 밤에 새로운 음악을 듣느라 아침 조회를 열지 못하자 안
자가 간하다.

007 [1-7] 景公燕, 賞無功而罪有司, 晏子諫. 15
경공이 잔치를 열어 공 없는 자에게는 상을 내리고, 유사에게는
죄를 내리자 안자가 간하다.

008 [1-8] 景公信用讒佞, 賞罰失中, 晏子諫. 17
경공이 참녕의 말을 믿고 상벌의 공평을 잃자 안자가 간하다.

009 [1-9] 景公愛嬖妾, 隨其所欲, 晏子諫. 18
경공이 폐첩을 사랑하여 그 요구를 들어 주자 안자가 간하다.

010 [1-10] 景公敕五子之傅, 而失言, 晏子諫. 22

경공이 다섯 아들의 스승에게 칙령을 내리며 실언을 하자 안자
가 간하다.

011 [1-11] 景公欲廢適子陽生, 而立荼, 晏子諫. ················· 23
경공이 적자인 양생을 폐하고 도를 태자로 세우려 하자 안자가
간하다.

012 [1-12] 景公病久不愈, 欲誅祝史以謝, 晏子諫. ············· 25
경공이 경공의 병이 오랫동안 낫지 않자, 축타와 사고를 죽여
빌고자 하므로 안자가 간하다.

013 [1-13] 景公怒封人之祝不遜, 晏子諫. ····················· 28
경공이 경공이 봉인의 축하가 불손하다고 화를 내자 안자가 간
하다.

014 [1-14] 景公欲使楚巫致五帝以明德, 晏子諫. ··············· 30
경공이 초나라 무당으로 하여금 오제를 모시게 하여 자신의 덕
을 밝히겠다고 하자 안자가 간하다.

015 [1-15] 景公欲祠靈山河伯以禱雨, 晏子諫. ················· 33
경공이 영산·하백에게 제사지내며 비를 내려 달라고 빌려 하
자 안자가 간하다.

016 [1-16] 景公貪長有國之樂, 晏子諫. ······················· 35
경공이 나라 다스리는 즐거움을 오래도록 누리고 싶어 탐을 내
자 안자가 간하다.

017 [1-17] 景公登牛山, 悲去國而死, 晏子諫. ················· 38
경공이 우산에 올라 나라를 두고 죽을 이후의 일을 슬퍼하자
안자가 간하다.

018 [1-18] 景公遊公阜, 一日有三過言, 晏子諫. ··············· 40
경공이 공부에서 노닐며 하루에 세 번이나 실언을 하자 안자가
간하다.

019 [1-19] 景公遊寒途, 不恤死胔, 晏子諫. ··················· 43
경공이 추운 겨울날 순유하다가, 길에서 썩은 시신을 보고도 불
쌍히 여기지 않자 안자가 간하다.

020 [1-20] 景公衣狐白裘, 不知天寒, 晏子諫. ················· 44
경공이 호백구를 입어 날씨가 추운 줄을 모르자 안자가 간하다.

021 [1-21] 景公異熒惑守虛而不去, 晏子諫. ··················· 46

형혹이 허에 머물러 있는 것을 경공이 괴이히 여기자 안자가 간
하다.

022 [1-22] 景公將伐宋, 夢二丈夫立而怒, 晏子諫. ─────── 48
경공이 송나라를 치려 할 때, 꿈속에 두 장부가 나타나 노한 모
습으로 서 있었다 하자 안자가 간하다.

023 [1-23] 景公從畋十八日, 不返國, 晏子諫. ─────── 51
경공이 사냥에 빠져 열여드레가 되도록 돌아오지 않자 안자가
간하다.

024 [1-24] 景公欲誅駭鳥野人, 晏子諫. ─────── 53
경공이 자기가 잡으려던 새를 놀라게 하여 날려 버린 촌사람을
죽이려 하자 안자가 간하다.

025 [1-25] 景公所愛馬死, 欲誅圉人, 晏子諫. ─────── 54
경공이 아끼던 말이 죽자, 그 말을 돌보던 자를 죽이려 하매 안자
가 간하다.

卷二　內篇 諫下

026 [2-1] 景公藉重而獄多, 欲託晏子, 晏子諫. ─────── 59
경공이 세금을 과중하게 부과하여 옥사가 많아지자, 이를 안자
에게 맡기려 하여 안자가 간하다.

027 [2-2] 景公欲殺犯所愛之槐者, 晏子諫. ─────── 61
경공이 아끼던 괴나무를 해친 자를 죽이려 하자 안자가 간하다.

028 [2-3] 景公逐得斬竹者囚之, 晏子諫. ─────── 66
경공이 대나무를 베어가는 자를 뒤쫓아가 잡아 가두자 안자가
간하다.

029 [2-4] 景公以摶治之兵, 未成功, 將殺之, 晏子諫. ─────── 67
경공이 벽돌을 만드는 병사들이 제대로 성과를 거두지 못한다
고 여겨 장차 이를 죽이려 하자 안자가 간하다.

030 [2-5] 景公冬起大臺之役, 晏子諫. ─────── 68
경공이 한겨울에 큰 누대를 짓는 공사를 벌이자 안자가 간하다.

031 [2-6] 景公爲長庲欲美之, 晏子諫. ─────── 70

경공이 장래라는 누대를 지어 아름답게 꾸미고자 하매 안자가
간하다.

032 [2-7] 景公爲鄒人之長塗, 晏子諫. ──────────────────── 71
경공이 추 땅까지 이르는 긴 도로를 만들겠다고 하자 안자가 간
하다.

033 [2-8] 景公春夏遊獵興役, 晏子諫. ──────────────────── 72
경공이 봄여름으로 사냥을 다니면서 역사까지 일으키자 안자가
간하다.

034 [2-9] 景公獵休坐地, 晏子席而諫. ──────────────────── 74
경공이 사냥을 나가 맨땅에 앉아 쉬자, 안자가 자리에 앉아 간
하다.

035 [2-10] 景公獵逢蛇虎, 以爲不祥, 晏子諫. ─────────────── 75
경공이 사냥중에 뱀과 호랑이를 만나자, 이를 상서롭지 못한 징
조로 여기매 안자가 간하다.

036 [2-11] 景公爲臺成, 又欲爲鐘, 晏子諫. ────────────────── 76
경공이 누대를 완성하고, 다시 종을 주조하려 하자 안자가 간하다.

037 [2-12] 景公爲泰呂成, 將以燕饗, 晏子諫. ─────────────── 77
경공이 태려라는 종이 완성되어 주연을 베푸려 하자 안자가 간
하다.

038 [2-13] 景公爲履而飾以金玉, 晏子諫. ───────────────── 77
경공이 신을 금옥으로 장식하려 하자 안자가 간하다.

039 [2-14] 景公欲以聖王之居服, 而致諸侯, 晏子諫. ──────── 79
경공이 성왕의 거복으로 제후를 부르려 하자 안자가 간하다.

040 [2-15] 景公自矜冠裳遊處之貴, 晏子諫. ────────────── 82
경공이 그 옷차림과 놀이터의 훌륭함을 자랑으로 여기자 안자
가 간하다.

041 [2-16] 景公巨冠長衣以聽朝, 晏子諫. ───────────────── 83
경공이 큰 관에 긴 옷을 입고 청조하자 안자가 간하다.

042 [2-17] 景公朝居嚴, 下不言, 晏子諫. ───────────────── 84
경공이 조정의 분위기를 엄히 하여 아랫사람이 말을 하지 않게
되자 안자가 간하다.

043 [2-18] 景公登路寢臺, 不終不說, 晏子諫. ───────────── 86

경공이 노침의 누대에 오르다 끝까지 오르지 못하여 화를 내자
안자가 간하다.

044 [2-19] 景公登路寢臺, 望國而歎, 晏子諫. ⸻ 87
경공이 노침의 누대에 올라 나라를 조망하며 탄식하자 안자가
간하다.

045 [2-20] 景公路寢臺成, 逢于何願合葬, 晏子諫而許. ⸻ 90
경공이 노침의 누대를 완성하였을 때, 봉우하가 합장을 원하므
로 안자가 간하여 허락토록 하다.

046 [2-21] 景公嬖妾死, 守之三日, 而不斂, 晏子諫. ⸻ 93
경공이 아끼던 폐첩이 죽자 사흘을 지키며 염을 하지 않으므로
안자가 간하다.

047 [2-22] 景公欲厚葬梁丘據, 晏子諫. ⸻ 96
경공이 양구거의 장례를 후히 치르려 하자 안자가 간하다.

048 [2-23] 景公欲以人禮葬走狗, 晏子諫. ⸻ 98
경공이 주구를 사람의 장례처럼 예식을 갖추어 치르려 하자 안
자가 간하다.

049 [2-24] 景公養勇士三人, 無君臣之義, 晏子諫. ⸻ 99
경공이 세 명의 용사를 육성하고 있었는데, 이들이 군신간의 의
도 없이 굴자 안자가 간하다.

050 [2-25] 景公登射, 思得勇力士與之圖國, 晏子諫. ⸻ 102
경공이 활쏘기를 통하여 용력 있는 선비를 얻어서 함께 나라
를 도모할 생각을 하자 안자가 간하다.

卷三　內篇 問上

051 [3-1] 莊公問威當世服天下時耶, 晏子對以行也. ⸻ 107
장공이 세상을 그 위세로 감당하여 천하를 복종시키는 것이 시
운인가고 묻자, 안자가 행동이라고 답하다.

052 [3-2] 莊公問伐晉, 晏子對以不可, 若不濟, 國之福. ⸻ 108
장공이 진나라 칠 일을 묻자, 안자가 불가하다고 하면서 만약 성
공하지 못하면 그것이 오히려 나라의 복이 될 것이라고 답하다.

053 [3-3] 景公問伐魯, 晏子對, 以不若脩政以待其亂. ──────── 109
경공이 노나라 칠 일을 묻자, 안자가 먼저 정치를 잘 닦아 그
나라에 난이 일어날 때를 기다림만 못하다고 답하다.

054 [3-4] 景公伐斄, 勝之, 問所當賞, 晏子對以謀勝祿臣. ──────── 111
경공이 태 땅을 쳐서 이긴 후 상을 내릴 것에 대하여 묻자, 안
자가 신하의 모책으로 이겼으면 상을 내리라고 답하다.

055 [3-5] 景公問聖王之行若何, 晏子對以衰世而諷. ──────── 112
경공이 성왕들은 그 행동이 어떠하느냐고 묻자, 안자가 쇠미한
말세를 들어 풍자로서 답하다.

056 [3-6] 景公問欲善齊國之政, 以干霸王, 晏子對以官未具. ──────── 114
경공이 제나라를 잘 다스려, 이로써 패왕의 업을 이루고 싶다
하자 안자가 관직이 아직 갖추어지지 않았다고 답하다.

057 [3-7] 景公問欲如桓公用管仲以成霸業, 晏子對以不能. ──────── 117
환공이 관중을 등용하여 패업을 이룬 것처럼 경공도 그렇게 하
겠다 하자, 안자가 불가능하다고 답하다.

058 [3-8] 景公問莒魯孰先亡, 晏子對以魯後莒先. ──────── 119
경공이 거와 노 두 나라 중 어느 나라가 먼저 망하겠느냐고 묻
자, 안자가 노나라보다 거나라가 먼저 망할 것이라고 답하다.

059 [3-9] 景公問治國何患, 晏子對以社鼠猛狗. ──────── 122
경공이 나라를 다스림에 있어서 가장 큰 근심거리는 무엇인가
고 묻자, 안자가 사서와 맹구라고 답하다.

060 [3-10] 景公問欲令祝史求福, 晏子對以當辭罪而無求. ──────── 125
경공이 축사를 시켜 복을 구하겠노라고 하자, 안자가 사죄만 하
고 구하지는 말라고 답하다.

061 [3-11] 景公問古之盛君, 其行何如晏子對以問道者更正. ──────── 126
경공이 옛 성군의 행동은 어떠하였느냐고 묻자, 안자가 도를 묻
는 자는 바른 길로 고쳐 나간다고 답하다.

062 [3-12] 景公問謀必得, 事必成, 何術晏子對以度義因民. ──────── 128
경공이 도모한 것은 반드시 얻고, 일을 벌이면 틀림없이 성공하
는 것, 여기에 어떤 기술이 있어야 하는가고 묻자, 안자가 의를
기준으로 삼고 백성을 근본으로 해야 한다고 답하다.

063 [3-13] 景公問善爲國家者, 何如晏子對以擧賢官能. ──────── 130

경공이 어떻게 하면 나라를 잘 다스릴 수 있는가고 묻자, 안자
가 어진 이를 거용하고 능력 있는 이를 관직에 앉혀야 한다고
답하다.

064 [3-14] 景公問君臣身尊而榮難乎, 晏子對以易. ················· 133
경공이 임금과 신하가 존귀해지고 영화롭게 되기가 어려운 일
인가고 묻자, 안자가 쉬운 일이라고 답하다.

065 [3-15] 景公問天下之所以存亡, 晏子對以六說. ················· 135
경공이 천하 존망의 소이를 묻자, 안자가 여섯 가지를 들어 설
명하다.

066 [3-16] 景公問君子常行曷若, 晏子對以三者. ················· 136
경공이 군자의 떳떳한 행동이란 어떤 것인가고 묻자, 안자가 세
가지를 들어 답하다.

067 [3-17] 景公問賢君治國若何, 晏子對以任賢愛民. ················· 136
경공이 어진 임금의 나라 다스림은 어떠하여야 하는가고 묻자,
안자가 어진 이를 임용하고 백성을 사랑하여야 한다고 답하다.

068 [3-18] 景公問明王之教民若何, 晏子對以先行義. ················· 137
경공이 명철한 임금의 백성에 대한 교화는 어떠하여야 하는가
고 묻자, 안자가 먼저 의를 행하여야 한다고 답하다.

069 [3-19] 景公問忠臣之事君若何, 晏子對以不與君陷于難. ················· 139
경공이 충신의 임금 섬김은 어떠하여야 하는가고 묻자, 안자가
그 임금과 함께 스스로를 위난에 빠지게 하지 않는 것이라고 답
하다.

070 [3-20] 景公問忠臣之行何如, 晏子對以不與君行邪. ················· 140
경공이 충신의 행동은 어떠하는가고 묻자, 안자가 임금과 함께
사악한 행위를 하지 않는다고 답하다.

071 [3-21] 景公問佞人之事君何如, 晏子對以愚君所信也. ················· 141
경공이 아첨하는 자의 임금 섬김은 어떠하는가고 묻자, 안자가
어리석은 임금에게 믿음을 얻는다고 답하다.

072 [3-22] 景公問聖人之不得意何如, 晏子對以不與世陷乎邪. ················· 142
경공이 성인이 뜻을 얻지 못하였을 때는 어떠하는가고 묻자, 안
자가 세상과 함께 사악함에 빠지지 않으려 한다고 답하다.

073 [3-23] 景公問古者君民用國不危弱, 晏子對以文王. ················· 144

경공이 옛날 백성의 임금으로서 그 나라를 거느리어 다스림에
도 위약하지 않았던 일을 묻자, 안자가 문왕을 들어 답하다.

074 [3-24] 景公問古之蒞國者任人如何, 晏子對以人不同能. ----- 145
경공이 옛날 그 나라를 거느리어 다스린 자들의 사람을 임용함
은 어떠하였는가고 묻자, 안자가 사람마다 그 능력이 각기 다르
다는 것을 염두에 두었다고 답하다.

075 [3-25] 景公問古者離散其民如何, 晏子對以今聞公令如寇讐. ----- 145
경공이 옛날 그 백성을 이산시켰던 경우를 묻자, 안자가 지금
임금께서 내리는 법령을 마치 원수처럼 여기고 있노라고 답하다.

076 [3-26] 景公問欲和臣親下, 晏子對以信順儉節. ----- 146
경공이 신하나 아랫사람들과 화합하여 친하게 지내고 싶다
하자, 안자가 신순검절로 답하다.

077 [3-27] 景公問得賢之道, 晏子對以擧之以語, 考之以事. ----- 148
경공이 어진 이를 얻을 수 있는 방법을 묻자, 안자가 그 말을
어떻게 하는가를 보고, 그 일을 어떻게 처리하는가를 살펴보라
고 답하다.

078 [3-28] 景公問臣之報君何以, 晏子對報以德. ----- 148
경공이 신하는 그 임금에게 어떻게 보답하는가고 묻자, 안자가
덕으로 보답한다고 답하다.

079 [3-29] 景公問臨國蒞民, 所患何也, 晏子對以患者三. ----- 149
경공이 나라에 임하여 백성을 다스리는 데 있어서 근심거리는
무엇인가고 묻자, 안자가 세 가지 근심거리를 들어 답하다.

080 [3-30] 景公問爲政何患, 晏子對以善惡不分. ----- 150
경공이 정치를 행함에 걱정거리는 무엇인가고 묻자, 안자가 선
악이 제대로 구별되지 못하는 것이라고 답하다.

卷四 內篇 問下

081 [4-1] 景公問何修則夫先王之游, 晏子對以省耕實. ----- 153
경공이 어떻게 수양하면 선왕의 순유와 같을 수 있겠는가고 묻
자, 안자가 농사일을 잘 살피는 것이라고 답하다.

082 [4-2] 景公問桓公何以致霸, 晏子對以下賢以身.----------- 155
　　　　　경공이 환공께서는 어떻게 하여 패자가 되었는가고 묻자, 안자
　　　　　가 어진 이에게 스스로를 낮추었기 때문이라고 답하다.

083 [4-3] 景公問欲逮桓公之後, 晏子對以任非其人.----------- 156
　　　　　경공이 환공의 뒤를 따를 수 있겠는가고 묻자, 안자가 신하의
　　　　　임용을 제대로 하지 못하고 있다고 답하다.

084 [4-4] 景公問廉政而長久, 晏子對以其行水也.----------- 157
　　　　　경공이 청렴한 정치를 하여 길이 이끌어 나가는 것에 대하여 묻
　　　　　자, 안자가 그 행동은 물과 같다고 답하다.

085 [4-5] 景公問爲臣之道, 晏子對以九節.----------- 158
　　　　　경공이 신하된 자의 도리를 묻자, 안자가 아홉 가지 절의를 들
　　　　　어 답하다.

086 [4-6] 景公問賢不肖可學乎, 晏子對以彊勉爲上.----------- 159
　　　　　경공이 현·불초에 관계없이 배우면 달라지는가고 묻자, 안자가
　　　　　열심히 하는 것이 가장 훌륭한 것이라고 답하다.

087 [4-7] 景公問富民安衆, 晏子對以節欲中聽.----------- 159
　　　　　경공이 백성을 부유하게 해주고 민중을 편안히 해주는 일에 대
　　　　　하여 묻자, 안자가 욕심을 줄이고 남의 말을 바르게 들어야 한
　　　　　다고 답하다.

088 [4-8] 景公問國如何則謂安, 晏子對以內安政外歸義.----------- 160
　　　　　경공이 나라가 어떠한 경우에 있을 때를 곧 안정이라 이르는 것
　　　　　인가고 묻자, 안자가 안으로는 그 정치에 안심하고, 밖에서는 그
　　　　　의를 사모하여 모여들 때라고 답하다.

089 [4-9] 景公問諸侯孰危, 晏子對以莒其先亡.----------- 160
　　　　　경공이 제후들 가운데 누가 가장 위험한가고 묻자, 안자가 거나
　　　　　라가 가장 먼저 망할 것이라고 답하다.

090 [4-10] 晏子使吳, 吳王問可處可去, 晏子對以視國治亂.----------- 161
　　　　　안자가 오나라에 사신으로 가자 오왕이 처할 수 있는 나라와 그
　　　　　렇지 못한 나라를 물으매, 안자가 그 나라의 치란을 보고 정한
　　　　　다고 답하다.

091 [4-11] 吳王問保威强不失之道, 晏子對以先民後身.----------- 162
　　　　　오왕이 위강을 보존하면서 이를 잃지 않을 수 있는 방법을 묻

자, 안자가 백성을 먼저 하고 자신을 뒤로 해야 한다고 답하다.

092 [4-12] 晏子使魯, 魯君問何事回曲之君, 晏子對以庇族. ----------- 164
안자가 노나라에 사신으로 가자 노나라 임금이 어찌하여 그렇
듯 회곡된 임금을 섬기는 것인가고 물으매, 안자가 일족을 보호
하기 위해서라고 답하다.

093 [4-13] 魯昭公問魯一國迷何也, 晏子對以化爲一心. ----------- 165
노나라 소공이 노나라는 나라를 하나로 하고도 이렇듯 혼미하
니 무슨 까닭인가고 묻자, 안자가 교화시켜 한마음이 되도록 해
야 한다고 답하다.

094 [4-14] 魯昭公問安國衆民, 晏子對以事大養小謹聽節斂. ----------- 166
노나라 소공이 나라를 평안히 하고 백성을 늘리는 것에 대하여
묻자, 안자가 큰 나라는 섬기고 작은 나라는 잘 보살펴 주며, 백
성의 소리를 잘 들어 주고 세금을 줄여 주는 것이라고 답하다.

095 [4-15] 晏子使晉, 晉平公問先君得衆若何, 晏子對以如美淵澤. ----------- 167
안자가 진나라에 사신으로 가자, 진나라의 평공이 선군께서는
그렇듯 많은 무리를 어떻게 얻을 수 있었는가고 물으매, 안자가
마치 아름다운 연택과 같아서라고 답하다.

096 [4-16] 晉平公問齊君德行高下, 晏子對以小善. ----------- 169
진나라의 평공이 제나라 임금의 덕행의 고하를 묻자, 안자가 조
금 훌륭하다고 답하다.

097 [4-17] 晉叔向問齊國若何, 晏子對以齊德衰民歸田氏. ----------- 170
진나라의 숙향이 제나라 사정은 어떠하는가고 묻자, 안자가 제
나라는 덕이 쇠하여 백성들이 전씨에게로 귀의하고 있다고 답
하다.

098 [4-18] 叔向問齊德衰, 子若何, 晏子對以進不失忠退不失行. ----------- 174
숙향이 제나라의 덕이 쇠하면 그대는 어찌할 셈인가고 묻자, 안
자가 나아가서는 충을 잃지 않고 물러나서는 행을 잃지 않겠다
고 답하다.

099 [4-19] 叔向問正士邪人之行, 如何, 晏子對以使下順逆. ----------- 175
숙향이 올바른 선비와 사악한 사람의 행동은 어떻게 다른가고
묻자, 안자가 아랫사람을 부림에 어진 이는 순리로서 하고 사악
한 이는 역행으로서 한다고 답하다.

100 [4-20] 叔向問事君徒處之義奚如, 晏子對以大賢無擇. ---------- 176
숙향이 임금을 섬기는 것과 벼슬 없이 그대로 사는 것은 어떤 차이가 있는가고 묻자, 안자가 대현은 가리는 것이 없다고 답하다.

101 [4-21] 叔向問處亂世其行正曲, 晏子對以民爲本. ---------- 179
숙향이 어지러운 세상에 처하여 바르고 굽은 행동에 대하여 묻자, 안자가 백성을 근본으로 삼아야 한다고 답하다.

102 [4-22] 叔向問意孰爲高行孰爲厚, 晏子對以愛民樂民. ---------- 180
숙향이 의지는 어떻게 하는 것이 높으며 행동은 어떻게 하는 것이 후한가고 묻자, 안자가 백성을 사랑하고 백성을 즐겁게 해주는 것이라 답하다.

103 [4-23] 叔向問嗇吝愛之, 於行何如, 晏子對以嗇者君子之道. ---------- 180
숙향이 색·인·애의 세 가지와 행동과의 관계는 어떠한가고 묻자, 안자가 색은 군자의 도리라고 답하다.

104 [4-24] 叔向問君子之大義何若, 晏子對以尊賢退不肖. ---------- 181
숙향이 군자의 대의는 어떤 것인가고 묻자, 안자가 어진 이를 존중하고 불초한 이를 물리치는 것이라고 답하다.

105 [4-25] 叔向問傲世樂業能行道乎, 晏子對以狂惑也. ---------- 182
숙향이 세상에 오만히 하는 것을 즐거운 업으로 삼으면서도 그 도를 실행할 수 있는가고 묻자, 안자가 광혹된 일이라고 답하다.

106 [4-26] 叔向問人何若則榮, 晏子對以事君親忠孝. ---------- 183
숙향이 사람이 어떻게 하면 영광스러운가고 묻자, 안자가 임금과 어버이를 충효로써 섬겨야 한다고 답하다.

107 [4-27] 叔向問人何以則可保身, 晏子對以不要幸. ---------- 184
숙향이 사람이 어떻게 하면 가히 그 몸을 보전할 수 있는가고 묻자, 안자가 요행을 바라지 않아야 한다고 답하다.

108 [4-28] 曾子問不諫上不顧民以成行義者, 晏子對以何以成也. ---------- 185
증자가 위로는 간언도 하지 않고 아래로는 백성도 돌보지 않으면서 의를 실행하는 것에 대하여 묻자, 안자가 어떻게 그럴 수가 있느냐고 답하다.

109 [4-29] 梁丘據問子事三君不同心, 晏子對以一心可以事百君. ---------- 186
양구거가 그대는 세 임금을 섬기었으니 그 마음이 각기 달랐는가고 묻자, 안자가 한결같은 마음이면 1백 임금도 섬길 수 있다고 답하다.

110 [4-30] 柏常騫問道無滅身無廢, 晏子對以養世君子. ································ 187
　　　　　백상건이 도도 멸하지 않고, 자신의 몸조차 해치지 않으려면 어
　　　　　떻게 하여야 하는가고 묻자, 안자가 세상을 보양하면 군자라고
　　　　　답하다.

卷五　內篇 雜上

111 [5-1] 莊公不說晏子, 晏子坐地訟公而歸. ······································· 191
　　　　　장공이 안자를 좋아하지 않자, 안자가 맨땅에 앉아 장공에게 송
　　　　　사를 말한 다음 돌아가다.

112 [5-2] 莊公不用晏子, 晏子致邑而退, 後有崔氏之難. ····················· 192
　　　　　장공이 안자의 의견을 채용치 않자, 안자가 식읍을 내놓고 물러
　　　　　나매 뒤에 최씨의 화가 생기다.

113 [5-3] 崔慶劫齊將軍大夫盟, 晏子不與. ······································· 195
　　　　　최씨와 경씨가 제나라 장군과 대부들을 협박하여 맹약을 맺을
　　　　　때, 안자는 함께 하지 아니하다.

114 [5-4] 晏子再治阿而信見, 景公任以國政. ··································· 198
　　　　　안자가 다시 동아 땅을 다스려 신임을 얻게 되자, 경공이 그에
　　　　　게 국정을 맡기다.

115 [5-5] 景公惡故人, 晏子退, 國亂, 復召晏子. ······························· 201
　　　　　경공이 오랜 신하들을 미워하자 안자가 물러나매, 나라가 어지
　　　　　러워지자 다시 안자를 부르다.

116 [5-6] 齊饑, 晏子因路寢之役以振民. ··· 202
　　　　　제나라에 기근이 들자, 안자가 노침의 역사를 빌어 백성을 진휼
　　　　　시키다.

117 [5-7] 景公欲墮東門之堤, 晏子謂不可變古. ······························· 203
　　　　　경공이 동문의 제방을 무너뜨리려 하자, 안자가 옛것을 바꿀 수
　　　　　는 없다고 말하다.

118 [5-8] 景公憐飢者, 晏子稱治國之本以長其意. ··························· 204
　　　　　경공이 굶주린 자를 불쌍히 여기자, 안자가 치국의 근본은 그

뜻을 높이는 것이라 칭하다.

119 [5-9] 景公探雀鷇, 鷇弱反之, 晏子稱長幼以賀. ···················· 205
경공이 작구를 잡으려다가 너무 어린 것을 보고는 놓아 주자,
안자가 장유를 들어 축하하다.

120 [5-10] 景公睹乞兒於塗, 晏子諷公使養. ···························· 206
경공이 길거리에서 구걸하는 아이를 보자, 안자가 공적으로 부
양받을 수 있도록 하라고 풍자하다.

121 [5-11] 景公慙刖跪之辱不朝, 晏子稱直請賞之. ···················· 207
경공이 다리 잘린 형벌을 받은 자에게 비난을 당한 것을 부끄럽
게 여겨 조회에 나타나지 않자, 안자가 정직한 사람이니 상을
내리자고 청하다.

122 [5-12] 景公夜從晏子飮, 晏子稱不敢與. ·························· 209
경공이 밤을 좇아 안자와 술을 마시고자 하였으나, 안자가 감히
함께 마실 수 없노라고 말하다.

123 [5-13] 景公使進食與裘, 晏子對以社稷臣. ······················ 211
경공이 음식과 갖옷을 가져다 달라고 하자, 안자가 사직지신이
므로 그러한 일은 할 수 없다고 대답하다.

124 [5-14] 晏子飮景公, 止家老斂, 欲與民共樂. ···················· 212
안자가 경공과 술을 마실 때, 가로의 부렴을 중지시키고 백성과
함께 즐거움을 누릴 것을 말하다.

125 [5-15] 晏子飮景公酒, 公呼具火, 晏子稱詩以辭. ················ 213
안자가 경공과 술을 마실 때, 경공이 불을 밝히라고 소리치자
안자가 시로써 사양하다.

126 [5-16] 晉欲攻齊, 使人往觀, 晏子以禮侍而折其謀. ·············· 214
진나라가 제나라를 공격하려고 사람을 시켜 그 정치를 살피게
하자, 안자가 예로써 모셔 그들의 계획을 좌절시키다.

127 [5-17] 景公問東門無澤年穀而對以冰, 晏子請罷伐魯. ············ 217
경공이 동문무택에게 연곡을 묻자 얼음으로 답하매, 안자가 이
를 알고 노나라 정벌을 그만둘 것을 청하다.

128 [5-18] 景公使晏子予魯地, 而魯使不盡受. ······················ 218
경공이 안자로 하여금 노나라에게 땅을 주게 하자, 노나라 사신
이 이를 다 받지는 아니하다.

129 [5-19] 景公游紀, 得金壺中書, 晏子因以諷之. ----- 220
경공이 기 땅을 순유하다가 금호 속에서 글을 얻자, 안자가 이를 인하여 풍자로 일깨우다.

130 [5-20] 景公賢魯昭公去國而自悔, 晏子謂無及已. ----- 221
경공이 노나라의 소공은 그 나라를 잃고 스스로 자책함이 훌륭하다고 하자, 안자가 이미 늦었노라고 말하다.

131 [5-21] 晏子使魯, 有事已仲尼以爲知禮. ----- 223
안자가 노나라에 사신으로 갔을 때, 사건을 통해 중니가 이를 보고서 안자는 예를 아는 이라 여기다.

132 [5-22] 晏子之魯, 進食有豚, 亡二肩, 不求其人. ----- 224
안자가 노나라에 갔을 때, 식사로 내놓은 돼지고기의 두 어깨살이 없어진 것을 알고도 그 훔친 자를 찾아내지 아니하다.

133 [5-23] 曾子將行, 晏子送之而贈以善言. ----- 225
증자가 먼길을 떠나게 되자, 안자가 좋은 말을 선물하며 전송하다.

134 [5-24] 晏子之晉, 睹齊纍越石父, 解左驂贖之與歸. ----- 227
안자가 진나라로 가다가 제나라 죄인 월석보를 보자 왼쪽 말을 풀어 대속해 주고 함께 돌아오다.

135 [5-25] 晏子之御感妻言而自抑損, 晏子薦以爲大夫. ----- 231
안자의 마부가 그 아내의 말에 감동하여 스스로 겸손해지자, 안자가 이를 추천하여 대부로 삼아 주다.

136 [5-26] 泯子午見晏子, 晏子恨不盡其意. ----- 232
민자오가 안자를 만나자, 안자가 자신의 뜻을 다 펴지 못함을 한으로 여기다.

137 [5-27] 晏子遺北郭騷米以養母, 騷殺身以明晏子之賢. ----- 233
안자가 북곽소에게 식량을 주어 그 어머니를 봉양할 수 있도록 해주자, 그가 죽음으로써 안자의 어짊을 밝히다.

138 [5-28] 景公欲見高糾, 晏子辭以祿仕之臣. ----- 236
경공이 고규를 보고자 하매, 안자가 그는 녹을 위해 벼슬하는 신하에 불과하다며 사양하다.

139 [5-29] 高糾治晏子家, 不得其俗, 乃逐之. ----- 237
고규가 안자의 집을 다스리매, 그 습속을 익히지 못하므로 이에 쫓아 버리다.

140 [5-30] 晏子居喪遜答家老, 仲尼善之. ······ 238
안자가 상을 당하여 가로에게 겸손히 답하자, 중니가 이를 훌륭히
여기다.

卷六　內篇 雜下

141 [6-1] 靈公禁婦人爲丈夫飾不止, 晏子請先內勿服. ······ 243
영공이 부인들의 남장 풍습을 금하였음에도 그치지 않자, 안자
가 궁궐 안부터 금지시키기를 청하다.

142 [6-2] 齊人好轂擊, 晏子紿以不祥而禁之. ······ 244
제나라 사람들이 수레의 바퀴통끼리 서로 부딪치는 것을 좋아
하자, 안자가 거짓으로 상서롭지 못한 것이라 하여 이를 금지시
키다.

143 [6-3] 景公夢五丈夫, 稱無辜, 晏子知其冤. ······ 245
경공이 다섯 장부가 나타나 자신들은 죄가 없다고 하는 꿈을 꾸
자, 안자가 그들의 원한을 알아내다.

144 [6-4] 柏常騫禳梟死, 將爲景公請壽, 晏子識其妄. ······ 246
백상건이 올빼미를 죽여 경공을 위하여 축수를 하겠노라고 하
자, 안자가 그것이 잘못된 것임을 알아내다.

145 [6-5] 景公成柏寢而師開言室夕, 晏子辨其所以然. ······ 249
경공이 백침을 완성시키자, 악사 개가 그 방이 서향이라고 말하
므로 안자가 그 이유를 설명하다.

146 [6-6] 景公病水, 夢與日鬪, 晏子敎占夢者以對. ······ 251
경공이 물을 잘못 마셔 병이 나 있는 가운데 해와 싸우는 꿈을
꾸자, 안자가 점몽하는 자로 하여금 풀이해 주도록 시키다.

147 [6-7] 景公病疽, 晏子撫而對之, 迺知群臣之野. ······ 253
경공이 종기가 나매 안자에게 이를 만져 보도록 한 후에야, 비
로소 다른 신하들의 졸렬함을 알게 되다.

148 [6-8] 晏子使吳, 吳王命儐者稱天子, 晏子詳惑. ······ 255
안자가 오나라에 사신으로 가자, 오왕이 빈자에게 명하여 자신
을 천자라 칭하도록 이르매 안자가 거짓으로 미혹에 빠진 듯이

하다.

149 [6-9] 晏子使楚, 楚爲小門, 晏子稱使狗國者入狗門. ················· 256
　　　　안자가 초나라에 사신으로 가자 초나라가 작은 쪽문으로 들어
　　　　가도록 하매, 안자가 개나라에 사신으로 가는 자나 들어가는 개
　　　　구멍이라 말하다.

150 [6-10] 楚王欲辱晏子, 指盜者爲齊人, 晏子對以橘. ················· 257
　　　　초나라 임금이 안자를 곯려 주려고 도둑을 가리켜 제나라 사람
　　　　이라고 하자, 안자가 귤을 예로 들어 대응하다.

151 [6-11] 楚王饗晏子進橘置削, 晏子不剖而食. ··················· 259
　　　　초나라 임금이 안자에게 귤과 칼을 내놓았으나, 안자가 껍질을
　　　　벗기지 않고 먹다.

152 [6-12] 晏子布衣棧車而朝, 田桓子侍景公飲酒, 請浮之. ··········· 260
　　　　안자가 거친 옷에 낡은 수레로 조회에 나타나는 것을 보고, 전
　　　　환자가 경공과 술을 마시다가 그에게 벌주를 내릴 것을 청하다.

153 [6-13] 田無宇請求四方之學士, 晏子謂君子難得. ··············· 263
　　　　전무우가 사방의 선비를 구할 것을 청하자, 안자가 군자는 얻기
　　　　어렵다고 말하다.

154 [6-14] 田無宇勝欒氏高氏, 欲分其家, 晏子使致之公. ············· 264
　　　　전무우가 난씨와 고씨를 이겨 그 집을 나누어 가지려 하자, 안
　　　　자가 임금에게 바치도록 하다.

155 [6-15] 子尾疑晏子不受慶氏之邑, 晏子謂足欲則亡. ············· 266
　　　　안자가 경씨의 봉읍을 받지 아니하는 것을 자미가 의심하자, 안
　　　　자가 욕심을 채우려 하기 때문에 망하는 것이라 말하다.

156 [6-16] 景公祿晏子平陰與槀邑, 晏子願行三言以辭. ············· 268
　　　　경공이 안자에게 평음과 고읍을 녹으로 주려 하자, 안자가 세
　　　　가지 다른 것을 원하면서 이를 사양하다.

157 [6-17] 梁丘據言晏子食肉不足, 景公割地將封, 晏子辭. ········· 270
　　　　양구거가 안자는 고기를 먹기도 모자라다고 하여 경공이 땅을
　　　　떼어 봉하려 하자, 안자가 사양하다.

158 [6-18] 景公以晏子食不足, 致千金, 而晏子固不受. ············· 271
　　　　경공이 안자의 먹을 것이 모자라다고 여겨 천금을 내리려 하였
　　　　으나, 안자가 끝내 받지 아니하다.

159 [6-19] 景公以晏子衣食弊薄, 使田無宇致封邑, 晏子辭.----273
경공이 안자의 의식이 부족하다고 여겨 전무우로 하여금 봉읍을 내리려 하였지만, 안자가 사양하다.

160 [6-20] 田桓子疑晏子何以辭邑, 晏子答以君子之事也.----274
전환자가 안자가 무슨 연유로 녹읍을 받지 아니하는가를 의심하자, 안자가 군자의 일이라고 답하다.

161 [6-21] 景公欲更晏子宅, 晏子辭以近市得所求, 諷公省刑.----275
경공이 안자의 집을 옮겨 주고자 하였으나, 안자가 저자거리에 가까이 있으므로 구하는 바를 얻기가 쉽다고 사양하면서, 오히려 임금께서는 형벌을 줄이라고 풍간하다.

162 [6-22] 景公毀晏子隣以益其宅, 晏子因陳桓子以辭.----276
경공이 그 이웃집을 헐어 안자의 집을 넓혀 주자, 안자가 진환자를 통해서 이를 사양하다.

163 [6-23] 景公欲爲晏子築室於宮內, 晏子稱是以遠之而辭.----279
경공이 안자의 집을 궁궐 내에 지어 주려 하자, 안자가 도리어 멀어진다 하며 사양하다.

164 [6-24] 景公以晏子妻老且惡, 欲內愛女, 晏子再拜以辭.----279
경공이 안자의 아내가 늙고 못생긴 것을 이유로 자기의 사랑하는 딸을 주려 하자, 안자가 두 번 절하며 사양하다.

165 [6-25] 景公以晏子乘弊車駑馬, 使梁丘據遺之, 三返不受.----280
경공이 안자의 낡은 수레와 노마를 양구거를 시켜 새것으로 보내도록 하였지만, 세 번이나 되돌려보내면서 받지 아니하다.

166 [6-26] 景公睹晏子之食菲薄, 而嗟其貧, 晏子稱有參士之食.----282
경공이 안자의 식사가 비박한 것을 보고 그 가난함을 탄식하자, 안자가 선비로서 만족할 세 가지 음식이라고 말하다.

167 [6-27] 梁丘據自患不及晏子, 晏子勉據以常爲常行.----283
양구거가 스스로는 안자에게 미칠 수 없다고 걱정하자, 안자가 항상 떳떳한 행동을 하면 된다고 양구거를 면려하다.

168 [6-28] 晏子老辭邑, 景公不許, 致車一乘而後止.----283
안자가 늙어지자 그 봉읍을 사양하였으나 경공이 허락하지 아니하매, 이에 수레와 일승의 토지까지 반납한 후 물러나다.

169 [6-29] 晏子病將死妻問所欲言, 云毋變爾俗.----285

안자가 병이 들어 장차 죽게 되었을 때, 그 아내가 하고 싶은 말
을 묻자 집안의 풍속이 변치 않도록 하라고 말하다.

170 [6-30] 晏子病將死, 鑿楹納書, 命子壯而示之. ----------------------------------- 286
안자가 병이 들어 장차 죽게 되었을 때, 기둥을 파서 그 속에
유서를 집어넣은 후 아이가 장성하거든 이를 꺼내어 보여 주라
고 명하다.

卷七 外篇 重而異者

171 [7-1] 景公飮酒, 命晏子去禮, 晏子諫. -- 289
경공이 술을 마시면서 안자에게 예를 차리지 말자고 명하자 안
자가 간하다.

172 [7-2] 景公置酒泰山四望而泣, 晏子諫. ------------------------------------ 292
경공이 태산에 술자리를 마련하여 사방을 둘러보며 울자 안자
가 간하다.

173 [7-3] 景公夢見彗星, 使人占之, 晏子諫. ------------------------------------ 294
경공이 꿈속에서 혜성을 보고 사람을 시켜 점을 치자 안자가 간
하다.

174 [7-4] 景公問古而無死其樂若何, 晏子諫. ------------------------------ 295
경공이 옛부터 사람에게 죽음이 없었다면 그 즐거움이 어떠할까
를 묻자 안자가 간하다.

175 [7-5] 景公謂梁丘據與己和, 晏子諫. -------------------------------------- 297
경공이 양구거와 자기는 화한다고 말하자 안자가 간하다.

176 [7-6] 景公使祝史禳彗星, 晏子諫. -- 299
경공이 축사를 시켜 혜성을 제거하려 하자 안자가 간하다.

177 [7-7] 景公有疾, 梁丘據裔款請誅祝史, 晏子諫. ------------------------ 301
경공이 병이 나매 양구거와 예관이 축사를 죽여야 한다고 제의
하자 안자가 간하다.

178 [7-8] 景公見道殣自慙無德, 晏子諫. -------------------------------------- 305
경공이 길에서 굶어죽은 자를 보고 스스로 덕 없음을 부끄러워
하자 안자가 간하다.

179 [7-9] 景公欲誅斷所愛橚者, 晏子諫. ----- 307
경공이 아끼던 숙이라는 나무를 자른 자를 죽이려 하자 안자가
간하다.

180 [7-10] 景公坐路寢曰誰將有此, 晏子諫. ----- 308
경공이 노침에 앉아 누가 장차 이를 소유하게 될 것인가 하자
안자가 간하다.

181 [7-11] 景公臺成, 盆成适願合葬其母, 晏子諫而許. ----- 311
경공의 누대가 완성되었으나, 분성괄이 누대 밑에 있는 아버지
의 무덤에 그 어머니를 합장하기를 원하므로 안자가 간하여 허
락하다.

182 [7-12] 景公築長庲臺, 晏子舞而諫. ----- 314
경공이 장래대를 축성하자 안자가 춤을 추면서 간하다.

183 [7-13] 景公使燭鄒主鳥而亡之, 公怒將加誅, 晏子諫. ----- 315
경공이 촉추로 하여금 새를 관장토록 하였으나 이를 놓치자, 경
공이 노하여 죽이려 하매 안자가 간하다.

184 [7-14] 景公問治國之患, 晏子對以佞人讒夫在君側. ----- 316
경공이 치국의 근심거리를 묻자, 안자가 영인과 참부가 임금 곁
에 있는 것이라 대답하다.

185 [7-15] 景公問後世孰將踐有齊者, 晏子對以田氏. ----- 319
경공이 후세에 누가 장차 이 제나라를 차지하게 될 것인가를 묻
자, 안자가 전씨가 차지하게 될 것이라고 대답하다.

186 [7-16] 晏子使吳, 吳王問君子之行, 晏子對以不與亂國俱滅. ----- 322
안자가 오나라에 사신으로 가자 오왕이 군자의 행동을 물으매,
안자가 혼란한 나라와 함께 멸망하지 않는 것이라 대답하다.

187 [7-17] 吳王問齊君僈暴, 吾子何容焉, 晏子對以豈能以道食人. ----- 323
오왕이 제나라 임금은 거만하고 포악한데 어찌 이를 용납하느
냐고 묻자, 안자가 자기 같은 사람이 어찌 도로써 남을 먹일 수
있겠느냐고 대답하다.

188 [7-18] 司馬子期問有不干君不恤民取名者乎, 晏子對以不仁也. ----- 324
사마자기가 임금에게 벼슬을 구하지도 않고 백성을 구휼하지도
않으면서 명성을 얻는 자가 있느냐고 묻자, 안자가 이는 어진
행동이 아니라고 답하다.

189 [7-19] 高子問子事靈公莊公景公皆敬子, 晏子對以一心. ················· 325
　　　　　고자가 선생께서는 영공과 장공·경공을 섬겼는데 그들 모두가
　　　　　선생을 공경한 이유는 무엇인가고 묻자, 안자가 한마음이었기
　　　　　때문이라고 답하다.

190 [7-20] 晏子再治東阿上計, 景公迎賀, 晏子辭. ····················· 326
　　　　　안자가 다시 동아 땅을 다스려 공을 이루자, 경공이 맞이하여
　　　　　축하하매 안자가 사양하다.

191 [7-21] 太卜紿景公能動地, 晏子知其妄, 使卜自曉公. ··············· 328
　　　　　태복이 능히 땅을 움직일 수 있다고 경공을 속이자, 안자가 그
　　　　　망령됨을 알고 태복으로 하여금 스스로 경공을 깨우치도록 하다.

192 [7-22] 有獻書譖晏子, 退耕, 而國不治, 復召晏子. ················· 330
　　　　　안자를 참소하는 글을 올리자 안자가 물러나 농사를 지으매, 나
　　　　　라가 다스려지지 않자 다시 안자를 부르다.

193 [7-23] 晏子使高糾治家三年而未嘗弼過, 逐之. ···················· 331
　　　　　안자가 고규로 하여금 집안일을 다스리게 한 지 3년이 되도록
　　　　　과실을 보필함이 없자 축출해 버리다.

194 [7-24] 景公稱桓公之封管仲, 益晏子邑, 辭不受. ·················· 332
　　　　　경공이 환공께서 관중을 봉한 것과 같이 안자의 봉읍을 더해 주
　　　　　려 하자, 사양하며 받지 아니하다.

195 [7-25] 景公使梁丘據致千金之裘, 晏子固辭不受. ················· 333
　　　　　경공이 양구거로 하여금 1천 금이나 되는 갖옷을 가져다 주도
　　　　　록 하자, 안자가 굳이 사양하며 받지 아니하다.

196 [7-26] 晏子衣鹿裘以朝, 景公嗟其貧, 晏子稱有飾. ··············· 334
　　　　　안자가 사슴의 가죽으로 만든 옷을 입고 조회에 나오자 경공이
　　　　　그의 가난함을 차탄하매, 안자가 옷은 꾸미는 것일 뿐이라고 말
　　　　　하다.

197 [7-27] 仲尼稱晏子行補三君而不有, 果君子也. ···················· 335
　　　　　중니가 안자는 세 임금을 보필하면서도 스스로는 소유하지 않
　　　　　으니 과연 군자라고 칭하다.

卷八　外篇 不合經術者

198 [8-1] 仲尼見景公, 景公欲封之, 晏子以爲不可. ········· 339
중니가 경공을 만나자, 경공이 그를 봉하려 하매 안자가 가당치 않다고 반대하다.

199 [8-2] 景公上路寢聞哭聲, 問梁丘據, 晏子對. ········· 341
경공이 노침에 올랐다가 까닭 모를 곡성을 듣고 양구거에게 묻자, 안자가 대답하다.

200 [8-3] 仲尼見景公, 景公曰先生奚不見寡人宰乎. ········· 343
중니가 경공을 만나자, 경공이 선생께서는 어찌하여 과인의 재상은 만나보려 하지 않느냐고 묻다.

201 [8-4] 仲尼之齊見景公而不見晏子, 子貢致問. ········· 344
중니가 제나라에 가서 경공은 만나면서도 안자는 만나지 않자 자공이 묻다.

202 [8-5] 景公出田顧問晏子若人之衆有孔子乎. ········· 346
경공이 사냥을 나가 안자를 돌아보며, 이 많은 무리 중에 공자와 같은 사람이 있느냐고 묻다.

203 [8-6] 仲尼相魯, 景公患之, 晏子對以勿憂. ········· 347
중니가 노나라의 재상이 되자 경공이 두려워하매, 안자가 걱정할 것 없노라고 대답하다.

204 [8-7] 景公問有臣有兄弟而彊足恃乎, 晏子對不足恃. ········· 349
경공이 강한 신하와 형제를 두고 있다면 족히 믿고 안심할 수 있느냐고 묻자, 안자가 족히 믿고 안심할 수 있는 것은 아니라고 답하다.

205 [8-8] 景公游牛山少樂, 請晏子一願. ········· 350
경공이 우산에 놀이를 갔다가 분위기가 무르익자, 안자에게 한 가지 소원을 말해 보도록 청하다.

206 [8-9] 景公爲大鐘, 晏子與仲尼柏常騫知將毁. ········· 351
경공이 커다란 종을 주조하자, 안자와 중니·백상건이 장차 깨어질 것이라고 말하다.

207 [8-10] 田無宇非晏子有老妻, 晏子對以去老謂之亂. ········· 352
전무우가 안자에게 늙은 아내와 살고 있는 것을 비난하자, 안자가 늙은이를 저버리는 것을 난이라 한다고 대답하다.

208 [8-11] 工女欲入身于晏子, 晏子辭不受. ─────── 353
　　공녀가 안자에게 그 몸을 의탁하고자 하매, 안자가 사양하며 받
　　아들이지 아니하다.

209 [8-12] 景公欲誅羽人, 晏子以爲法不宜殺. ─────── 354
　　경공이 우인을 죽이려 하자, 안자가 법으로 보아도 죽이기까지
　　할 것은 아니라고 하다.

210 [8-13] 景公謂晏子東海之中有水而赤, 晏子詳對. ─────── 355
　　경공이 안자에게 동해 가운데 어느곳은 왜 물빛이 붉은가고 묻
　　자, 안자가 상세히 설명하다.

211 [8-14] 景公問天下有極大極細, 晏子對. ─────── 356
　　경공이 천하에 지극히 큰 것과 지극히 작은 것을 묻자, 안자가
　　대답하다.

212 [8-15] 莊公圖莒, 國人擾, 紿以晏子在, 酒止. ─────── 357
　　장공이 거나라를 점령하려 하자 백성들이 소요하매, 안자가 아
　　직 건재하다고 하자 조용해지다.

213 [8-16] 晏子死, 景公馳往哭哀畢而去. ─────── 359
　　안자가 죽자, 경공이 달려가 곡을 하며 애통해한 후 떠나다.

214 [8-17] 晏子死, 景公哭之稱莫復陳告吾過. ─────── 360
　　안자가 죽자, 경공이 더 이상 나의 잘못을 말해 줄 이가 없다고
　　곡하다.

215 [8-18] 晏子沒, 左右諛, 弦章諫, 景公賜之魚. ─────── 361
　　안자가 죽은 후 좌우가 아첨을 일삼으매, 현장이 이를 간하자
　　경공이 물고기를 하사하다.

解　題 ─────────────── 365
板本 등 그림자료 ─────────── 369
敍·跋 등 기록자료 ─────────── 379
索　引 ─────────────── 387

晏子春秋　卷一　內篇　諫上

001 [1-1]　莊公矜勇力, 不顧行義, 晏子諫.
002 [1-2]　景公飲酒酣, 願諸大夫無爲禮, 晏子諫.
003 [1-3]　景公飲酒酲, 三日而後發, 晏子諫.
004 [1-4]　景公飲酒七日, 不納弦章之言, 晏子諫.
005 [1-5]　景公飲酒, 不卹天災, 致能歌者, 晏子諫.
006 [1-6]　景公夜聽新樂而不朝, 晏子諫.
007 [1-7]　景公燕, 賞無功而罪有司, 晏子諫.
008 [1-8]　景公信用讒佞, 賞罰失中, 晏子諫.
009 [1-9]　景公愛嬖妾, 隨其所欲, 晏子諫.
010 [1-10]　景公敕五子之傅, 而失言, 晏子諫.
011 [1-11]　景公欲廢適子陽生, 而立荼, 晏子諫.
012 [1-12]　景公病久不愈, 欲誅祝史以謝, 晏子諫.
013 [1-13]　景公怒封人之祝不遜, 晏子諫.
014 [1-14]　景公欲使楚巫致五帝以明德, 晏子諫.
015 [1-15]　景公欲祠靈山河伯以禱雨, 晏子諫.
016 [1-16]　景公貪長有國之樂, 晏子諫.
017 [1-17]　景公登牛山, 悲去國而死, 晏子諫.
018 [1-18]　景公遊公阜, 一日有三過言, 晏子諫.
019 [1-19]　景公遊寒途, 不恤死胔, 晏子諫.
020 [1-20]　景公衣狐白裘, 不知天寒, 晏子諫.
021 [1-21]　景公異熒惑守虛而不去, 晏子諫.
022 [1-22]　景公將伐宋, 夢二丈夫立而怒, 晏子諫.
023 [1-23]　景公從畋十八日, 不返國, 晏子諫.
024 [1-24]　景公欲誅駁鳥野人, 晏子諫.
025 [1-25]　景公所愛馬死, 欲誅圉人, 晏子諫.

001 [1-1]　莊公奮乎勇力, 不顧于行義, 勇力之士, 無忌于國. 貴戚不薦善, 逼邇不引過. 故晏子見公, 公曰:「古者, 亦有徒以勇力, 立于世者乎?」晏子對曰:「嬰聞之, 『輕死以行禮, 謂之勇. 誅暴不避彊, 謂之力.』故勇力之立也. 以行其禮義也. 湯武用兵而不爲逆, 並國而不爲貪, 仁義之理也. 誅暴不避彊, 替罪不避衆, 勇力之行也. 古之爲勇力者, 行禮義也. 今上無仁義之理, 下無替罪誅暴之行, 而徒以勇力立于世, 則諸侯行之, 以國危, 匹夫行之, 以家殘. 昔夏之衰也, 有推侈大戲, 殷之衰也, 有費仲惡來. 足走千里, 手裂兕虎, 任之以力, 凌轢天下. 威殺無罪, 崇尙勇力, 不顧義理. 是以桀紂以滅, 殷夏以衰. 今公自奮乎勇力, 不顧乎行義, 勇力之士, 無忌于國. 身立威彊, 行本淫暴. 貴戚不薦善, 逼邇不引過. 反聖王之德, 而循滅君之行, 用此存者, 嬰未聞有也.」

　　장공莊公이 용력勇力은 중시하여 분발시키면서 의義를 행하는 일은 돌아보지 않자, 힘깨나 쓴다는 선비들이 아무런 거리낌 없이 나라안을 휘젓고 다녔다.

　　그러자 귀족과 임금의 친척들은 어진 이를 추천하지 않게 되었고, 가까운 근신들도 과오를 스스로 책임지려고 하지 않는 풍조로 바뀌었다. 이에 안자晏子가 임금을 만나러 나섰다. 그러자 장공이 먼저 이렇게 묻는 것이었다.

　　「옛날에도 용력만으로 세상에 우뚝 섰던 자가 있었습니까?」

　　이 질문에 안자는 이렇게 대답하였다.

　　「제(嬰)가 듣기로 『죽음까지 가벼이 여기면서 예禮를 행하는 것을 일컬어 〈용勇〉이라 하고, 포악한 이를 주벌하되 그 어떤 강한 것도 피하지 아니하는 것을 일컬어 〈역力〉이라 한다』 하였습니다. 따라서 용력勇力을 세운다는 것은, 그 예禮와 의義를 행한다는 뜻입니다.

　　탕湯임금과 무왕武王은 무력을 썼지만 반역이라 여겨지지 않았고, 다른 나라를 병탄竝呑하였지만 탐욕스럽다고 여겨지지 않았습니다. 이는 인의仁義라는 원리를 썼기 때문입니다. 포악한 이를 주벌하되 강한 자라도 피하지 아니하고, 죄 있는 자를 물리치되 많은 무리일지라도 겁내어 피하지 않는 것, 이것이 용력의 실행입니다.

이처럼 옛날에 용력을 위주로 하였던 이들은 다름아닌 예와 의를 실행하였던 사람들입니다. 그런데 지금 위로는 인의의 원리를 알지 못하고, 아래로는 죄를 물리치는 일, 포악한 것을 주벌하는 일은 하지 아니하면서 한갓 용력으로만 세상에 우뚝 서보겠다고 한다면, 제후로서 이렇게 할 경우에는 그 나라가 위험해질 것이요, 필부로서 이렇게 할 경우에는 그 집안이 잔폐해지고 말 것입니다.

옛날 하夏나라가 쇠퇴해질 때에는 추치推侈와 대희大戲라는 용사가 있었고, 은殷나라가 쇠미해질 때에는 비중費仲과 악래惡來라는 자가 있었습니다. 이들은 발로는 천리를 달릴 수 있었고, 손으로는 시호兕虎 같은 맹수를 찢어죽일 수 있을 정도였습니다. 그러나 이들의 힘을 높이 사서 임무를 주자 천하를 능멸하고 짓밟았으며, 그 위세는 죄 없는 자까지 도륙하고 말았습니다. 이는 그 용력만을 숭상하고, 그 의리는 거들떠보지도 않았기 때문입니다. 이러한 까닭으로 걸桀과 주紂는 멸망하고, 은殷·하夏는 쇠퇴해버린 것입니다.

지금 임금께서 용력에는 떨쳐 일어나면서 의를 행하는 일은 거들떠보지 않으시니, 그 때문에 힘깨나 쓴다는 인물들은 나라안에서 거리낄 것이 없다는 듯이 행동하고, 자신의 몸은 위강威彊을 세우고, 행동은 음폭淫暴을 근본으로 삼는 풍조가 생긴 것입니다. 이에 귀족과 임금의 친척들은 더 이상 좋은 의견을 내놓지 아니하고, 가까운 근신들조차 잘못이 있으면 스스로는 책임이 없다고 발뺌을 하고 있는 것입니다. 그리하여 성왕聖王의 덕은 위반하면서 도리어 멸망당한 임금들의 행동은 뒤따르고자 하니, 이렇게 하면서도 나라를 존속시킨 이가 있다는 이야기를 저는 아직 들어본 적이 없습니다.」

【장공莊公】 春秋 후기 齊나라 君主. 재위 6년(B.C. 553~548). 성은 姜, 이름은 光. 靈公의 아들이며, 재위기간 중에 황음무도하였다. 특히 崔杼의 아내와 私通하다가 崔杼에 의해 弑殺당하였다. 한편 晏子의 生存 시기 전후의 齊나라 임금은 頃公(B.C. 598~582)·靈公(B.C. 581~554)·莊公(B.C. 553~548)·景公(B.C. 547~490)·晏孺子(B.C. 489)·悼公(B.C. 488~485) 등으로 이어진다.
【용력勇力】 용기와 힘, 즉 文雅에 상대되는 뜻. 法令이나 제도·예절보다 힘으로 일

을 처리하는 武斷.
【영영嬰】晏子의 이름.《史記》管晏列傳에『晏平仲嬰者, 萊之夷維人也』라 하였고, 索隱에『名嬰, 平謚, 仲字, 父桓子名弱也』라 하였다.
【하夏】中國 古代의 國名. 夏后氏 부락의 禹와 그 아들 啓가 세움. 13代 16王(B.C. 2205경~1766경). 마지막 王인 桀 때에 商나라의 湯에게 멸망당하였다.
【추치推侈·대희大戱】夏나라 桀王 때의 大力士.《墨子》明鬼下 참조.
【은殷】夏나라 다음의 왕국. 商나라의 湯이 桀을 멸하고 세움. 17代 31王(B.C. 1766~1122). 뒤에 周나라 武王〔姬發〕에게 멸망당하였다.
【비중費中·악래惡來】人名. 殷의 末王인 紂임금 때의 大力士.《太平御覽》에는 費仲으로 실려 있다.《墨子》참조.
【시호兕虎】兕는 물소〔犀牛〕의 일종. 둘 다 猛獸의 대표로 거론된다.
【걸桀·주紂】桀은 夏나라의 末王. 商나라의 湯에게 멸망당하였다. 紂는 商〔殷〕나라의 末王. 周나라 武王에게 멸망당하였다.

【참고】1.《太平御覽》386 참조.
2.《墨子》明鬼下
　　勇力强武. 堅甲利兵. 鬼神之罰必勝之. 若以爲不然. 昔者夏王桀. 貴爲天子. 富有天下. 上詬天侮鬼. 下殃傲天下之萬民. 祥上帝伐元山帝行. 故於此乎, 天乃使湯. 至明罰焉. 湯以車九兩. 鳥陳 鴈行. 湯乘大賛. 犯遂下衆. 人之蝪遂. 王乎禽推哆大戱. 故昔夏王桀. 貴爲天子. 富有天下. 有勇力之人. 推哆大戱. 主別兕虎. 指畫殺人. 人民之衆兆億. 侯盈厥澤陵. 然不能以此圉鬼神之誅. 此吾所謂鬼神之罰. 不可爲富貴衆强, 勇力强武, 堅甲利兵者, 此也. 且不惟此爲然. 昔者殷王紂, 貴爲天子, 富有天下, 上詬天侮鬼, 下殃傲天下之萬民. 播棄黎老, 賊誅孩子, 楚毒無罪, 刳剔孕婦, 庶舊鰥寡, 號咷無告也. 故於此乎. 天乃武王至明罰焉. 武王以擇車百兩, 虎賁之卒四百人, 先庶國節窺戎, 與殷人戰乎牧之野. 王乎禽費中惡來, 衆畔百走, 武王逐奔入宮, 萬年梓株, 折紂而繫之赤環, 載之白旗, 以爲天下諸侯僇. 故昔者殷王紂, 貴爲天子, 富有天下, 有勇力之人費中惡來崇侯虎指寡殺人, 人民之衆兆億, 侯盈厥澤陵, 然不能以此圉鬼神之誅, 此吾所謂鬼神之罰, 不可爲富貴衆强勇力强武, 堅甲利兵者, 此也.

002 [1-2]　景公飮酒酣, 曰:「今日願與諸大夫爲樂飮, 請無爲禮.」晏子蹴然改容, 曰:「君之言過矣. 羣臣固欲君之無禮也, 力多足以勝其長, 勇多足以弑其君. 而禮不使也. 禽獸以力爲政, 彊者犯弱, 故日易主, 今君去禮, 則是禽獸也. 羣臣以力爲政, 彊者犯弱, 而日易主, 君將安立矣? 凡人之所以貴于禽獸者, 以有禮也. 故詩曰:『人而無禮, 胡不遄死?』禮不可無也.」公湎而不聽, 少間, 公出, 晏

子不起, 公入, 不起. 交擧則先飮. 公怒色變, 抑手疾視, 曰:「曩者,
夫子之敎寡人, 無禮之不可也. 寡人出入不起, 交擧則先飮, 禮也?」
晏子避席, 再拜稽首而請曰:「嬰敢與君言, 而忘之乎? 臣以致無禮
之實也. 君若欲無禮, 此是已.」公曰:「若是, 孤之罪也. 夫子就席.
寡人聞命矣.」觴三行, 遂罷酒. 蓋是後也, 飭法修禮, 以治國政, 而
百姓肅也.

경공景公이 술에 취하여 기분이 좋아지자 이렇게 말하였다.
「오늘은 여러 대부들과 술을 마시는 것으로 즐거움을 삼는 터이니, 청컨
대 서로 예禮를 차리지 맙시다.」
이 말에 안자가 축연蹴然히 얼굴빛을 바꾸며 이렇게 말하였다.
「임금의 말씀은 지나치십니다. 여러 신하들은 본래부터 임금께서 예가
없기를 바라고 있습니다. 그렇게만 되면 힘이 많은 자는 힘으로 그 윗사람
을 이길 수 있고, 용기가 많은 자는 그 임금을 죽일 수가 있기 때문입니다.
그러나 예가 그렇게 하지 못하도록 하는 것입니다. 금수禽獸는 힘으로 제압
하여 강한 자가 약한 자를 범합니다. 그 때문에 날마다 지도자가 바뀌지요.
지금 임금께서 예를 없애 버린다면, 곧 금수처럼 되고 말 것입니다. 그렇
게 되면 여러 신하들이 힘으로 정치를 할 것이며, 힘센 자가 약한 자를 범
하여 날마다 임금이 바뀔 터인데, 그렇다면 임금께서는 장차 어디에 서 있
을 수 있겠습니까? 무릇 사람이 금수보다 귀하다고 하는 것은, 바로 예라
는 것으로 구분되는 까닭입니다.
그래서 시詩*에 『사람으로서 예가 없으면서, 어찌 일찍 죽지도 않는가?』
라고 한 것입니다. 이처럼 예란 없앨 수가 없는 것입니다.」
그러나 임금은 술에 취하여 이 말을 듣지 않았다.
잠시 후 안자는 임금이 밖에 나가는 모습을 보고도 일어서지 않았고, 다
시 임금이 들어올 때에도 역시 일어서지 않았다. 뿐만 아니라 서로 술잔을
들어 마실 때에는 자신이 먼저 마셔 버렸다. 그러자 경공이 노하여 얼굴빛
을 바꾸고, 손을 끄잡으며 노려보았다.
「방금 선생께서 과인에게 예를 없애는 것은 불가하다고 가르쳤습니다.
그런데 과인의 출입에 일어서지도 않고, 서로 술잔을 들어 마실 때에는 먼

저 마셔 버리니, 그것이 예에 맞는 것입니까?」

이에 안자가 자리를 고쳐 앉아 재배하고, 머리를 조아리며 이렇게 청하였다.

「제가 어찌 감히 임금께 드린 말씀을 잊겠습니까? 저는 다만 예를 없앴을 때의 사실이 이러하리라는 것을 보여 드리고 있을 뿐입니다. 임금께서 예를 없애고자 하였을 때의 결과가 바로 이러할 따름입니다.」

경공이 그제서야 「그렇군요. 이는 나의 죄입니다. 선생께서는 자리에 앉으십시오. 과인은 명령에 따르겠습니다」 하고는, 세 번 술잔*을 돌린 후 그 주연酒筵을 파하였다. 이런 일이 있은 후부터 법과 예를 잘 정비하여 국정을 수행하니, 백성들이 모두 정숙해졌다.

【경공景公】 이름은 杵臼. 莊公이 崔杼에게 시해당한 후, 그 뒤를 이은 임금. 晏子가 가장 오랫동안 모셨던 君主. 莊公의 異母弟. 재위 58년(B.C. 547~490).
* 《詩經》 鄘風 相鼠篇의 구절.
* 원문 『觴三行』은, 《左傳》 宣公 二年文에 『臣侍君宴, 不過三爵』(신하가 그 임금을 모시고 잔치를 할 때에는 三爵을 넘지 않아야 한다)라고 하였다.

【참고】 1. 《晏子春秋》 卷七 外篇 重而異者
  171[7-1] 『景公飮酒, 命晏子去禮, 晏子諫』과 내용 및 주제가 흡사하다.
2. 《韓詩外傳》 卷九의 8
  齊景公縱酒, 醉, 而解衣冠, 鼓琴以自樂. 顧左右曰:「仁人亦樂此乎?」左右曰:「仁人耳目猶人, 何爲不樂乎?」景公曰:「駕車以迎晏子.」晏子聞之, 朝服而至. 景公曰:「今者, 寡人此樂, 願與大夫同之.」晏子曰:「君言過矣! 自齊國五尺已上, 力皆能勝嬰與君, 所以不敢者, 畏禮也. 故自天子無禮, 則無以守社稷; 諸侯無禮, 則無以守其國; 爲人上無禮, 則無以使其下; 爲人下無禮, 則無以事其上; 大夫無禮, 則無以治其家; 兄弟無禮, 則不同居; 人而無禮, 不若遄死.」景公色媿, 離席而謝曰:「寡人不仁無良, 左右淫湎寡人, 以至於此, 請殺左右, 以補其過.」晏子曰:「左右無過. 君好禮, 則有禮者至, 無禮者去; 君惡禮, 則無禮者至, 有禮者去. 左右何罪乎?」景公曰:「善哉!」乃更衣而坐, 觴酒三行, 晏子辭去, 景公拜送. 詩曰:『人而無禮, 胡不遄死.』
3. 《新序》 卷六 刺奢의 7
  齊景公飮酒而樂, 釋衣冠自鼓缶, 謂侍者曰:「仁人亦樂是夫?」梁丘子曰:「仁人耳目亦猶人也. 奚爲獨不樂此也?」公曰:「速駕迎晏子.」晏子朝服以至. 公曰:「寡人甚樂此樂也, 願與夫子共之, 請去禮.」晏子對曰:「君之言過矣, 齊國五尺之童子, 力盡勝嬰而又勝君, 所以不敢亂者, 畏禮也. 上若無禮, 無以使其下; 下若無禮, 無以事其上. 夫麋鹿唯無禮, 故父子同麀. 人之所以貴於禽獸者, 以有禮也, 詩曰:『人而無禮, 胡不遄死?』故禮不可去也.」公曰:「寡人無良, 左右淫湎寡人, 以至於此, 請殺之.」晏子曰:「左右何罪? 君若好禮, 左右有禮者至, 無禮者去. 君若惡禮, 亦將如之.」公曰:「善. 請革衣冠, 更受命.」乃廢酒而更尊朝服而坐, 觴三行, 晏子趨出.

003 [1-3]　景公飮酒醒, 三日而後發. 晏子見曰:「君病酒乎?」公曰:「然.」晏子曰:「古之飮酒也. 足以通氣合好而已矣. 故男不羣樂以妨事, 女不羣樂以妨功. 男女羣樂者, 周觴五獻. 過之者誅. 君身服之. 故外無怨治, 內無亂行. 今一日飮酒, 而三日寢之, 國治怨乎外, 左右亂乎內. 以刑罰自防者, 勸乎爲非. 以賞譽自勸者, 惰乎爲善. 上離德行, 民輕賞罰. 失所以爲國矣. 願君節之也.」

　경공景公이 술에 취하여 사흘이 지나서야 깨어났다. 이에 안자가 경공을 만나 물었다.

　「임금께서는 술병이 나셨습니까?」

　경공이 「그렇습니다!」*라고 답하자, 안자가 이렇게 말하였다.

　「옛날의 술 마시는 법은 서로 기기氣를 통하고, 빈주賓主 사이에 감정을 잘 투합하는 것으로 족하였습니다. 따라서 남자는 무리지어 노니느라 할 일을 망치는 경우가 없었고, 여자도 무리지어 노니느라 길쌈에 방해가 되는 경우가 없었습니다. 남녀가 모여 함께 즐거움을 나눌 때에는 서로 술잔을 돌리되 다섯 번이면 되었고, 이를 넘기는 자는 처벌을 받았습니다.

　임금된 자는 몸이 강건하여야 남을 다스릴 수 있습니다. 그래야 밖으로 그 정치에 대해 원망하는 자가 없고, 안으로 난을 일으키는 행동이 없게 됩니다.

　지금 하루 동안 술을 마시고 사흘을 드러누우니, 나라의 정치에 밖으로부터 원망이 있을 수밖에 없고, 안으로 좌우의 그릇된 행동이 나타날 수밖에 없는 것입니다. 그 때문에 형벌로써 스스로 방비하여야 할 일들에 대해 오히려 잘못을 저지르도록 권하는 꼴이요, 상으로서 스스로 권면하여야 할 일들에 대해 오히려 그 선행에 게을러질 수밖에 없도록 하는 셈이 됩니다. 윗사람은 덕행으로부터 멀어지고 백성은 상벌을 하찮게 여긴다면, 이는 나라를 다스리는 근본을 잃게 되는 것입니다. 원컨대 임금께서는 절제하시기 바랍니다.」

【정성(正醒)】술이 깨고 난 다음의 곤비한 상태.《詩經》小雅 節南山에는 『憂心如酲』라 하
였고, 毛傳에는 『病酒曰酲』이라 하였다.
 * 山東省 臨沂縣 銀雀山 漢墓 출토의 竹簡에는 원문의 『然』 다음에 『□三日而後發』
의 6자가 더 있다.

【참고】《北堂書鈔》148에 본장의 내용이 실려 있다.

004 [1-4] 景公飮酒, 七日七夜不止. 弦章諫曰:「君飮酒, 七日七
夜, 章願君廢酒也. 不然, 章賜死.」晏子入見. 公曰:「章諫吾曰:
『願君之廢酒也. 不然, 章賜死.』 如是而聽之, 則臣爲制也. 不聽,
又愛其死.」晏子曰:「幸矣! 章遇君也. 令章遇桀紂者. 章死久矣.」
於是公遂廢酒.

   경공이 이레 밤낮을 그치지 않고 술을 마셨다. 이에 현장弦章이 이렇게
충간하였다.
   「임금께서 이레 밤낮을 그렇듯 마구 술을 마시다니요.* 이제 술을 그만
드시든지, 아니면 저에게 죽음을 내려 주십시오.」
   안자가 입조하자, 경공이 의견을 구하였다.
   「현장이 나에게 『술을 그만 마시든지, 아니면 죽음을 내려 주십시오』라
고 청하였습니다. 그의 말이 옳다고 여겨 그 청을 들어 주면 이는 신하에
게 제압을 당하는 꼴이 되고, 들어 주지 않으면 그의 죽음이 애석하게 됩
니다.」
   이 말에 안자가 「다행입니다. 현장이 이렇듯 임금을 만났으니 망정이지,
걸桀·주紂 같은 이를 만났더라면 죽은 지 이미 오래일 것입니다」라고 하
자, 경공이 그 술자리를 폐하여 버렸다.

【현장弦章】景公의 臣下. 그러나 盧文弨는 《晏子春秋拾補》에서 『呂氏春秋勿躬篇, 說苑
君道篇, 皆以弦章在桓公時. 韓非外儲說左下作弦商, 當卽弦章. 唯新序雜事四, 在桓公時
乃弦寧. 後問上作弦審, 實一字. 據此, 則弦章正事景公者』라고 하여 弦寧·弦審 등과 같
은 이름으로 보았으나, 王更生은 각각 다른 人物로 보고 있다.
 * 원문 『君(欲)飮酒』는, 王念孫의 《讀書雜誌》에는 欲자를 衍文으로 보았고, 文廷式은

欲자 앞에 縱자가 빠진 것으로 보았다. 즉『마구 방종하게 술이나 마시려 들다』의 뜻.
【걸桀・주紂】둘 다 古代의 포악한 君主의 대명사. 桀은 夏나라의 末王으로 商나라의
湯에게 멸망당하였고, 紂는 商(殷)나라의 末王으로 周나라의 武王에게 멸망당하였다.

005 [1-5] 景公之時, 霖雨十有七日. 公飮酒, 日夜相繼. 晏子請發
粟于民, 三請不見許. 公命柏遽巡國, 致能歌者. 晏子聞之, 不說.
遂分家粟于氓, 致任器于陌, 徒行見公. 曰:「霖雨十有七日矣. 壞
室鄕有數十, 飢氓里有數家. 百姓老弱, 凍寒不得短褐, 飢餓不得糟
糠. 敝撤無走, 四顧無告, 而君不卹, 日夜飮酒, 令國致樂不已. 馬
食府粟, 狗饜芻豢. 三保之妾, 俱足粱肉. 狗馬保妾, 不已厚乎? 民
氓百姓, 不亦薄乎? 故里窮而無告無樂有上矣. 飢餓而無告無樂有
君矣. 嬰奉數之筴, 以隨百官之吏, 民飢餓窮約以無告, 使上淫湎,
失本而不卹, 嬰之罪大矣.」再拜稽首, 請身而去. 遂走而出. 公從
之, 兼于塗, 而不能逮. 令趣駕追晏子, 其家不及. 粟米盡于氓, 任
器存于陌. 公驅及之康內, 公下車從晏子, 曰:「寡人有罪. 夫子倍
棄不援, 寡人不足以有約也. 夫子不顧社稷百姓乎? 願夫子之幸存
寡人, 寡人請奉齊國之粟米財貨, 委之百姓. 多寡輕重, 惟夫子之
令.」遂拜于途. 晏子乃返, 命稟巡氓, 家有布縷之本, 而絕食者, 使
有終月之委. 絕本之家, 使有期年之食. 無委積之氓, 與之薪樵. 使
足以畢霖雨, 令柏巡氓, 家室不能禦者, 予之金, 巡求氓, 寡用財乏
者死, 三日而畢. 後者, 若不用令之罪. 公出舍, 損肉撤酒, 馬不食
府粟, 狗不食飦肉, 辟拂嗛齊, 酒徒減賜. 三日吏告畢上, 貧氓萬七
千家, 用粟九十七萬鍾, 薪樵萬三千乘, 壞室二千七百家, 用金三千.
公然後就內退食, 琴瑟不張, 鐘鼓不陳. 晏子請, 左右與可令歌舞,
足以留思虞者, 退之. 辟拂三千, 謝于下陳, 人侍三, 士侍四, 出之
關外也.

　경공 때에 장마비*가 열이레 동안이나 계속되었다. 그런데도 경공은 밤
낮을 그치지 않고 술만 마셨다. 안자가 곡식을 풀어 백성을 구제하자고 세
번이나 청하였지만, 끝내 허락을 얻어내지 못하였다.

게다가 경공은, 오히려 백거柏遽로 하여금 전국을 순회하면서 노래 잘하는 이들을 불러오도록 명하기까지 하였다. 안자는 이 소식을 듣고 불쾌한 기분을 감출 수가 없었다. 그래서 하는 수 없이 자신의 집안 양식을 백성에게 나누어 주고, 집안 도구도 거리에 내놓아 마음대로 갖다 쓰도록 하고, 그 스스로는 걸어서 임금을 만나러 나섰다.

「장마가 열이레나 계속되고 있습니다. 집이 무너진* 예가 동네마다 수십 채나 되며, 마을마다 굶주린 백성들이 수 가구나 됩니다. 백성들 중에 노약자들은 추위에 떨면서도 짧은 홑옷조차 얻어 입지 못하는 형편이며, 배고픔에 떨면서도 조강糟糠조차 얻어먹지 못하고 있습니다. 담장까지 무너져 돌아가 의지할 곳이 없고, 사방을 둘러보아도 하소연조차 할 데가 없습니다.

그런데도 임금께서는 이들을 구제할 생각은 아니하고, 밤낮으로 술이나 마시면서 나라에 노래 잘하는 이들을 찾아오라며 끝없이 성화만 부리고 있습니다. 임금이 기르는 말은 나라 창고의 곡식을 먹고 있고, 임금의 개는 온갖 고기를 실컷 먹고 있으며, 후궁 삼실三室의 첩들은 먹고 싶은 것이면 무엇이든지 없는 것 없이 풍족히 먹고 있습니다.

개나 말, 그리고 실첩室妾들에게 너무 후하게 대접하는 것은 아닙니까? 그러면서 불쌍한 백성들에게는 너무 야박하게 대하는 것은 아닙니까? 이처럼 마을을 다 돌아다녀도 어디 고할 데가 없다면 그들은 윗사람을 좋아할 리가 없고, 배고픔을 그 어디에도 호소할 데가 없다면 자신의 임금을 좋아할 리가 없겠지요.

저는 책策을 받들고 임금을 모시며 백관들을 따르게 하는 재상으로서, 주린 백성들로 하여금 궁약에 빠져서도 어디 고할 곳이 없게 하였고, 윗사람으로 하여금 술에 빠져 본을 잃고 백성을 구제하지 못하도록 하였으니 저의 죄가 크다 하겠습니다.」

이어서 재배하고 머리를 조아리며 자신의 몸은 물러나겠노라 청하고는, 드디어 떠나 버렸다. 경공은 그를 뒤좇았지만, 장마로 진흙이 쌓여 따를 수가 없었다. 다시 수레를 몰도록 하여 안자를 좇아가게 하였는데, 안자의 집에 이르기도 전에 길에서 보니 그 집안의 곡식들은 이미 백성들에게 다 풀어 준 뒤였고, 도구들조차 거리에 내놓아 마음대로 갖다 쓰도록 하였던 것이다. 경공은 수레를 몰아 네거리의 큰길에 이르러서야 안자를 찾아내었다.

경공이 수레에서 내려 안자를 뒤좇으며 이렇게 사과하였다.

「과인이 잘못하였습니다. 선생께서 과인을 버리고 도와 주지 않으신다면, 과인은 그 어떤 일도 할 수가 없습니다. 선생께서는 설마 사직과 백성을 전혀 고려하지 않는 것은 아니겠지요? 원컨대 선생께서는 과인을 보살펴 주시기 바랍니다. 과인은 청컨대 이 제齊나라의 식량과 재물을 다 들어 백성에게 나누어 줄 것입니다. 그 양의 과다와 경중은 오직 선생의 명령에 따르겠습니다.」

그리고는 길에서 배례拜禮를 하였다. 안자는 그제서야 되돌아왔다. 그리하여 백성들의 집을 순시한 후, 상잠桑蠶의 밑천은 남아 있되 먹을 것이 없어 굶주리는 자에게는 한 달간의 양식을 배급토록 하고, 상잠의 밑천조차 없는 집에 대해서는 1년치의 식량을 배급하고, 아무것도 없는 백성에게는 땔감까지 주어서 이 장마의 재난을 잘 견뎌낼 수 있도록 조치하였다.

그리고 백거로 하여금 백성을 순시하되 집이 무너져 의지할 곳이 없는 이에게는 자금을 주며, 백성들 중에 재화가 결핍한 자들을 순시하여 알아 보도록 하였다. 또한 백성에게 나누어 줄 재물을 적게 나누어 주거나 아껴서 숨기는 자는 죽일 것이며, 사흘 안에 이 일을 끝내되 기한을 넘기는 자는 명령을 지키지 못한 죄와 똑같이 다스릴 것이라고 하였다.

경공도 늘 관청에 나와 고기와 술을 줄였고, 말들은 관고官庫의 식량을 먹지 못하게 하였으며, 개는 고기를 섞은 죽을 먹이지 못하게 하였다. 게다가 좌우 신하들의 봉록도 줄였고, 술자리를 함께 하던 친한 신하들에게 내리던 상도 줄여 버렸다.

사흘이 지나자 관리가 일을 다 마쳤노라고 품고해 왔다. 이에 빈민이 1만 7천 가구였으며, 사용된 양식은 무려 97만 종, 땔감은 1만 3천 승이 소요되었다. 무너진 집은 2천7백 가구였으며, 돈은 3천 금이 들었다.

경공은 그런 연후에야 안으로 되돌아왔다. 식사도 줄이고, 역시 금슬을 연주한다든지 종고의 음악을 펼쳐 놓는 일은 없었다. 안자는 기회를 놓치지 않고, 좌우 신하들 가운데 가무로써 임금의 미련을 부추길 만한 자들을 물러가게 하자고 청하였다. 그리하여 쫓겨난 자가 3천 명이었으며, 이들을 명렬名列에서 물러나도록 하였고, 임금을 곁에서 모시던 시인侍人 세 명과 선비 네 명은 국경 밖까지 축출해 버렸다.

* 원문의 『霖雨』는 淫雨라고도 하며, 《爾雅》 釋天에는 『久雨謂之淫, 淫謂之霖』이라
하였고, 郭璞의 注에는 『雨三日以上爲霖』이라 하였다.
【백거柏遽】 景公의 臣下. 一說에는 柏은 官職, 遽는 〈급히〉의 뜻으로도 본다.
* 원문 『壞室』은 많은 판본에 『懷寶』로 실려 있으나, 이는 글자가 비슷하여 誤刻된
것으로 여겨진다. 寶의 俗字가 宝이기 때문이다.
【조강糟糠】 등겨. 가난과 굶주림을 표현할 때 쓰는 말.
【삼실三室】 일부 판본에는 三保로 실려 있다. 三室은 後宮의 애첩 비빈이 기거하는 곳.
【책책策】 원글자는 筴. 임금의 정책을 받들기 위해 書寫奏章하는 簡策.
【상잠桑蠶】 뽕나무를 길러 누에를 침. 고대 농업과 함께 가장 중요한 산업.

006 [1-6]　晏子朝, 杜扃望羊待于朝. 晏子曰:「君奚故不朝?」 對
曰:「君夜發不可以朝.」 晏子曰:「何故?」 對曰:「梁丘據入歌人
虞, 變齊音.」 晏子退朝, 命宗祝修禮而拘虞. 公聞之而怒, 曰:「何
故而拘虞?」 晏子曰:「以新樂淫君.」 公曰:「諸侯之事, 百官之政,
寡人願以請子. 酒醴之味, 金石之聲, 願夫子無與焉. 夫樂何必夫故
哉?」 對曰:「夫樂亡而禮從之, 禮亡而政從之, 政亡而國從之, 國
衰, 臣懼. 君之逆政之行, 有歌. 紂作北里. 幽厲之聲, 顧夫淫以鄙,
而偕亡. 君奚輕變夫故哉?」 公曰:「不幸有社稷之業, 不擇言而出
之. 請受命矣.」

　　안자가 조회를 하러 갔더니, 두경杜扃이 멍하니* 먼 곳을 바라보면서 조
회를 기다리고 있었다. 이에 안자가 물었다.
　「임금께서 어찌하여 조회를 시작하지 않습니까?」
　　그러자 두경이 이렇게 설명하였다.
　「임금께서 어젯밤을 꼬박 새워 조회를 열 수 없다 합니다.」
　　안자가 다시 「무슨 까닭입니까?」라고 묻자, 두경이 「양구거梁丘據가 가
인歌人 우虞를 들여보내어 노래를 부르도록 하였지요. 그 음악은 제齊나라
의 곡을 변화시킨 것입니다. 임금께서 그 음악을 즐기느라 잠을 이루지 못
하였다 합니다」라고 답하였다.
　　이에 안자가 물러나와 종축宗祝으로 하여금 예를 갖추어 그 우를 잡아
가두도록 하였다. 이 소식을 들은 경공이 화를 내며 안자에게 따져 물었다.

「무슨 이유로 우를 구금하였습니까?」

안자가 「새로운 음악으로 임금을 음란*에 빠지게 하였기 때문입니다」라고 하자, 임금이 다시 「제후에 관한 일이나 백관의 정치에 관한 일이라면 과인이 선생께 가르침을 청하겠습니다. 그러나 술맛에 대한 일, 음악에 관한 일이라면 원컨대 선생께서는 더 이상 관여하지 말아 주십시오. 무릇 음악이라고 하는 것이, 어찌하여 반드시 옛날대로라야만 한다는 말입니까?」라고 그 심기를 드러내었다.

이 말에 안자는 이렇게 설명하였다.

「무릇 음악이 없어지면 예가 따라서 없어지고, 예가 없어지면 정치가 따라서 없어지는 것입니다. 그러면 나라는 쇠하고 마는 것이니, 저는 임금께서 끝내 정치를 거스르는 길로 가지 않을까 두려워서 이렇게 한 것입니다. 노래 가운데 주紂는 북리北里라는 음악을 지었고, 유왕幽王과 여왕厲王 또한 그들대로의 음악이 있었지요. 생각건대 그 음악이 음란하고 비루하여 모두가 망하고 만 것입니다. 그런데 임금께서는 어찌하여 옛것을 변경시키는 일을 그렇듯 가벼이 여길 수 있습니까?」

이 말에 경공이 이렇게 수긍하였다.

「불행하게도 과인은 사직의 업을 가지고 있으면서도 말을 가려서 하는 능력이 없습니다. 청컨대 명령을 받들겠습니다.」

【두경杜局】景公의 臣下.
＊ 원문의 『望羊』은 『멍하니 먼 곳을 바라보다』의 뜻. 疊韻語의 衍聲複辭.《孔子家語》辯藥解에 『曠如望羊』라 하였고, 王肅의 注에 『望羊, 遠視也』라 하였다.
【양구거梁丘據】景公의 臣下. 晏子와 대립되던 人物.
【가인歌人】노래로 임금을 즐겁게 하는 배우.
【우虞】人名.
【종축宗祝】人名. 제사와 기도를 맡는 관직을 가졌다.
＊ 원문은 淫. 古代의 淫亂은 정상적인 생활이 아닌 것을 일컫는다. 즉 『예에 벗어나 환락에 취하는 일』을 말한다.
【북리北里】殷나라의 末王인 紂가 지었다는 淫靡한 舞曲.《史記》殷本記에 『使師涓作新淫聲, 北里之舞, 靡靡之樂』이라 하였다.
【유왕幽王】西周의 임금. 재위 11년(B.C. 781~771). 姬湦, 혹은 姬涅. 褒姒의 亂으로 유명하다.
【여왕厲王】西周의 임금. 재위 51년(B.C. 878~828). 幽王의 祖父로 포악무도하였다.

007 [1-7]　景公燕, 賞于國內. 萬鍾者三, 千鍾者五. 令三出, 而職計
莫之從, 公怒, 令免職計. 令三出, 而士師莫之從. 公不說, 晏子見.
公謂晏子曰：「寡人聞君國者, 愛人則能利之. 惡人則能疏之. 今寡
人愛人, 不能利. 惡人, 不能疏. 失君道矣.」晏子曰：「嬰聞之. 君正
臣從, 謂之順. 君僻臣從, 謂之逆. 今君賞讒諛之臣, 而令吏必從.
則是使君失其道, 臣失其守也. 先王之立愛, 以勸善也. 其立惡, 以
禁暴也. 昔者, 三代之興也, 利于國者愛之, 害于國者惡之. 故明所
愛而賢良衆, 明所惡而邪僻滅. 是以天下治平, 百姓和集. 及其衰也,
行安簡易, 身安逸樂. 順于己者愛之, 逆于己者惡之. 故明所愛而邪
僻繁, 明所惡而賢良滅. 離散百姓, 危覆社稷. 君上不度聖王之興,
而下不觀惰君之衰. 臣懼君之逆政之行. 有司不敢爭, 以覆社稷, 危
宗廟.」公曰：「寡人不知也. 請從士師之策.」國內之祿, 所收者三也.

　　경공이 잔치를 열어 나라안에 상을 베풀되 1만 종鍾을 셋, 1천 종을 다섯
명으로 정하고 실시 명령을 내렸다. 세 차례나 명을 내렸으나, 직계職計 담
당자가 이를 따르지 않는 것이었다. 이에 경공이 노하여 그 직계 담당자를
면직시켜 버렸다. 그리고 나서 세 차례나 다시 명령을 내렸지만, 이번에는
사사士師가 이를 거역하는 것이었다. 경공은 이를 불쾌히 여겼다가 안자가
나타나자 이렇게 하소연하였다.

　　「과인이 듣기로 나라의 임금쯤 되면 아끼는 자에게는 능히 그에 따른 이
익을 줄 수 있고, 미워하는 자가 있으면 이를 멀리할 권리가 있다 하였습
니다. 지금 과인이 사랑하는 자가 있어도 그를 이롭게 해줄 수 없고, 미워
하는 자가 있어도 이를 멀리할 수 없으니 임금의 위세를 잃은 상태입니다.」

　　그러자 안자가 이렇게 설명해 주었다.

　　「제가 듣기로 임금이 올바를 때 신하가 그를 따르는 것을 일컬어 순順이
라 하고, 임금이 잘못되었는데도 신하가 이를 따르는 것을 일컬어 역逆이
라 한다고 하였습니다. 지금 임금께서는 참유지신讒諛之臣에게 상을 내리
고자 하면서 관리에게 그 임무를 따르라고 한다면, 이를 신하 입장에서 보
면 임금으로 하여금 그 도리를 잃게 하는 셈이요, 신하 스스로는 그 직무

를 그르치는 행위가 되는 것입니다.

선대先代의 임금들이 사랑하는 이를 세워 주었던 것은 선善을 권장하기 위함이요, 악한 자를 들추어 밝혀내었던 것은 포악함을 금하기 위해서였습니다. 옛날 삼대三代가 흥하였던 까닭은 나라에 이익을 끼친 자는 사랑하였고, 나라에 해를 끼친 자는 미워하였기 때문입니다. 즉 사랑하는 바를 밝혀 보임으로써 현량賢良한 이들이 무리지어 모이도록 하였고, 악한 자를 밝혀내어 들추어 보임으로써 사악하고 편벽된 자들이 사라지도록 하였던 것입니다. 이러한 까닭으로 천하가 태평하게 다스려지고, 백성들이 화합하여 모여들었던 것이지요.

한편 그들이 쇠퇴한 이유는 편안함만 찾고 쉽게만 고치려 들며, 몸이 그저 즐겁고 안일한 것만 추구하면서 자기에게 순종하는 자는 무조건 사랑하고, 자신에게 거역하는 자는 무조건 미워하였던 데에 있습니다. 그럼으로써 임금이 어떤 이를 사랑하는가가 알려지면 그에 맞는 사악하고 편벽된 자들이 번성하였고, 미워하는 자가 어진 이라는 것이 알려지면 현량한 이들은 자취를 감추어 버리기 때문입니다. 이 때문에 백성을 이산離散시키고, 사직을 뒤엎게 된 것입니다.

임금께서는 위로는 옛 성왕聖王이 흥하게 된 이유를 헤아리지 않으면서, 도리어 아래로 나태한 임금들이 쇠퇴하였던 쪽을 바라보고 있는 것입니다. 저는 임금께서 하시는 역정逆政의 행동에 대한 근심을 저버릴 수가 없습니다. 유사有司가 감히 간언을 하지 못하는 분위기라면 사직은 엎어지고, 종묘宗廟가 위태로워지는 법입니다.」

이 설명에 경공이 이렇게 수긍하였다.

「과인이 몰랐습니다. 청컨대 사사士師의 계책대로 하겠습니다.」

그리고는 나라안에 녹을 받을 자를 다시 심사하여 되돌려 거둔 자가 셋이나 되었다.

【종鍾】古代 도량형 단위. 六斛四斗를 一鍾이라 한다.
【직계職計】官名. 오늘날의 會計 직무와 비슷하다.
【사사士師】官名. 獄訟과 任免을 담당하였다.
【참유지신讒諛之臣】아첨과 훼방으로 임금의 주위에 가까이 있는 臣下들.
【삼대三代】中國 고대의 太平聖代로 여기고 있는 夏〔禹〕·商〔湯〕·周〔文·武〕 3대를 말한다.

【종묘宗廟】조상신을 모시는 사당. 그외에 地神과 穀神을 모시는 社稷과 함께 국가의 상징으로 지칭된다.

【참고】《群書治要》에 본장의 내용이 전재되어 있다.

008 [1-8]　景公信用讒佞, 賞無功, 罰不辜. 晏子諫曰:「臣聞明君望聖人, 而信其敎. 不聞聽讒佞以誅賞. 今與左右相說頌也. 曰:『比死者, 勉爲樂乎? 吾安能爲仁, 而愈黥民耳矣?』故內寵之妾, 迫奪于國, 外寵之臣, 矯奪于鄙. 執法之吏, 並荷百姓, 民愁苦約病, 而姦驅尤佚. 隱情奄惡, 蔽諂其上. 故雖有至聖大賢, 豈能勝若讒哉! 是以忠臣常有災傷也. 臣聞, 古者之士, 可與得之, 不可與失之. 可與進之, 不可與退之. 臣請逃之矣.」遂鞭馬而出. 公使韓子休追之, 曰:「孤不仁. 不能順敎, 以至此極. 夫子休國焉而往, 寡人將從而後.」晏子遂鞭馬而返. 其僕曰:「嚮之去何速, 今之返又何速?」晏子曰:「非子之所知也. 公之言至矣.」

　경공이 참녕讒佞의 말을 믿고 공 없는 자에게 상을 내리고, 무고無辜한 자에게 벌을 내리는 일이 벌어지자, 안자가 이렇게 간하였다.
　「현명한 군주는 성인聖人을 우러러 그의 가르침을 믿는다는 말은 들었지만, 참녕한 자들의 말을 믿고 그에 따라 상벌을 내린다는 말을 저는 듣지 못하였습니다. 지금 임금의 좌우 신하들은 서로 즐겁게 노래 부르며,『죽은 자를 보라. 그에 비한다면 살아 있을 때 힘써 즐길 일이 아니겠는가? 내가 능히 인仁을 행한다고 해서, 죽고 나면 죄짓고* 목숨만 살아가는 백성들보다 무엇이 낫겠는가?』라고 떠들어대지요. 그 때문에 안에서 임금의 총애를 받는 첩들은 나라안에서 제멋대로 남을 핍박하고 빼앗으며, 밖에서 총애를 받는 신하들은 저 시골까지도 속이고 빼앗고 하는 것입니다.
　한편 법을 집행하는 관리들조차 덩달아 백성에게 고통을 주고 있으니 백성들은 근심과 고통의 골병에 묶여 있으며, 간악한 노역은 더욱 제멋대로 벌어지고 있는데도 그 사실을 은폐하고, 그 비리를 엄폐하여 윗사람에게는 알려지지 못하게 하고 있는 것입니다. 따라서 비록 지성至聖·대현大賢이 있다 할지라도 어찌 이런 참언을 이겨낼 수 있겠습니까! 이러한 까닭으로 충신은 언제나 재앙과 상처만 입게 되는 것입니다.

제가 듣건대 옛 선비들은 함께 하면 얻는 것은 있으되 잃는 것은 없으며, 함께 나아갈 수는 있으나 그를 따랐다가 낭패를 당하고 쫓겨나는 일은 없다고 하였습니다. 청컨대 저는 이런 나라로부터 떠나고자 합니다.」

안자는 이 말이 끝나기가 무섭게 말에 채찍을 휘두르며 떠나 버렸다. 그러자 경공이 한자휴韓子休로 하여금 그를 뒤쫓도록 하며, 이렇게 전하였다.

「내[孤]가 어질지 못하여 그 가르침을 따르지 못하였다가 이런 막다른 상황에 이르렀습니다. 선생께서 나라를 버리고 가버린다면 과인도 그 뒤를 따르겠습니다.」

이 말에 안자도 드디어 채찍을 휘두르며 되돌아오고 말았다.

그러자 그의 마부가 「방금 떠나실 때는 그리도 급히 서두르시더니, 지금 되돌아가실 때도 이렇듯 급한 것은 무슨 연유입니까?」라고 물었다.

이에 안자가 이렇게 설명하였다.

「그대는 알 바 아니다. 임금의 말씀이 지당하기 때문이다.」

【참녕讒佞】讒은 아첨. 佞은 사랑과 요행으로 임금의 총애를 받는 臣下. 이런 人物의 모음인 《史記》佞幸列傳에 『諺曰力田不如逢年, 善仕不如遇合, 固無虛言, 非獨女以色媚, 而士宦亦有之』라 하였다.
＊ 원문의 黥은 죄인으로서 이마에 墨刑을 받는 형벌을 뜻한다.
【한자휴韓子休】景公의 臣下. 《韓非子》外儲說 左上에 실린 『使騶子韓樞御之』의 韓樞가 아닌가 한다.
【고孤】임금이 자신을 낮추어 부르는 말. 《老子》39章에 『是以侯王自謂孤. 寡, 不穀. 此非以賤爲本邪?』라 하였고, 42章에 『唯孤, 寡, 不穀, 而王公以爲稱』이라 하였다.

【참고】《册府元龜》253에 본장의 내용이 전재되어 있다.

009 [1-9] 翟王子羨, 臣于景公以重駕. 公觀之而不說也. 嬖人嬰子欲觀之. 公曰:「及晏子寢病也.」居圉中臺上, 以觀之. 嬰子說之.

因爲之請曰:「厚祿之.」公許諾. 晏子起病而見公. 公曰:「翟王子
羨之駕, 寡人甚說之. 請使之示乎?」晏子曰:「駕御之事, 臣無職
焉.」公曰:「寡人一樂之, 是欲祿之以萬鍾. 其足乎?」對曰:「昔衛
士東野之駕也. 公說之. 嬰子不說, 公因不說, 遂不觀. 今翟王子羨
之駕也, 公不說, 嬰子說, 公因說之. 爲請, 公許之. 則是婦人爲制
也. 且不樂治人, 而樂治馬. 不厚祿賢人, 而厚祿御夫. 昔者, 先君
桓公之地, 狹于今. 修法治, 廣政敎, 以霸諸侯. 今君一諸侯, 無能
親也. 歲凶年饑, 道途死者, 相望也. 君不此憂恥, 而惟圖耳目之樂.
不修先君之功烈, 而惟飾駕御之伎, 則公不顧民而忘國甚矣. 且詩
曰:『載驂載駟, 君子所屆.』夫駕八, 固非制也. 今又重此, 其爲非
制也. 不滋甚乎? 且君苟美樂之, 國必衆爲之. 田獵則不便, 道行致
遠, 則不可. 然而用馬數倍, 此非御下之道也. 淫于耳目, 不當民務.
此聖王之所禁也. 君苟美樂之. 諸侯必或效我. 君無厚德善政, 以被
諸侯, 而易之以僻. 此非所以予民, 彰名, 致遠, 親鄰國之道也. 且
賢良廢滅, 孤寡不振, 而請嬖妾, 以祿御夫, 以蓄怨, 與民爲讎之道
也. 詩曰:『哲夫成城, 哲婦傾城.』今君不思成城之求, 而惟傾城之
務. 國之亡日至矣. 君其圖之.」公曰:「善!」遂不復觀, 乃罷歸翟
王子羨, 而疏嬖人嬰子.

　　적翟나라의 왕자 선羨이, 경공의 신하가 되고자 중가重駕를 가지고 찾아
와서 그 기예를 보여 주겠노라 하였다. 경공은 이 구경을 그렇게 즐기지는
않았다. 그러나 폐첩嬖妾 영자嬰子가 이를 구경하고 싶어하였다.
　　이에 경공이 「안자가 병이 들어 누워 있을 때를 틈타 구경토록 합시다」
라고 달래었다. 그리고는 원림園林의 누대 위에서 이를 구경토록 해주었다.
영자가 이를 보고서 대단히 즐거워하며 이렇게 말하였다.
　　「그에게 후한 녹을 내리시지요.」
　　경공이 이를 허락하였다. 안자가 병이 다 나아 경공을 만나자, 경공이 먼
저 입을 열었다.
　　「적나라 왕자 선의 수레 모는 솜씨를 과인은 아주 즐겁게 구경하였습니
다. 그에게 다시 한번 시범을 보이도록 할까요?」

그러자 안자가 이렇게 말하였다.

「수레에 대한 일이라면, 이는 저의 직무와 아무런 관계가 없습니다.」

이에 왕이 다시 물었다.

「과인이 한번 즐겁게 본 대가로 그에게 1만 종鍾의 녹을 주고자 하는데, 그 정도면 족하겠습니까?」

그러자 안자가 이렇게 대답하였다.

「지난날 위衞나라의 동야東野라는 사람이 말 모는 재주를 펼쳤을 때, 임금께서는 싫다고 하면서 끝내 구경하지 않았습니다. 그런데 지금 적나라의 왕자 선이 똑같은 솜씨를 보인다고 하자, 임금께서는 싫지만 영자가 좋아한다는 이유만으로 덩달아 좋아하면서 그 요청대로 허락해 주고 있습니다. 그렇다면 이는 아녀자에게 제압당하고 있는 것입니다.

또 사람을 다스리는 일에는 즐거움을 느끼지 못하면서 말을 다스리는 일에는 즐거움을 느끼며, 어진 이에게는 후한 녹을 내리지 않으면서 말이나 부리는 마부에게는 후한 녹을 베푼다고 할 수 있습니다.

선군先君이신 환공桓公은, 땅은 지금보다 좁았지만 법치를 닦고 정교政敎를 넓혔기 때문에 제후의 패자가 될 수 있었습니다. 그런데 지금 임금께서는 하나의 제후로서 누구 하나 친해 오는 자가 없을 뿐더러, 해마다 흉년과 기근이 들어 길에 죽은 자가 널려 있을 정도인데도 근심하거나 부끄러워하기는커녕 도리어 이목耳目의 즐거움만 도모하고 있으며, 선대 임금들의 공렬功烈을 생각하기는커녕 오히려 잘 꾸민 수레의 기예技藝나 즐기려 든다면, 이는 백성을 돌아보지 않고 나라를 까맣게 잊음이 너무 심한 것입니다.

또 시詩*에 『참승驂乘을 태운 사마의 수레를 타고, 이제사 제후들이 도착하였네!』라고 하였으니, 무릇 왕자 선이 여덟 마리의 말로 재주를 부린다면 이는 이미 제도에 어긋난 것입니다.*

지금 또 그런 이를 중시하시니, 그릇된 제도를 그대로 인정함이 너무 심한 것이 아닙니까? 장차 임금께서 진실로 이를 좋아하여 즐기신다면, 온 나라 사람들이 반드시 떼를 지어 그러한 풍조를 일으킬 것입니다. 그렇게 되면 사냥을 나갈 때도 불편할 것이며, 먼길을 행차하는 데도 역시 어려움이 따를 것입니다. 그런데도 말의 숫자만 자꾸 여러 배로 늘린다면, 이는 아랫사람을 제어하는 방법에 어긋나는 것입니다. 이목의 즐거움에 빠지는 것은, 백성을 위해 힘쓰는 일에 마땅치 않습니다. 이것이야말로 옛 성왕聖 王이 금지하였던 바입니다.

또 임금께서 진실로 기예를 즐기고 칭찬한다면, 국내의 다른 제후들도 반드시 혹자는 우리를 흉내낼 것입니다. 이는 임금께서 후덕선정厚德善政 으로 제후들에게 베푸는 것이 아니라, 도리어 사벽邪僻한 행위로써 이를 바꾸어 주는 것입니다. 게다가 곧 백성을 사랑하고 이름을 드날리며, 먼 곳 까지 교화하고 이웃나라와 선린을 유지하여야 할 도리와는 너무나 먼 것입 니다. 또 어진 이를 폐멸시키고 고과孤寡를 진휼振恤하지 못하면서, 폐첩의 청을 들어 마부에게 녹을 내림으로써 원한을 쌓이게 하는 일은 백성과 원 수를 맺는 지름길입니다.

시詩*에 『명철한 사나이 나라를 이루고, 재주 많은 아낙네 나라를 망치 네』라고 하였습니다. 그런데 지금 임금께서는 나라를 일으킬 명철한 이를 구할 생각은 아니하고, 도리어 나라를 망칠 일에 관심을 쏟으시니 나라 망 할 날이 곧 다가올 것입니다. 임금께서는 이를 잘 헤아려 주십시오.」

그러자 경공이 「좋습니다!」 하고는 더 이상 그 기예에 관심을 보이지 않 고, 왕자 선을 되돌려보냈으며, 폐첩 영자도 멀리하였다.

【직翟】 狄이라고도 쓰며, 春秋時代 鮮虞와 白狄의 별종. 북쪽 이민족.
【선羨】 翟나라 王子 이름.
【중가重駕】 그 아래에 〈八〉字가 빠진 것으로 여겨진다. 즉 16마리 말의 수레.
【폐첩嬖妾 영자嬰子】 嬖妾은 사랑하는 여자. 애첩. 嬰子는 그 이름.
【원림園林】 원문은 囿. 임금의 苑林. 園林.
【동야東野】 姓氏. 衞나라 출신의 말을 잘 몰았던 당시의 人物.
【환공桓公】 春秋 초기 齊나라 君主로 春秋五霸의 首長. 管仲의 도움으로 霸者가 됨.
재위 43년(B.C. 685~643).
　*《詩經》小雅 采菽의 구절.
【참승驂乘】 後衞로서 높은 사람 옆에 모시고 탐. 또는 그 사람. 옛날에 수레를 탈 때 높은 이는 왼쪽에 앉고, 御者는 가운데에 있으며, 護衞하는 사람은 오른쪽에 타 수레 가 기울어지지 않게 하였다.
　*《公羊傳》에 『天子駕六』이라 하여 駕八은 예의제도에 어긋남을 말한다.
【고과孤寡】 孤는 고아, 寡는 寡婦. 즉 보호 대상의 계층을 일컫는 말.
【진휼振恤】 救恤.
　*《詩經》大雅 瞻卬의 구절.

【참고】 1972년 4월 山東省 臨沂縣 銀雀山 1號 漢墓 出土의 竹簡

　翟王子羊臣于景公, 以重駕, 公弗說. 嬰子欲觀之, 公曰:「及晏子帚病也.」居図中台上以觀之, 嬰子說之, 因爲請, 公許之. 晏子見, 公曰:「翟王子羊之駕也, 寡人甚說之, 吾欲祿之以萬, 其足乎?」晏子進合曰:「公言過矣. 昔衞士東圣之駕也, ……羊之駕也, 公弗說, 嬰子說之, 公因說……君子所□. 今夫駕六駕八, 固非先王之制也, 今有重之, 此其……城之務……善遂…….」

010 [1-10]　景公有男子五人. 所使傅之者, 皆有車百乘者也. 晏子爲一焉. 公召其傅曰:「勉之. 將以而所傅爲子.」及晏子. 晏子辭曰:「君命其臣, 據其肩以盡其力. 臣敢不勉乎? 今有車百乘之家, 此一國之權臣也. 人人以君命命之, 曰:『將以而所傅爲子.』此離樹別黨, 傾國之道也. 嬰不敢受命, 願君圖之!」

　경공에게는 다섯 아들이 있었다.* 이에 그들에게 저마다의 스승을 지정해 주었는데, 그 스승들 모두가 백승百乘의 수레를 가진 대부大夫들이었으며, 안자도 그 가운데 한 사람이었다. 경공이 그 스승들을 제각기 따로 불러 이렇게 부탁하였다.

　「힘써 주십시오. 장차 그대가 가르치는 자를 태자로 삼을 것입니다.」

　안자의 차례가 되자, 안자는 이렇게 사양하였다.

　「임금께서 그 신하에게 일을 맡기실 때에는 그 능력에 따라 맡기시는 것이고, 신하로서는 그 힘을 다하여 이를 받들어 수행하는 것입니다. 전들 어찌 감히 그 힘을 다 쏟지 않을 수 있겠습니까? 지금 1백 대의 수레를 가진 대부라면, 이는 이 나라의 권신權臣입니다. 그런데 임금께서 그 대부들마다에게 『장차 그대가 가르치는 자를 태자로 삼을 것이라』고 하시니, 이는 각각의 당파를 심어 서로를 이간시키는 일로써 나라를 기울게 하는 지름길입니다. 저는 이 때문에 감히 임금의 명령을 수용할 수가 없습니다. 원컨대 임금께서는 이를 헤아리시기 바랍니다!」

* 《史記》齊太公世家에 『五十八年秋, 景公卒, 太子荼立, 而群公子畏誅, 皆出亡. 公子壽, 駒, 黔奔衞, 公子駔 陽生奔魯』라고 한 것으로 보아 公子는 모두 여섯이었으며, 여기서는 太子 荼가 아직 출생하지 않았을 때이다. 011장 참조.

【백승百乘】《孟子》梁惠王篇의 趙岐 注에 「百乘之家, 謂大國之卿. 食采邑, 有兵車百乘之富也」라고 하였다.

011 [1-11] 淳于人納女于景公, 生孺子荼. 景公愛之. 諸臣謀欲廢公子陽生而立荼. 公以告晏子. 晏子曰:「不可. 夫以賤匹貴, 國之害也. 置大立少, 亂之本也. 夫陽生長而國人戴之. 君其勿易. 夫服位有等, 故賤不陵貴. 立子有禮, 故孽不亂宗. 願君敎荼以禮, 而勿陷于邪. 導之以義, 而勿湛于利. 長少行其道, 宗孽得其倫. 夫陽生敢毋使荼矍粱肉之味, 玩金石之聲, 而有患乎? 廢長立少, 不可以敎下. 尊孽卑宗, 不可以利所愛. 長少無等, 宗孽無別, 是設賊樹姦之本也. 君其圖之. 古之明君, 非不知繁樂也. 以爲樂淫則哀. 非不知立愛也. 以爲義失則憂. 是故制樂以節. 立子以道. 若夫恃讒諛以事君者. 不足以責信. 今君用讒人之謀, 聽亂夫之言也. 廢長立少, 臣恐後人之有因君之過, 以資其邪. 廢少而立長, 以成其利者. 君其圖之.」公不聽. 景公沒, 田氏殺君荼, 立陽生. 殺陽生, 立簡公. 殺簡公而取齊國.

　순우淳于 사람들이 경공에게 여자를 바쳐* 그에게서 도荼라는 아들을 얻자, 경공이 그 아들을 무척 사랑하였다. 여러 신하들이 이를 알아차리고 공자 양생陽生을 폐하고 도를 태자로 세울 모책을 마련하기까지에 이르자, 경공이 먼저 안자에게 이에 대한 자문을 구하였다. 그러자 안자가 이렇게 반대하였다.

　「안 됩니다. 무릇 천한 신분을 귀한 신분이 맡아야 할 직위에 올리는 것은 나라에 해가 됩니다. 또 장자를 버리고 소자少者를 세우는 것은 난亂의 근본입니다. 무릇 양생은 이미 장성하여 온 나라 사람들이 추대한 인물입니다. 임금께서는 바꾸지 마십시오. 무릇 복위服位란 등급이 있는 법, 그 때문에 천한 자는 귀한 자를 능멸할 수 없는 것입니다. 태자를 세움에는 예禮가 있습니다. 그래서 서얼庶孽은 적종嫡宗을 어지럽힐 수 없는 것입니다.

　원컨대 임금께서는 도에게 예를 가르쳐 줌으로써 사악한 길에 빠져들지 않도록 할 것이며, 의로써 인도하여 이익에 빠져 헤어나오지 못하는 일이 없도록 하시기 바랍니다. 그리하여 장자와 소자가 각각 그 자신의 도를 실행하며, 적종과 서얼이 각각 그 윤상倫常을 얻도록 하십시오. 무릇 양생이 임금이 되고 나서도 도로 하여금 양육粱肉의 맛이나 금석金石의 음악에 물들지 않게만 한다면, 무슨 근심거리가 있겠습니까? 장자를 폐하고 소자를 세우는 일은 아랫사람에게 교훈이 될 수 없는 일이며, 또한 서얼을 높이고 적자를 낮춘다고 해서 사랑하는 자에게 이익이 되는 것도 아닙니다. 소장少長의 등급을 없애고 종얼宗孼의 구별을 없애는 것은, 적해賊害와 간악奸惡을 세우는 근본입니다. 그러니 임금께서는 잘 헤아리시기 바랍니다.

옛날의 명철한 임금은 번화와 즐거움을 알지 못하였던 것이 아니라, 다만 즐거움과 음일한 일에 이를 뒤따를 슬픔을 알았기 때문에 하지 않은 것뿐이며, 역시 사랑하는 자를 세울 줄 몰랐던 것이 아니라 그러하였다가 의를 잃게 되면 우환이 닥치리라는 것을 염려하였기 때문입니다. 그래서 음악을 만들면서는 절제를 바탕으로 하였고, 태자를 세움에는 도道를 갖추었던 것입니다. 만약 아첨을 믿고 임금을 섬기는 자들이 있다면, 그들에게는 믿음을 책임지울 수 없습니다. 지금 임금께서 아첨하는 무리의 모책이나 난부亂夫의 말을 믿고 장자를 폐하고 소자를 세우려 하신다면, 뒤에 그 누군가가 임금의 과실을 자기의 사악함을 채우기 위한 구실로 삼아, 다시 소자를 폐하고 장자를 세워 그 이익을 누릴 자가 나타나지 않을까 염려스럽습니다. 그러니 임금께서는 잘 헤아리시기 바랍니다.」

경공은 안자의 이 말을 듣지 않았다. 이에 경공이 죽자, 전씨田氏는 새 임금인 도를 죽이고 양생을 세웠다가 다시 양생마저 죽이고 간공簡公을 세웠으며, 끝내 간공마저 죽이고 제齊나라를 빼앗아 버렸다.*

【순우淳于】 國名. 小國, 小邑. 《括地志》에 『淳于國, 在密州, 安丘縣, 東北二十里』라고 하였으며, 密州는 지금의 山東省 諸城縣.
 * 원문의 『納女』는 《左傳》 哀公 五年傳에 『諸子鬻姒之子荼嬖』이라 하였고, 服虔의 注에 『鬻姒, 景公妾, 淳于人所納』이라 하였으며, 《史記》 齊世家에는 『芮姬』로 실려 있다.
【도茶】景公의 막내아들. B.C. 489년에 景公이 죽자 임금이 되었으나, 田乞에 의해 弑殺되었다. 시호는 晏孺子. 재위 1년.
【양생陽生】역시 景公의 아들로 晏孺子〔荼〕가 弑殺당한 후 임금이 되었다. 재위 4년 (B.C. 488~485). 시호는 悼公. 大夫인 鮑子와 대립되어 그에게 弑殺당하였다.

【복위服位】衣服制度에 따른 등급.

【양육粱肉】쌀밥과 고기 반찬. 전하여 좋은 음식.

【금석金石】쇠붙이와 돌로 만든 악기의 총칭. 고대에는 金·石·革·絲·木·匏·竹 등 8音이 있었다.

【종얼宗孼】嫡宗과 庶孼.

【전씨田氏】《左傳》哀公 六年經傳에 의하면 荼를 죽인 人物은 陳乞〔田乞〕이며, 이때부터 田氏의 탈권이 시작되어 簡公이 죽은 84년 뒤 田齊로 바뀌었다. 陳은 田과 통용하였다.

【간공簡公】悼公의 아들. 이름은 壬. 재위 4년(B.C. 484~481). 田成子〔陳成子〕에게 살해당하고, 이어서 平公(재위 25년. B.C. 480~456)으로 이어졌다.

 * 田〔陳氏〕은 B.C. 410년(齊 宣公 四十六年)에 子爵을 받아 康公 二十六年에 姜氏齊를 완전히 탈취하여 田氏齊를 일으켰다.

【참고】1.《左傳》哀公 五·六年傳 참조.

2.《史記》齊太公世家

　五十八年夏, 景公夫人燕姬適子死. 景公寵妾芮姬生子荼, 荼少, 其母賤, 無行, 諸大夫恐其爲嗣, 乃言願擇諸子長賢者爲太子. 景公老, 惡言嗣事, 又愛荼母, 欲立之, 憚發之口, 乃謂諸大夫曰:「爲樂耳, 國何患無君乎?」秋, 景公病, 命國惠子·高昭子立少子荼爲太子, 逐羣公子, 遷之萊. 景公卒, 太子荼立, 是爲晏孺子. 冬, 未葬, 而羣公子畏誅, 皆出亡. 荼諸異母兄公子壽·駒·黔奔衛, 公子駔·陽生奔魯. 萊人歌之曰:「景公死乎弗與埋, 三軍事乎弗與謀, 師乎師乎, 胡黨之乎?」

3.《史記》齊太公世家

「田常弑簡公于徐州, 田常乃立簡公弟驁, 是爲平公. 平公卽位, 田常相之, 專齊之政……平公八年, 越滅吳. 二十五年卒, 子宣公積立. 宣公五十一年卒, 子康公貸立. ……十九年, 田常曾孫田和始爲諸侯, 遷康公海濱. 二十六年, 康公卒. 呂氏遂絕其祀, 田氏卒有齊國.」

012 [1-12]　景公疥且瘧, 期年不已. 召會譴梁丘據晏子而問焉. 曰:「寡人之病, 病矣. 使史固與祝佗, 巡山川宗廟, 犧牲珪璧, 莫不備具, 其數常多于先君桓公. 桓公一則寡人再, 病不已, 滋甚. 予欲殺二子者, 以說于上帝. 其可乎?」會譴梁丘據曰:「可!」晏子不對. 公曰:「晏子何如?」晏子曰:「君以祝爲有益乎?」公曰:「然!」晏子免冠曰:「若以爲有益, 則詛亦有損也. 君疏輔而遠拂, 忠臣擁塞, 諫言不出. 臣聞之,『近臣嘿, 遠臣瘖, 衆口鑠金.』今自聊攝以東, 姑尤以西者. 此其人民衆矣. 百姓之咎怨誹謗, 詛君于上帝者, 多矣. 一國詛, 兩人祝, 雖善祝者, 不能勝也. 且夫祝直言情, 則謗吾君也.

隱匿過, 則欺上帝也. 上帝神, 則不可欺. 上帝不神, 祝亦無益. 願君察之也. 不然, 刑無罪, 夏商所以滅也.」公曰:「善解予惑, 加冠!」命會譴毋治齊國之政, 梁丘據毋治賓客之事, 兼屬之乎晏子. 晏子辭, 不得命. 受, 相退. 把政. 改月而君病愈. 公曰:「昔吾先君桓公, 以管子爲有力, 邑狐與穀. 以共宗廟之鮮. 賜其忠臣, 則是多忠臣者. 子今忠臣也, 寡人請賜子州款.」辭曰:「管子有一美, 嬰不如也. 有一惡, 嬰不忍爲也. 其宗廟之養鮮也.」終辭而不受.

경공이 옴과 학질에 걸려 1년이 되도록 낫지를 아니하였다. 이에 경공이 회견會譴과 양구거梁丘據·안자晏子를 불러 모아 이렇게 물었다.

「과인의 병이 낫지를 않습니다. 사고史固와 축타祝佗로 하여금 산천과 종묘를 순회토록 하고, 희생과 보물을 구비하되 갖추지 않은 것이 없도록 정성을 들였습니다. 게다가 그 수량도 늘 선군先君이신 환공桓公보다 더 많이 하였습니다. 환공께서 하나를 바쳤다면, 과인은 그 두 배로 하였습니다. 그런데도 병이 그치지 않고 더욱 심해지기만 하니, 내 그 두 사람을 죽여 제물로 써서 상제上帝의 기쁨을 사고 싶습니다. 이를 어떻게 생각하십니까?」

이 물음에 회견과 양구거는 「좋습니다!」라고 하였지만, 안자는 아무런 대꾸도 하지 아니하였다.

그러자 경공이 「안자 그대는 어떻게 생각하십니까?」라고 물었다. 이에 안자가 이렇게 되물었다.

「임금께서는 하늘에 빌면 이익이 있으리라 여기십니까?」

「그렇습니다!」

이 대답에 안자는 관을 벗고 이렇게 설명하였다.

「기도로 인하여 이익이 생긴다면, 저주에도 역시 손해가 생긴다고 보셔야겠지요. 임금께서 보필輔弼을 멀리하시니, 충신들 모두가 길이 막혀 한 마디 간언의 말도 내놓지 못하고 있습니다. 제가 듣기로 『가까이 있는 신하는 침묵하고 멀리 있는 신하는 벙어리가 된다 해도, 그 백성의 수많은 입은 쇠를 녹인다』라고 하였습니다. 요섭聊攝 땅의 동쪽, 고우姑尤 땅의 서쪽 지역은 백성이 많은 곳입니다. 지금 그 백성들의 원망과 비방, 그리고 상제에게 임금을 저주하는 소리가 참으로 높습니다.

나라의 온 백성이 저주하는데 두 사람을 죽여 하늘에 빈다고 합시다. 비록 기도를 아주 잘한다고 해도, 그 많은 사람의 저주를 능가할 수는 없습니다. 게다가 실정을 사실대로 정직하게 말하면서 빈다면 이는 자신의 임금을 비방하게 되고, 허물을 숨기고 거짓으로 빈다면 이는 상제를 속이는 것이 되고 맙니다. 상제가 신神이라면 그를 속일 수가 없고, 상제가 신이 아니라면 그런 대상에게 빈들 이익이 있을 수 없겠지요. 따라서 임금께서는 잘 살펴볼 일입니다. 그렇지 않고 죄 없는 자만 죽이는 결과를 낳는다면, 이는 하夏·상商이 망한 이유와 똑같을 것입니다.」

그제서야 경공이 「나의 의혹을 아주 잘 풀어 주었습니다. 어서 그 관을 다시 쓰시지요!」라고 하고는, 회견에게는 더 이상 제齊나라 정치에 손을 대지 못하도록 하였고, 양구거에게는 빈객賓客을 맞이하는 업무를 하지 못하도록 하고는 두 사람의 임무를 안자가 겸하도록 하였다. 안자는 이를 사양하였지만 허락을 얻지 못하자, 이 임무를 받고 함께 임금 앞을 물러났다. 안자가 정치를 잡자, 그 다음달로 임금의 병이 나았다. 이에 경공이 이렇게 제의하였다.

「옛날 선군이신 환공께서는 관자管子의 공이 크다고 여겨 호狐와 곡穀, 두 땅을 봉읍封邑으로 내려 주시면서 다만 종묘에 신선한 제물만 공급하면 되도록 하였습니다. 충신에게 하사함이 있으면 많은 충신이 달려오는 법이지요. 그대는 지금 충신이오. 과인은 그대에게 주관州款 땅을 하사하고 싶습니다.」

그러자 안자가 이렇게 사양하였다.

「관자의 훌륭한 점에 저는 하나도 미칠 만한 것이 없습니다. 또 그에게 하나라도 잘못한 것이 있다면, 저는 차마 그런 잘못을 따라할 수가 없습니다. 바로 종묘에 신선한 희생을 바치기 위해 봉지를 받은 점입니다.」

그리고는 끝까지 사양하며 받지 아니하였다.

【회견會譴】 齊나라의 大夫. 《左傳》에는 裔款으로 실려 있다.
【양구거梁丘據】 역시 齊나라의 大夫.
【사고史固】 齊나라의 太祝. 제사지내는 직무를 맡았다. 《左傳》에는 祝固로 실려 있다.
【축타祝佗】 齊나라의 太史. 《左傳》에는 史嚚으로 실려 있다.

【환공桓公】春秋五霸 가운데 하나. 管仲의 도움으로 최초의 霸者가 되었다. 재위 43년(B.C. 685~643).
【상제上帝】하느님.
【요섭聊攝】齊나라 서쪽 변방의 두 城邑 이름.
【고우姑尤】姑水와 尤水. 齊나라 동쪽의 물 이름.
【관자管子】管仲. 夷吾. 齊나라 桓公 때의 名臣. 管鮑之交의 고사를 남긴 인물.
【고호狐】地名.
【곡곡穀】地名.
【주관州款】地名.

【참고】1.《晏子春秋》卷七 外篇 重而異者 177[7-7]과 내용 및 주제가 같다.
2.《左傳》昭公 二十年傳
　　齊侯疥遂痁. 期而不瘳, 諸侯之賓問疾者多在. 梁丘據與裔款言於公曰:「吾事鬼神豐於先君有加矣, 今君疾病爲諸侯憂, 是祝史之罪也. 諸侯不知, 其謂我不敬. 君盍誅於祝固史嚚以辭賓.」公說, 告晏子. 晏子曰:「日宋之盟, 屈建問范會之德於趙武. 趙武曰:『夫子之家事治, 言於晉國, 竭情無私, 其祝史祭祀, 陳信不愧, 其家事無猜, 其祝史不祈.』建以語康王, 康王曰:『神人無怨, 宜夫子之光輔五君以爲諸侯主也.』」公曰:「據與款謂寡人能事鬼神, 故欲誅于祝史, 子稱是語何故?」對曰:「若有德之君, 外內不廢, 上下無怨, 動無違事, 其祝史薦信無愧心矣. 是以鬼神用饗, 國受其福, 祝史與焉. 其所以蕃祉老壽者, 爲信君使也, 其言忠信於鬼神. 其適遇淫君, 外內頗邪, 上下怨疾, 動作辟違, 從欲厭私, 高臺深池, 撞鍾舞女, 斬刈民力, 輸掠其聚, 以成其違, 不恤後人, 暴虐淫從, 肆行非度, 無所還忌, 不思謗讟, 不憚鬼神, 神怒民痛, 無悛於心, 其祝史薦信是言罪也. 其蓋失數美, 是矯誣也. 進退無辭, 則虛以求媚, 是以鬼神不饗其國以禍之, 祝史與焉. 所以夭昏孤疾者, 爲暴君使也, 其言僭嫚於鬼神.」公曰:「然則若之何?」對曰:「不可爲也! 山林之木, 衡鹿守之, 澤之萑蒲, 舟鮫守之, 藪之薪蒸, 虞候守之, 海之鹽蜃, 祈望守之, 縣鄙之人, 入從其政, 偪介之關, 暴征其私, 承嗣大夫, 强易其賄, 布常無藝, 徵斂無度, 宮室日更, 淫樂不違, 內寵之妾, 肆奪於市, 外寵之臣, 僭令於鄙, 私欲養求, 不給則應, 民人苦病, 夫婦皆詛, 祝有益也, 詛亦有損. 聊攝以東, 姑尤以西, 其爲人也多矣, 雖其善祝, 豈能勝億兆人之詛? 君若欲誅於祝史, 修德而後可.」公說, 使有司寬政毀關去禁, 薄斂已責.

013 [1-13]　景公遊于麥丘, 問其封人曰:「年幾何矣?」對曰:「鄙人之年, 八十五矣!」公曰:「壽哉! 子其祝我.」封人曰:「使君之年, 長于胡! 宜國家.」公曰:「善哉! 子其復之.」封人曰:「使君之嗣, 壽皆若鄙人之年!」公曰:「善哉! 子其復之.」封人曰:「使君無得罪于民!」公曰:「誠有民得罪于君則可, 安有君得罪于民者乎?」晏子諫曰:「君過矣. 彼疏者有罪, 戚者治之. 賤者有罪, 貴者治之. 君得罪于民, 誰將治之? 敢問桀紂, 君誅乎? 民誅乎?」公曰: 「寡人固也.」于是賜封人麥丘以爲邑.

　경공이 맥구麥丘라는 곳으로 놀이를 가서, 그곳 봉지封地 내의 한 노인*에게 물었다.

「그대는 나이가 얼마나 되었습니까?」

「비루한 이 사람의 나이는 여든다섯입니다!」

　이 대답에 경공이 「장수로군요! 그대는 나를 위해 축수해 줄 수 없겠습니까?」라고 요청하였다. 그러자 그 노인이 이렇게 빌어 주었다.

「우리 임금으로 하여금 호공胡公보다 오래 살게 하셔서, 국가에 그 혜택이 미치도록 하소서!」

　이에 경공이 「좋습니다! 다시 더 축복해 줄 일은 없습니까?」라고 재청하였다. 그러자 노인이 「임금의 후사들도 모두가 제 나이만큼씩 오래 살도록 하소서!」라고 하였다.

　경공이 재차 「좋습니다! 다시 또 축복해 주시지요!」라고 청하였다. 이에 노인이 다시 「우리 임금으로 하여금 백성에게 죄를 짓는 일이 없도록 하소서!」라고 하자, 경공이 이를 불쾌히 여기며 이렇게 투덜거렸다.

「진실로 백성이 임금에게 죄를 짓는 일이라 하면 옳겠으나, 어찌 임금이 백성에게 죄를 짓는다는 말이 있을 수 있습니까?」

　그러자 안자晏子가 이렇게 간언하였다.

「임금께서는 잘 모르시는군요. 서로 소원한 관계라 해도 그런 자가 죄를 짓게 되면 그 친척들이 나서서 대신 죄를 빌 수 있고, 천한 자가 죄를 지으면 귀한 자가 대신 나서서 죄를 해결할 수 있지요. 그러나 임금이 백성에게 죄를 짓는다면, 장차 누가 대신 나서서 그 죄를 해결해 줄 수 있겠습니까? 감히 묻건대 걸桀·주紂는 임금이 죽였습니까? 아니면 백성이 죽였습니까?」

　이에 경공이 이렇게 수긍하였다.

「과인이 융통성이 없었습니다.」

　그리고는 맥구 땅을 그에게 내려 식읍食邑으로 삼도록 하였다.

【맥구麥丘】지금의 山東省 商河縣 서북쪽.

＊ 원문의 「封人」은 邦人의 가차로 보인다. 결국 封地 內의 사람. 그곳의 邑人. 劉師培의 《補釋》에 『此文之封卽邦之假, 邦人卽邑人, 非官名之封人也』라고 하였다.
【호공胡公】景公의 先君인 胡公. 靜. 장수하였다고 한다. 兪樾은 『胡者, 蓋謂之先君胡公靜也. 詩·齊譜·正義言, 胡公歷懿王, 孝王, 夷王, 是其享國久矣』라고 하였다.
【걸桀·주紂】폭군. 夏나라의 末王인 桀과 殷나라의 末王인 紂.

【참고】1. 다른 기록에는 景公의 일이 아니라 桓公의 일로 실려 있다.
2. 《韓詩外傳》 卷十의 1
　　齊桓公逐白鹿, 至麥丘之邦, 遇人, 曰:「何爲者也?」對曰:「臣·麥丘之邦人.」桓公曰:「叟年幾何?」對曰:「臣年八十有三矣.」桓公曰:「美哉!」與之飮. 曰:「爲寡人壽也?」對曰:「野人不知爲君王之壽.」桓公曰:「盍以叟之壽祝寡人矣?」邦人奉觴再拜曰:「使吾君固壽, 金玉之賤, 人民是寶.」桓公曰:「善哉! 祝乎! 寡人聞之矣: 至德不孤, 善言必再. 叟盍優之?」邦人奉觴再拜曰:「使吾君好學士而不惡問, 賢者在側, 諫者得入.」桓公曰:「善哉! 祝乎! 寡人聞之, 至德不孤, 善言必三. 叟盍優之?」邦人奉觴再拜曰:「無使羣臣百姓得罪於吾君, 無使吾君得罪於羣臣百姓.」桓公不說, 曰:「此言者. 非夫前二言之祝. 叟其革之矣!」邦人濟然而涕下, 曰:「願君熟思之, 此一言者, 夫前二言之上也. 臣聞子得罪於父, 可因姑姊妹謝也, 父乃赦之. 臣得罪於君, 可使左右謝也, 君乃赦之. 昔者, 桀得罪於湯, 紂得罪於武王, 此君得罪於臣也, 至今未有爲謝也.」桓公曰:「善哉! 寡人賴宗廟之福, 社稷之靈, 使寡人遇叟於此.」扶而載之, 自御以歸, 薦之於廟, 而斷政焉. 桓公之所以九合諸侯, 一匡天下, 不以兵車者, 非獨管仲也, 亦遇之於是. 詩曰:『濟濟多士, 文王以寧.』
3. 《新序》 卷四 雜事의 18
　　桓公田, 至於麥丘, 見麥丘邑人, 問之:「子何爲者也?」對曰:「麥丘邑人也.」公曰:「年幾何?」對曰:「八十有三矣.」公曰:「美哉壽乎! 子其以子壽祝寡人.」麥丘邑人曰:「祝主君, 使主君萬壽, 金玉是賤, 人爲寶.」桓公曰:「善哉! 至德不孤, 善言必再, 吾子其復之.」麥丘邑人曰:「祝主君, 使主君無羞學, 無惡下問, 賢者在傍, 諫者得入.」桓公曰:「善哉! 至德不孤, 善言必三, 吾子其復之.」麥丘邑人曰:「祝主君, 使主君無得罪群臣百姓.」桓公怫然作色曰:「吾聞之, 子得罪於父, 臣得罪於君, 未嘗聞君得罪於臣者也, 此一言者, 非夫二言者之匹也, 子更之.」麥丘邑人坐拜而起曰:「此一言者, 夫二言之長也, 子得罪於父, 可以因姑姊叔父而解之, 父能赦之. 臣得罪於君, 可以因便辟左右而謝之, 君能赦之. 昔桀得罪於湯, 紂得罪於武王, 此則君之得罪於其臣者也. 莫爲謝, 至今不赦.」公曰:「善, 賴國家之福, 社稷之靈, 使寡人得吾子於此.」扶而載之, 自御以歸, 禮之於朝, 封之以麥丘, 而斷政焉.
4. 《群書治要》 雜上에 본장의 내용이 전재되어 있다.

014 [1-14]　楚巫微道裔款以見景公, 侍坐三日, 景公說之. 楚巫曰:「公神明之主. 帝王之君也. 公卽位十有七年矣. 事未大濟者, 神明未至也. 請致五帝, 以明君德.」景公再拜稽首. 楚巫曰:「請巡國郊,

以觀帝位.」至于牛山而不敢登. 曰:「五帝之位, 在于國南. 請齋而
後登之.」公命百官供齋具于楚巫之所. 裔款視事. 晏子聞之而見于
公曰:「公令楚巫齋牛山乎?」公曰:「然! 致五帝以明寡人之德, 神
將降福于寡人, 其有所濟乎?」晏子曰:「君之言過矣. 古之王者. 德
厚足以安世. 行廣足以容衆. 諸侯戴之, 以爲君長. 百姓歸之, 以爲
父母. 是故天地四時, 和而不失. 星辰日月, 順而不亂. 德厚行廣,
配天象時. 然後爲帝王之君, 神明之主. 古者, 不慢行而繁祭, 不輕
身而恃巫. 今政亂而行僻, 而求五帝之明德也. 棄賢而用巫, 而求帝
王之在身也. 夫民不苟德, 福不苟降. 君之帝王, 不亦難乎? 惜夫君
位之高, 所論之卑也.」公曰:「裔款以楚巫命寡人曰:『試嘗見而觀
焉.』寡人見而說之. 信其道, 行其言. 今夫子譏之, 請逐楚巫而拘裔
款.」晏子曰:「楚巫不可出.」公曰:「何故?」對曰:「楚巫出, 諸侯
必或受之. 公信之以過于內, 不知. 出以易諸侯于外, 不仁. 請東楚
巫而拘裔款.」公曰:「諾!」故曰送楚巫于東, 而拘裔款于國也.

초楚나라 출신의 미微라는 무당이, 예관裔款의 소개로 경공景公을 만나
뵙고 사흘을 모셨다. 경공이 이에 아주 흥미를 느끼자, 그 무당이 이런 제
의를 하였다.

「임금께서는 신명神明한 군주이시며, 제왕帝王의 군주이십니다. 그런데도
즉위하신 지 17년이나 되도록 아직 큰일을 성취시키지 못하고 있으니, 이
는 그 신명이 아직 임금에게 이르지 않았기 때문입니다. 청컨대 옛날의 오
제五帝를 불러 모셔 군덕君德을 밝히시지요!」

이 말에 경공이 재배하며 머리를 조아렸다.

무당이 다시 「청컨대 나라의 교외를 순시하시면서 오제의 위치를 살펴보
시지요」라고 하였다.

그리하여 우산牛山에 이르자, 무당은 오히려 오르지는 않고 짐짓 이렇게
둘러대는 것이었다.

「오제의 위치는 나라의 남쪽입니다. 청컨대 재齋를 올린 후에 오르셔야
합니다.」

이에 경공이 백관에게 명하여 재를 올린 후, 재구齋具를 갖추어 그 무당이 지정한 곳에 공급토록 하고, 예관에게는 이 일을 감독케 하였다. 안자가 이런 사실을 듣고, 경공을 만나 물었다.

「임금께서 초나라 무당으로 하여금 우산에 재를 올리도록 하였습니까?」

그러자 임금이 「그렇습니다! 오제를 모셔 과인의 덕을 밝히고자 합니다. 신神이 장차 과인에게 복을 내려 주시겠지요. 그렇게 하면 모든 일이 잘 풀리지 않겠습니까?」라고 하였다. 이 말에 안자가 이렇게 설명하였다.

「임금의 말씀은 잘못되었습니다. 옛날의 왕된 자들은 덕을 후히 베풀되 세상을 편안히 하는 것으로 족하였고, 행동을 널리 펼치되 많은 무리를 포용하는 것으로 족하였습니다. 그리하여 제후들이 그를 추대하여 군장君長으로 삼았고, 백성들이 모여들어 그를 부모로 여겼습니다. 이러한 까닭으로 천지天地와 사시四時가 화합하여 질서를 잃지 않았고, 성신星辰과 일월日月이 순리대로 움직여 혼란이 없었습니다. 덕이 후해지고 행동이 넓어지면, 그것이 천지·사시에 배합하는 것입니다. 그런 연후에야 제왕의 군주가 되며, 신명한 군주가 되는 것입니다.

옛날에는 자신의 행동은 태만히 하면서 제사를 번거롭게 지내는 일이 없었고, 자신을 가벼이 여기면서 무당만을 믿는 경우도 없었습니다. 그런데 지금 정치가 혼란한데도 행동은 편벽되이 하면서 도리어 오제의 명덕明德을 구하고 있으며, 어진 이를 버리고 무당을 신용하면서 오제가 자기 몸에 있기를 바라고 있습니다. 무릇 백성이란 덕을 구차스럽게 구하는* 존재도 아니며, 복이란 구차스럽게 하여 내리는 것도 아닙니다. 그러니 임금께서 제왕帝王에 대한 꿈을 꾸는 것은 역시 어려운 일이 아니겠습니까? 안타깝게도 임금께서는 지위는 높으나, 그 논하는 바는 비천하군요!」

이에 경공이 이렇게 변명하였다.

「예관이라는 자가 초나라 무당을 내게 소개하면서 『시험삼아 만나보시지요』라고 하기에 내 만나보고 흥미를 느꼈으며, 그의 도道를 믿고 그의 말을 실행하게 된 것입니다. 지금 선생께서 그토록 힐난하시니, 청컨대 무당은 쫓아내고 예관이라는 자는 가두어 버리겠습니다.」

그러자 안자가 「초나라 무당을 축출해서는 안 됩니다」라고 만류하였다.

「무슨 연유입니까?」

경공의 물음에 안자는 이렇게 설명하였다.

「초나라의 그 무당을 쫓아내면, 다른 제후들 가운데 틀림없이 그를 받아들이는 자가 혹 있을지도 모릅니다. 임금께서 안으로 그를 잘못 믿어 과오를 범한 것은 지혜롭지 못한 것이요, 다시 이를 밖으로 내쫓아 다른 제후들이 그렇게 하도록 하는 것은 어질지 못한 것입니다. 청컨대 무당을 동쪽으로 보내고, 예관은 구금하십시오.」

이에 경공이 「좋습니다」라고 하였다.

그리하여 무당은 동쪽으로 보내고, 예관은 나라안에 구금하였다.

【미微】楚나라 출신의 巫女.
【예관裔款】景公의 臣下. 會譴이 아닌가 한다.
【오제五帝】上古時代의 五帝에 대한 설은 여러 가지가 있으나,《史記》五帝本紀에서는 黃帝·顓頊·帝嚳·帝堯·帝舜을 지칭하였다. 한편 본문에서는 五方之帝를 뜻하는 것으로 보기도 한다.
【우산牛山】山名. 지금의 山東省 臨淄縣의 남쪽 10리쯤에 있다.《元和郡縣志》에는 『牛山在臨淄縣南二十五里』라고 하였다.
　＊ 원문의 『苟德』은 판본에 따라서 苟得으로 실려 있기도 한다.《禮記》曲禮에 『臨財無苟得』이라 하였고, 孔穎達 注에 『非義而取, 謂之苟得』이라 하였다.

【참고】《太平御覽》人事部 97에 본장의 내용이 전재되어 있다.

015 [1-15]　齊大旱逾時, 景公召羣臣. 問曰:「天不雨久矣. 民且有飢色. 吾使人卜, 云祟在高山廣水. 寡人欲少賦斂, 以祠靈山, 可乎?」羣臣莫對. 晏子進曰:「不可! 祠此無益也. 夫靈山, 固以石爲身. 以草木爲髮. 天久不雨, 髮將焦, 身將熱. 彼獨不欲雨乎? 祠之何益?」公曰:「不然. 吾欲祠河伯, 可乎?」晏子曰:「不可! 河伯以水爲國. 以魚鼈爲民. 天久不雨, 水泉將下, 百川將竭, 國將亡, 民將滅矣. 彼獨不欲雨乎? 祠之何益?」景公曰:「今爲之奈何?」晏子曰:「君誠避宮殿. 暴露, 與靈山河伯共憂. 其幸而雨乎!」于是, 景公出野, 居暴露. 三日, 天果大雨. 民盡得種時. 景公曰:「善哉! 晏子之言. 可無用乎? 其維有德.」

제齊나라에 큰 가뭄이 들어 한철이 넘도록 계속되었다. 이에 경공이 여러 신하들을 불러 놓고 이렇게 물었다.

「하늘이 너무 오랫동안 비를 내려 주지 않는군요. 백성들은 모두가 주린 기색입니다. 내 사람을 시켜 점을 쳐보았더니, 고산高山 광수廣水가 그 빌미(祟)라 합니다. 그래서 과인이 약간의 세금을 거두어 그 비용으로 영산靈山에 제사를 지내고자 합니다. 가可하겠습니까?」

여러 신하들이 아무런 대답을 하지 못하자, 안자가 나아가 이렇게 말하였다.

「안 됩니다. 그런 제사를 지내도 이익될 게 없습니다. 무릇 영험한 산이라 할지라도 사실은 돌로 몸을 삼고, 초목으로 머리카락을 삼고 있습니다. 하늘이 오랫동안 비를 내려 주지 않으면 그 머리카락은 타고, 그 몸은 더워서 견딜 수가 없겠지요. 그러니 산인들 홀로 비를 바라지 않겠습니까? 거기다가 제사를 지낸다고 무슨 이익이 있겠습니까?」

그러자 경공이 다시 말을 바꾸었다.

「그렇게 할 수 없다면, 나는 하백河伯에게라도 제사를 지내고 싶습니다. 그것은 어떻습니까?」

이에 안자가 다시 반대하였다.

「안 됩니다. 하백은 물을 나라로 삼고, 어별魚鼈을 백성으로 삼고 있습니다. 하늘이 오랫동안 비를 내려 주지 않으면, 샘물은 자꾸 말라 낮아지고, 온갖 냇물도 말라 버릴 것이며, 그 나라는 망하고 백성도 멸망해 버리겠지요. 그러니 그 하백인들 어찌 저 홀로 비를 바라지 않겠습니까? 그런 하백에게 제사를 지낸들 무슨 이익이 있겠습니까?」

그러자 경공이 다시 물었다.

「그러면 이제 어떻게 하면 좋겠습니까?」

이에 안자가 이렇게 대답하였다.

「임금께서 진실로 궁전을 피해 들에 나가 햇볕을 쬐고 노숙하며, 저 영산과 하백의 근심을 함께 한다면, 혹시 비가 내리는 행운이 있을지도 모르지요!」

그리하여 경공이 들에 나가 노숙하고 햇볕을 쬐기를 사흘, 과연 하늘에서 큰비가 내렸다. 백성들은 모두 씨 뿌릴 시기를 얻게 된 것이다. 이에 경공이 이렇게 감탄하였다.

「훌륭하도다! 안자의 말이여. 어찌 귀담아듣지 않을 수 있겠는가? 오직 덕 있는 말이로다!」

【수崇】빌미. 귀신이 화를 내림.
【하백河伯】古代 神話에서 河水를 맡은 神.
【어별魚鼈】물고기와 자라.

【참고】1. 《太平御覽》879에 본장의 내용이 전재되어 있다.
2. 《初學記》天部下에 관련기록이 실려 있다.
3. 《藝文類聚》卷一百 災異部 旱
　　晏子曰:「齊大旱.」公召羣臣問曰:「天不雨久矣, 民且飢色, 吾使人卜之, 崇在高山廣澤. 寡人少賦斂以祠靈山, 可乎?」羣臣皆莫有對者. 晏子進曰:「不可. 祠此無益也. 夫靈山固以石爲身, 以草木爲毛髮, 天久不雨, 髮將燋, 身將熱, 彼獨不欲雨乎? 祠之何益?」
4. 《說苑》卷十八 辨物篇 755[18-11]
　　齊大旱之時, 景公召羣臣問曰:「天不雨久矣, 民且有飢色, 吾使人卜之, 崇在高山廣水, 寡人欲少賦斂, 以祠靈山可乎?」羣臣莫對. 晏子進曰:「不可, 祠此無益也. 夫靈山固以石爲身, 以草木爲髮; 天久不雨, 髮將焦, 身將熱, 彼獨不欲雨乎? 祠之無益.」景公曰:「不然, 吾欲祠河伯可乎?」晏子曰:「不可, 祠此無益也. 夫河伯以水爲國, 以魚鼈爲民; 天久不雨, 水泉將下, 百川竭, 國將亡, 民將滅矣, 彼獨不用雨乎? 祠之何益?」景公曰:「今爲之奈何?」晏子曰:「君誠避宮殿暴露, 與靈山河伯共憂; 其幸而雨乎!」於是景公出野, 暴露三日, 天果大雨, 民盡得種樹. 景公曰:「善哉! 晏子之言, 可無用乎? 其惟有德也.」

016 [1-16]　景公觀于淄上, 與晏子閒立. 公喟然歎曰:「嗚呼! 使國可長保, 而傳于子孫, 豈不樂哉?」晏子對曰:「嬰聞, 『明王不徒立, 百姓不虛至.』今君以政亂國, 以行棄民久矣. 而聲欲保之, 不亦難乎? 嬰聞之, 『能長保國者, 能終善者也.』諸侯並立, 能終善者爲長. 列士並學, 能終善者爲師. 昔先君桓公, 方任賢而贊德之時, 亡國恃以存, 危國仰以安. 是以民樂其政, 而世高其德. 行遠征暴, 勞者不疾. 驅海內使朝天子, 而諸侯不怨. 當是時也, 盛君之行, 不能進焉. 及其卒而衰, 怠于德而並于樂, 身溺于婦侍, 而謀因于豎刁. 是以民苦其政, 而世非其行. 故身死乎胡宮而不擧, 蟲出而不收. 當是時也, 桀紂之卒, 不能惡焉. 詩曰:『靡不有初, 鮮克有終』 不能終善者,

不遂其君. 今君臨民若寇讎, 見善若避熱, 亂政而危賢. 必逆于衆,
肆欲于民, 而虐誅于下, 恐及于身. 嬰之年老, 不能待君使矣. 行不
能革, 則持節以沒世耳.」

경공이 치수淄水가에 이르러 구경을 하면서 안자와 한가로이 서 있었다.
그러다 경공이 이렇게 위연 탄식하였다.

「아! 국가를 길이 보존하고, 이를 자손에게까지 물려 줄 수 있다면, 그
어찌 즐거운 일이 아니리요?」

그러자 안자가 이 말을 받아 이렇게 말하였다.

「제가 듣건대 『명왕明王은 이유 없이 세워 놓은 것이 아니며, 백성은 이
유 없이 모여드는 것이 아니다』* 하였습니다. 지금 임금께서는 정치를 혼란
스럽게 하고, 그 행동은 백성을 버리듯이 한 지가 이미 오래입니다. 그러면
서 이를 보존한다는 것은 어려운 일이 아니겠습니까? 또 제가 듣기로 『나라
를 길이 보존하는 자는, 그 끝을 잘 마무리하는 자』라고 하였습니다. 제후
가 다투어 섰을 때, 능히 잘 마무리하는 자가 패자霸者가 되는 것입니다.

옛날 선군이신 환공桓公께서 바야흐로 어진 이를 임용하고 덕으로써 일
을 처리하였을 때에는, 제후들 가운데 망해 가는 나라는 그분의 도움으로
존속할 수 있었고, 위험한 나라는 그를 우러러 안정을 얻을 수 있었습니다.
그 까닭으로 백성은 그의 정치를 즐겁게 여겼으며, 세세토록 그의 덕을 높
이 보는 것입니다. 멀리까지 원정을 나서서 포악한 자를 정벌할 때에도 그
의 노역자들은 이를 싫어하지 않았으며, 어느 제후 하나 원망하는 자가 없
었습니다. 그 당시에는 그 어떤 성군聖君의 행동도 그를 앞설 수가 없었습
니다.

그러나 그가 죽음과 쇠함에 임박해서는 덕에는 태만히 하면서 즐거움에
만 빠져들었고, 그 몸은 아녀자의 시중에 탐닉하여 모든 모책을 수조豎刁
를 통해서 처리하였지요. 이 까닭으로 백성은 그 정치에 고통을 느꼈고, 세
세토록 그의 행동을 비난하게 된 것입니다. 그리하여 그 몸이 호궁胡宮에
서 죽었을 때, 장례를 치르지 못하여 벌레가 기어나왔지만 시신조차 수습
되지 못하였습니다. 그 당시에는 걸傑·주紂의 죽음조차도 환공의 죽음보
다 더 비참할 수는 없었습니다.

시詩*에 『처음을 잘못한 것은 아니건만, 끝까지 잘하는 자는 정말 드무네!』라고 하였습니다. 이처럼 끝을 잘 마무리하지 못하는 자는, 그 임금 노릇을 완수하지 못한 것이 됩니다.

그런데 지금 임금께서는 백성에게 임할 때는 마치 원수를 보듯 하고, 어진 행동을 마주칠 때는 뜨거운 것을 피하듯 하면서 정치를 혼란스럽게 하고, 어진 이를 위험에 빠지게 하고 있습니다. 게다가 민중의 뜻에 역행하고 백성에게 하고 싶은 대로 하면서, 아랫사람을 죽이며 학대를 일삼고 있습니다. 그 화가 마침내 임금의 몸에 미칠까 두렵습니다. 저는 이제 늙은 몸, 더 이상 임금을 모시고 그 부림을 받을 수가 없습니다. 임금의 행동을 더 이상 바꾸어 드릴 수도 없으니, 저는 제 절의를 지닌 채 죽고자 합니다.」

【치수淄水】 齊나라 臨淄를 흐르는 물. 《括地志》에 『淄州縣東北七十里原山, 淄水所出, 俗傳云禹理水功畢, 土石黑, 數里之中, 波若漆, 故謂之淄水也』라고 하였다.
  * 張純一의 《晏子春秋校注》에 『明王嘗以百姓之心爲心, 百姓非有德者不歸心』이라 하였다.
【환공桓公】 齊나라 桓公. 春秋五霸의 首長.
【수조豎刁】 齊나라 桓公의 佞臣. 開方. 易牙 등과 함께 桓公 사후에 난을 일으켰다. 참고란을 볼 것.
【호궁胡宮】 齊나라 桓公이 말년에 거주하던 궁궐.
  * 《詩經》 大雅 蕩의 구절.

【참고】 1. 《太平御覽》 人事部 69에 본장의 내용이 전재되어 있다.
2. 《群書治要》에도 본장의 내용이 전재되어 있다.
3. 《管子》 小稱篇
  公曰. 嗟玆乎. 聖人之言長乎哉. 死者無知則已. 若有知. 吾何面目以見仲父於地下. 乃援素幃以裹首而絶. 死十一日. 蟲出於戶. 乃知桓公之死也. 葬以楊門之扇. 桓公之所以身. 死十一日. 蟲出戶而不收者. 以不終用賢也. 桓公管仲鮑叔牙甯戚四人飮. 飮酣. 桓公謂鮑叔牙曰. 闔不起爲寡人壽乎. 鮑叔牙奉杯而起曰. 使公毋忘出如莒時也. 使管子毋忘束縛在魯也. 使甯戚毋忘飯牛車下也. 桓公辟席再拜曰. 寡人與二大夫能無忘夫子之言. 則國之社稷必不危矣.
4. 《史記》 齊太公世家
  四十三年. 初, 齊桓公之夫人三; 曰王姬·徐姬·蔡姬, 皆無子. 桓公好內, 多內寵, 如婦人者六人, 長衛姬, 生無詭. 少衛姬, 生惠公元; 鄭姬, 生孝公昭; 葛嬴, 生昭公潘; 密姬, 生懿公商人, 宋華子, 生公子雍. 桓公與管仲屬孝公於宋襄公, 以爲太子. 雍巫有寵於衛共姬, 因宦者豎刁以厚獻於桓公, 亦有寵, 桓公許之立無詭. 管仲卒, 五公子皆求立. 冬十月乙亥, 齊桓公卒. 易牙入, 與豎刁因內寵殺羣吏, 而立公子無詭爲君. 太子昭奔宋.
  桓公病, 五公子各樹黨爭立. 及桓公卒, 遂相攻, 以故宮中空, 莫敢棺. 桓公尸在牀上六十七日, 尸蟲出于戶. 十二月乙亥, 無詭立, 乃棺赴. 辛巳夜, 斂殯.

017 [1-17]　景公遊于牛山, 北臨其國城, 而流涕曰:「若何滂滂去此而死乎?」艾孔, 梁丘據, 皆從而泣. 晏子獨笑于旁. 公刷涕而顧晏子. 曰:「寡人今日之遊悲, 孔與據皆從寡人而涕泣, 子之獨笑, 何也?」晏子對曰:「使賢者常守之, 則太公桓公, 將常守之矣. 使勇者常守之, 則靈公莊公, 將常守之矣. 數君者, 將守之, 則吾君安得此位而立焉? 以其迭處之, 迭去之, 至于君也. 而獨爲之流涕, 是不仁也. 不仁之君見一, 諂諛之臣見二, 此臣之所以獨竊笑也.」

　경공景公이 우산牛山을 유람하다가, 북쪽의 국성國城에 임하여 눈물을 흘리면서 이렇게 말하였다.

　「이처럼 광활한 나라를 두고 어찌 죽을 수 있겠는가?」

　그러자 곁에 있던 애공艾孔과 양구거梁丘據도 이 소리를 듣고 안타까워 울었다. 그런데 안자만이 홀로 그 곁에서 웃고 있었다. 경공이 눈물을 닦으며 안자를 돌아보고 물었다.

　「과인은 오늘의 유람에서 슬픔을 느꼈습니다. 애공과 양구거도 모두 과인을 따라 울고 있는데, 그대만이 홀로 비웃고 있으니 무슨 연유입니까?」

　이에 안자가 이렇게 설명하였다.

　「어진 이라고 해서 항상 세상을 지켜 끝까지 죽지 않는다면, 태공太公과 환공桓公께서 지금까지 계속하여 지키고 있을 것입니다. 또 용감한 자로 하여금 계속해서 세상을 지키게 할 수 있었다면, 영공靈公과 장공莊公이 지금까지 살아 있을 것입니다. 이상 몇 분이 지금까지 지키고 있다면, 임금께서는 무슨 지위로 여기에 서 있을 수 있겠습니까? 그것이 차례로 처하고 차례로 떠나고 해서 지금 임금에게까지 이른 것인데, 그런 일로 눈물을 흘리시다니 이는 어질지 못하기 때문입니다. 저는 지금 어질지 못한 한 임금과, 아첨에 뛰어난 두 신하를 보고 있습니다. 이것이 곧 제가 홀로 웃고 있는 까닭입니다.」

【우산牛山】 산 이름. 《括地志》에 『齊桓公墓在臨淄縣南二十一里牛山上, 亦名鼎足山. 名

牛首堈」이라 하였다.

【국성國城】 齊나라 북쪽을 살릴 수 있는 城.

【애공艾孔】 齊나라 大夫.

【양구거梁丘據】 齊나라 大夫.

【태공太公】 姜太公·呂尙·姜子牙·太公望으로도 불리며, 文·武王을 도운 후 齊 땅에 封을 받아 齊나라의 始祖가 되었다.

【환공桓公】 齊나라 中興主. 春秋五霸의 首長. 재위 43년(B.C. 685~643).

【영공靈公】 齊나라 壯公의 父. 이름은 環. 재위 28년(B.C. 581~554).

【장공莊公】 景公의 前代 君主. 재위 6년(B.C. 553~558). 崔杼에게 弑殺당하였다. [前出]

【참고】 1. 《晏子春秋》 卷七 外篇 重而異者 172[7-2]와 내용 및 주제가 유사하다.

2. 《晏子春秋》 卷七 外篇 重而異者 174[7-4]와 주제가 같다.

3. 《韓詩外傳》 卷十의 11

齊景公遊於牛山之上, 而北望齊, 曰:「美哉國乎! 鬱鬱泰山. 使古無死者, 則寡人將去此而何之?」俯而泣沾襟. 國子高子曰:「然臣賴君之賜, 疏食惡肉可得而食也, 駑馬柴車可得而乘也, 且猶不欲死, 況君乎?」俯泣. 晏子曰:「樂哉! 今日嬰之游也. 見怯君一, 而諛臣二, 使古而無死者, 則太公至今猶存, 吾君方今將被蓑笠而立乎, 畎之中, 惟事之恤, 何暇念死乎?」景公慙, 而擧觴自罰, 因罰二臣.

4. 《列子》 力命篇 088[6-11]

齊景公游於牛山, 北臨其國城而流涕曰:「美哉國乎! 鬱鬱芊芊, 若何滴滴去此國而死乎? 使古無死者, 寡人將去斯而之何?」史孔梁丘據皆從而泣曰:「臣賴君之賜, 疏食惡肉可得而食, 駑馬稜車可得而乘也; 且猶不欲死, 而況吾君乎?」晏子獨笑於旁. 公雪涕而顧晏子曰:「寡人今日之游悲, 孔與據皆從寡人而泣, 子之獨笑, 何也?」晏子對曰:「使賢者常守之, 則太公桓公將常守之矣; 使有勇者而常守之, 則莊公靈公將常守之矣. 數君者將守之, 吾君方將被蓑笠而立乎畎畝之中, 唯事之恤, 行假念死乎? 則吾君又安得此位而立焉? 以其迭處之迭去之, 至於君也, 而獨爲之流涕, 是不仁也. 見不仁之君, 見諂諛之臣. 臣見此二者, 臣之所爲獨竊笑也.」景公慙焉, 擧觴自罰, 罰二臣者各二觴焉.

5. 《文選》 卷二十八 陸士衡 樂府 齊謳行 注

鄙哉牛山歎. 未及至人情. 晏子春秋曰, 景公遊牛首山, 比臨其國, 流涕曰:「若何去此而死乎?」艾孔梁丘據皆泣, 晏子獨笑. 公收涕而問之. 晏子曰:「使賢者常守, 則太公桓公有之. 使勇者常守, 則莊公有之. 吾君安得有此, 而爲流涕. 是不仁也. 見不仁之君一, 諂諛之臣二, 所以獨笑也.」莊子曰:「不離於眞謂之至人也.」

6. 《文選》 卷十三 潘安仁, 秋興賦 注

晏子春秋曰, 景公遊於牛山, 臨齊國乃流涕而歎曰:「奈何去, 此堂堂之國, 而死乎? 使古而無死不亦樂乎? 左右皆泣, 晏子獨笑曰夫盛之有衰, 生之有死, 天之數也. 物有必至, 事有當然. 曷有悲老, 而哀死? 古無死古之樂也, 君何有焉, 懷達悼近齊景之謂也?」

7. 《左傳》 昭公 二十年 十二月傳

公飮酒樂, 公曰:「古而無死, 其樂若何?」晏子對曰:「古而無死, 則古之樂也, 君何得焉? 昔爽鳩氏始居此地, 季萴因之, 有逢伯陵因之, 蒲姑氏因之, 而後太公因之. 古若無死, 爽鳩氏之樂, 非君所願也.」

018 [1-18] 景公出遊于公阜, 北面望, 睹齊國. 曰:「嗚呼! 使古而無死, 何如?」晏子曰:「昔者, 上帝以人之死爲善. 仁者息焉. 不仁者伏焉. 若使古而無死, 太公, 丁公, 將有齊國, 桓, 襄, 文, 武, 將皆相之, 君將戴笠衣褐, 執鉏耨, 以蹲行畎畝之中, 孰暇患死?」公忿然作色不說. 無幾何, 而梁丘據乘六馬而來. 公曰:「是誰也?」晏子曰:「據也.」公曰:「何以知之?」曰:「大暑而疾馳, 甚者馬死, 薄者馬傷, 非據孰敢爲之?」公曰:「據與我和者夫?」晏子曰:「此所謂同也. 所謂和者, 君甘則臣酸, 君淡則臣鹹. 今據也, 君甘亦甘, 所謂同也, 安得爲和?」公忿然作色不說. 無幾何, 日暮. 公西面望, 睹彗星, 召伯常騫使禳去之. 晏子曰:「不可! 此天敎也. 日月之氣, 風雨不時, 彗星之出, 天爲民之亂見之. 故詔之妖祥, 以戒不敬, 今君若設文而受諫, 謁聖賢人. 雖不去彗, 星將自亡. 今君嗜酒而並于樂, 政不飾而寬于小人, 近讒好優, 惡文而疏聖賢人, 何暇去彗? 茀又將見矣.」公忿然作色不說. 及晏子卒, 公出屛而立. 曰:「嗚呼! 昔者, 從夫子而遊公阜, 夫子一日而三責我, 今誰責寡人哉?」

경공이 공부公阜에 가서 노닐다가, 멀리 북쪽을 조망하여 제齊나라 경내를 구경하면서 이렇게 말하였다.

「아! 옛부터 죽음이라는 것이 없었다면 어찌 되었을까?」

안자가 이 말을 받아 이렇게 말하였다.

「옛날 상제上帝께서는 사람의 죽음을 좋은 것으로 여겼습니다. 왜냐하면 어진 이는 쉴 수 있고, 어질지 못한 이는 굴복케 하기 때문입니다. 또 만약 옛부터 죽음이 없었다면 태공太公·정공丁公이 제나라를 가지고 있을 것이며, 환공桓公·양공襄公·문공文公·무공武公은 그 재상이 되어 있을 것입니다. 그러면 임금께서는 삿갓에 갈의褐衣를 걸치고, 괭이로 농사나 지으면서 저 밭두둑가를 오가는 농부에 불과할 텐데 죽음을 걱정할 겨를이 어디 있겠습니까?」

이 말에 경공이 분연히 불쾌한 기색을 하였다.

잠시 후 양구거가 여섯 마리 말이 끄는 수레를 타고 나타났다.

경공이 「저자는 누구입니까?」라고 묻자, 안자가 「양구거입니다」라고 대답하였다.

경공이 다시 「어떻게 압니까?」라고 되물었다.

그러자 안자가 이렇게 대답하였다.

「심한 더위에도 아랑곳 없이 그 말을 빨리 몰면 급기야는 말이 죽고 맙니다. 죽지 않는다 하더라도, 적어도 그 말은 다치고 맙니다. 그런 일을 할 자가 양구거 아니면 누가 있겠습니까?」

이에 경공이 「그렇다면 양구거와 나는 서로 어울리는(和) 성격이로군요!」라고 하자, 안자가 다시 이렇게 비꼬았다.

「이것은 같은 것(同)이지요. 어울리는 것이란 임금이 달다고 할 때 신하는 시다고 하고, 임금이 싱겁다고 할 때 신하는 짜다고 하는 경우입니다. 지금 양구거는 임금께서 달다고 할 때 같이 달다고 합니다. 이것은 같은 것이지 어찌 어울리는 것이라고 할 수 있겠습니까?」

그러자 경공이 분연히 불쾌한 빛을 얼굴에 또 한 차례 드러내었다.

잠시 후 해가 뉘엿뉘엿 기울고 있을 때, 경공이 서쪽을 바라보다가 혜성彗星을 발견하고 백상건伯常騫을 불러 그 재앙을 제거하도록 명하였다. 그러자 안자가 나서서 이렇게 말하였다.

「안 됩니다. 이는 하늘이 무엇인가를 가르쳐 주는 것입니다. 해와 달의 기운과 풍우가 제때를 지키지 않을 때 혜성이 나타나는 것입니다. 그러므로 이는 하늘이 백성의 난이 있음을 알려 주는 것입니다. 따라서 하늘이 요상妖祥을 보여 불경不敬을 경계하도록 일러 주는 것입니다. 지금 임금께서 만약 문文을 숭상하고 간언을 받아들이며 성현을 알현하신다면, 비록 혜성을 없애려 하지 않아도 그 별은 저절로 사라질 것입니다. 그러나 지금 술에 빠져 쾌락만 즐기고, 정치는 돌보지 않으면서 소인배에게는 너그럽게 하며, 참언하는 자를 가까이하고 배우나 좋아하며, 나아가 문을 싫어하고 성현을 멀리한다면 어느 겨를에 혜성이 사라지겠습니까? 나아가 그보다 더한 불성弗星 또한 나타날 것입니다.」

이 말에 경공이 분연히 불쾌한 빛을 얼굴에 드러내었다.

나중에 안자가 죽었을 때, 경공이 병풍을 열고 안자의 시신 가까이 다가

서며 이렇게 애도하였다.

「아! 지난날 선생과 함께 공부에 놀이를 갔을 때, 선생께서는 하루에 세 번*이나 나를 책하셨지요. 이제 그 누가 과인을 책하여 주리요?」

【공부公阜】 齊나라의 地名.
【태공太公】 太公望, 姜太公, 呂尙, 姜子牙. 齊나라의 始祖.
【정공丁公】 이름은 級. 太公의 아들.
【환공桓公】 春秋五霸의 하나. 小白.
【양공襄公】 이름은 渚兒. 재위 12년(B.C. 697~686).
【문공文公】 이름은 赤. 재위 12년(B.C. 815~804).
【무공武公】 재위 26년(B.C. 831~825).
【혜성彗星】 빗자루처럼 생겨서 붙인 이름. 箒星이라고도 한다. 옛날에는 흉한 것으로 여겼다.
【백상건伯常騫】 景公의 臣下. 栢常騫으로도 실려 있다.
【요상妖祥】 吉凶의 징조.
【불성茀星】 孛星. 彗星과 비슷하나 꼬리가 짧다고 한다.
　* 세 가지 질책은 죽음, 和와 同, 彗星에 대한 것이다.

【참고】 1. 본문은 세 가지 이야기가 하나로 모아져 있다. 즉 죽음에 대한 것은 017[1-17]·172[7-2]·174[7-4]의 변형이고, 和와 同에 대한 것은 175[7-5]의 변형이며, 彗星에 대한 것은 172[7-2]·173[7-3] 등과 관련이 있다.
2. 《晏子春秋》 卷一 內篇 諫上 017 참조.
3. 《晏子春秋》 卷七 外篇 重而異者 172·173·175 참조.
4. 《左傳》 昭公 二十六年傳
　　齊有彗星, 齊侯使禳之. 晏子曰:「無益也, 祇取誣焉. 天道不謟, 不貳其命, 若之何禳之? 且天之有彗也, 以除穢也, 君無穢德, 又何禳焉? 若德之穢, 禳之何損? 詩曰:『惟此文王, 小心翼翼, 昭事上帝, 聿懷多福, 厥德不回, 以受方國.』 君無違德, 方國將至, 何患於彗? 詩曰:『我無所監, 夏后及商, 用亂之故, 民卒流亡.』 若德回亂, 民將流亡, 祝史之爲, 無能補也.」 公說乃止.
5. 《史記》 齊太公世家
　　三十二年, 彗星見. 景公坐柏寢, 嘆曰:「堂堂! 誰有此乎?」 羣臣皆泣, 晏子笑, 公怒, 晏子曰:「臣笑羣臣諛甚.」 景公曰:「彗星出東北, 當齊分野, 寡人以爲憂.」 晏子曰:「君高臺深池, 賦斂如弗得, 刑罰恐弗勝, 茀星將出, 彗星何懼乎?」 公曰:「可禳否?」 晏子曰:「使神可祝而來, 亦可禳而去也. 百姓苦怨以萬數, 而君令一人禳之, 安能勝衆口乎?」 是時景公好治宮室, 聚狗馬, 奢侈, 厚賦重刑, 故晏子以此諫之.
6. 《新序》 卷四 雜事의 26
　　齊有彗星, 齊侯使祝禳之. 晏子曰:「無益也, 祇取誣焉. 天道不謟, 不貳其命, 若之何禳之也. 且夫天之有彗, 以除穢德也, 君無穢德, 又何禳焉? 若德之穢也, 禳之何益? 詩云:『惟此文王, 小心翼翼, 昭事上帝, 聿懷多福, 厥德不回, 以受方國.』 君無違德, 方國將至,何患於彗? 詩曰: 『我無所監, 夏后及商, 用亂之故, 民卒流亡.』 若德之回, 亂民將流亡. 祝史之爲無能補也.」 公說, 乃止.

7.《論衡》變虛

　齊景公時有彗星, 使人禳之. 晏子曰: 「無益也, 祇取誣焉. 天道不闇, 不貳其命, 若之何禳之也? 且天之有彗, 以除穢也. 君無穢德, 又何禳焉? 若德之穢, 禳之何益? 詩曰: 『惟此文王, 小心翼翼, 昭事上帝, 聿懷多福; 厥德不回, 以受方國.』 君無回德, 方國將至, 何患於彗? 詩曰: 『我無所監, 夏后及商, 用亂之故, 民卒流亡.』 若德回亂, 民將流亡, 祝史之爲, 無能補也?」 公說乃止.

019 [1-19] 　景公出遊于寒途, 睹死胔, 默然不問. 晏子諫曰: 「昔吾先君桓公, 出遊, 睹飢者, 與之食, 睹疾者, 與之財. 使令不勞力, 藉斂不費民. 先君將遊, 百姓皆說曰: 『君當幸游吾鄉乎!』 今君遊于寒途, 據四十里之氓, 殫財不足以奉斂, 盡力不能以周役. 民氓飢寒凍餒, 死胔相望, 而君不問, 失君道矣. 財屈力竭, 下無以親上. 驕泰奢侈, 上無以親下. 上下交離, 君臣無親, 此三代之所以衰也. 今君行之, 嬰懼公族之危, 以爲異姓之福也.」 公曰: 「然! 爲上而忘下, 厚藉斂而忘民, 吾罪大矣.」 于是斂死胔, 發粟于民. 據四十里之氓, 不服政其年. 公三月不出遊.

　경공이 추운 겨울날 순유巡遊하다가, 길에서 썩은 시신*을 보고도 묵묵히 아무런 질문을 아니하였다. 그러자 안자가 이렇게 간하였다.

　「옛날 우리 선군先君이신 환공桓公께서는 출유出游하다가 주린 자를 보면 먹을 것을 주었고, 병든 자를 보면 재물을 내려 주었습니다. 또 사령使令을 내릴 때도 백성을 노고스럽게 하지 않도록 하였고, 세금을 빗대어 백성의 재물을 쓰는 일도 없었습니다. 그 때문에 선군이 장차 순유하려 들면, 백성들이 다투어 『마땅히 우리 마을로 행유幸游하셔야 합니다』라고 하였지요.

　그런데 지금 임금께서는 추운 겨울에 순유하면서, 40리 안팎의 마을 백성을 다 부려 그들의 재물을 다 써도 그 봉렴奉斂을 만족시켜 줄 수 없고, 온 힘을 다 쏟아도 능히 그 주역周役을 다할 수 없도록 하고 있습니다. 백성들은 추위에 떨며 얼어죽거나 굶어죽고 있으며, 또한 죽어 썩은 시신이 널려 있는데도 묻지를 않으시니 이는 임금의 도리를 잃는 것입니다. 재물을 다 빼앗기고 힘을 다하였으니 그런 아랫사람은 윗사람을 친히 여길 리 없고, 교만과 사치에 맛을 들인 윗사람은 그들대로 아랫사람을 친히 여길 리 없습니다. 이렇게 위아래가 서로 이반되어 있으며, 임금과 신하가 서로 친함이 없으니, 이것이 바로 삼대三代가 쇠약하게 된 원인인 것입니다. 그런 행동을 지금 임금께서 저지르고 있으니 이러다가는 공족公族이 위험해지고, 마침내 다른 성씨姓氏의 복*이 되지 않을까 두렵습니다.」

이에 경공이 「그렇군요! 윗사람이 되어 아랫사람을 잊고, 세금이나 무겁게 매기면서 그 백성을 잊었으니 나의 죄가 큽니다」 하고는 썩어가는 시신을 거두어 주고, 곡식을 풀어 백성에게 나누어 주었다. 그리고 그 40리 안팎의 백성에게는 1년 동안 복역服役을 면제하고, 경공 자신은 석 달 동안 출유出遊하지 않았다.

* 원문의 『死骼』는 사후에 완전히 썩지 않은 시신을 뜻한다.《禮記》月令에 『掩胳埋骼』라 하였고, 鄭玄의 注에 『骨枯曰胳, 肉腐曰骼』라 하였다.
【환공桓公】齊나라 桓公. 春秋五霸의 首長.
【주역周役】勞役을 주도면밀하게 수행함.
* 원문은 『異姓之福.』齊나라 姓氏는 姜氏〔呂氏〕. 景公이 사치·교만하게 굴다가 나라를 잃어 다른 姓氏가 차지하리라는 위험. 실제로 뒤에 田氏〔陳氏〕가 齊나라를 차지하였다.

【참고】 1.《晏子春秋》卷七 外篇 重而異者 178[7-8]과 주제가 같다.
2.《太平御覽》486에 본장의 내용이 전재되어 있다.

020 [1-20]　景公之時, 雨雪三日而不霽. 公被狐白之裘, 坐于堂側階. 晏子入見, 立有間. 公曰:「怪哉! 雨雪三日而天不寒.」晏子對曰:「天不寒乎?」公笑. 晏子曰:「嬰聞古之賢君, 飽而知人之飢, 溫而知人之寒, 逸而知人之勞. 今君不知也.」公曰:「善! 寡人聞命矣.」乃令出裘發粟, 以與飢寒者. 令所睹于塗者, 無問其鄉, 所睹于里者, 無問其家. 循國計數, 無言其名. 士既事者兼月, 疾者兼歲. 孔子聞之曰:「晏子能明其所欲, 景公能行其所善也.」

경공 때에 눈이 연사흘을 그치지 않고 내렸다. 이에 경공이 호백구狐白

裘를 입고 대궐의 측계側階에 앉아 있었다. 안자가 들어와 알현하자 잠시 서 있다가, 경공이 이렇게 날씨 이야기를 하였다.

「이상합니다! 눈이 연사흘을 내려도 날씨가 춥지를 않습니다.」

이 말에 안자가 물었다.

「날씨가 춥지 않다구요?」

그러자 경공이 웃기만 하였다. 이에 안자가 이렇게 말하였다.

「제가 듣기로 옛날의 어진 임금은 자신의 배부름을 통하여 남의 배고픔을 알았고, 자신의 따뜻함을 통하여 남의 추위를 알았으며, 자신의 편안함을 통하여 남의 노고를 알았다 하였습니다. 임금께서는 지금 이를 모르고 있습니다.」

그제서야 경공이 「훌륭합니다. 과인이 그 명령을 따르겠습니다」 하고는, 이에 옷과 식량을 풀어 춥고 배고픈 자에게 나누어 주도록 하였다.

그러면서 길에서 만난 사람은 그 고향이 어딘지 묻지 말고, 마을에서 만났을 때는 그 집이 어딘지 묻지 말 것이며, 나라를 다 훑어 그 수를 계산하되 그 이름도 묻지 말고 널리 베풀도록 명하였다. 이에 선비로서 이미 일거리를 가진 자에게는 두 달치의 식량을, 그리고 병든 자에게는 1년치를 주도록 하였다.

공자孔子가 이 소식을 듣고 이렇게 평하였다.*

「안자는 능히 그 하고 싶은 바를 밝혔고, 경공은 능히 그 선한 바를 실행하였도다!」

【호백구狐白裘】 여우의 겨드랑이에 있는 흰 털이 붙은 가죽으로 만든 갖옷. 흔히 의복 중에 가장 값지고 사치스러운 것을 거론할 때 쓰이기도 한다.
【측계側階】 계단 곁.
* 원문 「孔子聞之曰」은, 竹簡에는 「子曰」로 되어 있다. 한편 張純一 校注本에는 「景公能如晏子之所欲以行仁政, 故孔子善之, 皆兼愛之心也」라고 실려 있다.

【참고】 1. 《藝文類聚》 卷二 天部下 雪
　　晏子春秋曰. 景公時. 雨雪三日. 公被狐白之裘. 晏子入. 公曰:「怪哉! 雨雪三日不寒.」 晏子曰:「古之賢君. 飽而知人饑, 溫而知人寒.」 公曰:「善.」 出裘發粟. 以與饑寒者.
2. 《太平御覽》 694에 본장의 내용이 전재되어 있다.
3. 《文選》 曹子建 〈贈丁儀詩〉注, 謝玄暉 〈郡內登望詩〉注, 何晏 〈景福殿賦〉注, 〈雪賦〉注 등에 인용되어 있다.

4. 《北堂書鈔》152에 본장의 내용이 전재되어 있다.

021 [1-21]　景公之時, 熒惑守于虛, 朞年不去, 公異之. 召晏子而問曰:「吾聞之, 『人行善者, 天賞之. 行不善者, 天殃之.』熒惑, 天罰也. 今留虛, 其孰當之?」晏子曰:「齊當之.」公不說曰:「天下大國十二, 皆曰諸侯, 齊獨何以當之?」晏子曰:「虛, 齊野也. 且天之下殃, 固于富彊. 爲善不用, 出政不行. 賢人使遠, 讒人反昌. 百姓疾怨, 自爲祈祥. 錄錄彊食, 進死何傷? 是以列舍無次, 變星有芒. 熒惑回逆, 孽星在旁. 有賢不用, 安得不亡?」公曰:「可去乎?」對曰:「可致者可去, 不可致者不可去.」公曰:「寡人爲之若何?」對曰:「盍去冤聚之獄, 使反田矣? 散百官之財, 施之民矣? 振孤寡而敬老人矣? 夫若是者, 百惡可去, 何獨是孽乎?」公曰:「善!」行之三月, 而熒惑遷.

　　경공 때에 형혹熒惑이 허虛에 머물면서 1년이 되도록 사라지지 않았다. 경공이 이를 괴이하게 여겨 안자를 불러 물었다.
　　「내 듣기로 사람이 『선한 일을 행하면 하늘이 상을 내리고, 선하지 못한 일을 행하면 하늘이 재앙을 내린다』하였습니다. 형혹이란 하늘이 내리는 벌입니다. 지금 허에 머물고 있으니, 그것이 누구에게 해당된 것입니까?」
　　그러자 안자가 이렇게 대답하였다.
　　「우리 제齊나라에 해당되지요.」
　　이 말에 경공이 서운함을 감추지 못하면서 되물었다.
　　「천하에 큰 나라가 열둘, 모두가 제후라고 부르는데 어찌하여 제나라만 홀로 이런 일에 해당된단 말입니까?」
　　이에 안자가 이렇게 설명하였다.
　　「허虛는 우리 제나라의 분야分野입니다. 장차 하늘이 재앙을 내리고자 하는데도 진실로 부강하면서 선한 일을 행하지 않고, 정치를 베풀되 옳게 실행하지 않으며, 어진 이를 멀리 가도록 하고 도리어 참언을 창성케 하며, 백성의 원망이 솟구치는데도 스스로 상서로움을 바라며, 바쁘게 강식彊食

에만 여념이 없습니다. 이처럼 죽음을 향해 전진하는데 어찌 상상傷함이 없겠습니까? 이러한 까닭으로 열사列舍가 차례를 잃고, 변성變星이 그 빛을 내리쏘며, 형혹이 회역回逆하고, 얼성孽星이 그 곁을 따르는 하늘의 변고가 나타나는 것입니다. 어진 이가 있어도 등용되지 못하고 있으니, 어찌 멸망하지 않을 수 있겠습니까?」

그러자 경공이 「가히 없앨 수 있습니까?」라고 물었다.

이에 안자가 이렇게 대답하였다.

「그렇게 한 자가 이를 제거시켜야지요. 그렇게 하지 못한 자는 이를 없앨 수 없습니다.」

그러자 경공이 「과인이 어떻게 하면 되겠습니까?」라고 물었다.

안자가 이렇게 대답하였다.

「어찌 원망이 모여 있는 감옥을 철거하여 그들이 농사짓는 일로 되돌아가게 해주지 않습니까? 또 백관百官의 재물을 흩어 백성에게 베풀지 않습니까? 무릇 이와 같이만 한다면 1백 가지 악이 모두 사라질 터인데, 그까짓 요얼妖孽 하나쯤이야 말할 나위 있겠습니까?」

그제서야 경공이 「좋습니다!」 하고는 이렇게 실행하기를 석 달, 그러자 형혹이 그 자리를 옮겨가 버렸다.*

【형혹熒惑】火星. 亮度의 변화가 심해 사람을 현혹하게 하여, 不吉의 징조로 여겼다. 《史記》天官書에 『禮失, 罰出熒惑, 熒惑失行是也, 出則有兵, 入則兵散』이라 하였다.
【허허虛】天區 중에 齊나라 分野에 해당한다. 古代에 二十八宿를 中國 각 지역과 대비시켜 그 分野를 정하였으며, 이를 통해 吉凶을 점쳤다.
【열사列舍】二十八宿의 차례와 분포.
【변성變星】빛의 세기가 달라짐. 혹은 彗星의 出現.
【얼성孽星】큰 별의 곁에 나타나 災殃을 예고하는 별.
【요얼妖孽】요사스러운 재앙의 징조들.
* 張純一本에는 『此章要旨, 敎主政者修德也』라고 하였다.

【참고】1. 《晏子春秋》卷一 內篇 諫上 018[1-18]과 일부 주제가 같다.
2. 《史記》齊太公世家
　　018[1-18]의 참고란을 볼 것.

022 [1-22]　景公舉兵將伐宋, 師過泰山. 公夢見二丈夫, 立而怒, 其怒甚盛. 公恐, 覺. 辟門, 召占夢者, 至. 公曰:「今夕吾夢二丈夫, 立而怒, 不知其所言, 其怒甚盛. 吾猶識其狀, 識其聲.」占夢者曰:「師過泰山而不用事, 故泰山之神怒也. 請趣召祝史, 祠乎泰山, 則可!」公曰:「諾!」明日, 晏子朝見, 公告之如占夢之言也. 公曰:「占夢者之言曰:『師過泰山而不用事, 故泰山之神怒也, 今使人召祝史祠之.』」晏子俯, 有間, 對曰:「占夢者不識也. 此非泰山之神, 是宋之先湯與伊尹也.」公疑以爲泰山神. 晏子曰:「公疑之, 則嬰請言湯. 伊尹之狀也. 湯質晳而長, 頤以髯, 兌上豐下, 倨身而揚聲.」公曰:「然! 是已.」「伊尹黑而短, 蓬而髯, 豐上兌下, 僂身而下聲.」公曰:「然! 是已. 今若何?」晏子曰:「夫湯, 太甲, 武丁, 祖乙, 天下之盛君也. 不宜無後, 今惟宋耳, 而公伐之, 故湯伊尹怒. 請散師以平宋.」景公不用, 終伐宋. 晏子曰:「公伐無罪之國. 以怒明神. 不易行以續蓄, 進師以近過, 非嬰所知也. 師若果進, 軍必有殃.」軍進再舍, 鼓毀將殪. 公乃辭乎晏子, 散師, 不果伐宋.

　경공이 군대를 일으켜 송宋나라를 치고자 하여, 그 군대가 태산太山을 통과하게 되었다. 그곳에서 경공이 꿈을 꾸니, 꿈속에 두 장부丈夫가 나타나 똑바로 서서 화를 내는데, 그 노기가 사뭇 대단하였다. 경공이 두려움에 떨다가 깨어나 문을 열고 점몽자占夢者를 불렀다. 그가 이르자 경공이 입을 열었다.

　「오늘 밤 내 꿈속에 두 장부가 나타나 똑바로 서서 무슨 말인지는 모르겠으나 뭐라고 떠들었는데, 그 노기가 사뭇 대단하였소. 내 지금은 오히려 그 모습을 기억하나, 그 말소리는 알아낼 수가 없소!」

　이에 점몽자가 이렇게 풀이하였다.

　「군대가 태산을 통과하면서 제사를 지내지 않았기에, 그 까닭으로 태산의 신이 노한 것입니다. 청컨대 어서 축사祝史를 불러 태산의 신에게 제사를 지내면 될 것입니다.」

　그러자 경공이 「좋소!」 하고 이를 허락하였다.

　이튿날 안자가 조현朝見하자, 경공이 그 점몽자의 말을 안자에게 들려 주었다.

「점몽자의 말이 군대가 태산을 지나면서 아무것도 하지 않아 태산의 신이 노한 것이니, 곧 축사를 불러 제사를 지내도록 하라고 하였습니다.」

이 말에 안자가 허리를 굽히고 잠시 있다가 이렇게 대답하였다.

「점몽하는 이가 모르고 한 말입니다. 이는 태산의 신이 아닙니다. 이는 송나라의 선조인 탕湯임금과 이윤伊尹입니다.」

하지만 경공이 태산의 신일 것이라고 계속해서 의심을 하자, 안자가 다시 이렇게 설명하였다.

「임금께서 의심하신다면, 청컨대 제가 탕임금과 이윤의 형상을 말씀드리지요. 탕임금은 흰 모습에 키가 크고 턱에 수염이 났으며, 얼굴의 위는 좁고 아래는 넓지요. 또 몸이 떡 벌어지고, 목소리가 큽니다.」

이에 경공이 「그렇습니다! 내 꿈에 뵌 모습이 그러하였습니다」라고 하자, 안자가 말을 이었다.

「이윤은 검고 키가 작으며, 머리는 흐트러졌고 수염이 났지요. 위는 넓고 아래는 좁은 형상에 구부정하며, 그 목소리는 낮습니다.」

그러자 경공이 「그렇습니다! 내가 보았던 모습 그대로입니다. 그렇다면 이제 어떻게 하면 좋겠습니까?」라고 물었다.

이에 안자가 이렇게 청하였다.

「무릇 탕湯·태갑太甲·무정武丁·조을祖乙은 천하의 성군盛君들입니다. 그들에게 후대가 없을 수 없는데도, 지금은 오직 송나라만이 남아 있습니다. 그런데 그 송나라를 치려고 하니, 그 때문에 탕임금과 이윤이 노한 것입니다. 청컨대 군대를 흩어 버리고, 송나라를 평안히 두십시오.」

그러나 경공은 이를 듣지 않고, 끝내 송나라를 쳤다. 안자가 이렇게 말하였다.

「임금께서는 죄 없는 나라를 쳐서 신들을 노하게 하였습니다. 행동을 바꾸어 관계를 존속시키는 일은 아니하고, 군대를 진격시켜 과실로만 접근하고 있으니 이는 제가 이해할 수 없는 일입니다.」

군대가 진격하자 두 사숨만큼 나가서 북은 찢어지고, 장수는 죽고 말았다. 경공이 이에 안자에게 사과하고, 군대를 해산하였다. 결국 경공은 송나라를 쳐서 아무런 성과도 얻지 못하였던 것이다.

【舍宋】春秋時代의 國名. 원래 殷의 후손으로 子姓. 始祖는 商나라 末王인 紂의 庶兄 微子啓. B.C. 11세기 周公이 武康의 반란을 진압한 후, 商의 舊都 주위에 微子를 封하여 지키게 하였다. 이어서 殷民을 위로하고, 대를 이어 제사지내도록 하였다. 수도는 商丘.

【태산太山】즉 泰山. 山東省에 있는 五嶽 중의 하나.

【점몽자占夢者】解夢者. 꿈의 내용을 점치는 사람.

【축사祝史】천지산천에 제사를 지내는 일을 맡은 관리.

【탕湯임금·이윤伊尹】湯임금은 成湯·武湯·天乙 혹은 成湯으로도 불리며, 商나라 始祖인 聖人. 伊尹은 湯임금을 도와 商나라를 일으킨 人物. 湯임금이 죽은 후에도 卜丙·仲任을 도왔다. 太甲을 반성케 한 人物.

【태갑太甲】商나라 초기의 군주로 포악하였으나 伊尹이 계도시켜 3년 悔過 후 복귀하였다. 湯임금의 손자.

【무정武丁】小乙의 아들. 商나라 때의 高宗. 傅說을 만나 商나라를 중흥시켰다.

【조을祖乙】河亶甲의 아들로 商나라의 賢君.

【사舍】원래 군대의 하루 行軍 거리. 흔히 三十里를 一舍로 하였다.

【참고】1. 1972年 山東 臨沂 銀雀山 一號 漢墓의 竹簡.

　景公將伐宋, 師過大山, 公吾薨有二丈夫立而怒……志其聲, 公恐, 學, 痛碩, 闢門召占薨者曰:「今昔吾薨二丈夫立而怒, 其怒甚盛, 吾猶者其狀, 志其聲.」占薨者曰:「師過大山不用事, 故大山之神怒, 趣……者之言曰:「師過大山而不用事, 故大山之神怒.」今吾欲使人誅祝史.」晏子付有間, 卯而合曰:「占薨者弗識也, 是非大山之神也, 是宋之先也, 湯與伊尹也.」公疑, 猶以爲大山. 晏子曰:「公疑之, 則嬰請門湯……逢下, 居身而陽聲.」公曰:「□□□伊尹黑以短□□以逢, 逢上而兌□□□而下聲.」公……唯宋耳, 而公伐之, 故湯·伊尹怒, 請散師和平. ……子曰:「公伐無罪之國, 以怒明神, 不易行□□□進師以戰, 禍非嬰之所智也. 師若果進, 軍必有戈.」軍進再舍, 將壹軍鼓毀. 公恐, 辭□□□□□不果伐宋.

2.《論衡》死僞篇

　齊景公將伐宋, 師過太山, 公夢二丈人立而怒甚盛. 公告晏子. 晏子曰:「是宋之先湯與伊尹也.」公疑以爲太山神. 晏子曰:「公疑之, 則嬰請言湯尹之狀. 湯晳以長, 頤以髯, 銳上而豐下, 据身而揚聲.」公曰:「然! 是已!」「伊尹黑而短, 蓬而髯, 豐上而銳下, 僂身而下聲.」公曰:「然! 是已! 今奈何?」晏子曰:「夫湯太甲武丁祖乙, 天下之盛君也, 不宜無後: 今唯宋耳, 而公伐之, 故湯伊尹怒, 請散師和於宋.」公不用, 終伐宋, 軍果敗. 夫湯伊尹有知, 惡景公之伐宋, 故見夢盛怒以禁止之. 景公不止, 軍果不吉. 曰, 夫景公亦曾夢見彗星. 其時彗星不出, 果不吉. 曰, 夫然而夢見之者, 見彗星其實非. 夢見湯伊尹實亦非也. 或時景公軍敗不吉之象也. 晏子信夢, 明言湯伊尹之形. 景公順晏子之言, 然而是之. 秦幷天下, 絕伊尹之後, 遂至於今. 湯伊尹不祀, 何以不怒乎?

3.《太平御覽》378·399에 관련기록이 실려 있다.

023 [1-23] 景公畋于署梁, 十有八日而不返. 晏子自國往見公, 比至, 衣冠不正, 不革衣冠, 望游而馳. 公望見晏子, 下車逆勞曰:「夫子何爲遽? 國家得無有故乎?」晏子對曰:「不亦急也. 雖然, 嬰願有復也. 國人皆以君爲安于野而不安于國. 好獸而惡民, 毋乃不可乎?」公曰:「何哉? 吾爲夫婦獄訟之不正乎? 則泰士子牛存矣. 爲社稷宗廟之不享乎? 則泰祝子游存矣. 爲諸侯賓客莫之應乎? 則行人子羽存矣. 爲田野之不辟, 倉庫之不實乎? 則申田存矣. 爲國家之有餘不足聘乎? 則吾子存矣. 寡人之有五子, 猶心之有四支. 心有四支, 故心得佚焉. 今寡人有五子, 故寡人得佚焉, 豈不可哉?」晏子對曰:「嬰聞之, 與君言異, 若乃心之有四支, 而心得佚焉則可. 令四支無心, 十有八日, 不亦久乎?」公于是罷畋而歸.

　경공이 서량署梁이라는 곳으로 사냥을 나가 열여드레가 되도록 돌아올 줄을 몰랐다. 이에 안자가 국성國城을 떠나 경공을 찾아나섰다. 거의 도착하였을 무렵에는 의관이 엉망이 되었으나, 이를 고쳐 입지도 아니하고 멀리 임금의 깃발을 보고서 더욱 빨리 말을 몰아 달려갔다. 경공이 멀리 안자를 보고, 그의 노고를 위로하며 맞았다.
　「선생께서 어찌하여 이리도 급히 오셨습니까? 나라에 무슨 변고는 없겠지요?」
　그러자 안자가 이렇게 대답하였다.
　「급한 것은 없습니다. 그러나 제가 한 마디 보고드릴 일이 있습니다. 나라 사람들이 모두 임금을 들에서는 편안히 즐기면서, 나라안에서는 편안히 계시지 못하는 임금이라 여기고 있습니다. 또 금수는 좋아하면서 백성은 싫어한다고 여기고 있지요. 그래서는 안 되는 일이 아니겠습니까?」
　이에 경공이 물었다.
　「무슨 뜻입니까? 내가 없다고 해서, 부부간의 작은 송사라도 정당히 하지 못하였습니까? 그런 문제라면 태사泰士 자우子牛가 있지 않습니까! 또 내가 없다고 해서, 사직과 종묘에 배향配享을 하지 못하는 경우라도 있습니까? 이는 태축泰祝 자유子游가 있지 않습니까! 그리고 제후와 빈객을 응대하는 일이 걱정입니까? 그런 일에는 행인行人 자우子羽가 있지 않습니까! 그런가 하면 농사일이 제대로 되지 않거나 창고가 차지 못해 걱정입니까? 그런 일이라면 신전申田이 있지 않습니까! 국가의 여유餘裕 문제로 조빙朝聘이 부족합니까? 그런 문제라면 바로 선생이 있지 않습니까!

과인에게 있어서 이 다섯 사람은 바로 심장의 사지四支와 같습니다. 심장은 이 사지를 가지고 있기 때문에 마음의 편안함을 얻는 것이지요. 지금 과인에게는 이 다섯 사람이 있습니다. 그 까닭으로 과인은 안심하고 편안할 수가 있는 것입니다. 그것이 어찌 잘못된 일이란 말입니까?」

안자가 이를 다 듣고 나서 이렇게 비유하였다.

「제가 듣기로는 임금의 말씀과 다릅니다. 만약 심장이 사지가 온전함으로써 편안함을 얻는다고 한다면 이는 아주 맞는 말이나, 그 사지로 하여금 심장이 없이 열여드레 동안이나 떨어져 있으라고 한다면 이는 너무 긴 시간이 아니겠습니까?」

이 말에 경공이 사냥을 파하고 돌아왔다.

【서량曙梁】地名. 齊나라 경내의 어느곳. 不詳.
【국성國城】都城. 齊나라 수도인 臨淄.
【태사泰士 자우子牛】泰士는 大士. 官職名. 재판 판결의 일을 맡았다. 子牛는 人名.
【태축泰祝 자유子游】太祝으로도 쓰며, 기도와 제사를 맡았다. 子游는 人名.
【행인行人 자우子羽】行人은 官職名. 외교 접대·出使 등의 직무를 맡았다. 외교 업무를 담당. 子羽는 人名.
【신전申田】官職名. 司田. 개간·개척·농사를 담당하였다.

【참고】1.《韓詩外傳》卷十의 20
　齊景公出田, 十有七日而不反. 晏子乘而徃, 比至, 衣冠不正, 景公見而怪之, 曰:「夫子何遽乎? 得無急乎?」晏子對曰:「然, 有急. 國人皆以君爲惡民好禽. 臣聞之; 魚鼈厭深淵而就乾淺, 故得於釣網; 禽獸厭深山而下都澤, 故得於田獵. 今君出田, 十有七日而不反, 不亦過乎?」景公曰:「不然. 爲賓客莫應待邪? 則行人子牛在; 爲宗廟而不血食邪? 則祝人太宰在; 爲獄不中邪? 則大理子幾在; 爲國家有餘不足邪? 則巫賢在. 寡人有四子, 猶有四肢也, 而得代焉, 不可患焉!」晏子曰:「然. 人心有四肢, 而得代焉, 則善矣; 令四肢無心十有七日, 不死乎?」景公曰:「善哉言!」遂援晏子之手, 與驂乘而歸. 若晏子者·可謂善諫者矣.
2.《藝文類聚》卷二十四 人部八 諫
　又曰. 景公畋. 十有八日而不反. 晏子往見公. 比至. 衣冠盡不正. 望遊而馳. 公見. 逆勞曰. 夫子何爲遽. 國家得無有故乎. 晏子對曰. 無恙也. 雖然. 嬰願有復也. 國人皆以君安野而不安國. 好獸而惡人. 無乃不可乎. 公於是罷田. 卽日歸.
3.《藝文類聚》卷六十六 産業部下 田獵

晏子曰. 景公田, 十有八日不反. 晏子往見, 而衣冠不正. 公望見晏子下車. 急曰:「夫子何遽. 得無有故乎?」對曰:「國人皆謂君安野而好獸. 無乃不可乎?」公曰:「寡人有吾子, 猶心之有四支也. 有四支故心有佚. 寡人有吾子, 故寡人佚.」晏子曰:「若心有四支而得佚. 則可令四支無心乎?」公乃罷田而歸.

4.《太平御覽》456·376에 관련기록이 전재되어 있다.

024 [1-24] 景公射鳥, 野人駭之. 公怒, 令吏誅之. 晏子曰:「野人不知也. 臣聞,『賞無功謂之亂, 罪不知謂之虐.』兩者, 先王之禁也. 以飛鳥犯先王之禁, 不可. 今君不明先王之制, 而無仁義之心, 是以從欲而輕誅. 夫鳥獸, 固人之養也. 野人駭之, 不亦宜乎?」公曰:「善! 自今已來, 弛鳥獸之禁, 無以苛民也.」

　　경공이 새 사냥을 나가 막 활을 쏘려고 할 때, 이를 모르고 촌사람 하나가 새를 놀라게 하여 날려 버렸다. 이에 경공이 화를 내며, 관리로 하여금 그를 주벌誅罰토록 하였다. 그러자 안자가 나서서 이렇게 말하였다.

　　「촌사람이 모르고 한 일입니다. 제가 듣건대『공이 없는 자에게 상을 내리는 것을 난亂이라 하고, 모르고 한 일에 대해 죄를 내리는 것을 학虐이라 한다』하였습니다. 이 두 가지 행동은 선대 임금들이 금지한 사항입니다. 그런데 새를 날려보냈다는 것 때문에 선대 임금들이 금지시킨 일을 범하려 하다니 옳지 않습니다. 지금 임금께서는 선왕의 제도를 밝히시기는커녕 도리어 인의지심仁義之心조차 없으니, 이 때문에 욕심대로* 하면서 주벌 같은 행동은 가볍게 여기는 것입니다. 무릇 새나 짐승이란 한갓 사람이 기르는 것에 불과합니다. 촌사람이 이를 놀라게 한 것도 있을 수 있는 일이 아닙니까?」

　　이 말에 경공이 이렇게 말하였다.

　　「좋은 말입니다. 지금부터는 조수鳥獸에 대한 여러 가지 금법禁法*을 풀어 백성을 가혹하게 하는 일이 더 이상 없도록 하겠습니다.」

【학虐】暴虐.
* 원문의『從欲』은『縱欲.』하고 싶은 대로 放縱하게 행동하는 것.
* 즉 鳥獸之禁. 鳥獸의 사냥에 대한 여러 가지 규제와 금지령.

【참고】1.《太平御覽》97·456·940에 본장의 내용이 전재되어 있다.
2.《群書治要》에 인용되어 있다.
3.《晏子春秋》卷一 內篇 諫上 025[1-25] 및 卷七 外篇 重而異者 183[7-13]과 주제
가 같다.

025 [1-25]　景公使圉人養所愛馬, 暴病死. 公怒, 令人操刀, 解養馬
者. 是時晏子侍前, 左右執刀而進. 晏子止之, 而問于公, 曰:「古時
堯舜支解人, 從何軀始?」公懼然曰:「從寡人始.」遂不支解. 公曰:
「以屬獄.」晏子曰:「此不知其罪而死, 臣請爲君數之, 使自知其罪,
然後屬之獄.」公曰:「可!」晏子數之曰:「爾罪有三. 公使汝養馬
而殺之, 當死罪一也. 又殺公之所最善馬, 當死罪二也. 使公以一馬
之故而殺人, 百姓聞之, 必怨吾君, 諸侯聞之, 必輕吾國, 汝一殺公
馬, 使公怨積于百姓, 兵弱于鄰國, 當死罪三也. 今以屬獄.」公喟然
歎曰:「夫子釋之! 夫子釋之! 勿傷吾仁也.」

　　경공이 어인圉人으로 하여금 자기가 사랑하는 말을 돌보도록 하는 임무
를 맡겼는데, 그 말이 갑자기 병이 들어 그만 죽고 말았다. 이에 경공이 노
하여 칼을 가져오도록 하여, 그 말 기르던 자를 해체解體하라고 명하였다.
　　이때 안자도 그 앞에 경공을 모시고 있었다. 좌우에서 칼을 들고 들어오
자, 안자가 이를 저지하며 경공에게 물었다.
　　「옛날 요堯·순舜시대에는 사람의 사지를 해체할 때, 몸의 어느 부분부
터 하였습니까?」
　　그러자 경공이 두려워하는 모습으로 「과인이 그런 짓을 처음 시작하는
꼴이 되겠군」 하고는, 드디어 그 일을 철회하고 말았다.
　　임금이 대신 「옥에 가두어 버리라」고 명하자, 안자가 다시 나섰다.
　　「이는 자신이 지은 죄가 무엇인지도 모르고 죽는 것이니, 청컨대 제가
임금을 위해 그 죄를 책망하겠습니다. 그리하여 그로 하여금 스스로 그 죄
를 알게 한 후에 옥에 가두시지요!」
　　이에 경공이 「좋습니다!」라고 하자, 안자가 일일이 그 죄목을 들어 이렇

게 책망하였다.

「너의 죄는 세 가지이다. 임금께서 너에게 말을 기르도록 명하였는데, 너는 이를 죽게 하였다. 이것이 첫번째 죽을 죄이다. 또 임금께서 가장 아끼는 말을 죽게 하였으니, 이것이 두번째 죽을 죄에 해당한다. 그리고 임금으로 하여금 그까짓 말 한 마리 때문에 사람을 죽일 뻔하도록 하였다. 백성들은 이를 듣고 반드시 우리 임금을 원망할 것이며, 제후들이 들으면 틀림없이 우리 나라를 가벼이 여기게 될 것이다. 너 하나가 임금의 말 한 마리를 죽임으로써, 임금으로 하여금 백성에게는 원한을 쌓고 이웃 나라에게는 나라의 위세를 약하게 보였으니, 이것이 죽음에 해당하는 세번째 죄이다. 그러니 너를 옥에 가두겠다.」

그러자 임금이 위연 탄식하며 이렇게 말하였다.

「선생께서는 풀어 주시오! 선생께서는 풀어 주시오!* 제발 나의 인仁을 손상시키지 말아 주시오.」

【어인圉人】官名. 말을 기르는 업무를 맡았다.
【요堯·순舜】唐堯와 虞舜. 태평성대의 聖人.
 * 원문의 釋은 《藝文類聚》에는 舍, 《太平御覽》에는 赦로 실려 있다.

【참고】 1.《晏子春秋》卷七 外篇 重而異者 183[7-13]과 주제가 같다.
2.《太平御覽》97·456에 본장의 내용이 전재되어 있다.
3.《群書治要》雜上에 본장의 내용이 전재되어 있다.
4.《說苑》卷九 正諫篇 287[9-16]
　景公有馬, 其圉人殺之, 公怒, 援戈將自擊之, 晏子曰:「此不知其罪而死, 臣請爲君數之, 令知其罪而殺之.」公曰:「諾.」晏子擧戈而臨之曰:「汝爲吾君養馬而殺之, 而罪當死; 汝使吾君以馬之故殺圉人, 而罪又當死; 汝使吾君以馬故殺人, 聞於四隣諸侯, 汝罪又當死.」公曰:「夫子釋之! 夫子釋之! 勿傷吾仁也.」
5.《韓詩外傳》卷八의 28
　齊有得罪於景公者, 景公大怒, 縛置之殿下, 召左右肢解之, 敢諫者誅. 晏子左手持頭, 右手磨刀, 仰而問曰:「古者明王聖主其肢解人, 不審從何肢解始也?」景公離席曰:「縱之, 罪在寡人.」詩曰:『好是正直.』
6.《韓詩外傳》卷九의 10과 주제가 같다.
　齊景公出弋昭華之池, 顏鄧聚主鳥而亡之, 景公怒, 而欲殺之. 晏子曰:「夫鄧聚有死罪四, 請數而誅之.」景公曰:「諾.」晏子曰:「鄧聚爲吾君主鳥而亡之, 是罪一也; 使吾君以鳥之故而殺人, 是罪二也; 使四國諸侯聞之, 以吾君重鳥而輕士, 是罪三也; 天子聞之, 必將貶絀吾君, 危其社稷, 絶其宗廟, 是罪四也. 此四罪者·故當殺無赦, 臣請加誅焉.」景公曰:「止, 此亦吾過矣, 願夫子爲寡人敬謝焉.」詩曰:『邦之司直.』

7.《藝文類聚 》卷二十四 人部八 諷

　　又曰. 齊景公所愛馬暴死. 景公怒, 令刀解養馬者. 晏子請數之曰:「爾有罪三. 公使汝養馬, 汝殺之, 當死罪一. 又殺公之所愛馬, 當死罪二. 使公以一馬之故殺人, 百姓怨吾君, 諸侯輕吾國, 汝當死罪三.」景公喟然曰:「舍之.」

8.《藝文類聚》卷九十三 獸部上 馬

　　晏子曰. 景公使人養所愛馬, 馬病死. 公怒, 令人殺養馬者. 晏子請數之曰:「爾有三罪. 使汝養馬, 殺之, 一當死也. 又殺公所最善馬, 二當死也. 使公以一馬之故而殺人, 百姓必怨叛, 諸侯輕伐吾國, 三當死也.」公喟然:「赦之.」

晏子春秋 卷二

內篇 諫下

026 [2-1]　　景公藉重而獄多, 欲託晏子, 晏子諫.

027 [2-2]　　景公欲殺犯所愛之槐者, 晏子諫.

028 [2-3]　　景公逐得斬竹者囚之, 晏子諫.

029 [2-4]　　景公以搏治之兵, 未成功, 將殺之, 晏子諫.

030 [2-5]　　景公冬起大臺之役, 晏子諫.

031 [2-6]　　景公爲長庲欲美之, 晏子諫.

032 [2-7]　　景公爲鄒人之長塗, 晏子諫.

033 [2-8]　　景公春夏遊獵興役, 晏子諫.

034 [2-9]　　景公獵休坐地, 晏子席而諫.

035 [2-10]　　景公獵逢蛇虎, 以爲不祥, 晏子諫.

036 [2-11]　　景公爲臺成, 又欲爲鐘, 晏子諫.

037 [2-12]　　景公爲泰呂成, 將以燕饗, 晏子諫.

038 [2-13]　　景公爲履而飾以金玉, 晏子諫.

039 [2-14]　　景公欲以聖王之居服, 而致諸侯, 晏子諫.

040 [2-15]　　景公自矜冠裳遊處之貴, 晏子諫.

041 [2-16]　　景公巨冠長衣以聽朝. 晏子諫.

042 [2-17]　　景公朝居嚴, 下不言. 晏子諫.

043 [2-18]　　景公登路寢臺, 不終不說. 晏子諫.

044 [2-19]　　景公登路寢臺, 望國而歎. 晏子諫.

045 [2-20]　　景公路寢臺成, 逢于何願合葬, 晏子諫而許.

046 [2-21]　　景公嬖妾死, 守之三日, 而不斂, 晏子諫.

047 [2-22]　　景公欲厚葬梁丘據, 晏子諫.

048 [2-23]　　景公欲以人禮葬走狗, 晏子諫.

049 [2-24]　　景公養勇士三人, 無君臣之義, 晏子諫.

050 [2-25]　　景公登射, 思得勇力士與之圖國, 晏子諫.

026 [2-1] 景公藉重而獄多, 拘者滿圄, 怨者滿朝. 晏子諫, 公不聽. 公謂晏子曰:「夫獄, 國之重官也. 願託之夫子.」晏子對曰:「君將使嬰勑其功乎? 則嬰有壹妾能書, 足以治之矣. 君將使嬰, 勑其意乎? 夫民無欲殘其家室之生, 以奉暴上之僻者, 則君使吏比而焚之而已矣.」景公不說曰:「勑其功, 則使壹妾, 勑其意, 則比而焚. 如是, 夫子無所謂能治國乎?」晏子曰:「嬰聞與君異. 今夫胡狢戎狄之蓄狗也. 多者十有餘, 寡者五六, 然不相害傷. 今束鷄豚妄投之, 其折骨決皮, 可立見也. 且夫上正其治, 下審其論, 則貴賤不相踰越. 今君舉千鍾爵祿, 而妄投之于左右. 左右爭之, 甚于胡狗, 而公不知也. 寸之管無當, 天下不能足之以粟. 今齊國丈夫畊, 女子織, 夜以接日, 不足以奉上, 而君側皆彫文刻鏤之觀. 此無當之管也, 而君終不知. 五尺童子操守之燻, 天下不能足之以薪. 今君之左右, 皆操燻之徒, 而君終不知. 鐘鼓成肆, 干戚成舞, 雖禹不能禁民之觀. 且夫飾民之欲, 而嚴其聽, 禁其心, 聖人所難也. 而況奪其財而飢之, 勞其力而疲之? 常致其苦, 而嚴聽其獄, 痛誅其罪, 非嬰所知也.」

경공이 세금을 무겁게 부과하자 옥사獄事가 많아졌다. 구금된 자가 감옥에 가득 찼고, 원망하는 자가 온 조정에 가득하였다. 안자가 충간忠諫을 하였지만 경공은 이를 듣지 않고, 오히려 안자에게 이렇게 부탁하였다.

「무릇 옥사란 나라의 중요한 관무官務입니다. 이를 선생에게 부탁드리고자 합니다.」

이에 안자가 이렇게 말하였다.

「임금께서는 장차 저로 하여금 더 많은 세금을 거두는 공적功績을 얻으려 하십니까? 그렇다면 저의 집에 첩이 하나 있는데 능히 글을 압니다. 그에게 이를 처리하도록 하면 충분할 것입니다.*

또 임금께서는 장차 저로 하여금 백성의 뜻을 바꾸도록 하려 하십니까? 무릇 백성들로서 자기 집안의 삶을 잔폐하면서라도 포악한 윗사람의 편벽된 욕구를 받들겠다는 사람이 없다면, 임금께서는 관리를 시켜 그러한 집안을 차례로 불태워 없애 버리면 그만입니다.」

그러자 경공이 이를 불쾌히 여기며 이렇게 비꼬았다.

「공적을 세우려면 아녀자에게 시키면 된다 하고, 백성의 마음을 바꾸려면 말 안 듣는 집안은 없애 버리면 된다 하니, 이와 같이 한다면 능히 나라를 다스리는 일에 있어서 선생이 하는 일이라는 게 무엇입니까?」

이에 안자가 이 말을 받아 이렇게 비유하였다.

「제가 들은 것은 임금의 말씀과 다릅니다. 지금 무릇 저 호胡·학貉·융戎·적狄의 야만족들이 개를 기르고 있습니다. 많게는 10여 마리, 적어도 대여섯 마리씩은 됩니다. 그런 미개한 족속의 미개한 개들이건만, 그 개들끼리 서로 해치고 상처내는 일은 없습니다. 그러나 지금 닭고기·돼지고기를 묶어 마구 던져 주어 보십시오. 이들이 뼈가 부서지고 가죽이 찢어지도록 싸우는 것을 그 자리에서 구경할 수 있을 것입니다. 또 지금 윗사람이 그 정치를 바르게 하고, 아랫사람이 그 논의를 잘 심사하여 처리한다면 귀천이 서로 넘나듦이 없이 질서를 지킵니다.

그런데 지금 임금께서는 1천 종鍾의 작록爵祿을 내걸고, 이를 좌우에게 마구 상으로 내리고 있습니다. 무릇 좌우의 싸움이 그 오랑캐의 개싸움보다 더합니다. 그런데도 임금께서는 이를 전혀 알지 못하고 있습니다. 1촌寸쯤 되는 대롱에 막힘이 없다면, 천하의 곡식을 다 넣어도 부족할 것입니다. 지금 제齊나라에서 장부는 밭을 갈고, 아녀자는 길쌈을 하되 밤을 낮으로 이어가면서 쉴새없이 일을 하여도 그 윗사람 하나 봉양할 수 없는데, 임금의 측근들은 모두가 온갖 조각과 무늬를 장식한 것을 구경하고 즐기기에 여념이 없습니다. 이는 곧 막힘 없는 대롱과 같습니다. 그런데도 임금께서는 이를 알지 못하고 있습니다. 오척동자에게 한 개씩의 횃불을 들고 놀도록 해도 천하의 땔나무가 다 없어질 것입니다. 그런데 임금의 좌우가 모두 이 횃불을 들고 신나게 놀고 있는데도, 임금께서는 이를 알지 못하고 있습니다.

종과 북을 치면서 와자지껄 떠들며, 간척干戚을 들고서 요란하게 춤을 추는 모습은, 비록 우禹임금이라 할지라도 백성이 구경하지 못하도록 막을 수 없습니다. 무릇 백성의 욕심을 마음대로 꾸미게 하면서 그들의 귀를 들을 수 없도록 막고, 그들의 마음을 금지시키는 일이란 성인聖人일지라도 하기 어려운 일인데, 하물며 그 재물을 빼앗아 굶주리게 하고 그 힘을 노

고와 피로에 멍들게 하여 항상 괴로운 쪽으로 몰아가면서, 그들의 옥사는
엄히 다스리고 그들의 죄를 통한에 차도록 주벌하시니, 그 결과가 어떠할
는지 저는 참으로 모르겠습니다.」

* 張純一의 校注에 『嬰有一妾能書足以治之. 極言治之之易. 雖婦女可也』라고 하였다.
【학貉】貉의 잘못이 아닌가 한다. 張氏本에 『孫云, 貉當爲貉』이라 하였다.
【간척干戚】방패와 도끼. 또는 그것을 가지고 추는 樂舞.
【우禹】고대 夏나라의 始祖.

【참고】《太平御覽》483·643에 관련기록이 실려 있다.

027 [2-2] 景公有所愛槐, 令吏謹守之, 植木縣之下令曰: 「犯槐者
刑, 傷槐者死.」 有不聞令, 醉而犯之者. 公聞之曰: 「是先犯我令.」
使吏拘之, 且加罪焉. 其子往晏子之家說曰: 「負郭之民賤妾, 請有
道于相國, 不勝其欲, 願得充數乎下陳.」 晏子聞之, 笑曰: 「嬰其淫
于色乎? 何爲老而見犇? 雖然, 是必有故, 令內之.」 女子入門, 晏
子望見之曰: 「怪哉! 有深憂.」 進而問焉, 曰: 「所憂何也?」 對曰:
「君樹槐縣令, 犯之者刑, 傷之者死. 妾父不仁, 不聞令, 醉而犯之,
吏將加罪焉. 妾聞之. 明君蒞國立政, 不損祿, 不益刑. 又不以私恚
害公法, 不爲禽獸傷人民, 不爲草木傷禽獸, 不爲野草傷禾苗. 吾君
欲以樹木之故, 殺妾父, 孤妾身. 此令行于民而法于國矣. 雖然, 妾
聞之, 『勇士不以衆彊凌孤獨, 明惠之君, 不拂是以行其所欲.』 此譬
之猶自治魚鱉者也. 去其腥臊者而已. 昧墨而與人比居, 庾肆而教
人危坐. 今君出令于民, 苟可法于國, 而益善于後世, 則父死亦當矣.
妾爲之收亦宜矣. 甚乎今之令不然, 以樹木之故, 罪法妾父. 妾恐其
傷察吏之法, 而害明君之義也. 鄰國聞之, 皆謂吾君愛樹而賤人, 其
可乎? 願相國察妾言, 以裁犯禁者.」 晏子曰: 「甚矣! 吾將爲子言
之于君.」 使人送之歸. 明日, 早朝, 而復于公曰: 嬰聞之, 『窮民財
力, 以供嗜欲, 謂之暴. 崇玩好, 威嚴擬乎君, 謂之逆. 刑殺不稱, 謂
之賊.』 此三者, 守國之大殃也. 今君窮民財力, 以美飲食之具, 繁鍾

鼓之樂, 極宮室之觀, 行暴之大者. 崇玩好, 縣愛槐之令, 載過者馳,
步過者趨, 威嚴擬乎君, 逆民之明者. 犯槐者刑, 傷槐者死, 刑殺不
稱, 賊民之深者. 君享國, 德行未見于衆, 而三辟著于國, 嬰恐其不
可以苟國子民也.」公曰:「微夫子教寡人, 幾有大罪, 以累社稷. 今
子大夫教之, 社稷之福. 寡人受命矣.」晏子出, 公令吏罷守槐之役,
拔置縣之木, 廢傷槐之法, 出犯槐之囚.

경공이 괴槐나무 한 그루를 매우 소중히 여겨, 이를 관리로 하여금 잘
지키도록 하였다. 그리고 그 나무가 심어져 있는 곳에 이런 명령문을 걸어
두었다.

「괴나무를 범犯하는 자에게는 형벌을 내리고, 괴나무에 상처를 입히는
자에게는 사형을 내리리라!」

그런데 이 명령을 듣지 못한 자가 그만 술에 취하여 그 나무를 범하고
말았다.

경공이 그 소식을 듣고 「그자가 나의 명령을 가장 먼저 어긴 자로다」하
고는, 관리를 시켜 잡아오도록 하였다. 그리고는 곧 그에게 죄를 내릴 참이
었다. 그러자 그의 딸이 안자의 집을 찾아갔다.

「부곽負郭의 백성 천첩賤妾입니다. 청컨대 상국相國께 드릴 말씀이 있어
이렇게 참지 못하고 찾아왔습니다. 원컨대 저를 집안의 첩들 속에 함께 있
도록 첩의 숫자에 채워 주십시오.」*

안자가 이 말을 듣고 웃으면서 짐짓 이렇게 말하였다.

「내가 색色에 음淫하였던가? 어찌 늙은이를 위해 찾아오는 여자를 보게
되는가? 비록 그러나 반드시 무슨 사연이 있을 터, 우선 들게 하라.」

여자가 문 안으로 들어오자, 안자가 물끄러미 그를 바라보며 「괴이하도
다! 깊은 근심이 있구나」라고 하였다. 그리고는 나아가 물었다.

「그래 근심거리가 무엇인가?」

이에 여자가 이렇게 설명하였다.

「임금께서 괴나무를 심어 놓고 명령문을 걸어두었지요. 괴나무를 범하는
자에게는 형벌을 내리고, 상처를 입히는 자에게는 사형을 내리리라구요. 저
의 아버지가 어질지 못하여, 그 명령을 듣지 못하고 술에 취한 나머지 그 나

무를 범하고 말았습니다. 그 때문에 관리가 장차 죄를 내리려 한다 합니다.

제가 듣기로 명철한 군주는 나라를 다스리고 정치를 세움에 있어 남의 녹을 깎지 않으며, 없던 형벌을 더하여 고통을 주는 일이 없다고 하였습니다. 또 사사로운 원한을 위해 공법公法을 해치는 일이 없고, 금수를 위하느라 백성을 다치게 하는 일도 없으며, 초목을 위하느라 금수를 다치게 하지도 않으며, 들풀이나 잡초를 위한다고 벼포기를 다치게 하는 일 또한 없다고 하였습니다.

그런데 우리 임금께서는 나무를 위한다는 이유로 저의 아버지를 죽여, 저로 하여금 고아가 되게 하려 하고 있습니다. 이러한 명령을 백성에게 행하고, 온 나라가 법으로 삼고 있는 중입니다.

비록 그러하나, 제가 듣기로 『용사란 자신의 강함과 무리 많음을 믿고 약하고 외로운 자를 능멸해서는 안 되며, 명철하고 은혜로운 군주란 옳은 것을 뒤흔들면서까지 자신이 하고 싶은 바를 행하지는 않는다』 하였습니다. 정치란, 비유컨대 스스로 물고기나 자라를 다루는 자가 그 비린내나는 곳을 제거해 버리면 되는 것과 같습니다.* 그런데도 지금 백성으로 하여금 어둠 속에서 남과 같이 살게 하고, 창고 속에서 오똑하게 앉아 있으라고 하는 꼴입니다.*

이처럼 임금께서 백성에게 내린 명령이 진실로 나라에 법다운 훌륭한 것이고, 또 후세에 이익이 되는 좋은 것이라면, 저의 아버지의 죽음 역시 마땅한 것입니다. 그리고 저 역시 이를 수용하고 수긍하는 것 또한 당연할 것입니다. 그러나 지금의 명령은 심히 그렇지 못합니다. 한 그루 나무 때문에 저의 아버지를 죄로 다스린다니, 저는 명철한 관리의 법에 상처가 생기고 훌륭한 임금의 의義에 해가 되지 않을까 염려스럽습니다. 이웃 나라에서 이 이야기를 들으면 모두가 우리 임금을 일컬어 나무는 사랑하면서 사람은 천히 여긴다고 할 터인데, 그리하여도 괜찮겠습니까? 원컨대 상국께서는 저의 말을 잘 듣고, 금지령을 범한 자의 처벌에 대해 헤아려 주시기 바랍니다.」

이 말에 안자가 이렇게 약속하였다.

「미안하구나! 내 장차 그대를 위해 임금에게 이 말을 들려 주겠다.」

그리고는 사람을 시켜 그 여자를 돌려보내도록 하였다. 이튿날 아침 일찍 조정으로 나아가 경공에게 보고를 드리면서, 안자가 이렇게 말하였다.

「제가 듣기로 백성의 재력을 궁하게 하면서까지 자신의 기욕嗜欲을 이루려는 것을 포暴라 하고, 노는 것만 숭상하면서 어떤 하찮은 물건에 임금처럼 그 위엄을 맞추려는 것을 역逆이라 하며, 형벌과 사형을 그 법리에 맞지 않게 행하는 것을 적賊이라 한다 하였습니다. 이 세 가지 잘못은, 나라를 지키는 데 있어서 가장 큰 재앙입니다.

지금 임금께서는 백성의 재물과 노동력을 궁하게 하면서까지 맛있는 음식을 갖추고, 종고의 음악을 번화롭게 하며, 궁실을 호화롭게 꾸미고 있습니다. 이는 포暴 중에 가장 큰 것을 행하는 것입니다. 그리고 놀기를 숭상하여 아끼는 나무를 위해 명령문을 걸어두어, 무거운 짐을 지고 그 옆을 지나가는 자가 무서워 채찍을 몰아 얼른 지나가고, 걷는 자도 무서워 급히 내달아 가게 하니, 그 나무의 위엄이 마치 임금과 같습니다. 이는 백성에게 역逆을 행하는 분명한 사례입니다. 또 괴나무를 범하는 자에게는 형벌을 내리고, 그 괴나무에 상처를 입히는 자에게는 사형을 내린다고 하니, 이는 형벌과 사형이 서로 형평을 이루지 못한 것으로 백성에 대한 적賊의 행위가 아주 깊은 것입니다.

임금께서 나라 다스림을 향유하심에 그 덕행이 아직 민중에게 드러나 보이지도 않고, 도리어 앞에 든 세 가지 편벽된 행동만 나라에 널리 알려져 있으니, 저는 참으로 나라를 다스리고 백성을 사랑하여야 할 임금의 도리에 어긋나지 않나 염려스럽습니다.」

그러자 경공이 이 말에 이렇게 수긍하였다.

「선생께서 저에게 가르쳐 주지 않았더라면, 하마터면 큰 죄를 짓고 사직에 누를 끼칠 뻔하였습니다! 지금 대부께서 이렇게 가르쳐 주시니, 이는 사직의 복입니다. 과인이 명령에 따르겠습니다.」

안자가 나가자 경공이 관리로 하여금 괴나무 지키는 일을 그만두게 하고, 그 명령문을 새겨 걸어두었던 나무패를 뽑아 버렸다. 그리고 괴나무를 상하게 하였을 때의 처벌에 관한 법을 폐기하고, 그로 인해 갇힌 자들을 모두 석방하였다.

【괴槐】 콩과에 속하는 낙엽교목. 홰나무, 회화나무. 周代에는 朝廷에 이 나무를 세 그루 심어 三公의 좌석의 標識로 하였다.

【부곽負郭】 성곽을 짊어지고 사는 상황으로, 성곽 아래에 사는 비천하고 가난한 백성을 말한다.

【천첩賤妾】 여자가 자신을 낮추어 부르는 말.

【상국相國】 재상.

* 張本의 注에 『言願充侍妾後列之數』라고 하였다.

* 張本의 注에 『盧云, 此與下昧墨敎人危坐, 兩喩俱不甚可了. 或以去其腥臊, 則於魚鼈無傷也. 昧墨猶言黑暗, 黑暗之中敎人危坐, 人其從之乎, 言人不能從也. 蘇云, 腥臊, 皆害魚鼈之味者. 治魚鼈但去其害味之物, 不全棄魚鼈. 以喩治國者, 但去其有害于國之人, 不欲以小故而全去之也』라고 하였다.

* 張本의 注에 『昧墨猶言黑暗, 黑暗而與人比居, 動輒恐遭危害. 庚肆, 無屋之露肆. 於此敎人危坐, 身心烏得安審. 皆喩法令之苛, 人民手足將無所措. 下有脫文』이라 하였다.

【참고】 1. 張本의 注에 이렇게 요지를 말하였다.

　　孫云, 列女傳齊傷槐女者, 傷槐衍之女也, 名婧云云. 事與此同. 純一案列女傳文與此異, 宜參稽. 此章與下章及外上九章外下十一章指同.

2. 《晏子春秋》 卷二 內篇 諫下 028[2-3], 그리고 卷七 外篇 重而異者 179[7-9], 卷八 外篇 不合經術者 208[8-11]과 주제 및 내용에 유사성과 관련성이 있다.

3. 《太平御覽》 456·519·954에 본장의 내용이 전재되어 있다.

4. 《列女傳》 卷六 辯通 齊傷槐女

　　齊傷槐女者, 傷槐衍之女也, 名婧. 景公有所愛槐, 使人守之, 植木懸之. 下令曰:「犯槐者刑傷槐者死.」於是衍醉而傷槐. 景公聞之. 曰:「是先犯我令.」使吏拘之, 且加罪焉. 婧懼乃造於相晏子之門曰:「賤妾不勝其欲, 願得備數於下.」晏子聞之笑曰:「嬰其有淫色乎? 何爲老而見奔, 殆有說內之至哉.」旣入門, 晏子望見之, 曰:「怪哉! 有深憂.」進而問焉. 對曰:「妾父衍幸得充城郭爲公民, 見陰陽不調風雨不時, 五穀不滋之. 故禱祠於名山, 神水不勝, 麴蘖之味, 先犯君令, 醉至於此罪, 故當死. 妾聞明君之蒞國也, 不損祿, 而加刑. 又不以患害公法, 不爲六畜傷民人, 不爲野草傷禾苗. 昔者宋景公之時, 大旱三年不雨, 召太卜而卜之. 曰:「當以人祀之景公, 乃降堂北面稽首曰:『吾所以請雨者, 乃爲吾民也. 今必當以人祀, 寡人請自當之言.』未卒天大雨方千里. 所以然者何也? 以能順天, 慈民也. 今吾君樹槐令, 犯者死, 欲以槐之故殺. 婧之父孤妾之身. 妾恐傷執政之法, 而害明君之義也. 隣國聞之皆謂, 君愛樹而賤人其可乎?」晏子愓然而悟. 明日朝謂景公曰:「嬰聞之, 窮民財力謂之暴, 崇玩好威嚴令謂之逆, 刑殺不正謂之賊. 夫三者守國之大殃也. 今君窮民財力, 以美飮食之具, 繁鐘鼓之樂, 極宮室之觀, 行暴之大者也. 崇玩好威嚴令是逆, 民之明者也. 犯槐者刑, 傷槐者死, 刑殺不正賊, 民之深者也.」公曰:「寡人敬受命.」晏子出, 景公卽時命, 罷守槐之役, 拔植懸之木, 廢傷槐之法, 出犯槐之囚. 君子曰:「傷槐女能以辭免.」詩云:「是究是圖, 亶其然乎.」此之謂也.

　　頌曰:「景公愛槐, 民醉折傷. 景公將殺, 其女悼惶, 奔告晏子稱說先王. 晏子爲言, 遂免父殃.

5. 《藝文類聚》 卷二十四 人部八 諫

　　晏子曰. 景公有所愛槐, 令吏守之. 令犯者死. 有過而犯之者, 君令吏收而拘之, 將加罪焉. 晏子明日早朝. 諫曰:「君窮民財力, 繁鍾鼓之樂, 極宮室之觀, 犯槐者死, 刑煞不稱,

賊民之深者也. 君饗國, 德行未見於衆, 而刑辟著於國. 嬰恐其不可以莅國子民也.」公曰:
「善.」罷守槐之役, 出犯槐之囚.
6. 《藝文類聚》卷八十八 木部上 槐
　晏子春秋曰. 齊景公有所愛槐. 使人守之. 令曰. 犯槐者刑. 傷槐者死. 有醉而傷槐者. 且
加刑焉.

028 [2-3]　景公樹竹, 令吏謹守之. 公出, 過之, 有斬竹者焉. 公以車
逐, 得而拘之, 將加罪焉. 晏子入見曰:「君亦聞吾先君丁公乎?」公
曰:「何如?」晏子曰:「丁公伐曲城, 勝之. 止其財, 出其民, 公日
自莅之　有輿死人以出者, 公怪之, 令吏視之, 則其中有金與玉焉.
吏請殺其人, 收其金玉. 公曰:『以兵降城, 以衆圖財, 不仁. 且吾聞
之, 君人者, 寬惠慈衆, 不身傳誅.』令捨之.」公曰:「善!」晏子退,
公令出斬竹之囚.

　　경공이 대나무를 심어 놓고, 관리로 하여금 이를 잘 지키도록 하였다. 그
후 경공이 밖에 나갔다가 그곳을 지나게 되었는데, 마침 어떤 이가 그 대
나무를 베어가고 있는 것이었다. 경공이 수레를 몰아 뒤쫓아가서는 이를
붙잡아 묶어 놓고, 장차 죄를 내릴 참이었다.
　　안자가 들어가 경공을 뵙고 물었다.
　　「임금께서도 우리 선군先君이신 정공丁公의 이야기를 들으셨겠지요?」
　　「무슨 뜻입니까?」
　　경공이 되묻자, 안자가 이렇게 설명하였다.
　　「정공께서 곡성曲城을 쳐서 이겼습니다. 그리고는 그곳의 재물을 손대지
못하도록 금지시키고, 그곳 백성을 모두 옮겨가게 하고는 정공께서 매일같
이 그곳을 친히 관리하였습니다. 그런데 어떤 자가 시신을 수레에 싣고 나
오는 것이 보였습니다. 정공이 이상하게 여겨 관리로 하여금 살펴보게 하
였더니, 그 속에 금과 옥이 숨겨져 있었습니다. 관리가 그를 사형에 처하고,
그 금과 옥을 압수하자고 요청하였습니다. 그러자 정공께서 『군대로서 성
을 항복시키고, 그 재물까지 빼앗는 것은 어질지 못한 것이다. 또 내 듣기
로 임금된 자는 관용과 은혜로 백성들을 자애롭게 대하여야 하며, 스스로

사형을 내리는 일을 직접 전령傳令해서는 안 된다」고 하면서 풀어 주도록 하였습니다.」

이에 경공이 「좋습니다!」라고 하였다.

그리고 안자가 나가자, 경공이 그 대나무를 벤 자를 석방하도록 명하였다.

【정공丁公】 이름은 伋. 太公望의 아들. 周初의 諸侯國인 齊나라 君主.
【곡성曲城】 地名. 王念孫은 『曲沃, 本作曲城, 此後人妄改之也』라 하였다. 《竹書紀年》에 『成王十四年, 齊師圍曲城, 克之』라 하였다.

【참고】 1. 본장의 내용과 주제는 卷二 內篇 諫下 027[2-2] 및 卷七 外篇 重而異者 179[7-9]와 관련이 있다.
2. 《初學記》 二十은 이 내용을 전재한 것이다.
3. 《藝文類聚》 卷二十四 人部八 諷
　　晏子曰. 齊景公樹竹. 令吏守之. 公出過之, 有斬竹者, 拘之. 將加罪焉. 晏子曰:「君聞吾先君丁公乎? 曰:「何如?」 對曰:「丁公伐曲城, 勝之, 止其財, 出其民. 有輿死人以出者, 公怪之, 令視之, 則其中有金玉焉. 吏請殺其人, 丁公曰:「以兵攻城, 以衆圍財, 不仁. 且君人者, 寬惠慈衆, 身不妄誅. 令吏舍之.」 公曰:「善.」 令出斬竹之囚. 舍之.

029 [2-4]　景公令兵搏治, 當臘, 冰月之間而寒, 民多凍餒, 而功不成. 公怒曰:「爲我殺兵二人!」 晏子曰:「諾!」 少爲間, 晏子曰:「昔者, 先君莊公之伐于晉也, 其役殺兵四人. 今令而殺兵二人, 是殺師之半也.」 公曰:「諾! 是寡人之過也.」 令止之.

경공이 병사들로 하여금 벽돌*을 만들도록 명하였다. 마침 12월*이 어서 얼음이 어는 달이라 몹시 추웠다. 백성들은 추위와 배고픔으로 죽어가고 있었고, 성과는 시원치 못하였다. 그러자 경공이 화를 내며 이렇게 재촉하였다.

「나를 위해 병사 둘 정도는 죽여 버리라!」

이 말이 떨어지기가 무섭게 안자가 「좋습니다!」 하고 맞장구를 치고는, 잠시 머뭇거리다가 이렇게 말하였다.

「옛날 선군先君이신 장공莊公께서 진晉나라 정벌에 나섰지요. 그 싸움에서 표본으로 병사 네 명을 처단하였습니다.* 그런데 지금 이 정도의 일에

두 명의 병사를 죽이라고 명하시니, 이는 그때 전쟁을 위해 죽였던 병사의
반수나 됩니다.」

　경공이 이 말에 「그렇군요! 이는 과인의 잘못입니다」하고는 그만두었다.

＊ 원문의 『搏治』를 王念孫은 『治者, 甄也. 搏治, 謂搏土爲甄』이라 하였고, 《廣雅》에는
『治, 甄也』라 하였다.
＊ 원문의 臈을 孫詒讓은 『臈, 當爲臘. 左傳, 虞不臘矣, 說文, 冬至後三戌, 臘祭百神』이
라 하였다.
【장공莊公】崔杼에게 시해당한 景公의 前代 임금. 재위 6년(B.C. 553~548).
【진晉】春秋時代에 강력하였던 諸侯國. 戰國時代에 이르러 韓·魏·趙 三晉이 되었다.
＊《左傳》襄公 二十三年 및 《史記》齊世家 莊公 四年에 莊公이 兵士 네 명을 죽였다
는 기록이 실려 있으며, 이는 莊公의 포악함을 들어 덧붙인 것으로 보인다.

030 [2-5]　晏子使于魯, 比其返也. 景公使國人起大臺之役, 歲寒不
已, 凍餒者鄕有焉. 國人望晏子, 晏子至. 已復事, 公延坐, 飮酒, 樂.
晏子曰:「君若賜臣, 臣請歌之.」歌曰:「庶民之言曰, 凍水洗我,
若之何? 太上靡散我, 若之何?」歌終, 喟然歎而流涕. 公就止之曰:
「夫子曷爲至此? 殆爲大臺之役夫? 寡人將速罷之.」晏子再拜, 出
而不言, 遂如大臺. 執朴, 鞭其不務者. 曰:「吾細人也. 皆有蓋廬,
以避燥濕. 今君爲一臺而不速成, 何以爲役?」國人皆曰:「晏子助
天爲虐.」晏子歸, 未至. 而君出令, 趣罷役. 車馳而人趨. 仲尼聞之,
喟然歎曰:「古之善爲人臣者, 聲名歸之君. 禍災歸之身. 入則切磋
其君之不善, 出則高譽其君之德義. 是以雖事惰君, 能使垂衣裳, 朝
諸侯, 不敢伐其功. 當此道者, 其晏子是耶!」

　안자가 노魯나라에서 돌아올 때를 맞추어, 경공이 백성들을 징발하여 큰
누대를 짓는 공사를 벌이고 있었다. 한겨울이라 추위가 그치지 않았고, 얼
어죽거나 굶어죽는 자가 마을마다 생겨났다. 이에 백성들은 안자가 돌아오
기만을 기다리고 있었다.

　안자가 이르러 임금에게 보고를 마치자, 임금이 자리를 펴서 앉도록 하
고 술자리를 마련하였다. 즐거움이 깊어지자, 안자가 「임금께서 저에게 허

락해 주신다면, 노래를 한 곡 부르고 싶습니다」라고 청하였다. 그리고는 이렇게 노래를 불렀다.

「서민들은 이렇게 말하고 있습니다.『언 물이 나를 씻어내리네. 어쩌면 좋을꼬? 임금께서는 우리를 풀어 주지도 않네. 어쩌면 좋을꼬?』라구요!」

노래를 끝내고 위연 탄식하며 눈물을 흘렸다. 경공이 곧 만류하며 물었다.

「선생께서 어찌하여 이런 모습을 보이십니까? 아마 누대짓는 노역자들을 위해서이겠지요? 과인이 장차 속히 그만두겠습니다.」

그럼에도 안자는 재배하고 나가면서 아무런 말도 하지 않았다. 그리고는 드디어 큰 누대를 짓는 곳으로 가서 거친 몽둥이를 들고, 힘써 일하지 않는 자들을 치며 소리쳤다.

「우리는 모두 보잘것 없는 미천한 인간들인데도, 그나마 오막살이라도 있어 조습燥濕을 피할 수 있다. 그런데도 지금 우리 임금께서 겨우 누대 하나 짓겠다고 하는데 이를 얼른 마련해 드리지 못하다니, 이게 무슨 노역거리나 되느냐?」

백성들은 이 뜻을 헤아리지 못하고, 안자를 원망하였다.

「안자마저 하늘의 추위와 함께 우리를 학대하는구나!」

안자가 돌아가 집에 이르기도 전에 경공이 명령을 내려 즉시 노역을 중지토록 하였다. 그러자 풀려난 사람들이 돌아가기 위해 수레를 몰아 내닫느라고 야단들이었다.

중니仲尼가 이 소식을 듣고 위연 탄식하며 이렇게 평하였다.

「옛날 남의 신하로서 훌륭하였던 자는, 그 명성은 임금께 돌리고 재화災禍는 자신의 탓으로 돌렸다. 들어와서는 그 임금의 잘못을 잘 갈고 닦아 고쳐 나가도록 하였고, 나가서는 그 임금의 덕위를 널리 자랑하기에 힘썼다. 이 까닭으로 비록 게으른 임금이라 할지라도 능히 그 의상을 잘 늘어뜨려 입은 다음 제후를 조알하여, 감히 자신들의 공을 자랑하는 일이 없도록 하였던 것이다. 이러한 도에 해당하는 자는, 바로 안자 같은 이로다!」

【노魯】 지금의 山東省 曲阜를 중심으로 있던 諸侯國. 周公 旦이 封을 받았던 나라.
【중니仲尼】 魯나라 출신의 聖人. 孔子의 字. 이름은 丘.

【참고】 1. 본장의 내용과 주제는 卷二 內篇 諫下 031[2-6], 卷七 外篇 重而異者 182[7-12]

와 같다.

2.《初學記》人部中은 이를 전재한 것이다.
3.《北堂書鈔》156은 이를 전재한 것이다.
4.《太平御覽》179는 이를 전재한 것이다.
5.《左傳》襄公 十七年傳(여기서는 宋나라의 사건으로 실려 있다.)
　　宋皇國父爲大宰, 爲平公築臺, 妨於農功. 子罕請俟農功之畢, 公弗許. 築者謳曰:「澤門之皙, 實興我役. 邑中之黔, 實慰我心.」子罕聞之親執扑, 以行築者而抶其不勉者曰:「吾儕小人皆有闔廬, 以辟燥濕寒暑, 今君爲一臺而不速成, 何以爲役?」謳者乃止. 或問其故, 子罕曰:「宋國區區而有詛有祝, 禍之本也.」
6.《藝文類聚》卷五 歲時下 寒
　　晏子曰. 景公起大臺. 歲寒, 役之凍餒者鄉有焉. 公延晏子坐. 飲酒樂, 晏子歌曰:「庶民之凍, 我若之何? 奉上靡弊, 我若之何?」歌終, 喟然流涕. 公止之曰:「子殆爲大臺之役夫? 寡人將罷.」

031 [2-6]　景公爲長庲, 將欲美之, 有風雨作, 公與晏子入坐, 飲酒, 致堂上之樂, 酒酣, 晏子作歌曰:「穗兮不得穫! 秋風至兮殫零落! 風雨之拂殺也. 太上之靡弊也.」歌終, 顧而流涕, 張躬而舞. 公就晏子而止之曰:「今日夫子爲賜, 而誡于寡人. 是寡人之罪.」遂廢酒罷役, 不果成長庲.

　　경공이 장래長庲라는 누대를 짓고, 이를 아름답게 꾸미고자 하였다. 마침 비바람이 몰아치고 있을 때, 경공이 안자와 함께 앉아 술을 마시면서 당상堂上의 음악을 즐기고 있었다. 술이 어느 정도 취하자, 안자가 노래를 지어 불렀다.

　　「이삭이여, 패어도 수확할 게 없구나! 가을바람이 불어오도다, 모든 것을 영락케 하누나! 풍우의 흔들리고 숙살함이여! 하지만 우리 임금은 끄떡도 없네!」

　　이렇게 노래를 마치고 돌아보며 눈물을 흘리고는, 몸을 펴서* 춤을 추었다. 그러자 경공이 나가 안자를 저지하면서 이렇게 달래었다.

　　「오늘 선생께서 가르침을 내려 과인을 경계시켜 주었습니다. 이는 과인의 죄입니다.」

　　그리고는 술자리를 폐하고 노역을 그치게 하였다. 장래라는 누대의 일도 이로써 그만두고 말았다.

【장래長庲】누대의 이름으로 보기도 하고, 긴 집으로 보기도 한다. 《廣韻》에는 「庲, 臺也」라 하였고, 《玉篇》에는 「長庲, 臺, 齊景公作也」라 하였다.
* 원문의 「張躬」에서 躬을 胑으로 보기도 한다.

【참고】1. 《太平御覽》人事部 97은 이를 인용한 것이다.
2. 《晏子春秋》卷二 內篇 諫下 030[2-5] 및 卷七 外篇 重而異者 182[7-12]와 관련이 있다.

032 [2-7]　景公築路寢之臺, 三年未息, 又爲長庲之役, 二年未息, 又爲鄒人之長塗. 晏子諫曰:「百姓之力勤矣. 公不息乎?」公曰:「塗將成矣. 請成而息之.」對曰:「君屈民財者, 不得其利, 窮民力者, 不得其樂. 昔者, 楚靈王作頃宮, 三年未息也. 又爲章華之臺, 五年又不息也. 乾溪之役, 八年, 百姓之力不足而息也. 靈王死于乾溪, 而民不與歸. 今君不遵明王之義, 而循靈王之迹, 嬰懼君有暴民之行, 而不睹長庲之樂也. 不若息之.」公曰:「善! 非夫子, 寡人不知得罪于百姓深也.」于是令勿委壤, 餘財勿收, 斬板而去之.

　경공이 노침路寢의 누대를 지으면서 3년이 되도록 백성을 쉬지도 못하게 한 채, 다시 장래長庲의 노역을 벌였다. 이 역시 2년이 되도록 쉬게 하지 않고, 또다시 추鄒 땅까지 이르는 긴 도로를 만들겠다고 나섰다. 이에 안자가 이렇게 간하였다.
　「백성들이 노고勞苦로 지쳐 있습니다. 임금께서 잠시 쉴 수 있도록 해주시지요?」
　그러자 임금이 이렇게 말하였다.
　「장차 길이 완성될 것입니다. 완성시키고 나서 쉬도록 합시다.」
　안자가 이 말에 다시 이렇게 설명하였다.
　「임금이 백성의 재물을 고갈시켜서는 이익을 얻을 수 없으며, 백성의 힘을 궁히 하여서는 즐거움을 얻을 수 없습니다. 옛날 초楚나라의 영왕靈王이 경궁頃宮을 지으면서 3년 동안이나 쉬지도 못하게 하고, 다시 장화대章

華臺를 짓느라 5년 동안이나 쉬지를 못하게 하였습니다. 그리고는 간계乾溪의 노역에 8년을 붙들어 두어 백성들의 힘이 탕진되었는데도 휴식을 주지 않았습니다. 그러다가 영왕이 간계에서 죽자, 백성들이 그 시신을 옮겨 오지조차 않았습니다.

지금 임금께서는 명철한 왕들의 덕의는 따라 배우려 하지 않고 도리어 영왕 같은 과오를 되풀이하려 하시니, 저로서는 임금께서 백성에게 포악하다는 소문만 남길 뿐 장래궁의 즐거움을 맛보지도 못하면 어쩌나 하여 염려스러울 뿐입니다. 쉬게 하십시오.」

경공이 이 설명을 듣고 이렇게 말하였다.

「훌륭합니다! 선생이 아니었더라면, 과인이 백성에게 짓는 죄가 얼마나 깊은 것인가도 알지 못하였을 것입니다.」

이에 흙덩이를 더 이상 나르지 않게 하고, 남은 재용財用도 더 거두지 못하게 하였으며, 판자들도 쪼개어 버리게 하였다.

【노침路寢】임금이 政事를 보는 正宮.《公羊傳》에『路寢者, 何, 正寢也』라 하였고,《禮記》玉藻篇에『君日出而視之, 退適路寢聽政』이라 하였다.
【장래長庲】[前出]
【추鄒】원래 古代의 邾婁國. 뒤에 魯나라에 휩쓸려 穆公이 鄒로 개명하였다. 지금의 山東省 鄒縣.
【초楚 영왕靈王】이름은 圍. 共王의 次子. 형인 康王이 죽자 郟敖를 죽이고 王이 되어, 이름을 熊虔으로 바꾸었다. 재위 12년(B.C. 540~529).
【경궁頃宮】楚나라의 궁전 이름.
【장화대章華臺】楚나라 靈王 때 지은 누대.《左傳》昭公 七年에『楚子成章華之臺』라 하였다.
【간계乾溪】地名. 靈王 十一年(B.C. 530) 諸侯들이 申 땅에 모여 있다가, 吳를 치는 길에 乾溪에 이르렀으나 吳軍에게 패하였다. 靈王이 乾溪로 나간 사이 동생 棄疾이 난을 일으키자, 靈王은 목을 매어 죽고 棄疾이 楚王이 되어 平王이라 칭하였다.

【참고】1.《群書治要》에 본장의 내용이 전재되어 있다.
2.《晏子春秋》卷二 內篇 諫下 033[2-8]과 관련이 있다.

033 [2-8]　景公春夏游獵, 又起大臺之役.　晏子諫曰:「春夏起役且游獵, 奪民農時, 國家空虛, 不可.」景公曰:「吾聞,『相賢者國治,

臣忠者主逸.」吾年無幾矣. 欲遂吾所樂, 卒吾所好. 子其息矣.」晏
子曰:「昔文王不敢盤遊于田, 故國昌而民安. 楚靈王不廢乾溪之
役, 起章華之臺, 而民叛之. 今君不革, 將危社稷, 而爲諸侯笑. 臣
聞, 『忠不避死, 諫不違罪.』君不聽臣, 臣將逝矣.」景公曰:「唯唯!
將弛罷之.」未幾, 朝韋閭解役而歸.

경공이 봄여름으로 사냥을 다니면서 또다시 큰 누대를 짓는 역사役事를
일으키자, 안자가 이렇게 간하였다.

「봄여름으로 역사를 일으키면서 또 사냥까지 즐기시니, 백성의 농사철을
빼앗아 나라가 공허해지고 있습니다. 안 될 일입니다.」

이에 경공이 이렇게 변명하였다.

「내 듣기로『재상이 어질면 나라가 잘 다스려지고, 신하가 충성되면 임
금이 편하다』하였습니다. 내 나이도 이제 얼마 남지 않았습니다. 내 즐기
는 바를 이루고, 내 좋아하는 바를 해보고 싶습니다. 선생께서는 간섭하지
마십시오.」

그러자 안자가 다시 간하였다.

「옛날 문왕文王은 감히 사냥의 즐거움 때문에 노닐러 나간 적이 없었습
니다. 그 때문에 나라는 창성하고 백성은 편안하였습니다. 그런가 하면 초
楚나라의 영왕靈王은 간계乾溪의 노역을 그치지 않고 장화대章華臺의 역
사를 일으켜, 그만 백성들의 반란을 사고 말았습니다.* 임금께서 지금이라
도 고치지 않으면, 장차 사직은 위험해지고 제후들의 웃음거리가 될 것입
니다.

제가 듣기로『충성은 죽음도 거역하지 않으며, 간언은 어떤 죄를 뒤집어
써도 겁내지 않는다』라고 하였습니다. 임금께서 저의 말을 들어 주지 않는
다면, 저는 장차 떠나겠습니다.」

이 말에 경공이「알았습니다, 알았습니다! 장차 이를 철회토록 하겠습니
다」라고 하였다. 그리고 얼마 되지 않아 위경韋閭으로 하여금 노역을 풀고
돌아오도록 하였다.

【문왕文王】周나라를 일으킨 聖君. 姬昌. 그 아들이 武王 發 및 周公 旦, 昭公 奭이다.
* 앞장 032[2-7]의 注 楚 靈王 참조.

【위경韋囧】人名. 구체적으로는 알 수 없다.

【참고】1.《太平御覽》19는 이 내용을 전재한 것이다.
2.《晏子春秋》卷二 內篇 諫下 032[2-7]와 관련이 있다.

034 [2-9] 景公獵, 休坐地而食. 晏子後至, 滅葭而席. 公不說曰:
「寡人不席而坐地, 二三子莫席, 而子獨搴草而坐之, 何也?」晏子對
曰:「臣聞介冑坐陳不席, 獄訟不席, 尸坐堂上不席. 三者皆憂也.
故不敢以憂侍坐.」公曰:「善!」令人下席曰:「大夫皆席. 寡人亦
席矣!」

　　경공이 사냥중에 맨땅에 앉아 쉬면서 식사를 하고 있었다. 그러자 안자
가 뒤따라와서는 갈대를 뜯어* 자리를 만들어 깔고 앉았다. 이에 경공이
불쾌히 여기며 물었다.
　　「과인이 자리도 없이 맨땅에 앉자, 모두들 감히 자리를 깔고 앉지 못하였
습니다. 그런데 그대만이 풀을 말아 깔고 앉으니 어떻게 된 까닭입니까?」
　　이 말에 안자가 이렇게 대답하였다.
　　「제가 듣건대 갑옷과 투구를 쓴 채 진중에 있을 때는 자리를 깔고 앉지
못하며, 재판중에도 자리에 앉지 못하며, 시신을 당상堂上에 놓을 때도 자
리를 깔지 않는 법이라 하였습니다. 이 세 가지는 모두가 자리를 깔고 편
안히 앉을 수 있는 상황이 아닌 근심스러운 순간들이기 때문이지요. 따라
서 그런 근심을 지닌 채 임금을 모시고 싶지는 않았기 때문입니다.」
　　이 말에 경공이 「좋습니다!」 하고는, 자리를 깔고 앉도록 명령을 내리면
서 이렇게 말하였다.
　　「대부들도 모두 자리를 깔고 앉으시지요. 과인 또한 자리에 앉겠습니다!」

　* 원문의 「滅葭」는 갈대를 뜯어 자리를 만듦을 뜻한다.

【참고】1.《太平御覽》393 · 709는 이를 전재한 것이다.
2.《北堂書鈔》133 역시 이를 전재한 것이다.
3.《說苑》卷十七 雜言篇 743[17-55]
　　齊景公問晏子曰:「寡人自以坐地, 二三子皆坐地; 吾子獨搴草而坐之, 何也?」晏子對

曰:「嬰聞之, 惟喪與獄, 坐於地. 今不敢以喪獄之事, 侍於君矣.」
　孫詒讓은 《說苑》談叢篇에 실려 있다 하였고, 王更生은 貴德篇에 실려 있는 것으로
여겼으나 이는 모두 오류이다.
4.《藝文類聚》卷六十九 服飾部上 薦蓆
　晏子曰. 景公獵休, 坐地而食, 晏子後至. 減蔜而坐. 公不悅:「子獨席何也?」對曰:「臣
聞介胄坐不席, 獄訟不席, 獄戶不席. 三者皆憂也. 臣故不敢以憂侍坐.」公曰:「善.」令人
下席. 曰:「大夫皆席, 寡人亦席.」

035 [2-10]　景公出獵, 上山見虎, 下澤見蛇. 歸, 召晏子而問之曰:
「今日寡人出獵, 上山則見虎, 下澤則見蛇, 殆所謂不祥也.」晏子對
曰:「國有三不祥, 是不與焉. 夫有賢而不知, 一不祥. 知而不用, 二
不祥. 用而不任, 三不祥也. 所謂不祥, 乃若此者. 今上山見虎, 虎
之室也. 下澤見蛇, 蛇之穴也. 如虎之室, 如蛇之穴而見之, 曷爲不
祥也?」

　경공이 사냥을 나갔다가 산에 올라서는 호랑이를, 못가에 이르러서는 뱀
을 보았다. 이에 돌아와 안자를 불러 물었다.
　「오늘 과인이 사냥을 나갔다가 산에 올라서는 호랑이를 보았고, 아래로
내려와 못가에서는 뱀을 보았습니다. 이것이 소위 말하는 상서롭지 못한
징조가 아닐는지요?」
　그러자 안자가 이렇게 설명해 주었다.
　「나라에는 세 가지 상서롭지 못한 일이 있습니다. 그러나 앞서 있었던
일은 그 속에 포함되지 않습니다. 무릇 그 나라에 현인賢人이 있는데도 이
를 알아보지 못하는 것이 첫번째 불상不祥이요, 알기는 하되 등용시키지
않는 것이 두번째 불상이요, 등용시켜 놓고도 그에 알맞은 임직任職을 주
지 않는 것이 세번째 불상입니다.
　소위 말하는 상서롭지 못한 것, 즉 불상不祥이란 이와 같은 것을 두고
하는 말입니다. 방금 산 위에서 호랑이를 본 것은 그곳이 호랑이의 서식처
이기 때문이요, 못가에서 뱀을 본 것은 그곳에 뱀의 굴이 있기 때문입니다.
호랑이 굴에서 호랑이를 보고, 뱀의 굴에서 뱀을 본 것이 어찌 상서롭지

못한 일이겠습니까?」

【불상不祥】〈상서롭지 못함〉을 뜻한다.

【참고】1.《說苑》卷一 君道篇 023[1-23]
　　齊景公出獵, 上山見虎, 下澤見蛇, 歸召晏子而問之曰:「今日寡人出獵, 上山則見虎, 不
澤則見蛇, 殆所謂之不祥也.」晏子曰:「國有三不祥, 是不與焉, 夫有賢而不知, 一不祥;
知而不用, 二不祥; 用而不任, 三不祥也; 所謂不祥乃若此者也. 今上山見虎, 虎之室也.
下澤見蛇, 蛇之穴也, 如虎之室, 如蛇之穴而見之, 曷爲不祥也?」
2.《北堂書鈔》158은 이를 전재한 것이다.

036 [2-11]　景公爲臺, 臺成, 又欲爲鐘. 晏子諫曰:「君國者, 不樂
民之哀. 君不勝欲, 旣築臺矣. 今復爲鐘. 是重斂于民, 民必哀矣.
夫斂民之哀而以爲樂, 不祥, 非所以君國者.」公乃止.

　　경공이 누대를 지어 이 누대가 완성되자, 이번에는 종鐘을 주조하고자
하였다. 이에 안자가 나아가 이렇게 간하였다.
　　「나라의 임금된 자는 백성의 슬픔을 즐거워해서는 안 되는 것입니다. 임
금께서는 그 욕망을 이기지 못하여 이미 누대를 지었습니다. 그런데 지금
다시 종까지 주조하겠다고 하시니, 이는 백성들에게 세금을 가중시키는 일
입니다. 그러면 백성들은 틀림없이 괴로워할 것입니다. 무릇 백성의 괴로움
을 외면한 채 그 부담을 지우면서 자신의 즐거움을 누리고자 하는 것은 상
서롭지 못한 일일 뿐만 아니라, 나라의 임금된 자로서 할 일이 못 됩니다.」
　　경공이 이 말을 듣고서 그 계획을 중지하였다.

【참고】1.《晏子春秋》卷八 外篇 不合經術者 206[8-9]과 관련이 있다.
2.《意林》에 본장의 내용이 전재되어 있다.
3.《說苑》卷九 正諫篇 286[9-15]
　　景公爲臺, 臺成, 又欲爲鐘, 晏子諫曰:「君不勝欲爲臺, 今復欲爲鐘, 是重斂於民, 民之
哀矣; 夫斂民之哀, 而以爲樂, 不祥.」景公乃止.
4.《藝文類聚》卷二十四 人部八 諫
　　又曰. 景公爲臺. 臺成. 又欲爲鍾. 晏子諫曰. 君今旣已築臺矣. 又斂於民而爲鍾. 則民必
哀矣. 斂民哀以爲樂. 不祥. 非所以君民也. 公乃止.

037 [2-12]　景公爲泰呂成, 謂晏子曰:「吾欲與夫子燕.」對曰:「未祀先君而以燕, 非禮也.」公曰:「何以禮爲?」對曰:「夫禮者, 民之紀. 紀亂則民失. 亂紀失民, 危道也.」公曰:「善!」乃以祀焉.

　　경공이 태려泰呂가 완성되자, 안자에게 이렇게 말하였다.
　　「내 선생과 더불어 주연을 베풀고자 합니다.」
　　이에 안자가 「선군先君에게 제사도 지내지 않고 주연부터 베풀다니, 이는 예가 아닙니다」라고 만류하자, 경공이 「어떻게 하는 것이 예에 맞습니까?」 하고 물었다.
　　그러자 안자가 이렇게 대답하였다.
　　「무릇 예라고 하는 것은, 백성의 벼리입니다. 벼리가 어지러워지면 백성은 갈 길을 잃게 되지요. 벼리를 어지럽히고, 백성을 잃는다는 것은 바로 위험한 도입니다.」
　　이 말에 경공이 「좋습니다!」 하고는 제사를 지냈다.

【태려泰呂】 齊나라의 鐘 이름. 《呂氏春秋》 侈樂篇에 『齊之衰也. 作爲大呂』라 하였고, 高誘 注에는 『大呂, 陰律十二也』라 하였으며, 같은 책 貴直篇에서는 『無使齊之大呂陳之廷』이라 하였다. 그리고 《史記》 樂毅列傳에서는 『大呂陳於玄英』이라 하였다. 그리고 索隱에 『大呂齊鐘名, 卽景公所鑄』라 하였다.
【선군先君】 先代의 임금들.

【참고】 1. 끝에 제사를 지냈다는 점에 대하여, 張氏本에는 이렇게 실려 있다.
　　祀猶齊也, 祭有四義. 一, 可以虛中致其誠敬. 二, 可以充不匱之孝思. 三, 可使境內之民莫不敬. 四, 當有大澤惠及於下. 如此則私欲滅而德配先祖矣. 此與外下九章旨有相同者.
2.《晏子春秋》卷八 外篇 不合經術者 206[8-9]과 관련이 있다.

038 [2-13]　景公爲履, 黃金之綦, 飾以銀, 連以珠, 良玉之絇, 其長尺. 冰月服之以聽朝. 晏子朝, 公迎之, 履重, 僅能擧足. 問曰:「天寒乎?」晏子曰:「君奚問天之寒也? 古聖人製衣服也, 冬輕而暖, 夏輕而凊, 今金玉之履, 冰月服之, 是重寒也. 履重不節, 是過任也.

失生之情矣. 故魯工不知寒溫之節, 輕重之量, 以害正生. 其罪一也. 作服不常, 以笑諸侯. 其罪二也. 用財無功, 以怨百姓, 其罪三也. 請拘而使吏度之.」公曰:「魯工苦, 請釋之.」晏子曰:「不可! 嬰聞之. 苦身爲善者, 其賞厚, 苦身爲非者, 其罪重.」公不對, 晏子出, 令吏拘魯工, 令人送之境, 使不得入. 公撤履, 不復服也.

경공이 신을 만듦에 황금으로 끈을 삼고 은으로 장식을 하였으며, 구슬을 꿰었고, 또한 좋은 옥으로 그 매듭을 지었다. 이에 그 길이가 한 자나 되었는데, 얼음이 어는 겨울인데도 이 신을 신고서 조회를 받고자 하였다. 안자가 조회에 나오자, 경공이 맞이하였다. 그런데 신이 너무 무거워 겨우 그 발을 들 수 있을 정도였다. 그러면서 안자에게 물었다.

「날씨가 춥지요?」

안자가 이상히 여겨 이렇게 되물었다.

「임금께서는 무슨 연유로 날씨가 추우냐고 물으십니까? 옛 성인들이 의복을 제정함에는 겨울에는 가볍고 따뜻하게, 그리고 여름에는 가벼우면서도 시원하게 하였습니다. 이 한겨울에 금과 옥으로 만든 신을 신고 있으니, 이는 그 차가움을 가중시키는 것입니다. 또 신이 무거워 절도가 없으니, 이는 자신의 임무에 과실된 일일 뿐더러 삶의 도리에도 어긋난 것입니다.

따라서 노魯나라 출신의 그 공인工人*이, 한온寒溫의 절도나 경중輕重의 헤아림도 모르면서 바른 삶을 해치는 짓을 하였으니, 이것이 그의 첫번째 죄입니다. 그리고 신을 만들되 상常에 어긋나서 제후들의 웃음거리만 되게 하였으니, 이것이 그의 두번째 죄입니다. 또한 재물을 쓰고도 성과가 없어 백성으로부터 원망만 샀으니, 이것이 그의 세번째 죄입니다. 청컨대 그자를 잡아 가두고, 관리로 하여금 따져 보도록 하시지요!」

이 제의에 경공은 「이는 노나라 공인의 수고로 만들어진 것입니다. 청컨대 풀어 주시지요!」라고 두둔하였다.

그러나 안자는 단호하였다.

「안 됩니다. 제가 듣기로 자신의 몸을 노고롭게 하면서 일을 잘하는 자는 그에 알맞게 상이 후하고, 그 몸만 노고롭게 하면서 잘못을 저지른 자는 그 죄가 무겁다고 하였습니다.」

이에 경공은 아무런 대꾸도 하지 못하였다. 이윽고 안자가 나가자, 관리로 하여금 그 노나라 공인을 구금케 하였다. 그리고 나서 사람을 시켜 국경 밖으로 보내고는, 다시는 들어오지 못하도록 하였다. 경공 또한 그 신을 치워 버리고, 다시는 신지 아니하였다.

＊ 원문의 『魯工』은, 그 신을 만든 사람이 魯나라 출신의 공인이라는 뜻이다.
【상常】 상식.

【참고】 1.《太平御覽》134・493・697에 관련기록이 전재되어 있다.
2.《北堂書鈔》136은 이를 전재한 것이다.
3.《文選》卷六十 陸士衡〈弔魏武帝文〉注
　晏子春秋曰. 景公爲履黃金之綦, 飾以組連以珠.
4.《藝文類聚》卷八十四 寶玉部下 珠
　晏子曰. 景公爲履. 黃金之綦. 連以珠. 良玉之句. 其長尺. 冰月服之以聽朝. 晏子朝. 公迎之. 履重. 僅能擧足. 晏子曰. 古者聖人製服. 冬輕而暖. 夏輕而清. 今金玉之履. 冰月服之. 是重寒也.
5.《藝文類聚》卷八十三 寶玉部上 金
　晏子曰. 景公爲履, 黃金之綦.

039 [2-14]　景公問晏子曰：「吾欲服聖王之服, 居聖王之室, 如此則諸侯其至乎?」晏子對曰：「法其節儉則可, 法其服室無益也. 三王不同服而王, 非以服致諸侯也. 誠于愛民, 果于行善, 天下懷其德而歸其義, 若其衣服節儉而衆說也. 夫冠足以修敬. 不務其飾, 衣足以掩形, 不務其美. 衣無隅差之削, 冠無觚贏之理. 身服不雜綵, 首服不鏤刻. 且古者, 嘗有紩衣攣領而王天下者, 其政好生而惡殺, 節上而羨下. 天下不朝其服, 而共歸其義. 古者, 嘗有處橧巢窟穴而王天下者, 其政而不惡, 予而不取. 天下不朝其室, 而共歸其仁. 及三代作服, 爲益敬也. 首服足以修敬而不重也, 身服足以行潔而不害于動作. 服之輕重便于身, 用財之費順于民. 其不爲橧巢者, 以避風也. 其不爲窟穴者, 以避濕也. 是故明堂之制, 下之潤濕, 不能及也. 上之寒暑, 不能入也. 土事不文, 木事不鏤, 示民知節也. 及其衰也, 衣服之侈, 過足以敬. 宮室之美, 過避潤濕. 用力甚多, 用財甚費,與民爲讎. 今君欲法聖王之服室, 不法其制, 法其節儉也, 則雖未成治, 庶其有益也. 今君窮臺榭之高, 極汙池之深, 而不止. 務于刻鏤之巧, 文章之觀, 而不厭. 則亦與民爲讎矣. 若臣之慮, 恐國之危, 而公不平也. 公乃願致諸侯, 不亦難乎? 公之言過矣.」

경공이 안자에게 물었다.

「나는 성왕聖王의 복장을 하고, 성왕의 궁실에 거하고 싶습니다. 그렇게 하면 제후들이 몰려오는지요?」

이에 안자가 이렇게 대답하였다.

「옛 성왕들의 절검節儉하였던 면을 본받으신다면 가하려니와, 그들의 복장이나 궁실만 흉내내려 하신다면 아무런 이익이 없겠지요. 삼왕三王은 복장은 같지 않았으나, 임금 노릇을 하였습니다. 제후를 불러들이는 데 복장이 중요한 것은 아닙니다. 진실로 백성을 사랑하고 좋은 일 하기에 과감하면, 천하가 그 덕德을 사모하여 그 의義에 모여드는 것입니다. 그러면서 그 의복을 절검하게 한다면, 민중들이 즐거운 마음으로 찾아오는 것이지요.

무릇 관冠이란 공경을 닦는 정도여야지 장식에 힘써서는 안 되며, 옷이란 형체를 가리는 것이면 족하지 아름다움에 힘써서는 안 됩니다. 옷은 귀퉁이를 비스듬히 잘라 멋을 내는 데 힘써서는 안 되고, 관은 좁고 높게 만들어 쓸 필요가 없습니다. 몸에는 복잡한 무늬의 옷을 입을 필요가 없고, 머리에는 조각한 복식을 할 이유가 없습니다.

또 옛날에는 거친 옷에 둘둘 만 옷감만을 목에 걸치고도 천하에 임금 노릇을 한 자가 있습니다. 그 정치가 살리기를 좋아하고 죽이기를 싫어하였으며, 위로는 절검케 하고 아래로는 여유 있게 하였던 것입니다. 이 때문에 천하에 그의 복장을 따라 입지 않는 족속일지라도 모두 한 가지로 그의 의義에 귀의해 왔던 것입니다

옛날에는 일찍이 나뭇가지를 얽어 지은 집이나, 땅을 파 혈거穴居를 하면서도 천하에 임금 노릇을 한 자가 있습니다. 그 정치에는 미워하는 것이 없었고, 줄 줄만 알았지 빼앗을 줄은 몰랐습니다. 이 때문에 그와 같은 집에 사는 관습이 아닌 족속들까지도 그의 인仁을 사모하여 함께 모여들었던 것입니다.

이어서 삼대三代에 미쳐 오면서 복식을 결정함에 더욱 공경에 중점을 두었습니다. 머리의 장식도 공경을 닦는 것이면 족하게 여겼지 다른 중요한 뜻은 두지 않았고, 몸의 옷은 청결하면 족하였지 행동에 방해가 되게까지 하지는 않았습니다. 의복의 경중輕重은 몸에 얼마나 편한가에 맞추었고, 재물의 사용은 백성에게 얼마나 순조로운가에 기준을 두었던 것입니다. 그때는 나무를 얽어 지은 집에 살지는 않았지만 바람을 피하는 것으로 만족하였고, 굴을 파고 살지는 않았지만 습기를 피하는 것으로 그 기준을 삼았습니다. 이러한 까닭으로 명당明堂의 제정도 아래로는 습윤한 기운이 미치지 않으면 되었고, 위로는 한서寒暑가 들어오지 않으면 되었던 것입니다. 흙에는 무늬를 넣지 않았고, 나무는 조각을 하지 않아 백성들로 하여금 절검을 알도록 시범을 보였던 것입니다.

그러나 그러한 덕이 쇠해지자 의복은 사치스러워져서 공경의 단계를 넘어섰고, 궁실의 아름다움도 습윤을 피하는 단계를 넘어서고 말았습니다. 그래서 노고의 힘이 심히 많이 필요하였고, 재물의 소용도 남의 허비가 있게 되어 당연히 백성과 서로 원수가 되고 말았습니다. 그러니 지금 임금께서 만약 성왕의 복장과 궁실을 법받겠다고 하신다면, 그 제도를 따를 것이 아니라 바로 그 절검을 본받아야 할 것입니다. 그렇게 하면 비록 훌륭한 정치의 완성은 얻지 못한다 해도, 아마 이익됨은 있을 것입니다.

그러나 지금 임금께서 대사臺榭의 높이를 끝없이 하고, 연못의 깊이를 끝없이 하면서도 그칠 줄 모르고, 또 조각과 공예의 공교함과 무늬와 꾸밈의 관상觀賞에만 힘쓰면서 싫어할 줄 모르신다면, 이 역시 백성들과는 원수지간이 되고 말 것입니다. 저 같은 신하로서는, 나라가 위태로워져서 임금께서 평안을 누리지 못하면 어쩌나 하는 것이 걱정입니다. 그런데도 임금께서는 제후들이 몰려오기를 바라신다니, 이 역시 어려운 일이 아니겠습니까? 임금의 말씀은 잘못되었습니다.」

【삼왕三王】夏·殷·周 三代의 聖王들.
【삼대三代】夏·殷·周 三代. 흔히 太平盛代로 거론한다.
【대사臺榭】누대나 조망대.

【참고】1.《太平御覽》76·174는 이를 전재한 것이다.
2.《藝文類聚》卷六十四 居處部四 室

又曰. 景公問晏子曰:「吾欲服聖人之服, 居聖人之室. 如此則諸侯其至乎?」對曰:「法其節儉則可. 法其服室. 無益.」

040 [2-15]　景公爲西曲潢, 其深滅軌, 高三仞, 橫木龍蛇, 立木鳥獸. 公衣黼黻之衣, 素繡之裳, 一衣而五采具焉. 帶球玉而冠且, 被髮亂首, 南面而立, 傲然. 晏子見. 公曰:「昔仲父之霸, 何如?」晏子抑首而不對. 公又曰:「昔仲父之霸, 何如?」晏子對曰:「臣聞之, 維翟人與龍蛇比. 今君橫木龍蛇, 立木鳥獸, 亦室一就矣. 何暇在霸哉? 且公伐宮室之美, 矜衣服之麗, 一衣而五采具焉. 帶球玉而冠且, 被髮亂首, 亦室一容矣. 萬乘之君, 而壹心于邪, 君之魂魄亡矣. 以誰與圖霸哉?」公下堂就晏子曰:「梁丘據, 裔款, 以室之成告寡人, 是以竊襲此服. 與據款爲笑. 又使夫子及寡人, 請改室易服, 而敬聽命, 其可乎?」晏子曰:「夫二子營君以邪, 公安得知道哉? 且伐木不自其根, 則蘖又生也. 公何不去二子者, 毋使耳目淫焉?」

　　경공이 궁전의 서쪽에 구불구불한 못을 팠는데 그 깊이는 수레바퀴가 잠길 정도요, 둑의 높이는 세 길, 또한 나무를 가로로 걸쳐 용과 뱀의 무늬를 아름답게 꾸몄으며, 나무를 심어 조수鳥獸까지 기르게 하였다.

　　그리고 경공은 보불黼黻을 수놓은 웃옷과 흰 비단에 수를 놓은 치마를 입었는데, 한 벌에 다섯 가지 무늬가 다 갖추어진 그런 것이었다. 게다가 구슬로 장식한 띠에 끈 달린 관을 쓰고는 머리를 풀어헤친 채 남면南面하여 서 있는데, 그 모습이 자못 오만하였다. 안자가 나타나자, 경공이 입을 열었다.

　　「옛날 중부仲父인 관중管仲이 패자가 되었을 때에는 어떠하였습니까?」

　　이 질문에 안자는 머리를 숙이고 아무런 대답도 하지 않았다.

　　경공이 다시 「옛날 중부가 패자가 되었을 때에는 어떠하였습니까?」라고 묻자, 안자가 그제서야 이렇게 대답하였다.

　　「제가 듣기로, 야만족만이 용이나 뱀과 함께 한다고 하였습니다. 임금께서는 지금 나무를 엇갈려 용과 뱀의 무늬로 장식하고, 나무를 심어 온갖 조수를 기르고 있으니, 궁실 안에서나 임금 노릇을 할 수 있을 뿐 어느 겨를에 패자의 지위에 이를 수 있겠습니까?

또 임금께서는 궁실의 아름다움만 자랑하며, 의복의 화려함에 신이 나 있고, 옷 한 벌에 다섯 무늬를 갖추고 있으며, 구슬로 띠를 장식하고, 끈 달린 관에 피발난수被髮亂首하고 있으니, 이는 그 용모를 집안에서나 뽐내시면 족합니다. 만승萬乘의 임금으로 사악한 것에만 한결같이 마음을 쏟으시어 그 혼백이 몸을 떠나 사라져 버렸는데, 그 누구와 더불어 천하제패를 도모할 수 있다는 말입니까?」

이 말에 경공이 당에서 내려와 안자에게 다가서며 「양구거梁丘據와 예관裔款이 궁실을 꾸며 놓고 나에게 보고하기에, 이렇게 몰래 이런 옷을 입고서 그 둘과 함께 즐거움을 삼았습니다. 그리고 선생을 과인에게 불러 이렇게 모습을 보이려던 것이었습니다. 그렇다면 청컨대 궁실을 고치고, 옷도 바꾸어 입고, 삼가 선생의 가르침을 듣는다면 괜찮겠습니까?」라고 물었다.

그러나 안자는 단호히 이렇게 말하였다.

「무릇 그 두 사람이 임금을 위한답시고 사악한 짓을 계속하고 있으니, 임금께서 어찌 도를 터득할 겨를이 있겠습니까? 또 나무를 벨 때 그 뿌리부터 잘라 없애지 않으면, 그 곁가지에서 다시 싹이 돋아나는 법입니다. 임금께서는 어찌 그 두 사람을 제거하여 더 이상 이목耳目이 음란淫亂에 빠지지 못하도록 조치하지 않으십니까?」

【보불黼黻】임금의 예복으로 입는 치마처럼 된 부분에 꾸민, 도끼의 형상과 亞자 모양으로 놓은 수.《周禮》考工記에『白與黑謂之黼, 黑與靑謂之黻』이라 하였다.
【중부仲父 관중管仲】春秋五霸의 하나인 齊나라 桓公을 모셨던 宰相. 桓公이 그를 높여 仲父라 불렀다.
【양구거梁丘據】景公의 臣下.
【예관裔款】景公의 臣下.

【참고】1.《北堂書鈔》129는 이를 전재한 것이다.
2.《太平御覽》696 역시 이를 전재한 관련자료가 있다.

041 [2-16] 景公爲巨冠長衣以聽朝, 疾視矜立, 日晏不罷. 晏子進曰:「聖人之服, 中侻而不駔, 可以導衆, 其動作侻順而不逆, 可以奉生. 是以下皆法其服, 而民爭學其容. 今君之服駔華, 不可以導衆. 疾視矜立, 不可以奉生. 日晏矣, 君不若脫服就燕.」公曰:「寡人受命!」退朝, 遂去衣冠, 不復服.

경공이 큰 관에 긴 옷을 입고 청조聽朝하니, 그 태도가 자못 거만한 눈길에 자랑스러운 듯 우뚝 선 모습이었다. 그럼에도 해가 기울도록 일이 끝나지 아니하였다.

그러자 안자가 나아가 이렇게 아뢰었다.

「성인聖人의 의복은, 몸에 맞고 거추장스럽지 않아 민중을 인도하기에 편리하도록 하였습니다. 이에 그 동작이 순조로워 몸에 걸리적거리지 않아서 일상 생업에 봉사할 수 있었지요. 이 까닭으로 모두가 그 복장을 법으로 여기며, 백성들도 그러한 꾸밈을 다투어 배우게 된 것입니다.

그런데 지금 임금의 옷은 거추장스럽고 화려하여 민중을 지도할 수가 없으며, 또한 자못 거만한 눈길에 우뚝 서 있을 수밖에 없습니다. 그 때문에 해가 기울도록 일을 끝내지 못하고 있는 것입니다. 그러니 임금께서는 그 옷을 벗고 편안한 상태로 일을 하심만 못합니다.」

이 말에 경공이 「과언이 선생의 가르침을 따르겠습니다!」 하고는 물러나와, 드디어 그 의관을 벗어 버리고 다시는 입지 아니하였다.

【청조聽朝】朝廷의 정치를 들음. 정치를 행함.

【참고】《太平御覽》 456 · 684는 이를 전재한 것이다.

042 [2-17] 晏子朝, 復于景公曰:「朝居嚴乎?」公曰:「朝居嚴, 則曷害于治國家哉?」晏子對曰:「朝居嚴, 則下無言, 下無言, 則上無聞矣. 下無言, 則吾謂之瘖. 上無聞, 則吾謂之聾. 聾瘖, 非害治國家如何也? 且合升鼓之微, 以滿倉廩. 合疏縷之緯, 以成幃幕. 太山之高, 非一石也. 累卑然後高. 夫治天下者, 非用一士之言也. 固有受而不用, 惡有拒而不受者哉?」

안자가 조회에 나아가 경공에게 보고를 드리면서 물었다.

「조정의 분위기를 엄하게 하십니까?」

그러자 경공이 이렇게 되물었다.

「조정의 분위기가 엄하면, 국가를 다스리는 데 무슨 해로움이 있습니까?」

이에 안자가 다음과 같이 설명하였다.

「조정이 엄하면 아랫사람은 말을 하지 않게 되지요. 아랫사람이 말을 아니하면 윗사람은 들을 수가 없습니다. 아랫사람이 말을 하지 않는 것, 저는 이를 벙어리라 부르고, 윗사람이 듣지 못하는 것, 저는 이를 귀머거리라 부르고 싶습니다. 귀머거리와 벙어리뿐이라면 나라를 다스리는 데 해가 되지 않고 어쩌겠습니까?

또 한 되, 한 말의 적은 곡식도 합치면 창고를 가득 채울 수 있고, 성기고 가는 실일지라도 합치면 천이 되어 장막을 만들 수 있습니다. 태산太山의 높이는 돌 하나로 이루어진 것이 아닙니다. 낮은 곳에서부터 쌓인 연후에야 높아진 것입니다. 무릇 천하를 다스리는 자는, 한 선비의 말만 듣고 다스리는 것이 아닙니다. 진실로 받아들여 설령 쓰지 않을지라도, 어찌 아에 거절하여 받아들이지 않으려 하신다는 말입니까?」

【태산太山】泰山. 큰 산이라는 뜻으로 쓰였다.

【참고】 1.《太平御覽》 455는 이를 전재한 것이다.
2.《說苑》卷九 正諫篇 297[9-26]
　　晏子復於景公曰:「朝居嚴乎?」公曰:「朝居嚴, 則曷害於治國家哉?」晏子對曰:「朝居嚴, 則下無言, 下無言, 則上無聞矣. 下無言則謂之喑, 上無聞則謂之聾; 聾喑則非害治國家如何也? 具合菽粟之微以滿倉廩, 合疏縷之緯以成帷幕, 太山子高, 非一石也, 累卑然後高也. 夫治天下者, 非用一士之言也, 固有受而不用, 惡有距而不入者哉?」
3.《說苑》卷七 政理篇 190[7-6]
　　公叔文子爲楚令尹三年, 民無敢入朝, 公叔子見曰:「嚴矣.」文字曰:「朝廷之嚴也, 寧云妨國家之治哉?」公叔子曰:「嚴則下喑, 下音則上聾, 聾音不能相通, 何國之治也? 蓋聞之也, 順針縷者成帷幕, 合升斗者實倉廩, 幷小流而成江海; 明主者有所受命而不行, 未嘗有所不受也.」
4.《藝文類聚》卷二十四 人部八 諫
　　晏子復於景公曰:「朝居嚴乎?」公曰:「朝居嚴則曷害於治國家哉?」晏子對曰:「朝居

嚴則下無言, 下無言則上無聞矣. 下無言則謂之瘖, 上無聞則謂之聾. 聾瘖則非害治國家如何? 且合升斗之穀, 以滿倉廩. 泰山之高, 非一石也. 累卑然後高也. 夫治天下者, 非用一士之言也.」

043 [2-18]　景公登路寢之臺, 不能終, 而息乎陛, 忿然而作色不說曰:「孰爲高臺, 病人之甚也?」晏子曰:「君欲節于身而勿高, 使人高之而勿罪也. 今高從之以罪, 卑亦從之以罪, 敢問使人如此可乎? 古者之爲宮室也, 足以便乎生, 不以爲奢侈也. 故節于身, 謂于民. 及夏之衰也, 其王桀背棄德行, 作爲璿室玉門. 殷之衰也, 其王紂作傾宮靈臺. 卑狹者有罪, 高大者有賞, 是以身及焉. 今君高亦有罪, 卑亦有罪, 甚于夏殷之王. 民力殫乏矣, 而不免于罪. 嬰恐國之流失, 而公不得享也.」公曰:「善! 寡人自知, 誠費財勞民, 以爲無功. 又從而怨之, 是寡人之罪也. 非夫子之敎, 豈得守社稷哉?」遂下, 再拜, 不果登臺.

　경공이 노침路寢의 누대에 오르다 끝까지 오르지 못하고, 그 계단에서 쉬게 되었다. 이에 분연히 화를 내며 얼굴빛을 바꾸어 이렇게 불평하였다.
　「누가 누대를 이렇듯 높이 지어 사람을 피곤케 하는가?」
　안자가 이 말을 듣고 이렇게 말하였다.
　「임금께서 몸을 절검節儉케 하고자 하신다면 누대를 높게 하지 말아야 합니다. 임금께서 사람들에게 높은 누대를 짓게 하셨으니, 높은 누대를 지은 것은 백성들의 죄가 아닙니다. 지금 높이 지으라고 해서 이를 따랐다는 것이 죄가 된다면, 낮게 지으라고 해서 그대로 따랐을 때에도 역시 죄가 되었을 것입니다. 감히 여쭙건대, 사람을 부림이 이와 같아서야 되겠습니까? 옛날에 궁실을 지을 때는, 삶에 편안하면 족하게 여겼을 뿐 사치스럽게 해야 된다고 여기지는 않았습니다. 그 때문에 자신에게는 절제를 지켰고, 백성에게는 가르침을 부지런히 시행하였던 것입니다.
　그러나 하夏나라가 쇠퇴할 때에는 그 임금인 걸桀이 덕행을 배기背棄하고, 구슬로 집을 짓고 옥으로 문을 만들었지요. 또 은殷나라가 쇠퇴할 때에는, 그 임금인 주紂가 경궁傾宮과 영대靈臺를 지으면서, 낮고 좁게 지은 자에게는 죄를 주고, 높고 크게 지은 자에게는 상을 주었습니다. 이 까닭으로 화가 자신에게까지 미친 것입니다.

임금께서는 지금 높이 지어도 죄요 낮게 지어도 죄가 되니, 이는 하夏·은殷의 그 임금들보다 심합니다. 백성은 그 힘이 다하였는데, 게다가 죄까지 면할 길이 없게 되었습니다. 저는 두렵건대 이로써 나라를 잃어버리게 되고, 임금께서도 더 이상 누릴 것이 없게 되지나 않을까 걱정입니다.」

이에 경공이 이렇게 말하였다.

「좋습니다! 과인도 잘 알고 있습니다. 진실로 재물을 쓰고 백성을 노고롭게 하고도 아무런 성과 없다 여기면서, 게다가 이를 원망하고 있으니 이는 과인의 죄입니다. 선생의 가르침이 아니라면, 어찌 사직을 지켜낼 수 있겠습니까?」

드디어 내려와서 재배하고, 그 누대에 오르지 아니하였다.

【노침路寢】임금의 正寢. 032[2-7]의 注 참조.
【걸桀】夏나라의 末王.
【주紂】殷나라의 末王.
【경궁傾宮】紂가 지었던 宮室.
【영대靈臺】樓臺 이름.

044 [2-19]　景公與晏子登路寢之臺而望國，公愀然而歎曰：「使後嗣世世有此，豈不可哉?」晏子曰：「臣聞明君必務正其治，以事利民，然後子孫享之. 詩云：『武王豈不事，貽厥孫謀，以燕翼子.』今君處佚怠，逆政害民有日矣. 而猶出若言，不亦甚乎?」公曰：「然則後世，孰將把齊國?」對曰：「服牛死，夫婦哭，非骨肉之親也. 爲其利之大也. 欲知把齊國者，則其利之者邪!」公曰：「然何以易之?」對曰：「移之以善政. 今公之牛馬，老于闌牢，不勝服也. 車蠹于巨戶，不勝乘也. 衣裘襦袴，朽弊于藏，不勝衣也. 醯醢腐，不勝沽也. 酒醴酸酢，不勝飮也. 菽粟鬱積，不勝食也. 又厚藉斂于百姓，而不以分餒民. 夫藏財而不用，凶也. 財苟失守，下，其報環至. 其次，昧財之失守, 委而不以分人者, 百姓必進自分也. 故君人者, 與其請于人, 不如請于己也.」

경공이 안자와 함께 노침路寢의 누대에 올라 나라를 조망할 때였다. 경공이 슬픈 모습으로 이렇게 탄식하였다.

「후대 자손으로 하여금 이를 세세토록 소유케 하는 것이 어찌 불가한 일이란 말인가?」

그러자 안자가 이렇게 말하였다.

「제가 듣기로 명철한 군주란 반드시 그 다스림을 바르게 하기에 힘쓰며, 그 일은 백성을 이롭게 하는 데 중점을 두면 연후에 그 자손이 이를 대대로 누리게 된다고 하였습니다.

시詩*에『무왕께서 큰일을 성취하시고, 자손에게 그 좋은 모책 남겨 주셔서 후손을 감싸고 편히 해주시네』라고 하였습니다.

그런데 임금께서는 지금 안일과 태만에 처하여 정치에 역행하고 백성에게 해를 끼친 날이 많은데, 도리어 그런 말씀을 하시니 또한 심하지 않습니까?」

이에 경공이 물었다.

「그렇다면 후세에 누가 장차 우리 제齊나라를 쥐게 되는지요?」

안자는 이렇게 대답하였다.

「일 잘하던 소가 죽었을 때 주인 부부가 우는 것은, 그 소가 골육지친骨肉之親이기 때문이 아닙니다. 바로 그 소가 가져다 주었던 큰 이익 때문이지요. 이 제나라가 누구의 손으로 넘어갈지를 알고 싶으시다면, 지금 누가 이 제나라에 이익을 주고 있는 사람인가를 알면 되겠지요!」*

「그렇다면, 어떻게 하면 빼앗기지 않도록 고칠 수 있습니까?」

경공의 질문에 안자는 이렇게 설명해 주었다.

「훌륭한 정치가 되도록 고쳐 나가야 합니다. 지금 임금의 소나 말은 그저 우리에서 늙어갈 뿐, 일을 시키지 않아 어떠한 일도 할 수 없이 되어 버렸습니다. 또 수레는 큰 집 창고 안에서 좀이 쏠아 탈 수조차 없게 되어 있습니다. 그런가 하면 그 좋은 갖옷과 속옷과 바지는 농 안에서 썩거나 낡아져서 입을 수가 없습니다. 혜해醯醢의 좋은 음식은 썩어 팔아 버릴 수도 없습니다. 술과 단술은 시어빠진 식초가 되어 마실 수도 없으며, 콩과 좁쌀 등도 먹을 수가 없이 되어 버렸습니다. 그런데도 백성으로부터 자꾸 무겁게 거두어들이기만 할 뿐, 굶주린 백성에게 나누어 주지를 않고 있습니다.

무릇 재물이란 저장만 하고 쓰지 않으면 흉凶이 되는 것이요, 또한 그 재물을 구차스럽게 지키는 것은 가장 낮은 정책입니다. 그 보복이 돌고돌아 다시 찾아오는 것입니다. 그 다음으로 재물을 지키는 데에만 눈이 어두워 이를 방치한 채 남에게 나누어 주지 않게 되면, 백성은 틀림없이 스스로 나서서 빼앗아 나누어 가지고 말 것입니다. 그러므로 임금된 자가 남의 요청에 의해 나누어 주는 것은, 스스로 나서서 나누어 주는 것만 못합니다.」

【노침路寢】임금의 正寢. [前出]
  * 《詩經》大雅 文王有聲의 구절.
  * 구체적으로 陳氏〔田氏〕를 가리킨다.
【혜해醯醢】젓 등 발효시켜서 만든 좋은 음식.

【참고】1. 《晏子春秋》058[3-8]·097[4-17]·180[7-10]·185[7-15]와 參證할 수 있다.
2. 《太平御覽》492·899에 관련기록이 실려 있다.
3. 《左傳》昭公 二十六年傳
    齊侯與晏子坐于路寢, 公歎曰:「美哉室, 其誰有此乎?」晏子曰:「敢問何謂也?」公曰: 「吾以爲在德.」對曰:「如君之言, 其陳氏乎! 陳氏雖無大德, 而有施於民, 豆·區·釜·鍾 之數, 其取之公也薄, 其施之民也厚. 公厚斂焉, 陳氏厚施焉, 民歸之矣. 詩曰:『雖無德與 女, 式歌且舞.』陳氏之施, 民歌舞之矣, 後世若少惰, 陳氏而不亡, 則國其國也已.」公曰: 「善哉! 是可若何?」對曰:「唯禮可以已之. 在禮, 家施不及國, 民不遷, 農不移, 工賈不變, 士不濫, 官不滔, 大夫不收公利.」公曰:「善哉! 我不能矣. 吾今而後知禮之可以爲國也.」 對曰:「禮之可以爲國也久矣, 與天地並. 君令臣共, 父慈子孝, 兄愛弟敬, 夫和妻柔, 姑慈 婦聽, 禮也. 君令而不違, 臣共而不貳. 父慈而敎, 子孝而箴. 兄愛而友, 弟敬而順. 夫和而 義, 妻柔而正. 姑慈而從, 婦聽而婉, 禮之善物也.」公曰:「善哉! 寡人今而後聞此, 禮之上 也.」對曰:「先王所禀於天地, 以爲其民也, 是以先王上之.」
4. 《韓非子》卷十三 外儲說 右上
    景公與晏子游於少海, 登柏寢之臺, 而還望其國曰:「美哉! 決決乎! 堂堂乎! 後世將孰 有此?」晏子對曰:「其田成氏乎.」景公曰:「寡人有此國也, 而曰田成氏有之. 何也?」晏 子對曰:「夫田成氏甚得齊民. 其於民也, 上之請爵祿行諸大臣, 下之私大斗斛區·釜以出 貸. 小斗斛區·釜以收之. 殺一牛, 取一豆肉. 餘以食士, 終歲布帛. 取二制焉. 餘以衣士. 故市木之價, 不加貴於山. 澤之魚鹽龜鼈嬴蚌, 不加貴於海. 君重斂而田成氏厚施. 齊嘗大 飢, 道房餓死者, 不可勝數也. 父子相牽而趨田成氏者. 不聞不生. 故周秦之民. 相與歌之 曰:『謳乎其已乎. 苞乎其往歸田成子乎.』詩曰:『雖無德與女. 式歌且舞.』今田成氏之德, 而民之歌舞民德歸之矣. 故曰. 其田成氏乎.」公泫然出涕曰:「不亦悲乎? 寡人有國, 而田

成氏有之. 今爲之奈何?」晏子對曰:「君何患焉? 若君欲奪之, 則近賢而遠不肖. 治其煩亂,
緩其刑罰, 振貧窮而恤孤寡, 行恩惠而給不足民將歸君. 則雖有十田成氏, 其如君何?」

045 [2-20]　景公成路寢之臺, 逢于何遭喪. 遇晏子于途, 再拜乎馬
前. 晏子下車挹之曰:「子何以命嬰也?」對曰:「于何之母死, 兆在
路寢之臺, 墉下. 願請合骨.」晏子曰:「嘻! 難哉! 雖然, 嬰將爲子
復之. 適爲不得, 子將若何?」對曰:「夫君子則有以. 如我者儕小
人, 吾將左手擁格, 右手梱心. 立餓枯槁而死, 以告四方之士曰:
『于何不能葬其母者』也.」晏子曰:「諾!」遂入見公曰:「有逢于何
者, 母死, 兆在路寢當墉下. 願請合骨.」公作色, 不說曰:「自古及
今, 子亦嘗聞請合葬人主之宮者乎?」晏子對曰:「古之人君, 其宮
室節, 不侵生人之居. 其臺榭儉, 不殘死人之墓. 故未嘗聞請葬人主
之宮者也. 今君侈爲宮室, 奪人之居, 廣爲臺榭, 殘人之墓. 是生者
愁憂, 不得安處. 死者離易, 不得合骨. 豐樂侈遊, 兼傲生死, 非仁
君之行也. 遂欲滿求, 不顧細民, 非存之道也. 且嬰聞之, 生者不得
安, 命之曰蓄憂. 死者不得葬, 命之曰蓄哀. 蓄憂者怨, 蓄哀者危.
君不如許之.」公曰:「諾!」晏子出, 梁丘據曰:「自古及今, 未嘗聞
求葬公宮者也, 若何許之?」公曰:「削人之居, 殘人之墓, 凌人之
喪, 而禁其葬. 是于生者無施, 于死者無禮也. 詩云:『穀則異室, 死
則同穴.』吾敢不許乎?」逢于何遂葬其母于路寢之臺墉下. 解衰去
絰. 布衣滕履. 玄冠茈武, 踊而不哭. 躄而不拜, 已乃涕洟而去.

　　경공이 노침路寢의 누대를 완성하였을 때, 마침 봉우하逢于何라는 자가
상喪을 당하였다. 그가 길에서 안자를 만나자, 그 말 앞을 가로막고 재배를
하는 것이었다. 이에 안자가 수레에서 내려 읍揖을 하며 물었다.
　　「그대는 나에게 무슨 명령을 내리시려는 것입니까?」
　　그러자 그가 이렇게 대답하였다.
　　「저 우하于何의 어머니가 돌아가셔서 그 묘를 쓸 자리를 점쳤더니, 노침
의 누대가 있는 담 밑이라 합니다. 그곳에 묻힌 제 아버지와 합장하고 싶

습니다.」

이 말에 안자는 이렇게 난색을 표하였다.

「아! 대단히 난처하군요! 비록 그렇기는 하나, 내 그대를 위해 임금께 보고를 해보겠습니다. 그런데 만약 안 된다고 하면, 그대는 장차 어찌할 셈입니까?」

봉우하는 간절히 부탁하였다.

「무릇 당신 같은 군자라면 방법이 있겠지요. 그러나 저와 같은 무리는 소인에 지나지 않습니다. 저는 뜻대로 되지 않으면, 장차 왼손으로는 장례수레를 잡고 오른손으로는 가슴을 치면서 그대로 서서 말라죽을 수밖에 없습니다. 그러면서 사방의 군중을 향해 이렇게 외칠 것입니다. 『봉우하는 그 어머니의 장례조차 치르지 못하고 있다!』라구요.」

이에 안자가 「좋습니다!」 하고는, 드디어 들어가 경공을 만났다.

「봉우하라는 자가 있는데, 그 어머니가 죽었습니다. 이에 그 묘를 쓸 자리를 점쳤더니, 바로 노침의 누대가 있는 담 밑이라 합니다. 그곳에 합장을 하고 싶다 합니다.」

이 말에 경공이 얼굴빛을 바꾸며 이를 불쾌히 여겼다.

「예로부터 이제까지, 임금의 궁궐에 합장하기를 청한 자가 있었다는 말을 선생은 들어 본 적이 있습니까?」

안자는 이렇게 설명하였다.

「옛날의 임금은 그 궁실을 절검케 하여 백성의 주거지를 침입하지 않았으며, 그 대사臺榭도 검소하게 꾸며 남의 묘를 잔폐시키는 일이 없었습니다. 그렇게 하였으니, 당연히 임금의 궁실에 묘를 쓰겠다고 나서는 자가 있었다는 말을 들어 보지 못하였을 뿐입니다. 그런데 임금께서는 궁실을 사치스럽게 꾸미기 위해 남의 주거지를 빼앗고, 대사를 넓히기 위해 남의 묘를 짓밟고 있습니다. 이 때문에 살아 있는 자는 근심에 젖어 편안한 거처를 얻지 못하고, 죽은 자는 옮길 수가 없어 합장을 하지 못합니다. 시끄럽게 벌여 놓은 음악과 사치스러운 놀이는 산 자나 죽은 자를 모두 괴롭게 하니, 이는 어진 임금으로서는 할 행동이 못 됩니다.

게다가 욕구를 충족시키기 위해 보잘것 없는 백성을 돌아보지 않는 것은, 나라를 존속시키는 도리가 아닙니다. 또 제가 듣건대 살아 있는 자에게 편안을 얻지 못하도록 하는 것을 〈축우蓄憂〉라 하고, 죽은 자를 장사 지낼 수 없도록 하는 것을 〈축애蓄哀〉라 한다 하였습니다. 축우한 자는 원망하고, 축애한 자는 위험한 일을 저지르게 되는 법입니다. 임금께서는 허락함만 같지 못합니다.」

이 설명에 경공이 「좋습니다!」라고 허락하였다. 이윽고 안자가 나가자, 양구거梁丘據가 들어서며 물었다.

「예로부터 이제까지, 임금의 궁궐에 장사를 치르겠다고 요구한 경우를 듣지 못하였습니다. 어찌하여 이를 허락하셨습니까?」

그러자 경공이 이렇게 설명하였다.

「백성의 거처를 깎아먹고 남의 묘를 짓밟으면서 그 상喪을 능멸하여 장례를 금지하는 것, 이는 살아 있는 자손에게는 아무것도 베풀지 않으면서 죽은 자에게는 무례無禮하게 구는 짓입니다.

시詩*에도 『살아서는 흩어져 따로 살아도, 죽어서는 같은 구덩이에 묻히고 싶네』라고 하였으니, 내 어찌 감히 허락하지 않을 수 있겠습니까?」

그리하여 봉우하는 노침의 누대가 있는 담 밑에서 합장合葬하여 어머니의 장례를 치렀다. 이에 최질衰絰을 다 벗고, 포의布衣와 등리滕履를 신고, 검은 관에 보랏빛 풀끈을 매어 쓰고는 펄펄 뛰면서도 곡을 하지 않았으며, 가슴을 치면서도 절을 하지 않았다. 그리고는 모든 장례를 다 치른 후에야 눈물을 흘리며 그 자리를 떠났다.*

【노침路寢】[前出] 본장의 내용은 《太平御覽》555에 『景公成路寢之基……』라 하여, 路寢臺를 완성한 것이 아니라 그것을 지을 터를 마련한 것이며, 봉우하의 아버지 무덤이 그곳에 있었고 어머니가 죽자 합장을 청한 것으로 보인다. (吳則虞)
【봉우하逢于何】人名. 張氏本에 『孫云, 姓逢, 名于何, 古人有逢蒙』이라 하였다.
【대사臺榭】둘레를 내려다보기 위하여 크고 높게 세운 누각이나 정각 따위.
【축우蓄憂】근심을 쌓아 주다.
【축애蓄哀】고통과 슬픔을 쌓아 주다.
【양구거梁丘據】景公의 臣下.
 *《詩經》王風 大車의 구절.
【최질衰絰】縗絰. 縗는 喪服을 입을 때 가슴에 다는 길이 여섯 치, 폭 네 치의 헝겊. 絰은 짚에 삼껍질을 섞어서 굵은 동아줄처럼 만들며, 喪服을 입을 때 머리에 두르는 首絰과 허리에 띠는 腰絰을 말한다.
【등리滕履】喪을 당하였을 때 신는 끈으로 만든 신의 일종.
 * 임금의 누대 앞에서 소리내어 哭을 하거나 喪拜를 할 수 없어 참아낸 것이다. 그

때문에 喪服인 衰經을 벗고 대신 평민 복장을 하고서 장례를 치른 것이다. 한편 躃을 張純一 校注에는 擗로 보았다. 《孝經》에도 「擗踊哭泣」이라 하였고, 注에도 「拊心也」라 하여 『가슴을 치다』로 보았다.

【참고】 1. 《晏子春秋》卷七 外篇 重而異者 181[7-11]과 내용 및 주제가 흡사하다.
2. 《太平御覽》 555에 본장의 내용이 전재되어 있다.
3. 《北堂書鈔》 禮儀部 13과 관련이 있다.
4. 《群書治要》에 본장의 내용이 전재되어 있다.

046 [2-21]　景公之嬖妾嬰子死, 公守之三日不食, 膚著于席而不去.
左右以復, 而君無聽焉. 晏子入, 復曰:「有術客與醫俱言曰, 聞嬰
子病死, 願請治之.」公喜, 遽起曰:「病猶可爲乎?」晏子曰:「客之
道也. 以爲良醫也. 請嘗試之. 君請屛潔, 沐浴飮食. 間病者之宮,
彼亦將有鬼神之事焉.」公曰:「諾!」屛而沐浴. 晏子令棺人入斂.
已斂而復曰:「醫不能治病, 已斂矣. 不敢不以聞.」公作色不說曰:
「夫子以醫命寡人, 而不使視. 將斂而不以聞. 吾之爲君, 名而已矣.」
晏子曰:「君獨不知死者之不可以生邪? 嬰聞之, 君正臣從謂之順,
君僻臣從謂之逆. 今君不道順而行僻. 從逆者邇, 導害者遠. 讒諛萌
通, 而賢良廢滅. 是以諂諛繁于閒, 邪行交于國也. 昔吾先君桓公,
用管仲而霸, 嬖乎豎刁而滅. 今君薄于賢人之禮, 而厚嬖妾之哀, 且
古聖王, 畜私不傷行, 斂死不失愛, 送死不失哀. 行傷則溺己, 愛失
則傷生, 哀失則害性, 是故聖王節之也. 死卽畢斂, 不以留生事. 棺
椁衣衾, 不以害生養, 哭泣處哀, 不以害生道. 今朽尸以留生, 廣愛
以傷行, 循哀以害性, 君之失矣. 故諸侯之賓客, 慭入吾國. 本朝之
臣, 慭守其職. 崇君之行, 不可以導民. 從君之欲, 不可以持國. 且
嬰聞之, 朽而不斂, 謂之僇尸. 臭而不收, 謂之陳胔. 反明王之性,
行百姓之誹, 而內嬖妾于僇胔, 此之爲不可.」公曰:「寡人不識, 請
因夫子而爲之.」晏子復曰:「國之士大夫, 諸侯四鄰賓客皆在外, 君
其哭而節之.」仲尼聞之曰:「星之昭昭, 不若月之噎噎. 小事之成,
不若大事之廢. 君子之非, 賢于小人之是也. 其晏子之謂歟!」

경공이 아끼던 폐첩嬖妾 영자嬰子가 죽자, 사흘이나 식사를 아니하며 그 주검을 지키는 데 살갗이 깔고 앉은 자리에 붙도록 일어설 생각을 아니하였다. 그리고 좌우 신하가 복고復告를 하여도 들으려 하지 않았다.

이에 안자가 들어가 이렇게 보고하였다.

「어떤 술객術客과 의사 들이 『영자가 병이 들어 죽었다는 소문을 들었는데, 원컨대 치료해 살리겠습니다』라고 하였습니다.」

그러자 경공이 귀가 번쩍 뜨여 기뻐하며 급히 일어섰다.

「그런 병도 가히 고칠 수 있다고 하였습니까?」

이에 안자는 이렇게 대답하였다.

「그 술객이 그러한 도가 있다고 하는 걸로 보아 양의良醫라 여겨집니다. 청컨대 한 번 시험해 보시지요. 그러나 임금께서는 사람의 출입을 막아 청결히 하며, 목욕과 식사를 한 다음 병자가 있는 궁궐과도 거리를 두고 있어야 합니다. 그것은 역시 귀신의 일이기 때문입니다.」

이 제의에 경공이 「좋습니다!」라고 하고는, 출입을 막고 목욕을 하였다. 그 사이 안자는 관을 다루는 자로 하여금 들어와 영자의 시신을 염하도록 하였다. 염이 끝나자, 임금께 다시 이렇게 보고하였다.

「의사도 더 이상 고칠 수 없다 하여, 이미 염까지 마쳤습니다. 감히 보고 드리지 않을 수 없습니다.」

이에 경공이 얼굴을 붉히고 불쾌히 여기며 이렇게 불평하였다.

「선생께서 의사를 핑계로 과인에게 이래라 저래라 하면서 지켜보지도 못하게 하더니, 염을 하는데도 알려 주지조차 않았군요. 내가 임금 노릇 하는 것은 명색뿐이로군요.」

그러자 안자가 이렇게 둘러대었다.

「임금께서는, 죽은 자는 다시 살아나지 못한다는 것을 홀로 모르고 있었습니까? 제가 듣건대, 임금이 올바르고 신하가 그에 따르는 것을 〈순順〉이라 하고, 임금이 편벽된데도 신하가 그에 따르는 것을 〈역逆〉이라 한다 하였습니다. 지금 임금께서는 순리에 어긋나면서 행동조차 편벽되니, 그 잘못된 역逆을 따르는 자는 가까이 있고, 해로움으로부터 인도해 구해 주는 자는 멀리 달아난 것입니다. 그런가 하면 참언과 아첨이 공공연히 통하여, 이 때문에 현량賢良이 폐멸되고 말았습니다. 따라서 그 사이에 아첨이 빈번해지고, 사악한 행동이 나라안에 횡행하고 있습니다.

옛날 우리 선군先君이신 환공桓公은 관중管仲의 힘으로 패자가 되었으나, 수조竪刁에게 빠져 파멸하고 말았습니다. 임금께서는 지금 어진 이에 대한 예우는 박하게 하면서, 아끼는 첩에 대한 애도는 그토록 후하십니다. 또 옛날 성왕聖王은 사사로운 이를 아껴 주되 옳은 행동에 흠이 나지 않게 하였고, 죽은 이를 애도하되 그에 대한 사랑을 잃지 않았으며, 죽은 이를 장사 지낼 때에도 그 애도의 정도를 잃지 않고 지켰습니다. 행동이 애상哀傷에 빠지면 스스로 헤어 나오지 못하게 되고, 사랑을 잃게 되면 생존을 상하게 되며, 애도의 정도를 잃으면 천성을 그르치게 되는 것입니다. 이 까닭으로 성왕은 알맞게 절제한 것입니다. 죽고 나서 염을 마친 다음에는, 살아나지 않을까 기다려서는 안 됩니다. 관棺과 곽槨, 그리고 의복과 이불도 역시 살아 있는 사람들에게 해를 주지 않도록 하여야 하며, 그 울음과 슬픔도 살아 있는 자의 도리에 해가 되어서는 안 됩니다.

그런데 지금 썩어가는 시신을 두고서 일상을 멈추고, 매우 사랑한다는 이유로 행동에 상해를 입히며, 슬픔을 억누를 길이 없다 하여 천성에 해가 가게 하고 있으니, 이는 임금의 과실입니다. 따라서 제후들의 빈객이 우리 나라에 들어오기를 부끄러워하며, 우리 나라의 신하들은 그 직무를 지키기를 부끄러워합니다. 임금의 행동을 떠받드느라 백성을 인도하지 못하고, 임금의 욕구를 채워 주느라 나라를 지탱해 나가지 못하고 있습니다. 또 제가 듣건대 시신이 썩어가는 데도 염을 하지 않는 것을 일컬어 〈육시僇尸〉라 하고, 냄새가 나는데도 거두지 않는 것을 〈진자陳胔〉라 한다 하였습니다. 명왕明王의 천성을 반대로 하고, 백성이 비난하는 일을 행하면서 도리어 폐첩의 육자僇胔를 들여 놓고 있으니, 이는 해서는 안 될 일입니다.」

그제서야 경공이 수긍하였다.

「과인이 몰랐습니다. 선생께서 시키는 대로 따르겠습니다.」

그러자 안자가 다시 아뢰었다.

「나라의 사대부, 사방 이웃 제후들의 빈객이 모두 밖에 있습니다. 임금께서는 곡을 하되 절제 있게 하십시오.」

중니仲尼가 이 소식을 듣고서 이렇게 평하였다.

「별이 아무리 반짝여도 달빛이 밝게 비침만 못한 법이요, 작은 일을 아무리 많이 성취한다 하여도 큰 폐단을 하나 없애는 것만 못한 법이다. 군자의 그릇됨이 소인의 옳음보다 낫다 하였으니, 이는 바로 안자를 두고 한 말이로다!」

【폐첩嬖妾】愛妾. 사랑하는 妾.
【영자嬰子】景公의 愛妾.
【복고復告】거듭 보고함.
【술객術客】術數學을 쓰는 자.
【수조竪刁】齊나라 桓公 말기의 奸臣. 易牙. 開方과 더불어 齊나라를 혼란시켰다.《史記》齊太公世家 참조.
【육자僇胔】바로 윗문장의 僇尸와 陳胔를 합친 뜻.
【중니仲尼】孔子, 孔丘.

【참고】1.《太平御覽》395에 본장의 내용이 전재되어 있다.
2.《意林》에 본장의 내용이 전재되어 있다.

047 [2-22]　梁丘據死. 景公召晏子而告之曰:「據忠且愛我, 我欲豐厚其葬, 高大其壟.」晏子曰:「敢問據之忠與愛于君者, 可得聞乎?」公曰:「吾有喜于玩好, 有司未能我共也, 則據以其所有共我. 吾是以知其忠也. 每有風雨, 暮夜求之必存, 吾是以知其愛也.」晏子曰:「嬰對則爲罪, 不對則無以事君. 敢不對乎? 嬰聞之, 臣專其君, 謂之不忠. 子專其父, 謂之不孝. 妻專其夫, 謂之嫉妬. 事君之道, 導君以親于父兄, 有禮于羣臣, 有惠于百姓, 有信于諸侯, 謂之忠. 爲子之道, 導父以鍾愛其兄弟, 施行于諸父, 慈惠于衆子, 誠信于朋友, 謂之孝. 爲妻之道, 使其衆妾, 皆得歡忻于其夫, 謂之不嫉. 今四封之民, 皆君之臣也. 而維據盡力以愛君, 何愛者之少邪? 四封之貨, 皆君之有也, 而維據也以其私財忠于君, 何忠者之寡邪? 據之防塞羣臣, 壅蔽君, 無乃甚乎?」公曰:「善哉! 微子, 寡人不知據之至于是也.」遂罷爲壟之役, 廢厚葬之令. 令有司據法而責, 羣臣陳, 過而諫. 故官無廢法, 臣無隱忠, 而百姓大說.

　양구거梁丘據가 죽자, 경공이 안자를 불러 이렇게 고하였다.

「양구거는 나에게 충성을 다하였고, 또한 나를 사랑하였습니다. 내 그를 위해 후히 장례를 지내어, 그 분묘를 크고 높게 조성하고자 합니다.」

이에 안자가 물었다.

「감히 여쭙건대, 양구거의 임금에 대한 충성과 사랑을 얻어들을 수 있겠습니까?」

그러자 경공이 이렇게 일러 주었다.

「내가 즐기고 좋아하는 것이 있어 유사有司조차 이를 구하여 공급해 주지 못하면, 양구거는 자기 것일지라도 나에게 갖다 바쳤습니다. 내 이로써 그가 나에게 충성을 다한다는 것을 알게 되었습니다. 또 매번 비바람이 몰아칠 때는, 저녁이나 한밤중에라도 그를 찾으면 항상 있었습니다. 나는 이로써 그가 나를 사랑한다는 것을 알았습니다.」

안자가 이 말을 듣고 이렇게 말하였다.

「제가 대꾸를 하면 죄가 될 것이고, 대꾸를 하지 않으면 임금을 잘 섬기지 못하는 것이 됩니다. 그러나 어찌 감히 대꾸를 하지 않을 수 있겠습니까? 제가 듣건대 신하가 그 임금에게 전횡을 하는 것을 불충不忠이라 하고, 아들이 그 아버지에게 독단을 부리는 것을 불효不孝라 하며, 그 아내가 지아비에게 마구 하는 것을 질투嫉妬라 한다 하였습니다.

임금을 섬기는 도로서 임금을 잘 인도하여 부형父兄들과 친할 수 있도록 해주고, 여러 신하들에게 예禮가 있도록 해주며, 백성에게는 은혜가 있도록 해주고, 제후들에게는 믿음이 있도록 해주는 것, 이를 일컬어 충忠이라 합니다. 또 아들된 도리로서 아버지로 하여금 그 형제를 두루 사랑하여 모이도록 하고, 큰아버지와 작은아버지 등 아버지의 형제들께 옳은 행동을 베풀도록 하며, 여러 자손에게는 자혜롭도록 하고, 친구에게는 진실된 믿음이 있도록 유도하는 것, 이를 일컬어 효孝라 합니다. 또 아내된 자의 도로서 여러 첩들을 부리되 모두가 그 지아비에게 기쁨을 갖도록 하는 것, 이를 부질不嫉이라 합니다.

지금 사방 봉내封內의 백성들은 모두가 임금의 신하들입니다. 그런데 오직 양구거만이 있는 힘을 다하여 임금을 사랑하였다면, 임금을 사랑하는 자가 그렇게도 적습니까? 또 사방 봉내의 재물은 모두가 임금의 소유입니다. 그런데 오직 양구거만이 그 사사로운 개인 재물로 임금에게 충성하였다면, 어찌 충성을 바친 자가 그렇게도 적은 수입니까? 양구거는 너무 심하게 신하들을 막고, 임금을 보지 못하도록 덮어 버렸던 것은 아닌지요?」

그러자 경공이 「훌륭합니다! 선생이 아니었더라면, 과인은 양구거가 이 지경까지 이르게 한 사실을 모를 뻔하였습니다」 하고는, 그 분묘를 조성하는 일을 그만두게 하고 후장厚葬의 명령 또한 철회해 버렸다.

그리고는 유사有司로 하여금 법에 따라 책임을 묻고, 여러 신하들은 마음 놓고 진술하며, 잘못이 있으면 간하도록 하였다. 그러자 관官에는 법을 마구 쓰는 경우가 사라지고, 신하들도 숨기거나 감추는 일이 없어졌으며, 그로 인해 백성들도 크게 즐거워하였다.

【양구거梁丘據】景公의 臣下.
【유사有司】일을 맡은 사람.
【후장厚葬】두터운 성의로 장례를 지냄, 또는 그 장례.

【참고】1.《太平御覽》558에 본장의 내용이 전재되어 있다.
2.《群書治要》에 본장의 내용이 전재되어 있다.

048 [2-23]　景公走狗死, 公令外共之棺, 內給之祭. 晏子聞之, 諫. 公曰:「亦細物也. 特以與左右爲笑耳.」晏子曰:「君過矣. 夫厚籍斂不以反民, 棄貨財而笑左右. 傲細民之憂, 而崇左右之笑, 則國亦無望已. 且夫孤老凍餒而死, 狗有祭, 鰥寡不恤而死, 狗有棺, 行辟若此, 百姓聞之, 必怨吾君. 諸侯聞之, 必輕吾國. 怨聚于百姓, 而權輕于諸侯. 而乃以爲細物, 君其圖之.」公曰:「善!」趣庖治狗, 以會朝屬.

경공의 주구走狗가 죽자, 경공이 밖으로는 그 개의 관을 만들어 오라 하고, 안으로는 제사를 지내 주도록 명하였다.

안자가 이를 듣고 간하자, 경공이 이렇게 변명하였다.

「역시 미물微物이기는 하나, 특별히 좌우 신하들과 웃음거리나 삼을까 하고 그러는 것일 뿐입니다.」

이 말에 안자가 이렇게 말하였다.

「임금께서는 잘못된 일을 하고 있는 것입니다. 무릇 많은 것을 거두어
이를 백성에게 되돌려 주지는 못하면서, 그 재물을 마구 버려 좌우의 웃음
거리나 삼겠다니오! 가난한 민중의 근심에 대해서는 오만하게 굴면서 좌우
의 웃음은 높이 사다니, 그렇게 하였다가는 이 나라 역시 아무런 희망이
없어지고 말 것입니다. 게다가 고아나 늙은이는 헐벗고 굶주려 죽어가는데
그까짓 개죽음에 제사를 지내고, 홀아비·과부는 아무런 보살핌도 받지 못
한 채 죽어가고 있는데 그까짓 개죽음에 관까지 마련하다니오! 행동의 편
벽됨이 이와 같은데 백성이 이 소문을 들어 보십시오. 틀림없이 임금을 원
망할 것입니다. 또 제후가 이 소문을 들어 보십시오. 우리 나라를 얕보리라
는 것은 틀림없는 사실입니다. 백성으로부터는 원망이 모여들고, 제후들로부
터는 권세를 얕보는 일이 눈앞에 보이는데도 이를 별것 아닌 일로 여기시다
니오! 임금께서는 이를 헤아려 주십시오!」
　경공은 이 말에 「좋습니다!」하고는, 얼른 주방장에게 개를 요리토록 하
여* 조정 신하들에게 나누어 먹여 주었다.

【주구走狗】 잘 달리는 개. 사냥개.
　* 원문 『趣庖治狗』에 대하여, 張氏本 注에 『趣, 促也, 庖, 庖人, 治, 宰也』라 하였다.

【참고】《太平御覽》905에 본장의 내용이 전재되어 있다.

049 [2-24]　公孫接, 田開疆, 古冶子, 事景公. 以勇力搏虎聞. 晏子
過而趨, 三子者不起. 晏子入見公曰:「臣聞明君之蓄勇力之士也,
上有君臣之義, 下有長率之倫. 內可以禁暴, 外可以威敵. 上利其功,
下服其勇. 故尊其位, 重其祿. 今君之蓄勇力之士也, 上無君臣之義,
下無長率之倫. 內不可以禁暴, 外不可以威敵. 此危國之器也. 不若
去之.」公曰:「三子者, 搏之恐不得, 刺之恐不中也.」晏子曰:「此
皆力攻勍敵之人也. 無長幼之禮.」因請公使人少餽之二桃, 曰:
「三子何不計功而食桃?」公孫接仰天而歎曰:「晏子, 智人也. 夫使
公之計吾功者. 不受桃, 是無勇也. 士衆而桃寡, 何不計功而食桃
矣? 接一搏特狷, 再搏乳虎. 若接之功, 可以食桃, 而無與人同矣.」

援桃而起, 田開疆曰:「吾仗兵而郤三軍者再. 若開疆之功, 亦可以食桃, 而無與人同矣.」援桃而起. 古冶子曰:「吾嘗從君濟于河, 黿銜左驂, 以入砥柱之中流, 當是時也, 冶少不能游, 潛行. 逆流百步, 順流九里, 得黿而殺之. 左操驂尾, 右挈黿頭, 鶴躍而出. 津人皆曰:『河伯也.』視之則大黿之首也. 若冶之功, 亦可以食桃, 而無與同人矣. 二子何不反桃?」抽劍而起. 公孫接, 田開疆曰:「吾勇不子若, 功不子逮. 取桃不讓, 是貪也. 然而不死, 無勇也.」皆反其桃, 挈領而死. 古冶子曰:「二子死之, 冶獨生之, 不仁. 恥人以言, 而夸其聲, 不義. 恨乎所行, 不死, 無勇. 雖然, 二子同桃而節. 冶專桃而宜.」亦反其桃, 挈領而死. 使者復曰:「已死矣!」公殮之以服, 葬之以士禮焉.

공손접公孫接·전개강田開疆·고야자古冶子가 함께 경공을 섬기게 되었는데, 모두가 그 용력勇力이 호랑이를 잡을 정도라고 소문이 나 있었다. 그러나 상국相國인 안자가 급히 그들 앞을 지나가도, 세 사람은 일어서지 않을 정도로 거만하였다. 이에 안자가 들어가 경공을 뵙고 이렇게 말하였다.

「제가 듣건대, 명철한 임금이 용력勇力의 장사들을 양성하매 위로는 군신지의君臣之義를 갖추고, 아래로는 장솔지륜長率之倫을 구비하며, 안으로는 폭력을 금하고, 밖으로는 적에게 위엄을 보여 윗사람은 그들로 인해 이로움을 얻고, 아랫사람은 그들의 용맹에 굴복한다고 하였습니다. 그래서 그 지위를 존중하고, 봉록을 많이 주었던 것입니다. 그런데 지금 임금께서 용력의 장사들을 양성함에는 위로는 군신지의가 없고, 아래로는 장솔지륜이 없으며, 안으로는 폭력을 금하지도, 밖으로는 적에게 위엄을 보이지도 못하고 있습니다. 이는 바로 나라를 위태롭게 할 인물들입니다. 내쫓아 버리는 것만 못합니다.」

그러자 경공도 이렇게 근심을 표명하였다.

「세 사람을 쳐 없애려 해도 성공하지 못할까 두렵고, 찔러 없애려 해도 맞히지 못할까 두려워하고 있는 터입니다.」

이에 안자가 「이들은 모두 그 힘만 믿고 공격하는 자들입니다. 힘에서는 서로를 적으로 여길 인물들입니다. 장유長幼의 예절이 없습니다」라고 하며,

사람을 시켜 그 세 사람에게 복숭아를 두 개만 보내면서 이렇게 물어보도록 임금에게 제의하였다.

「세 사람은 어찌 그 공을 헤아린 다음 복숭아를 먹지 않는가?」

이에 공손접이 하늘을 우러러 탄식하며, 「안자는 지혜로운 사람이로다. 무릇 임금으로 하여금 우리의 공을 계산토록 하였으니, 복숭아를 못 먹게 되는 자는 바로 용기가 없다는 뜻이 된다. 용사는 셋인데 복숭아는 둘이다. 그러니 어찌 공을 따져 보지 않고 복숭아를 먹을 수 있으랴. 나 접接은 한 번에 특견特犭을 잡았고, 두번째는 새끼까지 딸린 어미 호랑이를 잡았다. 나 같은 공이라면 복숭아를 먹어도 되리라. 다른 사람과는 같지 않다!」 하고는 복숭아를 집어들고 일어섰다.

다음에는 전개강이 「나는 병사를 이끌고 삼군三軍을 퇴각시킨 적이 두 번이나 된다. 나 개강開疆의 공이라면 역시 복숭아를 먹어도 되리라. 다른 사람과는 다르다!」 하고는 복숭아를 집어들고 일어섰다.

이에 고야자가 「내 일찍이 임금을 모시고 하수河水를 건널 때, 자라가 수레의 왼쪽 참마驂馬를 물고 지주砥柱의 물길 가운데로 끌고 들어간 적이 있었다. 이때 나는 전혀 헤엄을 칠 줄 몰랐지만, 물 속으로 따라 들어가 물길을 1백 보나 거슬렀다가, 다시 물길을 따라 9리나 가서 그 자라를 잡아 죽이고, 왼손으로는 참마驂馬의 꼬리를 잡고, 오른손으로는 자라의 머리를 잡아 학이 뛰듯이 빠져 나왔다. 그때 나루터의 사람들이 모두 그 자라를 보고는 『하백河伯이다!』라고 할 정도였는데, 자세히 본즉 커다란 자라의 머리였다. 나 같은 공이라면 역시 복숭아를 먹을 만하다. 다른 사람과는 다르다. 그대 두 사람은 어찌하여 복숭아를 내놓지 않는가?」 하면서 칼을 빼어들고 일어섰다.

그러자 공손접과 전개강이 「나의 용기는 그대만 못하다. 공 또한 그대에 미치지 못한다. 복숭아를 취해 양보하지 않는 것은 탐욕이다. 그러면서도 죽지 않는다면 이야말로 용기가 없는 것이다」 하고는, 모두 복숭아를 내놓은 채 목을 끊고 죽어 버렸다.

이에 고야자도 「두 사람이 죽었는데, 나 혼자 살아 있는 것은 어질지 못한 일이다. 남에게 말로써 부끄러움을 주고 소리로 자랑하였으니, 이는 의義가 아니다. 행동에 후회를 하면서 죽지 않는다면 이야말로 용기가 없는 것이다. 비록 그렇더라도 두 사람이 하나를 나누어 먹고, 나는 하나를 다 먹으면 될 일이었는데!」하고는, 역시 복숭아를 내놓고 목을 끊고 죽어 버렸다.

이를 지켜본 사자使者가 「이미 다들 죽어 버렸습니다」라고 보고하자, 경공이 이들에게 상복을 갖추어 염을 하고, 선비의 예에 맞추어 장례를 치러 주었다.

【공손접公孫接】 당시의 力士. 이름은 淵捷으로 頃公의 아들이라 한다.
【전개강田開疆】 陳[田]氏의 一族. 田强으로도 쓴다.
【고야자古冶子】 古治子로도 쓰며, 齊나라 臣下.
【장솔지륜長率之倫】 어른의 지시에 따르는 윤리.
【특견特狷】 뛰어나고 저돌적인 돼지. 혹은 《呂氏春秋》 知化篇 高誘 注에 『獸三歲曰狷』이라 하였다. 그리고 《廣雅》 釋獸에도 『獸四歲曰特』이라 하였다.
【삼군三軍】 右軍·左軍·中軍을 말한다.
【하수河水】 黃河.
【지주砥柱】 山 이름. 底柱로도 쓴다. 《括地志》에 『底柱山, 俗名三門山, 在硤石縣, 東北三十里, 黃河之中』이라 하였다. 지금의 河南省 陝縣.
【하백河伯】 黃河의 水神.

【참고】 1. 張氏本에 『晏子惡其勇而無禮, 投桃以斃之. 死葬陽里, 卽此也』라 하였다.
2. 《太平御覽》 967은 이를 전재한 것이다.
3. 《藝文類聚》卷八十六 菓部上 桃
　　晏子曰. 公孫捷田開疆古冶子, 事景公, 勇而無禮. 晏子言於公, 餽之二桃. 曰:「三子計功而食桃.」公孫曰:「吾再拜隱虎, 功可以食.」田曰:「吾杖兵而御三軍者再, 功可以食.」古冶子曰:「吾嘗濟河, 黿銜左驂, 冶潛行水底, 逆流百步, 從流九里, 得黿頭, 功可以食.」二子曰:「吾勇不若子, 功不逮子, 取桃不讓, 是貪也. 然而不死, 無勇也.」刎頸而死. 冶曰:「二子死之, 冶獨不逮.」又刎頸而死.
4. 《後漢書》卷六十上 馬融傳注
　　晏子春秋曰:「公孫捷·田開强·古冶子事景公以勇, 晏子勸景公餽之二桃, 曰:「計功而食之.」公孫捷曰:「捷持楯而再搏乳虎, 若捷之功, 可以食桃.」田開强曰:「吾仗兵而禦三軍者再, 可以食桃.」古冶子曰:「吾嘗濟河, 黿銜左驂以入砥柱之流, 吾逆而百步, 順流九里, 得黿頭, 鶴躍而出, 可以食桃矣.」二子皆反其桃, 契領而死. 古冶子曰:「二子死之, 吾獨生, 不仁.」亦契領而死.」

050 [2-25]　景公登射, 晏子修禮而侍. 公曰:「選射之禮, 寡人厭之矣. 吾欲得天下勇士, 與之圖國.」晏子對曰:「君子無禮, 是庶人也.
庶人無禮, 是禽獸也. 夫臣勇多則弑其君. 子力多則弑其長. 然而不
敢者, 維禮之謂也. 禮者, 所以御民也. 轡者, 所以御馬也. 無禮而
能治國家者, 嬰未之聞也.」景公曰:「善!」迺飭射. 更席以爲上客.
終日問禮.

경공이 사례射禮에 나가 그 대臺에 오르자, 안자가 예를 갖추어 대기하
고 있었다. 그러자 경공이 이렇게 불평을 하였다.

「선사지례選射之禮에 과인은 아주 염증이 납니다. 그저 천하의 용사*를
얻어 함께 나라를 부강케 하면 되었지, 무슨 격식이 이리도 번거로운지요!」
이에 안자가 이렇게 설명하였다.

「군자로서 예가 없다면, 이는 서인庶人과 같습니다. 또 서인으로서 예가
없다면, 이는 금수禽獸와 같습니다. 무릇 신하로서 용기만 많으면 그 임금
을 시해弑害할 수 있고, 아들로서 힘만 세면 그 아버지를 죽일 수 있습니
다. 그러나 감히 그렇게 하지 못하는 것은, 오직 예라는 것이 있기 때문이
지요. 예라는 것은 백성을 제어하는 것으로서, 고삐가 말을 제어하는 것과
같습니다. 예가 없으면서 능히 그 나라와 가정을 잘 다스렸다는 말을 저는
들어보지 못하였습니다.」

그러자 경공이 「좋습니다!」 하고는 다시 예를 갖추어 활쏘기를 마치고,
자리를 바꾼 다음 안자를 상객上客으로 모시고 해가 저물도록 예에 대하여
물었다.

【사례射禮】古代 공경대부의 禮. 활을 쏠 적에 행하는 의식.《儀禮》참조.
【선사지례選射之禮】활쏘기를 통해 훌륭한 선비를 뽑고 예를 행하는 의식.
* 구차스러운 禮보다도『勇力之士』를 뽑고 싶다는 뜻.

【참고】1.《太平御覽》523은 이를 전재한 것이다.
2.《北堂書鈔》80 역시 이를 전재한 것이다.
3.《說苑》卷十九 修文篇 782[19-6]
　齊景公登射, 晏子修禮而待. 公曰:「選射之禮, 寡人厭之矣. 吾欲得天下勇士, 與之圖
國.」晏子對曰:「君子無禮, 是庶人也, 庶人無禮, 是禽獸也; 夫臣勇多則弑其君, 子力多
則弑其長, 然而不敢者, 惟禮之謂也. 禮者, 所以御民也, 轡者, 所以御馬也; 無禮而能治國
家者, 嬰未之聞也.」景公曰:「善.」乃飭射更席以爲上客, 終日問禮.

晏子春秋 卷三

內篇 問上

051 [3-1]　莊公問威當世服天下時耶, 晏子對以行也.

052 [3-2]　莊公問伐晉, 晏子對以不可, 若不濟, 國之福.

053 [3-3]　景公問伐魯, 晏子對, 以不若脩政以待其亂.

054 [3-4]　景公伐斄, 勝之, 問所當賞, 晏子對以謀勝祿臣.

055 [3-5]　景公問聖王之行若何, 晏子對以衰世而諷

056 [3-6]　景公問欲善齊國之政, 以干霸王, 晏子對以官未具.

057 [3-7]　景公問欲如桓公用管仲以成霸業, 晏子對以不能.

058 [3-8]　景公問莒魯孰先亡, 晏子對以魯後莒先.

059 [3-9]　景公問治國何患, 晏子對以社鼠猛狗.

060 [3-10]　景公問欲令祝史求福, 晏子對以當辭罪而無求.

061 [3-11]　景公問古之盛君, 其行何如. 晏子對以問道者更正.

062 [3-12]　景公問謀必得, 事必成, 何術. 晏子對以度義因民.

063 [3-13]　景公問善爲國家者, 何如. 晏子對以舉賢官能.

064 [3-14]　景公問君臣身尊而榮難乎, 晏子對以易.

065 [3-15]　景公問天下之所以存亡, 晏子對以六說.

066 [3-16]　景公問君子常行曷若, 晏子對以三者.

067 [3-17]　景公問賢君治國若何, 晏子對以任賢愛民.

068 [3-18]　景公問明王之敎民若何, 晏子對以先行義.

069 [3-19]　景公問忠臣之事君若何, 晏子對以不與君陷于難.

070 [3-20]　景公問忠臣之行何如, 晏子對以不與君行邪.

071 [3-21]　景公問佞人之事君何如, 晏子對以愚君所信也.

072 [3-22]　景公問聖人之不得意何如, 晏子對以不與世陷乎邪.

073 [3-23]　景公問古者君民用國不危弱, 晏子對以文王.

074 [3-24]　景公問古之蒞國者任人如何, 晏子對以人不同能.

075 [3-25]　景公問古者離散其民如何, 晏子對以今聞公令如寇讐.

076 [3-26]　景公問欲和臣親下, 晏子對以信順儉節.

077 [3-27]　景公問得賢之道, 晏子對以舉之以語, 考之以事.

078 [3-28]　景公問臣之報君何以, 晏子對報以德.

079 [3-29]　景公問臨國蒞民, 所患何也, 晏子對以患者三.

080 [3-30]　景公問爲政何患, 晏子對以善惡不分.

051 [3-1] 莊公問晏子曰:「威當世而服天下, 時邪?」晏子對曰:
「行也.」公曰:「何行?」對曰:「能愛邦內之民者, 能服境外之不善.
重士民之死力者, 能禁暴國之邪逆. 中聽任賢者, 能威諸侯. 安仁義
而樂利世者, 能服天下. 不能愛邦內之民者, 不能服境外之不善. 輕
士民之死力者, 不能禁暴國之邪逆. 愎諫傲賢者, 不能威諸侯. 倍仁
義而貪名實者, 不能服天下. 威當世而服天下者, 此其道也已. 而公
不用.」晏子退而窮處. 公任勇力之士, 而輕臣僕之死. 用兵無休, 國
罷民害. 期年, 百姓大亂. 而身及崔氏禍. 君子曰:「盡忠不豫交. 不
用不懷祿. 晏子可謂廉矣!」

장공莊公이 안자에게 물었다.

「세상을 그 위세로 감당하여 천하를 복종시키는 것은 시운時運입니까?」

안자가 「행동이지요!」라고 답하자, 장공이 「어떤 행동입니까?」라고 물었다.

이에 안자가 이렇게 설명하였다.

「능히 나라안의 백성을 사랑할 수 있는 자는 국경 밖의 불선不善을 복종
시킬 수 있고, 사력死力을 다하는 사민士民을 중히 여길 줄 아는 자는 포
악한 나라의 사역邪逆을 금지시킬 수 있습니다. 그리고 남의 의견을 잘 들
어 주고 어진 이를 등용하는 자는, 능히 제후에게 위엄을 보일 수 있습니
다. 또 인의仁義한 자를 안전하게 해주고, 세상을 이롭게 하는 것을 즐거워
하는 자는 천하를 복종시킬 수 있습니다.

그러나 나라안의 백성을 사랑할 줄 모르는 자는 국경 밖의 불선不善을
복종시킬 수 없고, 사민士民의 사력死力을 경홀히 여기는 자는 포악한 나
라의 사역邪逆을 금지시킬 수 없습니다. 또한 충간忠諫을 강퍅하게 거절하
고 어진 이에게 오만을 부리는 자는 제후에게 위엄을 세울 수 없고, 인의
仁義를 배반하고 명실名實에 탐욕을 부리는 자는 천하를 복종시킬 수 없습
니다. 그 위세만 가지고 세상에 대처하여 천하를 복종시키는 것은 바로 이
런 방법뿐인데, 임금께서는 그 방법을 사용치 않고 있습니다.」

그리고 안자는 물러나서 궁핍하게 살고 있었다.

장공은 용력勇力의 선비만을 임용하고, 신복臣僕의 죽음에 대해서는 거

들떠보지도 않았다. 이에 전쟁은 그칠 날이 없었고, 백성이 피폐하여 있는 대로 피해를 입게 되자 1년 만에 대란이 일어났고, 임금 자신은 최씨崔氏의 화禍를 당하고 말았다.*

군자가 이렇게 평하였다.

「충성을 다 바치면서, 불행을 예측하여 자기의 안전을 위해 미리 다른 나라와 사귐을 두는 일도 하지 않았고, 등용되지 않았다고 해서 그 봉록을 회념懷念하지도 않았으니, 안자는 청렴淸廉하다 이를 만하다!」

【장공莊公】景公의 前代 군주. 포악한 것으로 알려짐. 001[1-1] 注 참조.
* 즉 崔氏之禍. 莊公이 崔杼의 아내와 사통하다가 崔杼에 의해 살해되었다(B.C. 548).

【참고】 1. 崔氏之禍는 《左傳》 襄公 二十三·二十八年 등 참조.
2. 《群書治要》에 본장의 내용이 전재되어 있다.

052 [3-2] 莊公將伐晉, 問于晏子. 晏子對曰:「不可! 君得合而欲多. 養欲而意驕. 得合而欲多者危. 養欲而意驕者困. 今君任勇力之士, 以伐明主, 若不濟, 國之福也. 不德而有功, 憂必及君.」公作色不說. 晏子辭, 不爲臣, 退而窮處. 堂下生蓼藋, 門外生荊棘. 莊公終任勇力之士, 西伐晉, 取朝歌, 及太行孟門, 茲于兌. 期而民散, 身滅于崔氏. 崔氏之亂, 逐羣公子. 及慶氏亡.

장공이 진晉나라를 치고자 하여 안자에게 물었다. 그러자 안자가 이렇게 대답하였다.

「안 됩니다. 임금께서는 얻고 싶은 것을 얻었는데도 그 욕심이 그칠 줄 모르고, 욕망대로 다 해보고도 그 뜻은 더욱 교만하십니다. 얻고도 욕심을 더 부리게 되면 위험해지고, 욕심을 길러 뜻이 교만해지면 곤궁에 빠집니다. 지금 임금께서는 용력勇力의 선비들을 임용하여 명철한 군주를 치겠다 하시니, 만약 성공하지 못하면 그것이 오히려 나라의 복이 될 것입니다. 덕德은 없으면서 공功만 세우게 되면, 틀림없이 근심거리가 임금께 닥쳐올 것입니다.」

이 설명에 장공은 얼굴빛을 일그러뜨리며 불쾌히 생각하였다.

이에 안자는 사직하여 신하되기를 그만두고 물러나 궁핍하게 살았다. 그
집 뜰 아래는 요곽蓼藿의 잡초가 무성하였고, 문 밖에는 가시덤불이 자랄
정도로 궁벽하였다.

장공은 끝내 용력의 선비를 등용시켜 서쪽 진晉나라를 쳐서, 조가朝歌
및 태항太行·맹문孟門까지 넘어 태兌에 이르게 되었다. 그러나 1년이 지
나자 백성은 흩어지고, 자신은 최씨崔氏에게 죽음을 당하고 말았다. 최씨의
난은 여러 공자公子들조차 쫓겨나게 하였고, 경씨慶氏마저도 도망치기에
이르렀다.

【요곽蓼藿】藜藿으로도 쓰며, 旅藿이라고도 한다. 콩대 등 심지 않은 채소 곡식류의
총칭. 집안이 빈한함을 말한다.
【조가朝歌】地名. 지금의 河南省 淇縣.
【태항太行】山路. 輝縣 서쪽 50리에 있다.
【맹문孟門】晉나라 땅. 地名. 지금의 河南省 輝縣.
【태兌】원래 隧(수)로 읽는다. 참호. 隧道. 張氏本 注에 『王云, 兌讀爲隧. 玆于兌, 且于
之隧也. 且, 子餘反. 此言還自伐晉, 遂襲莒, 入且于之隧也. 且于玆於聲相近. 隧兌聲相近.
但上有脫文耳. 檀弓, 齊莊公襲莒于奪. 鄭注曰, 魯襄二十三年, 齊侯襲莒是也. 春秋傳曰,
杞殖華還. 載甲, 夜入且于之隧. 隨奪聲相近, 或爲兌. 釋文奪, 徒外反. 注兌同. 故知玆于
兌·卽左傳且于之隧, 檀弓之奪, 鄭注之兌也』라 하였다.
【최씨崔氏】崔杼. 莊公을 죽임. [前出]
【경씨慶氏】慶封. 慶氏와 盧氏는 모두 齊나라 군주의 姓氏인 姜氏와 同姓이다. 莊公
의 신하로 崔杼와 함께 莊公을 죽였다. 崔氏가 집권하자 둘 사이에 틈이 생겨 다시
崔杼를 죽이고, 자신조차 백성에게 배척을 받자 吳나라로 도망쳤다.

【참고】 1. 莊公이 晉나라를 친 사건은 《左傳》 襄公 二十三年傳을 볼 것.
2. 崔氏之亂은 《左傳》 襄公 二十五年傳을 볼 것.
3. 慶氏之亡은 《晏子春秋》 卷六 內篇 雜下 155[6-15] 및 《左傳》 襄公 二十八年傳을
볼 것.
4. 《左傳》 襄公 二十八年傳
　　崔氏之亂, 喪羣公子, 故鉏在魯, 叔孫還在燕, 賈在句瀆之丘, 及慶氏亡, 皆召之, 具其器
用而反其邑焉. 與晏子邶殿其鄙六十, 弗受. 子尾曰: 「富人之所欲也, 何獨弗欲?」 對曰:
「慶氏之邑足欲, 故亡, 吾邑不足欲也. 益之以邶殿乃足欲, 足欲亡無日矣. 在外不得宰吾一
邑, 不受邶殿, 非惡富也, 恐失富也. 且夫富如布帛之有幅焉, 爲之制度, 使無遷也. 夫民生
厚而用利, 於是乎正德以幅之, 使無黜嫚, 謂之幅利. 利過則爲敗, 吾不敢貪多, 所謂幅也.」
與北郭佐邑六十, 受之. 與子雅邑, 辭多受少. 與子尾邑, 受而稍致之. 公以爲忠, 故有寵.
釋盧蒲嫳於北竟. 求崔杼之尸, 將戮之, 不得. 叔孫穆子曰: 「必得之, 武王有亂臣十人, 崔

杼其有乎? 不十人不足以葬.」既崔氏之臣曰:「與我其拱璧, 吾獻其柩.」於是得之. 十二月乙亥朔, 齊人遷莊公殯于大寢, 以其棺尸崔杼於市. 國人猶知之. 皆曰崔子也.

053 [3-3]　景公擧兵欲伐魯, 以問晏子. 晏子對曰:「不可!　魯公好義而民戴之. 好義者安. 見戴者和. 伯禽之治, 存焉. 故不可攻. 攻義者不祥. 危安者必困. 且嬰聞之, 伐人者德足以安其國. 政足以和其民. 國安民和, 然後可以擧兵而征暴. 今君好酒而辟, 德無以安國. 厚藉斂而急使令, 政無以和民. 德無以安之則危. 政無以和之則亂. 未免乎危亂之理, 而欲伐安和之國. 不可. 不若修政而待其君之亂也. 民離其君, 上怨其下, 然後伐之. 則義厚而利多. 義厚則敵寡. 利多則民歡.」公曰:「善!」遂不果伐魯.

　경공이 군대를 일으켜 노魯나라를 치고자 하여 안자에게 물었다. 그러자 안자가 이렇게 대답하였다.

　「안 됩니다! 노나라 임금은 의義를 좋아할 뿐만 아니라, 백성들 또한 그를 추대하고 있습니다. 의를 좋아하는 자는 안전하고, 추대를 받은 자는 화목한 법입니다. 백금伯禽의 정치도, 아직 그 유훈遺訓이 남아 있습니다. 그러니 공격해서는 안 됩니다. 의로운 자를 공격하는 것은 상서롭지 못한 일이며, 편안한 자를 위태롭게 하였다가는 틀림없이 곤액을 만나게 됩니다.

　또 제가 듣건대, 남을 토벌할 수 있는 자라면 그 덕이 능히 자신의 나라를 안전케 하기에 족하여야 하고, 정치가 그 국민을 화목케 하기에 족하여야 한다고 하였습니다. 그러므로 나라가 편안하고 백성이 화목해진 연후에야, 군대를 일으켜 포악한 나라를 정벌할 수 있는 것입니다.* 그런데 임금께서는 지금 술을 좋아하고 편벽된 행동을 일삼으며,* 게다가 그 덕도 나라를 안전케 하지 못하고 있습니다. 또한 거두는 것은 많으면서 시키는 일은 조급하며, 정치도 국민을 화합시키지 못하고 있습니다.

　임금의 덕이 안전을 가져다 주지 못하면 위험하게 되고, 정치가 화합을 이루어내지 못하면 난을 만나게 됩니다. 위험과 난을 피할 길이 없는 정치를 하고 있으면서도, 도리어 안전하고 화합된 나라를 치려 하시니 이는 안

될 일입니다. 그러니 먼저 정치를 잘 닦아 그 상대 나라 임금의 혼란을 기다림만 못합니다. 백성들이 그 임금에게서 떠나고, 윗사람이 아랫사람을 원망하는 사태가 일어난 연후에 이를 친다면, 그 의義가 두텁고 이익도 많게 됩니다. 의가 두터워지면 적이 적어지고,* 이익이 많아지면 백성이 즐거워하게 됩니다.」

　이에 경공이 「좋습니다!」 하고는, 드디어 노나라 정벌 계획을 그만두었다.

【백금伯禽】 周公의 長子. 魯나라의 君主가 되었다.《詩經》魯頌 閟宮 및《史記》魯世家 참조.
* 張氏本의 注에 『如湯放桀, 武誅紂, 皆以義師伐罪救民耳』라 하였다.
* 張氏本의 注에 『此句與厚藉斂而急使令對文, 有脫字』라 하였다.
* 원문의 『敵寡』는,《孟子》梁惠王篇에 『仁者無敵』이라 하였다.

054 [3-4]　景公伐斄, 勝之. 問晏子曰:「吾欲賞于斄, 何如?」對曰:「臣聞之, 以臣謀勝國者, 益臣之祿. 以民力勝國者, 益民之利. 故上有羡獲, 下有加利. 君上享其名. 臣下利其實. 故用智者不偸業, 用力者不傷苦. 此古之善伐者也.」公曰:「善!」于是破斄之臣, 東邑之卒, 皆有加利. 是上獨擅名, 利下流也.

　경공이 태斄 땅을 쳐 이기고 나서, 안자에게 물었다.
　「내 태斄 땅 전투에서 공을 세운 자에게 상을 내리고 싶은데 어떻습니까?」
　그러자 안자가 이렇게 대답하였다.
　「제가 듣건대, 신하의 꾀로써 승리한 나라는 그 신하에게 녹을 더하여주고, 백성의 힘으로써 승리한 나라는 그 백성에게 이익을 더하여 준다고 하였습니다. 그렇게 함으로써 임금은 많은 수확을 얻게 되고, 백성은 그 이익을 얻게 되는 것이며, 임금은 위에서 명예를 누리고, 신하는 아래에서 실질적인 이익을 누리게 되는 것이지요. 그래서 지혜를 쓰는 자는 직업에 투한偸閑*할 필요가 없고, 힘을 쓰는 자는 자신의 고통을 손해라 여기지 않게 되는 것입니다. 이것이 곧 옛날 정벌을 잘하였던 임금의 처리방법입니다.」
　이 말에 경공이 「좋습니다!」 하고 태 땅을 칠 때 공을 세운 신하들과, 동읍東邑*을 칠 때 고생한 병졸들에게 모두 이익을 더하여 주었다. 이렇게 하여 임금은 그 명예는 독차지하고, 이익은 아래로 내려 주었던 것이다.*

【태萊】地名. 萊 땅이 아닌가 한다. 張氏本에 『孫云, 萊卽萊也, 服虔注左傳, 齊東鄙邑. 杜預注, 萊國今東萊黃縣』이라 하였다.

* 원문의 『儌業』은, 〈따로 이익을 위해 힘쓰다〉라는 뜻. 張氏本에 『謀從智生. 謀利於國, 祿從而至, 故不必儌作別業』이라 하였다.

* 萊 땅이 齊나라 동쪽에 있으므로 이렇게 지칭한 것.

* 張氏本에 『獨, 單也, 擅, 專也. 據而有之也. 君所專有者, 獨勝名耳. 而所得之利, 均歸臣民, 君不私有也. 管子中匡篇曰, 君人者, 名之爲貴, 財安可有』라 하였다.

055 [3-5] 景公外傲諸侯, 內輕百姓. 好勇力, 崇樂, 以從嗜欲. 諸侯不說, 百姓不親. 公患之. 問于晏子曰:「古之聖王, 其行若何?」晏子對曰:「其行公正而無邪. 故讒人不得入. 不阿黨. 不私色. 故羣徒之卒不得容, 薄身厚民, 故聚斂之人不得行. 不侵大國之地, 不耗小國之民. 故諸侯皆欲其尊. 不劫人以兵甲, 不威人以衆彊, 故天下皆欲其彊. 德行敎訓, 加于諸侯. 慈愛利澤, 加于百姓. 故海內歸之若流水. 今衰世君人者, 辟邪阿黨, 故讒諂羣徒之卒繁. 厚身養, 薄視民, 故聚斂之人行. 侵大國之地, 耗小國之民, 故諸侯不欲其尊. 劫人以兵甲, 威人以衆彊, 故天下不欲其彊. 災害加于諸侯, 勞苦施于百姓. 故讎敵進伐, 天下不救. 貴戚離散, 百姓不與.」公曰:「然則何若?」對曰:「請卑辭重幣, 以說于諸侯. 輕罪省功, 以謝于百姓. 其可乎?」公曰:「諾!」于是卑辭重幣, 而諸侯附. 輕罪省功, 而百姓親. 故小國入朝, 燕魯共貢. 墨子聞之曰:「晏子知道, 道在爲人, 而失在爲己. 爲人者重, 自爲者輕. 景公自爲, 而百姓不與. 爲人, 而諸侯爲役. 則道在爲人, 而行在反己矣. 故晏子知道矣.」

경공이 밖으로는 제후들에게 오만하게 굴고, 안으로는 백성을 가벼이 여기면서 용력勇力 있는 자만을 좋아하고, 음악을 숭상하며, 그 기호나 욕심대로 행동하였다. 이 때문에 제후들은 모두 그를 좋아하지 않게 되었고, 백성들도 그를 친히 여기지 않게 되자, 경공이 걱정스러워 안자에게 물었다.

「옛 성왕聖王들은 그 행동이 어떠하였습니까?」

그러자 안자가 이렇게 설명하였다.

「그 행동이 공정하여 사악함이 없었습니다. 그 때문에 참언하는 자가 다가올 수 없었지요. 아첨꾼은 당黨을 짓지 못하였고, 사사로운 편애가 없었습니다. 그래서 무리지은 졸개들이 용납을 받지 못하였지요. 또 스스로에게는 박하게 하면서, 백성에게는 후덕하게 하였지요. 그래서 관리들이 마구 거두어들이는 행동을 하지 못하였습니다. 그런가 하면 대국의 땅을 침범하는 경우도 없었고, 소국의 백성을 소모시키는 일도 없었습니다. 그 까닭으로 제후들이 모두 그 임금이 더욱 존경받기를 기원하였습니다. 또 무력으로 남을 협겁脅劫하는 일이 없었고, 무리가 많다고 여겨 남을 위협하는 일도 없었습니다. 그 때문에 천하가 모두 그 임금이 더욱 강해지기를 기원하였습니다. 덕행과 교훈을 제후들에게 더하여 주고, 자애와 이익과 혜택을 백성에게 베풀어 주었습니다. 그래서 해내海內의 모든 이들이, 물이 한 곳으로 흐르듯이 그에게 모여들었습니다.

지금은 세상의 도道가 쇠하여, 임금된 이가 편벽되고 사악하여 아첨하는 자들과 무리를 짓고 있습니다. 그래서 아첨하는 무리들이 떼지어 번성하며, 자신의 욕망을 채우는 데는 후하고 백성을 보살피는 데는 인색하면서 부세賦稅를 마구 거두어들이고 있습니다. 그런가 하면 대국의 땅을 침범하고 소국의 백성을 소모시키기 때문에, 제후들은 그 임금이 존경받는 것을 바라지 않습니다. 또 무력으로 협겁하고 무리가 많다고 여겨 위협하기 때문에, 천하가 모두 그 임금이 강해지지 않았으면 하고 원합니다. 제후들에게 재해만 가중시키고 백성에게는 노고로움만 보태어 주니, 그 때문에 그를 원수로 여겨 몰려가서 쳐버리는 것입니다. 그런데도 천하에 누구 하나 구하려 들지 않고, 친척조차도 다 흩어지며, 백성들조차 외면하고 마는 것입니다.」

이 설명에 경공이 물었다.

「그렇다면 어찌하면 되겠습니까?」

안자의 대답은 이러하였다.

「청컨대 말을 정중히 하고 예물을 후히 베풀어, 제후들에게 기쁨을 주십시오. 그리고 죄를 가벼이 하고 노고를 덜어 주어, 백성에게 고마움을 느끼게 하십시오. 그러면 될는지도 모르겠습니다.」

그러자 경공이 「좋습니다!」 하고는, 말을 정중히 하고 예물을 후히 베풀었다. 과연 제후들이 친부親附해 왔다. 그리고 죄를 가벼이 하고 노고를 덜어 주자, 백성이 가까이해 왔다. 그리하여 작은 나라는 조공을 해오고, 연燕·노魯나라는 공물을 바쳐 왔다. 묵자墨子가 이 소문을 듣고 이렇게 평하였다.

「안자는 도道를 안다. 도는 남을 위해 주는 데 있고, 그것을 잃는 것은 바로 자기만을 위하는 데 있다. 남을 위하는 자는 중함을 얻고, 자신을 위하는 자는 가벼이 여김을 받는다. 경공은 자신만을 위하였기 때문에 백성조차 가까이 가지 않았지만, 남을 위하게 되자 제후까지도 그를 위하여 일해 준 것이다. 그렇게 보면 도는 남을 위하는 데 있고, 그 실행은 바로 자신을 잘 살펴보는 데 있다. 그러므로 안자는 도를 아는 자이다.」

【협겁脇劫】 협박하고 奪劫하다.
【연燕】 昭公 奭을 始祖로 하는 諸侯國. 지금의 北京 근처인 薊를 首都로 하였다.
【묵자墨子】 墨翟. 兼愛說을 주장한 諸子 가운데 한 사람.

056 [3-6]　景公問晏子曰:「吾欲善治齊國之政, 以干霸王之諸侯.」晏子對曰:「官未具也. 臣數以聞, 而君不肯聽也. 臣聞仲尼, 居處惰倦, 廉隅不正, 則季次, 原憲侍. 氣鬱而疾, 志意不通, 則仲由, 卜商侍, 德不盛, 行不厚, 則顏回, 騫, 雍侍. 今君之朝臣萬人, 兵車千乘, 不善政之所失于下賣墜于民者眾矣. 未有能士敢以聞者. 臣故曰官未具也.」公曰:「寡人今欲從夫子而善齊國之政. 可乎?」對曰:「嬰聞國有具官, 然後其政可善.」公作色不說曰:「齊國雖小, 則何謂官不具?」對曰:「此非臣之所復也. 昔吾先君桓公, 身體惰懈, 辭令不給, 則隰朋暗侍. 左右多過, 獄讞不中, 則弦甯暗侍. 田野不修, 民氓不安, 則甯戚暗侍. 軍吏怠, 戎士偷, 則王子成甫暗侍. 居處佚怠, 左右懾畏, 繁乎樂, 省乎治, 則東郭牙暗侍. 德義不中, 信行衰微, 則管子暗侍. 先君能以人之長續其短. 以人之厚補其薄. 是以辭令窮遠而不逆. 兵加于有罪而不頓. 是故諸侯朝其德. 而天

子致其祚. 今君之過失多矣, 未有一士以聞者也. 故曰官不具.」公
曰:「善!」

　경공이 안자에게 물었다.

「나는 우리 제齊나라를 잘 다스려, 이로써 패왕霸王의 업을 이루는 제후
가 되고 싶습니다.」

　그러자 안자가 이렇게 답하였다.

「관官이 아직 갖추어지지 않았습니다. 제가 자주 들려 드렸건만, 임금께
서는 이를 들으려 하지 않았습니다. 제가 듣기로, 중니仲尼가 평소 태만하
고 권태롭게 여기며 행동이 바르지 못할 때에는, 계차季次와 원헌原憲이
곁에서 모시었습니다. 또 기가 넘쳐 성질을 부리거나 뜻을 통달히 펴지 못
할 때에는, 중유仲由와 복상卜商 같은 이가 모시며 해결하였지요. 그런가
하면 덕이 성대하지 못하고 행동이 후덕하지 못할 때에는, 안회顔回와 건
騫·옹雍이 모시고 이를 고쳐 주었습니다.

　임금께서는 지금 조정의 신하가 1만 인이나 되고 그 병거兵車 또한 1천
승이나 되면서, 옳지 못한 정치로 인해 아랫사람에게 믿음을 잃고는 백성
에게 그 책임을 쏟아붓는 일이 너무도 많습니다. 그런데도 어느 누구 하나
감히 임금께 이를 들려 주는 선비가 없습니다. 그래서 저는 관이 아직 갖
추어지지 않았다고 말한 것입니다.」

　이에 임금이 다시 물었다.

「과인이 지금부터라도 선생의 의견을 따라 제나라 정치를 잘 이끈다면
가능하겠습니까?」

　안자는 이렇게 대답하였다.

「제가 듣건대, 나라는 관을 잘 구비한 연후에야 그 정치를 잘할 수 있다
고 하였습니다.」

　경공은 이 대답에 얼굴을 붉히고 불쾌히 여기며 다시 물었다.

「제나라가 비록 작다고 하나, 어찌 관이 구비되지 않았다 합니까?」

　안자는 그제서야 이렇게 설명하였다.

「이는 제가 말씀드리는 바가 아닙니다. 옛날 우리의 선군이신 환공桓公
께서 몸이 게을러지고 외교와 명령이 순조롭지 못할 때에는 습붕隰朋이 가

까이 모시고 있었고, 좌우 측근이 과실이 많고 옥사獄事가 정확치 못할 때에는 현녕弦寗이 가까이 모시고 있었으며, 농토가 개간되지 못하고 백성들이 불안해할 때에는 영척寗戚이 가까이 있어 이 일을 보좌하였으며, 군대가 태만해지고 병사들이 게을러지면 왕자王子 성보成甫가 가까이 있었습니다. 그런가 하면 편안히 안일과 태만에 빠져 좌우가 두려움을 느끼고, 음악에 빠져 정치를 소홀히 할 때에는 동곽아東郭牙가 곁에 있었고, 덕의德義가 맞지 않고 믿음직스럽던 행동이 쇠미해질 때에는 관자管子가 곁에서 지키고 있었습니다.

이처럼 선군께서는 남의 장점을 가지고 자신의 단점을 보완하였으며, 남의 후덕함을 자신의 박덕함을 깁는 데 썼습니다. 이렇게 하자 사령辭令이 궁벽한 곳까지 미쳐도 그곳 사람 중에 거역하는 자가 없었고, 무력을 죄 있는 자에게 쓰면서도 그 끝이 무디어지지 않았습니다. 그 까닭으로 제후들이 그의 덕 앞에 조알하게 되었고, 천자께서도 그에게 제육祭肉을 하사하였던 것입니다. 임금께서는 지금 그 과실이 많은데도 어느 선비 하나 이를 지적하여 말씀드리는 자가 없습니다. 그래서 관이 구비되지 않았다고 말한 것입니다.」

경공은 그제서야 「훌륭합니다!」라고 하였다.

【관官】諫言과 자기 직무를 다하는 직책.
【중니仲尼】孔子, 孔丘.
【계차季次】孔子의 제자. 公晳 哀.《史記》仲尼弟子列傳에『公晳哀, 家季次, 孔子曰. 天下無行, 多爲家臣仕于都, 唯季次赤嘗仕』라 하였다.
【원헌原憲】孔子의 제자로 子思. 魯나라 출신으로 가난하게 살았다.
【중유仲由】子路, 혹은 季路. 孔子의 제자로 용맹하였다.
【복상卜商】子夏. 孔子의 제자로 학문에 뛰어났다.
【안회顔回】子淵·顔淵. 누항에 살면서 덕행을 기른 人物.
【건건騫】閔子騫. 이름은 損. 덕행으로 뛰어난 人物.
【옹雍】이름은 仲弓. 덕행이 뛰어났다.
【환공桓公】春秋五霸의 齊나라 桓公.
【습붕隰朋】管仲과 함께 齊나라 桓公을 도운 人物.
【현녕弦寗】桓公을 도와 재판의 일을 맡았다.
【왕자王子 성보成甫】成父로도 쓰며, 王族. 역시 桓公의 臣下.
【동곽아東郭牙】齊나라 桓公의 臣下이며, 進諫에 뛰어났다.
【관자管子】管仲·夷吾·仲父. 桓公을 도와 霸者로 만든 人物.

【사령辭令】 명령과 외교관계의 법령 등.

【참고】 1.《意林》에 본장의 내용이 전재되어 있다.
2.《群書治要》에 본장의 내용이 전재되어 있다.
3.《孔叢子》中卷 十八 詰墨篇
　　曹明問子魚曰:「觀子詰墨者之辭, 事義相反, 墨者妄矣. 假使墨者, 復起對之乎.」答曰:
「苟得其理, 雖百墨吾益明白焉. 失其正, 雖一人猶不能當. 前也, 墨子之所引者矯晏子. 晏
子之善吾先君, 先君之善晏子, 其事庸盡乎.」曹明曰:「可得聞諸?」子魚曰:「昔齊景公問
晏子曰:『吾欲善治, 可以霸諸侯乎?』對曰:『官未具也. 臣亟以聞而君未肯然也. 臣聞孔
子聖人, 然猶居處勌惰, 廉隅不修, 則原憲季羔侍. 氣鬱而疾志意不通, 則仲由卜商侍. 德不
盛行不勤, 則顏閔冉雍侍. 令君之朝臣萬人, 兵車千乘, 不善之政, 加於下民者衆矣. 未能以
聞者. 臣故曰, 官未備也.』此又晏子之善孔子者也. 子曰:『晏平仲善與人交久, 而敬之此.』
又孔子之貴晏子者也.」曹明曰:「吾始謂墨子可疑令則決妄不疑矣.」
4.《說苑》卷一 君道篇 018[1-18]
　　齊景公問於晏子曰:「寡人欲從夫子, 而善齊國之政.」對曰:「嬰聞之, 國具官而后政可
善.」景公作色曰:「齊國雖小, 則何爲不具官乎?」對曰:「此非臣之所復也. 昔先君桓公,
身體惰懈, 辭令不給, 則隰朋侍; 左右多過, 刑罰不中, 則弦章侍; 居處肆縱, 左右懾畏, 則
東郭牙侍; 田野不修, 人民不安, 則甯戚侍; 軍吏怠, 戎士偸, 則王子成父侍; 德義不中,
信行衰微, 則筦子侍; 先君能以人之長續其短, 以人之厚補其薄; 是以辭令窮遠而不逆, 兵
加於有罪而不頓; 是故諸侯朝其德, 而天子致其胙. 今君之失多矣, 未有一士以聞者也, 故
曰未具.」景公曰:「善.」

057 [3-7]　景公問晏子曰:「昔吾先君桓公, 有管仲夷吾保乂齊國.
能遂武功而立文德. 糾合兄弟, 撫存冀州. 吳越受令, 荊楚惛憂. 莫
不賓服. 勤于周室. 天子加德. 先君昭功. 管子之力也. 今寡人亦欲
存齊國之政於夫子. 夫子以佐佑寡人. 彰先君之功烈. 而繼管子之
業.」晏子對曰:「昔吾先君桓公, 能任用賢. 國有什伍. 治徧細民.
貴不凌賤. 富不傲貧. 功不遺罷. 佞不吐愚. 舉事不私. 聽獄不阿.
內妾無羨食. 外臣無羨祿. 鰥寡無飢色. 不以飮食之辟害民之財. 不
以宮室之侈勞人之力. 節取于民, 而普施之. 府無藏. 倉無粟. 上無
驕行. 下無諂德. 是以管子能以齊國免于難, 而以吾先君參乎天子.
今君欲彰先君之功烈, 而繼管子之業. 則無以多辟傷百姓. 無以嗜
欲怨諸侯. 孰敢不承善盡力, 以順君意? 今君疏遠賢人, 而任讒諛.
使民若不勝. 藉斂若不得, 厚取于民, 而薄其施. 多求于諸侯, 而輕

其禮, 府藏朽蠹, 而禮悖于諸侯. 菽粟藏深, 而怨積于百姓. 君臣交
惡, 而政刑無常. 臣恐國之危失, 而公不得享也. 又惡能彰先君之功
烈, 而繼管子之業乎?」

　경공이 안자에게 물었다.

「지난날 우리의 선군이신 환공桓公은 관중이오管仲夷吾가 있어 이 제齊
나라를 보위하였으며, 능히 무공을 이루고 문덕을 세울 수 있었습니다. 그
리하여 형제를 규합하여 기주冀州를 진무하였고, 오吳·월越나라는 선군의
영令을 받았으며, 형초荊楚는 두려움에 떨었습니다. 누구 하나 복종해 오지
않는 자가 없었고, 주실周室을 받들기에 열심이었습니다. 천자까지 그 덕을
칭찬하였지요. 이렇게 선군이 그 공을 밝혀 보이게 된 것은, 바로 관자管子
의 힘이었습니다. 그런데 과인 역시 지금 이 제나라의 정치를 선생에게 맡
기고 있으며, 선생은 과인을 보좌하고 있으니, 이로써 선군의 공렬功烈을
드날리면서 관자의 업적을 이어가고 싶습니다.」

　그러자 안자가 이렇게 대답하였다.

「옛날 선군이신 환공께서는 능히 어진 이를 임용하여, 나라를 십오什伍
로 조직하여 여린 백성을 잘 다스렸습니다. 귀하다고 해서 천한 자를 능멸
하는 일이 없었고, 부유하다고 해서 가난한 자에게 오만히 굴지 않았으며,
업적을 누락시키지 않았고, 아첨꾼들이 어리석은 말을 내뱉지 못하도록 하
였습니다. 일을 처리함에는 사사로움에 흔들리지 않았고, 송사의 문제를 들
을 때에도 치우침이 없었습니다.

　안으로는 첩에게 좋은 음식을 먹이는 일이 없었고, 밖으로는 신하로서
봉록에 부러움을 느끼는 자가 없었습니다. 홀아비·과부도 주린 기색이 없
었고, 음식을 도에 넘치게 하느라 백성의 재물에 해를 주는 일이 없었으며,
궁실을 사치스럽게 꾸미느라 남의 힘을 노고롭게 하는 일도 없었습니다.
백성으로부터 취한 것은 절검하되, 이를 베풀어 주는 일은 널리 하였습니
다. 곳간에는 쌓아둔 물건이 없었고, 창고에는 욕심으로 저장해 둔 곡식이
없었으며, 위에 있을 때 교만한 행동이나 아래에 처하였을 때 아첨이 덕인
양 여기는 일도 없었습니다. 이 까닭으로 관자는 능히 제나라를 환난에서
면하게 해주었고, 우리 선군으로 하여금 천자를 도와 제후 중의 맹주盟主

가 될 수 있게 하였던 것입니다.

그러니 지금 임금께서 그 선군의 공렬功烈을 드날리면서 관자의 업적을 이어가고자 하신다면, 많은 편벽된 것 때문에 백성을 상하게 하는 일이나, 욕심과 기호 때문에 제후에게 원망을 사는 일이 없도록 하여야 합니다. 그렇게만 한다면, 좋은 계승을 위해 진력하여 임금의 뜻에 따르는 일을 누가 감히 받들지 않겠습니까? 임금께서는 지금 어진 이를 멀리하고 아첨꾼은 가까이하면서, 백성을 부릴 때는 마치 더 이상 못 부리는 것이 안타깝다는 듯이 하고, 백성으로부터 취할 때는 마구 하면서 베풀 때는 야박하게 하고, 제후에게는 많은 요구를 하면서 그 예禮는 가벼이 하고 있습니다.

그런가 하면 곳간과 창고에는 물건과 곡식이 썩거나 좀이 쏠고 있는데도, 제후에게 있어서의 예는 패덕스럽기만 합니다. 곡식은 깊이 저장해 두기만 해서 백성들의 원한이 누적되고 있으며, 임금과 신하가 서로 미워하고 있는데도 정치와 형벌은 그 기준이 없습니다. 저는 이러다가 이 나라가 위실危失에 빠져, 임금께서 그 자리를 향수하지 못하면 어쩌나 걱정스럽습니다. 그러니 어찌 능히 선군의 공렬을 드날리면서 관자의 업적을 이어갈 겨를이 있을 수 있다는 말입니까?」

【환공桓公】小白. 齊나라 春秋五霸의 首長. 재위 43년(B.C. 685~643).
【관중이오管仲夷吾】管子〔筦子〕夷吾는 이름. 仲父. 齊나라 桓公의 賢臣.
【기주冀州】中原 일대. 晉·秦 등의 지역.
【오吳·월越】春秋 후기 揚子江 근처의 강성해진 두 나라.
【형초荊楚】楚나라. 中國 남방의 大國.
【주실周室】宗主國인 周나라.
【십오什伍】호적을 十家, 五家로 나누어 통치하였다. 《禮記》 秋官, 士師에 『掌鄕合州·黨·族·閭·比之聯, 與其民人之什伍』라 하였다.

【참고】《晏子春秋》卷四 內篇 問下 083[4-3]의 내용과 관련이 있다.

058 [3-8] 景公問晏子: 「莒與魯, 孰先亡?」 對曰: 「以臣觀之也. 莒之細人, 變而不化, 貪而好假, 高勇而賤仁. 士武以疾忿, 急以速竭. 是以上不能養其下. 下不能事其上. 上下不能相收, 則政之大體

失矣. 故以臣之觀也. 莒其先亡.」公曰:「魯何如?」對曰:「魯之君
臣, 猶好爲義. 下之安安也, 奄然寡聞. 是以上能養其下. 下能事其
上. 上下相收, 政之大體存矣. 故魯猶可長守. 然其亦有一焉. 彼鄒
滕雉奔而出其地, 猶稱公侯. 小之事大, 弱之事彊, 久矣. 彼晉者,
周之樹國也. 魯近齊而親晉. 以變小國, 而不服于鄰. 以遠望晉. 滅
國之道也. 齊其有魯與莒乎?」公曰:「魯與莒之事, 寡人既得聞之矣.
寡人之德亦薄, 然後世孰踐有齊國者?」對曰:「田無宇之後爲幾.」
公曰:「何故也?」對曰:「公量小, 私量大. 以施于民. 其與士交也,
用財無筐篋之藏. 國人負携其子而歸之, 若水之流下也. 夫先與人
利, 而後辭其難. 不亦寡乎? 若苟勿辭也, 從而撫之. 不亦幾乎?」

경공이 안자에게 물었다.

「거莒와 노魯, 이 두 나라 중 어느 나라가 먼저 망하겠습니까?」

그러자 안자가 이렇게 대답하였다.

「제가 보건대 거나라는 소인들로서 변화시키려 해도 교화가 되지 않고,
탐욕을 부리면서 거짓을 꾸미기 좋아합니다. 그리고 용기는 높이 사면서
인仁은 천히 여깁니다. 또한 무사들은 화를 내기를 잘하며, 성질이 급하여
즉시 고갈되고 맙니다. 이 까닭으로 윗사람은 능히 아랫사람을 보양保養하
지 못하고, 아랫사람은 윗사람을 섬기는 데 모자랍니다. 상하가 서로 수용
하지 못하면, 그 정치의 대체大體는 사라지고 마는 법입니다. 그래서 저는
거나라가 먼저 망하리라고 여기는 것입니다.」

이에 경공이 다시 물었다.

「노나라는 어떻습니까?」

안자는 이렇게 설명하였다.

「노나라의 군신君臣은 그래도 의義를 좋아합니다. 아랫사람은 이를 편안
히 여기며 말 없이 지내지요. 이 까닭으로 윗사람은 능히 아랫사람을 보양
保養할 수 있고, 아랫사람은 능히 윗사람을 섬길 수 있습니다. 상하가 서로
거두어 주는 한 정치의 대체는 존속합니다. 그러므로 노나라는 그런대로 오
래 지켜낼 수 있습니다. 그러나 그것 역시 거나라와 매한가지에 불과합니
다. 저 추鄒·등滕나라는 꿩 한 마리가 뛰어도 그 땅을 벗어날 정도의 작은

나라이지만, 그래도 아직 공公·후侯라 칭해지는 것은 작은 나라이면서 큰 나라를 섬기고, 약하면서 강한 나라를 섬긴 지가 오래 되었기 때문입니다.

그런데 저 진晉은 주周나라가 세워 준 나라입니다. 노나라는 지역적으로 우리 제나라에 가까이 있는데도 그 진나라와 친합니다. 작은 나라로 변하였는데도 이웃인 우리 제나라에 친복親服해 오지 않고 먼 진나라에 기대고 있으니, 이는 나라를 망칠 외교입니다. 그러니 우리 제나라는 노나라와 거나라를 모두 차지할 수 있지 않겠습니까?」

그러자 경공이 이렇게 되물었다.

「노나라와 거나라에 대한 일은, 과인이 이내 들어온 바입니다. 그런데 과인의 덕 역시 박합니다. 그렇다면 후세에 우리 제나라 땅을 밟고 다닐 자는 누구겠습니까?」

안자는 「아마 전무우田無宇의 후손이 그렇게 되겠지요!」라고 답하였다.

이에 경공이 「무슨 연유입니까?」라고 묻자, 안자는 이렇게 대답하였다.

「그는 공적인 것은 적게 하고, 사적인 것은 많이 하여 백성에게 베풀고 있습니다. 또 선비들과의 사귐에도 재물을 풀어 쓰며, 자신의 궤짝에는 저장해 두지 않습니다. 이 때문에 백성들이 자식을 업거나 이끌고 가서 그에게 빌붙고 있습니다. 그 상황이 마치 물이 아래로 흐르는 것과 같지요. 무릇 먼저 남에게 이익을 얻고, 나중에 이익을 주었던 그 상대가 어려움에 처하였을 때 거절할 수 있는 자는 역시 적지 않겠습니까? 만약 진실로 거절이 불가할 바에야, 그를 따라 성원해 주는 것이 오히려 가능한 일이 아니겠습니까?」

【거莒】지금의 山東에 있던 작은 諸侯國.
【노魯】周公 旦이 封을 받았던 나라.
【추鄒】邾나라. 春秋時代의 작은 諸侯國.
【등滕】역시 齊나라 가까이 있던 작은 諸侯國.
【공公·후侯】周나라 봉건제도의 爵位로서, 公·侯·伯·子·男 등 다섯 등급이었다.
【진晉】春秋時代 周나라와 같은 성씨(姬氏)의 大國. 뒤에 三晉으로 분리되었다.
【주周】宗主國.
【전무우田無宇】원래 陳나라에서 망명해 온 陳氏로, 齊나라에 와서 크게 세력을 편 一族으로서 성씨를 田氏로 바꾸었다. 뒤에 齊나라를 찬탈하여 田氏齊가 되었다. 田無宇는 그 족속으로 景公 때의 權臣인 陳桓子. 田桓子라고도 부른다.

【참고】 1.《晏子春秋》044[2-19]·089[4-9]·097[4-17]·180[7-10]·185[7-15]와
관련이 있다.
2.《韓非子》卷十三 外儲說 右上과 관련이 있다. 097 참고란을 볼 것.
3.《左傳》昭公 二十六年傳의 내용과 관련이 있다.
4.《說苑》卷十三 權謀篇 388[13-7]
　齊侯問於晏子曰:「當今之時, 諸侯孰危?」對曰:「莒其亡乎!」公曰:「奚故?」對曰:
「地侵於齊, 貨竭於晉, 是以亡也.」
　이는 또한《晏子春秋》卷四 內篇 問下 089[4-9]와 그 내용이 같다.

059 [3-9]　景公問于晏子曰:「治國何患?」晏子對曰:「患夫社鼠.」
公曰:「何謂也?」對曰:「夫社, 束木而塗之. 鼠因往託焉. 熏之則
恐燒其木. 灌之則恐敗其塗. 此鼠所以不可得殺者, 以社故也. 夫國
亦有社鼠, 人主左右是也. 內則蔽善惡于君上. 外則賣權重於百姓.
不誅之則爲亂. 誅之則爲人主所案據, 腹而有之. 此亦國之社鼠也.
宋人有酤酒者. 爲器甚潔清, 置表甚長, 而酒酸不售. 問之里人其故,
里人曰:『公之狗猛, 人挈器而入, 且酤公酒, 狗迎而噬之. 此酒所
以酸而不售也.』夫國亦有猛狗, 用事者是也. 有道術之士, 欲干萬
乘之主, 而用事者迎而齕之. 此亦國之猛狗也. 左右爲社鼠, 用事者
爲猛狗, 主安得無壅? 國安得無患乎?」(或作, 用事者爲猛狗, 則道術
之士, 不得用矣. 此治國之所患也.)

　　경공이 안자에게 물었다.

　「나라를 다스림에 가장 큰 근심거리는 무엇입니까?」

　이에 안자가 「근심되는 일은 바로 사당祠堂의 쥐(社鼠)이지요」라고 답하
자, 경공이 「무슨 뜻입니까?」라고 되물었다.

　이 질문에 안자는 이렇게 설명하였다.

　「무릇 사당은 나무를 얽어 묶고, 그 위에 흙을 발라 만들어져 있습니다.
쥐란 놈이 그곳에 의탁해 살고 있지요. 이 쥐를 잡아내려 불을 지르자니
그 나무가 다 탈까 두렵고, 물을 부어 쫓자니 그 흙이 무너져 내릴까 두렵
습니다. 이 쥐를 쉽게 잡아내지 못하는 것은, 그곳이 사당이기 때문이지요.

　무릇 나라에도 역시 이런 사당의 쥐 같은 자가 있습니다. 바로 임금의

좌우 신하들이지요. 이들은 안으로는 임금으로 하여금 선악善惡을 구별하지 못하도록 가로막고 있으며, 밖으로는 그 권세를 팔아 백성에게 무거운 짐이 되고 있습니다. 이들을 죽이지 않으면 혼란이 일어날 것 같고, 죽이자니 임금에게 의탁하여 마치 임금의 뱃속에 있는 경우와 같습니다. 이 역시 나라의 사서社鼠입니다.

또 송宋나라의 어떤 술 파는 사람이 술독을 대단히 깨끗이 하고, 사람들의 눈에 띄도록 간판도 길게 내걸었건만, 오래도록 술이 팔리지 않아 그만 시어져서 더 이상 팔 수가 없게 되었습니다. 그래서 그는 이웃에게 왜 술이 팔리지 않는가고 물었습니다. 그러자 그 이웃이 이렇게 일러 주더라는 것입니다.

『당신 집의 개가 너무나 사나워 우리가 그릇을 들고 술을 사러 들어서면, 오히려 개가 먼저 우리를 맞이하면서 물어 버리지요. 그래서 술이 시어지도록 팔리지 않는 것입니다.』

이처럼 나라에도 역시 그 맹구猛狗가 있습니다. 권력을 쥔 자들이지요. 능력과 기술을 가진 어떤 이가 만승의 임금을 명석하게 가르쳐 주고 싶어도, 권력을 쥔 자가 먼저 이들을 맞이하여 물어 버립니다. 이것이 곧 나라의 맹구猛狗입니다.

이렇듯 좌우 신하는 사서社鼠에 해당하고, 권력을 쥔 자는 맹구猛狗에 해당하니, 임금께서 어찌 옹폐壅蔽되지 않을 수 있겠습니까?」(혹은 권력을 쥔 자가 맹구 노릇을 하는 한 훌륭한 책략을 가진 선비가 등용을 얻지 못하게 되니, 이것이 곧 나라를 다스림에 가장 큰 근심거리입니다.) *

【사서社鼠】 사람이 함부로 손댈 수 없는 祠堂에 사는 쥐. 전하여 임금 옆에서 알랑거리는 奸臣.
【옹폐壅蔽】 윗사람의 총명을 막아서 가림.
* ( ) 속의 문장은 《四部叢刊本》 1926년 商務印書館 複印本(1989, 上海書店)을 근거로 제시한 것이다.

【참고】 1. 본 내용은 널리 알려진 것으로서 《晏子春秋》 卷三 內篇 問上 071[3-21]·080[3-30]과 그 주제가 같고, 卷七 外篇 重而異者 184[7-14]와 내용의 일부가 같다.
2. 《說苑》 卷七 政理篇 220[7-36]
齊桓公問於管仲曰:「國何患?」管仲對曰:「患夫社鼠.」桓公曰:「何謂也?」管仲對曰:「夫社束木而塗之, 鼠因往託焉, 燻之則恐燒其木, 灌之則恐敗其塗, 此鼠所以不可得殺者,以社故也. 夫國亦有社鼠, 人主左右是也; 內則蔽善惡於君上, 外則賣權重於百姓, 不誅之則爲亂, 誅之則爲人主所容據, 腹而有之, 此亦國之社鼠也. 人有酤酒者, 爲器甚潔淸, 置表甚長, 而酒酸不售, 問之里人其故, 里人云:「公之狗猛, 人挈器而入, 且酤公酒, 狗迎而噬之, 此酒所以酸不售之故也.」夫國亦有猛狗, 用事者也; 有道術之士, 欲明萬乘之主, 而用事者迎而齕之, 此亦國之猛狗也. 左右爲社鼠, 用事者爲猛狗, 則道術之士, 不得用矣, 此治國之所患也.」

3.《說苑》卷七 政理篇 221[7-37]

齊侯問於晏子曰:「爲政何患?」對曰:「患善惡之不分.」公曰:「何以察之?」對曰:「審擇左右, 左右善, 則百僚各得其所宜, 而善惡分.」孔子聞之曰:「此言也, 信矣, 善言進, 則不善無由入矣; 不善言進, 則善無由入矣.」

4.《韓非子》外儲說 右上

宋人有酤酒者, 升概甚平, 遇客甚謹, 爲酒甚美, 縣幟甚高, 然而不售, 酒酸, 怪其故, 問其所知閭長者楊倩, 倩曰:「汝狗猛耶?」曰:「狗猛則酒何故而不售?」曰:「人畏焉. 或令孺子懷錢挈壺甕而往酤, 而狗迓而齕之, 此酒所以酸而不售也.」夫國亦有狗, 有道之士, 懷其術而欲以明萬乘之主, 大臣爲猛狗, 迎而齕之, 此人主之所以蔽脅, 而有道之士所以不用也. 故桓公問管仲:「治國最奚患?」對曰:「最患社鼠矣.」公曰:「何患社鼠哉?」對曰:「君亦見夫爲社者乎? 樹木而塗之, 鼠穿其間, 掘穴託其中, 燻之則恐焚木, 灌之則恐塗阤, 此社鼠之所以不得也. 今人君之左右, 出則爲勢重而收利於民, 入則比周而蔽惡於君, 內間主之情以告外, 外內爲重, 諸臣百吏以爲富, 吏不誅則亂法, 誅之則君不安, 據而有之, 此亦國之社鼠也.」故人臣執柄而擅禁, 明爲己者必利, 而不爲己者必害, 此亦猛狗也. 夫大臣爲猛狗而齕有道之士矣, 左右又爲社鼠而間主之情, 人主不覺, 如此, 主焉得無壅, 國焉得無亡乎?

5.《韓非子》外儲說 右上

宋之酤酒者有莊氏者, 其酒常美. 或使僕往酤莊氏之酒, 其狗齕人, 使者不敢往, 乃酤佗家之酒. 問曰:「何爲不酤莊氏之酒?」對曰:「今日莊氏之酒酸.」故曰: 不殺其狗則酒酸. 桓公問管仲曰:「治國何患?」對曰:「最苦社鼠. 夫社木而塗之, 鼠因自託也. 燻之則木焚, 灌之則塗阤, 此所以苦於社鼠也. 今人君左右, 出則爲勢重以收利於民, 入則比周謾侮蔽惡以欺於君, 不誅則亂法, 誅之則人主危, 據而有之, 此亦社鼠也.」故人臣執柄擅禁, 明爲己者必利, 不爲己者必害, 亦猛狗也. 故左右爲社鼠, 用事者爲猛狗, 則術不行矣.

6.《韓詩外傳》卷七의 9

傳曰: 齊景公問晏子:「爲國何患?」晏子對曰:「患夫社鼠.」景公曰:「何謂社鼠?」晏子曰:「社鼠出竊於外, 入託於社, 灌之恐壞牆, 燻之恐燒木, 此鼠之患. 今君之左右, 出則賣君以要利, 入則託君, 不罪乎亂法, 君又并覆而育之, 此社鼠之患也.」景公曰:「嗚呼! 豈其然!」「人有市酒而甚美者, 置表甚長, 然至酒酸而不售, 問里人其故. 里人曰:『公之狗甚猛, 而人有持器而欲往者, 狗輒迎而齕之, 是以酒酸不售也.』士欲白萬乘之主, 用事者, 迎而齕之, 亦國之惡狗也. 左右者, 爲社鼠, 用事者, 爲惡狗, 此國之大患也.」詩曰:「瞻彼中林, 侯薪侯蒸.」言朝廷皆小人也.

7.《藝文類聚》卷五十二 治政部上 論政

晏子曰:「景公問治國何患?」對曰:「患社鼠, 社有鼠. 不可灌, 人君之左右. 出則賣重寒熱, 入則矯謁收利.」

8.《群書治要》에 본장의 내용이 전재되어 있다.

060 [3-10]　景公問晏子曰:「寡人意氣衰,　身病甚.　今吾欲具圭璧犧牲,　令祝宗薦之乎上帝宗廟.　意者祀可以干福乎?」晏子對曰:「嬰聞之,　古者,　先君之干福也.　政必合乎民.　行必順乎神.　節宮室,　不敢大斬伐,　以無偪山林.　節飲食,　無多畋漁,　以無偪川澤.　祝宗用事,　辭罪而不敢有所求也.　是以神民俱順,　而山川納祿.　今君政反乎民,　而行悖乎神.　大宮室,　多斬伐,　以偪山林.　羨飲食,　多畋漁,　以偪川澤.　是以神民俱怨.　而山川收祿.　司過薦罪.　而祝宗祈福.　意者逆乎!」公曰:「寡人非夫子,　無所聞此,　請革心易行.」于是廢公阜之遊.　止海食之獻.　斬伐者以時.　畋漁者有數.　居處飲食,　節之勿羨.　祝宗用事,　辭罪而不敢有所求也.　故鄰國忌之.　百姓親之.　晏子沒而後衰.

　경공이 안자에게 물었다.

　「과인은 이제 의기意氣도 쇠하고, 몸에 병도 많습니다. 지금 규벽圭璧과 희생犧牲을 갖추어, 축종祝宗으로 하여금 상제上帝와 종묘宗廟에 제사를 지내도록 하고 싶습니다. 생각건대 제사를 지내면 가히 복을 구할 수 있겠습니까?」

　그러자 안자가 이렇게 대답하였다.

　「제가 듣건대, 옛 선군先君들이 복을 구함에는 정치가 반드시 그 백성에게 맞아야 하고, 행동이 반드시 신의 뜻에 순응해야 한다고 하였습니다. 그 궁실은 절검케 하여 큰 숲을 마구 베지 않음으로써 산림이 훼손되지 않도록 하였으며, 음식을 절약하여 사냥이나 고기잡이를 마구 하지 않음으로써 천택川澤이 고갈되지 않도록 하였습니다. 축종이 제사를 지내는 것은, 죄를 용서해 달라고 비는 일이지 감히 무슨 복을 달라고 하는 것이 아닙니다. 이 까닭으로 신과 백성이 모두 순리대로 흘러 산천도 그 이익을 사람에게 제공해 주고 있는 것입니다. 그런데 임금께서는 지금 그 정치는 백성의 뜻에 반대되고, 그 행동은 신의 뜻에 어긋나게 하고 있습니다.

궁실을 크게 지으려면 많은 나무를 참벌斬伐하여야 하고, 그렇게 되면 산림이 훼손됩니다. 또 음식을 풍부하게 하려면 사냥과 고기잡이를 많이 하여야 하고, 그렇게 되면 천택川澤이 고갈되지요. 이 까닭으로 신과 백성으로부터 모두 원망을 사게 되고, 산천도 사람에게 줄 이익을 거두어가 버립니다. 사과司過는 잘못한 일을 보고해 올리는데, 도리어 축종으로 하여금 복을 빌게 한다는 것은, 생각건대 오히려 거꾸로 된 일이 아닐는지요?」

이에 경공이 이렇게 수긍하였다.

「과인은 선생이 아니었다면, 이런 내용을 듣지 못하였을 것입니다. 청컨대 마음을 바꾸고 행동을 고치도록 하겠습니다.」

그리하여 공부公阜의 놀이를 폐지하고, 산해진미의 헌상도 금지시켰다. 나무의 참벌도 때를 맞추어 제한하였고, 사냥과 고기잡이도 그 수를 조정하였다. 거처와 음식도 절약하여 탐욕을 부리지 않았으며, 축종의 임무도 죄를 빌 뿐 감히 무엇을 구하는 일이 없도록 하였다. 그러자 이웃나라는 두려워하였고, 백성들은 친부親附해 왔다. 하지만 안자가 죽은 다음에는, 그만 이렇듯 좋은 풍조도 쇠하고 말았다.

【규벽圭璧】珪璧. 玉器로 제사에 쓰인다.
【희생犧牲】天地·宗廟에 祭物로 쓰는 짐승, 곧 山羊이나 소 혹은 돼지.
【축종祝宗】楊伯峻은 『疑是祝史之長』이라 하였다. 제사 때 기도의 업무를 맡은 祝史라는 관직의 首長으로 여겨진다.
【참벌斬伐】산에서 나무를 찍어냄. 斫伐.
【사과司過】官名. 內史職.
【공부公阜】地名.

【참고】《群書治要》에 본장의 내용이 전재되어 있다.

061 [3-11] 景公問晏子曰:「古之盛君, 其行如何?」晏子對曰:「薄于身而厚于民. 約于身而廣于世. 其處上也, 足以明政行教. 不以威天下. 其取財也, 權有無, 均貧富. 不以養嗜欲. 誅不避貴. 賞不遺賤. 不淫于樂. 不遁于哀. 盡智導民, 而不伐焉. 勞力事民, 而不責焉. 政尙相利. 故下不以相害爲行. 教尙相愛. 故民不以相惡爲名.

刑罰中于法. 廢置順于民. 是以賢者處上而不華. 不肖者處下而不怨. 四海之內, 社稷之中, 粒食之民, 一意同欲, 若夫私家之政. 生有厚利, 死有遺敎. 此盛君之行也. 臣聞問道者更正, 聞道者更容. 今君稅斂重, 故民心離. 市買悖, 故商旅絶. 玩好充, 故家貨殫. 積邪在于上. 蓄怨藏于民. 嗜欲備于側. 毁非滿于國. 而公不圖.」公曰:「善!」于是令玩好不御. 公市不豫. 宮室不飾. 業土不成. 止役輕稅. 上下行之. 而百姓相親.

경공이 안자에게 물었다.
「옛 성군盛君의 행동은 어떠하였습니까?」
그러자 안자가 이렇게 대답하였다.
「자신에게는 박하게, 백성에게는 후하게 하였지요. 또 자신은 절약하고, 세상에는 널리 베풀었습니다. 윗자리에 처함에는 정치를 밝게 하고 교화를 실행하는 것으로 족하되, 천하에 위세를 떨치는 데는 목적을 두지 않았습니다. 또 재물을 취함에도 있고 없음의 균형을 생각하였고, 빈부간을 고르게 하였으며, 기호나 욕심을 누리려 하지도 않았습니다.

벌을 내릴 때에는 귀한 이라고 해서 피하게 해주거나, 상을 내릴 때에도 천한 이라고 해서 빠뜨리는 일이 없었습니다. 음악에 빠지지 않았으며, 슬픈 일을 외면하려고도 하지 않았습니다. 지혜를 다하여 백성을 인도하되 자랑하지 아니하였으며, 힘을 다하여 백성을 섬기되 질책하지 아니하였습니다. 정치는 서로가 이익되는 쪽을 숭상하였기 때문에 아랫사람들은 서로 해를 끼치는 행동을 하지 않았고, 교화는 서로 사랑하는 것을 중히 여겼기 때문에 백성은 서로를 미워하는 말을 하지 않았던 것입니다. 형벌은 법에 맞추었고, 무슨 일의 설치와 폐지도 백성의 뜻에 따랐습니다.

이러한 까닭으로 어진 이는 윗자리에 있어도 뽐내지 않았고, 불초한 자는 아래에 있어도 원망함이 없었습니다. 온 천하와 사직社稷 내의 모든 사람, 곡식을 먹는 모든 백성이 한뜻으로 같은 일을 도모하여 마치 사사로운 집안일을 처리하듯이 쉬웠습니다. 살아서는 백성들의 이익을 두텁게 하고 죽어서는 그 가르침을 남겼으니, 이것이 바로 성군盛君의 행동이었습니다.

제가 듣건대 도를 묻는 자는 바른 길로 고쳐 나가고, 도를 들은 자는 얼굴을 고친다고 하였습니다. 임금께서는 지금 세금을 무겁게 거두어들이고 있습니다. 그 때문에 민심이 이반되고 있습니다. 또 시장의 질서가 얼크러져 있습니다. 그 때문에 장사꾼들이 발길을 끊었습니다. 그리고 즐기고 노는 것만 가득 차 백성들 가정의 재물이 탕진되고 말았습니다. 사악함은 쌓여서 윗사람들에게 가득 차 있고, 원망은 쌓여서 백성들의 가슴속에 응어리지고 있습니다. 곁에는 좋아하는 것을 갖추어 놓도록 하면서, 훼방과 비난이 나라안에 가득 차 있는데도 임금께서는 아무런 조치도 취하지 않고 있습니다.」

이에 경공이 「좋습니다!」 하고는 놀이에 손을 대지 않았고, 시장의 질서도 공정히 하여 미리 사재기를 하지도 않았다. 그리고 궁실도 장식하지 않았고, 토목공사도 그만두었으며, 노역을 그치고 세금도 가벼이 하였다. 위 아래가 모두 이렇게 하자, 백성들이 서로 친부親附해 왔다.

【성군盛君】 盛德之君. 德이 성대한 君主.

【참고】《群書治要》에 본장의 내용이 전재되어 있다.

062 [3-12] 景公問晏子曰:「謀必得, 事必成, 有術乎?」晏子對曰: 「有!」公曰:「其術如何?」晏子曰:「謀度于義者必得. 事因于民者 必成.」公曰:「奚謂也?」對曰:「其謀也, 左右無所繫. 上下無所縻. 其聲不悖. 其實不逆. 謀于上不違天. 謀于下不違民. 以此謀者, 必 得矣. 事大則利厚, 事小則利薄. 稱事之小大. 權利之輕重. 國有義 勞. 民有加利. 以此擧事者, 必成矣. 夫逃義而謀, 雖成不安. 傲民 擧事, 雖成不榮. 故臣聞義, 謀之法也. 民事之本也. 故反義而謀, 倍民而動, 未聞存者也. 昔三代之興也. 謀必度于義. 事必因于民. 及其衰也, 建謀反義. 興事傷民. 故度義因民, 謀事之術也.」公曰: 「寡人不敏. 聞善不行. 其危如何?」對曰:「上君全善. 其次出入焉. 其次結邪而羞問. 全善之君. 能制出入之君. 時問之君. 雖曰危, 尚 可以沒身. 羞問之君, 不能保其身. 今君雖危, 尚可沒其身也.」

경공이 안자에게 물었다.

「도모한 것은 반드시 얻고, 일을 벌이면 틀림없이 성공하는 것, 여기에 어떤 술術이라도 있습니까?」

「있습니다.」

안자의 이 대답에, 경공이 「그 술이란 어떤 것입니까?」라고 되물었다.

안자는 「의義에 근본을 둔 계획은 반드시 얻는 것이 있고, 백성에 근본을 둔 일은 반드시 성공하게 됩니다」라고 답하였다.

이에 경공이 「무엇을 말하는 것입니까?」라고 묻자, 안자가 이렇게 설명하였다.

「어떤 일을 도모할 때 좌우에 얽매이지 않고 상하에 구애받지 않으며, 패덕하다는 평가를 받지 않고 그 결과 또한 패역한 것이 아니며, 높이 보고 도모하되 천리天理에 위배되지 아니하며, 낮은 이를 염두에 두고 도모하되 백성에게 위배되지 않는 것, 이러한 일을 꾀하는 자는 반드시 얻게 됩니다. 그런가 하면 큰 것을 섬기면 이익이 많고 작은 것을 섬길 때는 그에 맞게 줄이며, 일의 대소에 맞추고 이익의 경중에 형평을 이루게 하며, 나라에 명분이 분명한 의로운 노역이 있고, 백성에게는 그 결과로 돌아가는 이익이 있는 것, 이런 일을 추진하는 경우에는 반드시 성취가 있습니다.

무릇 의義와는 거리가 먼 도모는 비록 성취가 있다 해도 안전하지 못하며, 백성을 얕잡아보고 하는 사업은 비록 성취가 있다 해도 영광스러운 것이 아닙니다. 따라서 제가 듣건대 의義는 모책의 법이며, 백성이 받드는 근본이라 하였습니다. 그 때문에 의에 위배되는 모책을 짜거나, 백성을 등지는 일을 하고도 그대로 존속된 것이 있다는 말은 들어보지 못하였습니다. 옛날 삼대三代가 흥할 때에 모책은 반드시 의를 헤아려서 세웠으며, 사업은 반드시 백성을 근본으로 한 것이었습니다. 그러나 그들이 쇠퇴할 때에 모책은 의에 상반되게 세워졌고, 일으키는 일들은 백성을 상하게 하였습니다. 그렇게 보면 의를 생각하고 백성의 뜻을 따르는 것이, 바로 일을 도모하는 술術입니다.」

그러자 경공이 이렇게 수긍하였다.

「과인이 민첩하지 못하여, 선善을 듣고도 이를 실행하지 못하고 있습니다. 이런 경우의 위험은 어떤 것입니까?」

안자는 이렇게 설명하였다.

「상급上級의 임금은 모든 것이 훌륭하지요. 그 다음 등급의 임금이라면 약간의 출입이 있고, 또 그 다음이라면 사악함에 얽매여 묻는 것조차 부끄러워합니다. 모든 것이 훌륭한 임금은 출입이 있는 정도의 임금을 제압할 수 있고, 수시로 묻는 임금은 비록 위험하나 오히려 가히 명대로 살 수는 있습니다. 그러나 묻기를 부끄러워하는 임금은 제 몸 하나 보존할 수 없습니다. 지금 임금께서는 비록 위험하다고 하나 오히려 명대로 살 수는 있습니다.」

【천리天理】 하늘의 도리.
【상급上級】 본문에서처럼 上級·中級·下級의 단계로 나누어져 있다.

【참고】《群書治要》에 본장의 내용이 전재되어 있다.

063 [3-13]　景公問晏子曰:「蒞國治民, 善爲國家者, 何如?」晏子對曰:「擧賢以臨國, 官能以救民, 則其道也. 擧賢官能, 則民與君矣.」公曰:「雖有賢能, 吾庸知乎?」晏子對曰:「賢而隱, 庸爲賢乎? 吾君亦不務乎是. 故不知也.」公曰:「請問求賢.」對曰:「觀之以其游. 說之以其行. 無以靡曼辯辭定其行. 無以毀譽非議定其身. 如此, 則不爲行以揚聲. 不掩欲以榮君. 故通則視其所擧. 窮則視其所不爲. 富則視其所分. 貧則視其所不取. 夫上士, 難進而易退也. 其次, 易進而易退也. 其下, 易進而難退也. 以此數物者取人, 其可乎!」

경공이 안자에게 물었다.

「군주의 자리에 나아가 백성을 다스림에 있어서, 그 나라를 잘 다스리는 자는 어떤 경우입니까?」

그러자 안자가 이렇게 설명하였다.

「어진 이를 거용하여 나라를 맡기고, 능한 이를 관직에 앉혀 백성을 다스리되 그 옳은 도를 법칙으로 삼는 것입니다. 어진 이를 거용하고 능한 이를 관직에 앉히면, 백성들이 임금을 가까이하게 되지요.」

이에 경공이 다시 물었다.

「비록 어질고 능력 있는 자가 있다 할지라도, 내 어찌 그를 구별해 낼 수 있겠습니까?」

안자는 이렇게 대답하였다.

「어질면서 숨겨져 있다면 어찌 어질다고 하겠습니까? 임금 역시 이를 찾아내려고 힘쓰지 않기 때문에 알아내지 못하는 것입니다.」

「그러면 어진 이를 구하는 방법을 묻습니다.」

이 말에 안자는 이렇게 설명하였다.

「그가 어떤 이와 사귀는가를 보고, 그가 어떤 행동을 하는가를 말로 들어보되, 화려하게 말 잘하는 것으로써 그의 행동을 단정하지 말 것이며, 훼방이나 칭찬·비방의 말을 듣고 그의 거취를 결정하는 일이 없도록 하십시오. 이와 같이 한다면 자기의 행동을 떠벌리고 다니는 자가 없게 되며, 자기 자신을 엄폐하면서 임금을 거짓으로 영광스럽게 하려 드는 자도 없어질 것입니다. 그러므로 통달한즉 그의 잘하는 바를 보고, 궁하였을 때라도 그가 하지 않는 것을 살피며, 그가 부유하였을 때에는 어떻게 나누어 주는가를 살피고, 그가 가난하였을 때라도 취하지 않는 것이 무엇인가를 지켜보는 것입니다.

무릇 상급의 선비란 나아가기는 어렵게 여기지만 물러서는 것은 쉽게 여기고, 그 다음의 선비는 나아가기도 쉽게 하고 물러서기도 쉽게 합니다. 가장 낮은 선비는 나아가기를 잘하나 물러서라면 어렵게 여기는 것입니다. 이상 몇 가지 사실로써 사람을 취하여 쓰면 될 것입니다!」

【참고】 1. 《群書治要》에 본장의 내용이 전재되어 있다.
2. 下段의 내용은, 다른 기록에는 李克의 말로 실려 있다.
3. 《說苑》卷二 臣術篇 051[2-5]
　　魏文侯且置相, 召李克而問焉, 曰:「寡人將置相, 置於季成子與翟觸, 我孰置而可?」李克曰:「臣聞之, 賤不謀貴, 外不謀內, 疎不謀親, 臣者疎賤, 不敢聞命.」文侯曰:「此國事也, 願與先生臨事而勿辭.」李克曰:「君不察故也, 可知矣, 貴視其所擧, 富視其所與, 貧視其所不取, 窮視其所不爲, 由此觀之, 可知矣.」文侯曰:「先生出矣, 寡人之相定矣.」李克出, 過翟黃. 翟黃問曰:「吾聞君問相於先生, 未知果孰爲相?」李克曰:「季成子爲相.」翟黃作色不說曰:「觸失望於先生.」李克曰:「子何遽失望於我, 我於子之君也, 豈與我比周而求大官哉? 君問相於我, 臣對曰:『君不察故也, 貴視其所擧, 富視其所與, 貧視其所不取, 窮視其所不爲, 由此觀之, 可知也.』君曰:『出矣, 寡人之相定矣.』以是知季成子爲相.」

翟黃不說曰：「觸何遽不爲相乎？ 西河之守，觸所任也；計事內史，觸所任也；王欲攻中山，
吾進樂羊；無使治之臣，吾進先生；無使傅其子，吾進屈侯鮒．觸何負於季成子？」李克曰：
「不如季成子，季成子食采千鍾，什九居外一居中；是以東得卜子夏，田子方，段干木，彼其
所舉，人主之師也，子之所舉，人臣之才也．」翟黃逌然而慚曰：「觸失對於先生，請自修，然
後學．」言未卒，而左右言季成子立爲相矣，於是翟黃默然變色內慚，不敢出三月也．

4.《呂氏春秋》舉難

　　魏文侯弟曰季成，友曰翟璜，文侯欲相之而未能決，以問李克．李克對曰：「君欲置相，則
問樂騰與王孫苟端孰賢．」文侯曰：「善．」以王孫苟端爲不肖，翟璜進之；以樂騰爲賢，季成
進之，故相季成．

5.《呂氏春秋》論人

　　凡論人，通則觀其所禮，貴則觀其所進，富則觀其所養，聽則觀其所行，止則觀其所好，
習則觀其所言，窮則觀其所不受，賤則觀其所不爲．

6.《韓詩外傳》卷三의 6

　　魏文侯欲置相，召李克問曰：「寡人欲置相，非翟黃則魏成子，願卜之於先生．」李克避席
而辭曰：「臣聞之：『卑不謀尊，疏不間親．』臣外居者也．不敢當命．」文侯曰：「先生臨事勿
讓．」李克曰：「夫觀士也，居則視其所親，富則視其所與，達則視其所舉，窮則視其所不爲，
貧則視其所不取．此五者足以觀矣．」文侯曰：「請先生就舍，寡人之相定矣．」李克出，遇翟
黃，曰：「今日聞君召先生而卜相，果誰爲之？」李克曰：「魏成子爲之．」翟黃勃然作色，曰：
「吾何負於魏成子！西河之守，吾所進也；君以鄴爲憂，吾進西門豹；君欲伐中山，吾進樂
羊；中山既拔，無守之者，吾進先生；君欲置太子傅，吾進趙蒼唐．皆有成功就事，吾何負
於魏成子！」克曰：「子之言克於子之君也，豈比周以求大官哉？君問置相，『非成則黃，二
子何如？』臣對曰：『君不察故也．居則視其所親，富則視其所與，達則視其所舉，窮則視其
所不爲，貧則視其所不取．五者以定矣，何待克哉？』是以知魏成子爲相也．且子焉得與魏
成子比？魏成子食祿日千鍾，什一在內，以聘約天下之士，是以得卜子夏，田子方，段干木，
此三人，君皆師友之，子之所進皆臣之，子焉得與魏成子比乎？」翟黃逡巡再拜曰：「鄙人固
陋，失對於夫子．」詩曰：『明昭有周，式序在位．』

7.《淮南子》氾論과《文子》上義

　　故論人之道，貴則觀其所舉，富則觀其所施，窮則觀其所不受，賤則觀其所不爲，貧則觀
其所不取．

8.《史記》魏世家

　　魏文侯謂李克曰：「先生嘗敎寡人曰：『家貧則思良妻，國亂則思良相．』今所置非成則璜，
二子何如？」李克對曰：「臣聞之，卑不謀尊，疏不謀戚，臣在闕門之外，不敢當命．」文侯
曰：「先生臨事勿讓．」李克曰：「君不察故也，居視其所親，富視其所與，達視其所舉，窮視
其所不爲，貧視其所不取，五者足以定之矣，何待克哉？」文侯曰：「先生就舍，寡人之相定
矣．」李克趨而出，過翟璜之家，翟璜曰：「今者聞君召先生而卜相，果誰爲之？」李克曰：
「魏成子爲相矣．」翟璜忿然作色曰：「以耳目之所覩記，臣何負於魏成子？西河之守，臣之
所進也，君內以鄴爲憂，臣進西門豹；君謀欲伐中山，臣進樂羊；中山已拔，無使守之，臣
進先生；君之子無傅，臣進屈侯鮒，臣何以負於魏成子？」李克曰：「且子之言克於子之君
者，豈將比周以求大官哉？君問而置相，『非成則璜，二子何如？』克對曰：『君不察故也，居
視其所親，富視其所與，達視其所舉，窮視其所不爲，貧視其所不取，五者足以定之矣 何待

克哉?」是以知魏成子之爲相也. 且子安得與魏成子比乎? 魏成子以食祿千鍾, 什九在外, 什一在內, 是以東得卜子夏·田子方·段干木, 此三人者, 君皆師之. 子之所進五人者, 君皆臣之, 子惡得與魏成子比也?」翟璜逡巡再拜曰:「璜, 鄙人也, 失對, 願卒爲弟子.」

9.《新序》卷四 雜事의 4

魏文侯弟曰季成, 友曰翟黃. 文侯欲相之而未能決, 以問李克, 克對曰:「君若置相, 則問樂商與王孫苟端孰賢?」文侯曰:「善.」以王孫苟端爲不肖, 翟黃進之. 樂商爲賢, 季成進之. 故相季成.

10.《十八史略》卷一

文侯謂李克曰:「先生嘗敎寡人. 家貧思良妻. 國亂思良相. 今所相. 非魏成則翟璜. 二子何如?」克曰:「居視其所親, 富視其所與, 達視其所擧, 窮視其所不爲, 貧視其所不取, 五者足以定之矣.」子夏·田子方·段干木, 成所擧也. 乃相成.

064 [3-14]　景公問晏子曰:「爲君身尊民安. 爲臣事治身榮. 難乎? 易乎?」晏子對曰:「易!」公曰:「何若?」對曰:「爲君節養其餘以顧民. 則身尊而民安. 爲臣忠信而無踰職業. 則事治而身榮.」公又問:「爲君何行則危, 爲臣何行則廢?」晏子對曰:「爲君厚藉斂而託之爲民. 進讒諛而託之用賢. 遠公正而託之不順. 君行此三者則危. 爲臣比周以求進. 踰職業防下隱利而求多. 從君不陳過而求親. 人臣行此三者則廢. 故明君不以邪觀民. 守則而不虧. 立法儀而不犯. 苟有所求于民. 不以身害之. 是故刑政安于下. 民心固于上. 故察士不比周而進. 不爲苟而求. 言無陰陽. 行無內外. 順則進. 否則退. 不與上行邪. 是以進不失廉. 退不失行也.」

　경공이 안자에게 물었다.
「임금이 되어 자신은 존귀해지고 백성은 안정을 얻으며, 신하가 되어 일도 잘하고 자신도 영화롭게 되는 것이 어려운 일입니까, 아니면 쉬운 일입니까?」
　그러자 안자가 「쉬운 일이지요!」라고 답하였다.
　이에 경공이 다시 「어떻게 그렇습니까?」라고 묻자, 안자가 이렇게 대답하였다.
　「임금이 되어 친히 절약하여 검소한 생활을 하면서 나머지는 백성을 돌아본다면, 자신은 존귀해지고 백성은 안정을 얻을 수 있지요. 또 신하가 되어 충성과 신의를 다하면서 자신의 직무와 업무를 넘어서지 않는다면, 일도 잘 되고 자신도 영예를 얻게 되는 것이지요.」

그러자 경공이 다시 물었다.

「임금이 되어 어떤 행동을 하면 위험에 처하게 되고, 신하가 되어 어떤 행동을 하면 폐멸廢滅시켜야 합니까?」

이 질문에 안자는 이렇게 설명하였다.

「임금된 자로서 거두기는 두터이 하면서 백성을 위해서라는 핑계를 대고, 아첨의 무리를 들어 쓰면서 어진 이를 등용시킨다는 핑계를 대며, 공정한 이를 멀리하면서 순응하지 않는 자들이기 때문이라 핑계를 대는 것, 이 세 가지 행동을 하는 임금은 위험에 처하게 됩니다.

또 신하된 자로서 서로 어울려* 벼슬이나 구하고, 자기 업무를 월권하여 아랫사람을 막아서 이익은 감추고 구하는 것은 많으며, 임금을 따르되 잘못은 진언하지 않고 친하게 여겨 주기만을 구하는 것, 이 세 가지 행동을 하는 자는 곧 폐멸廢滅시켜야 합니다.

따라서 명철한 임금은 사악한 눈으로 백성을 보지 않으며, 법칙을 지키되 허물어뜨리지 않고, 법의法儀를 세우되 침범하지 않습니다. 진실로 있어야 할 바를 백성에게 구하되, 자신을 위해 이를 해치지 않습니다. 이 까닭으로 정치와 형벌은 아랫사람이 편안히 느끼도록 하고, 백성의 마음은 임금의 자리를 굳게 해주는 것입니다.

따라서 선비를 관찰하되 무리지어 그 힘으로 벼슬하는 일이 없도록 하며, 구차스럽게 구하는 자도 써서는 안 됩니다. 말은 숨기거나 드러내는 것이 없고, 행동은 겉과 속이 다르지 않으며, 순리에 마땅하면 나아가고 그렇지 않으면 물러서며, 윗사람이 사악한 행동의 참여를 요구할 때라도 이에 응하지 않아야 합니다. 이 까닭으로 나아가도 청렴을 잃지 않고, 물러서도 행동을 그르치지 않게 되는 것입니다.」*

* 원문의 「比周」는 서로 作黨하여 이익을 구하는 것을 뜻한다. 《論語》에 『君子, 周而不比, 小人, 比而不周』라 하였다.

* 《晏子春秋》卷四 內篇 問下 098[4-18]에 『進不失忠, 退不失行』이라 하였다.

065 [3-15] 景公問晏子曰:「寡人持不仁, 其無義耳也. 不然. 北面
與夫子而義.」晏子對曰:「嬰, 人臣也. 公曷爲出若言?」公曰:「請
終問天下之所以存亡?」晏子曰:「縵密不能, 麤苴不學者詘. 身無
以用人, 而又不爲人用者卑. 善人不能戚, 惡人不能疏者危. 交游朋
友, 無以說于人, 又不能說人者窮. 事君要利, 大者不得, 小者不爲
者餒. 修道立義, 大不能專, 小不能附者滅. 此足以觀存亡矣.」

경공이 안자에게 물었다.

「과인이 어질지 못하여 의논할 거리가 없을 따름입니다. 그렇지 않다면
차라리 북면北面하여, 신하의 입장이 되어서 선생과 더불어 의논하는 것이
낫겠습니다.」

이 말에 안자가 이렇게 대답하였다.

「저는 신하의 신분입니다. 임금께서는 어찌하여 그런 말을 입 밖에 내시
는 것입니까?」

그러자 경공이 다시 물었다.

굳이 묻건대, 천하 존망의 소이所以는 어디에 있습니까?」

이에 안자가 이렇게 설명하였다.

「만밀縵密하나 능력이 없으며, 거칠기만 하면서 배움이 없는 자는 비굴
하게 됩니다. 또 자신이 남을 쓰지 못하면서, 남을 위해 쓸모도 없는 자는
비천하게 됩니다. 남에게 잘하면서도 친하지는 못하고, 남을 미워하면서도
능히 멀리하지 못하는 자는 위험에 처하게 됩니다. 그런가 하면 친구를 사
귐에 남으로부터 기쁨을 받지도 못하고, 남을 즐겁게 해주지도 못하는 자
는 궁벽해지고 맙니다. 또 임금을 섬기되 이익에 눈이 어두우면 큰 것을 얻
지 못하고, 작게는 아무것도 하지 못하고 굶주리게 되지요. 도를 닦고 의를
세우되 크게는 전념하지 못하고, 작게는 어디에 집착하지 못하는 자는 파멸
하고 맙니다. 이상의 몇 가지는 존망을 관찰하기에 충분한 기준들입니다.」

【북면北面】임금은 南面하여 앉으므로 신하로서 임금을 섬김을 이르는 말.
【소이所以】이유, 까닭.
【만밀縵密】綿密과 같다. 쌍성어.

【참고】1.《晏子春秋》卷七 外篇 重而異者 187[7-17]과 내용이 흡사하다.

2.《晏子春秋》卷四 內篇 問下 091[4-11]과 관련이 있다.

066 [3-16]　景公問晏子曰:「君子常行曷若?」晏子對曰:「衣冠不中, 不敢以入朝. 所言不義, 不敢以要君. 身行不順, 治事不公, 不敢以蒞衆. 衣冠無不中, 故朝無奇僻之服. 所言無不義, 故下無僞上之報. 身行順, 治事公, 故國無阿黨之義. 三者, 君子之常行也.」

경공이 안자에게 물었다.

「군자의 떳떳한 행동이란 어떤 것입니까?」

안자는 이렇게 대답하였다.

「의관衣冠이 바르지 않으면 감히 조정에 들어오지 아니하고, 말하는 바가 의롭지 못하면 감히 임금에게 요구하지 아니하며, 몸가짐과 행동이 불순하거나 일을 처리함이 공정하지 못하면 감히 대중 앞에 나서지 아니하는 것입니다. 의관이 발라야 조정에 기벽奇僻한 복장이 없고, 하는 말이 모두 의에 합당하여야 아랫사람이 윗사람에게 거짓 보고를 하지 않습니다. 또 몸가짐과 행동이 순리에 맞고, 일의 처리가 공정하여야 나라에 아첨과 당파의 그릇된 의義가 사라지는 것입니다. 이상 세 가지가 바로 군자의 떳떳한 행동입니다.」

【기벽奇僻】奇怪하고 편벽됨을 뜻한다.

【참고】《群書治要》에 본장의 내용이 전재되어 있다.

067 [3-17]　景公問晏子曰:「賢君之治國, 若何?」晏子對曰:「其政任賢. 其行愛民. 其取下節. 其自養儉. 在上不犯下. 在治不傲窮. 從邪害民者有罪. 進善舉過者有賞. 其政刻上而饒下. 赦過而救窮. 不因喜以加賞. 不因怒以加罰. 不從欲以勞民. 不修怒而危國. 上無驕行. 下無諂德. 上無私義. 下無竊權. 上無朽蠹之藏. 下無凍餒之民. 不事驕行而尚同. 其民安樂而尚親. 賢君之治國, 若此.」

경공이 안자에게 물었다.

「어진 임금의 나라 다스림은 어떠하여야 합니까?」

안자는 이렇게 대답하였다.

「그 정치는 어진 이를 임용하고, 그 행동은 백성을 사랑하는 데 있으며, 그 취함은 아래를 절약케 하고, 그 스스로를 보양保養하는 데는 검소히 하여야 합니다. 윗자리에 있으면서 아래를 침범하지 아니하고, 치자治者의 위치에서는 궁한 자에게 오만히 굴지 않아야 합니다. 사악한 것으로 백성에게 해를 입히는 자에게는 죄를 내리고, 어진 이를 나아오게 하고 임금의 잘못을 들어내어 주는 자에게는 상을 내립니다. 그 정치는 윗사람에게는 각박하게 하되 아랫사람에게는 풍요롭게 하여, 허물을 용서하고 가난한 이를 구제하여야 합니다. 즐겁다고 해서 마음 내키는 대로 상을 내리고, 화가 났다고 해서 마구 벌을 내리는 일은 없어야 하며, 자기 욕심대로 하기 위해 백성에게 노역勞役을 시키지 아니하고, 화를 풀기 위해 나라를 위태롭게 하는 일도 없어야 합니다.

위로는 교만한 행동이 없고, 아래로는 참언을 덕으로 여기지 아니하며, 위로는 사사로운 의를 인정하지 않고, 아래로는 권세를 악용하는 일이 없어야 합니다. 또 위로는 좀이 쏠도록 지나치게 저장함이 없어야 하고,* 아래로는 굶어죽는 백성이 없어야 합니다. 교만한 행동으로 서로 동류의식을 느끼는 일을 짓지 말 것이며, 그 백성들이 즐거움 속에 서로 친함을 존중토록 하여야 합니다. 어진 임금의 나라 다스림은 바로 이와 같은 것입니다.」

【보양保養】 보호하여 길러 주다.
* 원문의 『上無朽蠹之藏』은 『윗사람으로서 물건을 쌓아두기만 하여 좀이 쏠도록 하는 일이 없도록 하다』의 뜻.

068 [3-18] 景公問晏子曰:「明王之教民, 何若?」晏子對曰:「明其教令. 而先之以行義. 養民不苛. 而防之以刑辟. 所求于下者, 必務于上. 所禁于民者, 不行于身. 守于民財, 無虧之以利. 立于儀法, 不犯之以邪. 苟所求于民, 不以身害之. 故下從其教也. 稱事以任民.

中聽以禁邪. 不窮之以勞. 不害之以罰. 苟所禁于民, 不以事逆之. 故下不敢犯其上也. 古者, 百里而異習, 千里而殊俗. 故明王修道, 一民同俗. 上以愛民爲法. 下以相親爲義. 是以天下不相違. 此明王之敎民也.」

경공이 안자에게 물었다.

「명철한 임금의 백성에 대한 교화는 어떠하여야 합니까?」

안자는 이렇게 대답하였다.

「그 교화와 명령이 뚜렷하되 먼저 의義를 행하는 일로 시작하고, 백성을 길러 가혹함이 없도록 하되 형벌과 법으로 이를 방지하여야 합니다. 아랫사람에게 구하는 바가 있으면 반드시 윗사람이 본을 보여 힘쓰게 하고, 아랫사람에게 금지시킬 것이 있으면 윗사람도 스스로 그런 행동을 하지 말아야 합니다. 백성의 재물을 그들 손에서 지켜 주되, 이롭다는 이유로 허물어뜨려서는 안 됩니다. 의표儀表로써 법을 세우고, 사악함으로 법을 침범해서도 안 됩니다. 진실로 백성에게 요구할 것이 있으면, 자신이 이를 해롭게 하는 일이 없어야 합니다. 그래야 아랫사람들이 이를 따라 교화되는 것입니다.

백성에게 알맞은 일을 맡기고, 사악을 금하는 말을 바르게 듣고, 노고를 궁한 데까지 몰고 가지 않으며, 처벌로 해를 입히는 일이 없도록 하여야 합니다. 진실로 백성에게 금하는 바가 있으면, 그 일을 거스르는 행동부터 없어야 합니다. 그래야 아랫사람이 감히 윗사람을 범하지 못하게 되는 것입니다.

옛날에는 1백 리만 떨어져도 그 관습이 다르고, 1천 리가 떨어지면 그 풍속이 달랐습니다. 그래서 명철한 임금이 수양함에는 백성을 하나로, 풍속을 같게 하되 윗사람은 백성을 사랑한다는 대원칙을 세웠고, 아랫사람은 서로 친히 사는 것을 본뜻으로 삼았습니다. 이 까닭으로 천하가 서로 위배되지 않았으니, 이것이 곧 명철한 임금의 백성에 대한 교화방법입니다.」

【참고】 1. 張氏本에는 이렇게 注를 달고 있다.
舊作此明王敎民之理也, 王云, 本作此明王之敎民也. 上章賢君之治國若此. 正對賢君治國若何之問. 本章此明王之敎民也, 亦正對明王敎民何若之問. 今本作此明王敎民之理也, 詞意庸劣, 乃後人所改. 羣書治要, 正作此明王之敎民也. 純一今據改.
2. 《群書治要》에 본장의 내용이 전재되어 있다.

069 [3-19] 景公問于晏子曰:「忠臣之事君, 何若?」晏子對曰:「有
難不死. 出亡不送.」公不說曰:「君裂地而封之. 疏爵而貴之. 君有
難不死. 出亡不送. 其說何也?」對曰:「言而見用. 終身無難. 臣奚
死焉? 謀而見從, 終身不亡. 臣奚送焉? 若言不見用, 有難而死之,
是妄死也. 謀而不見從, 出亡而送之, 是詐僞也. 故忠臣也者, 能納
善于君. 不能與君陷于難.」

경공이 안자에게 물었다.
「충신의 임금 섬김은 어떠하여야 합니까?」
안자는 이렇게 대답하였다.
「임금이 난을 당하여도 따라 죽지 않으며, 쫓겨 도망 갈 때라도 전송하
지 않는 것이지요.」
이에 경공이 불쾌한 빛으로 이렇게 물었다.
「임금이 땅을 나누어 봉해 주고 작위를 나누어 귀하게 해주었는데, 그
임금이 난을 당하여도 따라 죽지 아니하고, 쫓겨 도망 갈 때라도 전송하지
않아야 한다니, 그 말이 무슨 뜻입니까?」
그러자 안자가 이렇게 설명하였다.
「좋은 의견을 내놓아 그 의견이 채택되었다면 종신토록 난을 당할 일이
없을 터이니, 그 신하로서 어찌 죽을 일이 있겠습니까? 또 모책을 내놓았
을 때 그것이 채택되었다면 종신토록 도망 갈 일이 없을 터이니, 그런 신
하에게 무슨 전송할 경우가 생기겠습니까? 만약 의견을 내놓았는데도 채택
되지않았다가 난이 생겨 따라 죽는다면, 그런 죽음은 허망한 것일 뿐입니
다. 또 모책을 내놓았는데도 채택되지 않았다가 도망 갈 수밖에 없을 때
이를 전송한다면, 이는 거짓으로 섬긴 셈이 됩니다. 그러므로 충신이라고
하는 것은, 능히 임금이 좋은 말을 들을 수 있도록 해주는 자이지 그 임금
과 함께 스스로를 위난危難에 빠지게 하는 자가 아닙니다.」

【참고】 1.《說苑》卷二 臣術篇 058[2-12]

　　齊侯問於晏子曰：「忠臣之事其君, 何若?」對曰：「有難不死, 出亡不送.」君曰：「裂地而封之, 疏爵而貴之; 吾有難不死, 出亡不送, 可謂忠乎?」對曰：「言而見用, 終身無難, 臣何死焉? 謀而見從, 終身不亡, 臣何送焉? 若言不見用, 有難而死之, 是妄死也; 諫而不見從, 出亡而送, 是詐爲也. 故忠臣者, 能納善於君, 而不能與君陷難者也.」

2.《新序》卷四 雜事의 20

　　齊侯問於晏子曰：「忠臣之事君, 何若?」對曰：「有難不死, 出亡不送.」君曰：「列地而與之, 疏爵而貴之, 君有難不死, 出亡不送, 可謂忠乎?」對曰：「言而見用, 終身無難, 臣奚死焉? 諫而見從, 終身不亡, 臣奚送焉? 若言不見用, 有難而死, 是妄死也; 諫不見從, 出亡而送, 是詐爲也. 故忠臣也者, 能盡善與君, 而不能陷於難.」

3.《論衡》定賢篇

　　齊詹問於晏子曰：「忠臣之事其君也, 若何?」對曰：「有難不死, 出亡不送.」詹曰：「列地而予之, 疎爵而貴之, 君有難不死, 出亡不送, 可謂忠乎?」對曰：「言而見用, 臣奚死焉? 諫而見從, 終身不亡, 臣奚送焉? 若言不見用, 有難而死, 是妄死也; 諫而不見從, 出亡而送, 是詐僞也. 故忠臣者, 能盡善於君, 不能與陷於難.」

070 [3-20]　景公問晏子曰：「忠臣之行, 何如?」對曰：「不掩君過, 諫乎前不華乎外. 選賢進能, 不私乎內. 稱身就位. 計能受祿. 睹賢不居其上. 受祿不過其量. 不權居以爲行. 不稱位以爲忠. 不揜賢以隱長. 不刻下以諛上. 君在不事太子. 國危不交諸侯. 順則進, 否則退. 不與君行邪也.」

　　경공이 안자에게 물었다.

　　「충신의 행동은 어떠합니까?」

　　안자는 이렇게 대답하였다.

　　「임금의 허물을 덮어두지 않고 그 앞에서 간諫하되, 밖으로는 떠들고 다니지 않습니다. 어진 이와 능력 있는 자를 뽑아들이되 사사로이 자기 편으로 하지 않으며, 그 신분에 맞는 직위에 나아가고, 그 능력을 헤아려 녹을 받습니다. 어진 이를 보면 그 위에 거하지 않으며, 그 녹을 자신의 역량보다 초과하여 받지 않습니다. 권세 있는 자리에 있다고 해서 행동이 위세를 부리는 일이 없으며, 자신의 지위가 높은 만큼 충성되다고 여기지도 않습니다. 어진 면을 감추어서 그 장점을 숨겨 버리는 일이 없고, 아랫사람에게는 각박하게 하면서 윗사람에게는 아첨하는 그런 행동도 하지 않습니다.

임금이 재위하는 한 태자에게 빌붙지 아니하고, 나라가 위태로울 때에도 보신保身을 위하여 다른 제후들과 친분을 갖지 않습니다. 순리에 맞으면 나아가 벼슬하고, 그렇지 않으면 물러납니다. 절대로 임금과 함께 사악한 행위를 하지 않습니다.」

【참고】《群書治要》에 본장의 내용이 전재되어 있다.

071 [3-21] 景公問:「佞人之事君, 如何?」晏子對曰:「意難, 難不至也. 明言行之以飾身. 僞言無欲以說人. 嚴其交以見其愛. 觀上之所欲, 而微爲之偶. 求君逼邇, 而陰爲之與. 內重爵祿, 而外輕之以誣行. 下事左右, 而面示公正以僞廉. 求上采聽, 而幸以求進. 傲祿以求多. 辭任以求重. 工乎取. 鄙乎予. 歡乎新. 慢乎故. 悋乎財. 薄乎施. 覩貧窮若不識. 趨利若不及. 外交以自揚. 背親以自厚. 積豐羨之養. 而聲矜恤之義. 非譽乎情. 而言不行身. 涉時所議, 而好論賢不肖. 有之己不難非之人. 無之己不難求之人. 其言彊梁而信. 其進敏遜而順. 此佞人之行也. 明君之所誅. 愚君之所信也.」

경공이 물었다.
「아첨하는 자의 임금 섬김은 어떠합니까?」
안자는 이렇게 대답하였다.
「재난이 있을 것이라고 생각되는 일은 아예 그 재난에 나서지 않으며, 그럴듯한 밝은 언행으로 자신을 수식修飾하고, 거짓된 말로 욕심이 없는 듯 꾸며서 사람들을 기쁘게 하며, 임금과 친한 이를 사귀어 그를 통해 임금에 대한 사랑을 나타내 보입니다. 임금이 무엇에 관심이 있는가를 살펴 몰래 그에 맞추어 주며, 임금의 측근을 알아내어 몰래 그에게 물건을 바칩니다. 속으로는 작록爵祿을 중시하면서, 겉으로는 이를 가벼이 여기는 척 무시하고 행동을 속이지요.

아래로는 좌우 측근을 섬기면서도 얼굴빛은 공정한 척하여 청렴을 위장합니다. 윗사람이 듣기 좋아하는 말들을 구해 와서는 이를 계기로 승진의 기회를 삼으며, 녹에 대해서는 별것 아닌 것처럼 하면서도 많은 것을 요구합니다.

그리고 맡겨진 임무도 감당치 못해 사양하면서 중요한 자리만 차지하려 합니다. 공교工巧한 것은 자기가 차지하고, 천한 것은 남에게 줍니다. 새것은 좋아하고, 헌것은 소홀히 여깁니다. 또한 재물에는 인색하면서 베푸는 데는 야박합니다. 빈궁한 자를 보게 되면 나 몰라라 하고, 이익이 있는 곳이라면 달려가 놓칠까 두려워하지요.

나라의 외교를 맡으면 자기의 이름만 빛내려 하고, 친한 이를 등질 때는 자신의 합리화가 뚜렷합니다. 자기를 위해서는 먹을 것을 넘치도록 쌓아두고는, 긍휼의 의義에 대해서는 말로만 뛰어납니다. 비방과 명예는 그 이치에 맞지 않고, 입에서 나오는 말은 실행하지 않습니다. 서로 의논할 일이 있을 때는 현賢·불초不肖가 어떠니 하면서 떠들기를 좋아하여, 자기에게 장점이 있으면 남을 헐뜯기를 어려워하지 않으며, 자기에게 단점이 없으면 남의 단점을 찾아내기를 어려워하지 않습니다.

그들의 언어는 강량彊梁하여 믿음성이 있어 보이고, 승진에는 민첩하고 겸손하여 순한 듯이 행동하지요. 이것이 곧 아첨꾼의 행동입니다. 이런 류의 인간들은 현명한 임금의 입장에서 보면 주벌할 대상이지만, 어리석은 임금의 눈에는 믿음직한 자로 보이는 것입니다.」

【불초不肖】不肖其父의 준말로 『못났다』는 뜻. 賢의 상대어로 씀.
【강량彊梁】강직함. 쌍성어.

【참고】《晏子春秋》 059[3-9]·080[3-30]·184[7-14]와 관련이 있다.

072 [3-22]　景公問晏子曰:「聖人之不得意, 何如?」晏子對曰:「上作事反天時. 從政逆鬼神. 藉斂殫百姓. 四時易序. 神祇並怨. 道忠者不聽. 薦善者不行. 諛過者有賚. 救失者有罪. 故聖人伏匿隱處. 不干長上. 潔身守道. 不與世陷乎邪. 是以卑而不失義. 瘁而不失廉. 此聖人之不得意也.」公曰:「聖人之得意, 何如?」對曰:「世治政平. 舉事調乎天. 藉斂和乎民. 百姓樂其政. 遠者懷其德. 四時不失序. 風雨不降虐. 天明象而致贊. 地長育而具物. 神降福而不靡. 民服敎而不僞. 治無怨業. 居無廢民. 此聖人之得意也.」

경공이 안자에게 물었다.
「성인聖人이 뜻을 얻지 못하였을 때는 어떠합니까?」
안자는 이렇게 대답하였다.
「윗사람이 일을 꾸밈에 천시天時에 어긋나고, 정치에 종사함에 귀신을 거역하며, 세금을 거둠에 백성을 죽음으로 몰아 사시四時가 순서를 바꾸고, 귀신조차 함께 원망하며, 충성을 말하는 자의 말을 듣지 않고, 착한 이를 추천해도 실행해 주지 않습니다. 임금의 과실을 아첨으로 막아 주는 자에게는 선물을 주고, 과실을 고쳐 구제해 주려는 자에게는 죄를 내립니다.
이러한 경우에는 성인일지라도 숨고, 엎드려 윗사람에게 구하지 않으며, 자신의 몸을 깨끗이 하여 도를 지키고, 세상과 함께 사악함에 빠지지 않으려 합니다. 이 까닭으로 스스로 낮추어서 의義를 잃지 않으려 행동하고, 병든 듯이 하여 청렴을 놓치지 않습니다. 이것이 곧 성인이 뜻을 얻지 못하였을 때의 모습입니다.」
그러자 경공이 다시 물었다.
「성인이 뜻을 얻었을 때는 어떠합니까?」
안자의 대답은 이러하였다.
「세상이 잘 다스려지고, 정치가 평온하여 하는 일마다 하늘과 조화를 이루며, 부세賦稅를 적게 하여 백성들과 화락하고, 백성은 그 정치를 즐거워하여 멀리 있는 자도 그 덕을 그리워하며, 사시는 그 질서를 잃지 않습니다. 풍우도 마구 내리지 않으며, 하늘은 그 천상天象을 밝혀 주어 질서를 이루고, 땅은 모든 것을 다 길러 주어 만물을 갖추어 줍니다. 신은 복을 내려 주되 빠뜨림이 없고, 백성은 교화에 복종하여 거짓을 짓지 않습니다. 정치에는 원망이 없고, 평소에도 백성을 괴롭히는 일이 없습니다. 이것이 성인이 득의得意하여 정치에 참여하였을 때의 모습입니다.」

【사시四時】春夏秋冬.
【천상天象】하늘의 각종 氣象·物象 등.

073 [3-23]　景公問晏子曰:「古者, 君民而不危, 用國而不弱, 惡乎失之?」晏子對曰:「嬰聞之, 以邪莅國. 以暴和民者危. 修道以要利, 得求而返邪者弱. 古者, 文王修德不以要利. 滅暴不以順紂. 干崇侯之暴. 而禮梅伯之醢. 是以諸侯明乎其行. 百姓通乎其德. 故君民而不危, 用國而不弱也.」

경공이 안자에게 물었다.

「옛날 백성에게 군림하면서도 위험스럽지 않게 하고, 나라를 다스림에도 약해지지 않게 하는 데 어떤 법이 있었습니까?」*

그러자 안자가 이렇게 대답하였다.

「제가 듣기에 사악함으로 나라를 다스리거나, 포악함으로 백성과 동화하려는 자는 도리어 위험에 빠지고, 도를 닦는다고 하면서 이익을 구하거나, 구하는 바를 얻은 후 사악함으로 되돌아가는 자는 약해진다고 하였습니다. 옛날 문왕文王은 이익을 구하지 않음으로써 덕을 닦았고, 주紂를 따르지 않음으로써 포악한 것을 멸하였습니다. 그리고 숭후崇侯의 포악함을 지적하였으며, 매백梅伯의 시신이 절여졌을 때 이에 예를 올렸습니다. 이 까닭으로 제후들이 그의 행동을 밝게 알았고, 백성들 또한 그의 덕을 환하게 알게 된 것입니다. 따라서 백성에게 군림하면서도 위험스럽지 않았고, 나라를 다스림에도 약해지지 않았습니다.」

* 원문의 「惡乎失之」는, 張純一 本의 注에 「失當作法」 즉 「여기서는 失을 法과 같은 쓰임새로 본다」고 하였다.
【문왕文王】周나라의 建國 聖王.
【주紂】殷의 末王. 文王에게 망하였다.
【숭후崇侯】이름은 虎. 崇侯虎로 불리며, 紂의 臣下.
【매백梅伯】紂王의 臣下.《呂氏春秋》行論篇에 「紂爲無道, 殺梅伯而醢之, 以禮諸侯于廟, 文王流涕而呑之」라 하였다.

074 [3-24]　景公問晏子曰：「古之蒞國治民者. 其任人, 何如?」晏
子對曰：「地不同生. 而任之以一種. 責其俱生不可得. 人不同能,
而任之以一事. 不可責徧成, 責焉無已, 智者有不能給. 求焉無饜,
天地有不能贍也. 故明王之任人. 諂諛不邇乎左右. 阿黨不治乎本
朝. 任人之長, 不彊其短. 任人之工, 不彊其拙. 此任人之大略也.」

　경공이 안자에게 물었다.
　「옛날 그 나라를 거느리어 백성을 다스린 자들의 사람을 임용함은 어떠
하였습니까?」
　안자는 이렇게 대답하였다.
　「땅마다 자라는 것이 다른데, 그곳에 한 종류만을 심게 해놓고서 모든
것이 다 생육하기를 바란다면 이는 잘못된 것입니다. 마찬가지로 사람마다
그 능력이 각기 다른데, 한 가지 일만을 맡겨 놓고 두루 다 성취시키도록
책임지우는 것 역시 불가합니다. 책임을 지우되 끝이 없으니 지혜로운 자
라 할지라도 능히 갖추어 해낼 수가 없으며, 요구하는 일은 싫증이란 없으
니 천지를 다 써먹어도 그만큼 풍성하게 마련해 낼 수가 없습니다.
　그러므로 명석한 임금의 사람을 임용함은 아첨의 무리가 좌우에 가까이
하지 못하도록 하며, 작당패들이 조정 가운데 들어오는 일이 없도록 하는
것입니다. 사람의 장점을 보고 일을 맡기되 그 단점을 두고 억지를 부리지
는 않으며, 그의 잘하는 점을 보고 맡기되 그 졸렬함을 두고 억지를 부리
지는 않습니다. 이것이 사람을 임용하는 대략의 원칙입니다.」

【참고】《群書治要》에 본장의 내용이 전재되어 있다.

075 [3-25]　景公問晏子曰：「古者, 離散其民, 而隕失其國者. 其常
行, 何如?」晏子對曰：「國貧而好大, 智薄而好專, 貴賤無親焉. 大
臣無禮焉. 尙讒諛而賤賢人. 樂簡慢而玩百姓. 國無常法, 民無經紀.
好辯以爲智. 刻民以爲忠. 流湎而忘國. 好兵而忘民. 肅于罪誅. 而
慢于慶賞. 樂人之哀. 利人之難. 德不足以懷人. 政不足以惠民. 賞

不足以勸善. 刑不足以防非. 此亡國之行也. 今民聞公令如寇讎. 此
古之離散其民, 隕失其國者之常行也.」

　　경공이 안자에게 물었다.
「옛날 그 백성을 이산시키고, 그 나라를 잃었던 자들의 경우는, 그 평상
시 행동이 어떠하였기에 그런 일이 벌어진 것입니까?」
　　안자는 이렇게 대답하였다.
「나라는 가난한데도 큰 것만 좋아하고, 지혜는 박약한데도 제 마음대로
하기를 좋아합니다. 귀한 자나 천한 자 사이에 서로 마음을 통하지 못하고,
대신들은 예禮가 없습니다. 아첨은 숭상하면서 어진 이는 천히 여기고, 제
멋대로 태만히 하는 것을 좋아하면서 백성을 부리는 것을 즐깁니다. 나라
에는 상법常法이 없고, 백성에게는 경기經紀가 없습니다. 말 잘하는 것을
지혜로 삼고, 백성에게 각박하게 하는 것을 충성으로 삼습니다. 술과 놀이
에 빠져 나라를 망각하고, 전쟁을 좋아하여 백성을 잊습니다.
　　죄와 형벌은 엄숙하면서 축하와 상賞에는 태만합니다. 남의 슬픔을 즐거
워하고, 남의 재난을 자신의 이익으로 여깁니다. 그 덕은 사람을 포용하기
에 부족하고, 그 정치는 백성에게 베풀기에 부족합니다. 상賞은 선을 권장
하기에 부족하고, 형벌은 비행非行을 방지하기에 부족합니다. 이것이 곧 나
라를 망치는 행동입니다.
　　지금 백성들은 임금께서 내리는 법령을 마치 원수처럼 여기고 있습니다.
이는 옛날 그 백성을 이산시키고, 그 나라를 잃게 되었던 자들의 평소 행
동과 다를 바가 없습니다.」

【경기經紀】 나라의 벼리. 紀綱과 같다. 혹은 질서. 《禮記》 月令에 『毋失經紀』라 하였다.

【참고】 《群書治要》에 본장의 내용이 전재되어 있다.

076 [3-26]　景公問晏子曰:「吾欲和臣親下. 奈何?」晏子對曰:「君
得臣而任使之. 與言信. 必順其令. 赦其過. 任大臣無多責焉. 使邇
臣無求嬖焉. 無以嗜欲貧其家. 無信讒人傷其心. 家不外求而足. 事

君不因人而進. 則臣和矣. 儉于藉斂. 節于貨財. 作工不歷時. 使民
不盡力. 百官節適. 關市省征. 山林陂澤, 不專其利. 領民治民, 勿
使煩亂. 知其貧富, 勿使凍餒. 則民親矣.」公曰:「善! 寡人聞命
矣.」故令諸子無外親謁. 辟梁丘據無使受報. 百官節適. 關市省征.
山林陂澤不禁. 冤報者過. 留獄者請焉.

경공이 안자에게 물었다.

「나는 신하나 아랫사람들과 화합하여 친하게 지내고 싶습니다. 어찌하면
되겠습니까?」

안자는 이렇게 대답하였다.

「임금께서 신하를 얻어 그들에게 임무를 맡길 때, 더불어 말함에 믿음을
심어 주어 반드시 법령을 따르게 하고, 그 허물을 용서하십시오. 대신에게
맡겨두되 너무 많은 책임을 지우지 마십시오. 또 가까운 신하들로 하여금
지나친 사랑을 구하게 하지 말 것이며, 기호나 욕심을 채우기 위해 그들을
가난하게 해서도 안 됩니다.

그리고 참소하는 자의 말만 믿고 그들의 마음에 상처를 주는 일도 없어
야 할 것이며, 집안의 소용을 위해 이를 밖에서 구하여 충족시키게 하지
말 것입니다. 이렇게 임금을 섬기되, 사람을 통해 등용하는 일이 없도록 하
면 신하와 친하게 됩니다.

다음으로 세금을 검약하게 줄이고, 재화를 절약하며, 공사를 벌일 때는
그 시기를 넘기지 말고, 백성을 부릴 때 또한 그 힘이 다 닳도록 하지 말아
야 합니다. 백관百官은 적절히 배치하고, 관세와 시장의 징세를 덜어 주며,
산림과 피택陂澤의 이익을 독차지하지 못하도록 해야 합니다. 백성을 영도
하고 다스림에는 번란煩亂케 하지 말며, 그들의 빈부를 잘 살펴 추위에 떨
거나 굶주리지 않도록 해야 합니다. 그렇게 하면 백성들과 친하게 됩니다.」

경공은 이 설명에 이렇게 말하였다.

「좋습니다! 과인은 그 의견에 따르겠습니다!」

그리고는 여러 공자들에게 명하여 외부의 친척이 들어와 알현하지 못하
도록 하고, 양구거梁丘據를 멀리하여 그에게 보고를 받지 못하도록 하였다.
모든 관직은 적절히 배치하고, 관세와 시장의 징세를 덜어 주며, 산림과 피

택陂澤의 출입금지를 해제하였다. 또한 남을 억울하게 만든 자는 그 죄를 묻고, 감옥에 갇힌 자들에게는 그들의 요청을 들어 형刑을 줄여 주도록 하였다.*

【피택陂澤】 못과 늪지대. 물고기를 잡아 생계를 유지함.
【번란煩亂】 번거롭고 혼란스러움.
【양구거梁丘據】 景公의 臣下.
＊ 張純一의 注에 『此省刑也』라 하였다.

077 [3-27] 景公問晏子曰:「取人得賢之道, 何如?」晏子對曰:「擧之以語, 考之以事. 能諭則尙而親之. 近而勿辱. 以取人, 則得賢之道也. 是以明君居上. 寡其官而多其行. 拙于文而工于事. 言不中不言. 行不法不爲也.」

경공이 안자에게 물었다.
「사람을 취하되, 어진 이를 얻을 수 있는 방법에는 어떤 것이 있습니까?」
안자는 이렇게 대답하였다.
「말을 어떻게 하는가를 보고, 일을 어떻게 처리하는가를 살펴봅니다. 능히 조리가 있으면 이를 높여 친하게 하며, 가까이하되 그를 욕되게 하지 않으면서 그런 자를 취하는 것입니다. 그렇게만 하면 어진 이를 얻을 수 있습니다. 이 까닭으로 명철한 임금은 윗자리에 거하면서 관직의 수를 적게 하고서도, 많은 훌륭한 일들을 행하는 것입니다. 또한 수식이 번잡하지 않아도, 그 일이 매끄러워지는 것입니다. 말이 맞지 않으면 내뱉지 말고,* 행동이 법도에 맞지 않으면 해서는 안 되는 것입니다.」

＊《論語》先進篇에 『夫人不言, 言必有中』이라 하였다.

078 [3-28] 景公問晏子曰:「臣之報其君, 何以?」晏子對曰:「臣雖不知, 必務報君以德, 士逢有道之君, 則順其令. 逢無道之君, 則爭其不義. 故君者, 擇臣而使之. 臣雖賤, 亦得擇君而事之.」

경공이 안자에게 물었다.
「신하가 그 임금에게 보답하는 길은 어떻습니까?」
안자는 이렇게 대답하였다.
「저는 비록 알지 못하나, 틀림없이 그 임금에게 덕으로 보답하기에 힘써야 한다고 봅니다. 선비는 도 있는 임금을 만나면 그 명령에 순종하고, 무도한 임금을 만나면 그의 옳지 못함에 맞서 쟁간爭諫하여야 합니다. 따라서 임금된 자는 신하를 택하여 부려야 하고, 신하는 비록 천하나 역시 임금을 가려서 섬겨야 합니다.」

【참고】《意林》은 이를 전재한 것이다.

079 [3-29]　景公問晏子曰:「臨國莅民, 所患何也?」晏子對曰:「所患者三. 忠臣不信, 一患也. 信臣不忠, 二患也. 君臣異心, 三患也. 是以明君居上, 無忠而不信. 無信而不忠者. 是以君臣同欲, 而百姓無怨也.」

경공이 안자에게 물었다.
「나라에 임하여 백성을 다스리는 데 있어서 근심거리는 무엇입니까?」
안자는 이렇게 대답하였다.
「근심거리는 세 가지입니다. 충신을 믿지 않는 것이 첫번째요, 임금이 신하를 믿는데 그 신하에게 충성이 없는 것이 두번째요, 임금과 신하가 각각 딴마음을 품는 것이 세번째입니다. 이 까닭으로 명철한 임금이 윗자리에 있으면 충성이 없는 신하는 믿음을 얻지 못하고, 믿음이 없는 신하는 충신이 되지 못합니다. 그리하여 임금과 신하가 같은 생각을 갖게 되고, 백성은 원망이 없어지게 됩니다.」

【참고】 1. 다음의 080[3-30]과 주제가 같다.
2.《晏子春秋》卷三 內篇 問上 059[3-9]와 관련이 있다.
3.《說苑》卷七 政理篇 221[7-37]과 관련이 있다.

080 [3-30]　景公問于晏子曰:「爲政何患?」晏子對曰:「患善惡之不分.」公曰:「何以察之?」對曰:「審擇左右, 左右善, 則百僚各得其所宜. 而善惡分.」孔子聞之曰:「此言也信矣. 善進, 則不善無由入矣. 不善進, 則善無由入矣.」

경공이 안자에게 물었다.

「정치를 행함에 걱정거리는 무엇입니까?」

이에 안자가 이렇게 대답하였다.

「선악이 제대로 구별되지 못하는 것입니다.」

그러자 경공이 다시 물었다.

「어떻게 하면 그것을 살필 수 있습니까?」

「먼저 좌우를 잘 살펴 선택하십시오. 좌우가 선하면 백료百僚가 각각 자기 맡은 바의 옳은 길을 얻어 선악이 구별될 것입니다.」

안자의 이 말에 공자孔子가 이렇게 평하였다.

「이 말은 참으로 믿을 만하다. 착한 이가 조정에 나아간즉 착하지 못한 자는 들어갈 수가 없고, 착하지 못한 자가 자리를 잡고 나면 착한 이는 들어갈 수가 없다!」

【백료百僚】百官. 朝廷의 관료들.
【공자孔子】孔丘, 仲尼.

【참고】1. 앞의 079[3-29]와 주제가 같다.
2.《晏子春秋》卷三 內篇 問上 059[3-9]와 관련이 있다.
3.《說苑》卷七 政理篇 221[7-37]
　　齊侯問於晏子曰:「爲政何患?」對曰:「患善惡之不分.」公曰:「何以察之?」對曰:「審擇左右, 左右善, 則百僚各得其所宜, 而善惡分.」孔子聞之曰:「此言也, 信矣, 善言進, 則不善無由入矣; 不善言進, 則善無由入矣.」

晏子春秋 卷四

内篇 問下

081 [4-1]　景公問何修則夫先王之游, 晏子對以省耕實.

082 [4-2]　景公問桓公何以致霸, 晏子對以下賢以身.

083 [4-3]　景公問欲逮桓公之後, 晏子對以任非其人.

084 [4-4]　景公問廉政而長久, 晏子對以其行水也.

085 [4-5]　景公問爲臣之道, 晏子對以九節.

086 [4-6]　景公問賢不肖可學乎, 晏子對以彊勉爲上.

087 [4-7]　景公問富民安衆, 晏子對以節欲中聽.

088 [4-8]　景公問國如何則謂安, 晏子對以內安政外歸義.

089 [4-9]　景公問諸侯孰危, 晏子對以莒其先亡.

090 [4-10]　晏子使吳, 吳王問可處可去, 晏子對以視國治亂.

091 [4-11]　吳王問保威强不失之道, 晏子對以先民後身.

092 [4-12]　晏子使魯, 魯君問何事回曲之君, 晏子對以庇族.

093 [4-13]　魯昭公問魯一國迷何也, 晏子對以化爲一心.

094 [4-14]　魯昭公問安國衆民, 晏子對以事大養小謹聽節斂.

095 [4-15]　晏子使晉, 晉平公問先君得衆若何, 晏子對以如美淵澤.

096 [4-16]　晉平公問齊君德行高下, 晏子對以小善.

097 [4-17]　晉叔向問齊國若何, 晏子對以齊德衰民歸田氏.

098 [4-18]　叔向問齊德衰, 子若何, 晏子對以進不失忠退不失行.

099 [4-19]　叔向問正士邪人之行, 如何, 晏子對以使下順逆.

100 [4-20]　叔向問事君徒處之義奚如, 晏子對以大賢無擇.

101 [4-21]　叔向問處亂世其行正曲, 晏子對以民爲本.

102 [4-22]　叔向問意孰爲高行孰爲厚, 晏子對以愛民樂民.

103 [4-23]　叔向問嗇吝愛之, 於行何如, 晏子對以嗇者君子之道.

104 [4-24]　叔向問君子之大義何若, 晏子對以尊賢退不肖.

105 [4-25]　叔向問傲世樂業能行道乎, 晏子對以狂惑也.

106 [4-26]　叔向問人何若則榮, 晏子對以事君親忠孝.

107 [4-27]　叔向問人何以則可保身, 晏子對以不要幸.

108 [4-28]　曾子問不諫上不顧民以成行義者, 晏子對以何以成也.

109 [4-29]　梁丘據問子事三君不同心, 晏子對以一心可以事百君.

110 [4-30]　柏常騫問道無滅身無廢, 晏子對以養世君子.

081 [4-1] 景公出游, 問于晏子曰:「吾欲觀於轉附朝舞, 遵海而南, 至于琅琊, 寡人何脩, 則夫先王之游?」晏子再拜曰:「善哉! 君之問也. 嬰聞之. 天子之諸侯爲巡狩. 諸侯之天子爲述職. 故春省耕而補不足者謂之游. 秋省實而助不給者謂之豫. 夏諺曰:『吾君不游, 我曷以休. 吾君不豫, 我曷以助.』一游一豫, 爲諸侯度. 今君之游, 不然. 師行而糧食. 貧者不補, 勞者不息. 夫從下歷時, 而不反謂之流. 從高歷時, 而不反謂之連. 從獸而不歸謂之荒. 從樂而不歸謂之亡. 古者, 聖王無流連之游. 荒亡之行.」公曰:「善!」命吏計公稟之粟. 藉長幼貧氓之數. 吏所委, 發廩出粟. 以予貧民者三千鍾. 公所身見癃老者七十人. 振瞻之. 然後歸也.

경공이 순유巡游에 나갔다가 안자에게 물었다.

「나는 전부轉附·조무朝舞를 보고, 바다를 따라 남으로 내려가* 낭야琅琊까지 구경하였으면 싶습니다. 과인이 어떻게 수양하면, 선왕先王의 순유와 같을 수 있겠습니까?」

이에 안자가 재배하며 이렇게 말하였다.

「훌륭하십니다. 임금의 질문이시여! 제가 듣기로 천자가 제후의 땅에 가는 것은 순수巡狩를 위해서이고, 제후가 천자에게 가는 것은 술직述職을 위해서라고 하였습니다. 따라서 봄 농사가 시작될 때에 부족한 것이 없는가를 살피는 것을 〈유遊〉라 하고, 가을에 결실을 살펴 충분치 못한 것을 보조해 주는 것을 〈예豫〉라 합니다.

하夏나라 속담에 『우리 임금 유遊를 않으시니, 내 어찌 쉴 수 있으랴! 우리 임금 예豫를 않으시니, 내 어찌 도움을 받을 수 있으랴!』하였습니다. 한 차례의 유와 예는 제후된 자의 법도입니다.

그런데 지금 임금께서 하시는 순유는 그렇지가 않습니다. 군사들까지 거느리고 나서서, 그 식량을 조달하느라 가난한 이는 보조를 받지 못하고, 노역하는 자는 쉴 수가 없습니다. 대저 물길을 따라 아래로 내려가 순력巡歷할 때 시기가 넘었는데도 되돌아오지 않는 것을 〈유流〉라 하고, 위로 거슬러 올라가 제때에 돌아오지 않는 것을 〈연連〉이라 합니다. 그리고 짐승을 좇아 사냥을 나가 그 즐거움에 빠져 되돌아오지 않는 것을 〈황荒〉이라 하고, 음악에 빠져 되돌아올 줄 모르는 것을 〈망亡〉이라 합니다. 옛 성왕聖王에게는 유련流連의 놀이나 황망荒亡의 행동이란 없었습니다.」

그러자 경공이 「좋습니다!」 하고는, 관리에게 공름公廩의 곡식을 계산하여 장유長幼와 그 가난한 백성의 숫자에 맞게 나누어 줄 수 있는지를 맞추어 보도록 하였다. 관리가 위임받은 대로 창고의 곡식을 풀어 가난한 이에게 나누어 주니, 그 양이 3천 종鍾이나 되었다. 경공 자신도 허리가 굽은 노인 70인을 몸소 접견하고, 모두에게 넉넉히 나누어 준 후 되돌아왔다.

【전부轉附·조무朝舞】一說에는 둘 다 산 이름이라 하였다. 《孟子》趙岐 注에 『轉附·朝舞, 皆山名也』라 하였다. 그러나 실제로 이러한 산은 없었다고 한다.
 * 王念孫은 『群書治要載此文, 本作, 吾欲循海而南, 至於琅邪. 續漢書, 郡國志, 注亦云, 齊景公曰:「吾欲循海而南.」今本, 吾欲下有, 觀於轉附朝舞六字, 循海作遵海, 皆後人以孟子改之』라 하였다.
【낭야琅邪】地名. 지금의 山東省 諸城縣. 뒤에 治所가 臨沂縣으로 옮겨졌다.
【순수巡狩】天子가 諸侯의 나라에 가서 살피는 일.
【술직述職】諸侯가 天子에게 가서 자신의 직무를 보고하는 일.
【공름公廩】公家의 倉廩.

【참고】1. 張氏本에는 이렇게 실려 있다.
　蘇云:「管子載桓公將東游云云, 管子之對, 亦略有同晏子處. 孟子述之宣王, 以爲景公事, 自係屬實. 則不得援管子例此, 疑桓公先爲此游, 景公欲倣之, 而晏子亦遂本管仲之意以對耳.」
2. 《群書治要》에 본장의 내용이 전재되어 있다.
3. 《管子》卷十 戒篇 26
　桓公將東游. 問於管仲曰:「我游猶軸轉斛, 南至琅邪.」司馬曰:「亦先王之游已.」「何謂也?」管仲對曰:「先王之游也, 春出原農事之不本者, 謂之游. 秋出補人之不足者, 謂之夕. 夫師行而糧食其民者, 謂之亡. 從樂而不反者, 謂之荒. 先王有游夕之業於人, 無荒亡之行於身.」桓公退再拜命曰:「寶法也.」
4. 《孟子》梁惠王下
　齊宣王見孟子於雪宮. 王曰:「賢者亦有此樂乎?」孟子對曰:「有. 人不得, 則非其上矣. 不得而非其上者, 非也; 爲民上而不與民同樂者, 亦非也. 樂民之樂者, 民亦樂其樂; 憂民之憂者, 民亦憂其憂. 樂以天下, 憂以天下; 然而不王者, 未之有也. 昔者齊景公問於晏子曰:「吾欲觀於轉附·朝儛, 遵海而南, 放於琅邪; 吾何修而可以比於先王觀也?」晏子對曰:「善哉, 問也! 天子適諸侯曰巡狩; 巡狩者, 巡所守也. 諸侯朝於天子曰述職; 述職者, 述所職也. 無非事者. 春省耕而補不足, 秋省斂而助不給; 夏諺曰:「吾王不遊, 吾何以休? 吾王不豫, 吾何以助? 一遊一豫, 爲諸侯度.」今也不然: 師行而糧食, 飢者弗食, 勞者弗息；暋暋肙讒, 民乃作慝. 方命虐民, 飮食若流；流連荒亡, 爲諸侯憂. 從流下而忘反, 謂之流；從流上而忘反, 謂之連；從獸無厭, 謂之荒；樂酒無厭, 謂之亡. 先王無流連之樂, 荒亡之行. 惟君所行也.」景公說, 大戒於國, 出舍於郊. 於是始興發, 補不足. 召太師, 曰：『爲我作君臣相說之樂.』蓋徵招, 角招是也. 其詩曰：『畜君何尤！』畜君者, 好君也.」

082 [4-2]　景公問于晏子曰：「昔吾先君桓公善飮酒, 窮樂. 食味方丈, 好色, 無別辟若此, 何以能率諸侯以朝天子乎?」晏子對曰：「昔吾先君桓公變俗以政. 下賢以身. 管仲, 君之賊也. 知其能, 足以安國濟功. 故迎之于魯郊. 自御, 禮之于廟. 異日, 君過于康莊, 聞審戚歌, 止車而聽之. 則賢人之風也. 擧以爲大田. 先君見賢不留. 使能不怠. 是以內政則民懷之. 征伐則諸侯畏之. 今君聞先君之過, 而不能明其大節. 桓公之霸也, 君奚疑焉?」

경공이 안자에게 물었다.

「옛날 우리 선군이신 환공桓公께서는 술도 잘 마셨고,* 음식맛도 오미五味를 갖추어 즐겼으며, 여색을 좋아하여 편벽된 행실에는 분별함이 없었습니다.* 그 행실이 이와 같았는데도, 어찌 능히 제후를 거느리고 천자를 조알할 수 있었습니까?」

안자는 이렇게 대답하였다.

「옛날 우리 선군이신. 환공께서는 풍속을 변화시키되 정치로써 하였고, 어진 이에게 스스로를 낮추되 몸소 실천하였습니다. 관중管仲은 임금의 적賊이었습니다.* 그러나 그의 능력이 나라를 안정시키고 공적을 이룰 만하다고 여겨, 노魯나라 교외에까지 가서 맞이하여 친히 말고삐를 잡고 돌아와서는 종묘에 예로써 인사드렸습니다.

또 어느 날에는 환공께서 강장康莊을 지나다가 영척審戚의 노래 소리에 수레를 멈추어 듣고 나서, 그 영척이 현인賢人의 풍도風度를 갖춘 자임을 알게 되었습니다. 그래서 그를 천거하여 대전大田의 임무를 맡겼지요.

이처럼 선군께서는 어진 이를 보면 그대로 두지 않았고, 능한 이를 부림에는 게으름이 없었던 것입니다. 그 까닭으로 안에서 정치를 하면 백성이 모여들고, 밖으로 정벌에 나서면 다른 제후들이 두려워하였지요. 임금께서는 지금 선군의 허물만 들었을 뿐, 그의 대절大節은 밝히지 못하고 있습니다. 환공의 패업을 어찌 의심하신단 말입니까?」

【환공桓公】春秋五霸의 首長. 齊 桓公. 小白.
　＊원문의 『飮酒, 窮樂』은, 술을 마셔 환락의 극치에 이름을 뜻한다.
　＊자매를 함께 애첩으로 맞이한 일.
【관중管仲】齊나라 桓公을 도와 九合諸侯하고, 一匡天下한 名臣. 夷吾, 仲父.
　＊처음 管仲은 公子 糾를 도왔고, 鮑叔은 小白〔桓公〕을 도왔다. 그때 射鉤之罪를 지었다.
【강장康莊】四通八達의 大道. 『五達之路謂之康, 六達之道謂之莊』이라 하였다.
【영척甯戚】원래 衛나라 출신으로 소를 몰고 齊나라 桓公을 찾아온 人物. 이 사건에 대한 일화는 《說苑》善說篇, 《呂氏春秋》擧難篇 등에 자세히 보인다.
【대전大田】官職名. 농사·토지 개간·창고 등의 관리를 맡았다.
【대절大節】治國의 大綱. 《左傳》成公 二年에 『禮以行義, 義以生利, 利以平民, 政之大節也』라 하였다.

【참고】 1.《北堂書鈔》141
　甯戚欲干齊桓公. 困窮飯牛於北門外. 桓公詔夜門避任車. 戚乃擊轅而歌. 桓公憫而異之. 命後車載之. (이 문장은 《晏子春秋》에서 인용하였다고 되어 있으나 같은 문장은 없다.)
2.《呂氏春秋》
　甯戚飯牛. 居車下. 望桓公而悲. 擊牛角疾歌. (高誘 注, 歌碩鼠也.)
3.《說苑》善說篇
　甯戚飯牛康衢. 擊車輻而歌碩鼠.

083 [4-3]　景公問晏子曰:「昔吾先君桓公, 從車三百乘, 九合諸侯, 一匡天下. 今吾從車千乘, 可以逮先君桓公之後乎?」晏子對曰: 「桓公從車三百乘, 九合諸侯, 一匡天下者, 左有鮑叔, 右有仲父. 今君左爲倡, 右爲優. 讒人在前, 諛人在後. 又焉可逮桓公之後乎?」

경공이 안자에게 물었다.
「지난날 우리 선군이신 환공께서는 3백 승乘의 작은 힘에서 출발하여, 구합제후九合諸侯하고 일광천하一匡天下하였습니다. 지금 나는 수레가 1천 승이나 되니, 가히 선군이신 환공의 뒤를 따를 수 있겠습니까?」
　안자는 이렇게 대답하였다.

「환공께서 3백 승의 작은 국력으로 구합제후하고 일광천하한 것은, 왼쪽에는 포숙鮑叔 오른쪽에는 중부仲父가 있었기 때문입니다. 지금 임금께는 왼쪽과 오른쪽에 창우倡優가 있으며, 참언하는 자가 앞에, 아첨하는 자가 뒤에 버티고 있습니다. 그러니 어찌 환공의 유업을 뒤따를 수 있겠습니까?」

【구합제후九合諸侯, 일광천하一匡天下】桓公의 霸業을 대표하는 말로 널리 쓰인다. 《論語》·《管子》 등 참조.
【포숙鮑叔】齊나라에 혼란이 일자 小白을 모시고 莒로 망명하였다가 뒤에 桓公이 되도록 하였으며, 管仲을 추천하였다. 〈管鮑之交〉의 주인공.
【중부仲父】管仲. 桓公이 管仲의 공을 높여 仲父라 일컬었다.
【창우倡優】배우들. 가무·연회로 임금의 환락을 돕는 일을 하였다.

【참고】 1.《群書治要》에 본장의 내용이 전재되어 있다.
2.《晏子春秋》卷三 內篇 問上 057[3-7]의 내용과 관련이 있다.

084 [4-4]　景公問晏子曰:「廉政而長久, 其行何也?」晏子對曰:「其行水也. 美哉! 水乎淸淸! 其濁無不雩途, 其淸無不灑除, 是以長久也.」公曰:「廉政而遬亡. 其行何也?」對曰:「其行石也. 堅哉! 石乎落落! 視之則堅, 循之則堅, 內外皆堅, 無以爲久. 是以遬亡也.」

경공이 안자에게 물었다.
「청렴한 정치를 하여 길이 이끌어 나가려면, 그 행동이 어떠해야 합니까?」
안자는 이렇게 대답하였다.
「그 행동은 물과 같습니다. 아름답도다! 맑고도 맑은 물이여! 그것이 탁해지면 더럽혀지지 않는 것이 아무것도 없고, 그 물이 맑으면 씻어내지 못할 것이 없습니다. 이 까닭으로 물이란 장구長久한 것이지요!」
그러자 경공이 다시 물었다.
「그러면 청렴한 정치를 하되, 속히 망하는 경우는 그 행동이 어떠합니까?」
안자는 이렇게 대답하였다.
「그 행동은 돌과 같습니다. 견고하구나! 단단하고 단단한 돌이여! 이는 눈으로 보아도 견고하고, 만져 보아도 딱딱하기만 합니다. 안팎이 모두 굳세기만 하니 장구하다고 볼 수 없습니다. 이 까닭으로 쉽게 망하는 것입니다.」

【참고】 1. 본장의 주제에 대해 張氏本에는 이렇게 실려 있다. 『老子曰, 堅强者死之徒, 柔弱者生之徒? 此章大恉相似.』
2. 《太平御覽》 59에 본장의 내용이 전재되어 있다.
3. 《藝文類聚》 卷八 總載水
　　晏子曰景公問: 「廉政何如?」 對曰: 「其行水也, 美哉! 水乎! 其濁無不塗, 其清無不酒.」
4. 《文選》 卷五十三 李蕭遠 運命論 注
　　晏子春秋, 景公問晏子曰: 「廉正而長久, 其行何也?」 晏子對曰: 「其行水也. 美哉! 水乎清. 其濁無不來塗, 其清無不灑除. 是以長久也.」

085 [4-5]　景公問晏子曰: 「請問爲臣之道?」 晏子對曰: 「見善必通, 不私其利. 薦善而不有其名. 稱身居位. 不爲苟進. 稱事受祿, 不爲苟得. 體貴側賤, 不逆其倫. 居賢不肖, 不亂其序. 肥利之地, 不爲私邑. 賢質之士, 不爲私臣. 君用其所言, 民得其所利. 而不伐其功. 此臣之道也.」

경공이 안자에게 물었다.
「청컨대 신하된 자의 도리를 묻습니다.」
안자는 이렇게 대답하였다.
「훌륭한 것을 보면 반드시 소통시키고, 그 이익을 위해 사사로운 행동을 하지 않습니다. 훌륭한 이를 추천하되 그 명예를 차지하지 않으며, 자기 자신에 걸맞은 위치를 지킵니다. 구차스럽게 벼슬하지 않으며, 그 일에 맞게 녹을 받습니다. 구차스럽게 얻으려고도 하지 않으며, 몸이 귀해져도 곁에 천한 자를 함께 있게 합니다. 윤리에 거슬리는 일을 하지 않고, 현賢·불초 不肖로 하여금 알맞게 처하도록 하여 그 질서를 어지럽히지 않습니다.
　비옥하고 소득이 많은 토지를 자신의 읍으로 삼지 않으며, 어질고 바탕 있는 유능한 선비를 자신을 위한 신하로 끌어들이지 않습니다. 임금이 그의 말대로 들어 주면, 백성이 그의 이익을 얻게 됩니다. 그러면서도 자신의 공을 자랑하지 아니합니다. 이것이 바로 신하된 자의 도리입니다.」

086 [4-6]　景公問晏子曰:「人性有賢不肖, 可學乎?」晏子對曰:「詩云:『高山仰之, 景行行之.』之者其人也. 故諸侯並立, 善而不怠者爲長. 列士並學, 終善者爲師.」

경공이 안자에게 물었다.

「사람의 천성은 현賢과 불초不肖로 구분됩니다. 그런데 이들이 배우면 달라집니까?」

안자는 이렇게 대답하였다.

「시詩*에『높은 산은 마땅히 우러러볼 일이요, 좋은 행실은 마땅히 따라 할 일이다』라고 하였습니다. 그런 길로 가는 자는 그런 사람이 되는 것입니다. 그러므로 제후가 병립並立하되 훌륭하면서 게으름을 피우지 않는 자만이 우두머리가 되고, 모든 선비들이 서로 배우느라 힘쓰되 끝까지 열심히 하는 자만이 스승이 되는 것입니다.」*

* 《詩經》小雅 車舝篇. 鄭玄의 箋에『古人有高德者, 則仰慕之. 有明行者, 則而行之』라 하였다.
* 《晏子春秋》卷六 內篇 雜下 167[6-27]에『爲者常成, 行者常至』라 하였다.

087 [4-7]　景公問晏子曰:「富民安衆, 難乎?」晏子對曰:「易! 節欲則民富, 中聽則民安. 行此兩者而已矣.」

경공이 안자에게 물었다.

「백성을 부유하게 해주고, 민중을 편안히 해주는 일이 어려운 것입니까?」

안자는 이렇게 대답하였다.

「쉬운 일이지요! 임금이 욕심을 줄이면 백성이 부유해지고,* 남의 말을 바르게만 듣는다면 백성이 편안해지지요. 이 두 가지만 실행하면 됩니다.」

※ 張氏本에『黃初云, 老子曰, 我無事而民自富. 我無欲而民自樸』이라 하였다.

【참고】《群書治要》에는 본장이 問上篇으로 옮겨져 있다.

088 [4-8] 景公問晏子曰:「國如何則可謂安矣?」晏子對曰:「下無諱言, 官無怨治. 通人不華. 窮民不怨. 喜樂無羨賞. 忿怒無羨刑. 上有禮于士, 下有恩于民. 地博不兼小, 兵彊不劫弱. 百姓內安其政. 外歸其義. 可謂安矣.」

경공이 안자에게 물었다.
「나라가 어떠한 경우에 있을 때를, 곧 안정이라 이르는 것입니까?」
안자는 이렇게 대답하였다.
「아랫사람은 말하기를 꺼리는 일이 없고, 관에서는 원망을 살 일처리를 하지 않으며, 사람을 통달시키되 떠들썩하게 하지 않고, 백성이 궁해져도 원망이 없어야 합니다. 임금은 자신의 희락喜樂의 감정에 따라 상을 내리는 일이 없고, 분노의 감정에 따라 형벌을 내리는 일이 없어야 합니다.
위로는 선비에게 예가 있게 하고, 아래로는 백성에게 은혜를 베풂이 있어야 하지요. 땅이 넓다고 해서 작은 자의 것을 겸병하는 일이 없고, 무력이 강하다고 해서 약한 자를 겁주는 일이 없어야 합니다. 백성은 안으로 그 정치에 안심하고, 밖에서는 그 의를 사모하여 모여들게 해야겠지요.※ 그렇게 하면 가히 안정이라 이를 수 있습니다.」

※ 張氏本 注에『外歸上當有諸侯二字, 諸侯與百姓對文, 今本脫去, 文不成義』라 하였다.

089 [4-9] 景公問晏子曰:「當今之時, 諸侯孰危?」晏子對曰:「莒其先亡乎!」公曰:「何故?」對曰:「地侵于齊, 貨竭于晉. 是以亡也.」

경공이 안자에게 물었다.
「지금과 같은 시기에는 제후들 가운데 누가 가장 위험합니까?」

안자는 이렇게 대답하였다.

「거莒나라가 가장 먼저 망할 것입니다.」

「무슨 연유입니까?」

경공의 되물음에 안자는 이렇게 대답하였다.

「땅은 제齊나라에게 침식당하고, 재물은 진晉나라 때문에 고갈되고 있습
니다. 이렇게 되면 망하고 말지요.」

【거莒】 齊나라 동쪽 山東半島에 있던 작은 나라. 齊나라의 桓公이 망명하였던 곳.
【진晉】 齊나라 서쪽 中原에 있던 큰 나라. 成王의 동생인 唐叔虞가 封해진 나라.

【참고】 1.《晏子春秋》卷三 內篇 問上 058[3-8]과 관련이 있다.
2.《說苑》卷十三 權謀篇 388[13-7]
　　諸侯問於晏子曰:「當今之時, 諸侯孰危?」對曰:「莒其亡乎!」公曰:「奚故?」對曰:
「地侵於齊, 貨竭於晉, 是以亡也.」

090 [4-10]　晏子聘于吳, 吳王曰:「子大夫以君命辱在敝邑之地. 施
睨寡人, 寡人受睨矣. 願有私問焉.」晏子逡遁而對曰:「嬰, 北方之
賤臣也. 得奉君命, 以趨于末朝. 恐辭令不審. 譏于下吏. 懼不知所
以對者.」吳王曰:「寡人聞夫子久矣. 今乃得見, 願終其問.」晏子
避席對曰:「敬受命矣.」吳王曰:「國如何則可處, 如何則可去也?」
晏子對曰:「嬰聞之. 親疏得處其倫. 大臣得盡其忠. 民無怨治. 國
無虐刑. 則可處矣. 是以君子懷不逆之君. 居治國之位. 親疏不得居
其倫. 大臣不得盡其忠. 民多怨治. 國有虐刑. 則可去矣. 是以君子
不懷暴君之祿. 不處亂國之位.」

안자가 오吳나라에 초빙되어 가자, 오왕吳王이 물었다.

「그대 대부께서는 제齊나라 임금의 명령을 받고 이렇듯 욕되게 저희 나
라에 머물게 되셨습니다. 과인에게 내리실 가르침이 있다면, 과인은 그 가
르침을 받들겠습니다. 바라건대 선생께 가르침을 청합니다.」

　이에 안자가 머뭇거리며* 이렇게 대답하였다.

「저는 북방의 천한 신하입니다. 마침 우리 임금의 명령을 받들고, 저 하

찾은 나라의 조정으로부터 달려온 것입니다. 두렵건대 사신의 임무에 능통하지 못할 듯합니다. 이렇듯 낮은 관리에게 기롱譏弄하시니, 어떻게 대답해야 좋을지 모르겠습니다.」

그러자 오왕이 이렇게 말하였다.

「과인은 선생의 이름을 들어온 지 오래입니다. 지금 이렇게 뵐 수 있게 되었으니, 바라건대 굳이 가르침을 청합니다.」

이에 안자가 자리를 피하며 이렇게 대답하였다.

「삼가 명령을 받들겠습니다.」

그러자 오왕이 「나라가 어떠한 경우일 때 그 나라에 그대로 처하고, 어떠한 경우일 때 떠나야 합니까?」라고 물었다.

안자는 이렇게 대답하였다.

「제가 듣기로 친소親疏가 각각 그 윤상倫常에 맞게 처하고, 대신大臣은 그 충성을 다할 수 있으며, 백성은 그 정치에 대한 원망이 없고, 나라에는 잔학한 형벌이 없는 곳, 그런 곳이라면 머물러 살 만하지요. 이 까닭으로 군자라면 그런 훌륭한 임금의 말에 순종하여, 나라를 다스릴 만한 위치에 앉고 싶어하는 것입니다.

그러나 친소親疏가 각각 그 윤상에 맞지 않고, 대신이 그 충성을 다할 수 없으며, 백성이 그 정치에 원망을 느끼고, 나라에는 잔학한 형벌이 있는 곳, 그런 곳이라면 떠나야 합니다. 이 까닭으로 군자라면 그런 폭군이 주는 녹에 대해서는 거들떠보지도 않고, 혼란한 나라의 지위에도 처하려 하지 않는 것입니다.」

【오吳】南方 揚子江 근처에 있던 나라. 吳縣, 蘇州 근처.
【오왕吳王】당시의 吳王은 餘祭(재위 B.C. 549~531)·餘昧(재위 B.C. 530~527)·僚(재위 B.C. 526~515)·闔閭(재위 B.C. 514~496)·夫差(재위 B.C. 495~473)였다. 晏子가 吳나라에 간 것은 闔閭 때가 아닌가 한다.
＊원문의 「逡遁」은 머뭇거림을 뜻한다. 첩운어.

【참고】《晏子春秋》卷七 外篇 重而異者 186[7-16]과 관련이 있다.

091 [4-11] 晏子聘于吳, 吳王曰:「敢問長保威彊, 勿失之道, 若何?」晏子對曰：「先民而後身. 先施而後誅. 彊不暴弱. 貴不凌賤.
富不傲貧. 百姓並進. 有司不侵. 民和政平. 不以威彊退人之君. 不
以衆彊兼人之地. 其用法爲時禁暴. 故世不逆其志. 其用兵爲衆屛
患. 故民不疾其勞. 此長保威彊, 勿失之道也. 失此者危矣.」吳王忿
然作色不說. 晏子曰：「寡君之事畢矣. 嬰無斧鑕之罪. 請辭而行.」
遂不復見.

안자가 오吳나라에 초빙되어 가자, 오왕吳王이 물었다.

「감히 묻건대 위강威彊을 길이 보존하면서, 이를 잃지 않을 수 있는 방
법에는 어떤 것이 있습니까?」

안자는 이렇게 대답하였다.

「백성을 먼저 하고 자신을 뒤로 하며, 베풀기를 먼저 하고 주벌誅罰은
뒤로 해야 합니다. 또 강하다고 해서 약한 자에게 폭력을 쓰지 않으며, 귀
하다고 해서 천한 이를 능멸함도 없어야 하며, 부유하다고 해서 가난한 이
에게 오만하게 굴지도 않아야 합니다. 그렇게 되면 백성들이 몰려오지요.

유사有司는 직무를 빌미로 남을 침범하지 않아야 백성이 화목하고, 정치
가 평온해집니다. 위강威彊으로써 남의 나라 임금을 물러나게 하거나, 중강
衆彊으로써 남의 나라 땅을 겸병해서는 안 됩니다. 그 법령은 적당한 때
사용되어 포악함을 막아 주어야 합니다. 그렇게 하면 세상은 그 뜻을 거역
하지 아니합니다. 그 무력은 백성을 위해 사용하여 환난을 막아 주는 것이
어야 합니다. 그렇게 하면 백성들은 그를 위해 수고하는 것을 싫어하지 않
게 됩니다. 이것이 곧 위강을 길이 보전하면서, 이를 잃지 않는 방법입니다.
그러나 이를 잃게 되면 위험해지고 맙니다.」

이 말에 오왕은 분연히 얼굴빛을 바꾸고 불쾌히 여겼다.

이를 알아차린 안자는 「저희 임금이 시킨 사신의 업무는 이제 끝났습니
다. 부질斧質의 참형을 당할 죄는 지은 게 없습니다. 신臣은 이만 물러가기
를 청합니다」 하고는, 다시는 그를 만나지 아니하였다.

【오왕吳王】 闔閭(?). 재위 19년(B.C. 514~496).
【위강威彊】 威勢와 富强.
【유사有司】 일을 맡은 사람.

【중강衆彊】 여럿의 힘으로 彊暴하게 함.
【부질斧鑕】 즉 斧質. 〈부지〉로도 읽는다. 도끼와 쇠 모탕으로서 고대의 刑具. 極刑에 처할 때 쓰는 기구.

【참고】 1.《晏子春秋》卷三 內篇 問上 065[3-15]와 관련이 있다.
2.《晏子春秋》卷七 外篇 重而異者 187[7-17]과 관련이 있다.
3.《說苑》卷十二 奉使篇과 관련이 있다.

092 [4-12] 晏子使魯, 見昭公. 昭公說曰:「天下以子大夫語寡人者衆矣. 今得見而羨乎所聞. 請私而無爲罪. 寡人聞大國之君, 蓋回曲之君也. 曷爲以子大夫之行, 事回曲之君乎?」晏子逡遁對曰:「嬰不肖. 嬰之族又不若嬰. 待嬰而祀先者五百家. 故嬰不敢擇君.」晏子出. 昭公語人曰:「晏子, 仁人也. 反亡君. 安危國. 而不私利焉. 僇崔杼之尸. 滅賊亂之徒. 不獲名焉. 使齊外無諸侯之憂. 內無國家之患. 不伐功焉. 鉶然不滿, 退託于族. 晏子可謂仁人矣.」

안자가 노魯나라에 사신으로 가서 소공昭公을 만나자, 소공이 기뻐하며 이렇게 물었다.

「과인에게 그대 대부를 칭찬하는 자가 천하에 수다합니다. 지금 이렇게 직접 뵙고 보니 듣던 바에 못지 않습니다. 청컨대 사사로이 묻는 것이니, 저를 탓하지 마십시오. 과인이 듣건대 귀국의 임금은 대개들 회곡回曲된 임금이라 하던데, 어찌 그대 대부 같은 분의 행동으로 그렇듯 회곡된 임금을 모시는 것입니까?」

안자는 이 질문에 머뭇거리며 이렇게 대답하였다.

「저는 불초합니다. 저희 가족 역시 저만 못합니다. 그러한 친족들이 저에 의지하여 선대의 제사를 모시는 자가 5백 가구나 됩니다. 그 때문에 저는 감히 임금을 가려서 모실 수가 없는 처지입니다.」

안자가 나가자, 소공이 옆사람에게 이렇게 말하였다.

「안자는 어진 사람이다. 망할 임금을 반성케 하고, 위험한 나라를 안정시키는 분이다. 그러면서 사사로운 이익과는 거리가 멀다. 최저崔杼의 시신을 도륙하고, 적란賊亂의 무리를 소멸시켰다. 그러면서도 명예를 얻으려 하

지 않는다. 제齊나라로 하여금 밖으로는 제후들의 근심을 없애 주었고, 안
으로는 국가의 환난을 없애 주었다. 그러면서도 자기의 공을 자랑하지 아
니하고, 조용히 있으면서 자만自滿함이 없으며, 겸손히 물러나 가족을 의탁
처로 살고 있다. 안자 같은 분이라면 가히 어진 이라 할 수 있을 것이다.」

【노魯】周代의 國名. 周나라 武王의 아우 周公 旦이 封함을 받은 나라.
【소공昭公】魯나라 君主. 재위 32년(B.C. 541~510).
【회곡回曲】곧지 못한 상태.
【최저崔杼】莊公을 죽인 人物.《左傳》襄公 二十八年 참조.

【참고】《晏子春秋》卷七 外篇 重而異者 187[7-17]과 주제가 같다.

093 [4-13] 晏子聘于魯, 魯昭公問焉曰:「吾聞之, 莫三人而迷. 今
吾以一國慮之, 魯不免于亂. 何也?」晏子對曰:「君之所尊擧而富
貴. 入所以與圖身, 出所以與圖國. 及左右逼邇, 皆同于君之心者也.
撟魯國化而爲一心. 曾無與二, 其何暇有三? 夫逼邇于君之側者, 距
本朝之勢. 國之所以殆也. 左右讒諛, 相與塞善. 行之所以衰也. 士
者持祿, 游者養交, 身之所以危也. 詩曰:『芃芃棫樸, 薪之槱之. 濟
濟辟王, 左右趨之.』此言古者聖王明君之使以善也. 故外知事之情.
而內得心之誠. 是以不迷也.」

　안자가 노魯나라에 초빙되어 가자, 노魯나라 소공昭公이 물었다.
　「내가 들으니, 세 사람 이상의 의견을 듣지 않으면 미혹에 빠진다 하였
습니다. 지금 나는 일심으로 나라를 위해 근심하건만, 오히려 우리 노나라
는 혼란을 벗어나지 못하고 있으니 무슨 까닭일는지요?」
　안자는 이렇게 대답하였다.
　「임금께 존대와 추천을 받아 부귀해진 자들은 들어와서는 자신의 이익만
을 도모하기에 바쁘고, 나가서는 나라의 일을 도모하는 척하기에 바쁩니다.
그리고 좌우에 가까이 있는 측근까지 모두가 임금의 잘못은 간諫하지 않
고, 임금과 같은 마음만 가지고 있습니다. 이렇게 노나라를 비틀어 나쁜 쪽
으로 한마음이 되도록 하고 있습니다. 일찍이 두 마음도 더불어 의논할 겨를

이 없이 하고 있는데, 어느 겨를에 세 사람의 의견을 들을 수 있겠습니까?

무릇 임금 가까이에서 모시고 있는 측근들은 조정 안에서 임금의 권위를 넘어서고 있으니, 이것은 나라의 위태로움을 초래하는 소이입니다. 또 좌우는 참소와 아첨에 젖어 서로가 서로의 훌륭함을 막고 있으니, 이것이 곧 행동의 쇠퇴를 초래하는 소이입니다. 그런가 하면 선비는 봉록에만 매달려 있고, 건달들은 패거리 사귀기에 정신이 없으니 이것은 스스로 위험에 빠지게 되는 소이입니다.

시詩*에 『두릅나무 떡갈나무 우거진 것은 베어서 차곡차곡 쌓아두었지. 훌륭한 모습의 우리 임금은 좌우가 달려가 모셔 올리지!』라고 하였습니다. 이 말은 옛날 성왕聖王과 명군明君은 아랫사람의 훌륭한 장점을 찾아 신하를 부렸던 까닭에 밖으로는 일의 사정을 알고, 안으로는 마음속의 성실함을 얻게 되었다는 것입니다. 성왕과 명군은 이로써 미혹되지 않았던 것입니다.」

【소공昭公】092의 注 참조. [前出]
* 《詩經》大雅 棫樸의 구절.

【참고】《韓非子》卷九 內儲說上
　晏嬰子聘魯. 哀公問曰:「語曰,『莫三人而迷.』今寡人與一國慮之, 魯不免於亂. 何也?」晏子曰:「古之所謂莫三人而迷者, 一人失之, 二人得之, 三人足以爲衆矣. 故曰:『莫三人而迷.』今魯國之羣臣以千百數, 一言於季氏之私. 人數非不衆, 所言者一人也. 安得三哉?」

094 [4-14]　晏子聘于魯, 魯昭公問曰:「子大夫儼然辱臨敝邑. 竊甚嘉之. 寡人受貺, 請問, 安國衆民, 如何?」晏子對曰:「嬰聞傲大賤小則國危. 慢聽厚斂則民散. 事大養小, 安國之器也. 謹聽節斂, 衆民之術也.」

안자가 노魯나라에 초빙되어 가자, 노魯나라 소공昭公이 물었다.

「그대 대부께서 단정한 모습으로 저희 읍에 이렇듯 욕되게 찾아오신 것을, 저는 심히 기쁘게 생각합니다. 좋은 것을 내려 주시면 과인은 받아들이겠습니다. 청컨대 어떻게 하는 것이 나라를 평안히 하고, 백성을 늘릴 수 있는 것인지를 묻습니다.」

안자는 이렇게 대답하였다.

「제가 듣건대 큰 나라에게 오만하게 굴고 작은 나라라고 해서 비천하게 대하면 나라가 위험해지고,* 백성의 소리를 오만하게 듣고 세금만 가혹하게 하면 백성은 흩어지고 만다 하였습니다. 큰 나라는 섬기고 작은 나라는 잘 보살펴 주는 것이 나라를 안정시키는 그릇이며,* 백성의 소리를 잘 들어 주고 세금을 줄여 주는 것이 백성을 늘리는 기술입니다.」

【소공昭公】 092의 注 참조. [前出]
* 張氏本 注에 『傲大, 大國必重怒而加兵, 賊小, 小國必結鄰以報怨, 故國危』라 하였다.
* 《孟子》 梁惠王下에 『以大事小者, 樂天者也. 以小事大者, 畏天者也. 樂天者保天下, 畏天者保其國』이라 하였다.

095 [4-15] 晏子使晉, 晉平公饗之文室. 旣靜矣. 以宴. 平公問焉曰:「昔吾子先君得衆, 若何?」晏子對曰:「君饗寡君, 施及使臣, 御在君側. 恐懼不知所以對.」平公曰:「聞子大夫數矣. 今酒得見. 願終聞之.」晏子對曰:「臣聞君子如美淵澤, 容之, 衆人歸之. 如魚有依. 極其游泳之樂. 若淵澤決竭. 其魚動流. 夫往者維雨乎? 不可復已.」公又問曰:「請問莊公與今君孰賢?」晏子曰:「兩君之行不同. 臣不敢知也.」公曰:「王室之不正也. 諸侯之專制也. 是以欲聞子大夫之言也.」對曰:「先君莊公, 不安靜處, 樂節飮食, 不好鐘鼓. 好兵作武, 與士同飢渴寒暑, 君之彊, 過人之量, 有一過不能已焉, 是以不免于難. 今君大宮室, 美臺榭, 以辟飢渴寒暑, 畏禍, 敬鬼神, 君之善足以沒身, 不足以及子孫矣.」

안자가 진晉나라에 사신으로 가자, 진晉나라의 평공平公이 이를 맞아 화려한 장식을 한 방에서 주식酒食을 차려 대접하였다. 잔치가 끝나고 연회가 시작되자, 평공이 이렇게 물었다.

「지난날 선생의 선군先君은 많은 무리를 얻었습니다. 어떻게 해서 그렇게 할 수 있었습니까?」

안자는 이렇게 대답하였다.

「임금께서 저희 나라 임금을 대하듯 이렇게 성대히 차리셔서 그것이 저 같은 사신使臣에게까지 미치며, 또한 임금 곁에 이렇게 모실 수 있게 해주시니 두려워서 뭐라고 대답해야 할지 모르겠습니다.」

그러자 평공이 다시 부탁을 하였다.

「그대 대부에 대한 소문은 자주 들어 왔습니다. 지금 이렇게 직접 뵙게 되었으니, 끝내 말씀을 듣기를 원합니다.」

그제서야 안자는 이렇게 설명하였다.

「제가 듣건대 군자의 훌륭함이란, 마치 연택淵澤과 같아서 무엇이든지 용납합니다. 많은 사람이 그에게 모여드는 것은, 마치 물고기가 그 연택에 의지하는 것과 같습니다. 그러나 그 연택에서 유영游泳의 즐거움을 신나게 누리다가도, 만약 연택의 물이 다 흘러 말라 버리면 물고기들은 물결을 따라 흘러가 버립니다. 그러나 그들이 갈 곳은, 곧 비가 내려 물이 불어나기를 바라는 것 외에 달리 방법이 있겠습니까? 그들은 한 번 떠나면 다시 되돌아올 수조차 없는 것입니다.」

이에 평공이 다시 물었다.

「그러면 장공莊公과 지금 임금 가운데 누가 더 현명합니까?」

안자는 이렇게 대답하였다.

「두 분의 행동은 서로 다릅니다. 저는 감히 알 수가 없습니다.」

평공은 이 대답에 「왕실이 바르지 못하고, 제후들이 전제를 하는 시대입니다. 그래서 그대 대부의 말씀을 듣고 싶어하는 것입니다」라고 말하였다.

그러자 안자가 이렇게 대답하였다.

「선군이신 장공은 조용히 있는 것을 좋아하지 않으셨고, 음식은 절검케 하기를 즐겼으며, 종고의 음악도 좋아하지 않으셨습니다. 주로 군사 육성을 좋아하셔서 병사들과 함께 배고픔과 목마름, 추위와 더위를 겪었습니다. 임금의 강하심은 다른 사람의 역량을 뛰어넘었습니다. 그러나 단 한번의 과실을 뛰어넘지 못하였습니다.* 지금의 우리 임금은 궁실을 크게 짓고, 대사臺榭를 아름답게 꾸며서 기갈과 한서를 피하고 있습니다. 화禍를 두려워하여 귀신을 공경합니다. 우리 임금의 이렇듯 작은 선善은 탈없이 수명을 누릴 만하기는 하나, 자손에게까지 길이 나라를 물려 주기에는 부족하지요!」

【진晉 평공平公】春秋時代 晉나라 君主. 재위 26년(B.C. 557~532).
【장공莊公】景公의 前代 임금. 崔杼에게 시해당하였다. 재위 6년(B.C. 553~548).
 * 崔杼의 禍를 지칭한다.

096 [4-16]　晏子使于晉.　晉平公問曰:「吾子之君,　德行高下,　如
何?」晏子對以「小善.」公曰:「否! 吾非問小善. 問子之君, 德行高
下也.」晏子蹴然曰:「諸侯之交, 紹而相見, 辭之有所隱也. 君之命
質, 臣無所隱. 嬰之君, 無稱焉.」平公蹴然而辭. 送. 再拜而反. 曰:
「殆哉! 吾過. 誰曰齊君不肖? 直稱之士. 正在本朝也.」

　안자가 진晉나라에 사신으로 가자, 진晉나라의 평공平公이 물었다.
「그대 나라 임금의 덕행德行의 고하高下는 어떻습니까?」
　이 질문에 안자는 그저「조금 훌륭하지요!」라고 대답하였다.
　그러자 평공이「아니오! 나는 조금 훌륭한가를 물은 것이 아니라, 그대
나라 임금의 덕행이 어느 정도인가를 물은 것입니다」라고 말하였다.
　안자는 축연蹴然히 이렇게 말하였다.
「제후의 사귐에는 서로를 소개하여 만나며, 그 오가는 말에서는 서로가
숨겨야 될 바가 있는 것인데, 임금께서 질문을 내리시니 신은 숨길 바가
없습니다. 저희 나라 임금은 그렇게 칭찬할 것은 없습니다.」
　이에 평공 역시 축연히 더 이상 말을 못하고 헤어졌다. 그러나 안자를
전송하고 돌아와서는 이렇게 말하였다.
「위험하도다! 나의 과실이여. 그 누가 제齊나라 임금을 불초하다 하는
가? 바른 대로 말하는 신하가 그 나라의 조정에 버티고 있는데!」*

【진晉 평공平公】095의 注 참조. [前出]
【축연蹴然】삼가는 모양.
 * 張氏本 注에『言齊廷能容直臣, 孰謂其君不肖乎?』라 하였다.

097 [4-17] 晏子使于晉. 叔向從之宴, 相與語. 叔向曰:「齊其何如?」晏子對曰:「此季世也, 吾弗知. 齊其爲田氏乎!」叔向曰:「何謂也?」晏子曰:「公棄其民, 而歸于田氏. 齊舊四量, 豆區釜鍾. 四升爲豆, 各自其四. 以登于釜, 釜十則鍾. 田氏三量皆登一焉, 鍾乃巨矣. 以家量貸, 以公量收之. 山木如市, 弗加于山. 魚鹽蜃蛤, 弗加于海. 民參其力, 二入於公, 而衣食其一. 公積朽蠹, 而老少凍餒. 國之都市, 屨賤而踊貴. 民人痛疾, 或燠休之. 昔者, 殷人誅殺不當, 僇民無時. 文王慈惠殷衆, 收卹無主, 是故天下歸之. 民無私與, 維德之授. 今公室驕暴, 而田氏慈惠. 其愛之如父母, 而歸之如流水. 欲無獲民, 將焉避之? 箕伯, 直柄, 虞遂, 伯戲, 其相胡公太姬, 已在齊矣.」叔向曰:「雖吾公室, 亦季世也. 戎馬不駕, 卿無軍行, 公乘無人, 卒列無長. 庶民罷弊, 宮室滋侈. 道殣相望, 而女富溢尤. 民聞公命, 如逃寇讎. 欒, 郤, 胥, 原, 狐, 續, 慶, 伯, 降在皂隸. 政在家門. 民無所依, 而君日不悛, 以樂慆憂. 公室之卑, 其何日之有? 讒鼎之銘, 曰:『昧旦丕顯, 後世猶怠.』況日不悛, 其能久乎?」晏子曰:「然則子將若何?」叔向曰:「人事畢矣, 待天而已矣. 晉之公族盡矣. 肸聞之, 公室將卑, 其宗族枝葉先落. 則公從之. 肸之宗十一族, 唯羊舌氏在而已. 肸又無子, 公室無度, 幸而得死, 豈其獲祀焉?」

안자가 진晉나라에 사신으로 갔을 때, 진나라의 대부인 숙향叔向이 잔치에 함께 참여하여 서로 의견을 나누게 되었다. 이에 숙향이 물었다.

「제齊나라 사정은 어떻습니까?」

안자가 「지금은 계세季世입니다. 저는 잘 모릅니다. 제나라는 전씨田氏의 손으로 넘어갈 것입니다!」라고 대답하자, 숙향이 다시 물었다.

「무슨 뜻입니까?」

이에 안자가 이렇게 설명하였다.

「임금이 그 백성을 버리자, 그 백성이 전씨田氏에게 모여들고 있습니다. 제나라는 과거에 네 가지 도량형이 있었는데, 두豆·구區·부釜·종鍾이 그것입니다. 4승升이 1두豆이며, 각각 4배씩 더해져서 1부釜가 되고, 10부는 곧 1종鍾이 되는 것입니다. 그런데 전씨는 두료·구區·부釜의 세 가지 도량형을 쓰면서, 공량公量보다 1승을 많게 하여 5승을 1두로 하고, 5두를 1구로 하며, 5구를 1부로 하면서 10부를 1종으로 삼으니, 전씨의 도량형은 공량보다 훨씬 많습니다. 그렇게 해놓고는 빌려 줄 때는 자기 집안의 도량형으로 주고, 되받을 때는 공량公量으로 하지요. 또한 전씨는 자기의 채읍采邑에 있는 산에서 나무를 베어 시장에까지 운반하여 팔아도 운반비를 더하지 않아 산에서보다 비싸지 않으며, 채읍의 바닷가에서 나는 생선이나 소금·조개 등도 시장에 내다팔면서 바닷가에서 파는 것보다 더 비싼 값을 받지 않습니다.

백성들은 힘써서 얻은 소득을 셋으로 나누어 그 중 둘은 나라에 바치고, 하나는 자신이 먹고 사는 데 씁니다. 나라의 축적은 좀이 쏠 정도로 썩어 나는데, 늙거나 어리고 힘 없는 자들은 추위와 굶주림에 떨고 있습니다. 나라안의 도시에 보통 신인 구屨의 값은 싸고, 죄를 지어 발뒤꿈치를 베인 사람이 신는 신인 용踊의 값은 비쌉니다. 이처럼 백성들은 고통에 떨거나, 혹은 그 아픔을 괴로워하고 있습니다.*

옛날 은殷나라의 주紂는 부당한 사형을 내리고, 시도 때도 없이 사람을 죽였습니다. 그때 문왕文王은 그러한 은나라 백성을 자혜慈惠로써 대하고, 의지할 데 없는 이들을 사랑으로 거두었습니다. 그러자 천하가 그에게로 귀의하였습니다. 백성에게 사사로운 감정으로 베풀지 않고, 오직 덕으로만 대해 주었던 것입니다.

지금 우리 나라의 공실公室은 교만하고 포악한 데 비해, 전씨田氏는 자혜로워 그 사랑이 마치 부모와 같으며, 백성이 전씨에게 몰림이 마치 물이 흘러 모이는 듯합니다. 백성이 모여드는 것을 싫어한들, 어찌 이를 피하겠습니까? 기백箕伯·직병直柄·우수虞遂·백희伯戲로부터 호공胡公·태희太姬의 위패가 제나라에 있어 온 이래,* 지금에 이르러서는 이미 제나라에서 그 권세의 터를 잡고 있습니다.」

이 설명에 숙향은 이렇게 말하였다.

「우리 나라의 공실도 역시 계세季世입니다. 군마軍馬는 탈 만한 게 없고, 경벼슬만 되어도 군대에 가지 않습니다. 임금의 수레도 전쟁을 대비한 관리자가 없고, 병졸 사이에도 지도자가 없습니다. 게다가 서민은 피폐해졌는

데 궁실은 갈수록 사치를 부리고 있습니다. 길에는 굶어죽은 자가 널려 있는 상황인데도 궁녀들의 사치는 더욱 넘치고 우심합니다.

백성은 임금의 명령을 듣게 되면 마치 원수를 피하듯이 도망 가고, 우리 진나라 공족이었던 난씨欒氏·극씨郤氏·서씨胥氏·원씨原氏·호씨狐氏·속씨續氏·경씨慶氏·백씨伯氏 등은 모두 강등되어 노예의 반열로 전락하여 버렸습니다. 정치는 군주의 조정朝廷을 떠나 사사로운 가문家門에서 처리되고, 백성은 의지할 곳이 없는데도 임금은 전혀 고칠 생각을 아니하며, 근심을 음악으로 달래고 있습니다. 이렇게 본다면 공실의 쇠락이 얼마나 남았겠습니까? 게다가 참정讒鼎의 명문銘文에도『창업자들은 모두 일찍 일어나 힘써 노력하였건만 그 후손들은 오히려 게으르네』라고 경계하였건만, 임금은 날마다 마음을 바로잡을 생각도 아니 하니, 그 어찌 장구할 수 있으리요?」

이에 안자가 물었다.

「그렇다면 그대는 장차 어찌할 셈입니까?」

숙향은 이렇게 대답하였다.

「사람으로서 할 수 있는 일은 끝난 셈입니다. 하늘의 뜻을 기다릴 뿐입니다. 진晉나라의 공족公族도 다 사라졌습니다. 제가 듣건대 공실이 쇠락하려면, 그 종족의 지엽枝葉이 먼저 쇠락한다고 하였습니다. 그렇다면 우리 임금도 그렇게 되겠지요. 저희 종족도 11개 파나 되었는데, 오직 양설씨羊舌氏 만이 남아 있을 뿐입니다. 게다가 저는 아들도 없습니다. 공실이 이처럼 무도한데, 다행히 수명이나 그대로 누리면 그만이지 어찌 제사까지 얻어먹을 수 있기를 바라겠습니까?」

【숙향叔向】 晉나라 大夫. 성은 羊舌, 이름은 肸. 혹은 叔肸, 楊肸, 羊肸 등으로 불린다.
【계세季世】 末世. 亂世.
【전씨田氏】 陳氏. 陳나라 출신으로 원래는 嬀氏였으나, 齊나라에 와서 國名인 陳氏를 姓氏로 삼고 번성한 일족. 뒤에 齊나라를 찬탈하였다. 陳과 田은 古代 同音. 《說文解字》 段玉裁 注에『陳敬仲之後爲田氏, 田卽陳字, 假田爲陳也』라 하였다.
【두豆·구區·부釜·종鍾】 모두 古代의 度量衡.
【구屨】 일반 사람들이 신는 신.
【용踊】 죄를 지어 발뒤꿈치를 베인 자가 신는 신. 《左傳》 杜預 注에『踊, 刖足者屨也. 言刑多也』라 하였다.
 * 원문『燠休』에 대하여, 服虔은『若今小兒痛, 父母以口就之曰燠休! 其代痛也』라 하

였다. 괴로워서 내는 소리.

【주紂】잔인포악하여 천하를 잃은 殷王朝 최후의 天子. 紂王.

【문왕文王】周의 창건자인 武王의 아버지. 西伯이라고도 하며, 紂에 상대되는 인물로 거론된다.

【기백箕伯·직병直柄·우수虞遂, 백희伯戲】4명 모두 舜의 후손으로 田氏(陳氏)의 선조들.

＊ 원문의 「相胡公太姬」에서 相은 祖를 가리킨다. 즉 조상으로서 위패를 모심. 陳氏의 시조인 胡公과 그의 妃인 大姬(太姬)의 위패를 齊나라에서 모셔왔다. 이는 齊나라가 陳(田)氏의 수중으로 넘어간다는 뜻.

【난씨欒氏·극씨郤氏·서씨胥氏·원씨原氏·호씨狐氏·속씨續氏·경씨慶氏·백씨伯氏】이 8개 姓은 모두 晉나라 公族의 후예들. 그러나 李萬壽의 《晏子春秋全譯》(貴州人民出版社, 1993, 貴陽)에서는 두 글자씩 묶어 4명으로 보고 있다.

【참정讒鼎】古代의 鼎名. 讒訴나 게으름을 경계하기 위해 만든 鼎.

【양설씨羊舌氏】원래는 食邑 이름이었으나 뒤에 姓氏가 됨. 叔向의 姓氏.

【참고】1.《晏子春秋》044[2-19]·058[3-8]·180[7-10]·185[7-15]와 관련이 있다.

2.《文選》任彦昇, 奏彈劉整 注, 西征賦 注, 勸進表 注 등에 관련기록이 실려 있다.

3.《太平御覽》765·830에 본장의 내용이 전재되어 있다.

4.《左傳》昭公 二十六年傳에 일부 관련기록이 실려 있다.

5.《左傳》昭公 三年傳

　晏子受禮, 叔向從之宴, 相與語. 叔向曰:「齊其何如?」晏子曰:「此季世也, 吾弗知, 齊其爲陳氏矣. 公棄其民而歸於陳氏, 齊舊四量, 豆·區·釜·鍾, 四升爲豆, 各自其四以登於釜, 釜十則鍾, 陳氏三量皆登一焉, 鍾乃大矣. 以家量貸而以公量收之, 山木如市, 弗加於山, 魚鹽蜃蛤, 弗加於海. 民參其力, 二入於公, 而衣食其一. 公聚朽蠹, 而三老凍餒. 國之諸市, 屨賤踊貴, 民人痛疾, 而或燠休之, 其愛之如父母, 而歸之如流水, 欲無獲民, 將焉辟之? 箕伯·直柄·虞遂·伯戲, 其相胡公大姬已在齊矣.」叔向曰:「然, 雖吾公室, 今亦季世也, 戎馬不駕, 卿無軍行, 公乘無人, 卒列無長, 庶民罷敝, 而宮室滋侈, 道殣相望, 而女富溢尤. 民聞公命, 如逃寇讎, 欒·郤·胥·原·狐·續·慶·伯, 降在皂隸. 政在家門, 民無所依, 君日不悛, 以我惛憂, 公室之卑, 其何日之有? 讒鼎之銘曰:『昧旦丕顯, 後世猶怠.』況日不悛, 其能久乎?」晏子曰:「子將若何?」叔向曰:「晉之公族盡矣. 肸聞之, 公室將卑, 其宗族枝葉先落, 則公從之. 肸之宗十一族, 唯羊舌氏在而已. 肸又無子, 公室無度, 幸而得死, 豈其獲祀?」

6.《韓非子》卷十三 外儲說 右上

　景公與晏子游於少海. 登柏寢之臺, 而還望其國曰:「美哉! 泱泱乎! 堂堂乎! 後世將孰有此?」晏子對曰:「其田成氏乎.」景公曰:「寡人有此國也, 而曰田成氏有之, 何也?」晏子對曰:「夫田成氏甚得齊民. 其於民也, 上之請爵祿行諸大臣, 下之私大斗斛區釜以出貸, 小斗斛區釜以收之. 殺一牛, 取一豆肉, 餘以食士. 終歲布帛, 取二制焉, 餘以衣士. 故市木之價, 不加貴於山. 澤之魚鹽龜鱉蠃蚌, 不加貴於海. 君重斂而田成氏厚施. 齊嘗大飢, 道旁餓死者, 不可勝數也, 父子相牽而趨田成氏者. 不聞不生. 故周秦之民. 相與歌之曰:『謳乎其已乎. 苞乎其往歸田成子乎.』詩曰:『雖無德與女. 式歌且舞.』今田成氏之德, 而民之歌舞民德歸之矣. 故曰, 其田成氏乎.」公泫然出涕曰:「不亦悲乎? 寡人有國, 而田成氏有之.
今爲之奈何?」晏子對曰:「君何患焉? 若君欲奪之, 則近賢而遠不肖, 治其煩亂, 緩其刑罰,
振貧窮而恤孤寡, 行恩惠而給不足民將歸君. 則雖有十田成氏, 其如君何?」

098 [4-18]　叔向問晏子曰:「齊國之德衰矣. 今子何若?」晏子對
曰:「嬰聞事明君者, 竭心力以沒其身. 行不逮則退. 不以誣持祿.
事惰君者, 優游其身以沒其世. 力不能則去. 不以諛持危. 且嬰聞君
子之事君也, 進不失忠. 退不失行. 不苟合以隱忠, 可謂不失忠. 不
持利以傷廉, 可謂不失行.」叔向曰:「善哉! 詩有之曰:『進退維
谷.』其此之謂歟!」

숙향이 안자에게 물었다.

「제齊나라의 덕이 쇠하였습니다. 지금 그대는 어찌할 셈입니까?」

안자는 이렇게 대답하였다.

「제가 듣건대 명석한 임금을 섬기는 경우에는 그 마음과 힘을 다하여 자
신의 수명을 누리되, 자신의 행동이 그에 미치지 못하면 물러나매 봉록을
지키기에 급급하여 거짓된 행동을 해서는 안 된다고 하였습니다. 그리고
게으른 임금을 모실 경우에는, 자신의 몸에 악이 더 이상 닥쳐오지 않게
하여 그 세대가 끝날 때까지 근신하며 직분을 지키되,* 자신의 힘으로 더
이상 어찌할 수 없을 때는 떠나매 아첨으로 위험한 상태를 연장시키는 짓
은 하지 않는다고 하였습니다.

　또 제가 듣건대 군자는 임금을 섬김에 나아가서는 충忠을 잃지 않고, 물
러나서는 행行을 잃지 않는다고 하였습니다. 충忠을 감추고서 구차하게 임
금의 뜻에 영합하는 짓을 하지 않는 것을 일러 불실충不失忠이라 하고, 염
치를 훼상毁傷시켜 가면서까지 자신의 이익을 추구하는 짓을 하지 않는 것
을 불실행不失行이라 한다 하였습니다.」

　이 말에 숙향은 이렇게 탄식하였다.

「훌륭합니다! 시詩*에 『나아가도 물러나도 모두 골짜기!』라고 하였으니,
바로 이런 경우로군요!」

* 원문의 『優游』는 자연에 순응하여 견뎌냄을 뜻한다. 쌍성어. 張氏本 注에 『優游者, 不逢惡, 不長惡, 盡力守職, 不怠奉官而已』라 하였다.
* 《詩經》 大雅 桑柔篇의 구절.

099 [4-19] 叔向問晏子曰: 「正士之義, 邪人之行, 何如?」 晏子對曰: 「正士, 處勢, 臨衆而不阿私. 行國足養而不忘故. 通則事上使卹其下. 窮則敎下使順其上. 其事君也, 盡禮行忠. 不爲苟祿. 不用則去而不議. 其交友也, 論身行義. 不爲苟戚. 不同則疏而不誹. 不毁進于君, 不以刻民尊于國. 故用于上則民安. 行于下則君尊. 故得衆上不疑其身. 用于君不悖于行. 是以進不喪己. 退不危身. 此正士之行也. 邪人則不然. 用于上則虐民. 行于下則逆上. 事君苟進不道忠. 交友苟合不道行. 持諛巧以匃祿. 比姦邪以厚養. 矜爵祿以臨人. 夸體貌以華世. 不任于上則輕議. 不篤于友則好誹. 故用于上則民憂. 行于下則君危. 是以其事君近于罪. 其交友近于患. 其得上辟于辱. 其爲生僨于刑. 故用于上則誅. 行于下則弑. 是故交通則辱. 生患則危. 此邪人之行也.」

숙향이 안자에게 물었다.

「올바른 선비의 의義와 사악한 사람의 행동은 어떻게 다릅니까?」

안자는 이렇게 대답하였다.

「올바른 선비는 형세에 처하여 무리를 이끌되 사사로움을 위해 아부하지 않으며, 나라를 다스려 풍족하게 육성하되 옛 연고자들을 잊지 않습니다. 통달한즉 윗사람을 섬김에 그로 하여금 아랫사람을 긍휼히 보살피도록 하며, 궁한즉 아랫사람을 가르침에 그로 하여금 윗사람에게 순종토록 합니다.

그리고 임금을 섬김에는 예를 다하고 충성을 실천하되, 구차스럽게 녹을 구하지 않습니다. 등용되지 않으면 물러나 변명하거나 비방하지 않습니다. 또 친구를 사귐에는 자신을 깨우쳐 의를 실천하되, 구차스럽게 친하려 들지 않습니다. 서로 동질감을 찾지 못하면 소원해지되 비방하지 않습니다.* 멀어진 벗이라고 임금 앞에 나아가는 것을 헐뜯어 방해하지 않으며, 백성에게 각박히 하여 나라에 존경을 받는 일이라면 하지 않습니다. 그러므로 윗사람에게 등용되면 백성이 평안해지고, 아래에 있으면서 실천하면 임금을 높이게 됩니다.

따라서 그런 선비가 무리를 모으고 다녀도 윗사람은 그의 신변에 대해 의심을 하지 않게 되고, 임금에게 등용되어도 자신의 행동에 패덕스러움이 없게 됩니다. 이 까닭으로 나아가도 자신을 망치는 일이 없고, 물러나도 제 몸을 위태롭게 하는 경우란 없습니다. 이상이 바로 정사正士의 행동입니다.

사악한 사람은 그렇지 못합니다. 위에 등용되면 백성을 학대하고, 아래에서 행동하면 윗사람을 거역합니다. 임금을 섬김에도 구차스러운 승진을 위할 뿐 충성을 바칠 수 없습니다. 친구를 사귐에도 구차스럽게 작당하려 할 뿐 실천이란 없습니다. 아첨을 부려 교묘한 말로써 녹을 구하고, 간사한 이들과 무리지어 후한 대가를 바라며, 작록을 자랑하는 것으로써 사람을 대합니다. 자신의 풍모를 자랑하여 세상에 빛나려 하기도 합니다.

그러나 윗사람에게 임용되지 못하면 마구 떠들고 다니고, 친구 사이에 돈독함이 퍼지지 못할 때는 비방하기를 좋아합니다. 그러므로 윗자리에 등용되면 백성들이 근심하고, 아랫자리에서 휘젓고 다니면 임금이 위험해집니다.

이 까닭으로 그런 자가 임금을 모시게 되면 점점 죄에 가까워지고, 그를 친구로 사귀게 되면 근심과 가까워지지요. 그런 자가 윗자리를 얻으면 치욕에 편벽되고, 그런 자가 살아 있으면 형벌에 휩싸이게 됩니다. 따라서 윗자리에 등용되면 아랫사람은 주살을 면치 못하고, 아랫자리에 있으면 윗사람을 해칩니다. 이러한 까닭으로 그런 자를 사귀거나 서로 아는 사이만 된다 해도 욕辱을 입게 되고, 그와 관계가 악화되어 근심거리를 만들게 되면 위험해집니다. 이것이 곧 사악한 인물의 행동입니다.」

* 원문의 『不同則疏而不誹』는, 《論語》 衛靈公에 『道不同不相爲謀』라 하였다.

100 [4-20] 叔向問晏子曰:「事君之倫. 徒處之義. 奚如?」晏子對曰:「事君之倫, 知慮足以安國. 譽厚足以導民. 和柔足以懷衆. 不廉上以爲名. 不倍民以爲行. 上也. 潔于治己. 不飾過以求先. 不讒諛以求進. 不阿以私. 不誣所能. 次也. 盡力守職. 不怠奉官. 從上不敢惰. 畏上故不苟. 忌罪故不辟. 下也. 三者, 事君之倫也. 及夫大賢, 則徒處與有事. 無擇也. 隨時宜者也. 有所謂君子者. 能不足以補上. 退處不順上. 治唐園. 考菲履. 共恤上令. 弟長鄉里. 不夸言. 不愧行. 君子也. 不以上爲本. 不以民爲優. 內不恤其家. 外不顧其游. 夸言愧行. 自勤于飢寒. 不及醜儕. 命之曰狂僻之民. 明上之所禁也. 進也不能及上. 退也不能徒處. 作窮于富利之門, 畢志于畎畝之業. 窮通行無常, 處之慮佚于心. 通利不能. 窮業不成. 命之曰處封之民. 明上之所誅也. 有智不足以補君. 有能不足以勞民. 愈身徒處. 謂之傲上. 苟進不擇所道, 苟得不知所惡, 謂之亂賊. 身無以與君. 能無以勞民. 飾徒處之義, 揚輕上之名. 謂之亂國. 明君在上. 三者不免罪.」 叔向曰:「賢不肖性夫. 吾每有問, 而未嘗自得也.」

숙향이 안자에게 물었다.

「임금을 섬기는 도리와 벼슬 없이 그대로 사는 것은 어떤 차이가 있습니까?」

안자는 이렇게 설명하였다.

「임금을 섬기는 도리란 자신의 지식과 염려를 모두 모아 나라를 안정시키는 데 쓰면 족하고, 명예와 후덕이란 백성을 인도하는 데 쓰면 족하며, 따뜻함과 부드러움도 민중을 끌어안는 데 쓰면 족합니다.

윗사람을 청렴케 하였다고 해서 이를 명예로 여기지도 않고, 백성을 배반하면서까지 이를 실천하려 들지도 않습니다. 이것이 가장 높은 경지입니다.

다음으로 자신을 다스리는 데 깨끗하고, 잘못을 수식하면서까지 앞자리로 나서려 하지 않으며, 참소나 아첨을 이용하여 벼슬이 오르기를 꾀하지도 않습니다. 그리고 아부를 통해 사사로운 이익을 구하지 않으며, 거짓말을 내세우면서까지 자신이 능력 있는 척하지도 않습니다. 이런 정도라면 그 다음 경지는 됩니다.

또한 온 힘을 다하여 자신의 직무를 지키며, 관직에 봉사하기를 태만히 하지 않습니다. 윗사람을 따르되 타성에 젖어 움직이는 것이 아니며, 윗사람을 두려워하되 그로 인해 구차스럽게 굴지도 않고, 죄를 두려워하되 그 때문에 피하는 것도 없는 경우, 이는 그 다음 단계입니다. 이상 세 가지가 바로 임금을 섬김에 떳떳한 도리입니다.

대저 대현大賢에 이르면, 도처徒處나 유사有事를 가리지 않고 그 때에 마땅한 바를 따릅니다. 이른바 군자란 윗사람이 도움을 받아들이기에 부족할 때는 물러나서 윗사람을 따르지 않고, 당원唐園을 가꾸며 윗사람의 명령을 함께 걱정하고, 향리의 제장弟長들과 함께 살면서 말로 떠벌리지 않으며, 부끄러운 행실을 하지 않는 것, 이것이 군자입니다.

그러나 윗사람을 근본으로 삼지 않으며 백성을 근심거리로 여기지도 않고, 안으로는 자신의 집안일도 걱정하지 않으며 밖으로는 친구들 일조차 나 몰라라 하고, 말로 떠벌리면서 부끄러운 행동을 일삼거나 자신의 배고픔과 추위만을 덜기 위해 부지런을 떨며, 같은 무리에게는 관심도 없는 짓을 할 때, 이를 광벽지민狂僻之民이라 합니다. 이러한 것들은 명석한 임금들이 금지하였던 행동들입니다.

그런가 하면 벼슬에 나가서도 윗사람을 따르지 못하고 물러나서도 가만히 있지 못하며, 부유한 집안을 문이 닳도록 드나들고, 농사일에는 의욕을 잃고, 궁하고 통하는 것에 이리저리 마음이 움직여 일정하게 몸과 마음을 두는 곳이 없으면서 편안함만을 생각하며, 이익된 일에 통해도 능력이 없어 궁벽한 작은 일조차 이루지 못하는 자를 처봉지민處封之民이라 합니다. 이도 역시 명석한 임금의 주벌 대상이었던 것입니다.

다음으로 지혜가 있으면서도 임금을 보조하지 못하고, 능력이 있으면서도 백성을 부리지 못하며, 제 몸 하나 한갓 일 없이 하루하루를 사는 자, 이런 자를 오상傲上이라 하며, 벼슬길만 구차하게 구하되 바른길을 택하지 못하고, 구차하게 얻는 것에만 집착하여 악한 바를 알지 못하는 자, 이런 자를 난적亂賊이라 합니다.

그런가 하면 몸소 임금과 함께 하지 못하고, 능력도 백성으로서 노력해야 할 의무를 할 줄 모르며, 그저 가만히 무위도식하는 일만을 정당화하고, 임금의 명예를 떨어뜨리는 일이라면 발벗고 나서는 일, 이를 난국亂國이라 합니다. 명석한 임금이 윗자리에 있을 때, 이상의 세 부류는 죄를 면치 못하는 것입니다.」

이 말에 숙향은 이렇게 말하였다.

「어질거나 불초함은 천성인지요? 저는 매번 여쭈었으나, 아직도 스스로 터득하지 못하고 있으니 말입니다.」

【도처徒處】 일반 백성이 사는 곳. 즉 벼슬에서 물러나 관직이 없는 것.
【유사有事】 일이 있음. 즉 관직에 머물러 있는 것.
【당원唐園】 정원.
【광벽지민狂僻之民】 편집광에 편벽된 성격의 백성.
【처봉지민處封之民】 무위도식하고 일락만을 일삼는 게으른 백성.

【참고】《晏子春秋》卷七 外篇 重而異者 188[7-18]과 관련이 있다.

101 [4-21]　叔向問晏子曰:「世亂不遵道. 上辟不用義. 正行則民遺.
曲行則道廢. 正行而遺民乎? 與持民而遺道乎? 此二者之于行, 何
如?」晏子對曰:「嬰聞之. 卑而不失尊. 曲而不失正者. 以民爲本
也. 苟持民矣, 安有遺道, 苟遺民矣, 安有正行焉?」

　숙향이 안자에게 물었다.
　「세상이 어지러운데도 도를 준행하지 않고, 임금이 편벽스러운데도 의를
쓰지 않는 세상입니다. 바르게 행동하면 백성이 버림받게 되고, 그대로 굽
혀 행동하면 도가 사라집니다. 바른 행동을 위해 백성을 버려야 합니까?
백성을 그대로 보호하기 위해 도를 버려야 합니까? 이 두 가지를 함께 행
하려면 어떻게 해야 합니까?」
　안자는 이렇게 대답하였다.
　「제가 듣기로 스스로 낮추면서 존경을 잃지 않고,* 스스로 굽혀 행동하
면서 정의를 잃지 않는 것은 백성을 근본으로 하는 것일 뿐, 진실로 백성
을 보호한다면 어찌 도를 버릴 일이 있겠으며, 진실로 백성을 버린다면 어
찌 정의로운 행동이 있을 수 있겠습니까?」

　*《晏子春秋》卷三 內篇 問上 072[3-22]에 『潔身守道, 不與世陷乎邪, 是以卑而不失
義』라 하였다.

102 [4-22]　叔向問晏子曰:「意孰爲高. 行孰爲厚?」對曰:「意莫高
于愛民. 行莫厚于樂民.」又問曰:「意孰爲下, 行孰爲賤?」對曰:
「意莫下于刻民. 行莫賤于害身也.」

숙향이 안자에게 물었다.
「의지는 어떻게 하는 것이 높으며, 행동은 어떻게 하는 것이 후합니까?」
안자는 이렇게 대답하였다.
「의지는 백성을 사랑하는 것보다 높은 것이 없고, 행동은 백성을 즐겁게
해주는 것보다 후한 것이 없습니다.」
그러자 숙향이 다시 물었다.
「그러면 어떤 의지가 낮은 것이고, 어떤 행동이 천한 것입니까?」
안자는 다시 이렇게 대답하였다.
「의지는 백성에게 각박하게 하는 것보다 더 낮은 것이 없고, 행동은 자
신에게 해가 될 일을 하는 것보다 더 천한 것이 없습니다.」

【참고】張氏本의 末尾 注에 이렇게 실려 있다.
　惡之害身, 雖人而禽. 世不齒之, 辱及其親. 賤孰甚焉? 抑知刻民卽是害身. 是其意爲至
下. 行爲至賤, 在人雖欲上之, 貴之而不可能者也.

‘103 [4-23]　叔向問晏子曰:「嗇吝愛之于行, 何如?」晏子對曰:「嗇
者, 君子之道. 吝愛者, 小人之行也.」叔向曰:「何謂也?」晏子曰:
「稱財多寡而節用之, 富無金藏, 貧不假貸, 謂之嗇. 積多不能分人,
而厚自養, 謂之吝. 不能分人, 又不能自養, 謂之愛. 故夫嗇者, 君
子之道. 吝愛者, 小人之行也.」

숙향이 안자에게 물었다.
「색嗇·인吝·애愛의 세 가지와 행동과의 관계는 어떠합니까?」
안자는 이렇게 대답하였다.
「색嗇은 군자의 도리이며, 인吝과 애愛는 소인의 행동입니다.」
이에 숙향이 의아해서 「무슨 뜻입니까?」라고 묻자, 안자는 이렇게 설명

하였다.

「재물의 다과多寡에 맞게 이를 절약하며, 부유하다고 해서 재산을 저장
만 해두는 일도 없으며, 가난하다고 해서 빌려 쓰지도 않는 것, 이를 색嗇
이라 합니다. 그러나 쌓아 놓은 재물이 많으면서도 남에게 나누어 줄 줄
모르고, 자기 자신을 보양保養하기에만 여념이 없는 것을 일컬어 인吝이라
합니다. 그런가 하면 남에게 나누어 줄 줄도 모르고, 스스로 보양할 줄도
모르는 것은 애愛라 합니다. 따라서 무릇 색은 군자의 도리이며, 인과 애는
소인의 행동이라는 것입니다.」

【참고】《子華子》晏子問黨篇
　　子華子曰:「嗇其所以出, 而謹節其所受, 然後神宇泰定而精不搖. 其格物也明, 其遇事
也剛, 此之謂儉. 而聖人之所寶也, 所以御世之具也, 三皇五帝之所留察也.」

104 [4-24]　叔向問晏子曰:「君子之大義, 何若?」晏子對曰:「君子
之大義, 和調而不緣. 溪盎而不苛. 莊敬而不狡. 和柔而不銓. 刻廉
而不劌. 行精而不以明汙. 齊尙而不以遺罷. 富貴不傲物. 貧窮不易
行. 尊賢而不退不肖. 此君子之大義也.」

숙향이 안자에게 물었다.

「군자의 대의大義는 어떤 것입니까?」

안자는 이렇게 대답하였다.

「군자의 대의는 조화를 이루되 연고緣故에 얽매이지 않고, 눈앞에 어려
움이 닥쳐도 구차스럽게 굴지 않으며, 늠름하고 떳떳하되 교활하지 않습니
다. 그리고 따뜻하고 부드럽되 원칙만 고집하는 각박함을 보이지 않습니다.

군자의 대의大義란, 마치 옥과 같아서 엄격하고 청렴하게 모가 나 있어
도 남을 상하게 하지 않습니다.* 행동이 정확하여 더러운 것을 밝은 것인
줄 잘못 아는 경우도 없으며, 숭상할 일을 고르게 높이되 빠뜨리거나 피곤
하게 하지 않습니다. 부귀하다고 해서 물건을 마구 대하지 않으며, 빈궁하
다고 해서 행동을 아무렇게나 하지도 않습니다. 그런가 하면 어진 이를 존
중하되 불초한 이라고 마구 물러나게 하는 일도 없습니다. 이것이 바로 군

자가 행하여야 할 대의大義입니다.」

* 원문의 『廉而不劌』는,《禮記》聘義篇과《孔子家語》問玉篇에 『廉而不劌, 義也』(모가 나지만 남을 다치게 하지 않는 것은 의이다)라고 하였으며, 注에는 『쇠붙이는 날카로우면 남을 상하게 하지만, 옥은 모가 나 있어도 남을 상하게 하지 않는다』고 하였다.

105 [4-25] 叔向問晏子曰:「進不能事上. 退不能爲家. 傲世樂業. 枯槁爲名. 不疑其所守者. 可謂能行其道乎?」晏子對曰:「嬰聞古之能行道者, 世可以正則正. 不可以正則曲. 其正也, 不失上下之倫. 其曲也, 不失仁義之理. 道用與世樂業, 不用有所依歸. 不以傲上華世, 不以枯槁爲名. 故道者, 世之所以治, 而身之所以安也. 今以不事上爲道, 以不顧家爲行. 以枯槁爲名, 世行之則亂, 身行之則危. 且天之與地, 而上下有衰矣. 明王始立, 而居國爲制矣. 政敎錯而民行有倫矣. 今以不事上爲道, 反天地之衰矣, 以不顧家爲行, 倍先聖之道矣. 以枯槁爲名, 則世塞政敎之途矣. 有明上不可以爲下. 遭亂世不可以治亂. 說若道謂之惑. 行若道謂之狂. 惑者狂者, 木石之樸也. 而道義未戴焉.」

숙향이 안자에게 물었다.
「벼슬에 나아가서는 그 임금을 잘 섬기지도 못하고, 물러나서는 자신의 가족조차 제대로 이끌지 못하면서, 세상에 오만히 하는 것을 즐거운 업業으로 삼고, 세상을 버리고 은거隱居하는 것을 명예인 양 여기면서 자신이 고수하고 있는 바를 조금도 의심치 않는 자가 있다면, 이런 사람을 가히 그 도를 실행하는 이라고 할 수 있습니까?」
안자는 이렇게 대답하였다.
「제가 들으니, 옛날에 능히 도를 실행하였던 이들은 세상을 가히 바르게 할 만하면 바르게 하였고, 바르게 할 수 없다고 여겨지면 스스로 굽혔습니다. 그 바른 것이란 상하의 윤리를 잃지 않음을 말하고, 그 굽힘이란 인의仁義의 도리를 잃지 않는 것을 말합니다. 도가 쓰여지면 세상과 즐겁게 그 업業을 즐겼고, 도가 쓰여지지 않으면 귀의할 바가 있었지요. 윗사람에게 오만히 굴어 세상을 떠들썩하게 하지도 않았고, 고고枯槁한 것을 명예로 여기지도 않았습니다. 따라서 도란 세상을 다스리는 소이로 여겼으며, 몸은 편안을 구하는 안식처로 여겼던 것입니다.

그런데 지금은 윗사람을 섬기지 않는 것을 도로 여기고, 가정을 돌보지 않는 것을 행行으로 여기며, 고고枯槁히 구는 것을 명예로 여기고 있습니다. 이런 경우라면 세상에 나가 행동할수록 혼란이 올 것이요, 실천하면 할수록 몸은 위험해질 것입니다. 또한 하늘이 땅과 더불어 운행하는 질서와 상하의 질서를 쇠락케 할 것입니다. 현명한 임금은 처음 임금의 자리에 올라 나라를 세우면, 나라를 바르게 다스리기 위한 제도를 만들고 정교政敎를 펴서 백성의 행동에 윤리가 있도록 하였습니다. 그러나 지금은 윗사람을 섬기지 않는 것을 도로 여기니, 천지의 질서에 반대되는 길로 가는 것이요, 가정을 돌보지 않는 것을 자신의 떳떳한 행동으로 여기니, 이는 선성先聖의 도리를 배반하는 것입니다.

또 세상을 버리고 은거하는 것을 명예인 양 여기고 있다면, 이는 정교의 길을 막아 버리는 짓입니다. 윗사람에게 현명함이 있는데 숨어 사는 행실로써 이를 업신여길 수 없고, 어지러운 세상을 만난다면 또한 혼자서만 잘난 체하는 고고枯槁의 행실로써는 그 어지러움을 다스릴 수 없습니다. 이러한 잘못된 도를 즐기는 것을 혹惑이라 하고, 이러한 잘못된 도를 실행하는 것을 광狂이라 합니다. 이처럼 혹과 광에 빠지는 것은 다듬지 않은 나무토막이나 돌덩어리 같아서, 그런 자에게 도道니 의義니 하는 말은 없어 줄 수가 없습니다.」*

【고고枯槁】 遺世獨立, 自鳴淸高의 뜻.
【정교政敎】 政治와 敎化.
* 張氏本 注에 『戴, 載同, 言人非木石, 不可無道義』라 하였다.

106 [4-26] 叔向問晏子曰:「何若則可謂榮矣?」晏子對曰:「事親孝, 無悔往行. 事君忠, 無悔往辭. 和于兄弟, 信于朋友. 不詔過, 不責得, 言不相坐, 行不相反, 在上治民, 足以尊君. 在下荏修, 足以變人. 身無所咎, 行無所創. 可謂榮矣.」

숙향이 안자에게 물었다.

「어떻게 하면 영광스럽다고 말할 수 있습니까?」

안자는 이렇게 대답하였다.

「어버이를 섬기되 효로써 하여 지나간 일에 후회가 없고, 임금을 섬기되 충으로써 하여 지나간 말에 후회가 없어야 합니다. 형제간에 화목하고 친구에게 믿음이 있으며, 지나간 일은 의심치 않고* 이미 얻은 것에 대해서는 꾸짖지 않으며,* 말은 서로 대립되지 않아야 하고 행동은 서로 상반됨이 없도록 하여야 합니다.

윗자리에서 백성을 다스릴 때는 임금을 높이는 것으로 족하고, 아래에서 수양할 때는 남을 변화시킬 수 있는 것으로 족하면 됩니다. 또한 그 자신에게 허물이 없으며, 행동에는 남에게 상처를 주는 일이 없어야 합니다. 이렇게 하면 가히 영광스럽다 말할 수 있지요.」

* 원문의 諂는 《爾雅》 釋詁에 『諂, 疑也』라 하였다.
* 원문의 『不責得』은, 《論語》 八佾篇에 『成事不說, 遂事不諫, 旣往不咎』(이미 이루어진 일은 말하지 않고, 끝난 일은 간하지 않으며, 지나간 일은 허물치 않는다)라고 하였다.

107 [4-27] 叔向問晏子曰: 「人何以則可謂保其身?」 晏子對曰: 「詩曰: 『旣明且哲, 以保其身. 夙夜匪懈, 以事一人.』 不庶幾, 不要幸, 先其難乎, 而後幸得之. 得之時其所也. 失之非其罪也. 可謂保其身矣.」

숙향이 안자에게 물었다.

「사람이 어떻게 하면, 가히 자신의 몸을 보전한다고 말할 수 있습니까?」

안자는 이렇게 대답하였다.

「시詩*에 『이미 명석하고 또 똑똑하여 이로써 자신의 몸을 잘 보전하고, 새벽부터 밤 늦도록 게으름 없이 한 사람을 열심히 섬기도다』라고 하였습니다. 그러려니 하지 않고, 요행을 바라지도 않으며, 어려움을 먼저 처리한 이후에야 얻는 것을 다행으로 여깁니다. 얻는 것도 그 때가 있는 것이지만 잃는 것도 그 죄가 되지 않도록 하는 것, 이렇게 하면 가히 그 몸을 보전한다고 말할 수 있습니다.」

* 《詩經》大雅 烝民篇의 구절.

108 [4-28] 曾子問晏子曰:「古者, 嘗有上不諫上, 下不顧民. 退處山谷, 以成行義者也?」晏子對曰:「察其身無能也, 而託乎不欲諫上. 謂之誕意也. 上惛亂, 德義不行, 而邪辟朋黨. 賢人不用, 士亦不易其行. 而從邪以求進. 故有隱有不隱. 其行法士也? 酒夫議上則不取也. 夫上不諫上, 下不顧民, 退處山谷. 嬰不識其何以爲成行義者也.」

증자曾子가 안자에게 물었다.

「옛날에는 일찍이 윗사람이 있어도 그 윗사람에게 충간을 아니하고, 아래로는 백성의 일에도 관심을 두지 않으며, 산골짜기에 물러나 의義의 실행만을 성취시킨 자가 있었습니까?」

안자는 이렇게 대답하였다.

「자신의 무능함을 살펴 이를 핑계삼아 윗사람에게 간諫하지 않으려는 것을 일러 탄의誕意라고 합니다. 이로써 임금이 혼란하고, 덕의가 실천되지 않으며, 도리에 어긋난 사벽邪辟한 붕당이 생겨나서 어진 이가 등용되지 못하고, 선비 역시 자신의 행동을 고치지 못할 뿐더러, 도리어 그 사악함을 좇아 벼슬길을 구하는 풍조가 벌어지지요. 그러므로 은둔하거나 은둔하지 않거나 하는 선택이 있을 뿐이니,* 그것이 어찌 선비의 법이 되겠습니까?

무릇 임금과 일단 의논하였다면 산으로 숨어 버리는 그런 행동은 할 수 없습니다. 이처럼 윗자리에 있으면서 임금께 간하지도 않고, 아래에 있으면서 백성을 돌보지도 않고서 물러나 산골짜기에 처한다니, 저로서는 그렇게 하고도 어떻게 의로움을 성취시킬 수 있다는 것인지 알 도리가 없습니다.」

【증자曾子】 曾參. 孔子의 弟子 가운데 孝誠으로 이름난 인물. 「曾參殺人」의 고사를 남겼다.

【탄의誕意】 거짓된 마음. 자신을 속이는 것.
  * 張氏本의 注에『求不得則隱, 非潔身也. 求得則不隱, 非爲民也』라 하였다.

109 [4-29]　梁丘據問晏子曰:「子事三君, 君不同心, 而子俱順焉.
仁人固多心乎?」晏子對曰:「嬰聞之, 順愛不懈, 可以使百姓. 彊暴
不忠. 不可以使一人, 一心可以事百君. 三心不可以事一君.」仲尼
聞之曰:「小子識之. 晏子以一心事百君者也.」

양구거梁丘據가 안자에게 물었다.

「그대는 세 임금을 섬기셨습니다. 임금마다 그 마음이 각기 다른데도 그대
는 모두 순응하였습니다. 어진 사람은 진실로 그 마음이 여러 가지입니까?」

안자는 이렇게 대답하였다.

「제가 듣건대 순종과 사랑을 게으름 없이 실천하면 백성을 부릴 수 있
고, 강포彊暴하게 굴어 충성 없이 한다면 단 한 사람도 부릴 수 없다 하였
습니다. 한결같은 마음으로는 1백 임금도 섬길 수 있지만, 세 가지 마음으
로는 단 한 임금도 섬길 수가 없는 것입니다.」

중니仲尼가 이 말을 듣고서 이렇게 평하였다.

「소자小子여, 이를 기록해 두라. 안자는 한 마음으로 1백 임금을 섬긴 자
로다.」

【양구거梁丘據】 齊나라 景公의 臣下로 晏子와 同時代 人物.
【강포彊暴】 강압과 포악.
【중니仲尼】 孔子, 孔丘.
【소자小子】 弟子나 손아랫사람을 사랑스럽게 일컫는 말.

【참고】 1.《晏子春秋》189[7-19]·200[8-3]·201[8-4]와 관련이 있다.
2.《風俗通》過譽論에도 같은 내용이 실려 있다.
3.《孔叢子》詰墨篇
　詰之曰, 若是乎, 孔子晏子交相毁也. 小人有之君子則否. 孔子曰:「靈公汙, 而晏子事之,
以潔莊公怯, 而晏子事之, 以勇景公侈, 而晏子事之. 以儉晏子君子也.」梁丘據問晏子曰:
「事三君而不同心, 而俱順焉. 仁人固多心乎?」晏子曰:「一心可以事百君, 百心不可以事
一君. 故三君之心非一也. 而嬰之心非三也.」孔子聞之曰:「小子記之. 晏子以一心事三君
君子也.」如此則孔子譽晏子, 非所謂毁, 而不見也. 景公問晏子曰:「若人之衆, 則有孔子

乎?」對曰:「孔子者君子. 行有節者也.」晏子又曰:「盈成匡父之孝子, 兄之弟弟也. 其父
尚爲孔子門人. 門人且以爲貴, 則其師亦不賤矣.」是則晏子亦譽孔子可知也. 夫德之不修
己之罪也, 不幸而屈於人已之命也. 伐樹削迹, 絶糧七日, 何約乎哉? 若晏子以此而疑儒,
則晏子亦不足賢矣.
4.《藝文類聚》卷二十 人部四
　晏子曰. 梁丘據問晏子曰:「子事三君. 君不同心, 而子俱從焉. 仁人固多心乎?」對曰:
「一心可以事百君, 百心不可以事一君.」

110 [4-30] 柏常騫去周之齊, 見晏子曰:「騫, 周室之賤史也. 不量
其不肖, 願事君子. 敢問正道直行. 則不容于世, 隱道危行, 則不忍.
道亦無滅, 身亦無廢者. 何若?」晏子對曰:「善哉! 問事君乎. 嬰聞
之. 執一浩倨, 則不取也. 輕進苟合, 則不信也. 直易無諱, 則速傷
也. 新始好利, 則無不敝也. 且嬰聞養世之君子, 從輕不爲進. 從重
不爲退. 省行而不伐, 讓利而不夸. 陳物而勿專. 見象而勿彊. 道不
滅, 身不廢矣.」

　백상건柏常騫이 주周나라를 버리고 제齊나라로 와서, 안자를 만나자 이
렇게 물었다.

　「저는 주나라의 천한 벼슬아치입니다. 스스로 불초한 것을 헤아리지 못
하오나, 원컨대 군자인 그대를 섬기고 싶습니다. 감히 여쭙건대 바른 도리
로 곧게 행동하면 세상이 용납해 주지 않고, 그렇다고 도를 숨기고 튀는
행동을 하는 것은 차마 못하겠습니다. 도道도 멸하지 않고, 자신의 몸조차
해치지 않으려면 어떻게 하여야 합니까?」

　안자는 이렇게 대답하였다.

　「훌륭합니다! 임금을 섬기는 도리를 물으심은! 제가 듣건대 한결같이 잘
난 척하고 거만스레 고집만 피우는 자라면 취하지 않으며, 가벼이 들락날
락거리면서 구차스러운 투합만 일삼는 자라면 믿음이 없습니다. 곧게 하여
거리낌이 없으면 쉽게 다치고, 새로운 것을 만들며 이익만 좋아하면 허물
어지지 않는 것이 없다 하였습니다.

　또 제가 듣기로 세상을 보양하는 군자는 가벼운 자를 좇아 벼슬길로 나
서는 법이 없으며, 무겁다는 이만 따라서 무조건 물러나지도 않는다 하였

습니다. 자신의 행동을 살펴 자랑하지 아니하며, 이익은 양보하되 뽐내지 아니합니다. 도道를 펼치되 전횡하지 않고, 천도天道의 순리를 따를 뿐 억지로 하지 않습니다. 이 까닭으로 그러한 자의 도는 없어지지 않고, 몸도 잔폐해지지 않는 것입니다.」

【백상건柏常騫】周나라 출신으로 齊나라에 와서 벼슬하였다.

【참고】《孔子家語》卷二 三恕篇
　　伯常騫問於孔子曰:「騫固周國之賤吏也. 不自以不肖, 將北面以事君子, 敢問正道宜行. 不容於世, 隱道宜行, 然亦不忍. 今欲身亦不窮, 道亦不隱, 爲之有道乎?」孔子曰:「善哉! 子之問也. 自丘之聞, 未有若吾子所問, 辯且說也. 丘嘗聞君子之言道矣, 聽者無察, 則道不入, 奇偉不稽, 則道不信. 又嘗聞君子之言事矣. 制無度量, 則事不成, 其政曉察, 則民不保. 又嘗聞君子之言志矣, 對折者不終, 徑易者則數傷, 浩倨者則不親, 就利者則無不弊. 又嘗聞養世之君子矣, 從輕勿爲先, 從重勿爲後, 見像而勿强, 陳道而勿怫. 此四者, 丘之所聞也.」

晏子春秋 卷五

內篇 雜上

111 [5-1]　莊公不說晏子, 晏子坐地訟公而歸.

112 [5-2]　莊公不用晏子, 晏子致邑而退, 後有崔氏之難.

113 [5-3]　崔慶劫齊將軍大夫盟, 晏子不與.

114 [5-4]　晏子再治阿而信見, 景公任以國政.

115 [5-5]　景公惡故人, 晏子退, 國亂, 復召晏子.

116 [5-6]　齊饑, 晏子因路寢之役以振民.

117 [5-7]　景公欲墮東門之堤, 晏子謂不可變古.

118 [5-8]　景公憐飢者, 晏子稱治國之本以長其意.

119 [5-9]　景公探雀鷇, 鷇弱反之, 晏子稱長幼以賀.

120 [5-10]　景公睹乞兒於塗, 晏子諷公使養.

121 [5-11]　景公憫刖跪之辱不朝, 晏子稱直請賞之.

122 [5-12]　景公夜從晏子飲, 晏子稱不敢與.

123 [5-13]　景公使進食與裘, 晏子對以社稷臣.

124 [5-14]　晏子飲景公, 止家老斂, 欲與民共樂.

125 [5-15]　晏子飲景公酒, 公呼具火, 晏子稱詩以辭.

126 [5-16]　晉欲攻齊, 使人往觀, 晏子以禮侍而折其謀.

127 [5-17]　景公問東門無澤年穀而對以水, 晏子請罷伐魯.

128 [5-18]　景公使晏子予魯地, 而魯使不盡受.

129 [5-19]　景公游紀, 得金壺中書, 晏子因以諷之.

130 [5-20]　景公賢魯昭公去國而自悔, 晏子謂無及已.

131 [5-21]　晏子使魯, 有事已仲尼以爲知禮.

132 [5-22]　晏子之魯, 進食有豚, 亡二肩, 不求其人.

133 [5-23]　曾子將行, 晏子送之而贈以善言.

134 [5-24]　晏子之晉, 睹齊纍越石父, 解左驂贖之與歸.

135 [5-25]　晏子之御感妻言而自抑損, 晏子薦以爲大夫.

136 [5-26]　泯子午見晏子, 晏子恨不盡其意.

137 [5-27]　晏子遣北郭騷米以養母, 騷殺身以明晏子之賢.

138 [5-28]　景公欲見高糾, 晏子辭以祿仕之臣.

139 [5-29]　高糾治晏子家, 不得其俗, 乃逐之.

140 [5-30]　晏子居喪遜答家老, 仲尼善之.

111 [5-1] 晏子臣于莊公, 公不說. 飲酒, 令召晏子. 晏子至. 入門,
公令樂人奏歌曰:「已哉! 已哉! 寡人不能說也. 爾何來爲?」晏子
入坐, 樂人三奏, 然後知其謂已也. 遂起, 北面坐地. 公曰:「夫子從
席, 曷爲坐地?」晏子對曰:「嬰聞訟夫坐地. 今嬰將與君訟. 敢毋坐
地乎? 嬰聞之, 衆而無義, 彊而無禮, 好勇而惡賢者, 禍必及其身.
若公者之謂矣. 且嬰言不用, 願請身去.」遂趨而歸. 管篢其家者納
之公. 財在外者斥之市. 曰:「君子有力于民則進爵祿, 不辭貴富.
無力于民而旅食, 不惡貧賤.」遂徒行而東, 耕于海濱. 居數年, 果有
崔杼之難.

　안자가 장공莊公의 신하로 있을 때였다. 장공은 안자를 좋아하지 않았다.
이에 장공이 술을 마시면서 안자를 불러오도록 하였다. 안자가 이르러 문
에 들어서자, 장공이 연주자를 시켜 이렇게 노래를 부르도록 하였다.
　「끝났도다! 끝났도다! 과인은 그대를 좋아하지도 않는데, 그대는 무엇하
러 나타났는가?」
　안자가 들어와 자리를 잡자, 연주자가 세 번이나 이 노래를 부르는 것이
었다. 그제서야 안자는, 이것이 자기를 두고 부르는 노래임을 알아차렸다.
참다못해 안자가 드디어 일어나서 북면北面하고 맨땅에 앉았다.
　그러자 장공이 물었다.
　「선생께서는 자리에 앉았다가, 어찌하여 맨땅으로 옮겨앉는 것입니까?」
　안자는 이렇게 대답하였다.
　「제가 듣건대, 따질 일이 있는 자는 맨땅에 앉는다고 하였습니다. 지금
저는 임금에게 따질 일이 있습니다. 그런데 어찌 감히 맨땅에 앉지 않겠습
니까? 제가 듣기로 많은 무리를 거느리면서 의義가 없거나, 강하다고 여겨
예禮가 없거나, 용맹만 좋아하고 어진 이를 미워하는 자는 앙화殃禍가 반
드시 그 자신에게 미친다고 하였으니, 바로 임금 같은 분을 두고 한 말입
니다. 그런데도 제 말을 채용하지 않으시니, 원컨대 저는 떠나겠습니다.」*
　그리고는 급히 돌아가서는 그 집에 있던 관약管籥들을 모두 나라에 바치
고, 집 밖에 있던 재물도 모두 시장에 내다팔면서 이렇게 말하였다.

「군자로서 백성에게 그 힘을 다 바쳤다면, 그에 맞게 승진도 되고 봉록
도 많이 받아 그로 인해 부귀해지더라도 이를 사양치 않는다. 마찬가지로
백성에게 아무런 힘이 되어 주지 못한다면, 밥을 빌어먹더라도 그러한 빈
천을 싫어하지 않는 법이다.」

그런 뒤 드디어 걸어서 동쪽으로 떠나 바닷가에서 농사를 지으면서 살았
다.* 그로부터 몇 년 후, 과연 최저崔杼가 장공을 시해하는 사건이 일어나
고 말았다.*

【장공莊公】 春秋時代 齊나라 임금. 포악하여 崔杼에게 시해되었다. 재위 6년(B.C. 553
~548).
* 晏子가 莊公에게서 떠나겠다는 일은 005[1-5]와 190[7-20]에도 보인다.
【관약管籥】 자물쇠. 열쇠류.
* 동해 바닷가에서 농사지은 이야기는 192[7-22]에도 보인다.
* 莊公이 崔杼의 아내와 私通하자, 崔杼가 이를 시해하였다. 뒤이어 景公이 즉위하
였다.

112 [5-2]　晏子爲莊公臣. 言大用, 每朝賜爵益邑. 俄而不用, 每朝
致邑與爵, 爵邑盡退, 朝而乘. 嘖然而歎. 終而笑. 其僕曰:「何歎笑
相從數也?」晏子曰:「吾歎也, 哀吾君不免于難. 吾笑也, 喜吾自得
也. 吾亦無死矣!」崔杼果弒莊公. 晏子立崔杼之門. 從者曰:「死
乎!」晏子曰:「獨吾君也乎哉? 吾死也.」曰:「行乎?」曰:「獨吾
罪也乎哉? 吾亡也!」曰:「歸乎?」曰:「吾君死, 安歸? 君民者, 豈
以陵民? 社稷是主. 臣君者, 豈爲其口實? 社稷是養. 故君爲社稷死
則死之. 爲社稷亡則亡之. 若君爲己死, 而爲己亡, 非其私暱, 孰能
任之? 且人有君而弒之, 吾焉得死之? 而焉得亡之? 將庸何歸?」門
啓而入. 崔子曰:「子何不死? 子何不死?」晏子曰:「禍始吾不在
也. 禍終吾不知也. 吾何爲死? 且吾聞之. 以亡爲行者. 不足以存君,
以死爲義者, 不足以立功. 嬰豈婢子也哉? 其縊而從之也?」遂袒免
坐, 枕君尸而哭. 三踊而出. 人謂崔子必殺之. 崔子曰:「民之望也,
舍之得民.」

안자가 장공의 신하로 있을 때, 그의 의견이 크게 받아들여져서 매번 조회 때마다 장공이 안자에게 작록爵祿과 봉읍封邑을 더하여 주었다. 하지만 그것도 잠시, 그의 의견이 채용되지 않자 이번에는 매번 조회 때마다 이전에 받았던 작록과 봉읍을 삭탈하여, 그만 모든 것을 다시 내놓게 되었다. 이에 안자가 조회에 수레를 타고 가면서 혀를 차며 탄식하다가, 마지막에 가서는 웃었다. 그러자 그의 마부가 이상히 여겨 안자에게 이렇게 물었다.

「어찌하여 탄식과 웃음이 그렇듯 번갈아들며 잦습니까?」

이에 안자가 이렇게 설명하였다.

「내가 탄식한 것은 우리 임금이 난難을 피할 수 없기 때문이요, 내가 웃은 것은 내 스스로 자유를 얻을 수 있기 때문이다. 나는 역시 죽지는 않을 것이로다!」

최저崔杼가 과연 장공을 시해하자, 안자가 최저의 집 문 앞에 우뚝 섰다. 이에 최저의 시종이 나타나 「죽으러 왔습니까?」라고 물었다.

이에 안자가 「설마 나 한 사람만의 임금은 아니겠지요? 그렇다면 나만이 그를 위해 죽을 필요가 있겠습니까?」라고 말하였다.

그러자 시종이 「그렇다면 도망 가시렵니까?」라고 물었다.

안자는 다시 「나 혼자만의 잘못으로 임금이 죽었습니까? 그렇지 않다면 나 혼자만이 도망 갈 필요가 있겠습니까?」라고 하였다.

시종이 다시 「그렇다면 돌아가시겠습니까?」라고 묻자, 안자는 이렇게 대답하였다.

「모시던 임금이 죽었는데, 어찌 돌아갈 수 있겠습니까? 어찌 백성을 능멸하기 위해 임금 노릇을 하는 자가 있겠습니까? 오직 사직을 위해 일할 뿐이지요. 또 임금의 신하가 되어 어찌 먹기 위해 일하겠습니까? 오직 사직을 위해 일하는 것이지요.

따라서 임금이 사직을 위해 일하다가 죽게 되면 신하도 따라 죽는 것이고, 사직을 위하다가 쫓겨나게 되면 신하도 마땅히 쫓겨나는 것이지요. 만약 임금으로서 자신을 위하다가 죽거나 자신을 위하다가 쫓겨나게 된다면, 그의 사사로운 측근이 아니라면 그 누가 이런 임금을 위해 함께 죽고 함께 도망 가는 일을 맡겠습니까? 또 다른 사람이 임금을 모시다가 이를 시해한 경우에, 내 어찌 그런 일을 위해 죽으리요? 내 어찌 그런 일을 위해 쫓겨나리요? 그러나 임금이 없으니 내 어디 돌아갈 곳이 있으리요?」

그러면서 최저의 집 문을 열고 들어갔다.

최저가 이를 보고서 다급히 물었다.

「그대는 어찌하여 죽지 않는가? 그대는 어찌하여 죽지 않는가?」

이에 안자가 이렇게 대답하였다.

「앙화殃禍는 내가 없을 때 시작되었고, 앙화의 끝은 내가 모르는 사이에 마감되었습니다. 내 어찌 죽을 수 있으리요? 또 내가 들으니 도망 가는 것을 최선으로 삼는 자는 그 임금을 존속시키기에 부족하고, 죽음을 의로움으로 여기는 자는 공을 세우기에 부족하다 하였습니다. 내 어찌 어린 노비처럼 목을 매어 따라 죽겠습니까?」

그리고는 드디어 옷을 벗고 앉아, 임금의 시신을 자기의 무릎 위에 올려 놓고 곡哭을 하였다. 그리고 일어나서는 세 번을 몸부림치며 뛰어서* 슬픔을 표시하고는 나가 버렸다.

최저의 부하가 「저런 자는 반드시 죽여야 합니다」라고 하자, 최저가 이렇게 만류하였다.

「백성의 신망이 두터운 사람이다. 그를 살려 주고, 대신 백성의 지지를 얻도록 하자!」

【봉읍封邑】 封地로 邑을 내림. 食邑. 湯沐邑이라고도 한다.
【최저崔杼】 春秋時代 齊나라의 大夫. 당시 棠公이 죽자 조문을 갔다가 棠公의 아내(東郭偃의 누이. 崔杼는 東郭偃의 신하였다)의 아름다움을 보고 이를 취하여 아내로 삼았는데, 이후 莊公과 私通하게 되었다. 이에 莊公을 시해하고 景公을 세워 자신은 宰相이 되었다가, 뒤에 목을 매어 자결하였다. 시호는 武子.《左傳》襄公 二十五年傳 참조. [前出]
* 원문의 『三踊而出』은,《禮記》檀弓篇에 『袒免哭踊』(관을 벗고 웃통을 벗어 왼쪽 어깨를 드러내고서 슬피 울며 몸부림쳐 뛴다)이라 하였으며, 또한 『辟踊哀之至也, 有算爲之節文也』(가슴을 치며 뛰는 것은 지극한 슬픔을 나타내는 것이고, 그 횟수를 헤아리는 것은 알맞게 절제하기 위함이다)라고 하였다.

【참고】《左傳》襄公 二十五年傳
　晏子立於崔氏之門外, 其人曰:「死乎?」曰:「獨吾君也乎哉? 吾死也.」曰:「行乎?」曰:「吾罪也乎哉? 吾亡也.」曰:「歸乎?」曰:「君死, 安歸也? 君民者豈以陵民? 社稷是主. 臣君者豈爲其口實? 社稷是養. 故君爲之社稷死則死之, 爲社稷亡則亡之. 若爲己死而爲己亡, 非其私暱, 誰敢任之? 且人有君而弒之, 吾焉得死之? 而焉得亡之? 將庸何歸?」門啓而入, 枕尸股而哭, 興三踊而出. 人謂崔子:「必殺之」崔子曰:「民之望也, 舍之得民.」

113 [5-3]　崔杼旣弑莊公而立景公. 杼與慶封相之. 劫諸將軍大夫,
及顯士庶人于太宮之坎上. 令無得不盟者, 爲壇三仞, 陷其下, 以甲
千, 列環其內外. 盟者皆脫劍而入. 維晏子不肯, 崔杼許之. 有敢不
盟者, 戟鉤其頸, 劍承其心, 令自盟曰:「不與崔慶而與公室者, 受
其不祥.」言不疾, 指不至血者死. 所殺七人. 次及晏子. 晏子奉桮
血, 仰天歎曰:「嗚呼! 崔子爲無道, 而弑其君. 不與公室而與崔慶
者, 受此不祥.」俛而飮血. 崔杼謂晏子曰:「子變子言, 則齊國吾與
子共之. 子不變子言, 戟旣在脰, 劍旣在心, 維子圖之也.」晏子曰:
「劫吾以刃而失其志, 非勇也. 回吾以利而倍其君, 非義也. 崔子, 子
獨不爲夫詩乎? 詩云:『莫莫葛藟, 施于條枚. 愷悌君子, 求福不
回.』今嬰且可以回而求福乎? 曲刃鉤之, 直兵推之, 嬰不革矣.」崔
杼將殺之, 或曰:「不可! 子以子之君無道, 而殺之, 今其臣有道之
士也. 又從而殺之, 不可以爲敎矣.」崔子遂舍之. 晏子曰:「若大夫
爲大不仁, 而爲小仁, 焉有中乎?」趨出, 援綏而乘. 其僕將馳, 晏子
撫其手曰:「徐之. 疾不必生, 徐不必死. 鹿生于野, 命縣于廚. 嬰命
有繫矣.」按之成節, 而後去. 詩云:『彼已之子, 舍命不渝.』晏子之
謂也.

　최저가 이미 장공을 시해하고 경공景公을 세워, 그 자신과 경봉慶封이
재상의 자리에 올랐다. 그런 뒤 여러 장군과 대부들, 그리고 저명한 선비와
서인까지 태궁太宮의 구덩이 옆에 세워 놓고 협박하되 맹약盟約을 거부하
는 자가 없도록 하였다. 또한 세 길 높이의 단과 그 아래에 구덩이를 파놓
고, 1천 명의 병사를 벌려 세워 그 안과 밖을 둘러싸 지키게 하였다. 이 맹
약을 위해 들어오는 자는 누구나 검을 풀고 들어가도록 되어 있었다. 그런
데 안자만이 이를 거부하였다. 최저는 할 수 없이 이를 허락하였다. 그리고
감히 맹약을 거부하는 자에게는 창과 구鉤를 그 목에 걸고, 검으로 심장을
겨누고 나서는 스스로 다음과 같은 맹약의 말을 하도록 하였다.
　「최저와 경봉의 편을 들지 않고 공실公室의 편을 드는 자는 상서롭지 못

한 결과를 맛볼 것이다.」

그리고는 망설이면서 말을 하지 않는 자, 손가락에 피를 묻히지 않는 자는 죽여 없앴다! 그렇게 하여 죽음을 당한 자가 일곱 명이나 되었고, 드디어 안자의 차례가 되었다. 안자는 피가 든 잔을 들고서 하늘을 우러러 이렇게 탄식하였다.

「아! 최저가 무도하게 굴더니, 끝내 임금을 시해하였구나. 오히려 공실의 편을 들지 않고 최저와 경봉의 편을 드는 자도 똑같이 이러한 화를 입으리라!」

그리고 나서 고개를 숙이고 그 피를 마셨다. 그러자 최저가 안자에게 이렇게 제의하였다.

「그대가 말을 바꾸면, 이 제齊나라를 그대와 함께 차지할 것이오. 그러나 그대가 말을 바꾸지 않는다면, 창이 이내 그대의 목을 겨누고 검이 그대의 심장을 겨누리라. 오직 그대의 결정에 달렸다!」

안자는 이렇게 거절하였다.

「나를 칼날로 위협한다고 해서 그 의지를 잃는다면, 나는 용기 없는 사람이 되고 만다. 또 나를 이익으로 회유할 때 이를 위해 임금을 배반한다면, 나는 의롭지 못한 자가 된다. 최저여, 그대는 홀로 이 시詩를 읽지 못하였는가?

시詩*에 『뒤엉켜 뻗어난 칡덩굴 줄기와 가지 뒤덮었는데, 훌륭하신 저 군자여 복을 구하되 어긋난 짓은 아니하네!』라고 하였다. 그런데 지금 나에게 뜻을 굽혀 복을 구하란 말인가? 굽은 구鉤의 칼날로 끌어 베고, 곧은 칼로 찔러죽인다 해도 나는 그 뜻을 바꿀 수 없다!」

이에 최저는 장차 안자를 죽일 셈이었다. 그때 곁에 있던 자가 이렇게 만류하였다.

「안 됩니다! 그대는 그대의 임금을 무도하다 여겨 시해하였습니다. 지금 안자는 그 신하 가운데서도 도道 있는 선비로 알려진 인물인데, 이를 죽이게 되면 어떠한 교화의 명분도 얻을 수가 없습니다.」

그제서야 최저는 드디어 이를 풀어 주었다. 안자는 이렇게 말하였다.

「그대들은 대부가 되어 큰 불인不仁을 저질러 놓고도 나에게는 조그만 인(小仁)을 베풀겠다고 하니, 이것이 사리에 맞는 짓인가?」

그리고는 뛰쳐 나가 고삐를 잡고 수레에 올랐다. 이에 그의 마부가 급히 내달리려고 하자, 안자가 그의 손을 어루만지며 이렇게 만류하였다.

「천천히 가자! 급히 간다고 해서 반드시 살아난다는 법도 없고, 천천히 간다고 해서 반드시 죽는 것도 아니다. 사슴은 들에서 태어났지만, 그 운명은 요리사에게 달려 있다. 나의 운명도 그처럼 매어 있는 것이다.」

그리하여 절도를 다 갖춘 후, 그 자리를 떠났다.

시詩*에 『저러한 군자라면 의지 굳세어, 그 절개를 지켜 변치 않으리!』라고 하였으니, 안자 같은 이를 두고 한 말이로다.

【최저崔杼】莊公을 시해한 사건은 B.C. 548년 五月 乙亥의 일.《左傳》襄公 二十五年經에『夏五月乙亥, 齊崔杼弑其君光』이라 하였다.
【경봉慶封】崔杼와 모의하여 莊公을 시해하였다.《史記》齊太公世家에『以崔杼爲右相, 慶封爲左相』이라 하였다.
【태궁太宮】齊나라 궁궐.
  *《詩經》大雅 旱麓의 마지막 구절.
  *《詩經》鄭風 羔裘篇의 구절.

【참고】 1. 사건의 내막은《左傳》襄公 二十五年經을 참조할 것.
2.《太平御覽》353·376·480을 참조할 것.
3.《意林》에 본장의 내용이 전재되어 있다.
4.《北堂書鈔》124에 본장의 내용이 전재되어 있다.
5.《韓詩外傳》卷二의 13
　崔杼弑莊公, 合士大夫盟, 盟者皆脫劒而入, 言不疾, 措血至者死, 所殺者十餘人, 次及晏子, 奉杯血, 仰天而嘆曰:「惡乎! 崔杼! 將爲無道, 而殺其君.」於是盟者皆視之. 崔杼謂晏子曰:「子與我, 吾將與子分國; 子不與, 我殺子! 直兵將推之, 曲兵將鉤之. 吾願子之圖之也.」晏子曰:「留以利而倍其君, 非仁也; 劫以刃而失其志者, 非勇也. 詩曰:『莫莫葛藟, 施于條枚. 愷悌君子, 求福不回.』嬰其可回矣! 直兵推之, 曲兵鉤之, 嬰不之革也.」崔杼曰:「舍晏子!」晏子起而出, 授綏而乘, 其僕馳, 晏子撫其手曰:「麋鹿在山林, 其命在庖廚. 命有所懸, 安在疾驅. 安行成節, 然後去之.」詩曰:『羔裘如濡, 恂直且侯; 彼己之子, 舍命不渝.』晏子之謂也.
6.《新序》卷八 義勇의 4
　崔杼弑莊公, 令士大夫盟者, 皆脫劍而入, 言不疾指不至血者死, 所殺十人. 次及晏子, 晏子奉栖血仰天歎曰:「惡乎! 崔子, 將爲無道, 殺其君.」盟者皆視之. 崔杼謂晏子曰:「子與我, 我與子分國; 子不吾與, 吾將殺子. 直兵將推之, 曲兵將勾之, 唯子圖之.」晏子曰:「嬰聞囘以利而背其君者, 非仁也; 劫以刃而失其志者, 非勇也.」詩云:『愷悌君子, 求福不回.』嬰可謂不囘矣. 直兵推之, 曲兵鉤之, 嬰之不囘也.」崔子舍之, 晏子趨出, 授綏而垂, 其僕將馳, 晏子拊其手曰:「虎豹在山林, 其命在庖廚, 馳不益生, 緩不益死, 按行成節, 然後去之.」詩云:『彼己之子, 舍命不渝.』晏子之謂也.
7.《呂氏春秋》知分

晏子與崔杼盟. 其辭曰:「不與崔氏而與公孫氏者, 受其不祥.」晏子俛而飲血. 仰而呼天曰:「不與公孫氏而與崔氏者, 受此不祥.」崔杼不說, 直兵造胸, 句兵鉤頸. 謂晏子曰:「子變子言, 則齊國吾與子共之. 子不變子言, 則今是已.」晏子曰:「崔子! 子獨不爲夫詩乎? 詩曰:『莫莫葛藟, 延于條枚. 凱弟君子, 求福不回.』嬰且可以回而求福乎? 子惟之矣.」崔杼曰:「此賢者, 不可殺也, 罷兵而去.」晏子援綏而乘, 其僕將馳, 晏子撫其僕之手. 曰:「安之, 毋失節. 疾不必生, 徐不必死. 鹿生於山, 而命懸於廚. 今嬰之命有所懸矣.」晏子可謂知命矣. 命也者, 不知所以然而然者也. 人事智巧以舉錯者不得與焉. 故命也者, 就之未得, 去之未失. 國士知其若此也. 故以義爲之, 決而安處之.

8.《新序》卷七 節士의 12

齊崔杼者, 齊之相也, 弑莊公. 止太史無書君弑及賊, 太史不聽, 遂書賊曰:「崔杼弑其君.」崔子殺之, 其弟又嗣書之, 崔子又殺之, 死者二人, 其弟又嗣復書之, 乃舍之. 南史氏是其族也, 聞太史盡死, 執簡以往, 將復書之, 聞旣書矣, 乃還. 君子曰:「古之良史.」

9.《韓詩外傳》卷四

齊崔杼之妻美, 莊公通之, 崔杼帥其黨而攻莊公, 莊公請與分國, 崔杼不許, 欲自刃於廟, 崔杼又不許, 莊公走出, 踰於外牆, 射中其股, 遂殺, 而立其弟景公.

10.《史記》齊太公世家

丁丑, 崔杼立莊公異母弟杵臼, 是爲景公. 景公母, 魯叔孫宣伯女也. 景公立, 以崔杼爲右相, 慶封爲左相. 二相恐亂起, 乃與國人盟曰:「不與崔慶者死!」晏子仰天曰:「嬰所不唯忠於君利社稷者是從!」不肯盟. 慶封欲殺晏子, 崔杼曰:「忠臣也, 舍之.」齊太史書曰:「崔杼弑莊公.」崔杼殺之. 其弟復書, 崔杼復殺之. 少弟復書, 崔杼乃舍之.

11.《論衡》命義篇

晏子所遭, 可謂大矣; 直兵指胸, 白刃加頸, 蹈死亡之地, 當劍戟之鋒, 執死得生還; 命善祿盛, 遭逢之禍, 不能害也. 歷陽之.

12.《後漢書》卷二十八上 馮衍傳註

晏子春秋曰齊大夫崔杼弑齊莊公, 乃劫諸大夫盟. 有敢不盟者, 戟鉤其頸, 劍承其心, 曰:「不與崔氏而與公室者, 盟神視之, 言不疾, 指不至血者死.」所殺者七人, 而後及晏子. 晏子奉血仰天曰:「崔氏無道而殺其君, 若有能復崔氏而嬰不與, 盟〔神〕視之.」遂仰而飲血. 崔氏曰:「晏子與我, 則齊國吾與共之; 不與我, 則戟在脰, 劍在心, 子圖之.」晏子曰:「劫吾以刃而失其意, 非勇也. 留吾以利而背其君, 非義也. 詩云:『愷悌君子, 求福不回.』嬰可回而求福乎? 劍刃鉤之, 直兵推之, 嬰不革矣.」崔子遂釋之.

114 [5-4]　景公使晏子爲東阿宰, 三年, 而毀聞于國. 景公不說, 召而免之. 晏子謝曰:「嬰知嬰之過矣. 請復治阿, 三年, 而譽必聞于國.」景公不忍, 復使治阿. 三年, 而譽聞于國. 景公說, 召而賞之. 辭而不受, 景公問其故. 對曰:「昔者, 嬰之治阿也, 築蹊徑, 急門閭之政, 而淫民惡之. 舉儉力孝弟, 罰偷窳, 而惰民惡之. 決獄不避貴

彊, 而貴彊惡之. 左右所求, 法則予, 非法則否, 而左右惡之. 事貴
人體不過禮, 而貴人惡之. 是以三邪毀乎外, 二讒毀乎內, 三年而毀
聞乎君也. 今臣謹更之. 不築蹊徑, 而緩門閭之政, 而淫民說. 不擧
儉力孝弟, 不罰偸窳, 而惰民說. 決獄阿貴彊, 而貴彊說. 左右所求
言諾, 而左右說. 事貴人體過禮, 而貴人說. 是以三邪譽乎外, 二讒
譽乎內, 三年而譽聞于君也. 昔者, 嬰之所以當誅者宜賞, 而今之所
以當賞者宜誅. 是故不敢受.」景公知晏子賢, 迺任以國政, 三年齊
大興.

경공이 안자를 동아東阿 땅의 재재宰로 임명하였다. 3년이 지나 안자에 대
한 비방의 소리가 들려 오자, 경공이 불쾌히 여겨 그를 소환하여 면직시켜
버렸다. 그러자 안자가 이렇게 부탁하였다.

「저는 저의 과실이 무엇인지 압니다. 청컨대 다시 3년만 더 동아 땅을 다
스릴 수 있도록 허락해 주시면, 틀림없이 좋은 소문이 나라안에 퍼지도록
하겠습니다.」

이에 경공은 차마 면직시키지 못하고, 안자로 하여금 다시 동아 땅을 다
스리도록 하였다. 그런데 3년이 지나자, 과연 그를 칭송하는 소문이 들려
오는 것이었다. 경공은 기쁜 나머지 안자를 불러 상을 내릴 참이었다. 그러
나 안자는 이를 사양하고 받으려 하지 않았다. 경공이 그 연유를 묻자, 안
자는 이렇게 대답하였다.

「지난날 제가 동아 땅을 다스릴 때는, 지름길을 이용하려는 간악한 무리
의 통로를 막고 사악한 무리가 드나드는 문지기의 임무를 강화시키자, 이
에 불만을 품은 부패한 무리들이 저를 미워하였습니다. 또한 검소하며 효
도에 힘쓰고 형제간에 우애 있는 자를 들어 쓰고, 게으르고 비뚤어진 자를
처벌하자, 나태한 백성들이 저를 미워하였습니다. 그런가 하면 재판을 할
때 귀한 자나 강한 자를 피하지 않고 공정히 하자, 귀하고 강한 자들이 저
를 미워하였습니다. 좌우 신하들의 요구가 있을 때도 법에 맞으면 들어 주
고 맞지 않으면 거부하였더니, 좌우 측근들조차 저를 미워하였습니다. 그리
고 귀인을 섬기면서 이들을 대접할 때도 그 예禮에 지나침이 없자, 귀인들
또한 저를 미워하였습니다. 이러한 까닭으로 세 부류의 사악한 자들이 밖

으로 저를 비방하였고, 두 부류의 참소자들이 안으로 저를 비방하였던 것이며, 이것이 3년 동안 임금의 귀에까지 들려 왔던 것입니다.

그런데 지금 저는 이를 바꾸었습니다. 지름길도 막지 않고, 문지기의 단속도 느슨하게 하였지요. 그러자 부패한 무리들이 즐거워하고 있습니다. 그리고 검소하라느니 효도와 우애에 힘쓰라느니 하지 않으며, 게으르고 비뚤어진 자에게 벌도 내리지 않습니다. 그러자 나태한 백성들이 즐거워하고 있습니다. 재판을 할 때도 귀한 자나 강한 자에게 아부하여 그들 마음대로 고쳐 주자, 귀하고 강한 자들이 즐거워합니다. 또한 좌우 신하들이 구하는 바라면 무엇이든지 허락하였더니 좌우 측근들이 즐거워하고, 귀인 접대에도 예에 넘치도록 잘해 주자 귀인들이 즐거워하고 있습니다. 이렇게 되자 세 부류의 사악한 자들이 밖으로 저를 자랑하기에 여념이 없고, 두 부류의 참소자들도 안으로 저를 추켜세우기에 바쁩니다. 이것이 3년 동안 임금의 귀에까지 들려 왔던 것입니다.

지난날 제가 하였던 일은, 오히려 주벌을 내릴 일이라 여기셨지만 그것은 사실 상을 내렸어야 할 경우였고, 지금 제가 한 일은 상을 내릴 일로 여기고 있지만 사실은 이것이 바로 징벌을 받을 일입니다. 이러한 까닭으로 감히 상을 받을 수가 없는 것입니다.」*

경공은 안자가 이처럼 어질다는 것을 깨닫고, 이에 나랏일을 모두 맡겼다. 그로부터 3년이 지나 제나라는 크게 흥성하였다.

【동아東阿】地名. 張氏本의 注에 『孫云, 左傳莊十三年, 公會齊侯盟于柯, 杜注, 齊之阿邑, 齊威王烹阿大夫卽此. 《元和郡縣志》, 東阿縣, 漢舊縣也, 春秋時齊之阿地』라 하여, 柯 땅이라 하였다.
【재宰】여기서는 東阿 땅의 지방장관.
　* 張氏本의 注에 『子華子北宮子仕篇, 作昔者臣之所治, 君之所當取也, 而更得罪焉. 今者臣之所治, 君之所當誅也, 而更得黨焉. 非臣之情, 臣不願也』라 하였다.

【참고】1.《晏子春秋》卷七 外篇 重而異者 190[7-20]과 같다.
2.《太平御覽》64・266・424에 관련기록이 전재되어 있다.
3.《群書治要》에 본장의 내용이 전재되어 있다.
4.《意林》에 본장의 내용이 전재되어 있다.
5.《說苑》卷七 政理篇 214[7-30]
　　晏子治東阿三年, 景公召而數之曰:「吾以子爲可, 而使子治東阿, 今子治而亂, 子退而自察也, 寡人將加大誅於子.」晏子對曰:「臣請改道易行而治東阿, 三年不治, 臣請死之.」

景公許之. 於是明年上計, 景公迎而賀之曰:「甚善矣! 子之治東阿也!」晏子對曰:「前臣之治東阿也, 屬託不行, 貨賂不至, 陂池之魚, 以利貧民. 當此之時, 民無饑者, 而君反以罪臣. 今臣之後治東阿也, 屬託行, 貨賂至, 幷會賦斂, 倉庫少內, 便事左右, 陂池之魚, 入於權家. 當此之時, 饑者過半矣, 君乃反迎而賀臣, 愚不能復治東阿, 願乞骸骨, 避賢者之路.」再拜便辟. 景公乃下席而謝之曰:「子彊復治東阿; 東阿者, 子之東阿也, 寡人無復與焉.」

6.《藝文類聚》卷五十 職官部六 令長

晏子春秋曰. 景公使晏子爲阿宰. 三年而毀聞於國. 公不悅. 召而免之. 嬰謝曰:「嬰知過矣. 請復阿. 三年而譽必聞於國.」公召而賞之. 辭而不受. 公問其故. 對曰:「昔者嬰之所治當賞. 而今所以治當誅. 是故不敢受.」

7.《子華子》卷上 北宮子仕篇

晏子治阿三年, 毀聞於朝, 公不悅召而將免焉晏子辭曰:「臣知過矣請復之三年.」而舉國善之, 謠言四達. 公將致其所以賞, 晏子辭焉. 公曰:「何謂也?」晏子對曰:「昔者臣之所治, 君之所當取也, 而更得罪焉. 今者臣之所治, 君之所當誅也, 而更得賞焉. 非臣之情, 臣不願也.」子華子聞之曰:「晏子可謂直, 而不阿者矣. 晏子之辭受其可以訓矣. 齊之蕪也固宜. 夫人之常情, 譽同於已者, 助同於已者, 愛同於已者, 愛之反則憎, 必有所立矣. 助之反則擠, 必有所在矣. 譽之反則毀, 必有所歸矣. 然而人主不之察也. 左右執事之臣從, 而得其所欲爲則不禁也. 世之治亂盖常存乎, 兩間齊之蕪也固宜.」

115 [5-5] 景公與晏子立于曲潢之上. 晏子稱曰:「衣莫若新, 人莫若故.」公曰:「衣之新也, 信善矣. 人之故, 相知情.」晏子歸, 負載. 使人辭于公曰:「嬰故老耄無能也, 請毋服壯者之事.」公自治國, 身弱于高國. 百姓大亂, 公恐, 復召晏子. 諸侯忌其威, 而高國服其政. 田疇墾辟, 蠶桑畜牧之處不足, 絲蠶于燕, 牧馬于魯, 共貢入朝. 墨子聞之曰:「晏子知道, 景公知窮矣.」

경공이 안자와 함께 곡황曲潢의 물가에 서 있었다. 안자가 먼저 이렇게 운을 떼었다.

「옷이란 새것일수록 좋겠지만, 사람은 옛사람만한 이가 없지요.」

그러자 경공이 이렇게 대꾸하였다.

「옷이 새것이면 진실로 좋지요. 그러나 사람이 오래 되면 서로의 사정을 너무나 잘 알지요.」

경공의 말뜻을 알아차린 안자는 집으로 돌아가 자신의 살림살이를 지거나 싣고는, 경공에게 사람을 보내어 이렇게 사직의 말을 전하게 하였다.

「저는 오래 되었고 늙어* 무능합니다. 청컨대 저는 젊은이의 일을 수행해 낼 수가 없습니다.」

이리하여 경공은 직접 나라를 다스리게 되었으나, 그 힘은 고씨高氏나 국씨國氏보다도 미약하였다. 그러자 제나라 백성들이 크게 동요를 일으켰다. 경공은 두려운 나머지 다시 안자를 불렀다. 제후들은 안자의 위망威望을 꺼렸고, 고씨와 국씨는 안자의 정치에 복종하게 되었다.

안자는 제나라의 밭을 모두 개간하여 농사를 짓게 하였는데, 뽕나무를 심어 누에를 치고 마소를 기를 땅이 부족하였다. 이에 백성들로 하여금 연燕나라에서 누에를 치게 하고, 노魯나라에서 마소를 기르게 하여 그 이익을 나누어 들여 오게 하였다.

묵자墨子가 이를 듣고서 이렇게 평하였다.

「안자는 도를 알았고, 경공은 자신의 한계를 알았다.」

【곡황曲潢】 구불구불하게 물길을 만들어 놀이터로 한 곳.
* 원문의 耄는 일흔 살이 되어 정신이 혼몽하여짐을 뜻한다.
【고씨高氏·국씨國氏】 둘 다 齊나라의 公族. 張氏本의 注에 『高國二氏, 齊之卿族』이라 하였다.
【연燕】 북쪽 薊, 즉 지금의 北京 지역을 중심으로 발달했던 諸侯國.
【묵자墨子】 墨翟.《漢書》藝文志에 『墨子七十一篇, 名翟, 爲宋大夫, 在孔子後』라 하였다.

【참고】《晏子春秋》卷七 外篇 重而異者 192[7-22]

116 [5-6] 景公之時饑, 晏子請爲民發粟, 公不許. 當爲路寢之臺, 晏子令吏重其賃, 遠其兆, 徐其日而不趣. 三年, 臺成而民振. 故上說乎游. 民足乎食. 君子曰:「政則晏子欲發粟與民而已. 若使不可得, 則依物而偶于政.」

경공 시절에 기근이 들었다. 안자가 백성을 위해 곡식을 풀 것을 청하였지만, 경공은 이를 허락하지 않았다. 마침 노침路寢의 누대를 짓는 공사가 한창이어서, 안자는 관리로 하여금 공사에 참여한 백성들에게 노임을 훨씬 높여 주도록 하고는, 노침의 규모를 더욱 크게 짓도록 하였다. 게다가 공사의 진척 날짜를 늦추면서 급히 서둘지 말도록 하였다.

　이렇게 하여 3년을 끌면서 천천히 공사를 진행하였고, 그 사이에 백성도 진휼振恤시킬 수가 있었다. 따라서 임금은 자신의 유대游臺를 짓는 일에 즐거움을 느꼈고, 백성들도 그 생계를 그 유지할 수 있었다.

　군자가 이를 듣고서 이렇게 평하였다.

　「정치의 방법만 따진다면, 안자는 곡식을 풀어 백성에게 나누어 주면 그만이다. 그러나 이것이 가능하지 못하자, 사물의 처리에 의탁하여 정치에 이를 맞추었도다!」*

* 張氏本의 注에 『孫云:「物, 事也. 言據事而不違於政 事謂爲臺.」兪云:「依猶因也. 偶讀爲寓, 古字通用. 寓猶寄也. 依物而偶於政者, 因物而寄於政也. 若晏子因築臺之事, 而寄發粟之政, 是也.」張云:「偶, 合也, 言依爲臺之事而發粟, 合於振民之政也.」」라고 하였다.

117 [5-7]　景公登東門防, 民單服然後上. 公曰：「此大傷牛馬蹄矣. 夫何不下六尺哉?」晏子對曰：「昔者, 吾先君桓公明君也. 而管仲賢相也. 夫以賢相佐明君, 而東門防全也. 古者, 不爲, 殆有爲也. 蚤歲, 淄水至, 入廣門, 卽下六尺耳. 鄕者, 防下六尺, 則無齊矣. 夫古之重變古常, 此之謂也.」

　경공이 동문東門의 제방에 오르자, 백성들이 모두 엉금엉금 기면서* 따라오는 것이었다. 이에 경공이 물었다.

　「이 제방이 너무 높아 소나 말의 굽을 상하게 하겠습니다. 어찌하여 6척 정도로 낮추지 않습니까?」

　그러자 안자가 이렇게 대답하였다.

　「옛날 우리의 선군이신 환공桓公께서 현명한 임금이셨을 때, 관중管仲은 어진 재상으로 그를 보필하였습니다. 무릇 어진 재상이 현명한 임금을 보좌하여 동문의 이 제방이 완성된 것입니다. 옛날에 제방을 그렇듯 낮게 하지 않은 것은 아마 분명한 이유가 있어서일 것입니다. 일찍이 치수淄水가 범람해서 광문廣門에까지 그 물이 밀려왔다면 6척이 너무 낮다고 여겼을 것입니다. 그때 제방을 6척쯤으로 낮게 하였다면, 지금의 제나라는 존재하지도 않을 것입니다. 무릇 옛날에는 옛 상법常法에 따라 변경을 신중히 해야 한다고 하였으니, 이를 두고 한 말입니다.」

【동문東門】 齊나라 수도인 臨淄의 동쪽 문.
* 원문의 『單服』은 卑服으로 보이며, 이는 쌍성어. 匍匐 · 蒲服 · 扶服과 같다.
【환공桓公】 齊나라 桓公.
【관중管仲】 管夷吾. 管子.
【치수淄水】 臨淄를 흐르는 강.
【광문廣門】 齊나라 수도 내의 地名.

118 [5-8] 景公游于壽宮, 睹長年負薪者而有飢色. 公悲之. 喟然歎曰:「令吏養之.」晏子曰:「臣聞之, 樂賢而哀不肖, 守國之本也. 今君愛老, 而恩無所不逮, 治國之本也.」公笑, 有喜色. 晏子曰:「聖王見賢以樂賢, 見不肖以哀不肖. 今請求老弱之不養, 鰥寡之無室者, 論而共秩焉.」公曰:「諾!」于是老弱有養. 鰥寡有室.

　경공이 수궁壽宮에서 노닐다가 땔나무를 진 늙은이의 굶주린 얼굴빛을 보게 되었다. 경공이 이를 심히 애처로이 여겨 탄식하면서「관리로 하여금 부양토록 하라!」고 명하였다.
　이 말을 듣고 안자가 이렇게 말하였다.
　「제가 들으니, 어진 이를 대하는 것을 즐겁게 여기고, 불초한 자를 불쌍히 여기는 것은 나라를 지키는 근본이라 하였습니다. 임금께서 지금 노인을 사랑하시고 그 은혜가 미치지 않는 곳이 없게 되면, 이것이 곧 나라를 다스리는 근본입니다.」
　그러자 경공이 웃으면서 희색喜色을 띠었다. 이에 안자가 다시 말을 이었다.
　「성스러운 임금은 어진 이를 만나면 즐거움으로 그 어진 이를 대하고, 불초한 자를 보면 가련한 마음으로 그 불초한 자를 대하였습니다. 지금 청하건대 노약老弱하면서 부양을 받지 못하는 자, 홀아비나 과부로서 가정을 이루지 못한 자들을 찾아 그 정도에 따라 이들을 구제할* 방법을 시행하시기 바랍니다.」

그러자 경공이 「좋습니다」라고 하였다.

이에 노약자는 부양을 받게 되었고, 홀아비·과부는 가정을 이룰 수 있게 되었다.

【수궁壽宮】 齊나라의 궁궐 이름. 齊나라 桓公이 이곳에서 죽었다. 胡宮이라고도 하며, 齊나라 先代 胡公의 궁전. 胡公이 오래 살아 그 궁의 이름을 壽宮으로 칭하였다.
  ＊《墨子》兼愛篇下에 『老而無妻之者, 有所侍養以終其壽, 幼弱孤童之無父母者, 有所放依以長其身』이라 하였다.

【참고】 1.《說苑》卷五 貴德篇 137[5-12]
  景公遊於壽宮, 覩長年負薪而有飢色, 公悲之, 喟然歎曰:「令吏養之.」晏子曰:「臣聞之, 樂賢而哀不肖, 守國之本也; 今君愛老而恩無不逮, 治國之本也.」公笑有喜色. 晏子曰:「聖王見賢以樂, 見不肖以哀不肖; 今請求老弱之不養, 鰥寡之不室者, 論而供秩焉.」景公曰:「諾.」於是老弱有養, 鰥寡有室.
2.《藝文類聚》卷八十 薪炭灰
  晏子曰. 景公遊壽宮. 睹耆年負薪. 有飢色. 公喟然. 令吏養之. 鄧析書曰. 譬猶拯溺而硾之以石. 救火而投之以薪.

119 [5-9] 景公探雀鷇, 鷇弱, 反之. 晏子聞之, 不時而入見, 公汗出悽然. 晏子曰:「君何爲者也?」公曰:「吾探雀鷇, 鷇弱, 故反之.」晏子逡巡, 北面再拜而賀曰:「吾君有聖王之道矣.」公曰:「寡人探雀鷇, 鷇弱, 故反之, 其當聖王之道者, 何也?」晏子對曰:「君探雀鷇, 鷇弱, 反之, 是長幼也. 吾君仁愛, 曾禽獸之加焉, 而況于人乎? 此聖王之道也.」

  경공景公이 작구雀鷇를 잡으려다가, 그 작구가 너무 어린 것을 보고는 그만 놓아 주었다. 안자晏子가 이 소식을 듣고 부르지도 않았는데 경공을 찾아가 만났다. 경공은 마침 땀을 흘리며 애처로움에 잠겨 있는 모습이었다. 이에 안자가 물었다.

「임금께서는 어찌하여 그런 모습으로 계십니까?」

그러자 경공이 이렇게 대답하였다.

「내 방금 작구를 잡으려다가 너무 어려 살려 주었습니다.」

이 말이 떨어지기가 무섭게 안자가 북면北面하여 축하하면서 이렇게 말하였다.

「우리 임금께서는 성왕지도聖王之道가 있으십니다.」

경공이 이상히 여겨 물었다.

「과인이 작구를 잡으려다가 너무 어린 것을 보고 살려 준 일이, 성왕의 도에 해당한다니 무슨 뜻입니까?」

그러자 안자가 이렇게 설명하였다.

「임금께서 작구를 잡으시려다가 너무 어린 것을 보고 불쌍히 여겨 살려 주셨다 하였으니, 이는 그 어린 것을 높이 보는 성품입니다. 지금 임금의 인애仁愛가 금수에게까지 미쳤는데, 하물며 백성에게야 오죽하시겠습니까? 이것이 곧 성왕의 도입니다.」

【참고】 1. 張氏本에 『孟子因齊宣王不忍牛之觳觫, 以羊易之, 稱其德可保民而王, 用意同此』라 하였다.

2. 《群書治要》에 본장의 내용이 전재되어 있다.

3. 《北堂書鈔》 85에 본장의 내용이 전재되어 있다.

4. 《太平御覽》 922에 본장의 내용이 전재되어 있다.

5. 《說苑》 卷五 貴德篇 135[5-10]

　　景公探爵鷇, 鷇弱, 故反之, 晏子聞之, 不待請而入見, 景公汗出惕然, 晏子曰:「君胡爲者也?」景公曰:「我探爵鷇, 鷇弱, 故反之.」晏子逡巡北面再拜而賀曰:「吾君有聖王之道矣.」景公曰:「寡人入探爵鷇, 鷇弱, 故反之, 其當聖王之道者, 何也?」晏子對曰:「君探爵鷇, 鷇弱, 故反之, 是長幼也; 吾君仁愛, 禽獸之加焉, 而況於人乎? 此聖王之道也.」

6. 《藝文類聚》 卷九十二 鳥部下 雀

　　晏子曰. 齊景公探雀鷇. 鷇弱. 故反之. 晏子再拜賀曰:「吾君有聖人之道矣. 道長幼也, 曾禽獸之加焉, 而況人乎?」

120 [5-10] 景公睹嬰兒有乞于途者. 公曰:「是無歸矣.」晏子對曰:「君存, 何爲無歸? 使吏養之. 可立而以聞.」

경공이 길거리에서 걸식을 하고 있는 어린아이를 보고 이렇게 말하였다.

「돌아갈 곳이 없는 아이인 듯합니다.」

그러자 안자가 나서서 이렇게 말하였다.

「임금이 계신데* 어찌 돌아갈 곳이 없다는 말씀입니까? 관리로 하여금
이를 잘 부양토록 하면, 그 즉시 천하에 알려질 것입니다.」

* 원문의 『君存』은 임금께서 묻고 계시다〔存問〕로 본다.

【참고】《說苑》卷五 貴德篇 136[5-11]
　景公覩嬰兒有乞於途者, 公曰:「是無歸夫?」晏子對曰:「君存何爲無歸? 使養之, 可立
而以聞.」

121 [5-11]　景公正晝, 被髮, 乘六馬, 御婦人以出正閨. 刖跪擊其馬
而反之. 曰:「爾非吾君也.」公慙而不朝. 晏子睹裔款而問曰:「君
何故不朝?」對曰:「昔者, 君正晝, 被髮, 乘六馬, 御婦人以出正閨.
刖跪擊其馬而反之曰, 爾非吾君也. 公慙而反, 不果出, 是以不朝.」
晏子入見. 景公曰:「昔者, 寡人有罪, 被髮乘六馬以出正閨. 刖跪
擊馬而反之曰, 爾非吾君也. 寡人以子大夫之賜, 得率百姓以守宗
廟. 今見戮于刖跪, 以辱社稷. 吾猶可以齊于諸侯乎?」晏子對曰:
「君勿惡焉. 臣聞下無直辭, 上有隱惡. 民多諱言, 君有驕行. 古者,
明君在上, 下多直辭. 君上好善, 民無諱言. 今君有失行, 刖跪直辭
禁之, 是君之福也. 故臣來慶. 請賞之以明君之好善. 禮之以明君之
受諫.」公笑曰:「可乎?」晏子曰:「可!」于是令刖跪倍資無征, 時
朝無事也.

　경공이 한낮에 머리를 풀어 늘어뜨리고, 육마六馬가 끄는 수레를 타고서
부인들을 거느린 채 정규正閨를 나서고 있었다. 이때 다리 잘린 형벌을 받
은 자*가, 그 말을 치며 이렇게 항거하였다.
　「너는 나의 임금이 아니다.」
　경공이 이 말을 듣고 부끄럽게 여겨 조회를 나오지 못하였다. 이에 안자
가 예관裔款을 만나자 이렇게 물었다.
　「임금께서 어찌하여 조회에 나타나지 않는 것입니까?」
　예관의 대답은 이러하였다.

「지난날 임금께서 한낮에 머리를 풀어 늘어뜨리고, 여섯 필의 말이 끄는 수레를 타고서 부인들을 거느린 채 정규를 나서고 있었는데, 다리 잘린 형벌을 받은 자가 그 말을 치며 너는 나의 임금이 아니다라고 비난하였다 합니다. 임금께서 이를 부끄럽게 여기어 되돌아와서는 밖으로 나오지를 못하고 있습니다. 이 까닭으로 조회를 열지 못하는 것입니다.」

이 말을 듣고서 안자가 들어가자, 경공이 먼저 입을 열었다.

「지난날 과인이 죄를 지었습니다. 피발被髮에 육마가 끄는 수레를 타고 정규를 나서자, 마침 다리 잘린 형벌을 받은 자가 내 말을 치면서 너는 나의 임금이 아니다라고 비난하였습니다. 과인은 선생의 가르침에 힘입어 백성을 인솔하여 종묘를 지키고 있습니다. 지금 다리 잘린 형벌을 받은 자에게 비난을 당하여 사직을 욕되게 하였으니, 내가 이러고도 과연 여러 제후들 앞에 나란히 설 수 있겠습니까?」

이 말에 안자는 이렇게 안심시켰다.

「임금께서는 걱정하지 마십시오. 제가 듣기로 아랫사람의 직언이 없고 윗사람이 그 악을 숨기게 되면 백성들은 어떤 말이라도 내뱉기를 꺼리고, 임금은 이를 모른 채 그 행동이 교만해진다고 하였습니다. 옛날 명석한 임금이 윗자리에 있을 때는 아랫사람의 직언이 많았고, 임금이 윗자리에서 선을 좋아하면 백성은 꺼리는 일이 없었습니다. 지금 임금에게 그릇된 행동이 나타나자, 다리 잘린 형벌을 받은 비천한 죄인조차 곧바로 직언을 해서 이를 못하도록 만류하고 있으니, 이것이야말로 임금의 복입니다. 그 때문에 제가 와서 이렇게 축하해 드리는 것입니다. 청컨대 그에게 상을 내려 임금께서 선을 좋아한다는 것을 천하에 알리십시오. 그리고 그를 예로써 우대하여, 임금께서 그 어떤 간언이라 하더라도 능히 받아들인다는 사실을 밝혀 보여 주십시오.」

그제서야 경공이 웃음을 띠며 「그래도 되겠습니까?」라고 물었다.

안자는 「됩니다!」라고 답하였다.

이에 그 다리 잘린 형벌을 받은 자에게 생활비를 두 배로 주고, 부세를 면제해 주었다. 그러자 일시에 조정이 아무 일도 없이 평온해졌다.

* 원문의 『刖跪』는, 張氏本에 『刖足者, 使守門是也』라 하여 문지기로 여겼다.
【예관裔款】景公의 臣下.

〖참고〗1.《太平御覽》1에 본장의 내용이 전재되어 있다.
2.《群書治要》에 본장의 내용이 전재되어 있다.
3.《說苑》卷九 正諫篇 289[9-18]
　　景公正晝, 被髮, 乘六馬, 御婦人出正閨, 刖跪擊其馬而反之, 曰:「爾非吾君也.」公慚而
不朝, 晏子睹裔敖而問曰:「君何故不朝?」對曰:「昔者, 君正晝, 被髮, 乘六馬, 御婦人出
正閨, 刖跪擊其馬而反之曰:『爾非吾君也.』公慚而反, 不果出, 是以不朝.」晏子入見, 公
曰:「昔者, 寡人有罪, 被髮, 乘六馬, 以出正閨, 刖跪擊其馬而反之, 曰:『爾非吾君也.』寡
人以天子大夫之賜, 得率百姓, 以守宗廟, 今見戮於刖跪, 以辱社稷, 吾猶可以齊於諸侯
乎?」晏子對曰:「君無惡焉. 臣聞之, 下無直辭, 上無隱君; 民多諱言, 君有驕行. 古者, 明
君在上, 下有直辭; 君上好善, 民無諱言. 今君有失行, 而刖跪有直辭, 是君之福也, 故臣來
慶, 請賞之, 以明君之好善; 禮之, 以明君之受諫!」公笑曰:「可乎?」晏子曰:「可.」於是
令刖跪倍資無正, 時朝無事.

122 [5-12]　景公飲酒, 夜移于晏子之家. 前驅款門曰:「君至!」晏
子被玄端. 立于門. 曰:「諸侯得微有故乎? 國家得微有事乎? 君何
爲非時而夜辱?」公曰:「酒醴之味, 金石之聲, 願與夫子樂之.」晏
子對曰:「夫布薦席, 陳簠簋者有人. 臣不敢與焉.」公曰:「移于司
馬穰苴之家.」前驅款門曰:「君至」!」穰苴介冑操戟, 立于門曰:
「諸侯得微有兵乎? 大臣得微有叛者乎? 君何爲非時而夜辱?」公
曰:「酒醴之味, 金石之聲, 願與夫子樂之.」穰苴對曰:「夫布薦席,
陳簠簋者有人, 臣不敢與焉.」公曰:「移于梁丘據之家.」前驅款門
曰:「君至!」梁丘據左操瑟. 右挈竽, 行歌而出. 公曰:「樂哉! 今
夕吾飲也. 微彼二子者, 何以治吾國? 微此一臣者, 何以樂吾身?」
君子曰:「聖賢之君, 皆有益友, 無偸樂之臣. 景公弗能及, 故兩用
之, 僅得不亡.」

　　경공이 술을 마시다가, 밤이 되자 안자의 집으로 술자리를 옮겨 그 즐거
움을 계속하려 하였다. 앞에 선 심부름꾼이 안자의 집 문 앞에 이르러「임
금께서 오십니다!」라고 하자, 안자가 현단玄端을 걸치고 문 앞에 서서 이
렇게 물었다.
　　「제후들에게는 아무 일 없습니까? 국가에는 아무 일 없습니까? 임금께서

는 어찌하여 때도 아닌데 이렇듯 한밤에 욕된 걸음을 하셨습니까?」

그러자 경공이 말하였다.

「좋은 술맛과 훌륭한 음악이 있어, 원컨대 선생과 함께 즐기고 싶어서 이렇게 찾아왔습니다.」

이에 안자가 이렇게 거절하였다.

「자리를 깔고 술그릇을 마련해 드리는 일은 따로 임무를 맡은 사람이 있습니다. 저는 감히 그런 일에 참여할 수가 없습니다.」

그러자 경공은 할 수 없이 「사마양저司馬穰苴의 집으로 가자」고 하였다.

앞에 선 심부름꾼이 그 문 앞에 이르러 「임금께서 오십니다!」라고 하자, 양저가 갑옷과 투구를 갖춘 채 창을 잡고 문 앞에 서서 물었다.

「제후들에게 무슨 군사 행동이 일어난 것은 아니겠지요? 대신들 가운데 누가 반란이라도 일으킨 것은 아니겠지요? 임금께서는 어찌하여 때도 아닌데 이렇듯 한밤에 욕된 걸음을 하셨습니까?」

경공은 역시 똑같은 말을 하였다.

「좋은 술맛과 훌륭한 음악을 선생과 함께 즐기고 싶어서 찾아왔습니다.」

이에 사마양저 역시 똑같이 거절하였다.

「자리를 깔고 술그릇을 마련해 드리는 일은 따로 임무를 맡은 사람이 있습니다. 저는 감히 그런 일에 참여할 수가 없습니다.」

경공은 다시 「양구거梁丘據의 집으로 가자」고 하였다.

앞에 선 심부름꾼이 그 문 앞에 이르러 「임금께서 오십니다!」라고 하자, 양구거가 왼손에는 거문고를 오른손에는 우竽를 들고서 노래를 부르며 나오는 것이었다. 이를 본 경공이 신이 나서 이렇게 말하였다.

「즐겁도다! 오늘 저녁의 술자리여! 앞서의 두 사람이 없었다면 어찌 이 나라를 다스릴 수 있겠으며, 이 한 사람이 없었다면 누구와 더불어 내 자신을 즐길 수 있으리요?」

군자가 이를 듣고서 이렇게 평하였다.

「성스럽고 어진 임금에게는 모두가 도움되는 친구일 뿐, 즐거움에만 빠지게 하는 신하는 없었다. 그러나 경공은 그에 미치지 못하였다. 그 때문에 두 사람을 등용함으로써 겨우 망하지는 않을 수 있었던 것이다.」

【현단玄端】元端으로도 쓰며, 검은색의 예복.
【사마양저司馬穰苴】司馬는 官名. 兵事를 담당하였다. 穰苴는 이름. 張氏本의 注에
『孫云, 史記列傳, 司馬穰저者, 田完之苗裔也. 齊景公時, 晏嬰乃薦田穰苴』라 하였다.
【양구거梁丘據】齊나라 景公의 臣下.
【우우竽】고대의 簧管樂器.《周禮》春官, 笙師의 注에『竽, 三十六簧』이라 하였다.

【참고】1.《太平御覽》109・353・455・468에 관련기록이 전재되어 있다.
2.《北堂書鈔》110・124에 본장의 내용이 전재되어 있다.
3.《群書治要》에 본장의 내용이 전재되어 있다.
4.《說苑》卷九 正諫篇 290[9-19]
　　景公飮酒, 移於晏子家, 前驅報閭曰:「君至.」晏子被玄端, 立於門曰:「諸侯得微有故
乎? 國家得微有故乎? 君何爲非時而夜辱?」公曰:「酒醴之味, 金石之聲, 願與夫子樂之.」
晏子對曰:「夫布薦席, 陳簠簋者有人, 臣不敢與焉.」公曰:「移於司馬穰苴之家.」前驅報
閭曰:「君至.」司馬穰苴介胄操戟, 立於門曰:「諸侯得微有兵乎? 大臣得微有叛者乎? 君
何爲非時而夜辱?」公曰:「酒醴之味, 金石之聲, 願與夫子樂之.」對曰:「夫布薦席, 陳簠
簋者有人, 臣不敢與焉.」公曰:「移於梁丘據之家.」前驅報閭曰:「君至.」梁丘據左操瑟,
右挈竽; 行歌而至, 公曰:「樂哉! 今夕吾飮酒也, 微彼二子者, 何以治吾國! 微此一臣者,
何以樂吾身!」賢聖之君, 皆有益友, 無偸樂之臣. 景公弗能及, 故兩用之, 僅得不亡.

123 [5-13]　晏子侍于景公, 朝寒. 公曰:「請進暖食.」晏子對曰:
「嬰非君奉餽之臣也. 敢辭!」公曰:「請進服裘.」對曰:「嬰非君茵
蓐之臣也. 敢辭!」公曰:「然夫子之于寡人, 何爲者也?」對曰:
「嬰社稷之臣也.」公曰:「何謂社稷之臣?」對曰:「夫社稷之臣, 能
立社稷. 別上下之義, 使當其理. 制百官之序, 使得其宜. 作爲辭令,
可分布于四方.」自是之後, 君不以禮不見晏子.

　안자가 경공을 모시고 있을 때, 마침 아침이라 날이 추웠다.
　이에 경공이 안자에게「청컨대 따뜻한 음식 좀 가져다 주시오」라고 부탁
하자, 안자가「저는 임금께 식사를 갖다 바치는 신하가 아닙니다. 감히 거
절합니다」라고 대답하였다.
　경공이 다시「그러면 갖옷 좀 가져다 주시오」라고 부탁하자, 역시「저는
임금께 자리나 깔아 드리는 그런 신하가 아닙니다. 감히 거절합니다」라고
냉정히 대답하였다.

그러자 경공이 「그러면 선생은 과인에게 있어서 무얼하는 자입니까?」라고 묻자, 안자가 이렇게 대답하였다.

「저는 사직지신社稷之臣입니다.」

이에 경공이 「무엇을 사직지신이라 하는 것입니까?」라고 못마땅히 여기며 물었다.

그제서야 안자는 이렇게 설명하였다.

「무릇 사직지신이란 능히 사직을 일으켜 세워 상하의 직위를 구별하고, 그 이치에 맞게 부려서 백관의 질서를 제정합니다. 또 그 마땅한 것에 맞게 시키고, 사령辭令을 만들어 사방 나라에 퍼지도록 하는 자입니다.」

이로부터 임금은 예가 아닌 경우로 안자를 불러 시키는 일을 하지 않게 되었다.

【사직지신社稷之臣】 국가의 정책을 결정하는 큰 임무를 띤 신하.
【사령辭令】 외교 명령과 국내의 각종 법령.

【참고】 1.《群書治要》에 본장의 내용이 전재되어 있다.
2.《北堂書鈔》37·143에 본장의 내용이 전재되어 있다.
3.《說苑》卷二 臣術篇 057[2-11]
　　晏子侍於景公, 朝寒請進熱食, 對曰:「嬰非君之廚養臣也, 敢辭.」公曰:「請進服裘.」
對曰:「嬰非田澤之臣也, 敢辭.」公曰:「然, 夫子於寡人奚爲者也?」對曰:「社稷之臣也.」
公曰:「何謂社稷之臣?」對曰:「社稷之臣, 能立社稷, 辨上下之宜, 使得其理; 制百官之
序, 使得其宜; 作爲辭令, 可分布於四方.」自是之後, 君不以禮不見晏子也.

124 [5-14]· 晏子飮景公酒, 令器必新. 家老曰:「財不足, 請斂于
氓.」晏子曰:「止! 夫樂者上下同之, 故天子與天下, 諸侯與境內,
大夫以下, 各與其僚, 無有獨樂. 今上樂其樂, 下傷其費, 是獨樂者
也. 不可!」

안자가 경공을 위해 술자리를 마련하면서, 그 그릇들을 반드시 새것으로 쓰도록 명하였다.

그러자 안자의 가신家臣이 「재물이 부족합니다. 청컨대 백성들로부터 세금을 더 거두시지요」라고 제의하였다.

이에 안자가 이렇게 말하였다.

「그만두시오! 무릇 즐거움이란 상하가 함께 누려야 하는 입니다. 그 때문에 천자는 천하와 더불어 그 즐거움을 누리고, 제후는 자기 나라안의 모든 사람과 즐거움을 같이해야 하며, 대부 이하 사람들은 각각 그 동료와 더불어 즐거움을 누려야 합니다. 홀로 그 즐거움을 누려서는 안 되는 법입니다. 지금 임금께서는 자신의 즐거움만 누리고 아랫사람은 그 비용을 대느라 상처를 입는다면, 이는 바로 홀로 즐거움을 누리는 일이 되고 맙니다. 그러므로 아니 될 일입니다!」

【가신家臣】卿大夫의 家臣. 여기서는 晏子의 家臣.

【참고】 1. 張氏本에는 주제를 『此墨家非樂之悋?』라 하였다.
2.《說苑》卷五. 貴德篇 133[5-8]
　晏子飮景公酒, 令器必新, 家老曰:「財不足, 請斂於民.」 晏子曰:「止. 夫樂者, 上下同之, 故天子與天下, 諸侯與境內, 自大夫以下各與其僚, 無有獨樂; 今上樂其樂, 下傷其費, 是獨樂者也. 不可!」

125 [5-15]　晏子飮景公酒, 日暮, 公呼具火. 晏子辭曰:「詩云:『側弁之俄.』言失德也.『屢舞傞傞.』言失容也.『旣醉以酒, 旣飽以德, 旣醉而出, 並受其福.』賓主之禮也.『醉而不出, 是謂伐德.』賓主之罪也. 嬰已卜其日, 未卜其夜.」公曰:「善!」擧酒祭之, 再拜而出曰:「豈過我哉? 吾託國于晏子也. 以其家貧善寡人, 不欲其淫佚也, 而況與寡人謀國乎?」

　안자가 경공을 위해 술자리를 베풀었다. 저녁이 되어 날이 어두워지자, 경공이 불을 밝히라고 소리쳤다. 그러자 안자가 이렇게 만류하였다.

「시詩*에『술에 취해 모자가 비뚤어졌네』라고 하였으니 이는 그 덕을 잃은 상태요,『춤추는 모습 비틀비틀』이라 한 것은 그 용모까지 흐트러졌음을 말합니다.『취하기는 술로 하였으나 배부르기는 덕으로 하였네.* 취하였으면 그 자리를 물러나는 것이야말로 복받을 사람이라네』하였으니, 이것이야말로 손님과 주인 사이의 예입니다.『취하였으면서도 그 자리를 물러나지 않으면 이것이 곧 그 덕을 손상시키는 것」이라 한 것은, 손님과 주인 사이에 허물을 짓는 행동입니다. 저는 술자리를 낮에 맞추어 마련한 것이지, 밤까지 이어지도록 맞춘 것이 아닙니다.」

이에 경공이 「좋습니다!」 하고는 술을 들어 제사를 올리고, 재배한 후 이렇게 말하였다.

「안자가 나를 위하여 이렇게 질책까지 해주다니? 나는 이 나라를 안자에게 맡겼다. 그 집이 가난한데도 나를 위해 이토록 잘해 주고, 또한 나로 하여금 음사와 사치에 물들지 않도록 해주었는데, 하물며 나와 함께 이 나라를 이끌어 나감에 있어서야 어떠하겠는가?」

* 《詩經》 小雅 賓之初筵의 구절.
* 《四部叢刊本》에 의해 補入하였다. 단 王念孫은 『案此二句, 後人所加. 晏子引《賓之初筵》以戒景公, 前後所引, 皆不出本詩之外, 忽闌入《旣醉》之詩, 則大爲不倫, 其謬一也; 《旣醉》之詩, 是說祭宗廟旅酬無算爵之事, 非賓主之禮, 今加此二句, 則與下文『賓主之禮也.』五字不合, 其謬二也. 《說苑·反質篇》有此二句, 亦後人托俗本《晏子》加之, 斷不可信」이라 하였다.

【참고】《說苑》卷二十 反質篇 839[20-19]
　晏子飲景公酒, 日暮, 公呼具火, 晏子辭曰: 「詩曰: 『側弁之俄.』言失德也; 『屢舞傞傞.』言失容也. 『旣醉以酒, 旣飽以德.』『旣醉而出, 並受其福.』賓主之禮也. 『醉而不出, 是謂伐德.』賓主之罪也. 嬰以卜其日, 未卜其夜.」 公曰: 「善.」 舉酒而祭之, 再拜而出, 曰: 「豈過我哉? 吾託國於晏子也. 以其家貧善寡人, 不欲其淫侈也, 而況與寡人謀國乎?」

126 [5-16] 晉平公欲伐齊, 使范昭往觀焉. 景公觴之. 飲酒酣. 范昭起曰: 「請君之棄罇.」公曰: 「酌寡人之罇. 進之于客.」范昭已飲. 晏子曰: 「徹罇! 更之.」罇觶具矣. 范昭佯醉, 不說而起舞, 謂太師曰: 「能爲我調成周之樂乎? 吾爲子舞之.」太師曰: 「冥臣不習.」 范昭趨而出. 景公謂晏子曰: 「晉大國也. 使人來將觀吾政. 今子怒大國之使者, 將奈何?」晏子曰: 「夫范昭之爲人也. 非陋而不知禮也. 且欲試吾君臣. 故絶之也.」景公謂太師曰: 「子何以不爲客調成周之樂乎?」太師對曰: 「夫成周之樂, 天子之樂也. 調之, 必人主舞之. 今范昭人臣, 欲舞天子之樂, 臣故不爲也.」范昭歸, 以報平公曰:「齊未可伐也. 臣欲試其君, 而晏子識之. 臣欲犯其樂, 而太師知之.」于是輟伐齊謀. 仲尼聞之曰:「善哉! 不出尊俎之間, 而折衝于千里之外, 晏子之謂也. 而太師其與焉.」

　　진晉나라의 평공平公이 제齊나라를 치려고 범소范昭로 하여금 가서 그 정치를 살펴보도록 하였다. 제나라 경공은 이 범소를 맞이하여 술자리를 베풀었다. 술이 어느 정도 취하자, 범소가 일어나서 이렇게 요구하였다.
　　「청컨대 제 술잔을 버리고, 임금의 술잔으로 받고 싶습니다.」
　　그러자 경공이「과인의 술잔에 술을 부어 저 손님께 드리시오」라고 말하였다.
　　범소가 그 술을 다 마시자, 안자가 이렇게 소리쳤다.
　　「그 술잔을 치우고 다른 술잔을 가져오시오!」
　　술잔이 갖추어지자, 범소가 거짓으로 취한 체하며 불쾌한 표정으로 일어나 춤을 추면서 태사太師에게 이렇게 요구하였다.
　　「나를 위해 성주成周의 음악을 연주해 주시오! 내 그 음악에 맞추어 춤을 추리다.」
　　그러자 태사가「어리석은 저는 그 음악을 익히지 못하였습니다」라고 거부하였다.
　　이에 범소가 급히 나가 버리자, 경공이 안자에게 물었다.
　　「진나라는 대국입니다. 사람을 보내어 우리의 정치를 보고자 하는데, 지금 그대가 대국의 사신을 노하게 하였으니 장차 어찌할 셈입니까?」
　　그러자 안자가 이렇게 대답하였다.
　　「무릇 범소의 사람됨을 보니, 비루하거나 예를 모르는 그러한 인물이 아닙니다. 이는 장차 우리 나라의 군신君臣을 시험해 보고자 하는 의도입니다. 그래서 거절해 버린 것입니다.」
　　이에 경공이 다시 태사에게 물었다.
　　「그대는 어찌하여 그를 위해 성주의 음악을 연주해 주지 않았습니까?」
　　그러자 태사 또한 이렇게 대답하였다.
　　「무릇 성주의 음악이란, 천자天子만이 누릴 수 있는 것입니다. 이를 연주하면 임금께서 반드시 그에 맞추어 춤을 추어야 합니다. 지금 범소는 남의 신하로서 천자의 음악에 맞추어 춤을 추겠다 하였으니, 저는 그 때문에 거절한 것입니다.」

그리하여 범소는 돌아가 평공에게 이렇게 보고하였다.

「제나라는 칠 수가 없습니다. 제가 그 임금을 시험하고자 하였더니 안자가 알아차렸고, 그 음악을 범하고자 하였더니 태사가 알아차렸습니다.」

이에 제나라를 칠 계획을 철회하였다.

중니仲尼가 이를 듣고서 이렇게 말하였다.

「훌륭하도다! 밥상 앞을 벗어나지 않으면서도 1천 리 밖의 적을 꺾어 버린다더니,* 이는 안자를 두고 한 말이로다. 태사 역시 그에 포함된다고 말할 수 있을 것이다.」

【진晉 평공平公】春秋時代 晉나라 君主. 재위 26년(B.C. 557~532).
【범소范昭】晉나라 平公의 臣下.
【태사太師】음악을 관장하는 직책의 長.
【성주成周】원래 周나라가 洛陽을 중심으로 建都하였을 때의 이름. 즉 天子國.
【중니仲尼】孔子, 孔丘.
 * 원문의 『折衝』은, 공격해 오는 적을 꺾어 버림을 뜻한다.

【참고】 1.《韓詩外傳》卷八의 19
　　晉平公使范昭觀齊國之政, 景公賜之宴, 晏子在前, 范昭趨曰:「願君之佐樽以爲壽.」景公顧左右曰:「酌寡人樽, 獻之客.」晏子對曰:「徹去樽.」范昭不說, 起舞, 顧太師曰:「子爲我奏成周之樂, 願舞.」太師對曰:「盲臣不習.」范昭起, 出門. 景公謂晏子曰:「夫晉天下大國也, 使范昭來觀齊國之政, 今子怒大國之使者, 將奈何?」晏子曰:「范昭之爲人也, 非陋而不知禮也, 是欲試吾君, 嬰故不從.」於是景公召太師而問之曰:「范昭使子奏成周之樂, 何故不調?」對如晏子. 於是范昭歸, 報平公曰:「齊未可幷也. 吾試其君, 晏子知之; 吾犯其樂, 太師知之.」孔子聞之, 曰:「善乎! 晏子不出俎豆之間, 折衝千里.」詩曰:『實右序有周, 薄言震之, 莫不震疊.』
2.《新序》卷一 雜事의 16
　　晉平公欲伐齊, 使范昭往觀焉. 景公賜之酒酣, 范昭曰:「願請君之樽酌.」公曰:「酌寡人之樽, 進之於客.」范昭已飮, 晏子曰:「徹樽更之, 罇觶具矣.」范昭佯醉, 不悅而起舞, 謂太師曰:「能爲我調成周之樂乎? 吾爲子舞之.」太師曰:「冥臣不習.」范昭趨而出. 景公謂晏子曰:「晉大國也, 使人來, 將觀吾政也. 今子怒大國之使者, 將奈何?」晏子曰:「夫范昭之爲人, 非陋而不識禮也, 且欲試吾君臣, 故絶之也.」景公謂太師曰:「子何不爲客調成周之樂乎?」太師對曰:「夫成周之樂, 天子之樂也, 若調之, 必人主舞之. 今范昭人臣也, 而欲舞天子之樂, 臣故不爲也.」范昭歸以告平公曰:「齊未可伐也. 臣欲試其君, 而晏子識之; 臣欲犯其禮, 而太師知之.」仲尼聞之曰:「夫不出於樽俎之間, 而知千里之外.」其晏子之謂也. 可謂折衝矣, 而太師其與焉.

3. 《後漢書》 卷六十上 馬融傳 注

晏子春秋曰:「晉平公欲攻齊, 使范昭觀焉. 景公觴之. 范昭曰:「願請君之弃酌.」景公
曰:「諾.」范昭已飲, 晏子命徹尊更之. 范昭歸, 以報晉平公曰:「齊未可伐也, 吾衍慙其君
而晏子知之.」仲尼聞之曰:「起於尊俎之間, 而折衝千里之外.」」

4. 《文選》 卷二十九 張協 雜詩 注

晏子春秋曰. 晉平公使范昭觀齊國政. 景公觴之. 范昭起曰:「願得君之樽爲壽.」公令左
右, 酌樽以獻. 晏子命徹去之, 范昭不悅, 而起儛顧太師曰:「爲我奏成周之樂?」太師曰:
「旨臣不習也.」范昭歸謂乎公曰:「齊未可幷. 吾欲試其君, 晏子知之. 吾欲犯其樂, 太師知
之.」於是輟伐齊謀. 孔子聞之曰:「善哉! 不出樽俎之間, 而折衝千里之外, 晏子之謂也.」

5. 《文選》 卷五十五 陸士衡 演連珠 注

晏子春秋曰. 晉平公使范昭觀齊國政. 景公觴之范昭起曰:「願得君之樽爲壽.」公命左
右, 酌樽以獻. 晏子命, 撤去之. 范昭不悅, 而起舞. 顧太師曰:「爲我奏成周之樂?」太師
曰:「旨臣不習也.」范昭歸謂平公曰:「齊未可幷. 吾欲試其君, 晏子知之. 吾欲犯其樂, 太
師知之.」於是輟伐齊謀. 孔子聞曰:「善不出樽俎之間, 而折衝千里之外, 晏子之謂也.」

127 [5-17] 景公伐魯傳許, 得東門無澤, 公問焉:「魯之年穀, 何
如?」對曰:「陰冰凝, 陽冰厚五寸.」公不知, 以告晏子. 晏子對曰:
「君子也. 問年穀而對以冰, 禮也. 陰冰凝, 陽冰厚五寸者, 寒溫節.
節則刑政平, 平則上下和, 和則年穀熟. 年充衆和而伐之, 臣恐罷民
弊兵, 不成君之意. 請禮魯以息吾怨, 遣其執以明吾德.」公曰:
「善!」迺不伐魯.

경공이 노魯나라를 치면서, 허許* 땅에 이르러 동문무택東門無澤이라는
사람을 만나자 이렇게 물었다.

「노나라의 금년 농사는 어떻습니까?」

그러자 그가 「음지는 꽁꽁 얼어붙고, 양지도 얼음이 5촌 두께나 됩니다」
라고 대답하였다. 경공이 무슨 뜻인지 몰라 안자에게 말하였다.

그러자 안자가 이렇게 해석하였다.

「군자입니다. 농사의 수확을 물었는데 얼음으로 대답하는 것을 보면, 예
가 있는 인물입니다. 음지는 꽁꽁 얼어붙고 양지도 얼음이 5촌 두께나 된
다는 것은 추위와 더위가 알맞다는 뜻이고, 이처럼 알맞다면 그 정치와 형
벌도 공평하다는 뜻입니다. 정치가 평온하면 상하가 화목한 법이요, 상하가

화목하면 풍년이 들었다는 뜻입니다. 풍년이 들고 민중이 모두 화목한데, 그런 상대를 치는 것은 생각건대 공연히 우리 백성과 병사만 곯게 할 뿐, 임금의 뜻은 성취하지 못할 것이라 여겨집니다. 청컨대 노나라를 예로써 우대하여 우리에 대한 원망을 잠재우도록 하시고, 그 나라 포로들을 되돌려보내어 우리의 덕을 밝히십시오.」

　경공은 이 말에「좋습니다!」하고는, 노나라 침범을 철회하였다.

　＊ 원문의『傅許』두 글자는《北堂書鈔》156,《太平御覽》35・68에는 모두 빠져 있다.
【동문무택東門無澤】魯나라 사람. 東門은 姓. 無澤은 이름.

【참고】1.《北堂書鈔》156에 본장의 내용이 전재되어 있다.
2.《太平御覽》35・68에 본장의 내용이 전재되어 있다.
3.《文選》卷十三 海賦 注
　　晏子春秋曰:「陰冰凝陽, 冰厚五寸.」

128 [5-18]　景公予魯君地, 山陰數百社, 使晏子致之. 魯使子叔昭伯受地, 不盡受也. 晏子曰:「寡君獻地, 忠廉也. 曷爲不盡受?」子叔昭伯曰:「臣受命于君曰:『諸侯相見, 交讓, 爭處其卑. 禮之文也. 交委, 多爭受少, 行之實也. 禮成文于前, 行成章于後, 交之所以長久也.』且吾聞君子不盡人之歡, 不竭人之忠, 吾是以不盡受也.」晏子歸, 報公, 公喜, 笑曰:「魯君猶若是乎?」晏子曰:「臣聞大國貪于名, 小國貪于實, 此諸侯之公患也. 今魯處卑而不貪乎尊. 辭實而不貪乎多. 行廉不爲苟得. 道義不爲苟合. 不盡人之歡, 不竭人之忠, 以全其交. 君之道義, 殊于世俗, 國免于公患.」公曰:「寡人說魯君, 故予之地. 今行果若此, 吾將使人賀之.」晏子曰:「不! 君以驪予之地, 而賀其辭, 則交不親而地不爲德矣.」公曰:「善!」于是重魯之幣毋比諸侯, 厚其禮毋比賓客. 君子于魯, 而後明行廉辭地之可爲重名也.

　경공이 노魯나라 임금에게 땅을 주고자 하였다. 산음山陰의 수백 사社였는데, 이 일을 안자에게 위탁하였다. 노나라 사신인 자숙소백子叔昭伯이 땅을 받으러 왔으나 다 받으려고 하지를 않는 것이었다. 이에 안자가 물었다.

「우리 임금께서 땅을 헌납하시는 뜻은 충렴忠廉을 가상히 여겼기 때문입니다. 어찌하여 다 받지 않습니까?」

그러자 자숙소백이 이렇게 말하였다.

「저는 우리 임금에게 이런 명령을 받았습니다. 즉『제후끼리 서로 만날 때는 서로 양보하며, 스스로 낮은 곳에 처하여 상대를 존경하여야 한다. 이것이 곧 예의 절문節文이다. 또 서로 선물을 주고받을 때는 자신은 적게 갖고, 상대에게는 많이 주어야 한다. 이것이 곧 일의 실實이다. 그리고 일이 있기 전에 예의 문채를 잘 이루고, 뒤에 그 문채를 성취시켜 행동으로 옮겨야 하는 것이다. 이렇게 하여야 그 우정이 장구해지는 것이다』라고 하였습니다.

또 제가 듣기로 군자는 남이 나를 위해 베푸는 즐거움을 끝까지 다 누리지 않으며, 남의 충성을 끝까지 다 받지 않는다고 하였습니다. 이러한 까닭으로 다 받지 않는 것입니다.」

안자가 돌아와 경공에게 보고하자, 경공이 즐거워하며 웃었다.

「노나라 임금이 이와 같은가?」

그러자 안자가 이렇게 설명하였다.

「제가 듣건대 대국은 명예를 탐내고, 소국은 실리를 탐낸다 하였습니다. 이것이 곧 제후들이면 누구나 가지고 있는 병폐입니다. 지금 노나라는 낮게 처하면서 높은 것을 탐내지 않으며, 실리를 사양하며 많은 양을 탐내지 않습니다. 행동도 청렴하면서 구차스럽게 얻으려 하지 않고, 의로써 이끌되 구차스러운 투합도 구하지 않습니다. 남이 베푸는 즐거움을 끝까지 누리려 하지도 않으며, 남의 충성을 끝까지 다 받으려 하지도 않습니다.* 이렇게 하여 외교를 온전히 하고 있으니, 그 임금의 도의道義는 세속과 다릅니다. 그래서 우리로부터 받을 환난을 면하고 있는 것입니다.」

경공은 이렇게 말하였다.

「과인은 노나라 임금을 좋아합니다. 그래서 그에게 땅을 주는 것인데 지금 그의 행동이 이와 같으니, 나는 대신 사신을 보내어 그를 축하라도 해 주어야겠습니다.」

그러자 안자가 이렇게 만류하였다.

「안 됩니다. 임금께서 즐거운 마음으로 그에게 땅을 주려고 하였다가, 그쪽이 사양한다고 이를 축하하면 이는 외교가 친숙하지 못한 것이 되며, 그 땅의 사건도 덕으로 인정되지 않습니다.」

이에 경공이 「좋습니다!」 하고 수긍하였다.

그리고 노나라에게 많은 선물을 주되 다른 제후에게 비교되지 않을 정도로 하였고, 후한 예로써 하되 빈객에 비교되지 않을 정도로 하였다.

군자가 노나라의 이러한 외교에 대하여, 염의廉義를 밝힌 후 땅을 사양함으로써 그 명예를 더욱 높였다고 평하였다.

【산음山陰】泰山의 북쪽으로 봄.
【사社】가구수를 계산하는 단위. 25家를 1社로 하였다.《史記》集解에『賈陸曰二十五家爲一社』라 하였다.
【자숙소백子叔昭伯】魯나라의 臣下. 張氏本의 注에『孫云, 左傳昭十六年, 有子服昭伯, 杜預注, 惠伯之子, 子服回也, 疑卽此人』이라 하였다.
＊《大戴禮記》曾子立事에『君子不絶人之歡, 不盡人之禮』라 하였다.

【참고】張氏本에『廉之見重于世如此』라 하였다.

129 [5-19] 景公游于紀, 得金壺. 發而視之, 中有丹書, 曰:「無食反魚, 勿乘駑馬.」公曰:「善哉! 如若言, 食魚無反, 則惡其鯹也. 勿乘駑馬, 惡其不遠取道也.」晏子對曰:「不然. 食魚無反, 毋盡民力乎! 勿乘駑馬, 則無置不肖于側乎!」公曰:「紀有書, 何以亡也?」晏子對曰:「有以亡也. 嬰聞之, 君子有道懸之閭, 紀有此言注之壺, 不亡何待乎?」

경공이 기紀 땅을 순유하다가 금호金壺를 발견하였는데, 그 속을 살펴보니 단서丹書가 있는 것이었다. 그런데 그 내용이 이러하였다.

「생선은 뒤집어 먹지 말고, 말은 노마駑馬를 타지 말라.」

경공은 이렇게 해석하였다.

「훌륭하도다! 이 말이여! 생선을 뒤집어 먹지 말라는 것은 그 비린내를 싫어하기 때문이요, 노마를 타지 말라는 것은 멀리 가지 못함을 걱정해서 그리하였을 것이다.」

이 말을 듣고 안자가 나섰다.

「그렇지 않습니다. 생선을 뒤집어 먹지 말라는 것은 백성의 힘이 다할 때까지 부리지 말라는 뜻이고, 노마를 타지 말라는 것은 불초한 자를 측근으로 등용시키지 말라는 뜻입니다.」

그러자 경공이 의심을 나타내었다.

「기紀나라에 이런 경구警句가 있는데 어찌하여 망했습니까?」

이에 안자가 이렇게 설명하였다.

「망한 이유가 있지요. 제가 듣기로 군자가 경계로 삼을 명언이 있으면, 이를 문설주에 걸어 놓고 늘 보는 법입니다. 기나라는 이렇게 좋은 말을 금호 속에 주기해 두었으니, 망하지 않고 그밖에 무엇을 기대하겠습니까?」

【기紀】地名.《括地志》에 『劇, 菑州縣也. 故劇城. 在靑州壽光縣南三十一里, 故紀國』이라 하였다.
【금호金壺】금이나 은으로 만든 술병, 또는 술단지.
【단서丹書】붉은색으로 경계를 삼는 말을 적은 것.

【참고】《太平御覽》761·896에 본장의 내용이 전재되어 있다.

130 [5-20]　魯昭公失國走齊, 景公問焉. 曰:「子之年甚少, 奚道至于此乎?」昭公對曰:「吾少之時. 人多愛我者, 吾體不能親. 人多諫我者, 吾忌不能從. 是以內無拂而外無輔. 輔拂無一人, 諂諛者甚衆, 譬之猶秋蓬也, 孤其根而美枝葉, 秋風一至, 僨且揭矣.」景公辯其言, 以語晏子曰:「使是人反其國. 豈不爲古之賢君乎?」晏子對曰:「不然, 夫愚者多悔, 不肖者自賢. 溺者不問隊, 迷者不問路. 溺而後問隊, 迷而後問路. 譬之猶臨難而遽鑄兵, 臨噎而遽掘井, 雖速亦無及已.」

노魯나라의 소공昭公이 그 나라를 잃고 제齊나라로 도망 오자, 경공이 물었다.

「그대는 나이도 심히 어린데, 어찌하여 이런 지경에 이르렀습니까?」

그러자 소공이 이렇게 대답하였다.

「내가 어렸을 때에는 많은 사람들이 나를 사랑하였습니다. 그래서 내 스스로는 아무것도 체득할 수가 없었습니다. 또 많은 사람들이 내게 간언을 하였을 때, 나는 꺼리기만 할 뿐 그들의 의견을 따를 수가 없었습니다. 이까닭으로 안으로는 나를 보필해 주는 자가 없었고, 밖으로도 보좌해 주는 자가 없었습니다. 보필하는 자는 하나도 없고, 아첨하는 자는 심히 많았습니다.

이는 비유컨대 마치 가을의 쑥덤불처럼 그 뿌리는 외로운데 그 가지와 잎은 무성하여, 바람이 한 번 불면 모두 쓰러지고 꺾여 버리는 것과 같지요.」

경공이 그의 말이 일리가 있다고 여겨 안자에게 이렇게 말하였다.

「이런 사람을 그 나라로 되돌아갈 수 있도록 해준다면, 그 어찌 옛날의 어진 임금과 같이 되지 않으리요?」

그러나 안자는 반대하였다.

「그렇지 않습니다. 무릇 어리석은 자는 후회가 많고, 불초한 자는 스스로 똑똑한 줄 알지요. 또 어디에 탐닉한 자는 많은 사람의 의견을 묻지 않으며, 미혹한 자는 길을 묻지 않습니다. 탐닉한 뒤에 여러 사람의 의견을 묻거나 길을 잃은 후에 그 길을 묻는다면, 이는 비유컨대 난難에 임해서야 급히 무기를 만들고 병력을 기르며, 목이 마른 후에야 급히 우물을 파는 것과 무엇이 다르겠습니까! 비록 아무리 빨리 서두른다 해도 미치지 못할 것입니다.」

【노魯 소공昭公】春秋時代 魯나라 君主. 재위 32년(B.C. 541~510).

【참고】 1.《左傳》昭公 二十五年傳
　　昭子從公于齊, 與公言, 子家子命適公館者執之. 公與昭子言於幄內曰:「將安衆而納公.」公徒將殺昭子, 伏諸道, 左師展告公, 公使昭子自鑄歸. 平子有異志, 冬十月辛酉, 昭子齊於其寢, 使祝宗祈死. 戊辰卒. 左師展將以公乘馬而歸, 公徒執之.
2.《說苑》卷十 敬愼篇 323[10-26]
　　魯哀侯棄國而走齊, 齊侯曰:「君何年之少, 而棄國之蚤?」魯哀侯曰:「臣始爲太子之時, 人多諫臣, 臣受而不用也; 人多愛臣, 臣愛而不近也, 是則內無聞, 而外無輔也. 是猶秋蓬, 惡於根本, 而美於枝葉, 秋風一起, 根且拔矣.」
3.《藝文類聚》卷八十二 草部下 蓬

魯哀公失國, 走齊. 公問焉. 曰:「子之年甚少矣, 道至于此乎?」「吾少之時, 多愛我者,
吾體不親. 人多諫者, 吾忘不能用. 是內無弼, 外無輔. 輔弼無人, 諂諛甚衆. 譬之猶秋蓬也.
孤其根本, 密其枝葉.」
4.《太平御覽》741・997에 관련자료가 실려 있다.
5.《群書治要》에 본장의 내용이 전재되어 있다.

131 [5-21]　晏子使魯. 仲尼命門弟子往觀.　子貢反,　報曰:「孰謂晏
子習于禮乎? 夫禮曰:『登階不歷. 堂上不趨. 授玉不跪.』今晏子皆
反此, 孰謂晏子習于禮者?」晏子旣已有事于魯君, 退見仲尼. 仲尼
曰:「夫禮『登階不歷. 堂上不趨. 授玉不跪.』夫子反此. 禮乎?」晏
子曰:「嬰聞兩楹之間, 君臣有位焉. 君行其一, 臣行其二. 君之來
遬, 是以登階歷, 堂上趨, 以及位也. 君授玉卑, 故跪以下之. 且吾
聞之, 大者不踰閑, 小者出入可也.」晏子出, 仲尼送之以賓客之禮.
反, 命門弟子曰:「不法之禮, 維晏子爲能行之.」

　안자가 노魯나라에 사신으로 가자, 중니仲尼가 자기의 제자들로 하여금
안자의 행동을 살펴보도록 하였다. 자공子貢이 이를 살피고 되돌아와서, 공
자孔子에게 이렇게 투덜거렸다.

　「누가 안자를 일컬어 예를 잘 익힌 사람이라고 하였습니까? 무릇 예에는
임금 앞에서 『계단을 오르되 건너뛰지 않고, 당堂 위에서는 뛰지 않으며,
옥을 선물로 전달받을 때는 무릎을 꿇지 않는다』고 하였는데, 안자의 행동
을 보니 모두가 이에 어긋났습니다. 누가 안자를 두고 예를 잘 익힌 자라
고 말하였습니까?」

　안자가 노나라 임금과 사신으로서 할 일이 모두 끝나자, 물러나와 공자
를 만났다. 이에 공자가 먼저 물었다.

　「무릇 예에 『계단을 오르되 건너뛰지 않고, 당 위에서는 뛰지 않으며, 옥
을 선물로 전달받을 때는 무릎을 꿇지 않는다』고 하였습니다. 그런데 선생
께서는 모두 이에 상반되게 하셨다니, 그것도 예입니까?」

　그러자 안자가 이렇게 설명하였다.

　「제가 듣기로 두 기둥 사이에 임금과 신하가 서로 마주 위치를 잡았을

때, 임금이 한 가지 행동을 하면 신하는 그 두 배로 움직여야 한다고 하였
습니다. 임금께서 급히 다가오시니 그 때문에 저는 계단을 건너뛴 것이요,
당 위에서 뛴 것은 그 위치에 맞추어 서기 위한 것입니다. 임금께서 옥을
주실 때에는 그 몸을 낮추시기에 저는 꿇어앉아 그보다 낮춘 것입니다. 또
제가 듣기로 큰 예는 그 범위를 넘어설 수 없지만, 작은 예는 다소의 출입
이 있을 수 있다 하였습니다.」*

안자가 나가자, 공자가 그를 빈객의 예로써 전송하였다. 그리고 되돌아와
서 제자들에게 이렇게 일렀다.

「법에 맞지 않는 예를, 오직 안자만이 이를 바른 법으로 실행하였도다!」

【중니仲尼】 孔子, 孔丘.
【자공子貢】 孔子의 弟子. 端木賜. 衞나라 사람.
 *《論語》子張篇에 『大德不踰閑, 小德出入, 可也』라 하였다.

【참고】 1.《初學記》文部에 본장의 내용이 전재되어 있다.
2.《韓詩外傳》卷四의 12
    晏子聘魯, 上堂則趨, 授玉則跪. 子貢怪之, 問孔子曰：「晏子知禮乎? 今日晏子來聘魯,
上堂則趨, 授玉則跪, 何也?」孔子曰：「其有方矣. 待其見我, 我將問焉.」俄而晏子至, 孔
子問之. 晏子對曰：「夫上堂之禮, 君行一, 臣行二. 今君行疾, 臣敢不趨乎? 今君之授幣也
卑, 臣敢不跪乎?」孔子曰：「善. 禮中又有禮. 賜, 寡使也, 何足以識禮也?」詩曰：『禮儀卒
度, 笑語卒獲.』晏子之謂也.
3.《論衡》知實篇
    晏子聘於魯. 堂上不趨, 晏子趨; 授玉不跪, 晏子跪. 門人怪而問於孔子, 孔子不知. 問於
晏子, 晏子解之, 孔子乃曉. 聖人不能先知, 十五也.

132 [5-22] 晏子之魯, 朝食, 進跪膳, 有豚焉, 晏子曰：「去其二肩.」
畫者進膳, 則豚肩不具. 侍者曰：「膳豚肩亡.」晏子曰：「釋之矣.」
侍者曰：「我能得其人.」晏子曰：「止. 吾聞之, 量功而不量力則民
盡. 藏餘不分則民盜. 子教我所以改之, 無教我求其人也.」

안자가 노魯나라에 갔을 때, 아침 식사에 고기 반찬이 올라왔는데 새끼
돼지 고기도 한 마리 있었다. 안자가 이를 보고서 이렇게 말하였다.

「두 어깨살은 남겨두시오!」

그런데 점심때 반찬을 보니, 그 돼지고기의 어깨살이 없어진 것이었다.

그러자 시중 들던 자가 「돼지고기의 어깨살이 없어졌습니다」라고 하였다.

안자는 「그만두시오!」라고 말렸다.

그래도 시중 들던 자는 이렇게 말하였다.

「제가 능히 그 훔친 자를 찾아내겠습니다.」

이에 안자가 말하였다.

「그만두시오. 내 듣기로 공만 헤아리고 그 힘을 헤아리지 않으면 백성이 곯게 되고, 나머지를 저장만 하고 나누어 줄 줄 모르면 백성이 어쩔 수 없이 도둑질을 하게 된다고 하였습니다.* 그대는 나로 하여금 이런 것을 고칠 수 있도록 가르쳐 줄 일이지,* 그 사람을 찾아내도록 하지는 말아 주시오!」

* 張氏本의 注에 『意以有餘當分給不足者, 藏其所餘而不分, 無怪民之爲盜也』라 하였다.
* 張氏本의 注에 『言問豚肩不具, 是我之過, 子當敎我改之』라 하였다.

【참고】 張氏本의 注에 『此知晏子在在繩墨自矯』라 하였다.

133 [5-23] 曾子將行, 晏子送之曰:「君子贈人以軒, 不若以言. 吾請以言乎? 以軒乎?」曾子曰:「請以言.」晏子曰:「今夫車輪, 山之直木也. 良匠燥之, 其圓中規. 雖有槁暴, 不復嬰矣. 故君子愼隱燥. 和氏之璧, 井里之困也. 良工修之, 則爲存國之寶. 故君子愼所修. 今夫蘭本, 三年而成. 湛之苦酒, 則君子不近, 庶人不佩. 湛之糜醢, 而賈匹馬矣. 非蘭本美也, 所湛然也. 願子之必求所湛. 嬰聞之, 君子居必擇鄰. 游必就士. 擇居所以求士, 求士所以辟患也. 嬰聞汩常移質. 習俗異性. 不可不愼也.」

증자曾子가 먼길을 떠나게 되자, 안자가 전송을 하며 물었다.

「군자는 사람을 떠나보낼 때 수레를 선물하는 것이 좋은 말 한 마디 해 주느니만 못하다고 하였습니다. 내 그대에게 좋은 말을 선물하리이까? 아니면 수레를 선물하리이까?」

이에 증자가 「청컨대 말씀을 한 마디 해주시지요」라고 하자, 안자가 이렇게 말해 주었다.

「지금 무릇 수레바퀴를 만드는 데는 산에 있는 곧은 나무를 쓰지요. 그 나무를 장인이 불로 달구어 둥글게 굽혀 규規에 맞추면, 비록 바싹 마른 후에도 다시 곧게 펴지지 않습니다. 그러므로 군자는 바로 그렇게 굽혀질 수 있는 행동에 주의하여야 합니다.

화씨지벽和氏之璧은 민간에 묻혀 그 가치를 발하지 못하였습니다. 그러나 훌륭한 옥공玉工이 이를 다듬자, 나라의 존망에 관련될 정도의 값진 보물로 변한 것입니다. 이처럼 군자는 어떻게 수양할 것인가에 주의하여야 합니다.

다음으로 여기에 난초가 있습니다. 3년을 잘 키워 놓고 이를 쓴 술에 담가 버리면 군자라도 그런 난초를 가까이하려 하지 않고, 서인들조차도 이를 달고 다니려 하지 않을 것입니다. 그러나 이를 미록麋鹿의 육장肉醬에 향료로 쓰면,* 그 육장은 값이 말 한 필과 같이 되지요. 이는 난초가 훌륭해서가 아니라 어디에 담갔느냐 하는 데에 따라 다른 것입니다. 그러니 원컨대 그대는 반드시 어디에 담길 것인가를 살피십시오.

내가 듣건대 군자는 그 주거지를 택할 때 이웃을 가려서 정하고, 교유에는 선비를 택하여 따른다고 하였습니다. 주거지의 선택은 선비를 구하여 이웃하기 위함이요, 선비를 가까이하는 것은 환난을 멀리하기 위함입니다. 또 내가 듣기로 상법常法을 어그러뜨리면 사람의 본질이 변질되고, 습속은 본성을 바꾸어 놓는다고 하였으니 조심하지 않을 수 없는 일이지요.」

【증자曾子】孔子의 弟子. 曾參. 字는 子輿. 魯나라 출신.
【규규】圓尺.
【화씨지벽和氏之璧】和璧. 楚나라 卞和가 발견하여 다듬게 된 보물. 《韓非子》卞和篇 참조.
　* 사슴고기의 육장에 향료로 써 그 맛이 훌륭해짐을 말한다.

【참고】1. 《說苑》卷十七 雜言篇 723[17-35]
　曾子從孔子於齊, 齊景公以下卿禮聘曾子, 曾子固辭, 將行, 晏子送之, 曰：「吾聞君子贈人以財, 不若以言. 今夫蘭本三年, 湛之以鹿醢, 旣成, 則易以匹馬, 非蘭本美也. 願子詳其所湛. 旣得所湛, 亦求所湛. 吾聞君子居必擇處, 遊必擇士. 居必擇處, 所以求士也；遊必擇士, 所以修道也. 吾聞反常移性者, 欲也, 故不可不愼也.」
2. 《荀子》大略篇

曾子行, 晏子從於郊. 曰:「嬰聞之, 君子贈人以言, 庶人贈人以財. 嬰貧無財, 請假於君子, 贈吾子以言. 乘輿之輪, 太山之木也, 示諸檃栝, 三月五月, 爲幬菜, 敝而不反其常. 君子之檃栝不可不謹也, 慎之! 蘭茝稾本, 漸於密醴, 一佩易之. 正君漸於香酒, 可讒而得也. 君子之所漸, 不可不慎也.」

3.《孔子家語》六本

曾子從孔子之齊, 齊景公以下卿之禮聘曾子, 曾子固辭, 將行, 晏子送之, 曰:「吾聞之, 君子遺人以財, 不若善言. 今夫蘭本三年, 湛之以鹿醢, 旣成嗽之, 則易之匹馬. 非蘭之本性也, 所以湛者美矣, 願子詳其所湛者, 夫君子居必擇處, 遊必擇方, 仕必擇君. 擇君所以求仕, 擇方所以修道. 遷風移俗, 嗜慾移性, 可不慎乎!」孔子聞之, 曰:「晏子之言, 君子哉! 依賢者, 固不困, 依富者, 固不窮.」

4.《說苑》卷十七 雜言篇 722[17-34]

子路將行, 辭於仲尼, 曰:「贈汝以車乎? 以言乎?」子路曰:「請以言.」仲尼曰:「不強不遠, 不勞無功, 不忠無親, 不信無復, 不恭無禮. 慎此五者, 可以長久矣.」

5.《孔子家語》子路初見篇

子路將行, 辭於孔子, 子曰:「贈汝以車乎? 贈汝以言乎?」子路曰:「請以言.」孔子曰:「不強不達, 不勞無功, 不忠無親, 不信無復, 不恭失禮, 慎此五者而已.」子路曰:「由請終身奉之.」

6.《文選》卷二十三 王仲宣 贈蔡子篤詩 注

晏子春秋曰. 曾子將行, 晏子送曰:「嬰聞贈人以財, 不若以言.」「請以言乎.」「夫蘭本三年成, 而湛之以酒, 則君子不近. 湛之麋醢, 貨以匹馬. 願子剋求所湛.」

7.《藝文類聚》卷二十三 人部 七 鑒誡

晏子曰. 君子居必擇鄰. 遊必就士. 可以避患也.

8.《藝文類聚》卷三十一 人部 十五 贈答

晏子曰. 曾子將行. 晏子送之曰. 君子贈人以軒. 不如贈人以言.

9.《意林》에 본장의 내용이 전재되어 있다.

134 [5-24] 晏子之晉, 至中牟. 睹弊冠, 反裘負芻, 息于塗側者. 以爲君子也. 使人問焉曰:「子何爲者也?」對曰:「我越石父也.」晏子曰:「何爲至此?」曰:「吾爲人臣僕於中牟, 見使將歸.」晏子曰:「何爲爲僕?」對曰:「不免凍餓之切吾身, 是以爲僕也.」晏子曰:「爲僕幾何?」對曰:「三年矣.」晏子曰:「可得贖乎?」對曰:「可!」遂解左驂以贖之. 因載而與之俱歸. 至舍, 不辭而入. 越石父怒而請絕. 晏子使人應之曰:「吾未嘗得交夫子也. 子爲僕三年, 吾迺今日睹而贖之. 吾于子尙未可乎? 子何絕我之暴也?」越石父對曰:「臣聞之, 士者詘乎不知己, 而申乎知己, 故君子不以功輕人之身. 不爲彼功詘身之理. 吾三年爲人臣僕, 而莫吾知也. 今子贖我, 吾以子爲知我矣. 嚮者子乘, 不我辭也, 吾以子爲忘. 今又不辭而入, 是與臣僕我者同矣. 我猶且爲臣, 請鬻于世.」晏子出, 請見. 曰:「嚮者見客之容, 而今也見客之意. 嬰聞之, 省行者不引其過. 察實者不譏其辭. 嬰可以辭而無棄乎? 嬰誠革之.」迺令糞灑改席, 尊醮而禮之. 越石父曰:「吾聞之, 至恭不修途. 尊禮不受擯. 夫子禮之, 僕不敢當也.」晏子遂以爲上客. 君子曰:「俗人之有功則德. 德則驕. 晏子有功免人于戹, 而反詘下之. 其去俗亦遠矣. 此全功之道也.」

안자가 진晉나라로 가다가 중모中牟 땅에 이르렀을 때였다. 마침 다 낡은 관에 갖옷을 뒤집어 입고, 꼴을 한 짐 짊어진 채 길가에서 쉬고 있는 자를 보게 되었다. 안자는 그를 군자라 여기고, 사람을 시켜 이렇게 물어보도록 하였다.

「그대는 무얼 하는 분이오?」

그러자 그가 「나는 월석보越石父라 합니다」 하고 자신의 이름을 밝혔다.

이에 안자가 「어찌하여 이 지경이 되었습니까?」라고 묻자, 「나는 원래 중모 땅에서 조그만 벼슬을 하다가 쫓겨났습니다」라고 대답하는 것이었다.

「어찌하여 이런 노복의 모습입니까?」

안자의 이 질문에 「추위와 배고픔이 엄습해 오는데, 이를 면할 길이 없었습니다. 그래서 이렇게 노복으로 전락한 것입니다」라고 답하였다.

「그러면 몇 년째입니까?」

「3년째입니다.」

이에 안자는 이런 제의를 하였다.

「내가 대신 몸값을 지불하여 속량시켜 드리면 어떻겠습니까?」

그러자 그가 「좋습니다!」라고 하였다.

이에 안자는 왼쪽 말을 풀어 대속代贖해 주고, 그를 자신의 수레에 함께 태우고 제나라로 돌아왔다. 그러나 안자는 집에 도착한 후, 그만 그에게 인사를 차리지 못하고 집 안으로 들어가고 말았다. 그러자 월석보가 화를 내며 안자와 절교를 하겠노라고 청하였다. 이에 안자는 사람을 시켜 이렇게 응대하도록 하였다.

「나는 선생과 일찍이 무슨 교유를 맺은 적이 없습니다. 그대가 3년이나 노복으로 있다기에, 내가 오늘 이를 보고서 대속해 주었을 뿐입니다. 내가 그대에게 아직도 잘못한 게 있습니까? 그대는 어찌하여 나에게 절교하느니 하는 포악한 말을 하는 것입니까?」

그러자 월석보가 이렇게 대답하였다.

「제가 듣건대 선비란 자신을 알아 주지 않는 자에게는 굽히지 않으며, 자신을 알아 주는 자에게만 무엇이든지 터놓는다 하였습니다. 그러므로 군자는 자신이 공이 있다고 남의 신분을 경시하지 않으며, 상대가 공 있는 자라고 해서 그에게 몸을 굽신거리는 짓도 아니하는 것입니다.

저는 지난 3년 동안 남의 노복으로 지내었으나, 누구 하나 나를 알아 주는 자가 없었습니다. 그런데 마침 그대가 나를 대속해 주어, 나는 그대야말로 나를 알아 주는 자라고 여겼습니다. 엊그제 그대가 나를 수레에 태우면서 어떤 인삿말도 하지 않기에, 나는 그대가 나를 잊었구나라고 생각하였습니다. 그런데 지금 또다시 아무런 인사의 예도 차리지 않고 불쑥 집 안으로 들어가시니, 이는 나를 노복으로 여기는 것과 같습니다. 나는 오히려 장차 신하가 되어 세상에 팔려 나가기를 청하는 바입니다.」

이 말에 안자가 쫓아 나가 그를 만나기를 청하며 이렇게 사과하였다.

「엊그제는 그대의 용모만을 보았고, 오늘에야 그대의 속뜻을 보게 되었습니다. 내가 듣기로 자신의 행동을 반성하는 자에게는 그 과실을 자꾸 들추어 끌어들이지 않으며, 진실을 살피는 자에게는 그의 말을 비웃지 않는 법이라 하였습니다. 내가 다시 사과할 터이니 버리지 않을 수 있겠습니까? 나는 진실로 고쳐 나가겠습니다.」

이에 청소를 시키고 자리를 다시 깔아 술동이를 갖다 놓고 예를 행하였다. 월석보가 이렇게 말하였다.

「제가 듣기로 지극한 공경은 그 방법이 어떠하든 관계 없고, 예를 존중함에는 의를 거절하지 못한다 하였습니다. 선생께서 예우해 주시니, 저는 불감당不敢當이로소이다.」

안자는 마침내 그를 상객上客으로 대우하였다.

군자가 이 사실을 이렇게 평하였다.

「속인은 자신이 공을 세우면 이를 덕스럽다 여기고, 덕스럽다 여기게 되면 교만해지는 법이다. 그러나 안자는 남을 액으로부터 면하게 해준 공을 세우고도 오히려 자신을 굽혀 아래로 낮추었으니, 그 속됨을 벗어난 정도가 심원하도다. 이것이 곧 자신의 공을 온전히 하는 방법이로다!」

【중모中牟】 고대 地名. 지금의 河南省 경내. 《史記》正義에 『相州湯陰縣西有牟山, 中牟當在其側』이라 하였다.
【월석보越石父】 본장의 내용을 거쳐 晏子의 食客이 되었다. 越石甫로도 쓴다.
【상객上客】 食客 중 최고 대우를 받는 자.

【참고】 1. 《新序》 卷七 節士의 17
　　晏子之晉, 見披裘負芻息於途者, 以爲君子也, 使人問焉. 曰:「曷爲而至此?」 對曰:「齊人累之. 吾名越石甫.」 晏子曰:「嘻.」 遽解左驂以贖之, 載而與歸, 至舍, 不辭而入, 越石甫怒而請絶, 晏子使人應之曰:「嬰未嘗得交也, 今免子於患, 吾於子猶未可邪?」 越石甫曰:「吾聞君子詘乎不知己, 而信乎知己者, 吾是以請絶也.」 晏子乃出見之曰:「向也見客之容, 而今見客之意. 嬰聞察實者不留聲, 觀行者不幾辭, 嬰可以辭而無棄乎?」 越石甫曰:「未子禮之, 敢不敬從.」 晏子遂以爲上客. 俗人之有功則德, 德則驕. 晏子有功, 免人於危, 而反詘下之, 其去俗亦遠矣, 此全功之道也.
2. 《呂氏春秋》 卷十七 觀世篇(張氏本에는 觀士篇으로 誤記되어 있다.)
　　晏子之晉, 見反裘負芻息於塗者, 以爲君子也. 使人問焉. 曰:「曷爲而至此」 對曰:「齊人. 累之. 名爲越石父.」 晏子曰:「譆!」 遽解左驂以贖之, 載而與歸. 至舍, 弗辭而入. 越石父怒, 請絶. 晏子使人應之曰:「嬰未嘗得交也, 今免子於患, 吾於子猶未邪?」 越石父曰:「吾聞君子屈乎不己知者. 而伸乎己知者. 吾是以請絶也.」 晏子乃出見之曰:「嚮也, 見客之容而已, 今也見客之志. 嬰聞察實者不留聲, 觀行者不譏辭. 嬰可以辭而無棄乎.」 越石父曰:「夫子禮之, 敢不敬從.」 晏子遂以爲客. 俗人有功則德, 德則驕. 今晏子功免人於阨矣. 而反屈下之, 其去俗亦遠矣. 此令功之道也.
3. 《史記》 卷六十二 管晏列傳
　　越石父賢, 在縲紲中. 晏子出, 遭之塗, 解左驂贖之, 載歸. 弗謝, 入閨. 久之, 越石父請絶. 晏子懼然, 攝衣冠謝曰:「嬰雖不仁, 免子於戹, 何子求絶之速也?」 石父曰:「不然. 吾聞君子詘於不知己而信於知己者. 方吾在縲紲中, 彼不知我也. 夫子旣已感寤而贖我, 是知己; 知己而無禮, 固不如在縲紲之中.」 晏子於是延入爲上客.
4. 《文選》 卷五十一 王子淵 四子講德論 注
　　晏子春秋曰. 晏子之晉, 至於中牟, 睹弊冠皮裘負芻息於途側者. 晏子曰:「吾子何爲者?」 對曰:「我越石父者也.」 晏子曰:「何爲此曰, 吾爲人臣僕於中牟, 見使將歸.」 晏子曰:「何爲爲僕?」 對曰:「吾身不免凍餓之地, 吾是以爲僕也.」 晏子曰:「可得而贖乎?」 對曰:「可.」 遂解左驂而贖之, 因載而與之俱歸, 至舍不辭而入. 越石父立而請絶. 晏子使人應之:「子何絶我之暴也?」 越石父對曰:「臣聞之, 士者詘乎不知己, 而申乎知己. 吾三年爲人臣, 而莫吾知也. 今子贖我吾以子爲知我矣. 今不辭而入是與臣僕者同矣晏子出見而今也見客之意.」
5. 《說苑》 卷十七 雜言篇 738[17-50]

越石父曰:「不肖人, 自賢也; 愚者, 自多也; 佞人者, 皆莫能相其心口以出之, 又謂人
勿言也. 譬之猶渴而穿井, 臨難而後鑄兵, 雖疾從而不及也.」
6.《太平御覽》475・694에 본장의 내용이 전재되어 있다.
7.《北堂書鈔》39에 본장의 내용이 전재되어 있다.

135 [5-25] 晏子爲齊相, 出. 其御之妻, 從門閒而闚其夫爲相御, 擁
大蓋, 策駟馬, 意氣揚揚, 甚自得也. 旣而歸, 其妻請去. 夫問其故.
妻曰:「晏子長不滿六尺, 身相齊國, 名顯諸侯. 今者, 妾觀其出, 志
念深矣, 常有以自下者. 今子長八尺, 迺爲人僕御. 然子之意, 自以
爲足. 妾是以求去也.」其後夫自抑損. 晏子怪而問之. 御以實對. 晏
子薦以爲大夫.

　안자가 제齊나라의 재상이 되었을 때였다. 외출 준비를 하고 있을 때, 그
의 마부의 아내가 문틈으로 자신의 남편이 재상인 안자를 위해 수레 다루
는 것을 엿보게 되었다. 자신의 남편은 큰 수레 덮개를 씌우고, 네 필 말에
채찍을 휘두르며 의기양양한 것이 심히 득의에 찬 모습이었다. 남편이 집
으로 돌아오자, 아내는 헤어질 것을 요청하였다. 남편이 그 이유를 묻자, 아
내가 이렇게 말하는 것이었다.

　「재상이신 안자께서는 키가 6척이 되지 않을 정도로 작으나 그 몸은 제
나라의 재상이며, 그 이름을 온 제후들에게 휘날리고 있습니다. 그런데 지
금 제가 그의 외출을 살펴보았더니, 지념志念은 깊으시되 항상 자신을 낮
추고 계셨습니다. 그에 비하면 그대는 키가 8척으로 겨우 남의 마부나 되
어 있는 주제에 뜻이 스스로 족하게 여겨 득의만만하니, 이 까닭으로 저는
떠나고자 합니다.」

　그후 그 마부는 행동을 스스로 억제하고 낮추게 되었다.

　안자가 평소와 달라진 마부의 행동을 괴이히 여겨 물어보았더니, 마부는
있었던 일을 그대로 대답하는 것이었다. 이에 안자는 그를 추천하여 대부
大夫로 삼아 주었다.

【참고】1.《史記》卷六十二 管晏列傳
　晏子爲齊相, 出, 其御之妻從門閒而闚其夫. 其夫爲相御, 擁大蓋, 策駟馬, 意氣揚揚, 甚

自得也. 旣而歸, 其妻請去. 夫問其故. 妻曰:「晏子長不滿六尺, 身相齊國, 名顯諸侯. 今者
妾觀其出, 志念深矣, 常有以自下者. 今子長八尺, 乃爲人僕御, 然子之意自以爲足, 妾是以
求去也.」其後夫自抑損. 晏子怪而問之, 御以實對. 晏子薦以爲大夫.
2.《列女傳》卷二 賢明篇 齊相御妻
　齊相晏子僕御之妻也號曰, 命婦. 晏子將出, 命婦窺其夫爲相御. 擁大蓋策駟馬, 意氣洋
洋, 甚自得也. 旣歸, 其妻曰宜矣, 子之卑且賤也. 夫曰:「何也?」妻曰:「晏子長不滿三尺
身, 相齊國名顯諸侯. 今者吾從門間, 觀其志氣恂恂自下思念深矣. 今子身長八尺, 乃爲之
僕御耳. 然子之意洋洋, 若自足者. 妾是以去也.」其夫謝曰:「請自改何如?」妻曰:「是懷
晏子之智, 而加以八尺之長也. 夫躬仁義事明主, 其名必揚矣. 且吾聞寧榮於義, 而賤不虛
驕以貴.」於是其夫乃深自責, 學道謙遜, 常若不足. 晏子怪而問其故, 具以實對. 於是晏子
賢其能納善自改. 升諸景公以爲大夫, 顯其妻以爲命婦. 君子謂:「命婦知善故賢人之所以
成者. 其道博矣, 非特師傅朋友相與切磋也. 妃匹亦居多焉. 詩曰:『高山仰止, 景行行止.』
言當常嚮爲其善也.
　頌曰:「齊相御妻匡夫, 以道明言驕恭恂, 恂自效夫改, 易行學問靡已, 晏子升之, 列於君子.」
3.《十八史略》卷一 齊
　晏子出, 其御之妻, 從門間窺. 其夫擁大蓋策駟馬, 意氣揚揚自得. 旣而歸. 妻請去曰:
「晏子身相齊國, 名顯諸侯, 觀其志, 嘗有以自下. 子爲人僕御, 自以爲足. 妾是以求去也.」
御者乃自抑損, 晏子怪而問之, 以實對. 薦爲大夫.

136 [5-26]　燕之游士, 有泯子午者. 南見晏子于齊. 言有文章. 術有
條理. 巨可以補國, 細可以益晏子者, 三百篇. 睹晏子恐懼而不能言.
晏子假之以悲色, 開之以禮顏. 然後能盡其復也. 客退, 晏子直席而
坐, 廢朝移時. 在側者曰:「嚮者, 燕客侍夫子, 胡爲優也?」晏子
曰:「燕, 萬乘之國也. 齊, 千里之塗也. 泯子午以萬乘之國爲不足
說, 以千里之塗爲不足遠, 則是千萬人之上也. 且猶不能殫其言于
我, 況乎齊人之懷善而死者乎? 吾所以不得睹者, 豈不多矣? 然吾
失此, 何之有也?」

　연燕나라의 유사游士 가운데 민자오泯子午라는 자가 있었다. 남쪽으로
내려와 제나라에서 안자를 뵙게 되었는데, 그의 말솜씨는 문장文章이 빛났
고 술術에는 조리가 대단한 인물이었다. 크게 보면 나라를 보필할 만하고,
작게는 안자에게 보탬이 될 만한 자로서 그의 유세책론은 3백 편이나 되었
다. 그러나 안자를 보고는 두려워하여 더 이상 말을 하지 못하는 것이었다.

이에 안자가 온화한 기색으로 그의 의견에 동조하며 대해 주었고, 때로는 예를 다하는 얼굴로 그를 안심시켜 주었다. 그러자 그가 자신의 속뜻을 모두 다 풀어내어 놓는 것이었다. 그 객이 물러나자, 안자는 자리를 바로 하고 앉아 조회조차도 거르고 시간을 넘겼다. 이에 곁에 있던 신하가 물었다.

「방금 연나라에서 온 객이 선생을 모시고 있을 때, 어찌하여 근심스러운 얼굴을 하셨습니까?」

그러자 안자가 이렇게 대답하였다.

「연나라는 만승지국萬乘之國이다. 그에 비하면 우리 제나라는 사방 1천 리의 작은 나라이다. 민자오 같은 이는 만승지국의 백성이면서도 그 나라에 유세를 펴기에 부족하다고 여기며 1천 리의 거리도 멀다 여기지 않고 있으니, 이는 1천만 사람의 위에 해당하는 인물이다.

또 나는 내 표정으로 그 말을 다 털어 놓지 못하게 할 얼굴이었으니, 하물며 우리 제나라 사람으로서 훌륭한 일을 해보겠다고 하면서 나에게 뜻을 말해 보지도 못하고 죽은 자는 어떠하겠는가? 내 표정 때문에 만나보지 못한 자가 있을 터이니, 그러한 자들이 어찌 적다고 하겠는가? 이처럼 내가 이런 훌륭한 이들을 잃고 있으니, 내가 이 나라에 있을 가치가 무엇이 있겠는가?」*

【유사游士】遊說之士.
【민자오泯子午】人名. 張氏本의 注에 『孫云, 姓泯, 字子午』라 하였다.
 * 원문의 『何之有也』는, 張氏本에 『當作何功之有也, 今脱功字, 文不成義』라 하였다.

【참고】張氏本에 그 주제를 이렇게 말하였다.
    此指懷善而死之人, 言治國以進賢爲本, 今乃知齊懷善之人, 以吾不得睹而死者甚多, 吾旣失此, 過莫大焉, 何能有功於齊?

137 [5-27] 齊有北郭騷者, 結罘罔. 捆蒲葦, 織菲屨, 以養其母. 猶不足. 踵門, 見晏子曰:「竊說先生之義. 願乞所以養母者.」晏子使人分倉粟府金而遺之. 辭金受粟. 有閒, 晏子見疑于景公. 出犇, 過北郭騷之門, 而辭. 北郭騷沐浴而見晏子曰:「夫子將焉適?」晏子曰:「見疑于齊君, 將出犇.」北郭騷曰:「夫子勉之矣.」晏子上車,

太息而歎曰：「嬰之亡, 豈不宜哉? 亦不之士甚矣.」晏子行. 北郭子
召其友而告之曰：「吾說晏子之義, 而嘗乞所以養母者焉. 吾聞之,
養及親者, 身伉其難. 今晏子見疑, 吾將以身死白之.」著衣冠, 令其
友操劍奉笥而從. 造于君庭. 求復者曰：「晏子, 天下之賢者也. 今
去齊國, 齊必侵矣. 方見國之必侵, 不若先死. 請以頭託白晏子也.」
因謂其友曰：「盛吾頭于笥中, 奉以託.」退而自刎. 其友因奉以託,
而謂復者曰：「此北郭子爲國故死. 吾將爲北郭子死.」又退而自刎.
景公聞之, 大駭. 乘駟而自追晏子, 及之國郊, 請而反之. 晏子不得
已而反. 聞北郭子之以死白己也, 太息而歎曰：「嬰之亡, 豈不宜哉?
亦愈不知士甚矣.」

　　제齊나라에 북곽소北郭騷라는 자가 있었다. 그는 그물을 뜨거나 자리를
짜거나 신을 삼는 일을 하면서 그 어머니를 봉양하고 있었는데, 그것으로
도 부족하여 안자의 대문까지 찾아와 안자를 뵙자고 요청하였다.

　　「남몰래 선생의 의로움을 사모하여 왔습니다. 원컨대 저의 어머니를 봉
양할 수 있도록 도와 주시기를 바랍니다.」

　　이에 안자는 사람을 시켜 창고의 곡식과 금을 꺼내어 그에게 전해 주도
록 하였다. 그런데 그는 금은 사양하고 곡식만 받아갔다.

　　얼마의 시간이 흐른 후, 안자는 경공에게 의심을 받아 쫓겨나는 신세가
되고 말았다. 마침 안자는 북곽소의 집 앞을 지나게 되자, 그에게 인사라도
할 겸 들렀다.

　　그러자 북곽소가 목욕을 한 후 안자를 맞이하며 물었다.

　　「선생께서는 장차 어디로 가시렵니까?」

　　안자는 이렇게 대답하였다.

　　「나는 임금에게 의심을 받아 쫓겨나고 있는 중입니다.」

　　이 말에 북곽소가 「선생께서는 힘쓰십시오」라고 하였다.

　　안자는 수레에 오르며 크게 한숨을 짓고 이렇게 탄식하였다.

　　「내가 쫓겨나는 것이 그 어찌 타당한 일이 아니리요? 내가 선비를 볼 줄
모르는 것이 이와 같으니!」

　　안자가 떠나자, 북곽소가 그 친구를 불러 이렇게 이야기하였다.

「내가 안자의 의를 사모하여, 일찍이 어머니를 봉양할 수 있도록 도와 달라고 부탁한 적이 있다. 내 듣기로 자신의 어버이를 봉양하는 일에 신세를 입은 자에게는, 그 사람이 재난을 만나면 몸으로 가서 보답해야 한다고 하였다. 지금 안자가 의심을 받아 쫓겨나고 있으니, 내 장차 죽음으로써 그의 결백을 밝혀 주리라.」

그리고는 의관을 갖추고, 그 친구에게 검을 잡고 광주리 하나를 들고 자신을 따라오도록 부탁하였다. 임금의 궁정에 다다른 그는, 안내하는 자를 찾아 이렇게 말하였다.

「안자는 천하에 어진 분이시다. 지금 제나라를 떠나셨으니, 이 제나라는 틀림없이 침약侵弱해질 것이다. 바야흐로 나라가 틀림없이 침약해지는 꼴이 눈앞에 닥치는 것을 보고 있느니, 차라리 먼저 죽어 청컨대 내 머리로써 안자의 결백함을 밝히는 것만 같지 못하다.」

그리고는 그 친구에게 「내 머리를 그 광주리에 담아 바쳐 주도록 부탁하오!」라고 하고는, 물러나 스스로 목을 베어 버렸다.

그 친구가 이를 받들어 그 문지기에게 바치며, 「이는 내 친구 북곽소가 나라를 위해 죽은 머리오. 나도 장차 북곽소를 위해 죽겠소!」라고 하고는, 역시 물러나 스스로 목을 베어 버렸다.

경공이 이 소문을 듣고 크게 놀라 말을 타고 안자의 뒤를 좇았다. 국경 교외에 이르러서야 겨우 만나 그에게 되돌아갈 것을 청하였다. 안자는 어쩔 수 없이 되돌아왔다. 그러나 북곽소가 죽음으로써 자신의 결백을 밝혀 주었다는 소식을 듣고는 크게 한숨을 짓고 이렇게 탄식하였다.

「내가 쫓겨남이 어찌 타당치 않으리요? 역시 더욱더 선비를 볼 줄 모르는 것이 이와 같으니!」

【북곽소北郭騷】 人名. 張氏本의 注에 『姓北郭, 名騷』라 하였다.
【침약侵弱】 침략을 받아 미약해짐을 뜻한다.

【참고】 1. 《說苑》 卷六 復思篇 175[6-20]
　北郭騷踵見晏子曰:「竊悅先生之義, 願乞所以養母者.」晏子使人分倉粟府金而遺之, 辭金而受粟. 有間, 晏子見疑於景公, 出奔, 北郭子召其友而告之曰:「吾悅晏子之義, 而嘗乞所以養母者. 吾聞之曰: 養及親者, 身更其難; 今晏子見疑, 吾將以身白之.」遂造公庭, 求復者曰:「晏子天下之賢者也, 今去齊國, 齊國必侵矣, 方必見國之侵也, 不若先死, 請絕頸以白晏子.」逡巡而退, 因自殺也. 公聞之大駭, 乘馳而自追晏子, 及之國郊, 請而反之, 晏子不得已而反之, 聞北郭子之以死白己也. 太息而歎曰:「嬰不肖, 罪過固其所也, 而士以身明之, 哀哉!」

2.《呂氏春秋》士節篇

　齊有北郭騷者, 結罘罔, 捆蒲葦, 織葩屨, 以養其母, 猶不足, 踵門見晏子曰:「願乞所以養母.」晏子之僕謂晏子曰:「此齊國之賢者也, 其義不臣乎天子, 不友乎諸侯, 於利不苟取, 於害不苟免. 今乞所以養母, 是說夫子之義也, 必與之.」晏子使人分倉粟　分府金而遺之. 辭金而受粟. 有間, 晏子見疑於齊君, 出奔, 過北郭騷之門而辭, 北郭騷沐浴而出見晏子曰:「夫子將焉適?」晏子曰:「見疑於齊君, 將出奔.」北郭子曰:「夫子勉之矣.」晏子上車太息而歎曰:「嬰之亡, 豈不宜哉? 亦不知士甚矣.」晏子行, 北郭子召其友而告之曰:「說晏子之義, 而嘗乞所以養母焉. 吾聞之曰:『養及親者, 身伉其難.』今晏子見疑, 吾將以身死白之.」著衣冠, 令其友操劍奉笥而從. 造於君庭, 求復者曰:「晏子, 天下之賢者也. 去則齊國必侵矣, 必見國之侵也, 不若先死, 請以頭託白晏子也.」因謂其友曰:「盛吾頭於笥中, 奉以託.」退而自刎也, 其友因奉以託. 其友謂觀者曰:「北郭子爲國故死, 吾將爲北郭子死也.」又退而自刎. 齊君聞之大駭, 乘馹而自追晏子, 及之國郊, 請而反之, 晏子不得已而反. 聞北郭騷之以死白己也, 曰:「嬰之亡, 豈不宜哉! 亦愈不知士甚矣.」

3.《藝文類聚》卷三十三　人部　十七　報恩

　晏子曰. 晏子以粟金遺北郭騷. 騷辭金受粟. 有聞. 晏子見疑於景公. 出奔. 北郭子曰:「養及親者, 身更其難.」遂造公廷曰:「晏子天下之賢. 去齊, 齊國必侵, 不若先死.」乃自殺. 公自追晏子. 及郊而反之.

4.《藝文類聚》卷八十五　百穀部　粟

　晏子曰. 北郭騷見晏子. 託以養母. 晏子分倉粟府金以遺之. 騷辭金受粟.

5.《太平御覽》479에 본장의 내용이 전재되어 있다.

138 [5-28]　景公謂晏子曰:「吾聞高糾與夫子游, 寡人請見之.」晏子對曰:「臣聞之, 爲地戰者, 不能成其王, 爲祿仕者, 不能正其君. 高糾與嬰爲兄弟久矣, 未嘗干嬰之行. 特祿仕之臣也. 何足以補君乎?」

　경공이 안자에게 이렇게 말하였다.

　「내 듣기로 고규高糾는 선생과 교유交游하는 사이라 하였습니다. 청컨대 그를 한 번 만나보고 싶습니다.」

　그러자 안자가 이렇게 말하였다.

　「제가 듣기로 땅을 빼앗기 위해 싸우는 자는 능히 왕업王業을 이룰 수 없고, 녹을 위해 벼슬하는 자는 그 임금을 바르게 해줄 수 없다 하였습니다. 고규는 저와 형제처럼 지낸 지 오랩니다. 그러나 한번도 저의 행동을 고쳐 준 적이 없습니다. 이는 녹을 위해 벼슬하는 신하에 불과합니다. 어찌 족히 임금을 보좌할 만한 인물이겠습니까?」

【고규高糾】《說苑》에는 高繚로 실려 있다. 張氏本에 『孫云, 糾說苑作繚, 糾繚聲相近, 黃云, 糾元刻作亂, 下章同』이라 하였다.

【참고】1.《晏子春秋》139[5-29] 및 193[7-23]과 관련이 있다.
2.《說苑》卷一 君道篇 019[1-19]
　　景公謂晏子曰:「吾聞高繚與夫子游, 寡人請見之.」晏子曰:「臣聞爲地戰者, 不能成王, 爲祿仕者, 不能成政; 若高繚與嬰爲兄弟久矣, 未嘗干嬰之過, 補嬰之闕, 特進仕之臣也, 何足以補君?」

139 [5-29]　高糾事晏子而見逐. 高糾曰:「臣事夫子三年, 無得, 而卒見逐, 其說何也?」晏子曰:「嬰之家俗有三, 而子無一焉.」糾曰:「可得聞乎?」晏子曰:「嬰之家俗. 閒處從容不談議, 則疏. 出不相揚美, 入不相削行, 則不與. 通國事無論, 驕士慢知者, 則不朝也. 此三者, 嬰之家俗, 今子是無一焉. 故嬰非特食餼之長也. 是以辭.」

　　고규가 안자를 섬기다가 쫓겨나게 되었다. 그러자 고규가 이렇게 따졌다.
　　「제가 선생을 섬긴 지 3년, 그런데도 아무런 보답 없이 마침내 쫓겨나는 신세가 되었으니, 그 이유나 알고 싶습니다.」
　　이에 안자가 이렇게 말하였다.
　　「우리 집에는 세 가지 습속이 있습니다. 그런데 그대는 그 중 하나도 지키지 못하였습니다.」
　　그러자 고규가 「그것이 무엇인지 들려 줄 수 있겠습니까?」라고 하자, 안자가 이렇게 말하였다.
　　「우리 집 가속家俗은, 한가할 때 서로 조용히 무엇이라도 상의하지 않으면 서로 소원히 여기고, 나가서 서로의 장점을 들추어 주지 않거나 들어와서는 서로의 잘못을 고쳐 주지 않으면 서로 관계 없는 자가 되며, 나라 전체의 일에 아무런 의견도 없거나 선비에게 교만하고 안다고 거만히 구는 자는 서로 남을 사귀지 못하게 되어 있습니다. 이 세 가지가 우리 집 가속입니다. 그런데 그대는 지금 그 중 한 가지도 없습니다. 나는 남에게 먹을 것이나 대주는 특별한 자가 아닙니다. 이 까닭으로 그대를 사양하는 것입니다.」

【가속家俗】家風. 집안의 습속, 풍속.

【참고】1.《晏子春秋》138[5-28] 및 193[7-23]과 관련이 있다.
2.《說苑》卷二 臣術篇 065[2-19]
　　高繚仕於晏子, 晏子逐之, 左右諫曰:「高繚之事夫子, 三年曾無以爵位, 而逐之, 其義可乎?」晏子曰:「嬰仄陋之人也, 四維之然後能直, 今此子事吾三年, 未嘗弼吾過, 是以逐之也.」
　　이 기록은 오히려 193[7-23]과 가깝다.

140 [5-30]　晏子居晏桓子之喪. 麤衰, 斬. 苴絰帶, 杖. 菅屨. 食粥. 居倚廬. 寢苫枕草. 其家老曰:「非大夫喪父之禮也.」晏子曰:「唯卿爲大夫.」曾子以問孔子. 孔子曰:「晏子可謂能遠害矣. 不以己之是, 駁人之非. 遜辭以避咎, 義也夫.」

　　안자가 부친인 안환자晏桓子의 상을 당하였다. 이에 거친 최의衰衣*를 짧게 하고, 저질苴絰로 띠를 두르고, 지팡이를 짚고, 풀신을 신은 채 죽을 먹었다. 또한 임시 초막에 거하며, 풀로 짠 자리와 베개를 베고 자는 고행을 하였다. 그러자 가로家老가 이렇게 말하였다.
　　「이는 대부로서 할 어버이의 상喪*이 아닙니다.」
　　이에 안자는「오직 경卿만이 대부의 상례喪禮를 행할 수 있는 것이다」라고 하였다.
　　증자曾子가 이 사건을 공자孔子에게 물었다. 그러자 공자가 이렇게 설명하였다.
　　「안자는 가히 해害를 멀리한다고 말할 수 있다. 자기의 옳은 것으로써 남의 잘못을 반박하지 아니하고 겸손한 말로 허물을 피하였으니, 과연 의롭다 할 것이로다!」

【안환자晏桓子】이름은 弱. 晏子의 父親.
　*　원문은『麤衰.』麤는 三升布의 거친 베옷. 衰는 縗《左傳》襄公 十七年傳 杜預 注

에 『斬, 不緝之也. 縗在胸前』이라 하였다.
【저질苴絰】苧麻로 만든 參衰와 絰帶.
【가로家老】家臣의 우두머리.

* 원문의 『非大夫喪父之禮也』는, 당시의 사람들은 喪禮에 있어서 자기의 분수를 넘어 자기보다 높은 사람의 喪禮를 취하였는데, 晏子는 자기 신분에 맞는 喪禮를 행하였으므로 家老는 喪禮를 높여서 행할 것을 말하였고, 晏子는 남들이 大夫이면서 행하는 卿의 喪禮는 훗날 卿의 자리에 있는 이가 행할 것이라고 답한 것이다.
【증자曾子】曾參. 曾晳의 아들로 효성이 뛰어남. 孔子의 弟子.
【공자孔子】孔丘, 仲尼.

【참고】 1.《左傳》襄公 十七年傳
  齊晏桓子卒, 晏嬰麤縗斬, 苴絰帶, 杖菅屨, 食鬻, 居倚廬, 寢苫枕草. 其老曰:「非大夫之禮也.」曰:「唯卿爲大夫.」
2.《禮記》檀弓篇下
  曾子曰:「晏子可謂知禮也已, 恭敬之有焉.」有若曰:「晏子一狐裘三十年, 遣車一乘, 及墓而反, 國君七個, 遣車七乘; 大夫五個, 遣車五乘, 晏子焉知禮?」曾子曰:「國無道, 君子恥盈禮焉; 國奢, 則示之以儉, 國儉, 則示之以禮.」

晏子春秋 卷六

內篇 雜下

141 [6-1]　靈公禁婦人爲丈夫飾不止, 晏子請先內勿服.

142 [6-2]　齊人好轂擊, 晏子紿以不祥而禁之.

143 [6-3]　景公夢五丈夫, 稱無辜, 晏子知其冤.

144 [6-4]　柏常騫禳梟死, 將爲景公請壽, 晏子識其妄.

145 [6-5]　景公成柏寢而師開言室夕, 晏子辨其所以然.

146 [6-6]　景公病水, 夢與日鬪, 晏子敎占夢者以對.

147 [6-7]　景公病疽, 晏子撫而對之, 迺知群臣之野.

148 [6-8]　晏子使吳, 吳王命儐者稱天子, 晏子詳惑.

149 [6-9]　晏子使楚, 楚爲小門, 晏子稱使狗國者入狗門.

150 [6-10]　楚王欲辱晏子, 指盜者爲齊人, 晏子對以橘.

151 [6-11]　楚王饗晏子進橘置削, 晏子不剖而食.

152 [6-12]　晏子布衣棧車而朝, 田桓子侍景公飮酒, 請浮之.

153 [6-13]　田無宇請求四方之學士, 晏子謂君子難得.

154 [6-14]　田無宇勝欒氏高氏, 欲分其家, 晏子使致之公.

155 [6-15]　子尾疑晏子不受慶氏之邑, 晏子謂足欲則亡.

156 [6-16]　景公祿晏子平陰與棠邑, 晏子願行三言以辭.

157 [6-17]　梁丘據言晏子食肉不足, 景公割地將封, 晏子辭.

158 [6-18]　景公以晏子食不足, 致千金, 而晏子固不受.

159 [6-19]　景公以晏子衣食弊薄, 使田無宇致封邑, 晏子辭.

160 [6-20]　田桓子疑晏子何以辭邑, 晏子答以君子之事也.

161 [6-21]　景公欲更晏子宅, 晏子辭以近市得所求, 諷公省刑.

162 [6-22]　景公毀晏子隣以益其宅, 晏子因陳桓子以辭.

163 [6-23]　景公欲爲晏子築室於宮內, 晏子稱是以遠之而辭.

164 [6-24]　景公以晏子妻老且惡, 欲內愛女, 晏子再拜以辭.

165 [6-25]　景公以晏子乘弊車駑馬, 使梁丘據遺之, 三返不受.

166 [6-26]　景公睹晏子之食菲薄, 而嗟其貧, 晏子稱有參士之食.

167 [6-27]　梁丘據自患不及晏子, 晏子勉據以常爲常行.

168 [6-28]　晏子老辭邑, 景公不許, 致車一乘而後止.

169 [6-29]　晏子病將死. 妻問所欲言, 云毋變爾俗.

170 [6-30]　晏子病將死, 鑿楹納書, 命子壯而示之.

141 [6-1]　靈公好婦人而丈夫飾者.　國人盡服之.　公使吏禁之.　曰：
「女子而男子飾者, 裂其衣.　斷其帶.」 裂衣斷帶, 相望而不止.　晏子
見.　公問曰：「寡人使吏禁女子而男子飾者, 裂斷其衣帶, 相望而不
止者, 何也?」晏子對曰：「君使服之于內, 而禁之于外.　猶懸牛首于
門, 而賣馬肉於內也.　公何以不使內勿服?　則外莫敢爲也.」 公曰：
「善!」 使內勿服.　不踰月, 而國人莫之服.

　영공靈公은 부인들이 남자처럼 꾸미고 다니는 것을 좋아하였다. 그러자
온 나라 여자들이 유행처럼 모두 그러한 복장을 하고 다녔다. 이에 영공이
관리를 시켜 일반 백성은 그러한 모습을 하지 못하도록 다음과 같은 명을
내렸다.

　「여자이면서 남자처럼 꾸미고 다니는 자는 그 옷을 찢어 버리고, 그 허
리띠를 잘라 버리라!」

　그러자 옷을 찢기고 허리띠를 잘리어야 할 해당자가 서로 줄을 이어 끝
이 없을 정도로 많았다. 안자가 영공을 만나자, 영공이 이렇게 물었다.

　「과인이 관리로 하여금 여자이면서 남자처럼 꾸미고 다니는 자는 그 옷
을 찢어 버리고 그 허리띠를 잘라 버리라 하였더니, 그에 해당된 자들이
서로 보아 끝이 없을 정도로 많으니 어찌된 일입니까?」

　안자는 이렇게 대답하였다.

　「임금께서 궁궐 안의 부인들에게는 그렇게 입도록 하고 궁궐 밖의 부인
들에게는 이를 금하고 있으니, 이는 마치 문에는 소머리를 걸어 놓고 안에
서는 말고기를 파는 것과 같습니다. 임금께서는 어찌 안에서부터 금지시키
지 않습니까? 그렇게 한다면 밖에서는 그렇게 하라고 해도 감히 하는 자가
없을 것입니다.」

　이에 영공은 「좋습니다!」 하고는, 궁궐 안의 부인들에게 그러한 복장을
하지 못하도록 하였다. 그러자 한 달이 채 못 미처 나라안에 그러한 복장
을 하는 자가 사라지게 되었다.

【영공靈公】 春秋時代 齊나라 君主. 재위 28년(B.C. 581~554). 《說苑》에는 景公의 일로
실려 있다.

【참고】1.《說苑》卷七 政理篇 228[7-44]
　　景公好婦人而丈夫飾者, 國人盡服之. 公使吏禁之曰:「女子而男子飾者, 裂其衣, 斷其
帶.」裂衣斷帶, 相望而不止, 晏子見, 公曰:「寡人使吏禁女子而男子飾者, 裂其衣, 斷其帶,
相望而不止者, 何也?」對曰:「君之服之於內, 而禁之於外, 猶懸牛首於門, 而求買馬肉也;
公胡不使內勿服, 則外莫敢爲也.」公曰:「善!」使內勿服, 不旋月, 而國莫之服也.
2.《太平御覽》822에 본장의 내용이 전재되어 있다.

142 [6-2]　齊人甚好轂擊, 相犯以爲樂. 禁之不止. 晏子患之, 迺爲
新車良馬, 出與人相犯也. 曰:「轂擊者不祥. 臣其祭祀不順, 居處
不敬乎?」下車棄而去之. 然後國人乃不爲. 故曰:「禁之以制, 而身
不先行, 民不能止. 故化其心, 莫若敎也.」

　　제나라 사람들은 수레를 몰고 다니면서 서로 상대의 바퀴통을 부딪치는
행동*을 즐거움으로 삼고 있었다. 이러한 행위를 금지하였지만, 그 풍조가
그치지를 않았다.

　　안자가 이를 걱정한 나머지 몸소 나서서 새로운 수레를 만들어 좋은 말
로 하여금 끌게 하고는, 거리에서 다른 사람의 수레에 부딪치는 행동을 저
지른 후 이렇게 말하였다.

　　「수레 바퀴통이 부딪친 것은 상서롭지 못한 징조이다. 내게 이런 일이
일어난 것을 보면, 제사를 불경스럽게 지냈거나 평소 경건히 행동하지 못
한 까닭이 아니겠는가?」

　　그리고는 수레에서 내려 이를 버리고, 그 자리를 떠나 버렸다. 그러한 일
이 있은 후, 나라 사람들은 더 이상 그러한 일을 하지 않게 되었다.

　　그래서 「무엇이든지 금지하고 억제하는 일은, 그 몸으로 먼저 나서서 실
천하지 않으면 백성들이 따르지 않는다. 그러므로 그 마음을 변화시키는
데에는 교화만한 것이 없다」라고 한 것이다.

　* 서로 타고 가는 수레의 바퀴통끼리 부딪쳐 강함을 과시하는 행위.

【참고】1.《說苑》卷七 政理篇 229[7-45]
　　齊人甚好轂擊, 相犯以爲樂, 禁之不止, 晏子患之, 乃爲新車良馬, 出與人相犯也, 曰:

「轂擊者, 不祥, 臣其祭祀不順, 居處不敬乎?」下車棄而去之, 然後國人乃不爲. 故曰:「禁
之以制, 而身不先行也, 民不肯止, 故化其心, 莫若敎也.」
2.《藝文類聚》卷七十一 舟車部 車
　　晏子曰. 齊人好擊轂相犯以爲樂, 禁之不止. 晏子爲新車良馬出. 與其人相犯. 曰:「擊轂
者不祥.」下車而去之, 然後國人不爲.
3.《太平御覽》773에 본장의 내용이 전재되어 있다.

143 [6-3]　景公畋于梧丘. 夜猶早, 公姑坐睡. 而夢有五丈夫. 北面
韋廬, 稱無罪焉. 公覺, 召晏子而告其所夢. 公曰:「我其嘗殺(不辜,
誅)無罪邪?」晏子對曰:「昔者, 先君靈公畋. 有五丈夫來駭獸, 故
並之, 斷其頭而葬之. 命曰五丈夫之丘. 此其地邪?」公令人掘而求
之, 則五頭同穴而存焉. 公曰:「嘻!」令吏厚葬之. 國人不知其夢
也. 曰:「君憫白骨, 而況于生者乎?」不遺餘力矣. 不釋餘知矣. 故
曰:「人君之爲善易矣.」

　　경공이 오구梧丘라는 곳으로 사냥을 나갔다. 아직 이른 초저녁이었는데,
경공이 잠시 앉은 채 잠이 들었다. 그런데 꿈속에 다섯 장부가 나타나 북
쪽의 위려韋廬를 향하여 자신들은 죄가 없다고 말하는 것이었다. 경공이
잠에서 깨어 안자를 불러 꿈속의 일을 알려 주며 이렇게 물었다.
　　「내 일찍이 (무고한 자를 죽였거나)* 무죄한 자를 살해한 적이 있습니까?」
　　그러자 안자가 이렇게 설명하였다.
　　「옛날 선군이신 영공靈公이 사냥을 나갔을 때, 다섯 장부가 나타나 짐승
을 놀라게 한 적이 있습니다. 그래서 모두 죽여, 그 머리를 잘라 묻어 버렸
습니다. 그 때문에 그 언덕을 오장부의 언덕이라 하였는데, 이곳이 바로 그
땅이 아닐는지요?」
　　이에 경공이 사람을 시켜 땅을 파서 찾아보게 하였더니, 과연 다섯 개의
두골이 한 구덩이에 묻혀 있는 것이었다.
　　경공이 「아!」 하고 감탄을 하면서 관리로 하여금 이들을 후히 장사지내
도록 하였다.
　　나라 사람들은 꿈속의 일은 모른 채 「임금께서 백골까지 불쌍히 여기시

는데, 하물며 살아 있는 사람에게 있어서랴?」하고는 임금을 위해 힘을 아끼지 않았고, 지혜를 아끼지 않았다.

그러므로「임금으로서 선한 일을 하기란 참으로 쉬운 것이다.」

【오구梧丘】地名. 혹은 길가의 언덕이라고도 한다.
【위려韋廬】사냥중에 임시로 쳐놓은 가죽 장막.
＊ ( ) 속은《四部叢刊本》을 따랐다.
【영공靈公】景公 前代(莊公)의 前代 임금. [前出]

【참고】 1.《說苑》卷十八 辨物篇 774[18-30]
　　景公畋於梧丘, 夜猶蚤, 公姑坐睡而夢有五丈夫, 比面倖盧, 稱無罪焉. 公覺, 召晏子而告其所夢, 公曰:「我其嘗殺不辜, 而誅無罪耶?」晏子對曰:「昔者, 先君靈公畋, 五丈夫罟而駭獸, 故殺之斷其首而葬之, 曰五丈夫之丘, 其此耶?」公令人掘而求之, 則五頭同穴而存焉. 公曰:「嘻.」令吏葬之. 國人不知其夢也, 曰:「君憫白骨, 而況於生者乎?」不遺餘力矣, 不釋餘智矣, 故曰, 人君之爲善易矣.
2.《新書》(賈誼) 諭誠篇
　　文王晝臥. 夢人登城而呼己曰:「我東北陬之槁骨也, 速以王禮葬我.」文王曰:「諾.」覺, 召吏視之, 信有焉, 文王曰:「速以人君禮葬之.」吏曰:「此無主矣, 請以五大夫.」文王曰:「吾夢中已許之矣, 奈何其倍之也?」士民聞之, 曰:「我君不以夢之故而倍槁骨, 況於生人乎?」於是下信其上.
3.《太平御覽》364・393・399에 관련기록이 전재되어 있다.
　　晏子春秋曰. 景公田於梧丘, 夜坐睡夢見五丈夫, 倚徒稱无罪. 公問, 晏子曰:「昔先公靈公出畋, 有五丈夫來驚獸, 悉斷其頭而葬之, 命曰, 丈夫丘.」命人拙之五頭同穴, 公令厚葬之, 乃恩及白骨.

144 [6-4]　景公爲路寢之臺, 成, 而不踊焉. 柏常騫曰:「君爲臺甚急, 臺成, 君何爲而不踊焉?」公曰:「然. 有梟. 昔者鳴, 其聲無不爲也. 吾惡之甚, 是以不踊焉.」柏常騫曰:「臣請禳而去之.」公曰:「何具?」對曰:「築新室, 爲置白茅焉.」公使爲室, 成, 置白茅焉. 柏常騫夜用事. 明日, 問公曰:「今昔聞梟聲乎?」公曰:「一鳴而不復聞.」使人往視之, 梟當陛, 布翼, 伏地而死. 公曰:「子之道若此其明也? 亦能益寡人之壽乎?」對曰:「能!」公曰:「能益幾何?」對曰:「天子九, 諸侯七, 大夫五.」公曰:「子亦有徵兆之見乎?」對曰:「得壽, 地且動.」公喜, 令百官趣具騫之所求. 柏常騫出, 遭晏

子于塗, 拜馬前. 鴦曰:「爲君禳梟而殺之. 君謂鴦曰, 子之道若此
其明也? 亦能益寡人之壽乎? 鴦曰, 能. 今且大祭, 爲君請壽. 故將
往以聞.」晏子曰:「嘻! 亦善矣. 能爲君請壽也. 雖然, 吾聞之, 維
以政與德而順乎神, 爲可以益壽. 今徒祭, 可以益壽乎? 然則福兆
有見乎?」對曰:「得壽, 地將動.」晏子曰:「鴦, 昔吾見維星絶, 樞
星散. 地其動, 汝以是乎?」柏常鴦俯, 有閒, 仰而對曰:「然!」晏
子曰:「爲之無益, 不爲無損也. 汝薄斂, 毋費民. 且無令君知之.」

　경공이 노침路寢의 누대를 짓도록 하여 완성까지 하였는데, 도리어 경공
은 이를 올라보지도 않는 것이었다. 이에 백상건柏常鴦이 물었다.
　「임금께서는 누대짓는 일을 심히 재촉하시더니, 지금 다 완성되고 나서
는 어찌하여 올라보지도 않으시는 것입니까?」
　그러자 경공이 이렇게 말하였다.
　「그렇습니다. 지난밤에 올빼미가 울었는데, 그 울음소리가 갖가지 이상한
소리를 다 내어 못 내는 소리가 없이 처량하였습니다. 나는 그런 소리를
대단히 싫어합니다. 이 까닭으로 그 누대에 오르지 않는 것입니다.」
　이에 백상건이 이렇게 제의하였다.
　「제가 청컨대 제사를 올려 이를 제거해 드리겠습니다.」
　경공이 귀가 솔깃하여「무슨 준비물이 필요합니까?」라고 묻자, 백상건이
이렇게 대답하였다.
　「새로운 집을 하나 짓되, 그 지붕을 띠[白茅]로 이어 주십시오.」
　경공은 이 말대로 새로운 집을 짓게 하고, 그 지붕을 띠로 이도록 하였
다. 그러자 백상건이 밤에 몰래 일을 벌였다. 그리고 이튿날 아침 짐짓 이
렇게 물었다.
　「지난밤에도 올빼미 울음소리가 들렸습니까?」
　그러자 경공이「한 번 울더니 다시는 더 들리지 않았습니다」하고는, 사
람을 보내어 알아보게 하였다. 그랬더니 올빼미가 계단에 떨어져 날개를
편 채 땅에 엎어져 죽어 있는 것이었다. 경공이 이를 신기하게 여기며 물
었다.
　「그대의 도술이 어찌 이처럼 명확하오? 그렇다면 역시 나의 수명도 늘려

줄 수 있겠습니까?」

「가능합니다!」

이 대답에 경공이 「얼마나 더 늘릴 수 있습니까?」라고 묻자, 백상건이 「천자는 9년, 제후는 7년, 대부는 5년까지 늘려 드릴 수 있지요」라고 말하였다.

그러자 경공이 다시 물었다.

「그렇다면 그 증거의 징조를 직접 보여 줄 수 있겠습니까?」

「수명이 연장되면 장차 땅이 진동할 것입니다.」

백상건의 이 말에 경공은 신이 나서, 백관百官으로 하여금 급히 백상건이 필요로 하는 물건들을 갖추어 주도록 하였다. 백상건이 밖으로 나오다가 길에서 안자를 만나자, 그 말(馬) 앞에서 절을 하고 이렇게 말하였다.

「제가 임금을 위해 올빼미를 없애 주었더니, 임금께서 그대의 도술이 이처럼 명확한가? 그렇다면 역시 나의 수명도 늘려 줄 수 있느냐고 물으셔서, 제가 가능하다고 대답하였습니다. 그래서 지금 큰 제사를 올려 임금을 위해 축수코자 합니다. 장차 대부께도 알려 드리려던 참이었습니다.」

이 말에 안자가 이렇게 물었다.

「아! 역시 훌륭한 일입니다. 능히 임금을 위해 축수를 하다니오! 비록 그렇더라도 내가 듣기로 오직 정치와 덕을 잘 펴서 귀신에게 순종하면 그 수명을 더할 수 있다고 하던데, 지금 한갓 제사를 지낸다고 해서 수명이 연장될는지요? 그렇다면 복의 조짐에 어떤 증거라도 보입니까?」

이에 백상건이 「수명이 연장되면 장차 땅이 진동할 것입니다」라고 하자, 안자가 다시 물었다.

「백상건! 지난번 유성維星이 끊어지고 추성樞星이 흩어지며 땅이 진동하는 것을 내가 본 적이 있는데, 그대는 그것을 징조로 삼을 작정이지요?」

그러자 백상건이 머리를 숙이고 잠시 머뭇거리다가, 다시 고개를 들고 「그렇습니다!」라고 대답하였다.

이에 안자가 이렇게 말하였다.

「그렇게 한다고 해서 수명이 늘어나는 것도 아니고, 그렇게 하지 않는다고 해서 수명이 줄어드는 것도 아니오. 그대는 세금을 줄이고, 백성의 재물을 허비하지 않도록 하시오. 그리고 임금께서는 이 사실을 알지 못하도록 하시오.」

【노침路寢】大堂 앞의 高臺. [前出]
【백상건柏常騫】景公의 臣下.
【유성維星】별 이름.《漢書》天文志에『斗杓後有三星, 名曰維星』이라 하였다.
【추성樞星】天樞星. 北斗七星 중 第一星.

【참고】 1.《晏子春秋》卷七 外篇 重而異者 191[7-21]과 같은 기록이다.
2.《說苑》卷十八 辨物篇 753[18-9]
　　齊景公爲露寢之臺, 成而不通焉. 栢常騫曰:「爲臺甚急, 臺成, 君何爲不通焉?」公曰:
「然, 梟昔者鳴, 其聲無不爲也, 吾惡之甚, 是以不通焉.」栢常騫曰:「臣請禳而去之!」公
曰:「何具?」對曰:「築新室, 爲置白茅焉.」公使爲室, 成, 置白茅焉. 栢常騫夜用事, 明日
問公曰:「今昔聞梟聲乎?」公曰:「一鳴而不復聞.」使人往視之, 梟當陛布翼伏地而死. 公
曰:「子之道, 若此其明也! 亦能益寡人壽乎?」對曰:「能.」公曰:「能益幾何?」對曰:
「天子九, 諸侯七, 大夫五.」公曰:「亦有徵兆之見乎?」對曰:「得壽, 地且動.」公喜, 令百
官趣具騫之所求. 柏常騫出, 遭晏子於塗, 拜馬前, 辭曰:「騫爲君禱梟而殺之, 君謂騫曰:
『子之道若此其明也, 亦能益寡人壽乎?』騫曰:『能.』今且大祭, 爲君請壽, 故將往. 以聞.」
晏子曰:「嘻, 亦善矣! 能爲君請壽也. 雖然, 吾聞之: 惟以政與德順乎神, 爲可以益壽. 今
徒祭可以益壽乎? 然則福名有見乎?」對曰:「得壽, 地將動.」晏子曰:「騫, 昔吾見維星絶,
樞星散, 地其動. 汝以是乎?」栢常騫俯有間, 仰而對曰:「然.」晏子曰:「爲之無益, 不爲無
損也. 薄賦斂, 無費民, 且令君知之!」
3.《淮南子》卷十三 道應訓篇
　　景公謂太卜曰:「子之道何能?」對曰:「能動地.」晏子往見公. 公曰:「寡人問太卜曰,
『子之道何能?』對曰:『能動地. 地可動乎.』」晏子默然不對. 出見太卜曰:「昔吾見句星在
房心之閒, 地其動乎?」太卜曰:「然.」晏子出. 太卜走往見公曰:「臣非能動地, 地固將動
也.」田子陽聞之曰:「晏子默然不對者, 不欲太卜之死. 往見太卜者, 恐公之欺也. 晏子可
謂忠於上而惠於下矣.」
4.《論語》變虛篇
　　齊景公問太卜曰:「子之道何能?」對曰:「能動也.」晏子往見公. 公曰:「寡人問太卜, 曰:
『子道何能?』對曰:『能動地.』地固可動乎?」晏子嘿然不對, 出見太卜曰:「昔吾見鈎星在
房心之間, 地其動乎?」太卜曰:「然.」晏子出, 太卜走見公:「臣非能動地, 地固將自動.」

145 [6-5]　景公新成柏寢之室. 使師開鼓琴. 師開左撫宮. 右彈商.
曰:「室夕.」公曰:「何以知之?」師開對曰:「東方之聲薄. 西方之
聲揚.」公召大匠. 曰:「立室何爲夕?」大匠曰:「立室以宮矩爲之.」
于是召司空曰:「立宮何爲夕?」司空曰:「立宮以城矩爲之.」明日.

晏子朝. 公曰:「先君太公以營丘之封立城, 曷爲夕?」晏子對曰:
「古之立國者, 南望南斗, 北戴樞星, 彼安有朝夕哉? 然而以今之夕
者, 周之建國. 國之西方, 以尊周也.」公蹵然曰:「古之臣乎?」

　경공이 새로 백침栢寢의 누대를 지어 완성하자, 악사樂師인 개開로 하여
금 거문고를 타도록 하였다. 그러자 악사 개가 왼손으로는 궁조宮調를 타
고, 오른 손으로는 상조商調를 타면서 이렇게 말하는 것이었다.
　「방의 방향이 서쪽으로 치우쳤습니다.」*
　이에 경공이 장님이 어떻게 이를 아는가 싶어「그대는 어떻게 이를 아는
가?」라고 물었다.
　그러자 개가「동쪽의 소리는 얇고, 서쪽의 소리는 떠 있기 때문입니다」
라고 대답하였다.
　경공이 목공을 불러 물었다.
　「방을 어찌하여 서쪽으로 치우치게 지었는가?」
　이에 목공이「방을 궁실의 규구規矩에 맞추어 지었기 때문입니다」라고
말하였다.
　그러자 다시 사공司空을 불러 물었다.
　「궁실을 어찌하여 서쪽으로 치우치게 지었는가?」
　이에 사공이「궁실을 성城의 규구에 맞추어 지었기 때문입니다」라고 말
하였다.
　이튿날 안자가 입조하자, 경공이 물었다.
　「선군이신 태공太公께서 이 영구營丘 땅을 봉지로 받아 성을 쌓을 때,
어찌하여 서쪽으로 치우치게 세웠습니까?」
　그러자 안자가 이렇게 설명하였다.
　「옛날에 나라를 세울 때는 남쪽으로는 남두성南斗星을 바라보고, 북쪽으
로는 추성樞星을 머리에 이게 되어 있습니다. 그러니 어찌 서쪽으로 치우
치게 지을 수가 있다는 말입니까? 그러나 지금 서쪽으로 치우친 이 사실을
보니, 주周나라의 건도建都가 서쪽이므로 나라의 방향을 서쪽으로 하여 주
실周室을 존중하기 위한 것임을 알 수 있습니다.」
　이에 경공이 축연히 이렇게 말하였다.

「옛날에는 신하의 도리가 그토록 엄격하였습니까?」

【백침栢寢】누대 이름. 《括地志》에 『柏寢臺, 在靑州千乘縣. 東北三十里』라 하였다.
【개開】樂師. 대개 고대 악사는 장님이었다.
【궁조宮調】五音의 宮調.
【상조商調】五音인 宮商角徵羽 중의 두번째 음조.
 * 원문의 『室夕』은, 서쪽으로 향하고 있음을 말한다. 《呂氏春秋》明理篇 高誘 注에
의함.
【사공司空】官職名. 土木工程을 맡았다.
【태공太公】呂尙, 姜子牙, 姜太公. 周나라 武王을 도와 殷나라 紂를 멸한 후, 齊 땅을
封地로 받아 齊나라의 始祖가 되었다.
【영구營丘】지금의 山東 臨淄 근처. 姜太公望이 처음 封地를 받아 建都하였던 곳.
【남두성南斗星】斗宿. 北斗에 대칭되게 있는 별.
【추성樞星】天樞星. 北斗七星의 首星.

146 [6-6] 景公病水. 臥十數日. 夜夢與二日鬪, 不勝. 晏子朝. 公
曰:「夕者, 吾夢與二日鬪, 而寡人不勝, 我其死乎?」晏子對曰:
「請召占夢者.」立于閨. 使人以車迎占夢者. 至. 曰:「曷爲見召?」
晏子曰:「夜者, 公夢與二日鬪, 不勝. 恐必死也. 故請君占夢, 是所
爲也.」占夢者曰:「請反具書.」晏子曰:「毋反書. 公所病者, 陰也.
日者, 陽也. 一陰不勝二陽, 公病將已. 以是對.」占夢者入. 公曰:
「寡人夢與二日鬪而不勝, 寡人死乎?」占夢者對曰:「公之所病, 陰
也. 日者, 陽也. 一陰不勝二陽, 公病將已.」居三日, 公病大愈. 公
且賜占夢者. 占夢者曰:「此非臣之力, 晏子敎臣也.」公召晏子, 且
賜之. 晏子曰:「占夢者以臣之言對, 故有益也. 使臣言之, 則不信
矣. 此占夢者之力也. 臣無功焉.」公兩賜之. 曰:「以晏子不奪人之
功. 以占夢者不蔽人之能.」

　경공이 물을 잘못 마셔 수십 일을 병석에 누워 있어야 하였다. 그러던
어느 날 밤, 두 개의 해와 싸움을 벌여 이겨내지 못하는 이상한 꿈을 꾸게
되었다. 이에 안자가 입조하자, 경공이 물었다.
　「지난밤 나는 두 개의 해와 싸움을 벌이는 꿈을 꾸었습니다. 결국 과인

이 이기지 못하였는데, 이는 내가 죽는다는 뜻이 아닐는지요?」

안자는 이렇게 답하였다.

「청컨대 점몽하는 자를 불러 알아보시지요.」

그리고는 궁궐의 작은 문 앞에 선 채 사람을 시켜 수레를 보내어 점몽하는 자를 찾아오도록 하였다. 그리하여 점몽하는 자가 다다라 안자에게 물었다.

「무슨 일로 저를 부르셨습니까?」

그러자 안자가 이렇게 설명하였다.

「지난밤 임금께서 두 개의 해와 싸워 이기지 못하는 꿈을 꾸어, 그것이 죽는다는 징조가 아닌가 걱정하고 있습니다. 그래서 내가 임금에게 청하여, 꿈의 길흉을 점치는 자를 부르자 한 것입니다. 이것이 그대가 할 일입니다.」

이에 점몽하는 자가 「청컨대 돌아가서 복서卜書를 가져오겠습니다」라고 하자, 안자가 이렇게 만류하였다.

「복서卜書를 가져올 필요는 없습니다. 임금은 병이 나 있으므로, 이는 음陰에 해당합니다. 그리고 해란 양陽입니다. 하나의 음이 두 개의 양을 이길 수 없는 이치! 따라서 임금의 병도 곧 나을 것입니다. 그대는 내가 말한 이 말을 그대로 전해 주기만 하면 됩니다.」

이리하여 점몽하는 자가 안으로 들자, 경공이 물었다.

「과인이 꿈에 두 개의 해와 싸워 이기지 못하였소이다. 과인은 장차 죽게 되는 것이오?」

그러자 점몽하는 자가 안자가 일러 준 대로 대답하였다.

「임금의 병은 음입니다. 해는 양입니다. 하나의 음이 두 개의 양을 이길 수는 없습니다. 따라서 임금의 병은 곧 낫는다는 꿈입니다.」

그로부터 사흘 뒤, 임금의 병이 크게 나았다. 이에 경공이 장차 점몽한 자에게 상을 내리려 하였다. 그러자 점몽하는 자가 이렇게 실토하였다.

「이는 저의 힘이 아닙니다. 안자가 제게 가르쳐 준 대로 한 것뿐입니다.」

이에 경공이 안자를 불러 상을 내리려 하자, 안자가 이렇게 거절하였다.

「저의 말이기는 하나, 그 말을 점몽하는 자의 입을 통해 하였기 때문에 효험이 있었던 것입니다. 누가 나에게 그러한 풀이를 하게 하였더라면 믿지 않으셨을 것입니다. 이렇게 보면 이는 점몽하는 자의 힘일 뿐 저의 공은 없습니다.」

　그러자 경공이 두 사람 모두에게 상을 내리며 이렇게 말하였다.

　「안자는 남의 공을 빼앗지 않았고, 점몽하는 자는 남의 능력을 은폐시키지 않았소이다.」

【참고】 1. 《太平御覽》 743·398에 관련기록이 전재되어 있다.
2. 《風俗通義》 卷九 怪神篇에 본장의 내용이 전재되어 있다.
3. 《意林》에 본장의 내용이 전재되어 있다.

147 [6-7]　景公病疽, 在背. 高子國子請公曰：「職當撫瘍.」高子進而撫瘍. 公曰：「熱乎?」曰：「熱.」「熱何如?」曰：「如火.」「其色何如?」曰：「如未熟李.」「大小何如?」曰：「如豆.」「墮者何如?」曰：「如屨辨.」二子者出. 晏子請見. 公曰：「寡人有病, 不能勝衣冠, 以出見夫子. 夫子其辱視寡人乎?」晏子入, 呼宰人具盥. 御者具巾, 刷手溫之. 發席, 傅薦, 跪請撫瘍. 公曰：「其熱何如?」曰：「如日.」「其色何如?」曰：「如蒼玉.」「大小何如?」曰：「如璧.」「其墮者何如?」曰：「如珪.」晏子出. 公曰：「吾不見君子, 不知野人之拙也.」

　경공의 등에 종기가 나자, 고자高子와 국자國子 두 신하가 이렇게 요청하였다.

　「저희들의 직책으로 보아 직접 그 종기를 만져 드려야겠습니다.」

　고자가 나아가 그 종기를 살펴보자, 경공이 물었다.

　「뜨겁습니까?」

　「뜨겁습니다.」

　「어느 정도입니까?」

　「마치 불 같습니다.」

　「그 색은 어떻습니까?」

　「마치 덜 익은 오얏 같습니다.」

　「크기는 어떻습니까?」

「콩만합니다.」

「파인 부분은 어떻습니까?」

「마치 구멍 뚫린 가죽신 같습니다.」

두 사람이 나가고, 안자가 뵙기를 청하였다.

경공이 먼저「과인이 의관을 갖추고 선생을 뵈어야 하나, 병이 나서 그럴 수가 없습니다. 선생께서는 욕되시겠지만 과인의 종기를 봐주실 수 있겠습니까?」라고 말하였다.

이에 안자가 들어가서 재인宰人을 불러 대야에 물을 떠오게 하고, 시어侍御하는 자에게는 수건을 준비하도록 하였다. 그리고 손을 씻고 따뜻이 한 다음, 깔개를 펴 자리를 잡고 꿇어앉아 만져 보았다. 그러자 경공이 물었다.

「그 열이 어느 정도입니까?」

「해와 같습니다.」

「그 색은 어떻습니까?」

「푸른 옥 같습니다.」

「크기는 어떻습니까?」

「벽璧만합니다.」

「그 파인 부분은 어떻습니까?」

「마치 규珪 같습니다.」

안자가 나가자, 경공이 이렇게 말하였다.

「내 안자 같은 군자를 보지 못하였더라면, 국씨나 고씨 같은 야인의 졸렬함을 판별해 내지 못할 뻔하였구나!」*

【고자高子・국자國子】 모두 齊나라의 公族으로서, 景公의 臣下.

【재인宰人】 卿・大夫의 家臣.

【시어侍御】 시중드는 사람.

【벽璧】 둥글게 생긴 옥.

【규珪】 上圓下方한 형태의 옥.

　* 원문의『野人之拙』은, 앞의 高氏와 國氏는 임금의 병세를 일반인의 몸체를 보듯 하였고, 晏子는 임금에 대한 禮로써 君主의 상징인 해와 儀仗用 禮器에 비교하여 그 禮를 갖추었음을 은유한 것이다.

【참고】 1.《太平御覽》968에 본장의 내용이 전재되어 있다.

2. 《意林》에 본장의 내용이 전재되어 있다.

148 [6-8] 晏子使吳. 吳王謂行人曰:「吾聞晏嬰, 蓋北方辯于辭習于禮者也. 命儐者曰: 客見則稱天子請見.」明日, 晏子有事. 行人曰:「天子請見.」晏子蹵然. 行人又曰:「天子請見.」晏子蹵然. 又曰:「天子請見.」晏子蹵然者三, 曰:「臣受命弊邑之君, 將使于吳王之所. 以不敏而迷惑, 入于天子之朝. 敢問吳王惡乎存?」然後吳王曰:「夫差請見.」見之以諸侯之禮.

　안자가 오吳나라에 사신으로 가자, 오나라 임금이 행인行人에게 이렇게 일렀다.

　「내 듣기로, 안영晏嬰은 북방에서 말솜씨가 뛰어나고 예법에도 밝은 자라 하더라. 빈자儐者에게 명하여, 그 손님이 나타나거든 천자天子께서 그대를 보고자 하노라고 하여라!」

　이튿날 안자가 일정대로 오나라 임금을 만날 순서가 되자, 행인이 이렇게 말하는 것이었다.

　「천자께서 당신을 만날 차례입니다.」

　안자는 머뭇거리기를 세 번, 그리고 나서 이렇게 말하였다.

　「저는 우리 임금의 명령을 받고 오나라 임금이 있는 곳으로 가라는 사명을 띠고 왔는데, 제가 불민不敏하고 미혹해서 그만 천자의 조정으로 잘못 온 것 같습니다. 감히 묻건대 오나라 임금은 어디에 거처하고 있습니까?」

　그러자 오나라 임금이 「부차夫差가 그대를 만나고자 합니다」 하고는, 제후의 예로써 맞이하여 만나게 되었다.

【오吳】春秋 후기 揚子江 근처에서 세력을 떨쳤던 나라.
【행인行人】벼슬 이름. 외교 접대의 업무를 맡음.
【안영晏嬰】晏子. 嬰은 이름. 平仲.
【빈자儐者】賓者. 손님.
【천자天子】宗土國의 임금.
【부차夫差】당시의 吳나라 임금. 재위 23년(B.C. 495~473). 越王 勾踐에게 망하였다.

【참고】1.《說苑》卷十二 奉使篇 372[12-12]
晏子使吳, 吳王謂行人曰:「吾聞晏嬰盖北方之辯於辭, 習於禮者也, 命儐者: 客見則稱天子.」明日, 晏子有事, 行人曰:「天子請見.」晏子憱然者三, 曰:「臣受命敝邑之君, 將使於吳王之所, 不佞而迷惑入于天子之朝, 敢問吳王惡乎存?」然後吳王曰:「夫差請見.」見以諸侯之禮.
2.《太平御覽》779에 본장의 내용이 전재되어 있다.
3.《北堂書鈔》에 본장의 내용이 전재되어 있다.

149 [6-9] 晏子使楚. 楚人以晏子短, 爲小門于大門之側而延晏子. 晏子不入. 曰:「使狗國者, 從狗門入. 今臣使楚, 不當從此門入.」儐者更道, 從大門入. 見楚王, 王曰:「齊無人耶? 使子爲使.」晏子對曰:「齊之臨淄三百閭. 張袂成陰. 揮汗成雨. 比肩繼踵而在. 何爲無人?」王曰:「然則何爲使子?」晏子對曰:「齊命使, 各有所主. 其賢者使使賢主. 不肖者使使不肖主. 嬰最不肖, 故宜使楚矣.」

안자가 초楚나라에 사신으로 가자, 초나라 사람들이 안자의 키가 작은 것을 놀려 대문 곁에 있는 작은 쪽문으로 들어가도록 하였다. 이에 안자가 들어가지 않고 버티면서 이렇게 말하였다.

「개나라에 사신으로 가는 자는 개구멍으로 들어가지만, 지금 나는 초나라에 사신으로 왔으니 이런 문으로는 들어갈 수 없다.」

빈자는 할 수 없이 길을 바꾸어 대문으로 들어가도록 하였다. 안자가 이번에는 초나라 임금을 만나자, 그 임금이 이렇게 빈정거렸다.

「제齊나라에는 사람이 없습니까? 그대와 같은 자를 사신으로 보내다니오!」

그러자 안자가 이렇게 되물었다.

「제나라의 임치臨淄는 3백 여閭나 되며, 사람들이 소매를 올리면 온 도시에 그늘이 드리워질 정도이고, 땀을 한꺼번에 뿌리면 비가 오는 것과 같습니다. 이렇게 어깨가 마주 닿고 발꿈치가 이어질 정도로 사람이 많은데, 어찌 사람이 없다 하십니까?」

임금이 다시 물었다.

「그렇다면 어찌하여 겨우 그대 같은 이가 사신으로 왔단 말이오?」

이 말에 안자는 이렇게 대답하였다.

「저희 제나라는 사신을 임명할 때, 각각 그 상대 임금에 맞추어 하지요.
어진 자는 상대 임금이 어질 때 임명하고, 불초한 자는 상대 임금이 불초
할 때 사신으로 보낸답니다. 우리 나라에서는 제가 가장 불초합니다. 그래
서 이 초나라 사신으로 가장 타당한 자입니다.」

【초楚】中國 남부에 강성했던 나라. 戰國時代에 七雄에 올랐다.
【임치臨淄】齊나라의 首都.
【여閭】25家를 1閭로 하였다. 단《太平御覽》에는 三萬戶로 실려 있다.

【참고】1.《說苑》卷十二 奉使篇 376[12-16]
　　晏子使楚. 晏子短, 楚人爲小門於大門之側, 而延晏子. 晏子不入, 曰:「使至狗國者, 從
狗門入. 今臣使楚, 不當從此門.」儐者, 更從大門入見楚王. 王曰:「齊無人耶?」晏子對曰:
「齊之臨淄三百閭, 張袂成帷, 揮汗成雨. 比肩繼踵而在, 何爲無人?」王曰:「然則何爲使
子?」晏子對曰:「齊命使, 各有所主. 其賢者, 使賢主, 不肖者, 使不肖主. 嬰最不肖, 故宜
使楚耳.」
2.《藝文類聚》卷二十五 人部 九 嘲戲
　　晏子春秋曰. 晏子短小. 使楚, 楚人爲小門於大門側. 而延晏子. 晏子不入. 曰:「使狗國
者, 從狗門入. 今臣使楚, 不當從狗門入.」王曰:「齊無人耶?」對曰:「齊之臨淄, 張袂成
帷. 揮汗成雨, 何爲無人? 齊使賢者使賢王, 不肖者使不肖王. 嬰不肖, 故使王爾.」
3.《藝文類聚》卷九十四 獸部中 狗
　　晏子曰. 晏子短. 使楚, 楚人爲門於犬門側. 延晏子. 晏子曰:「使狗國者從狗門入, 今使
楚王, 不當從此門入.」
4.《太平御覽》183·378·466·468·779·905 등에 관련기록이 전재되어 있다.
5.《初學記》99에 본장의 내용이 전재되어 있다.
6.《意林》에 본장의 내용이 전재되어 있다.

150 [6-10]　晏子將使楚. 楚王聞之, 謂左右曰:「晏嬰, 齊之習辭者
也. 今方來, 吾欲辱之, 何以也?」左右對曰:「爲其來也. 臣請縛一
人, 過王而行. 王曰:『何爲者也?』對曰:『齊人也.』王曰:『何
坐?』曰:『坐盜.』」晏子至. 楚王賜晏子酒, 酒酣. 吏二縛一人詣王.
王曰:「縛者曷爲者也?」對曰:「齊人也. 坐盜.」王視晏子曰:「齊
人固善盜乎?」晏子避席對曰:「嬰聞之, 橘生淮南, 則爲橘. 生于淮
北, 則爲枳. 葉徒相似, 其實味不同. 所以然者何? 水土異也. 今民
生長于齊不盜, 入楚則盜. 得無楚之水土, 使民善盜耶?」王笑曰:

「聖人非所與熙也. 寡人反取病焉.」

안자가 장차 초楚나라에 사신으로 가게 되자, 초나라 임금이 이 소식을 듣고 좌우에게 이렇게 말하였다.

「안영은 제나라 사람 중에 말 잘하는 인물로 소문이 나 있습니다. 지금 바야흐로 이곳으로 오고 있을 터, 내 안자를 곯려 주고 싶은데 어떻게 하면 되겠습니까?」

이에 좌우가 이런 계책을 꾸몄다.

「그가 오면 청컨대 제가 한 사람을 결박하여 임금 곁을 지나가겠습니다. 그때 임금께서는 『뭐하는 자이느냐』고 물으십시오. 그러면 제가 『제나라 사람이라』고 대답하겠습니다. 다시 『무슨 죄에 연좌되었느냐』고 물으십시오. 그때 제가 『도둑질을 하다가 붙잡혔습니다』라고 말하겠습니다.」

안자가 도착하자, 초나라 임금이 그를 위해 술상을 마련하였다. 술기운이 올랐을 무렵, 두 명의 관리가 한 사람을 결박하여 임금 앞으로 다가왔다.

임금이 「결박한 자는 무슨 이유로 그리된 것입니까?」라고 묻자, 관리가 「제나라 사람인데 도둑질을 하다가 붙잡혔습니다」라고 말하였다.

이에 임금이 안자를 돌아보며 물었다.

「귀국 제나라 사람은 진실로 도둑질에 능한 모양이지요?」

그러자 안자가 자리를 피해 앉으며 이렇게 대답하였다.

「제가 듣기로 귤나무가 회수淮水 남쪽에 나면 귤이 되지만, 회수 북쪽에 나면 탱자가 된다 하였습니다. 한갓 잎만 서로 비슷할 뿐, 그 열매맛은 다릅니다. 그렇게 되는 이유는 무엇이겠습니까? 물과 흙이 다르기 때문이지요. 지금 백성이 제나라에서 생장하는 한 도둑질을 할 줄 모릅니다. 그러나 초나라에 들어와서 도둑질을 하는 걸 보니, 이 나라의 풍토가 사람으로 하여금 도둑질을 잘할 수 있도록 하기 때문이 아닐는지요?」

임금이 웃으며 이렇게 사과하였다.

「성인이라면 회롱해서는 안 될 일을 과인이 거꾸로 하였다가 스스로 허물을 뒤집어쓰고 말았습니다.」

【회수淮水】揚子江과 黃河의 중간을 구획하는 江.

【참고】 1.《周禮》考工記 總敍

　　橘踰淮而北爲枳, 此地氣然也.

2.《說苑》卷十三 奉使篇 375[12-15]

　　晏子將使荊, 荊王聞之, 謂左右曰:「晏子賢人也, 今方來, 欲辱之, 何以也?」左右對曰:
「爲其來也, 臣請縛一人, 過王而行.」於是荊王與晏子立語. 有縛一人, 過王而行. 王曰:
「何爲者也?」對曰:「齊人也.」王曰:「何坐?」曰:「坐盜.」王曰:「齊人固盜乎?」晏子反
顧之曰:「江南有橘, 齊王使人取之, 而樹之於江北, 生不爲橘, 乃爲枳, 所以然者, 何? 其
土地使之然也. 今齊人居齊不盜, 來之荊而盜, 得無土地使之然乎?」荊王曰:「吾欲傷子而
反自中也.」

3.《韓詩外傳》卷十의 17

　　齊景公遣晏子南使楚. 楚王聞之, 謂左右曰:「齊遣晏子使寡人之國, 幾至矣.」左右曰:
「晏子·天下之辯士也. 與之議國家之務, 則不如也; 與之論往古之術, 則不如也. 王獨可
以與晏子坐, 使有司束人過王, 王問之,『使言齊人善盜?』故束之, 是宣可以困之.」王曰:
「善.」晏子至, 卽與之坐. 圖國之急務, 辨當世之得失, 再擧再窮, 王默然無以續語. 居有間,
束徒以過之. 王曰:「何爲者也?」有司對曰:「是齊人, 善盜, 束而詣吏.」王欣然大笑曰:
「齊乃冠帶之國, 辯士之化, 固善盜乎?」晏子曰:「然固取之. 王不見夫江南之樹乎? 名橘,
樹之江北, 則化爲枳. 何則? 地土使然爾. 夫子處齊之時, 冠帶而立, 儼有伯夷之廉, 今居楚
而善盜, 意土地之化使然爾. 王又何怪乎?」詩曰:『無言不讐, 無德不報.』

4.《藝文類聚》卷二十五 人部 九 嘲戲

　　又曰. 晏子使楚. 楚王謂左右曰:「晏嬰習辭者也. 吾欲傷之.」若坐定, 縛一人來, 及嬰
坐. 左右縛人. 王問何謂者. 曰:「齊人, 坐盜.」王視晏子曰:「齊人善盜乎?」晏子對曰:
「嬰聞橘生江北則爲枳, 葉徒相似, 其實味不同. 水土異也. 今此人生於齊不爲盜, 入楚則盜,
得無楚之水土使爲盜耶?」王笑曰. 寡人反取病焉.

5.《藝文類聚》卷八十六 菓部上 橘

　　子使楚. 楚王曰:「齊人善盜乎?」子對曰:「嬰聞江南之橘, 生於淮北則爲枳. 今民生於
齊不盜, 入楚則盜, 得無楚使民善盜邪?」

6.《後漢書》卷二十八下 馮衍傳 注

　　晏子曰:「江南爲橘, 江北爲枳.」枳之爲木, 芳而多刺, 可以爲籬.

7.《太平御覽》779·966에 본장의 내용이 전재되어 있다.

8.《北堂書鈔》政術部 14에 본장의 내용이 전재되어 있다.

9.《意林》에 본장의 내용이 전재되어 있다.

151 [6-11] 景公使晏子于楚. 楚王進橘. 置削. 晏子不剖而並食之.
楚王曰:「橘當去剖.」晏子對曰:「臣聞之, 賜人主前者, 瓜桃不削.
橘柚不剖. 今者, 萬乘之主無敎令, 臣故不敢剖. 不然, 臣非不知也.」

　　경공이 안자를 초楚나라에 사신으로 보내었다. 이에 초왕이 안자에게 귤

을 내놓았다. 그리고 칼도 곁에 두었는데, 안자가 껍질을 벗기지도 않은 채
그냥 먹는 것이었다.

그러자 초왕이 「귤이란 껍질을 벗겨내고 먹는 것입니다」하자, 안자가
이렇게 말하였다.

「제가 듣기로 임금 앞에서 먹을 것을 하사받은 경우 참외나 복숭아는 깎
아서 먹지 않으며, 귤이나 유자도 갈라서 먹어서는 안 된다고 하였습니다.
지금 만승지주萬乘之主*께서 아무런 명령을 내리지 않으시니, 저도 그 까
닭으로 감히 껍질을 벗겨내지 않은 것입니다. 그렇지 않았다면 제가 몰라
서 그런 것이 아닙니다.」

* 楚王을 가리킨다.

【참고】《說苑》卷十二. 奉使篇 374[12-14]
　　景公使晏子使於楚. 楚王進橘, 置削. 晏子不剖而幷食之. 楚王曰:「橘當去剖.」晏子對
曰:「臣聞之, 賜人主前者, 瓜桃不削, 橘柚不剖. 今萬乘無教, 臣不敢剖, 然臣非不知也.」
2.《太平御覽》779·799·966에 본장의 내용이 전재되어 있다.

152 [6-12]　景公飮酒. 田桓子侍. 望見晏子而復于公曰:「請浮晏
子.」公曰:「何故也?」無宇對曰:「晏子衣緇布之衣, 麋鹿之裘. 棧
軫之車. 而駕駑馬以朝. 是隱君之賜也.」公曰:「諾!」晏子坐. 酌
者奉觴進之曰:「君命浮子.」晏子曰:「何故也?」田桓子曰:「君賜
之卿位以顯其身. 寵之百萬以富其家. 羣臣之爵, 莫尊于子. 祿莫重
于子. 今子衣緇布之衣, 麋鹿之裘. 棧軫之車, 而駕駑馬以朝. 則是
隱君之賜也. 故浮子.」晏子避席曰:「請飮而後辭乎? 其辭而後飮
乎?」公曰:「辭然後飮.」晏子曰:「君賜之卿位, 以顯其身. 嬰非敢
爲顯受也. 爲行君令也. 寵之百萬, 以富其家. 嬰非敢爲富受也. 爲
通君賜也. 臣聞古之賢君, 臣有受厚賜, 而不顧其困族. 則過之. 臨
事守職, 不勝其任. 則過之. 君之內隸, 臣之父兄. 若有離散, 在于
野鄙. 此臣之罪也. 君之外隸, 臣之所職. 若有播亡, 在于四方. 此
臣之罪也. 兵革之不完. 戰車之不修. 此臣之罪也. 若夫弊車駑馬以

朝, 意者非臣之罪乎! 且以君之賜. 父之黨, 無不乘車者. 母之黨,
無不足于衣食者. 妻之黨, 無凍餒者. 國之簡士, 待臣而後擧火者,
數百家. 如此者, 爲彰君賜乎? 爲隱君賜乎?」公曰:「善! 爲我浮
無宇也.」

경공이 술을 마시고 있을 때, 전환자田桓子가 모시고 있다가 멀리 안자
가 오는 것을 보고서 이렇게 제의하였다.
「청컨대 안자에게 벌주를 내리시지요!」
이에 경공이 「무슨 연고인가?」고 묻자, 무우無宇가 「안자는 보잘것 없는
검은 베옷에 낡은 사슴 가죽 외투를 입고, 나뭇짐이나 실어 나를 수 있는
늙은 말이 끄는 수레*로 조회에 참석하니, 이는 바로 임금의 은사恩賜를
은폐시키는 행위이기 때문입니다」라고 대답하였다.
「좋습니다!」
경공이 이렇게 말을 끝냈을 때, 안자가 자리에 앉게 되었다. 술 따르는
자가 술잔을 안자에게 바치며 이렇게 말하였다.
「임금께서 벌주*를 내리시는 것입니다.」
「무슨 연고입니까?」
안자의 이런 물음에, 전환자가 대신 나서서 이렇게 설명하였다.
「임금께서 선생에게 경卿 벼슬을 주어 그 몸을 현달케 하고, 선생을 총
애하여 백만의 재물로 그 집을 부유하게 해주어 여러 신하들 중 그 누구도
선생보다 높지 않게 하며, 봉록도 선생보다 많은 자가 없게 해주셨건만, 선
생은 검은 베옷에 낡은 사슴 가죽 외투를 입고 나뭇짐이나 실어 나를 수
있는 늙은 말이 끄는 수레로 조회에 참석하니, 이는 임금의 은사를 은폐시
키는 행위입니다. 그래서 벌주를 내리는 것입니다.」
이 말에 안자가 자리를 피해 앉으며 「청컨대 이 벌주를 마신 연후에 말
씀을 드릴까요, 아니면 먼저 말씀을 드리고 나서 벌주를 마실까요?」라고
물었다.
그러자 경공이 「그 말을 먼저 하고, 나중에 벌주를 마시지요」라고 하였다.
이에 안자가 이렇게 대답하였다.
「임금께서 저에게 경 벼슬을 주셔서 제 자신이 현달하였으나, 저는 감히

이를 드러내기 위해 받지는 않았습니다. 이는 임금의 명령을 실행하기 위해서였을 뿐입니다. 또 백만이나 되는 많은 재물로 총애하셔서 저의 집안을 부유하게 해주셨으나, 저는 감히 부유하기 위해서 받은 것이 아닙니다. 임금의 내리심을 인정하기 위해서였지요.

제가 듣건대, 옛날의 어진 임금의 시대에는 그 신하가 후사厚賜를 받고도 자신의 가난한 친족을 돌아보지 않는 것은 잘못이요, 일을 맡아 직무를 지키되 그 소임을 이겨내지 못하는 것도 잘못이라 하였습니다. 조정 안에 있는 임금의 신하나 저의 부형父兄이 만약 서로 흩어져서 들판을 헤매게 된다면, 이는 바로 저의 실책입니다. 조정 밖에 있는 임금의 신하들을 부리는 것이 제가 맡은 직분인데, 이런 일들이 때가 되었는데도 씨를 뿌리지 않는 것과 같이 잘못된 채 사방에 널려 있다면, 이 역시 바로 저의 실책입니다.

그런가 하면 군대가 잘 정비되지 못하고 전차戰車가 제대로 정비되지 못한다면, 이 역시 저의 잘못이 됩니다. 그러나 무릇 늙은 말이 이끄는 낡은 수레를 타고 조회에 참석하는 일이라면, 생각건대 이는 죄가 될 수 있는 일이 아닐 것입니다.

또한 임금께서 제게 하사하심으로 인해 친가親家의 사람들은 수레를 타지 않는 이가 없고, 외가外家의 사람들도 의식衣食에 부족한 이가 없으며, 처가妻家의 사람들도 굶주림과 추위에 떠는 이가 없습니다. 나라안의 청한한 선비들 중에 저의 보살핌을 받은 후 불을 지펴 밥을 먹고 사는 집이 수백 가구나 됩니다. 이와 같은 것이 결국 임금의 은사를 널리 빛나게 하는 일입니까? 아니면 임금의 은사를 은폐해 버리는 일입니까?」

이 말에 경공이 이렇게 명하였다.

「훌륭합니다! 나를 위해 무우無宇가 벌주를 들도록 하시오.」

【전환자田桓子】陳桓子. 田〔陳〕無宇. 齊나라의 公族으로 뒤에 田氏齊를 일으켰다.
【무우無宇】陳〔田〕桓子의 이름.
* 원문의 浮는 罰의 뜻. 《淮南子》道應訓에 「浮, 罰也」라 하였다.
* 원문의 「棧軫之車」는 木竹으로 만든 수레. 낡은 저급의 수레. 《說苑》에 「棧, 棚也. 竹木之車曰棧」이라 하였다.
【부형父兄】姻親戚. 어른들의 높임말.

【참고】 1.《晏子春秋》159[6-19]·160[6-20]·166[6-26]·194[7-24]·196[7-26]과
내용 및 주제가 관련이 있다.
2.《說苑》卷二 臣術篇 060[2-14]
　　景公飲酒, 陳桓子侍, 望見晏子而復於公曰:「請浮晏子.」公曰:「何故也?」對曰:「晏
子衣緇布之衣, 麋鹿之裘, 棧軫之車, 而駕駑馬以朝, 是隱君之賜也.」公曰:「諾.」酌者奉
觴而進之曰:「君命浮子.」晏子曰:「何故也?」陳桓子曰:「君賜之卿位以尊其身, 寵之百
萬以富其家, 羣臣之爵, 莫尊於子, 祿莫厚於子; 今子衣緇布之衣, 麋鹿之裘, 棧軫之車而
駕駑馬以朝, 則是隱君之賜也, 故浮子.」晏子避席曰:「請飲而後辭乎? 其辭而後飲乎?」
公曰:「辭然後飲.」晏子曰:「君賜卿位以顯其身, 嬰不敢爲顯受也, 爲行君令也; 寵之百
萬以富其家, 嬰不敢爲富受也, 爲通君賜也; 臣聞古之賢臣有受厚賜而不顧其國族, 則過
之; 臨事守職, 不勝其任, 則過之; 君之內隸, 臣之父兄, 若有離散在於野鄙者, 此臣之罪
也; 君之外隸, 臣之所職, 若有播亡在四方者, 此臣之罪也; 兵革不完, 戰車不修, 此臣之
罪也. 若夫敝車駑馬以朝主者, 非臣之罪也, 且臣以君之賜, 臣父之黨無不乘車者, 母之黨
無不足於衣食者, 妻之黨無凍餒者, 國之簡士待臣而後舉火者數百家, 如此爲隱君之賜乎?
彰君之賜乎?」公曰:「善, 爲我浮桓子也.」

153 [6-13]　田桓子見晏子獨立于牆陰.　曰:「子何爲獨立而不憂?
何不求四方之學士可者而與坐?」晏子曰:「共立似君子, 出言而非
也. 嬰惡得學士之可者, 而與之坐? 且君子之難得也? 若華山然. 名
山旣多矣, 松柏旣茂矣. 望之相相然, 盡日不知厭. 而世有所美焉.
固欲登彼相相之上, 仡仡然不知厭. 小人者與此異. 若部婁之未登,
善. 登之無蹊, 維有楚棘而已. 遠望無見也. 俛就則傷要. 嬰惡能無
獨立焉? 且人何憂? 靜處遠慮. 見歲若月. 學問不厭. 不知老之將
至, 安用從酒?」田桓子曰:「何謂從酒?」晏子曰:「無客而飲, 謂
之從酒. 今若子者, 晝夜守尊, 謂之從酒也.」

　　전환자田桓子가 보니, 안자가 담장 아래 그늘에 홀로 서 있는 것이었다.
괴이히 여겨 물었다.

　　「선생은 어찌하여 홀로 서서 근심 띤 모습을 하고 있습니까? 어찌 사방
의 선비들 중에 쓸 만한 자를 모아 함께 모책을 구하지 않습니까?」

　　그러자 안자가 이렇게 대답하였다.

　　「함께 서 있으면 마치 군자 같은데 말하는 것을 보면 그렇지 않으니, 내
어찌 쓸 만한 선비를 얻어 자리를 함께 할 수 있겠습니까? 또한 군자를 얻

기 어려움이 마치 화산華山 같습니다. 이름난 산은 이미 많이 있습니다. 모두가 송백松柏이 무성하지요. 멀리서 보아도 훌륭하고,* 진종일 바라보아도 싫증이 나지 않습니다. 세상 사람들이 모두 아름답다고 하지요. 게다가 올라가 놀고 싶어 그 꼭대기에 오르노라면 높고높되 싫증을 느끼지 못합니다.

그러나 소인小人은 이와 다릅니다. 조그만 흙산과 같아 올라보지 않으면 좋다고 하지만, 오르는 길도 없고 오직 가시덤불뿐입니다. 멀리서 보면 보이지도 않고, 가까이 가서 엎드려 다가가려면 허리를 다칩니다. 그러니 내 어찌 홀로 서 있지 않을 수 있으리요? 그러나 그밖에 또 무슨 근심이 있으리요? 조용히 살며 멀리 헤아리고, 일 년을 한 달처럼 여기면서 배우고 묻는 데 싫증이 없고, 늙음이 이르러 오는 것도 알지 못하니,* 어찌 술에 빠질 일이 있겠습니까?」

이 말에 전환자가 물었다.

「어떻게 하는 것이 술에 빠지는 것입니까?」

안자의 대답은 이러하였다.

「손님 없이 홀로 마시는 것을 술에 빠졌다 하는 것입니다. 지금 그대처럼 밤낮으로 술동이를 지키고 있는 것, 이것 역시 술에 빠진 것이지요.」

【전환자田桓子】陳桓子·田無宇. 모두 동일인.
【화산華山】비유해서 한 말. 훌륭한 名山.
 * 원문의 『相相』은 張氏本에 『望之相相然, 有可望而不可及義』라 하였다.
 *《論語》述而篇에 『葉公問孔子於子路. 子路不對. 子曰女奚不曰其爲人也, 發憤忘食, 樂以忘憂, 不知老之將至云爾』라 하였다.

154 [6-14] 欒氏高氏, 欲逐田氏鮑氏. 田氏鮑氏, 先知而遂攻之. 高彊曰:「先得君, 田鮑安往?」遂攻虎門. 二家召晏子, 晏子無所從也. 從者曰:「何爲不助田鮑?」晏子曰:「何善焉, 其助之也?」「何爲不助欒高?」曰:「庸愈于彼乎?」門開. 公召而入. 欒高不勝而出. 田桓子欲分其家, 以告晏子. 晏子曰:「不可. 君不能飭法. 而羣臣專制. 亂之本也. 今又欲分其家, 利其貨, 是非制也. 子必致之公. 且嬰聞之, 廉者, 政之本也. 讓者, 德之主也. 欒高不讓, 以至此禍.

可毋愼乎? 廉之謂公正. 讓之謂保德. 凡有血氣者. 皆有爭心. 怨利生孽. 維義爲可以長存. 且分爭者不勝其禍. 辭讓者不失其福. 子必勿取.」桓子曰:「善!」盡致之公. 而請老于劇.

　난씨欒氏와 고씨高氏가 전씨田氏와 포씨鮑氏를 축출하려고 일을 꾸미자, 전씨와 포씨가 이를 알고 먼저 공격해 버렸다. 이에 고강高彊이 이런 계략을 내세웠다.

「먼저 임금을 제압한다면, 전씨나 포씨가 어디 갈 곳이 있으리요?」

　드디어 호문虎門을 공격하였다. 그러자 전씨와 포씨 두 집안에서 안자를 자기 편으로 끌어들이려고 불렀다. 안자가 이에 응하지 아니하자, 안자의 종자從者가 물었다.

「어찌하여 전씨와 포씨를 도와 주지 않는 것입니까?」

　그러자 안자가 이렇게 대답하였다.

「그들이 무슨 훌륭한 일을 하였다고 내 그들을 돕는단 말인가?」

「그렇다면 어찌하여 난씨와 고씨 편도 들지 않습니까?」

「그들이라고 해서 어찌 저들보다 나을 게 있겠는가?」

　전씨와 포씨가 호문을 공격하여 문이 열리고 임금이 안자를 부르자, 안자가 그제서야 들어갔다. 난씨와 고씨는 결국 승리하지 못하고 쫓겨나고 말았다. 승리자인 전환자田桓子가 그 두 집을 나누어 갖겠다고 안자에게 알려왔다. 그러자 안자가 이렇게 말하였다.

「안 됩니다. 임금이 능히 법대로 하지 못한다고 해서, 여러 신하들이 전횡을 부려 멋대로 하는 것은 난亂의 근본입니다. 지금 다시 그 집을 나누어 갖고 그 재물을 이익으로 여긴다면, 이는 아무도 통제하지 못하는 세상과 같습니다. 그대는 이를 임금에게 바치시오.

　또 제가 듣기로 청렴한 것은 정치의 근본이요, 양보라는 것은 덕의 주인이라 하였습니다. 난씨와 고씨가 양보심이 없어 이런 화를 당한 것이니, 어찌 삼가지 않을 수 있겠습니까? 청렴하게 하는 것을 공정公正이라 하고, 양보하는 것을 보덕保德이라 하는 것입니다. 무릇 혈기가 있는 자는 모두 경쟁심이 있습니다. 이익 때문에 원망을 사게 되면 화가 생기는 법, 오직 의로 하는 것만이 길이 보존할 수 있습니다. 또 나뉘어 다투게 되면 닥쳐

올 화근을 이겨낼 수 없습니다. 사양辭讓하는 자만이 그 복을 잃지 않을
것입니다. 그대는 가지려 들지 마시오.」

　이에 환자가 「좋습니다!」 하고는 모두 임금에게 바치고, 자신은 극劇 땅
으로 물러나 늙음을 맞이하겠노라고 청하였다.

【난씨欒氏】 欒施. 字는 子旗. 齊나라 공족.
【고씨高氏】 高强. 字는 子良. 역시 齊나라 공족. 高彊.
【전씨田氏】 齊나라 桓公 때 陳나라에서 망명해 온 陳氏. 田桓子.
【포씨鮑氏】 鮑國. 시호는 文子. 齊나라 공족.
【호문虎門】 公門. 景公 궁실의 정문.
【전환자田桓子】 田無宇.
【극劇】 地名.《括地志》에 『故劇城在靑州壽光縣南三十一里, 故紀國』이라 하였다.

【참고】《左傳》昭公 十年傳
　齊惠欒高氏皆嗜酒, 信內多怨, 彊於陳鮑而惡之. 夏, 有告陳桓子曰:「子旗,
子良將攻陳鮑.」亦告鮑氏. 桓子授甲而如鮑氏, 遭子良醉而騁, 遂見文子, 則
亦授甲矣. 使視二子, 則皆將飮酒. 桓子曰:「彼雖不信, 聞我授甲, 則必逐我.
及其飮酒也, 先伐諸.」陳鮑方睦, 遂伐欒高氏. 子良曰:「先得公, 陳鮑焉
往?」遂伐虎門. 晏平仲端委立于虎門之外. 四族召之, 無所往. 其徒曰:「助陳
鮑乎?」曰:「何善焉.」「助欒高乎?」曰:「庸愈乎?」「然則歸乎?」曰:「君
伐焉歸?」公召之而後入. 公卜使王黑以靈姑銔率, 吉, 請斷三尺焉而用之. 五
有庚辰, 戰于稷, 欒高敗, 又敗諸莊. 國人追之, 又敗諸鹿門, 欒施高彊來奔.
陳鮑分其室. 晏子謂桓子必致諸公, 讓德之主也, 讓之謂懿德. 凡有血氣必有
爭心. 故利不可强, 思義爲愈. 義利之本也. 蘊利生孽, 姑使無蘊乎? 可以滋長.
桓子盡致諸公, 而請老于莒. 桓子召子山, 私具桿幕器用從者之衣屨, 而反棘
焉. 子商亦如之, 而反其邑. 子周亦如之, 而與之夫于. 反子城, 子公, 公孫捷而
皆益其祿. 凡公子公孫之無祿者. 私分之邑, 國之貧約孤寡者私與之粟. 曰:
「詩云:『陽錫載周.』能施也. 桓公是而霸.」公與桓子莒之旁邑. 辭. 穆孟嬉爲
之請高唐, 陳氏始大.

155 [6-15] 慶氏亡, 分其邑, 與晏子邶殿. 其鄙六十. 晏子勿受. 子
尾曰:「富者, 人之所欲也. 何獨弗欲?」晏子對曰:「慶氏之邑足欲,
故亡. 吾邑不足欲也. 益之以邶殿, 迺足欲. 足欲, 亡無日矣. 在外
不得宰吾一邑. 不受邶殿, 非惡富也, 恐失富也. 且夫富如布帛之有
幅焉. 爲之制度使無遷也. 夫民生厚而用利, 于是乎正德以幅之. 使
無黜慢, 謂之幅利. 利過則爲敗, 吾不敢貪多, 所謂幅也.」(或作, 晏

子對曰：「先人有言曰, 無功之賞, 不義之富, 禍之媒也. 夫離治求富, 禍
也. 慶氏知而不行, 是以失之, 我非惡富也. 諺曰, 前車覆, 後車戒. 吾恐
失富, 不敢受之也..」)

　경씨慶氏가 도망 가자, 임금이 그 경씨의 봉읍을 나누어 안자에게는 패
전邶殿을 주었다. 그곳은 비鄙가 육십이나 되는 큰 땅이었으나 안자는 이
를 받지 아니하였다.
　이를 본 자미子尾가 물었다.
　「부富라고 하는 것은 사람이라면 누구나 원하는 것입니다. 그런데 어찌
홀로 이를 받지 않습니까?」
　그러자 안자가 이렇게 답하였다.
　「경씨가 망한 것은 바로 봉읍에 대한 욕심 때문이었습니다. 나 또한 봉
읍에 대한 욕망을 다 채우기에 부족합니다. 이럴 때 패전 땅까지 갖게 되
면, 이는 욕심을 다 채우게 되는 것이지요. 욕심을 다 채우고 나면, 그 다음
에는 망할 날이 얼마 남지 않게 되는 것이지요. 그렇게 되어 밖으로 쫓겨
나면, 이미 가지고 있던 봉읍조차 하나도 없게 될 것입니다. 패전을 받지
않는 것은, 부가 싫어서가 아니라 부를 잃을까 두려워서입니다.
　또 부라고 하는 것은 마치 베나 비단의 폭과 같은 것으로서, 이를 잘라
옷을 만들 때 그 제한폭을 넘어 더 많이 쓴다고 해서 좋은 것도 아닙니다.
무릇 백성에게 후하게 하고 나서 그 이익을 써야 합니다. 이렇게 그 덕을
바르게 하여 그 폭을 지키되 제멋대로 하거나 거만하게 하지 못하도록 하
는 것, 이것을 일컬어 이익을 알맞게 조정하는 폭리幅利라 하는 것입니다.
이익이 지나치면 패망하고 마는 법, 나는 감히 많은 것을 탐할 수 없습니
다. 이것이 바로 제한된 폭幅이라 할 수 있습니다.」
　(혹은 이렇게 실려 있다.
　안자가 대답하기를 「옛 선인들의 말이 있듯이, 공 없는 상이나 의롭지 못한 부
란 화禍의 중매쟁이입니다. 무릇 잘 다스리지도 못하면서 부를 구하는 것이 바로
화근입니다. 경씨는 이를 알면서도 실천하지 않았습니다. 이 까닭으로 모든 것을
잃고 말았습니다. 나는 부를 싫어하는 것이 아닙니다. 속담에 『앞수레 엎어졌으니
뒷수레를 경계하라』고 하였습니다. 나는 부를 잃을까 두려워 감히 받지 못하는 것

입니다.」)*

【경씨慶氏】 慶封을 가리킨다.
【패전邶殿】 齊나라의 別都. 지금의 山東 昌邑縣 근처.
【비鄙】 마을 크기의 단위. 《周禮》 遂人에 「五家爲鄰, 五鄰爲里, 四里爲酇, 五酇爲鄙」라
하였다.
【자미子尾】 齊나라의 公子. 《春秋左傳》 昭公 二十八年條에 보임. 王念孫은 「初學記人
部中引晏子本作慶氏亡, 分其邑與晏子, 晏子不受, 人問曰富者人所欲也. 何獨不受, 今本
邶殿云云, 及子尾二字. 皆後人以左傳改之. 其標題內之子尾及足欲則亡四字, 亦後人所
改」라 하였다.
【폭리幅利】 이익의 폭을 조정함을 말한다.
 * ( ) 속의 구절은 《四部叢刊本》의 部分을 그대로 실은 것이다.

【참고】 1. 《春秋左傳》 昭公 二十八年傳
  公膳日雙雞. 饔人竊更之以鶩, 御者知之, 則去其肉, 而以其洎饋, 子雅子尾怒. 慶封告
盧蒲嫳, 盧蒲嫳曰:「譬之, 如禽獸, 吾寢處之矣.」 使析歸父告晏平仲, 平仲曰:「嬰之衆不
足用也, 知無能謀也. 言弗敢出, 有盟可也.」 子家曰:「子之言云, 又焉用盟?」
2. 《春秋左傳》 昭公 二十八年傳
  崔氏之亂, 喪羣公子. 故公鉏在魯, 叔孫還在燕, 賈在句瀆之丘. 及慶氏亡, 皆召之具其
器, 而反其邑焉. 與晏子邶殿其鄙六十, 弗受. 子尾曰:「富人之所欲也. 何獨弗欲?」 對曰:
「慶氏之邑足欲, 故亡. 吾邑不足欲也, 益之以邶殿, 乃足欲. 足欲亡無日矣. 在外, 不得宰吾
一邑. 不受邶殿, 非惡富也, 恐失富也. 且富如布帛之有幅焉, 爲之制度, 使無遷也. 夫民生
厚而用利. 於是乎正德以幅之, 使無黜嫚, 爲之幅利. 利過則爲敗. 吾不敢貪多, 所謂幅也.」

156 [6-16] 景公祿晏子以平陰與藁邑. 反市者十一社. 晏子辭曰:
「吾君好治宮室. 民之力弊矣. 又好盤游翫好以餙女子. 民之財竭矣.
又好興師. 民之死近矣. 弊其力, 竭其財, 近其死, 下之疾其上甚矣.
此嬰之所爲不敢受也.」 公曰:「是則可矣. 雖然, 君子獨不欲富與貴
乎?」 晏子曰:「嬰聞爲人臣者, 先君後身. 安國而度家. 宗君而處
身. 曷爲獨不欲富與貴也?」 公曰:「然則曷以祿夫子?」 晏子對曰:
「君商漁鹽. 關市譏而不征. 耕者十取一焉. 弛刑罰. 若死者刑. 若刑
者罰. 若罰者免. 若此三言者, 嬰之祿. 君之利也.」 公曰:「此三言
者, 寡人無事焉. 請以從夫子.」 公旣行若三言, 使人問大國. 大國之
君曰:「齊安矣.」 使人問小國. 小國之君曰:「齊不我加矣.」

경공이 안자에게 평음平陰과 고읍槀邑 두 땅을 녹으로 주었는데, 시장의 세금만도 11사社나 되는 부유한 땅이었다. 그러나 안자는 이를 사양하였다.

「임금께서는 지금 궁실을 치장하기를 좋아하여 백성의 힘이 피폐해졌습니다. 게다가 또 놀러다니고 즐기기 위해 여자들이 아름답게 꾸미기를 좋아하여, 백성의 재물까지도 바닥이 난 상태입니다. 그런가 하면 전쟁을 좋아하여, 백성들은 언제나 죽음을 생각하며 살아야 합니다. 힘을 피폐하게 하고 재물을 바닥나게 하며 죽음을 가까이하게 하니, 아랫사람들의 윗사람에 대한 원망이 우심합니다. 이러한 상황이므로 저는 그 두 곳을 받을 수가 없습니다.」

그러자 경공이 이렇게 말하였다.

「그렇다면 좋습니다. 비록 그렇기는 하나, 군자는 유독 부와 귀를 싫어합니까?」

안자는 다시 이렇게 설명하였다.

「제가 듣기로 남의 신하된 자는 임금을 먼저 위하고 자신을 뒤로 하며, 나라를 안정시킨 후 자기 집안을 생각하며, 임금을 높인 연후에 자신의 자리를 찾는다 하였으니, 어찌 이유도 없이 부와 귀를 싫어한다고 할 수 있겠습니까?」

이에 경공이 다시 물었다.

「그렇다면 선생께 어떤 녹을 주면 되겠습니까?」

안자가 이렇게 대답하였다.

「임금께서는 어염魚鹽의 행상과 관문關門*·시장을 잘 살피되 무리한 세금을 징수하지 마시고, 농사짓는 자에게는 10분의 1만 거두십시오. 또 형벌을 가볍게 하셔서 죽음에 처할 자는 형으로 낮추고, 형을 받을 자에게는 벌만 내리고, 벌을 받을 자라면 면제시켜 주십시오. 만약 이 세 가지 말을 실행해 주신다면, 그것이 곧 저에게 주시는 녹이며 임금의 이익입니다.」

그러자 경공이 이렇게 말하였다.

「그 세 마디를 실행하고 나면, 과인에게는 더 이상 일이 없겠습니다. 청컨대 선생의 말을 따르겠습니다.」

경공이 세 가지 일을 이미 실행하고 나서, 사람을 시켜 다른 큰 나라의 반응을 물어보도록 하였다.

그러자 다른 큰 나라의 임금이 「제나라는 안정되었습니다」라고 하였다.

이번에는 작은 나라를 다니며 물어보도록 하였더니, 그 나라 임금들이 「제나라는 더 이상 우리를 능멸하는 일이 없습니다」*라고 하였다.

【평음平陰】 地名. 《左傳》 襄公 十八年傳에 『諸侯伐齊, 齊後禦諸平陰』이라 하고, 杜預 注에 『平陰城在濟北盧縣東北』이라 하였다.
【고읍棄邑】 地名. 洪頤暄은 『棄疑棠之誤. 左傳襄六年傳: 晏弱圍棠. 杜注: 棠, 萊邑也. 北海卽墨縣有棠鄕. 史記晏嬰列傳: 萊之夷維人也. 其地相近』이라 하였다.
【사社】 마을 단위. 25戶를 1社로 하였다.
* 관문, 국경문에서 받는 세금.
* 원문의 加는 능멸하다의 뜻. 張氏本의 注에 『加, 陵也』라 하였다.

【참고】 1. 《初學記》 人部 中에 전재되어 있다.
2. 《左傳》 襄公 二十八年傳
　　崔氏之亂, 喪羣公子, 故鉏在魯, 叔孫還在燕, 賈在句瀆之丘, 及慶氏亡, 皆召之, 具其器用而反其邑焉. 與晏子邶殿其鄙六十, 弗受. 子尾曰:「富人之所欲也, 何獨弗欲?」對曰:「慶氏之邑足欲, 故亡, 吾邑不足欲也. 益之以邶殿乃足欲, 足欲亡無日矣. 在外不得宰吾一邑, 不受邶殿, 非惡富也, 恐失富也. 且夫富如布帛之有幅焉, 爲之制度, 使無遷也. 夫民生厚而用利, 於是乎正德以幅之, 使無黜嫚, 謂之幅利. 利過則爲敗, 吾不敢貪多, 所謂幅也.」與北郭佐邑六十, 受之. 與子雅邑, 辭多受少. 與子尾邑, 受而稍致之. 公以爲忠, 故有寵. 釋盧蒲嫳於北竟. 求崔杼之尸, 將戮之, 不得. 叔孫穆子曰:「必得之, 武王有亂臣十人, 崔杼其有乎? 不十人不足以葬.」旣崔氏之臣曰:「與我其拱璧, 吾獻其柩.」於是得之. 十二月乙亥朔, 齊人遷莊公殯于大寢, 以其棺尸崔杼於市. 國人猶知之, 皆曰崔子也.

157 [6-17]　晏子相齊三年, 政平民說. 梁丘據見晏子中食, 而肉不足. 以告景公. 旦日, (割地將)封晏子以都昌. 晏子辭而不受. 曰:「富而不驕者, 未嘗聞之. 貧而不恨者, 嬰是也. 所以貧而不恨者, 以若爲師也. 今封, 易嬰之師. 師已輕. 封已重矣. 請辭.」

안자가 제나라의 재상이 된 지 3년 만에 정치는 평온해지고 백성들은 즐거움을 누렸다. 양구거梁丘據가 안자의 점심먹이를 보니 고기가 부족한 것이었다. 그리하여 경공에게 그 사실을 보고하자, 다음날 (땅을 떼어 주며)* 경공이 안자에게 도창都昌 땅을 봉하여 주었다.

그러자 안자가 이를 사양하여 거절하며 이렇게 말하였다.

「부유하면서 교만하지 않은 자가 있음을 아직 들어보지 못하였습니다. 그러나 가난하면서 원망이 없는 자가 있다면 바로 저입니다. 이러한 이유는 가난하면서 원망이 없는 그 사실을 스승으로 삼고 있기 때문입니다. 지금 봉지를 내려 주시니, 이는 저의 스승을 바꾸라는 것입니다. 스승은 이미 가벼워지고, 봉지는 갈수록 중해지는 것입니다. 그러니 청컨대 사양하겠습니다.」

【양구거梁丘據】齊나라 景公의 臣下.
 * ( ) 속은 《四部叢刊本》을 따랐다.
【도창都昌】地名. 齊나라 七十二城 중의 하나.

【참고】1.《北堂書鈔》145에 본장의 내용이 전재되어 있다.
2.《太平御覽》849·863에 본장의 내용이 전재되어 있다.

158 [6-18]　晏子方食, 景公使使者至. 分食食之, 使者不飽, 晏子亦不飽. 使者反, 言之公. 公曰:「嘻! 晏子之家, 若是其貧也? 寡人不知, 是寡人之過也.」使吏致千金與市租, 請以奉賓客. 晏子辭. 三致之. 終再拜而辭曰:「嬰之家不貧. 以君之賜. 澤覆三族. 延及交游. 以振百姓. 君之賜也厚矣. 嬰之家不貧也. 嬰聞之, 夫厚取之君而施之民, 是臣代君君民也, 忠臣不爲也. 厚取之君而不施于民, 是爲筐篋之藏也, 仁人不爲也. 進取于君, 退得罪于士, 身死而財遷于它人, 是爲宰藏也. 智者不爲也. 夫十總之布, 一豆之食, 足于中免矣.」景公謂晏子曰:「昔吾先君桓公, 以書社五百封管仲. 不辭而受. 子辭之何也?」晏子曰:「嬰聞之. 聖人千慮, 必有一失. 愚人千慮, 必有一得. 意者, 管仲之失, 而嬰之得者耶! 故再拜而不敢受命.」

안자가 이제 막 식사를 하고 있는데, 경공이 보낸 사자使者가 당도하였다. 이에 안자가 그와 음식을 나누어 먹었다. 사자도 배부르게 먹지 못하였고, 안자 역시 충분치 못하였다. 사자가 돌아가 경공에게 이 사실을 알리자, 경공이 이렇게 감탄하였다.

「아! 안자의 집이 그토록 가난하단 말인가? 과인이 이를 모르고 있었다니, 이는 과인의 잘못이다!」

그리고는 관리를 시켜 1천 금과 시장의 조세 수납 권리를 주면서, 이를 빈객賓客을 접대하는 데 쓰도록 청하였다. 안자는 이를 사양하였다. 세 번이나 이를 내리자, 마침내 안자가 재배하며 사양의 이유를 이렇게 말하였다.

「저의 집은 가난하지 않습니다. 임금께서 내려 주시는 것으로 삼족三族이 그 덕을 입고 있으며, 또한 그 덕은 친구에게까지 미치고, 백성의 진휼에까지 쓸 수 있습니다. 임금께서 내려 주시는 것만으로도 아주 충분하여, 저의 집은 가난하지 않습니다.

제가 듣기로 무릇 임금으로부터 많이 취하여 이를 백성에게 베푸는 것, 이는 임금을 대신하여 백성에게 임금 노릇을 하는 것으로서 충성된 신하라면 해서는 안 될 행동이라고 하였습니다. 그리고 임금으로부터 많이 얻어 내어 놓고도 백성에게는 베풀지 않는 것, 이는 광주리에 저장만 해놓는 것과 같은 것으로서 어진 사람이라면 해서는 안 될 행동이라 하였습니다. 또한 임금에게 벼슬 나갔다가 물러나와 선비에게 죄를 짓고, 그 몸이 죽어서는 가지고 있던 재산이 모두 남에게 옮겨가고 마는 경우, 이는 마치 가재家宰가 그 주인집 재산을 몰래 저장해 둔 것과 같아 지혜로운 자라면 해서는 안 될 일이라고 하였습니다. 무릇 사람이란, 십총十總 정도의 베와 한 되 정도의 식량이면 족히 기한飢寒을 면할 수 있는 것입니다.」

그러자 경공이 안자에게 다시 이렇게 물었다.

「옛날 우리의 선군이신 환공桓公께서는 서사書社 5백을 관중管仲에게 봉하여 주었습니다. 그때 관중은 사양하지 아니하고 받았습니다. 그런데 선생께서는 어찌하여 이렇듯 사양하십니까?」

안자는 이렇게 말하였다.

「제가 듣기로 성인일지라도 1천 가지 생각 중에 한 번 실수할 때가 있고, 어리석은 자라도 1천 가지 생각 중에 반드시 한 번은 얻는 경우가 있을 수 있다고 하였습니다. 생각건대 관중은 한 번 실수한 쪽이고, 저는 한 가지를 겨우 얻은 자가 아닐는지요. 그래서 재배하여 감히 그 명령을 받을 수가 없는 것입니다.」

【삼족三族】두 가지 설이 있다. 즉 父族·妻族·母族, 또는 父·子·孫의 三代. 앞장의 문장으로 보아 前者로 봄.
【가재家宰】家臣 중에 그 집의 재정을 관리하는 자.
【십총十總】總은 고대 絲布의 단위. 八十縷를 一總으로 하였다.
【환공桓公】齊나라 桓公.
【서사書社】社內의 이름을 적은 호적.《史記》孔子世家 索隱에『古時二十五家爲里, 里各爲社, 則書社者, 書其社之人名於籍』이라 하였다.
【관중管仲】齊나라 桓公의 臣下. 管夷吾. 仲父.

【참고】1.《晏子春秋》159[6-19]·160[6-20]·194[7-24]와 그 주제가 같다.
2.《太平御覽》424에 본장의 내용이 전재되어 있다.
3.《說苑》卷二 臣術篇 061[2-15]
　　晏子方食, 君之使者至, 分食而食之, 晏子不飽, 使者返言之景公, 景公曰:「嘻, 夫子之家若是其貧也, 寡人不知也, 是寡人之過也.」令吏致千家之縣一於晏子, 晏子再拜而辭曰:「嬰之家不貧, 以君之賜, 澤覆三族, 延及交游, 以振百姓, 君之賜也厚矣, 嬰之家不貧也! 嬰聞之, 厚取之君而厚施之人, 代君爲君也, 忠臣不爲也; 厚取之君而藏之, 是筐篋存也, 仁人不爲也; 厚取之君而無所施之, 身死而財遷, 智者不爲也. 嬰也聞爲人臣進不事上以爲忠, 退不克下以爲廉, 八升之布, 一豆之食, 足矣.」使者三返, 遂辭不受也.
4.《藝文類聚》卷三十五 人部 十九 貧
　　晏子曰. 晏子方食. 景公使使者至. 分食食之. 使不飽. 晏子亦不飽. 使者反之. 公曰. 晏子如此貧乎. 使致千金. 以奉賓客.

159 [6-19]　晏子相齊. 衣十升之布. 食脫粟之食. 五卵, 苔菜而已. 左右以告公. 公爲之封邑. 使田無宇致臺與無鹽. 晏子對曰:「昔吾先君太公受之營丘. 爲地五百里, 爲世國長. 自太公至于公之身, 有數十公矣. 苟能說其君以取邑. 不至公之身, 趣齊搏以求升土. 不得容足而寓焉. 嬰聞之, 臣有德益祿. 無德退祿. 惡有不肖父爲不肖子, 爲封邑以敗其君之政者乎?」遂不受.

　　안자는 제나라 재상의 신분이면서도 십승十升의 베옷과 겨우 겉껍질만 벗겨낸 거친 곡식으로 지은 밥을 먹었고, 기껏해야 달걀 다섯 개, 그리고 태채苔菜 나물이 고작이었다. 좌우 신하가 이를 경공에게 알리자 경공이 안자에게 봉읍封邑을 내리고, 다시 전무우田無宇를 시켜 대臺와 무염無鹽 두 곳을 내려 주도록 하였다.

이에 안자가 이렇게 거절하였다.

「옛날 우리의 선군이신 태공太公께서 영구營丘 땅을 봉지로 받았을 때, 그 땅은 사방 5백 리에 불과하였지만 대대로 다른 나라의 우두머리 노릇을 하였습니다. 태공으로부터 지금의 임금까지 모두 수십 공公이 있었습니다. 그런데 그 임금 때마다 능히 임금을 즐겁게 하여 땅을 얻어갔다면, 제나라 땅은 임금의 대에까지 이르도록 남아 있는 것이 없을 터이고, 제나라로 달려와 몸 붙이고 살 땅을 얻고자 하는 선비들은 발디딜 틈조차 없었을 것입니다.

제가 듣건대 신하로서 덕이 있으면 그 녹을 더해 주는 것이요, 덕이 없으면 그 녹도 물리어야 하는 것이라 하였습니다. 어찌 불초한 아비이면서 불초한 아들 대에까지 영화를 누리게 하겠노라고 봉읍을 주는 대로 받아, 그 임금의 정치를 허물어뜨리게 하는 일이 있을 수 있겠습니까?」

그리고는 드디어 거절하고 말았다.

【십승十升】 고대에는 八十縷를 一升으로 하였다.
【태채苔菜】 채소 종류.
【전무우田無宇】 陳桓子, 田桓子.
【대臺】 地名.
【무염無鹽】 地名. 東平國에 속하였다.
【태공太公】 姜太公望, 姜子牙, 呂尙.
【영구營丘】 地名. 姜太公이 武王에게 齊 땅을 封地로 받아 建都한 곳. 지금의 臨淄, 즉 濟南 근처.

【참고】 1.《太平御覽》849·867에 본장의 내용이 전재되어 있다.
2.《北堂書鈔》酒食部 3에 본장의 내용이 전재되어 있다.
3.《初學記》器物部에 본장의 내용이 전재되어 있다.
4.《晏子春秋》 152[6-12]·158[6-18]·160[6-20]·166[6-26]·194[7-24]·196[7-26]과 그 주제가 같다.

160 [6-20] 景公賜晏子邑. 晏子辭. 田桓子謂晏子曰:「君歡然與子邑. 必不受以恨君, 何也?」晏子對曰:「嬰聞之. 節受于上者, 寵長于君. 儉居于處者, 名廣于外. 夫長寵廣名, 君子之事也. 嬰獨庸能已乎?」

　경공이 안자에게 읍廩을 하사하자, 안자가 이를 거절하였다. 이에 전환자
田桓子가 안자에게 물었다.
　「임금께서 기뻐 선생에게 읍을 주었는데, 끝까지 거절하여 임금의 한恨
이 되게 하시니 무슨 연유입니까?」
　그러자 안자가 이렇게 대답하였다.
　「제가 듣기로 임금으로부터는 받는 것을 절제하여야 그 총애가 오래 가
고, 평소 생활을 검소하게 하여야 그 이름이 밖으로 널리 퍼진다 하였습니
다. 무릇 사랑을 길이 보전하고 이름을 널리 퍼지게 하는 것, 이것이 군자
가 해야 할 일이 아니겠습니까? 내 어찌 여기서 그치겠습니까?」

【전환자田桓子】陳桓子, 田無宇.

【참고】《晏子春秋》152・158・159・166・194・196과 그 주제가 같다.

161 [6-21]　景公欲更晏子之宅. 曰:「子之宅近市, 湫隘囂塵, 不可
以居. 請更諸爽塏者.」晏子辭曰:「君之先臣容焉. 臣不足以嗣之.
於臣侈矣. 且小人近市, 朝夕得所求, 小人之利也. 敢煩里旅.」公笑
曰:「子近市, 識貴賤乎?」對曰:「旣竊利之, 敢不識乎?」公曰:
「何貴何賤?」是時也, 公繁于刑. 有鬻踊者. 故對曰:「踊貴而屨賤.」
公愀然改容. 公爲是省于刑. 君子曰:「仁人之言, 其利博哉! 晏子
一言, 而齊侯省刑. 詩曰:『君子如祉. 亂庶遄已.』其是之謂乎!」

　경공이 안자의 집을 옮겨 주고자 하여 이렇게 말하였다.
　「그대의 집은 시장과 가까워 진흙탕에 시끄럽고 먼지나는 곳이어서 거처
로는 적당치 않는 것 같습니다. 청컨대 시원하고 밝고 건조한 곳으로 옮기
도록 하시지요.」
　하지만 안자는 사양하였다.
　「임금의 선대께서 저의 집안을 용납하여 자리잡도록 해준 곳으로, 제가
이를 이어가지 못한다면 제 자신이 너무 사치스러운 자가 되고 맙니다. 또

저는 저자거리에 가까이 있으므로 해서 아침 저녁으로 얻고 싶은 바를 얻고 있으니, 이 또한 저에게는 편리한 곳입니다. 이사는 감히 이웃을 번거롭게 하는 일이옵니다.」

그러자 경공이 웃으며 말하였다.

「그대가 저자거리에 가까이 있으니 귀천을 알 수 있겠습니까?」

이에 안자는 「이미 이익을 얻고 있는데, 감히 모를 리가 있겠습니까?」라고 대답하였다.

경공이 「무엇이 귀하고 무엇이 천한 것입니까?」라고 물었다.

그 당시는 마침 경공이 형벌에 바빴고, 그 때문에 발뒤꿈치를 베인 자가 신는 용踊이라는 신이 귀하였다.

이에 안자가 대뜸 「용이라는 신은 귀하고, 보통 사람이 신는 구屨는 천하지요」라고 답하였다.

이 대답에 경공이 슬픈 기색으로 낯빛을 고쳤다. 이로 인해 경공은 형벌을 덜어 주게 되었다.

군자가 이 일에 대해 이렇게 평하였다.

「어진 사람의 말이란, 그 이익이 넓도다! 안자가 한 마디 하자, 제나라 임금이 그 형벌을 줄였도다.

시詩*에 『임금께서 복을 내리니, 난은 곧바로 그치네』라고 하였으니, 이를 두고 한 말이리라!」

【용踊】 발뒤꿈치를 베인 형벌을 받은 자가 신는 신.
【구屨】 보통 사람들이 신는 신.
 *《詩經》 小雅 巧言의 구절.

【참고】《左傳》昭公 三年傳
　初, 景公欲更晏子之宅, 曰:「子之宅近市, 湫隘囂塵, 不可以居, 請更諸爽塏者.」辭曰:「君之先臣容焉, 臣不足以嗣之, 於臣侈矣. 且小人近市, 朝夕得所求, 小人之利也, 敢煩里旅.」公笑曰:「子近市, 識貴賤乎?」對曰:「旣利之, 敢不識乎.」公曰:「何貴何賤.」於是景公繁於刑, 有鬻踊者, 故對曰:「踊貴屨賤.」旣已告於君, 故與叔向語而稱之, 景公爲是省於刑. 君子曰:「仁人之言, 其利博哉! 晏子一言而齊侯省刑. 詩曰:『君子如祉, 亂庶遄已.』其是之謂乎.」

162 [6-22]　(晏子使晉, 景公更其宅, 反則成矣. 旣拜, 迺毀之, 而爲里,室皆如其舊, 則使宅人反之, 「且諺曰, 非宅是卜, 維隣是卜, 二三子, 先卜隣矣. 違卜不祥. 君子不犯非禮, 小人不犯不祥, 古之制也. 吾敢違諸乎?」卒復其舊宅. 公弗許, 因陳桓子以請, 迺許之. 或作.) 晏子使魯. 景公爲毀其鄰, 以益其宅. 晏子反. 聞之. 待於郊. 使人復於公曰: 「臣之貪, 頑而好大室也. 乃通於君. 故君大其居. 臣之罪大矣.」 公曰: 「夫子之鄕, 惡而居小, 故爲夫子爲之. 欲夫子居之, 以慊寡人也.」晏子對曰: 「先人有言曰: 『毋卜其居, 而卜其隣舍.』今得意于君者, 慊其居則毋卜. 已沒氏之先人卜與臣鄰, 吉. 臣可以廢沒氏之卜乎? 夫大居而逆鄰歸之心, 臣不願也. 請辭.」卒復其舊宅. 公弗許. 因陳桓子以請, 迺許之.

(안자가 진晉나라에 사신으로 간 사이, 경공이 안자의 집을 고쳐 그가 되돌아올 때쯤 완성시켰다. 그러나 안자는 귀국 보고를 마치고 나서, 그 집을 헐어 일반 마을의 집으로 고쳐 버릴 작정이었다. 이에 집을 모두 옛날처럼 고치려고 사람들조차 되돌려보내면서 이렇게 말하였다.

「또 속담에 이르기를 장소를 보고 복거卜居를 정하는 것이 아니라, 오직 이웃에 맞게 복거를 정하는 것이다. 너희들은 먼저 이웃을 선택할지니라. 복거를 거스르면 상서롭지 못한 것이다. 군자란 비례非禮를 범해서는 안 되며, 소인은 상서롭지 못한 일을 저질러서는 안 되는 것이 옛 제도이다. 내 어찌 감히 이를 위반하겠는가?」

그리고는 그 집을 옛날대로 복구하겠노라고 보고하였다. 경공이 이를 허락하지 않자, 진환자陳桓子를 통해 다시 요청하여 겨우 허락을 얻어내었다.

혹은 이렇게 기록되어 있다.) *

안자가 노魯나라에 사신으로 간 사이, 경공이 그 이웃집들을 헐어 안자의 집을 넓혀 주었다. 안자가 되돌아와 이를 듣고, 교외에서 기다리면서 사람을 경공에게 보내어 이렇게 보고하도록 하였다.

「제가 탐욕이 많아 고집스럽게 큰 저택을 좋아하였습니다. 이것이 임금의 귀에까지 들려 임금께서 저의 집을 크게 지어 줄 수밖에 없도록 하였으니, 저의 죄가 참으로 큽니다.」

그러자 경공이 이렇게 달래었다.

「선생의 동네는 악조건에 너무나 협소합니다. 그래서 선생을 위해 이렇게 한 것이니, 선생께서 이를 허락하고 그곳에 거처하여 과인의 마음이 편하도록 해주시지요.」

이에 안자가 이렇게 대답하였다.

「선인들이 이런 말을 남겼지요. 『그 주거지를 복거卜居로 삼지 말고, 그 이웃집을 복거로 삼으라.』 지금 임금에게 사랑을 얻기 위해 그렇게 사는 것을 편히 여긴다면, 이는 복거의 방법에 어긋나는 것입니다. 이미 돌아가신 저의 조상들이 제 이웃을 기준으로 복거를 정하면 길吉하다 하여 이제껏 살아왔는데, 저에 이르러 선조들의 뜻을 폐몰廢沒시킬 수 있겠습니까? 무릇 큰 집에 사느라고 이웃사람들과 가까이하고자 하던 본래의 마음을 거스르는 일을 저는 원치 않습니다. 청컨대 사양하겠습니다.」

그리고는 마침내 그 집을 옛날대로 복구하겠노라고 보고하였다. 경공이 이를 허락하지 않자, 안자는 진환자陳桓子를 통해 다시 요청하여 마침내 허락을 얻어내었다.

【복거卜居】 살 만한 곳을 가려서 정함. 卜地.
* ( ) 속은 《四部叢刊本》을 따랐다.
【진환자陳桓子】 田無宇, 田桓子.

【참고】 1. 《左傳》昭公 三年傳
　　及晏子如晋, 公更其宅, 反則成矣. 旣拜, 乃毁之而爲里室, 皆如其舊, 則使宅人反之. 曰:「諺曰:『非宅是卜, 唯隣是卜.』二三子先卜隣矣, 違卜不祥. 君子不犯非禮, 小人不犯不祥, 古之制也, 吾敢違諸乎?」卒復其舊宅. 公弗許, 因陳桓子以請, 乃許之.
2. 《韓非子》卷十五 難二
　　景公過晏子曰:「子宮小近市, 請徙子家豫章之圃.」晏子再拜而辭曰:「且嬰家貧, 待市食, 而朝暮趨之, 不可以遠.」景公笑曰:「子家習市, 識貴賤乎?」是時景公繁於刑. 晏子對曰:「踊貴而屨賤.」景公曰:「何故?」對曰:「刑多也.」景公造然變色曰:「寡人其暴乎?」於是損刑吾.
3. 《藝文類聚》卷六十四 居處部 四 宅舍
　　晏子曰. 景公使更晏子之宅. 曰:「子之宅近市, 湫隘囂塵不可居. 請更子宅.」曰:「臣之先臣, 居此宅焉. 臣不足以代之.」
4. 《文選》卷四十二 應休璉「與從弟君苗君冑書」注
　　晏子春秋曰; 景公欲更晏子之宅近市湫隘囂塵不可居.
5. 《文選》卷十一 何晏「景福殿賦」注
　　晏子曰景公坐於堂側.
6. 《太平御覽》697에 본장의 내용이 전재되어 있다.

163 [6-23]　景公謂晏子曰:「寡人欲朝昔相見.　爲夫子築室于閨內.
可乎?」晏子對曰:「臣聞之, 隱而顯.　近而結.　維至賢耳.　如臣者.
飾其容止以待命.　猶恐罪戾也.　今君近之, 是遠之也.　請辭.」

　경공이 안자에게 일렀다.

　「과인은 선생을 조석朝昔으로 만나고 싶습니다. 그래서 선생을 위해 궁
궐 내에 집을 지어 드리고 싶은데 괜찮겠습니까?」

　그러자 안자가 이렇게 대답하였다.

　「제가 듣기로 숨기는 것으로 이를 드러내고, 가까이 있으면서 더욱 결속
될 수 있는 것은* 진실로 지극히 어진 자라야 그렇게 할 수 있다 하였습니
다. 그러나 저 같은 신하는 용모와 행동거지를 꾸미며서 임금의 명령을 기다
리는 자여서, 오히려 죄가 더욱 심해지지 않을까 걱정스럽습니다. 지금 임
금께서 저를 가까이하고자 하시나, 이는 오히려 저를 멀리하는 셈입니다.
청컨대 사양하겠습니다.」

【조석朝昔】朝夕과 같다.
　* 원문의 『近而結』은,《老子》에 『善結無繩約, 而不可解是』라고 하였다.

【참고】1.《藝文類聚》卷六十四 居處部 四 室
　晏子曰. 景公謂晏子曰. 寡人欲朝夕相見. 爲夫子築室於閨內. 可乎. 對曰. 臣聞之. 隱而
顯. 近而結. 唯至賢耳. 如臣者. 飾其容止以待命. 猶恐罪戾也. 今君近之. 是遠之也.
2.《太平御覽》174에 본장의 내용이 전재되어 있다.

164 [6-24]　景公有愛女, 請嫁于晏子.　公迺往燕晏子之家.　飲酒.　酣.
公見其妻曰:「此子之內子邪?」晏子對曰:「然.　是也.」公曰:
「嘻! 亦老且惡矣.　寡人有女少且姣.　請以滿夫子之宮.」晏子違席而
對曰:「乃此則老且惡, 嬰與之居故矣.　故及其少而姣也.　且人固以
壯託乎老, 姣託乎惡.　彼嘗託而嬰受之矣.　君雖有賜, 可以使嬰倍其
託乎?」再拜而辭.

경공에게 사랑하는 딸이 있었다. 그리하여 이 딸을 안자에게 시집보내고자 하여, 먼저 안자의 집으로 가서 손님처럼 그 연회에 참석하였다. 술을 마셔 어느 정도 취하자, 경공이 안자의 아내를 가리키며 물었다.

「이 사람이 그대의 내자內子입니까?」

이에 안자가 「그렇습니다. 제 아내입니다」라고 하자, 경공이 이렇게 말하였다.

「아! 역시 늙으니 또한 볼품이 없구료! 과인에게 딸이 하나 있는데, 어리고 또한 예쁩니다. 청컨대 선생의 집안 사람으로 채우고 싶습니다.」

이 말에 안자가 자리를 돌려앉으며 이렇게 대답하였다.

「이 사람은 늙고 볼품 없지만, 저와 더불어 오랫동안 살아왔습니다. 그래서 이렇듯 늙고 추한 모습에까지 이르렀습니다. 또한 사람이란 진실로 젊음으로써 의탁하여 늙음에 이르는 것인데, 예쁜 것으로 의탁하는 것은 늙으면 싫어지는 법입니다. 제 아내는 일찍이 저에게 의탁하였고, 저도 이를 받아들였습니다. 임금께서 비록 딸을 내려 준다 해도, 저로 하여금 그 의탁을 배반하게 할 수 있겠습니까?」

안자는 두 번 절하며 이를 거절하였다.

【참고】《晏子春秋》卷八 外篇 不合經術者 207[8-10]과 그 주제가 같다.

165 [6-25] 晏子朝, 乘弊車. 駕駑馬. 景公見之曰:「嘻! 夫子之祿寡邪? 何乘不佼之甚也?」晏子對曰:「賴君之賜, 得以壽三族. 及國游士, 皆得生焉. 臣得煖衣飽食, 弊車駑馬以奉其身. 于臣足矣.」晏子出. 公使梁丘據遺之輅車乘馬. 三返不受. 公不說. 趣召晏子. 晏子至. 公曰:「夫子不受. 寡人亦不乘.」晏子對曰:「君使臣臨百官之吏. 臣節其衣服飲食之養, 以先齊國之民. 然猶恐其侈靡而不顧其行也. 今輅車乘馬, 君乘之上. 而臣亦乘之下. 民之無義, 侈其衣服飲食, 而不顧其行者. 臣無以禁之.」遂讓不受.

안자가 조회에 참석하니 그 수레는 다 낡았고, 그것을 끄는 말 또한 말라 비틀어진 노마駑馬였다. 경공이 이를 보고서 이렇게 말하였다.

「아! 선생의 봉록이 너무 적은 것입니까? 어찌 선생의 수레가 이렇듯 좋지 못한 것입니까?」

그러자 안자가 이렇게 대답하였다.

「임금의 은사恩賜에 힘입어 저의 삼족三族이 모두 수壽를 누리고, 이것이 나라의 유사游士들에게까지 미쳐 모두가 잘 살아가고 있습니다. 저 또한 따뜻이 입고 배불리 먹으며, 낡은 수레 늙은 말만으로도 저 한 몸 타고 다니기에는 아주 족합니다.」

안자가 나가자, 경공이 양구거梁丘據로 하여금 노거輅車와 그것을 끌 만한 좋은 말을 보내 주도록 하였다. 그러나 안자는 세 번이나 되돌려보내면서 끝내 받지 않았다.

경공은 불쾌하였다. 그래서 급히 안자를 불렀다. 안자가 다다르자, 경공이 물었다.

「선생께서 받지 않으시니, 과인 역시 수레를 타지 않겠습니다.」

그러자 안자가 이렇게 말하였다.

「임금께서 저로 하여금 백관百官의 관리를 관장토록 하시기에, 저는 그 의복과 음식을 절약하고 대신 제齊나라 백성을 먼저 생각하였습니다. 그러면서 오히려 그들이 사치하고, 자신의 행동을 돌아보지 아니하면 어쩌나 하고 걱정하고 있습니다. 그런데 지금 노거輅車와 승마乘馬를 주셔서 위로는 임금도 그렇게 좋은 것을 타고, 아래로 저 역시 그런 것을 탄다면 백성들은 표준이 없이 자신들의 의복과 음식을 사치스럽게 하면서, 그 행위를 반성할 줄 모르게 됩니다. 이때는 저에게 이를 금지시킬 명분이 없습니다.」

그리고는 끝까지 사양하며 받지 아니하였다.

【유사游士】游說之士. 정치에 관심을 둔 자들.
【양구거梁丘據】景公의 臣下. 晏子와 동시대 인물.
【노거輅車】大車. 張氏本의 注에 「此當路車借字, 言大車」라 하였다.

【참고】1.《晏子春秋》卷七 外篇 重而異者 195[7-25]와 그 주제가 같다.
2.《說苑》卷二 臣術篇 059[2-13]
　　晏子朝, 乘敝車, 駕駑馬, 景公見之曰:「嘻! 夫子之祿寡耶? 何乘不任之甚也?」晏子對曰:「賴君之賜, 得以壽三族及國交游皆得生焉, 臣得暖衣飽食, 敝車駑馬, 以奉其身, 於臣

足矣.」晏子出, 公使梁丘據遺之輅車乘馬, 三返不受, 公不悅, 趣召晏子, 晏子至, 公曰:
「夫子不受, 寡人亦不乘.」晏子對曰:「君使臣臨百官之吏, 節其衣服飮食之養, 以先齊國之
人, 然猶恐其侈靡而不顧其行也; 今輅車乘馬, 君乘之上, 臣亦乘之下, 民之無義, 侈其衣
食而不顧其行者, 臣無以禁之.」遂讓不受也.
3.《群書治要》에 본장의 내용이 전재되어 있다.
4.《太平御覽》車部 3에 본장의 내용이 전재되어 있다.

166 [6-26]　晏子相景公. 食脫粟之食. 炙三弋, 五卵, 苔菜耳矣. 公
聞之, 往燕焉. 睹晏子之食也. 公曰:「嘻! 夫子之家, 如此其貧乎?
而寡人不知, 寡人之罪也.」晏子對曰:「以世之不足也. 免粟之食
飽, 士之一乞也. 炙三弋, 士之二乞也. 苔菜五卵, 士之三乞也. 嬰
無倍人之行, 而有參士之食. 君之賜厚矣. 嬰之家不貧.」再拜而謝.

　안자는 경공의 재상으로 있으면서도 겨우 겉껍질만 벗겨낸 거친 곡식으
로 지은 밥을 먹었고, 기껏해야 구운 고기 삼익三弋, 달걀 다섯 개, 태채苔
菜 나물이 고작이었다. 경공이 이 소문을 듣고 아무 일 없다는 듯이 그의
집 주연에 가서, 안자가 식사하는 모습을 보게 되었다. 그리고는 이렇게 말
하였다.

　「아! 선생의 집이 이처럼 가난합니까? 그런데도 과인이 모르고 있었으
니, 이는 과인의 잘못입니다.」

　그러자 안자가 이렇게 설명하였다.

　「세상이 풍족하지 못할 때 겨우 겉껍질만 벗겨낸 거친 곡식으로 지은 밥
이라도 배불리 먹을 수 있다는 것, 이것만으로도 선비로서는 만족하고도
남을 일입니다. 구운 고기 삼익이라면, 이는 선비의 두번째 만족입니다. 태
채와 달걀이 다섯 개라면, 이는 선비의 세번째 만족입니다. 저는 남의 행동
을 배반할 수 없을 뿐더러, 선비로서 만족할 세 가지가 다 있으니 임금의
하사는 이것만으로도 충분합니다. 저의 집은 결코 가난하지 않습니다.」

　그리고는 두 번 절하고 사양의 뜻을 나타내었다.

【삼익三弋】세 종류의 飛禽. 닭·오리 등을 말한다고 한다. 張氏本에『炙食三禽耳』라
하였다.

【태채苔菜】채소의 종류.

【참고】1.《晏子春秋》152·159·160·194·196과 관련된다.
2.《太平御覽》849·850·867에 본장의 내용이 전재되어 있다.
3.《北堂書鈔》143·144에 본장의 내용이 전재되어 있다.
4.《初學記》26에 본장의 내용이 전재되어 있다.

167 [6-27]　梁丘據謂晏子曰:「吾至死不及夫子矣.」晏子曰:「嬰聞之. 爲者常成. 行者常至. 嬰非有異于人也. 常爲而不置, 常行而不休者. 故難及也.」

양구거梁丘據가 안자에게 말하였다.
「저는 죽을 때까지 하여도 선생에게 미칠 수 없을 것 같습니다.」
그러자 안자가 이렇게 말하였다.
「제가 듣건대 행동으로 하는 자는 늘상 성취하는 것이 있게 마련이고, 걷는 자는 끝내 목적지에 닿게 마련이라 하였습니다. 저라고 해서 다른 사람과 특이한 점이 있는 것은 아닙니다. 항상 움직여 포기하는 일이 없고, 항상 실행하면서 쉬지 않을 뿐이지요. 어찌 미치지 못한단 말입니까?」

【양구거梁丘據】景公의 臣下. 晏子와 동시대 인물. [前出]

【참고】《說苑》卷三 建本篇 090[3-19]
　梁丘據謂晏子曰:「吾至死不及夫子矣.」晏子曰:「嬰聞之, 爲者常成, 行者常至; 嬰非有異於人也, 常爲而不置, 常行而不休者, 故難及也.」

168 [6-28]　晏子相景公, 老辭邑. 公曰:「自吾先君定公, 至今用世多矣, 齊大夫未有老辭邑者. 今夫子獨辭之. 是毀國之故. 棄寡人也. 不可!」晏子對曰:「嬰聞古之事君者, 稱身而食. 德厚而受祿. 德薄則辭祿. 德厚受祿, 所以明上也. 德薄辭祿, 可以潔下也. 嬰老. 德薄無能而厚受祿. 是掩上之明. 汙下之行. 不可.」公不許曰:「昔吾先君桓公, 有管仲恤勞齊國. 身老. 賞之以三歸. 澤及子孫. 今夫子亦相寡人, 欲爲夫子三歸, 澤至子孫, 豈不可哉?」對曰:「昔者, 管子事桓公, 桓公義高諸侯. 德備百姓. 今嬰事君也, 國僅齊於諸侯. 怨積乎百姓. 嬰之罪多矣. 而君欲賞之. 豈以其不肖父爲不肖子, 厚受賞, 以傷國民義哉? 且夫德薄而祿厚. 智惛而家富. 是彰汙而逆敎也. 不可!」公不許. 晏子出. 異日朝, 得閒而入邑. 致車一乘而後止.

안자가 경공의 재상으로 있다가 늙어지자 그 봉읍을 사양하였다. 그러자 경공이 이렇게 만류하였다.

「선생께서는 우리의 선군이신 정공定公 때부터 오늘에 이르기까지 세상을 이끌어 주신 것이 많습니다. 우리 제齊나라의 대부 가운데 그 몸이 늙었다고 해서 봉읍을 사양한 이는 이제껏 없었습니다. 그런데 지금 선생 홀로 유독 사양하시니, 이는 나라의 인습을 허물어뜨려 과인을 버리는 행동입니다. 안 됩니다!」

그러자 안자가 이렇게 대답하였다.

「제가 듣기로, 옛날에는 임금을 섬기면서 자기 신분에 맞게 식읍을 받았다 하였습니다. 덕이 후하면 봉록을 받고, 덕이 박하면 그 녹을 사양하는 것이지요. 덕이 후하여 녹을 받는 것은 임금을 명철하게 해주었기 때문이요, 덕이 박하여 녹을 사양하는 것은 아랫사람을 깨끗하게 하기 위함입니다. 제가 늙어 덕도 박하고 능력도 없는데 봉록만 후하게 받는다면, 이는 임금의 명철을 엄폐하고 아랫사람으로서의 행동을 더럽히는 셈이 됩니다. 안 됩니다.」

그래도 경공은 이를 허락하지 아니하였다.

「지난날 우리의 선군이신 환공桓公께서는 관중管仲이 제齊나라 일로 노고를 아끼지 않은 점을 긍휼히 여겨, 그가 늙자 삼귀三歸를 내려 그 혜택이 자손에게까지 미치게 하였습니다. 지금 선생 역시 과인을 도와 주었습니다. 이에 선생을 위해 삼귀를 내려 그 혜택이 자손에게까지 이르게 해주려는데, 어찌하여 안 된다는 것입니까?」

안자는 다시 이렇게 설명하였다.

「옛날 관자管子가 환공을 섬겼을 때에는 환공의 의義가 제후들보다 높았고, 그 덕은 백성에게까지 널리 갖추어졌습니다. 그러나 지금 제가 임금을 섬김에는 나라는 겨우 여러 제후들과 비등할 정도이고, 원망은 백성에게 아직도 쌓여 있습니다. 이는 제가 잘못한 것이 많기 때문입니다. 그런데도 임금께서 상을 내리려 하시니, 어찌 그 아비의 불초함으로 자식마저 불초하게 하겠습니까? 또 많은 봉록을 상으로 받아 나라와 백성의 의를 손상시킬 수 있겠습니까? 무릇 덕이 박하면서도 녹이 후하거나, 지혜가 혼암하면서 집만 부유하게 한다면, 이는 더러움을 드러내고 교화를 거스르는 행위입니다. 안 됩니다!」

　　그래도 경공이 허락하지 않자, 안자는 나가 버렸다. 다른 날에 안자가 입조하여 사직하고, 한가함을 얻어 자신의 봉읍으로 가서 수레와 일승一乘의 토지를 경공에게 보내고 나서야 이 일을 끝냈다.

【정공定公】齊나라에는 定公이 없다. 이에 대해 蘇時學은 『齊之定公, 不見傳記, 蓋丁公也. 丁公始居齊, 故以爲言, 定與丁聲近, 蓋古字通用. 又二謚幷見謚法, 豈丁本謚定, 後省而爲丁歟』라 하였고, 張氏本의 注에는 『案齊先君無定公, 或卽太公子丁公. 丁定音近. 言自丁公至莊公, 用世者共二十一君. 齊大夫未有以老辭邑者』라 하였다.
【환공桓公】春秋五霸의 首長. 齊나라 桓公. 小白.
【관중管仲】管子·夷吾·仲父.
【삼귀三歸】여러 說이 있다. 張氏本에 『孫云, 韓非外儲說左, 管仲相齊曰, 臣貴矣, 然而臣貧. 桓公曰, 使子有三歸之家. 論語八佾篇, 子曰, 管氏有三歸. 包咸注三歸, 娶三姓女. 婦人謂嫁曰歸. 或據說苑云三歸之臺. 以爲臺名, 非也. 說苑蓋言築臺以居三歸耳. 此云賞之以三歸, 韓非云使子有三歸之家, 則非臺明矣』라고 하였다.
【일승一乘】張氏本 原文 包咸注에 『古者井田方里爲井. 十井爲乘. 此云, 致車一乘, 蓋地約十井也』라고 하였다.

169 [6-29]　晏子病, 將死. 其妻曰:「夫子無欲言乎?」晏子曰:「吾恐死而俗變. 謹視爾家. 毋變爾俗也.」

　　안자가 병이 나서 장차 죽게 되자, 그 아내가 물었다.
　　「당신은 유언을 남기고 싶지 않은지요?」
　　그러자 안자가 이렇게 말하였다.
　　「내가 죽은 후 풍속이 바뀔까 두렵습니다. 집안일을 잘 살펴 집안의 풍속이 변하지 않도록 하시오!」

【참고】晏子의 집에 家俗이 있다고 한 것은, 卷五 內篇 雜上 139[5-29]를 볼 것.

170 [6-30]　晏子病. 將死. 鑿楹納書焉. 謂其妻曰:「楹語也. 子壯而示之.」及壯. 發書. 書之言曰:「布帛不可窮, 窮不可飾. 牛馬不可窮, 窮不可服. 士不可窮, 窮不可任. 國不可窮, 窮不可竊也.」

　안자가 병이 들어 죽음이 임박하자, 기둥을 파서 그 속에 유서를 집어넣고는 그 아내에게 이렇게 부탁하였다.
　「기둥 속에 감추어 둔 유서는 아이가 장성하거든 꺼내어 보여 주도록 하시오!」
　아들이 자라자 그 유서를 꺼내어 펴보았더니, 이렇게 씌어 있었다.
　「잠상蠶桑을 장려하여 옷감을 궁하게 하지 말라. 옷감이 궁하면 선비로서의 위의威儀를 갖출 치장을 할 수 없다. 목양牧養에 힘써 우마牛馬를 궁하게 하지 말라. 우마가 궁하면 일을 시킬 수 없다. 선비를 잘 대접하여 궁하게 하지 말라. 선비가 궁하면 나랏일을 맡길 수 없다. 나라를 궁하게 하지 말라. 나라가 궁해지면 보존시켜 나갈 수 없다.」

【참고】1.《說苑》卷二十 反質篇 842[20-22]
　晏子病將死, 斷楹內書焉, 謂其妻曰:「楹也語, 子壯而視之.」及壯發書, 書之言曰:「布帛不窮, 窮不可飾; 牛馬不窮, 窮不可服; 士不可窮, 窮不可任. 窮乎! 窮乎! 窮也!」

晏子春秋　卷七

外篇　重而異者

171 [7-1]　景公飲酒, 命晏子去禮, 晏子諫.

172 [7-2]　景公置酒泰山四望而泣, 晏子諫.

173 [7-3]　景公夢見彗星, 使人占之, 晏子諫.

174 [7-4]　景公問古而無死其樂若何, 晏子諫.

175 [7-5]　景公謂梁丘據與己和, 晏子諫.

176 [7-6]　景公使祝史禳彗星, 晏子諫.

177 [7-7]　景公有疾, 梁丘據裔款請誅祝史, 晏子諫.

178 [7-8]　景公見道殣自慙無德, 晏子諫.

179 [7-9]　景公欲誅斷所愛橚者, 晏子諫.

180 [7-10]　景公坐路寢曰誰將有此, 晏子諫.

181 [7-11]　景公臺成, 盆成适願合葬其母, 晏子諫而許.

182 [7-12]　景公築長庲臺, 晏子舞而諫.

183 [7-13]　景公使燭鄒主鳥而亡之, 公怒將加誅, 晏子諫.

184 [7-14]　景公問治國之患, 晏子對以佞人讒夫在君側.

185 [7-15]　景公問後世孰將踐有齊者, 晏子對以田氏.

186 [7-16]　晏子使吳, 吳王問君子之行, 晏子對以不與亂國俱滅.

187 [7-17]　吳王問齊君僈暴, 吾子何容焉, 晏子對以豈能以道食人.

188 [7-18]　司馬子期問有不干君不恤民取名者乎, 晏子對以不仁也.

189 [7-19]　高子問子事靈公莊公景公皆敬子, 晏子對以一心.

190 [7-20]　晏子再治東阿上計, 景公迎賀, 晏子辭.

191 [7-21]　太卜紿景公能動地, 晏子知其妄, 使卜自曉公.

192 [7-22]　有獻書譖晏子, 退耕, 而國不治, 復召晏子.

193 [7-23]　晏子使高糾治家三年而未嘗弼過, 逐之.

194 [7-24]　景公稱桓公之封管仲, 益晏子邑, 辭不受.

195 [7-25]　景公使梁丘據致千金之裘, 晏子固辭不受.

196 [7-26]　晏子衣鹿裘以朝, 景公嗟其貧, 晏子稱有飾.

197 [7-27]　仲尼稱晏子行補三君而不有, 果君子也.

171 [7-1]　景公飮酒數日而樂，去冠披裳，自鼓盆甕．謂左右曰：
「仁人亦樂是乎?」梁丘據對曰：「仁人之耳目，亦猶人也．夫奚爲獨
不樂此也?」公曰：「趣駕迎晏子!」晏子朝服而至，受觴，再拜．公
曰：「寡人甚樂此樂，欲與夫子共之．請去禮．」晏子對曰：「君之言
過矣．羣臣皆欲去禮以事君．嬰恐君之不欲也．今齊國五尺之童子，
力皆過嬰．又能勝君．然而不敢亂者，畏禮義也．上若無禮，無以使
其下．下若無禮，無以事其上．夫麋鹿維無禮，故父子同麀．人之所
以貴于禽獸者，以有禮也．嬰聞之，人君無禮．無以臨邦．大夫無禮．
官吏不恭．父子無禮．其家必凶．兄弟無禮．不能久同．詩曰：『人而
無禮，胡不遄死．』故禮不可去也．」公曰：「寡人不敏．無良左右．淫
蠱寡人．以至于此．請殺之．」晏子曰：「左右何罪? 君若無禮，則好禮
者去．無禮者至．君若好禮，則有禮者至．無禮者去．」公曰：「善! 請
易衣革冠，更受命．」晏子避走立乎門外．公令人糞灑，改席．召晏子，
衣冠以迎．晏子入門．三讓．升階．用三獻禮焉．嗽酒嘗膳．再拜．告
歷而出．公下拜．送之門．反命撤酒去樂．曰：「吾以彰晏子之敎也．」

　　경공이 수일간 술을 마시면서 즐겼다. 게다가 관도 벗고 치마까지 걷어
붙인 채, 몸소 분옹盆甕*을 두드리며 좌우 신하에게 이렇게 물었다.
　　「어진 사람도 역시 이런 즐거움이 있을까?」
　　그러자 양구거梁丘據가 이렇게 대답하였다.
　　「어질다는 사람들의 이목耳目도 역시 보통 사람과 같습니다. 그들이라고
해서 어찌 이런 즐거움을 모르겠습니까?」
　　이 말에 경공이 이렇게 명하였다.
　　「그렇다면 얼른 가서 안자를 맞이해 오도록 하시오!」
　　이에 안자가 조복朝服을 입고 당도하여 술잔을 받고서 재배하자, 경공이
이렇게 청하였다.
　　「과인이 이 즐거움이 너무 좋아서, 선생과 함께 하고 싶어 모신 것입니
다. 청컨대 파탈擺脫하고 놀아 봅시다.」
　　그러자 안자가 이렇게 대답하였다.

「임금의 말씀은 잘못되었습니다. 여러 신하들이 모두 예를 저버리고 임금을 섬기고자 하나, 저는 두렵건대 임금께서는 그렇게 하고자 해서는 안 됩니다. 지금 제齊나라의 오척동자五尺童子라 해도, 그 힘으로 말하면 저보다 셀 터이고, 또한 능히 임금까지도 이겨낼 수 있습니다. 그런데도 감히 그런 난을 벌이지 않는 것은 예의禮義가 두렵기 때문입니다. 임금께서 만약 예를 없이한다면 그 신하를 부릴 수 없고, 신하가 예를 없이한다면 그 임금을 섬길 수가 없습니다.

무릇 미록麋鹿 같은 짐승은 예가 없기 때문에 부자가 함께 암사슴을 차지합니다. 사람이 금수禽獸보다 귀한 까닭은, 바로 예가 있기 때문입니다.

제가 듣건대 임금된 자가 예가 없으면 나라를 다스릴 수 없고, 대부가 예가 없으면 관리들이 공손하지 않고, 부자 사이에 예가 없으면 그 집은 반드시 흉가가 되고, 형제 사이에 예가 없으면 오랫동안 같이 살 수 없는 것이라 하였습니다.

시詩*에 『사람으로서 예가 없으면서, 어찌 일찍 죽지도 않는가?』라고 하였으니, 그 까닭으로 예란 벗어 버릴 수가 없는 것입니다.」

이에 경공이 이렇게 수긍하였다.

「과인이 불민不敏하여 좌우에 어진 이를 두지 못하였습니다. 그들이 과인을 잘못된 길로 빠뜨려 이 지경까지 이르게 된 것입니다. 청컨대 그들을 죽여 버리겠습니다.」

그러자 안자가 물었다.

「좌우 신하가 무슨 죄를 지었다는 것입니까? 임금께서 무례히 하면, 예를 좋아하는 자들은 떠나고 예를 벗어난 자들이 몰려들기 마련입니다. 또 임금께서 예를 좋아하시면, 예 있는 자들은 몰려들고 무례한 자들은 사라지게 마련입니다.」

이에 경공이 말하였다.

「좋습니다. 청컨대 의관을 고치고, 다시 가르침을 받들겠습니다.」

그러자 안자가 그 자리를 피해 문 밖으로 달려 나가서 기다렸다. 경공이 물을 뿌리고 청소를 시킨 다음 자리를 다시 마련해 놓고, 안자를 불러 의관을 정제하고 맞이하였다. 안자는 문으로 들어서자 세 번 양보하고, 계단을 올라 삼헌三獻의 예로 하였다. 그리하여 술과 안주를 맛보고, 배불리 먹었다고 인사를 하고는 나왔다. 경공은 하배下拜하고, 문 앞까지 배송하였다.

그리고 자리로 와서는 술과 음악을 모두 철거시키고 이렇게 말하였다.

「나는 안자의 가르침을 널리 현창하리라!」

* 다른 기록에는 『鼓缶』로 실려 있다. 盆甕은 옹기그릇. 이를 악기로 여겨 두드림.

【양구거梁丘據】景公의 臣下.

【조복朝服】朝會 때의 禮服. 正服.

【파탈擺脫】자유롭게 하기 위하여 구속이나 예절 등으로부터 벗어남.

【미록麋鹿】사슴.

* 《詩經》鄘風 相鼠篇의 구절.

【삼헌三獻】古代 제사 때 올리는 세 번의 술. 즉 初獻爵·亞獻爵·終獻爵이라 하였다.

【참고】1.《晏子春秋》卷一 內篇 諫上

　　002[1-2]『景公飮酒酣, 願諸大夫無爲禮, 晏子諫』과 내용 및 주제가 흡사하다.

2.《韓詩外傳》卷九의 8

　「齊景公縱酒, 醉, 而解衣冠, 鼓琴以自樂. 顧左右曰:「仁人亦樂此乎?」左右曰:「仁人
耳目猶人, 何爲不樂乎?」景公曰:「駕車以迎晏子.」晏子聞之, 朝服而至. 景公曰:「今者,
寡人此樂, 願與大夫同之.」晏子曰:「君言過矣! 自齊國五尺已上, 力皆能勝嬰與君, 所以
不敢者, 畏禮也. 故自天子無禮, 則無以守社稷; 諸侯無禮, 則無以守其國; 爲人上無禮,
則無以使其下; 爲人下無禮, 則無以事其上; 大夫無禮, 則無以治其家; 兄弟無禮, 則不同
居; 人而無禮, 不若遄死.」景公色媿, 離席而謝曰:「寡人不仁無良, 左右淫湎寡人, 以至
於此, 請殺左右, 以補其過.」晏子曰:「左右無過. 君好禮, 則有禮者至, 無禮者去; 君惡禮,
則無禮者至, 有禮者去. 左右何罪乎?」景公曰:「善哉!」乃更衣而坐, 觴酒三行, 晏子辭
去, 景公拜送. 詩曰:『人而無禮, 胡不遄死.』

3.《新序》卷六 刺奢의 7

　齊景公飮酒而樂, 釋衣冠自鼓缶, 謂侍者曰:「仁人亦樂是夫?」梁丘子曰:「仁人耳目亦
猶人也. 奚爲獨不樂此也?」公曰:「速駕迎晏子.」晏子朝服以至. 公曰:「寡人甚樂此樂也,
願與夫子共之, 請去禮.」晏子對曰:「君之言過矣, 齊國五尺之童子, 力盡勝嬰而又勝君,
所以不敢亂者, 畏禮也. 上若無禮, 無以使其下; 下若無禮, 無以事其上. 夫鹿唯無禮, 故父
子同麀. 人之所以貴於禽獸者, 以有禮也, 詩曰:『人而無禮, 胡不遄死?』故禮不可去也.」
公曰:「寡人無良, 左右淫湎寡人, 以至於此, 請殺之.」晏子曰:「左右何罪? 君若好禮, 左
右有禮者至, 無禮者去. 君若惡禮, 亦將如之.」公曰:「善. 請革衣冠, 更受命.」乃廢酒而更
尊朝服而坐, 觴三行, 晏子趨出.

4.《太平御覽》109·468·696에 본장의 내용이 전재되어 있다.

5.《群書治要》에는 본장이 諫上篇으로 옮겨져 있다. 002와 같기 때문이다.

6.《北堂書鈔》衣冠部 3에 본장의 내용이 전재되어 있다.

7. 張純一 校注本의 注

　元刻注云, 此章與景公酒酣. 願無爲禮. 晏子諫. 大旨同. 但辭有詳略爾. 故著于此篇. 孫云,
韓詩外傳九, 新序刺奢篇, 用此文. 蘇云, 治要載此章在諫上篇. 純一案此與諫上二章爲一事.

172 [7-2] 景公置酒于泰山之上. 酒酣. 公四望其地. 喟然歎. 泣數行而下. 曰:「寡人將去此堂堂國而死乎?」左右佐哀而泣者三人. 曰:「臣細人也. 猶將難死, 而況公乎? 棄是國也而死其孰可爲乎?」晏子獨搏其髀, 仰天而大笑曰:「樂哉! 今日之飮也.」公怫然怒曰:「寡人有哀, 子獨大笑. 何也?」晏子對曰:「今日見怯君一. 諛臣三. 是以大笑.」公曰:「何謂諛怯也?」晏子曰:「夫古之有死也. 令後世賢者得之以息. 不肖者得之以伏. 若使古之王者如毋有死. 自昔先君太公, 至今尙在. 而君亦安得此國而哀之? 夫盛之有衰, 生之有死, 天之分也. 物有必至, 事有常然, 古之道也. 曷爲可悲? 至老尙哀死者, 怯也. 左右助哀者, 諛也. 怯諛聚居, 是故笑之.」公慙而更辭曰:「我非爲去國而死哀也. 寡人聞之, 彗星出其所向之國. 君當之. 今彗星出而向吾國. 我是以悲也.」晏子曰:「君之行義回邪. 無德于國. 穿池沼, 則欲其深以廣也. 爲臺榭, 則欲其高且大也. 賦斂如撝奪. 誅僇如仇讎. 自是觀之. 茀又將出. 彗星之出, 庸可懼乎?」于是公懼, 迺歸. 窴池沼. 廢臺榭. 薄賦斂. 緩刑罰. 三十七日而彗星亡.

경공이 태산泰山 위에 술자리를 마련하였다. 술이 취하자, 경공이 사방을 둘러보며 위연히 탄식하였다. 그리고 몇 방울의 눈물까지 흘리면서 이렇게 슬퍼하는 것이었다.

「과인은 장차 이렇듯 당당한 나라를 두고 죽어야 한단 말인가?」

좌우에서 경공의 슬픔에 맞추어 우는 자가 셋이나 되었다. 그러면서 이렇게 말하였다.

「저희처럼 보잘것 없는 자들도 오히려 장차 다가올 죽음이 난감하거늘, 하물며 임금께서야 오죽하리요? 이 나라를 버리고 돌아가신다니, 어찌 가히 그런 일이 있을 수 있겠습니까?」

그러나 안자만은 홀로 팔짱을 낀 채 하늘을 우러러 크게 웃는 것이었다.

「즐겁도다! 오늘의 술자리여!」

그러자 경공이 이 소리를 듣고 불쾌하게 여겨 노기 띤 모습으로 물었다.

「과인이 슬픔에 젖어 있는데, 선생만이 홀로 크게 웃으니 무슨 연유입니까?」

안자는 이렇게 대답하였다.

「오늘 겁 많은 임금 한 분과 아첨하는 신하 셋을 보게 되어, 그 까닭으로 이렇듯 크게 웃은 것입니다.」

이에 경공이 다시 따져 물었다.

「무엇을 두고 겁쟁이라 하고, 어떤 것을 두고 아첨꾼이라 하는 것입니까?」

그러자 안자가 이렇게 설명하였다.

「무릇 옛부터 죽음이 있었던 것은, 후대의 어진 자에게는 뒤를 이을 수 있도록 하기 위함이요, 불초한 자에게는 복종을 일러 주기 위함입니다. 만약 옛날의 임금들이 죽지 않았다면, 지난날의 선군이신 태공太公으로부터 지금까지의 모든 임금들이 다 살아 있을 것입니다. 그렇게 되었다면 임금께서 어찌 이 나라를 차지하고, 지금 이렇듯 슬퍼할 겨를이 있겠습니까?

무릇 성한 것은 쇠함이 있고, 산 것은 죽음이 있는 것, 이것은 하늘의 구분입니다. 만물은 반드시 다다르는 곳이 있고, 일이란 반드시 그렇게 될 수밖에 없는 것이 옛날부터의 도道입니다. 그런데 어찌 슬퍼할 일이겠습니까? 늙음에 이르러 오히려 죽음을 슬퍼하는 이를 겁쟁이라 하며, 곁에서 그런 슬픔에 맞장구를 치는 이를 아첨꾼이라 합니다. 겁쟁이와 아첨꾼이 함께 모여 있으니, 그래서 웃은 것입니다.」

이에 경공이 부끄러워하면서 이렇게 말을 바꾸었다.

「나는 나라를 버리고 죽는 것을 슬퍼한 것이 아닙니다. 과인이 듣기로, 혜성이 나타나 향하는 곳의 나라 임금이 화를 당한다고 하였습니다. 지금 혜성이 나타나 우리 나라를 향하고 있습니다. 그 까닭으로 내가 슬퍼하고 있는 것입니다.」

그러자 안자가 이렇게 대책을 일러 주었다.

「임금께서 의를 실행하시면 사악함은 물러나고 맙니다. 나라에 아무런 덕도 베풀지 않으면서 못을 팔 때는 더 깊이 더 넓게 하시고, 대사臺榭는 더욱 높고 더욱 크게 지으려 하시며, 세금을 마치 빼앗듯이 거두고, 남을 죽이기를 마치 원수 없애듯이 하시니, 이를 미루어 짐작하면 앞으로 불성茀星까지 나타날 터인데 그까짓 혜성쯤이야 어찌 두려워할 정도이겠습니까?」

이에 경공이 겁을 먹은 채 되돌아와서는 못을 메워 버리고, 대사짓는 일을 철회하였으며, 부렴賦斂도 줄이고, 형벌도 완화하였다. 그로부터 37일 만에 혜성은 사라지고 말았다.

【태산泰山】 齊나라 경내에 있는 五嶽 중의 하나.
【태공太公】 太公望, 姜子牙, 呂尙. 齊나라의 始祖.
【대사臺榭】 누대와 조망대.
【불성茀星】 彗星의 일종. 고대에는 이것이 나타나면 凶한 것으로 여겼다.
【부렴賦斂】 조세를 부과하여 징수함.

【참고】 1. 《史記》 齊太公世家
　　三十二年, 彗星見. 景公坐柏寢, 嘆曰:「堂堂! 誰有此乎?」羣臣皆泣, 晏子笑, 公怒. 晏子曰:「臣笑羣臣諛甚.」景公曰:「彗星出東北, 當齊分野, 寡人以爲憂.」晏子曰:「君高臺深池, 賦斂如弗得, 刑罰恐弗勝, 茀星將出, 彗星何懼乎?」公曰:「可禳否?」晏子曰:「使神可祝而來, 亦可禳而去也. 百姓苦怨以萬數, 而君令一人禳之, 安能勝衆口乎?」是時景公好治宮室, 聚狗馬, 奢侈, 厚賦重刑, 故晏子以此諫之.
　　2. 《晏子春秋》017[1-17] · 173[7-3] · 174[7-4] · 175[7-5]와 관련된다.
　　3. 《列子》 力命篇 ⇒017 참조.
　　4. 《韓詩外傳》 卷十 ⇒017 참조.
　　5. 《文選》 卷二十八 陸士衡 樂府 齊謳行 注 ⇒017 참조.
　　6. 《左傳》 昭公 二十年 十二月傳 ⇒017 참조.
　　7. 《晏子春秋》018 참조.
　　8. 《左傳》 昭公 二十六年傳 참조.
　　9. 《太平御覽》 人事部 391 · 491.
　10. 《文選》 秋興賦 注.
　11. 《藝文類聚》 卷九 人部 三 笑
　　晏子曰. 齊景公置酒泰山. 公四望喟然歎. 泣數行. 曰:「寡人將去此堂國者而死耶?」左右泣者三人. 晏子搏髀仰天大笑曰:「樂哉! 今之飲也.」公怒曰:「子笑何也?」對曰:「臣見怯君一, 諛臣三. 是以大笑.」公慚.
　12. 본장은 「景公登牛山而悲」·「登公阜睹彗星而感」과 같으며, 전반부는 卷一 內篇 諫上 017 · 018과 같고, 후반부는 018의 末段과 같다.
　13. 張純一 校注本 注
　　元刻注云, 此章與景公登牛山而悲. 登公阜睹彗星而感. 旨同而辭少異爾. 故著于此篇. 純一案此章前半與諫上十七章並十八章首段爲一事. 後半與諫上十八章末段爲一事.

173 [7-3] 景公夢見彗星. 明日, 召晏子而問焉曰:「寡人聞之, 有

彗星者. 必有亡國. 夜者, 寡人夢見彗星. 吾欲召占夢者使占之.」晏
子對曰:「君居處無節. 衣服無度. 不聽正諫. 興事無已. 賦斂無厭,
使民如將不勝. 萬民懟怨. 茀星又將見夢, 奚獨彗星乎?」

경공이 꿈속에서 혜성을 보고 불길하게 생각하여, 이튿날 안자를 불러
물어보았다.

「과인이 듣기로 혜성이 나타나면 반드시 어느 나라인가는 망한다고 하던
데, 어젯밤 꿈속에서 과인이 혜성을 보았습니다. 내 점몽하는 자를 불러 이
를 점쳐 보고 싶은데 어떻습니까?」

그러자 안자가 이렇게 설명하였다.

「임금께서 평소 절제가 없고, 의복에도 절도가 없으며, 정간正諫을 듣지
아니하고, 끝없이 일을 벌이며, 부렴賦斂을 한없이 거두어들이고, 백성을
부리되 더 이상 못 부려먹어 안달을 내는 듯이 하고 있으니, 만민의 원망
으로 보아 불성茀星이 곧 꿈에 보일 터인데, 어찌 유독 혜성 하나로 이렇
듯 법석을 치십니까?」

【불성茀星】凶兆의 彗星. [前出]

【참고】 1.《晏子春秋》017[1-17]과 관련된다. 018[1-18] 및 172[7-2] 참조.
2.《列子》力命篇 ⇒017 참조.
3.《韓詩外傳》卷十 ⇒017 참조.
4.《文選》卷二十八 陸士衡 樂府 齊謳行 注 ⇒017 참조.
5.《左傳》昭公 二十年 十二月傳 ⇒017 참조.
6. 기타 관련은 172 참조.
7. 張純一本 注
　　元刻注云, 此章與景公登公阜. 見彗星. 使禳之. 晏子諫. 辭旨同. 而此特言夢見爲異爾.
故著于此篇. 盧云, 此章吳本缺. 純一案諫上十八章末段宜參觀.

174 [7-4]　景公飲酒, 樂. 公曰:「古而無死, 其樂若何?」晏子對曰:
「古而無死, 則古之樂也. 君何得焉? 昔爽鳩氏始居此地. 季萴因之.
有逢伯陵因之. 蒲姑氏因之. 而後太公因之. 古若無死. 爽鳩氏之樂.
非君所願也.」

경공이 술을 마시며 즐기다가 이렇게 물었다.

「옛부터 사람에게 죽음이 없었다면, 그 즐거움이 어떠할까?」

그러자 안자가 이렇게 대답하였다.

「옛사람이 죽지 않았다면, 그들이 지금까지 모든 것을 차지하여 즐기고 있을 터인데, 임금께서 이런 즐거움을 어찌 맛볼 수 있겠습니까? 옛날 상구씨爽鳩氏가 가장 먼저 여기 이 땅을 차지하여 살고 있었고, 뒤이어 계즉季萴이 살았으며, 그 다음으로는 봉백릉逢伯陵이 살았고, 또 포고씨蒲姑氏가 그 뒤를 이었습니다. 그런 다음에야 태공太公께서 이 자리를 차지하였지요. 옛부터 만약 죽음이 없었다면 상구씨가 즐거워하였을 터, 어찌 임금의 소원대로 될 수가 있었겠습니까?」

【상구씨爽鳩氏】 고대의 씨족 이름. 杜預 注에 『爽鳩氏, 少皥氏之司寇也』라 하였다.
【계즉季萴】 杜預 注에 『季萴, 虞夏諸侯代爽鳩氏者』라 하였다.
【봉백릉逢伯陵】 杜預 注에 『逢伯陵, 殷諸侯姜姓』이라 하였다. 吳則虞는 《左傳》 昭公 十年傳 正義를 인용하여 『有逢伯陵因之, 則陵是逢君之祖也. 伯陵之後, 世爲逢君』이라 하였다.
【포고씨蒲姑氏】 杜預 注에 『蒲姑氏, 殷周之間, 代逢公者』라 하였다.
【태공太公】 姜太公. 呂尙.

【참고】 1.《左傳》昭公 二十年傳
　　飮酒樂, 公曰:「古而無死, 其樂若何?」晏子對曰:「古而無死, 則古之樂也, 君何得焉? 昔爽鳩氏始居此地, 季萴因之, 有逢伯陵因之, 蒲姑氏因之, 而後太公因之. 古者無死, 爽鳩氏之樂, 非君所願也.」
2.《文選》卷二十八 陸士衡 樂府 齊謳行 注
　　左氏傳. 齊侯飮酒樂. 公曰:「古而無死其樂若何?」晏子對曰:「古而無死, 古之樂也. 君何得焉? 爽鳩氏始居此地, 季萴因之, 而逢伯凌因之, 蒲姑氏因之, 而太公因之. 古若無死, 爽鳩氏之樂, 非君所願也.」
3.《文選》卷十三 潘安仁 秋興賦 注 ⇒205[8-8] 참조.
4.《列子》力命篇 ⇒017 참조.
5.《韓詩外傳》卷十 ⇒017 참조.
6.《晏子春秋》017·172·175와 관련된다.
7. 張氏本 말미의 注
　　元刻注云, 此章與景公謂梁丘據與我和, 景公使祝史禳彗星, 皆出於景公遊公阜. 一日而有三過言. 但析爲章而辭少異. 皆著于此篇. 純一案此章與諫上十七章並十八章首段宜參觀.

175 [7-5]　景公至自畋. 晏子侍于遄臺. 梁丘據造焉. 公曰:「維據
與我和夫!」晏子對曰:「據亦同也. 焉得爲和?」公曰:「和與同異
乎?」對曰:「異. 和如羹焉. 水, 火, 醯, 醢, 鹽, 梅. 以烹魚肉. 燀之
以薪. 宰夫和之. 齊之以味. 濟其不及. 以洩其過. 君子食之, 以平
其心. 君臣亦然. 君所謂可, 而有否焉. 臣獻其否, 以成其可. 君所
謂否, 而有可焉. 臣獻其可, 以去其否. 是以政平而不干. 民無爭心.
故詩曰:『亦有和羹, 旣戒且平, 鬷嘏無言, 時靡有爭.』先王之濟五
味. 和五聲也. 以平其心. 成其政也. 聲亦如味. 一氣. 二體. 三類.
四物. 五聲. 六律. 七音. 八風. 九歌. 以相成也. 淸濁, 大小, 短長,
疾徐, 哀樂, 剛柔, 遲速, 高下, 出入, 周疏, 以相濟也. 君子聽之,
以平其心. 心平德和. 故詩曰:『德音不瑕.』今據不然. 君所謂可,
據亦曰可. 君所謂否, 據亦曰否. 若以水濟水, 誰能食之? 若琴瑟之
專一, 誰能聽之? 同之不可也如是.」公曰:「善!」

　경공이 사냥을 나갔다가 돌아오는 도중에 안자가 천대遄臺라는 곳에서
모시고 있었는데, 양구거梁丘據가 급히 찾아왔다. 경공이 반가워하며 이렇
게 말하였다.

　「오직 양구거와 나는 서로가 화和한 관계로군!」

　그러자 안자가 「양구거 역시 동同이지, 어찌 화和라 할 수 있겠습니까?」
라고 하였다.

　이에 경공이 「화와 동은 다릅니까?」라고 되물었다.

　그러자 안자가 이렇게 설명하였다.

　「다르지요. 화란 마치 국과 같습니다. 식초와 젓갈·소금·매실을 넣어
물을 붓고 불을 때어 어육魚肉을 삶되, 장작으로 불을 지펴 주방장이 화하
게 하여 맛을 고르게 하는 것입니다. 부족한 것을 보충하고 지나친 것은
덜어내어, 군자가 이를 맛보면 그 마음이 평온해지지요.

　임금과 신하도 마찬가지입니다. 임금이 옳다고 말하면 아니라고 하는 신
하가 있어야 합니다. 신하가 부정否定할 거리가 있음으로써, 그 옳다고 하
는 것이 성립되는 것입니다. 또 임금이 부정하더라도 신하로부터 옳다는

주장이 있어야 합니다. 신하로부터 옳다는 주장이 있음으로써, 그 부정을 제거할 수 있는 것입니다. 이렇게 하여야 정치가 평온하고, 전쟁이 없으며, 백성은 다투는 마음을 갖지 않게 되는 것입니다.

그래서 시詩*에 『온갖 맛을 조화시킨 고깃국, 그 맛 아름답고 조화롭도다. 제물을 올리며 말 없이 엄숙히, 모두들 경건하여 다툼이 없네!』라고 하였습니다.

이처럼 선왕先王들은 오미五味를 갖추고, 오성五聲에 조화롭게 하였던 것입니다. 그리하여 그 마음에 평정을 얻어 그 정치를 성취시킬 수 있었던 것입니다. 소리 역시 맛과 같아서 일기一氣·이체二體·삼류三類·사물四物·오성五聲·육률六律·칠음七音·팔풍八風·구가九歌가 있어 상성相成하며, 청탁淸濁·대소大小·단장短長·질서疾徐·애락哀樂·강유剛柔·지속遲速·고하高下·출입出入·주소周疏가 있어 서로를 돕게 되는 것입니다. 그리고 나서 군자가 이런 음악을 들으면, 그 마음이 평온해지고 심평덕화心平德和를 이루는 것입니다.

그 때문에 시詩*에 『덕스러운 그 음성 흠 하나 없네!』라고 하였는데, 지금 양구거는 그렇지 못합니다. 임금께서 옳다 하면 양구거 역시 옳다 하고, 임금께서 안 된다는 것은 그 역시 안 된다고 맞장구를 칩니다. 이는 물로써 물을 맞추는 것이니, 누가 그런 국물을 먹겠습니까? 또 금슬을 가지고 한 가지 소리만 내고 있으니, 누가 그런 음악을 들어 주겠습니까? 동同으로만 하였을 때 불가不可함이 이와 같은 것입니다.」

이에 경공이 「옳습니다!」라고 대답하였다.

【천대遄臺】 地名.
【양구거梁丘據】 景公의 臣下. 《左傳》에는 子猶로 실려 있다.
 * 《詩經》 商頌 烈相의 구절.
【오미五味】 辛·酸·鹹·苦·甘 등의 맛.
【오성五聲】 宮·商·角·徵·羽.
【일기一氣】 萬物의 一元.
【이체二禮】 陰陽의 대립적 구분.
【삼류三類】 天·地·人, 혹은 風·雅·頌.
【사물四物】 四方之物, 四季之物 등.
【육률六律】 十二律 중의 陽聲에 속하는 여섯 가지 音. 곧 黃鍾·大蔟·姑洗·蕤賓·夷則·無射.

【칠음七音】 고대 음악 중 五音에 變徵·變羽를 더함. 혹은 牙·舌·脣·齒·喉·半舌·半齒의 七音.

【팔풍八風】 八方의 바람. 《呂氏春秋》有始篇에는 『何謂八風? 東北曰炎風, 東方曰滔風, 東南曰熏風, 南方曰巨風, 西南曰凄風, 西方曰飂風, 西北曰厲風, 北方曰寒風』이라 하였고, 《淮南子》地形訓에는 『炎風, 條風, 景風, 巨風, 涼風, 飂風, 麗風, 寒風』이라 하였다.

【구가九歌】 夏禹時代의 음악. 《書經》大禹謨에 『勸之以九歌』라 하였다.

【청탁淸濁】 淸音과 濁音.

【질서疾徐】 빠름과 느림.

* 《詩經》 豳風 狼跋의 구절.

【참고】 1. 《論語》 子路篇

　　子曰. 君子和而不同, 小人同而不和.

2. 《左傳》 昭公 二十年 十二月傳

　　齊侯至自田, 晏子侍于遄臺, 子猶馳而造焉. 公曰: 「唯據與我和夫!」晏子對曰: 「據亦同也, 焉得爲和!」公曰: 「和與同異乎?」對曰: 「異. 和如羹焉, 水火醯醢鹽梅以烹魚肉, 燀之以薪, 宰夫和之, 齊之以味, 濟其不及, 以洩其過, 君子食之, 以平其心. 君臣亦然. 君所謂可, 而有否焉, 臣獻其否, 以成其可. 君所謂否, 而有可焉, 臣獻其可, 以去其否. 是以政平而不干, 民無爭心. 故詩曰: 『亦有和羹, 旣戒旣平, 鬷嘏無言, 時靡有爭.』先王之濟五味, 和五聲也. 以平其心, 成其政也. 聲亦如味, 一氣, 二體, 三類, 四物, 五聲, 六律, 七音, 八風, 九歌, 以相成也. 淸濁, 大小, 短長, 疾徐, 哀樂, 剛柔, 遲速, 高下, 出入, 周疏以相濟也. 君子聽之以平其心, 心平德和. 故詩曰: 『德音不瑕.』今據不然, 君所謂可. 據亦曰可. 君所謂否, 據亦曰否. 若以水濟水, 誰能食之? 若琴瑟之專壹, 誰能聽之? 同之不可也如是!」

3. 《晏子春秋》卷一 內篇 諫上 018[1-18]과 일부가 중복된다.

4. 張純一本 注

　　此章與諫上十八章中段, 景公曰據與我和爲一事.

176 [7-6]　齊有彗星. 景公使祝禳之. 晏子諫曰: 「無益也. 祇取誣焉. 天道不諂. 不貳其命. 若之何禳之也? 且天之有彗, 以除穢也. 君無穢德, 又何禳焉? 若德之穢, 禳之何損? 詩云: 『維此文王, 小心翼翼, 昭事上帝, 聿懷多福, 厥德不回, 以受方國.』君無違德, 方國將至. 何患于彗? 詩曰: 『我無所監, 夏后及商, 用亂之故, 民卒流亡.』若德回亂, 民將流亡. 祝史之爲, 無能補也.」公說, 乃止.

　　제齊나라에 혜성이 나타나자, 경공이 축祝으로 하여금 제사를 올리도록 하여 그로부터 올 재앙을 제거하고자 하였다. 그러자 안자가 이렇게 간하였다.

「소용 없습니다. 오직 허망된 일일 뿐입니다. 하늘의 도리는 의심할 수 없습니다. 그 명령도 변경시킬 수 없습니다. 그러한데도 어찌 이를 제거할 수 있단 말입니까? 또 혜성이 나타나는 것은, 더러운 것을 제거해 버리겠다는 하늘의 뜻입니다. 임금께서 덕을 더럽힌 것이 없다면, 또한 어찌 이를 빌 필요가 있겠습니까? 그러나 만약 덕을 더럽힌 사실이 있다면, 빌어본들 어찌 그 벌이 줄어들겠습니까?

시詩*에는 『오직 우리 문왕께서는 모든 일 조심하고 보살피시며, 밝히 하늘을 섬기시오니 어찌 많은 복받지 않으랴. 그 이루신 덕 헛되지 않아, 천하의 모든 나라 맡게 되셨네!』라고 하였습니다. 임금께서 덕에 위배되는 일을 하지 않았다면 온 나라들이 사방에서 친부親附해 올 텐데, 어찌 혜성을 두고 걱정하실 일이 있겠습니까?

역시 시*에 『나는 그 어디 비추어 볼 데도 없네. 하나라로부터 상나라에 이르기까지, 나라가 혼란한 이유 때문에 백성은 마침내 흩어져 버렸네!』라고 하였으니, 만약 덕을 휘젓고 혼란스럽게 하였다면 백성들이 모두 흩어져 도망쳐 버리고 말 터인데, 그때는 축사祝史에게 빌게 한들 아무런 도움도 되지 않을 것입니다.」

이에 경공이 기뻐하며 그 계획을 철회하였다.

【祝祝】太祝·史祝·祝史·제사·기도 등을 담당하던 관직.
 *《詩經》大雅 大明篇의 구절.
 * 지금의 《詩經》에는 실려 있지 않다. 逸詩.

【참고】 1.《晏子春秋》018[1-18]과 관련이 있다. 그외 172[7-2]·173[7-3]와도 관련이 있다.
2.《左傳》昭公 二十六年傳 ⇒018 참조.
3.《史記》齊太公世家 ⇒018 참조.
4.《新序》卷四 雜事의 26 ⇒018 참조.
5.《論衡》變虛篇 ⇒018 참조.
6. 張純一本 注
   元刻注云, 此章與景公登公阜見彗星章旨同. 故著于此篇. 純一案此與諫上十八章, 使禳彗星爲一事.

177 [7-7] 景公疥遂痁. 期而不瘳. 諸侯之賓, 問疾者多在. 梁丘據, 裔款, 言於公曰：「吾事鬼神, 豐于先君有加矣. 今君疾病, 爲諸侯憂. 是祝史之罪也. 諸侯不知, 其謂我不敬. 君盍誅于祝固史嚚以辭賓?」公說, 告晏子. 晏子對曰：「日宋之盟, 屈建問范會之德于趙武. 趙武曰：『夫子家事治. 言于晉國. 竭情無私. 其祝史祭祀. 陳信不愧. 其家事無猜. 其祝史不祈.』建以語康王. 康王曰：『神人無怨. 宜夫子之光輔五君. 以爲諸侯主也.』」公曰：「據與款謂寡人能事鬼神. 故欲誅于祝史. 子稱是語何故?」對曰：「若有德之君. 外內不廢. 上下無怨. 動無違事. 其祝史薦信. 無愧心矣. 是以鬼神用饗. 國受其福. 祝史與焉. 其所以蕃祉老壽者. 爲信君使也. 其言忠信于鬼神. 其適遇淫君. 外內頗邪. 上下怨疾. 動作辟違. 從欲厭私. 高臺深池. 撞鐘舞女. 斬刈民力. 輸掠其聚. 以成其違. 不恤後人. 暴虐淫縱. 肆行非度. 無所還忌. 不思謗讟. 不憚鬼神. 神怒民痛. 無悛于心. 其祝史薦信. 是言罪也. 其蓋失數美. 是矯誣也. 進退無辭, 則虛以求媚. 是以鬼神不饗. 其國以禍. 祝史與焉. 其所以夭昏孤疾者. 爲暴君使也. 其言僭嫚于鬼神.」公曰：「然則若之何?」對曰：「不可爲也. 山林之木. 衡鹿守之. 澤之萑蒲. 舟鮫守之. 藪之薪蒸. 虞候守之. 海之鹽蜃. 祈望守之. 縣鄙之人, 入從其政. 偪介之關, 暴征其私. 承嗣大夫, 彊易其賄. 布常無藝. 徵斂無度, 宮室日更. 淫樂不違. 內寵之妾. 肆奪于市. 外寵之臣, 僭令于鄙. 私欲養求, 不給則應. 民人苦病. 夫婦皆詛. 祝有益也, 詛亦有損. 聊攝以東, 姑尤以西, 其爲人也多矣. 雖其善祝, 豈能勝億兆人之詛? 君若欲誅于祝史, 修德而後可.」公說. 使有司寬政. 毀關去禁. 薄斂已責. 公疾愈.

경공이 몸에 옴이 생기더니, 급기야는 학질까지 걸리고 말았다. 그런데 1년이 되도록 낫지를 않는 것이었다. 이에 제후들이 사신을 보내어 병문안 온 자들이 제나라에 들끓게 되었다. 그러자 양구거梁丘據와 예관裔款이 경공에게 이런 제의를 하였다.

「우리는 귀신을 섬깁니다. 선군先君보다 풍성히 하여 제물을 더욱 많이 마련하도록 하십시오. 지금 임금의 병은 제후들의 걱정거리가 되고 있습니다. 이는 바로 축사祝史의 잘못입니다. 제후들은 이 사실을 모른 채 우리가 귀신을 잘 섬기지 않는다고 수군거립니다. 임금께서는 어찌하여 축관祝官 고固와 사관史官 은嚚을 죽여 빈객들을 되돌려보내지 않습니까?」

경공이 이 말을 듣고 기뻐하며 안자에게 고하였다. 그러자 안자가 이렇게 대답하였다.

「지난날 송宋나라와 회맹을 할 때,* 굴건屈建이 조무趙武에게 범회范會의 덕이 어느 정도이느냐고 물었습니다. 이에 조무가 『그 선생은 집안일도 잘 처리할 뿐 아니라, 진晉나라에서 그의 말이라면 누구나 믿지요. 뜻을 다하되 사심이 없는 분입니다. 그의 축사祝史 또한 제사를 잘 모셔서 주인의 언어에 부끄러움이 없고, 그 집안일은 흠잡을 데가 없는 까닭에 축사는 귀신에게 무엇을 어떻게 해달라고 기원할 것이 없을 정도입니다』라고 답하였습니다. 굴건은 이 말을 강왕康王에게 전하였지요. 그러자 강왕이 『귀신과 백성이 모두 원망이 없으니, 그런 분이 다섯 임금을 보좌하는 것은 마땅한 일이 되고도 남는다. 그리하여 진晉나라를 제후의 맹주가 되게 한 것이로다』라고 하였습니다.」

경공이 안자의 말을 듣고서 이렇게 물었다.

「양구거와 예관이 과인에게 능히 귀신을 섬기라고 하기에, 이로써 내가 축사에게 죽음을 내리려 하였던 것입니다. 그런데 선생께서 방금 하신 말씀은 무슨 뜻입니까?」

안자는 이렇게 설명하였다.

「만약 덕이 있는 임금이라면 안팎에 잔폐殘廢함이 없고, 위아래로 원망이 없으며, 어떠한 행동에도 위배됨이 없습니다. 그럴 때는 축사가 귀신에게 어떤 말을 올려도 마음에 부끄러움이 없게 되는 것입니다. 그렇게 되면 귀신은 그 제사를 흠향하게 되고, 나라는 그 복을 받게 되며, 축사도 그 복 받음에 참여하게 되어 많은 복을 받고 수壽를 누리는 것이니, 이는 진실한 임금에게 쓰여서 그 말이 귀신에게 충성되고 믿음이 있기 때문입니다.

그러나 우둔하고 음란한 임금을 만나게 되면 안팎은 사악해지고, 위아래는 원망과 질시가 횡행하며, 움직였다 하면 어그러지는 일뿐 사사로운 욕심을 채우기에 여념이 없고, 누대나 연못을 높고 깊게 하며, 무녀와 음악에 빠지고, 백성의 힘을 꺾어서 잔폐시키며, 약탈하여 모아들여서 그 잘못이 쌓이게 됩니다. 뒷사람을 불쌍히 여기지도 않고, 포학하고 음란하며 방종하고, 행동에 법도도 없고, 꺼려 하여 되돌아오는 법이 없으며, 비방과 원망도 생각지 않습니다.

귀신도 무서워하지 않아 신이 노하고, 백성의 고통이 심한데도 마음에 개전改悛의 빛이 없어 축사가 이 사실을 그대로 신에게 고하게 되면, 그들은 임금의 죄를 말하는 죄를 입게 됩니다. 또한 그들이 잘못을 감추고 훌륭한 것만 거론한다면, 이는 신을 속이는 것이 됩니다. 그리하여 이러지도 못하고 저러지도 못하게 되어 귀신에게 빌 적당한 말이 없게 되면, 헛된 거짓말을 꾸며 귀신의 비위를 맞추는 꼴이 되어 귀신은 이런 제사를 흠향하지 않고, 그 나라에게는 앙화殃禍로써 보답을 내리게 됩니다. 축사도 귀신의 앙화를 벗어나지 못하게 되어, 그 축사의 자손들까지도 요절하고 혼미하며 고아가 되거나 몹쓸 병에 걸리게 되는 것이니, 이는 포악한 임금을 위해 제사를 올리고, 그 거짓된 허언虛言으로 귀신을 업신여겼기 때문에 받는 죄값입니다.」

이에 경공이 말하였다.

「그러면 어떻게 하면 좋겠습니까?」

안자는 이렇게 일러 주었다.

「방법이 없습니다. 산림의 나무는 형록衡鹿이 지키고, 못가의 갈대는 주교舟鮫가 지키며, 들판의 땔나무는 우후虞侯가 지키고, 바다의 소금과 조개를 구하러 가도 기망祈望이 못 살게 굽니다. 저 시골 편벽된 곳에서 나라에 부역을 하러 도읍으로 올 때도, 관문 가까이에 이르면 포악한 세리稅吏는 자신의 이익을 채우려 하고, 세습의 대부大夫는 강제로 뇌물을 바꾸자고 요구합니다.

공포되는 법령은 기준이 없고, 부과되는 세금은 법도가 없으며, 궁실은 날마다 고쳐 짓고, 음락淫樂은 그칠 줄 모르며, 안으로 사랑받는 첩들은 시장에서 제멋대로 약탈하고, 밖으로 사랑받는 신하들은 저 시골까지 가서 임금의 명령을 참칭하고 다니면서 사욕을 채우되 내놓지 않으면 자신의 법으로 괴롭히고 있습니다. 백성은 이런 고통 속에서 신음하며 부부가 다 이를 저주하고 있습니다.

비는 것에는 더함이 있고, 저주 또한 덜어낼 수 있습니다. 요聊·섭攝으로부터 동쪽, 고수姑水・우수尤水의 서쪽 지역, 그 안은 인구가 매우 많은 지역입니다. 비록 그럴듯한 좋은 말로 잘 빈다고 해도, 어찌 앞서의 사람들처럼 억조億兆같이 많은 사람들이 저주하는 것을 이길 수 있겠습니까? 임금께서 만약 축사에게 죽음을 내리고 싶거든, 먼저 그 덕을 잘 닦은 다음에나 할 수 있는 일입니다.」

경공이 이 말을 듣고 느낀 바 있어 유사有司에게 정치를 관대히 하고, 관關과 금법禁法을 없애며, 세금을 줄이고, 책임을 없애 주었다. 그제서야 경공의 병이 나아졌다.

【양구거梁丘據】景公의 臣下.
【예관裔款】齊나라 大夫.
【축사祝史】太祝・史祝・제사・기도를 담당하던 관직.
【축관祝官 고固】固는 人名.
【사관史官 은嚚】嚚은 人名.
 *《左傳》襄公 二十七年의 일.
【굴건屈建】楚나라 臣下. 이 일은 屈建이 趙武에게 范會의 덕행을 물은 것이다.
【조무趙武】趙文子. 晉나라 大夫.
【범회范會】晉나라 公族. 晉六卿의 하나.
【강왕康王】楚나라 康王. 재위 15년(B.C.559~B.C.545).
【형록衡鹿】山林을 관리・감시하는 관리.
【주교舟鮫】沼澤을 관리・감시하는 관리.
【기망祈望】海産物・水産物을 관리하는 관직.
【요료聊・섭攝】齊나라 서쪽의 地名.
【고수姑水・우수尤水】둘 다 물 이름. 齊나라 동부 지역.
【유사有司】일을 맡은 관리.
【관關】稅關・海關・關門.

【참고】1.《晏子春秋》卷一 內篇 諫上 012[1-12]와 관련이 있다.
2.《左傳》昭公 二十年傳
　　齊侯疥遂痁. 期而不瘳, 諸侯之賓問疾者多在. 梁丘據與裔款言於公曰:「吾事鬼神豐於先君有加矣, 今君疾病爲諸侯憂, 是祝史之罪也. 諸侯不知, 其謂我不敬. 君盍誅於祝固史嚚以辭賓.」公說, 告晏子. 晏子曰:「日宋之盟, 屈建問范會之德於趙武. 趙武曰:『夫子之家事治, 言於晉國, 竭情無私, 其祝史祭祀, 陳信不愧, 其家事無猜, 其祝史不祈.』建以語康王, 康王曰:『神人無怨, 宜夫子之光輔五君以爲諸侯主也.』」公曰:「據與款謂寡人能事鬼神, 故欲誅于祝史, 子稱是語何故?」對曰:「若有德之君, 外內不廢, 上下無怨, 動無違事, 其祝史薦信無愧心矣. 是以鬼神用饗, 國受其福, 祝史與焉. 其所以蕃祉老壽者, 爲信君使也, 其言忠信於鬼神. 其適遇淫君, 外內頗邪, 上下怨疾, 動作辟違, 從欲厭私, 高臺深池,撞鍾舞女, 斬刈民力, 輸掠其聚, 以成其違, 不恤後人, 暴虐淫從, 肆行非度, 無所還忌, 不思謗讟, 不憚鬼神, 神怒民痛, 無悛於心, 其祝史薦信是言罪也. 其蓋失數美, 是矯誣也. 進退無辭, 則虛以求媚, 是以鬼神不饗其國以禍之, 祝史與焉. 所以夭昏孤疾者, 爲暴君使也, 其言僭嫚於鬼神.」公曰:「然則若之何?」對曰:「不可爲也! 山林之木, 衡鹿守之, 澤之萑蒲, 舟鮫守之, 藪之薪蒸, 虞侯守之, 海之鹽蜃, 祈望守之, 縣鄙之人, 入從其政, 偪介之關, 暴征其私, 承嗣大夫, 强易其賄, 布常無藝, 徵斂無度, 宮室日更, 淫樂不違, 內寵之妾, 肆奪於市, 外寵之臣, 僭令於鄙, 私欲養求, 不給則應, 民人苦病, 夫婦皆詛, 祝有益也, 詛亦有損. 聊攝以東, 姑尤以西, 其爲人也多矣, 雖其善祝, 豈能勝億兆人之詛? 君若欲誅於祝史, 修德而後可.」公說, 使有司寬政毀關去禁, 薄斂已責.

3. 張純一本 注

　元刻注云, 此章與景公病久. 欲誅祝史以謝. 事旨悉同. 但述辭有首末之異. 故著于此篇. 純一案此與諫上十二章爲一事.

178 [7-8]　景公賞賜及後宮. 文繡被臺榭. 菽粟食鳧鴈. 出而見殣, 謂晏子曰:「此何爲而死?」晏子對曰:「此餧而死.」公曰:「嘻! 寡人之無德也甚矣.」對曰:「君之德著而彰. 何爲無德也?」景公曰:「何謂也?」對曰:「君之德及後宮與臺榭. 君之玩物, 衣以文繡. 君之鳧鴈, 食以菽粟. 君之營內自樂. 延及後宮之族. 何爲其無德? 顧臣願有請于君. 由君之意, 自樂之心, 推而與百姓同之. 則何殣之有? 君不推此, 而苟營內好私, 使財貨. 偏有所聚. 菽粟幣帛, 腐于困府. 惠不徧加于百姓, 公心不周乎萬國. 則桀紂之所以亡也. 夫士民之所以叛, 由偏之也. 君如察臣嬰之言, 推君之盛德. 公布之于天下. 則湯武可爲也. 一殣何足恤哉?」

　경공은 그 상상(賞賜)이 후궁에까지 미치고, 무늬 놓은 비단으로 대사臺榭를 장식하며, 오리와 기러기에게 콩과 좁쌀을 먹일 정도로 사치스러웠다. 그러던 어느 날 경공이 밖에 나갔다가 길에서 굶어죽은 자를 보게 되었다. 이에 경공이 안자에게 물었다.

　「이자는 무슨 일로 죽었습니까?」

　안자가 「먹을 것이 없어 굶어죽은 것입니다」라고 답하자, 경공이 「아! 과인의 덕 없음이 이와 같이 심하도다!」하며 한탄하였다.

　안자는 이렇게 빈정거렸다.

「임금의 덕은 밝게 드러나 있습니다. 어찌 덕이 없다 하십니까?」

「무슨 뜻입니까?」

경공이 이렇게 묻자, 안자가 대답하였다.

「임금의 덕은 후궁과 대사에까지 미치고 있습니다. 임금의 후궁들은 무늬 있는 비단옷을 입으며, 임금께서 기르는 오리와 기러기는 콩과 좁쌀 같은 귀한 곡식을 먹고 있습니다. 임금의 영내는 누구나 즐거움을 누릴 뿐만 아니라 그것이 후궁의 가족에게까지 미치고 있는데, 어찌 덕이 없다 하십니까?

생각건대 저는 임금께 요청할 것이 있습니다. 임금의 그처럼 스스로 즐거워하시는 심정을 미루어 백성과 함께 하신다면, 어찌 굶어죽는 사람이 있을 수 있겠습니까? 그러나 임금께서 이를 미루어 살피지 않고, 실로 영내에서는 사사로운 이익을 좇는 자들이 그 재물을 한쪽으로 치우치게 하며, 곡식과 좋은 옷감이 창고에서 썩어가게 하고, 그 은혜를 백성에게 고루 퍼지지 못하게 하며, 임금의 마음을 만국에 두루 펼쳐지지 못하게 하니, 이는 걸桀과 주紂가 망한 이유와 다를 바 없습니다.

무릇 사민士民이 배반하게 되는 이유는, 바로 치우침이 그 원인인 것입니다. 임금께서 저의 말을 잘 살피시고, 임금의 성덕盛德을 이루어 천하에 이를 공포하신다면 탕湯・무武와 같은 임금도 될 수 있을 터이니, 어찌 다만 한 사람이 굶어죽은 것을 불쌍히 여기는 심정으로 족할 일이겠습니까?」

【대사臺榭】 누대・조망대・놀이터.

【걸桀・주紂】 폭군들. 夏나라의 末王인 桀과 殷나라의 末王인 紂.

【탕湯・무武】 聖君. 商나라의 始祖인 湯임금과 周나라의 武王.

【참고】 1.《晏子春秋》卷一 內篇 諫上 019[1-19]와 관련이 있다.

2.《太平御覽》548・841에 본장의 내용이 전재되어 있다.

3.《說苑》卷十四 至公篇 435[14-6]

齊景公嘗賞賜及後宮, 文繡被臺榭, 菽粟食鳧鴈. 出而見殣, 謂晏子曰:「此何爲死?」晏子對曰:「此餧而死.」公曰:「嘻! 寡人之無德也, 何甚矣?」晏子對曰:「君之德著而彰, 何爲無德也?」景公曰:「何謂也?」對曰:「君之德及後宮與臺榭, 君之玩物, 衣以文繡, 君之鳧鴈, 食以菽粟, 君之營內自樂, 延及後宮之族, 何爲其無德也? 顧臣願有請於君, 由君之意, 自樂之心, 推而與百姓同之, 則何殣之有? 君不推此而苟營內好私, 使財貨偏有所聚, 菽粟幣帛腐於囷府, 惠不遍加于百姓. 公心不周乎國, 則桀紂之所以亡也. 夫士民之所以叛, 由偏之也. 君如察臣嬰之言, 推君之盛德, 公布之於天下, 則湯武可爲也, 一殣何足恤哉?」

179 [7-9] 景公登箐室而望. 見人有斷雍門之櫺者. 公令吏拘之. 顧謂晏子趣誅之. 晏子默然不對. 公曰:「雍門之櫺, 寡人所甚愛也. 比見斷之. 故令夫子誅之. 默然而不應, 何也?」晏子對曰:「嬰聞之. 古者, 人君出, 則闢道十里. 非畏也. 冕前有旒. 惡多所見也. 纊紘充耳. 惡多所聞也. 泰帶重牛鈞, 舄履倍重, 不欲輕也. 刑死之罪, 日中之朝. 君過之, 則赦之. 嬰未嘗聞爲人君, 而自坐其民者也.」公曰:「赦之. 無使夫子復言.」

경공이 정실箐室에 올라 사방을 살피다가, 옹문雍門에 심어둔 숙櫺이라는 귀한 나무를 잘라가는 자를 발견하게 되었다. 이에 경공이 관리로 하여금 그를 잡아오도록 하였다. 그런 뒤 안자를 돌아보고서 다급히 그에게 벌을 내리도록 하였으나, 안자는 묵묵히 아무런 대꾸를 하지 않는 것이었다. 그러자 경공이 이렇게 재촉하였다.

「옹문의 숙은 과인이 심히 아끼는 나무입니다. 이를 베어가는 자를 붙잡아 선생에게 벌을 내리도록 하였는데도 묵묵히 응하지 않으니 무슨 연유입니까?」

안자는 이렇게 대답하였다.

「제가 듣기로 옛날에 임금께서 외출하게 되면 10리 사방을 사람이 오지 못하도록 하였으니, 이는 무서운 것이 있을까 겁냈던 까닭이 아니었습니다. 또 면류관* 앞에 많은 술을 늘어뜨린 이유는 보이지 않게 하기 위해서였습니다. 그런가 하면 광굉纊紘을 귀에 덮은 것은 많이 들리는 것을 싫어해서였습니다. 그리고 태대泰帶의 무게를 반균牛鈞이나 되게 하고, 신발의 무게를 보통의 두 배나 되게 한 것도 몸을 가볍게 놀리지 못하도록 하기 위한 것이라 하였습니다. 사형에 처할 죄인이 한낮에 불려 나왔다가, 마침 임금의 눈에 띄게 되면 이를 사면시켜 주는 법입니다. 저는 아직까지 임금으로서 자신의 백성을 친히 죄에 얽어매었다는 소리를 듣지 못하였습니다.」

이 말에 경공이 「풀어 주어라! 선생께서 다시 말씀하지 않도록 하라!」라고 명하였다.

【정실箐室】궁궐 이름. 《藝文類聚》에는 靑堂으로 실려 있다.
【옹문雍門】齊나라 궁궐의 문 이름. 《藝文類聚》에는 淮門으로 잘못 실려 있다.
【숙樗】나무 이름. 추자나무, 호도나무. 《說文》에 『楸, 梓也』라 하였다.
  * 원문의 旒는 제왕의 관 앞에 늘어뜨린 옥(垂玉), 면류관. 《大戴禮記》子張問入官篇
에 『冕而前旒, 所以蔽明也』라 하였다.
【광굉纊紘】物名. 쌍성어. 귀의 가장자리에 늘어뜨리는 옥.
【태대泰帶】허리띠의 일종.
【반균半鈞】鈞은 무게의 단위. 『三十斤曰鈞』이라 하였다.

【참고】1. 《晏子春秋》027[2-2]·028[2-3]·208[8-11]과 관련이 있다.
2. 《藝文類聚》卷八十九 木部下 樗
    晏子春秋曰. 景公登靑堂. 見斷樗淮門者, 令誅之. 晏子諫曰:「前冕旒, 惡多見也. 黈纊
塞耳, 惡多聞也. 人君自生其民.」公曰:「趣舍之.」
3. 張純一本 注
    元刻注云, 此章與景公欲殺犯槐者, 景公逐得斬竹者, (者字舊脫今補) 事悉同. 但辭少異
耳. 故著于此篇. 純一案犯槐斬竹事, 見諫下第二章第三章.

180 [7-10]　景公坐于路寢. 曰:「美哉! 室. 其誰將有此乎?」晏子
對曰:「其田氏乎? 田無宇爲埠矣.」公曰:「然則奈何?」晏子對曰:
「爲善者. 君上之所勸也. 豈可禁哉? 夫田氏, 國門擊柝之家. 父以
託其子, 兄以託其弟, 於今三世矣. 山木如市, 不加于山. 魚鹽蜃蛤,
不加于海. 民財爲之歸. 今歲凶饑, 蒿種芼斂不半. 道路有死人. 齊
舊四量. 四升爲豆. 豆四而區. 區四而釜. 釜十而鍾. 田氏四量. 各
加一焉. 以家量貸, 以公量收. 則所以糴, 百姓之死命者澤矣. 今公
家驕汰. 而田氏慈惠. 國澤是將焉歸? 田氏雖無德. 而有施于民. 公
厚斂. 而田氏厚施焉. 詩曰:『雖無德與汝, 式歌且舞.』田氏之施,
民歌舞之也. 國之歸焉, 不亦宜乎?」

경공이 노침路寢에 앉아서 이렇게 감탄하였다.

「아름답도다! 이 건물이여! 어느 누가 장차 이를 갖게 될 것인가?」

안자가 곁에 있다가 이렇게 대답하였다.

「전씨田氏가 아닐는지요? 전무우田無宇는 지금 수재를 막기 위한 제방을 쌓고 있습니다.」

그러자 경공이 물었다.

「그렇다면 어찌하면 되겠습니까?」

이에 안자가 이렇게 대답하였다.

「훌륭한 일이란, 임금께서 권장하실 일입니다. 어찌 가히 금할 수 있겠습니까? 무릇 전씨는 이 나라의 문에 나무를 매달아 놓고, 이를 두드려 가족을 모을 정도로 식구가 많습니다. 아버지가 그 아들에게 이를 물려 주었고, 형이 그 아우에게 이어지게 하였으며, 지금은 이미 삼세三世*에 이르렀습니다. 전씨는 자기의 채읍采邑에 있는 산에서 나무를 베어 시장에까지 운반하여 팔아도 운반비를 더하지 않아 산에서보다 비싸지 않으며, 채읍의 바닷가에서 나는 생선이나 소금·조개 등도 시장에 내다팔면서 바닷가에서 파는 것보다 더 비싼 값을 받지 않아, 백성의 재물이 그의 집으로 몰리고 있습니다.

올해는 흉년이 들어 굶주리고 있습니다. 심은 곡식을 평소의 반도 거두어들일 수 없어 길에는 죽은 자들이 나뒹굴고 있습니다. 제齊나라는 4량量을 기준으로 4승升이 1두豆, 4두가 1구區, 4구가 1부釜, 10부가 1종鍾이 됩니다. 그런데 이런 흉년에 전씨는 4량의 기준에 각각 하나씩 더하여 5량量을 1승升으로, 5승을 1두豆로, 5두를 1구區로, 5구를 1부釜로 삼으며, 여기에 10부를 1종鍾으로 하여 공량公量보다 많은 양을 자신의 가량家量으로 빌려 주고 되돌려 받을 때는 제나라 공량公量으로 하여, 백성들이 전씨에게 빌려간 것을 갚을 때는 그 빌려간 양보다 훨씬 적은 양을 갚게 하고 있습니다. 이렇게 쌀을 꾸어 주어 백성을 죽을 운명에서 살리는 혜택을 베풀고 있는 것입니다.

이처럼 지금의 공가公家는 교만과 사치에 정신이 없을 때, 전씨는 사랑과 은혜를 베풀고 있으니, 이 나라의 혜택이 장차 누구에게 돌아가겠습니까? 전씨 자신은 비록 덕이 없으나 백성에게 베푸는 것이 있습니다. 임금은 거두어들이기에 바쁜데 비해, 전씨는 베푸느라 정신이 없습니다.

시詩*에 『비록 너에게 덕을 베풀지 못해도, 너는 노래하고 춤추네!』라고 하였듯이, 전씨의 베풂에 백성은 노래하고 춤추고 있습니다. 그러니 나라가 그에게 돌아감이 어찌 마땅하지 않겠습니까?」

【노침路寢】임금의 正宮. [前出]

【전무우田無宇】田桓子·陳桓子. 陳과 田은 같은 姓氏. 처음에는 陳으로 姓氏를 삼았으나, 音이 田과 통용되므로 후에 田氏라 부르게 되었다. 《墨子》孫詒讓의 注에 『……田陳古音相近字通』이라 하였다. 뒤에 田氏齊가 되었다.

＊ 田氏는 원래 陳나라에서 齊나라로 와 세력을 키운 씨족이다.

＊《詩經》小雅 車舝의 구절.

【참고】 1.《晏子春秋》044[2-18]·058[3-8]·097[4-17]·185[7-15]와 관련이 있다.

2.《太平御覽》160·177에 본장의 내용이 전재되어 있다.

3.《左傳》昭公 二十六年傳

　齊侯與晏子坐于路寢, 公歎曰:「美哉室, 其誰有此乎?」晏子曰:「敢問何謂也?」公曰:「吾以爲在德.」對曰:「如君之言, 其陳氏乎! 陳氏雖無大德, 而有施於民, 豆·區·釜·鍾之數, 其取之公也薄, 其施之民也厚. 公厚斂焉, 陳氏厚施焉, 民歸之矣. 詩曰:『雖無德與女, 式歌且舞.』陳氏之施, 民歌舞之矣, 後世若少惰, 陳氏而不亡, 則國其國也已.」公曰:「善哉! 是可若何?」對曰:「唯禮可以已之. 在禮, 家施不及國, 民不遷, 農不移, 工賈不變, 士不濫, 官不滔, 大夫不收公利.」公曰:「善哉! 我不能矣. 吾今而後知禮之可以爲國也.」對曰:「禮之可以爲國也久矣, 與天地並. 君令臣共·父慈子孝·兄愛弟敬·夫和妻柔·姑慈婦聽, 禮也. 君令而不違, 臣共而不貳. 父慈而敎, 子孝而箴. 兄愛而友, 弟敬而順. 夫和而義, 妻柔而正. 姑慈而從, 婦聽而婉. 禮之善物也.」公曰:「善哉! 寡人今而後聞此, 禮之上也.」對曰:「先王所稟於天地, 以爲其民也, 是以先王上之.」

4.《韓非子》卷十三 外儲說 右上

　景公與晏子游於少海. 登柏寢之臺. 而還望其國曰:「美哉! 泱泱乎! 堂堂乎! 後世將孰有此?」晏子對曰:「其田成氏乎.」景公曰:「寡人有此國也, 而曰田成氏有之. 何也?」晏子對曰:「夫田成氏甚得齊民. 其於民也, 上之請爵祿行諸大臣. 下之私大斗斛區釜以出貸, 小斗斛區釜以收之. 殺一牛, 取一豆肉, 餘以食士. 終歲布帛, 取二制焉, 餘以衣士. 故市木之價, 不加貴於山. 澤之魚鹽龜鼈蠃蚌, 不加貴於海. 君重斂而田成氏厚施. 齊嘗大飢, 道旁餓死者, 不可勝數也. 父子相牽而趨田成氏者, 不聞不生. 故周秦之民, 相與歌之曰:『謳乎其已乎. 苞乎其往歸田成子乎.』詩曰:『雖無德與女. 式歌且舞.』今田成氏之德, 而民之歌舞民德歸之矣. 故曰. 其田成氏乎.」公泫然出涕曰:「不亦悲乎? 寡人有國, 而田成氏有之. 今爲之奈何?」晏子對曰:「君何患焉? 若君欲奪之, 則近賢而遠不肖. 治其煩亂, 緩其刑罰, 振貧窮而恤孤寡, 行恩惠而給不足民將歸君. 則雖有十田成氏, 其如君何?」

5. 張純一本 注

　元刻注云, 此章與景公登路寢而歎, 景公問後世有齊者, 叔向問齊國之治若何, 辭旨略同而小異. 故著于此篇. 盧云, 吳本缺此章. 純一案此與諫下十九章, 問上八章後段, 問下十七章前半, 後十五章爲一事.

181 [7-11] 景公宿于路寢之宮. 夜分. 聞西方有男子哭者. 公悲之.
明日朝. 問于晏子曰:「寡人夜者. 聞西方有男子哭者. 聲甚哀. 氣
甚悲. 是奚爲者也? 寡人哀之.」晏子對曰:「西郭徒居布衣之士, 盆
成适也. 父之孝子, 兄之順弟也. 又嘗爲孔子門人. 今其母不幸而死.
衬柩未葬. 家貧身老子孤. 恐力不能合衬, 是以悲也.」公曰:「子爲
寡人弔之. 因問其偏衬何所在?」晏子奉命往弔. 而問偏衬之所在.
盆成适再拜, 稽首而不起曰:「偏衬寄于路寢. 得爲地下之臣, 擁札
摻筆, 給事宮殿中右階之下. 願以某日送, 未得君之意也. 窮困無以
圖之. 布脣枯舌. 焦心熱中. 今君不辱而臨之. 願君圖之.」晏子曰:
「然! 此人之甚重者也, 而恐君不許也.」盆成适蹶然. 曰:「凡在君
耳. 且臣聞之. 越王好勇, 其民輕死. 楚靈王好細腰, 其朝多餓死人.
子胥忠其君, 故天下皆願得以爲臣. 孝己愛其親, 故天下皆願得以
爲子. 今爲人子而離散其親戚, 孝乎哉? 足以爲臣乎? 若此而得衬,
是生臣而安死母也. 若此而不得, 則臣請輓尸車. 而寄之于國門外
宇溜之下. 身不敢飲食. 擁轅執輅, 木乾鳥栖, 袒肉暴骸. 以望君愍
之. 賤臣雖愚, 竊意明君哀而不忍也.」晏子入, 復乎公. 公忿然作色
而怒曰:「子何必患若言, 而敎寡人乎?」晏子對曰:「嬰聞之. 忠不
避危. 愛無惡言. 且嬰固以難之矣. 今君營處爲游觀. 旣奪人有. 又
禁其葬, 非仁也. 肆心傲聽, 不恤民憂. 非義也. 若何勿聽?」因道盆
成适之辭. 公喟然太息曰:「悲乎哉! 子勿復言.」迺使男子袒免, 女
子髽者, 以百數. 爲開凶門, 以迎盆成适. 适脫衰絰, 冠條纓, 墨緣,
以見乎公. 公曰:「吾聞之. 五子不滿隅, 一子可滿朝. 非迺子耶?」
盆成适于是臨事不敢哭. 奉事以禮. 畢. 出門. 然後擧聲焉.

　　경공이 노침궁路寢宮에서 잠을 자고 있는데, 밤이 이슥하여 서쪽에서 어
떤 남자의 우는 소리가 들리는 것이었다. 경공이 이를 슬피 여겨 이튿날
조회 때에 안자에게 물었다.
　　「과인이 지난밤 서쪽에서 어떤 남자가 우는 소리를 들었습니다. 그 소리
가 심히 애처로운데다 분위기 또한 대단히 슬펐지요. 이는 어찌된 자입니
까? 과인은 이를 참으로 안타깝게 여기고 있습니다.」

그러자 안자가 이렇게 대답하였다.

「서쪽 성곽에는 다만 포의지사布衣之士밖에 살고 있지 않습니다. 분성괄盆成适이라 하지요. 아버지에 대한 효성이 지극하고, 또 형에게는 공손한 아우로 알려져 있습니다. 게다가 이전에는 공자孔子의 제자였었습니다. 지금은 불행하게도 그의 어머니가 죽었으나 입관만 하였을 뿐, 아직 장례조차 치르지 못하고 있습니다. 집은 가난하고, 그 몸은 늙은데다가 아들은 아직 어리지요. 그 어머니의 주검을 아버지의 무덤에 합장하지 못해서 슬퍼하는 것이 아닌가 합니다.」

이 설명에 경공이 이렇게 부탁하였다.

「선생께서 과인 대신 조문을 하여, 어디에 합장을 하려는지 물어봐 주시겠습니까?」

이에 안자가 임금의 명령대로 찾아가 조문하고, 그 아버지의 무덤이 어디에 있는가를 물었다. 그러자 분성괄이 두 번 절하고, 고개를 떨구고서 차마 일어나지 못한 채 이렇게 대답하였다.

「합장할 자리는 노침의 지하입니다. 돌아가신 아버지는 저세상에서 신하가 되어, 찰札과 필筆을 잡고 궁전의 오른쪽 계단 아래에서 일을 하고 계신다 합니다. 날을 잡아 어머니의 주검을 보내 드리고자 하나, 아직 임금의 동의를 얻지 못하고 있습니다. 너무 곤란한 일이어서 어떻게 처리할 방법이 없습니다. 그래서 입술과 혀가 마르고, 마음을 태우며 가슴만 졸이고 있습니다. 그런데 마침 대부께서 욕됨을 무릅쓰고 이렇게 찾아 주셨으니, 원컨대 대부께서 어떻게 처리해 주셨으면 합니다.」

이 설명에 안자는 이렇게 말하였다.

「그렇지요! 이는 인간에게 있어서 아주 중요한 일이기는 하나, 아마도 임금께서는 이를 허락하지 않을 듯싶습니다.」

분성괄은 이 대답에 궐연히 이렇게 말하였다.

「무릇 대부에게 달려 있을 따름입니다. 또 제가 듣기로 월왕越王이 용맹스러움을 좋아하자 그 백성이 죽음을 두려워하지 않았으며, 초楚나라의 영왕靈王이 허리가 가는 여자를 좋아하자 그 조정에 굶어죽은 자가 많았다 하였습니다.* 그런가 하면 오자서伍子胥가 그 임금에게 충성을 다하자 천하의 임금들이 모두 그런 사람을 신하로 두었으면 하였고,* 효기孝己가 그 어버이에게 효도를 다하자 천하의 어버이된 자들이 그런 아들 하나 두었으면 하고 바랐다 하였습니다.*

지금 사람의 아들된 자로서, 그 아버지와 어머니를 각기 다른 곳에 떨어지게 하여 장사지낸다면 이것이 효도라 할 수 있겠으며, 또 그런 자가 족히 신하가 될 수 있겠습니까? 만약 여기서 합장을 할 수 있게 된다면 이는 저를 살리고 돌아가신 어머니를 편안히 해드리는 일이거니와, 만약 여기서 합장을 하지 못한다면, 저는 영구차를 끌고 나라문 밖으로 가 그곳 처마 밑에서 아무것도 먹지 않고, 수레를 껴안은 채 고삐를 잡고는 마른 나무 위의 새둥지처럼 옷을 다 벗어 그 해골을 내보이며 임금을 향해 원망할 것입니다. 이 천한 자 비록 어리석으나, 생각건대 그쯤하면 명석한 임금일 경우 애처롭게 여겨 차마 들어 주지 않을 수 없을 것입니다.」

안자가 궁으로 들어가 이를 경공에게 보고하였다. 그러자 경공이 분연히 얼굴빛을 바꾸며 화를 냈다.

「선생은 하필이면 내 말을 그렇듯 근심으로 몰고 가서 과인을 가르치려 드는 것입니까?」

안자는 이렇게 대답하였다.

「제가 듣기로 충성된 자는 위험도 피하지 않으며, 사랑할 때는 어떤 말도 꺼리지 않는다 하였습니다. 또 제가 이미 이 일은 어려울 것이라고 일러 주기까지 하였습니다. 그런데 지금 임금께서는 놀이와 즐길 것을 마련하느라 남의 소유를 빼앗고는, 다시금 그 장례까지 가로막고 있으니, 이는 어진 행동이 아닙니다. 그런가 하면 방자한 마음으로 남의 간청을 들어 주지도 않으면서 백성의 근심을 긍휼히 여기지 않으시니, 이는 의로운 일이 아닙니다. 어찌하여 들어 줄 수 없다는 것입니까?」

그리고 나서 분성괄의 말을 전하였다. 그제서야 경공이 위연히 큰 한숨을 쉬며 이렇게 말하였다.

「슬프도다! 선생은 더 이상 말하지 마시오!」

이에 남자들로 하여금 단문袒免하게 하고 여자들은 좌髽하게 하여, 수백 명을 모아 그의 상가집 문을 열고 분성괄을 맞이하였다. 분성괄은 최질衰絰을 벗고 갓끈을 띠고 그 옷깃을 검게 칠한 후, 경공에게 모습을 드러내었다.

이에 경공이 물었다.

「내 듣기로 아들이 다섯이라도 집 귀퉁이 하나 채우지 못하는데, 하나뿐인 아들이 조정을 채우네 하였는데, 이는 바로 그대 같은 효자를 두고 한 말이 아니겠는가?」

이에 분성괄은 장례에 임해서도 곡을 하지 않고 예로써 그 일을 치렀다. 그리고 그 일이 모두 끝나자, 그제서야 문 밖에 나가 큰 소리로 울었다.

【노침궁路寢宮】 임금의 正宮. [前出]
【포의지사布衣之士】 벼슬이 없는 일반 선비.
【분성괄盆成适】 人名.《孟子》盡心章下에는 盆成括로 실려 있다.
【월왕越王】 越王 勾踐을 가리킨다. 蘇時學은 『勾踐會稽之敗, 當魯哀公元年, 後四年而齊景公卒, 不應在晏子之世, 而引以爲詞, 此與下言子胥之忠, 幷著書者所附益也』라 하였고,《墨子》兼愛下에는 『昔者越王句踐好勇. 敎其士臣三年. 以其智爲未足以知之也. 焚舟失火. 鼓而進之. 其士偃前列伏水火而死者, 不可勝數也』라 하였다.
【초楚 영왕靈王】 春秋時代 楚나라의 君主. 재위 12년(B.C. 540~529).
 *《墨子》兼愛下에 『昔荊靈王好小要. 荊國之士, 飯不踰乎一固. 據而後興, 扶垣而後行』이라 하였다.
【오자서伍子胥】 春秋 후기 楚나라 출신으로 吳나라에 망명하여 夫差를 도운 인물.《史記》伍子胥列傳 참조.
 * 張氏本 注에는 『舊脫中二句, 文不成義. 王云, 此文原有四句. 秦策云, 子胥忠其君, 天下皆欲以爲臣』이라 하였다.
【효기孝己】 효성으로 이름난 인물.
 * 張氏本에 『孝己愛其親, 天下皆欲以爲子. 文義正與此同. 下文今爲人子臣云云, 正承上四句言之. 純一今據補』라 하였다.
【단문袒免】 초상 때 웃옷의 왼쪽 소매를 벗는 일과 관을 벗고 머리를 묶어매는 일.
【좌髽】 부인이 喪中에 하는 結髮.
【최질衰絰】 縗絰, 상복.

【참고】 1.《晏子春秋》卷二 內篇 諫下 045[2-20]와 관련이 있다.
2. 張純一 校注本 注
　元刻注云, 此章與逢于何請合葬正同, 而辭少異. 故著于此篇. 純一案逢于何請合葬, 諫下二十章.

182 [7-12] 景公築長庲之臺. 晏子侍坐. 觴三行. 晏子起舞. 曰:
「歲已暮矣, 而禾不穫. 忽忽矣, 若之何! 歲已寒矣, 而役不罷. 惙惙矣, 如之何!」舞三而涕下沾襟. 景公慚焉. 爲之罷長庲之役.

　경공이 장래대長庲臺를 축성하면서 술자리를 열었다. 안자가 곁에서 모시고 있다가, 술잔이 세 번 돌자 춤을 추며 이렇게 노래하였다.

　「올해도 저물어 가는데, 벼는 수확한 게 없도다. 빠르고 빠른 세월, 어찌하면 좋을꼬! 날은 점점 추워지는데, 노역은 끝나지 않네. 슬프고 슬프도다! 어찌하면 좋을꼬!」

　이렇게 세 번 춤을 추니 흐르는 눈물에 옷깃이 젖었다. 이에 경공이 부끄럽게 여기고, 장래대짓는 노역勞役을 그만두게 하였다.

【장래長庲】 누대의 이름으로 보기도 하고, 긴 집으로 보기도 한다.
《참고》1.《晏子春秋》卷二 內篇 諫下 030[2-5]·031[2-6]과 그 주제가 같다.
2. 張氏本 注
　元刻注云, 此章與景公爲長庲欲美之, 景公冬起大臺之役, 辭旨同而小異. 故著於此篇.
純一案諫下第五章, 第六章, 宜參觀.

183 [7-13]　景公好弋. 使燭鄒主鳥, 而亡之. 公怒. 召吏欲殺之. 晏子曰:「燭鄒有罪三. 請數之以其罪而殺之.」公曰:「可.」于是召而數之公前曰:「燭鄒, 汝爲吾君主鳥而亡之, 是罪一也. 使吾君以鳥之故殺人, 是罪二也. 使諸侯聞之, 以吾君重鳥以輕士, 是罪三也.數燭鄒罪已畢, 請殺之.」公曰:「勿殺! 寡人聞命矣.」

　경공은 익弋이라는 사냥법을 좋아하였다. 그리고 그렇게 사로잡은 새들을 촉추燭鄒라는 자로 하여금 관리케 하였는데, 촉추가 그만 그 새를 놓치고 말았다. 이에 경공이 노하여 관리를 불러 촉추를 죽이고자 하였다. 그러자 안자가 이렇게 제안하였다.

　「촉추는 세 가지 죄를 범하였습니다. 청컨대 먼저 그 죄를 책망한 다음에 죽이도록 하시지요!」

　이에 경공이 「좋습니다」 하자, 안자가 촉추를 경공 앞에 불러다 놓고 이렇게 책망하였다.

　「촉추! 너는 우리의 임금을 위해 새를 관리하다가 이를 놓쳤으니, 이것

이 그 첫번째 죄이다. 또 우리 임금으로 하여금 그까짓 새 한 마리 때문에
귀한 사람의 생명을 없애게 하였으니, 이것이 그 두번째 죄이다. 그리고 이
소문이 퍼져서 제후들로 하여금 우리 임금이 새는 중히 여기면서 선비는
가볍게 여기는 인물로 알도록 하였으니, 이것이 그 세번째 죄이다. 이제 촉
추의 죄를 책망하는 일이 끝났으니, 청컨대 사형을 집행하시지요!」

　그러자 경공이 이렇게 소리쳤다.

　「죽이지 마시오! 과인은 선생의 가르침을 따르겠습니다.」

【익弋】繒과 같다. 활의 오늬에 줄을 매어 새를 산 채로 사로잡는 사냥법.
【촉추燭鄒】景公의 臣下.

【참고】 1.《太平御覽》455·832·914에 관련기록이 전재되어 있다.
2.《晏子春秋》卷一 內篇 諫上 024[1-24] 및 025[1-25]와 그 주제가 같다.
3.《說苑》卷九 正諫篇 288[9-17]
　景公好弋, 使燭雛主鳥而亡之, 景公怒而欲殺之, 晏子曰:「燭雛有罪, 請數之以其罪, 乃
殺之.」景公曰:「可.」於是乃召燭雛數之景公前曰:「汝爲吾君主鳥而亡之, 是一罪也; 使
吾君以鳥之故殺人, 是二罪也; 使諸侯聞之以吾君重鳥而輕士, 是三罪也. 數燭雛罪已畢,
請殺之.」景公曰:「止, 勿殺而謝之.」
4.《韓詩外傳》卷九의 10
　齊景公出弋昭華之池, 使顏鄧聚主鳥而亡之, 景公怒, 而欲殺之. 晏子曰:「夫鄧聚有死
罪四, 請數而誅之.」景公曰:「諾.」晏子曰:「鄧聚爲吾君主鳥而亡之, 是罪一也; 使吾君
以鳥之故而殺人, 是罪二也; 使四國諸侯聞之, 以吾君重鳥而輕士, 是罪三也; 天子聞之,
必將貶絀吾君, 危其社稷, 絕其宗廟, 是罪四也. 此四罪者, 故當殺無赦, 臣請加誅焉.」景
公曰:「止, 此亦吾過矣, 願夫子爲寡人敬謝焉.」詩曰:『邦之司直.』
5.《藝文類聚》卷九十 鳥部上 鳥
　晏子曰. 齊景公使顏涿聚主鳥而亡. 公召欲殺之. 晏子曰:「涿聚有三罪, 請數之. 爾爲吾
君主鳥而亡之, 一罪也. 使吾君以鳥殺人, 二罪也. 諸侯聞之, 以吾君重鳥輕士, 三罪也.」
公曰:「勿殺之.」
6. 張純一本 注
　此章與景公欲誅野人. 景公欲殺圉人章. 旨同而辭少異. 故著于此篇. 純一案欲誅野人,
諫上二十四章. 欲誅圉人, 諫上二十五章.

184 [7-14] 景公問晏子曰:「治國之患. 亦有常乎?」對曰:「佞人讒
夫之在君側者, 好惡良臣, 而行與小人, 此治國之常患也.」公曰:
「讒佞之人, 則誠不善矣. 雖然, 則奚曾爲國常患乎?」晏子曰:「君

以爲耳目而好謀事, 則是君之耳目繆也. 夫上亂君之耳目. 下使羣臣皆失其職. 豈不誠足患哉?」公曰:「如是乎? 寡人將去之.」晏子曰:「公不能去也.」公忿然作色不說. 曰:「夫子何少寡人之甚也?」對曰:「臣何敢撟也? 夫能自周於君者, 才能皆非常也. 夫藏大不誠于中者, 必謹小誠于外. 以成其大不誠, 入則求君之嗜欲能順之. 君怨良臣, 則具其往失而益之. 出則行威以取富. 夫何密近, 不爲大利變, 而務與君至義者? 此難見而且難知也.」公曰:「然則先聖奈何?」對曰:「先聖之治也, 審見賓客. 聽治不留. 患日不足. 羣臣皆得畢其誠. 讒諛安得容其私?」公曰:「然則夫子助寡人止之. 寡人亦事勿用矣.」對曰:「讒夫佞人之在君側者, 若社之有鼠也. 諺言有之曰, 社鼠不可熏. 去此乃治矣. 讒佞之人, 隱君之威以自守也. 是故難去焉.」

경공이 안자에게 물었다

「나라를 다스리는 데 항상 있는 근심거리는 무엇입니까?」

안자는 이렇게 대답하였다.

「영인佞人과 참부讒夫가 임금 곁에 있게 되면, 그들은 어진 신하를 미워하기를 즐깁니다. 게다가 그들의 행동은 마치 소인과 같습니다. 이것이 나라를 다스릴 때 늘 있을 수 있는 근심거리입니다.」

그러자 경공이 다시 물었다.

「참녕讒佞의 무리는 정말 좋지 않는 족속들이지요. 비록 그렇기는 하나, 그 정도가 어찌 나라에 항상 존재하는 근심거리가 되겠습니까?」

안자는 이렇게 설명하였다.

「임금께서 눈과 귀를 즐겁게 하고 싶어하는 눈치만 보이면, 그들은 그 즉시 일을 꾸밉니다. 그렇게 되면 임금의 눈과 귀는 거기에 얽매여 아무것도 듣거나 보지 못합니다. 이처럼 위로는 임금의 이목을 혼란스럽게 하고, 아래로는 여러 신하들로 하여금 자신의 직무를 바르게 처리하지 못하게 합니다. 이 어찌 환난이 되기에 부족하다는 말입니까?」

이에 경공이 「그렇게 심한 정도입니까? 그렇다면 과인이 장차 그들을 없애 버리겠습니다!」라고 결의를 보였다.

그러자 안자가 「임금께서는 능히 제거하지 못할 것입니다」라고 하자, 경
공이 얼굴을 붉히며 불쾌히 여겼다.

「선생께서는 어찌하여 과인을 과소평가하심이 그렇듯 심하십니까?」

안자는 이렇게 대답하였다.

「제가 어찌 감히 비꼬겠습니까? 대개 능히 임금 주위에서 스스로 잘 주
선하는 자는 모두가 그 재능이 비상합니다. 그리고 무릇 마음속에 커다란
불성실을 숨기고 있는 자일수록 겉으로는 근신하고 조심스런 성의를 보이
면서, 그 큰 불성실을 감추고 있는 것입니다. 조정에 들어와서는 임금이 즐
겨 하시는 것이면 무엇이든지 구하여 이에 맞추어 주며, 임금이 어떤 훌륭
한 신하 하나를 미워하고 있는 것을 알면 지난날의 실책을 더욱더 저지르
도록 하여 그 원망이 깊어지도록 하지요.*

또 나가서는 자신의 위세를 내세워 부를 착취합니다. 무릇 아주 가까이
밀착하여 큰 이익에는 변절하면서, 임금과 더불어 가장 지극한 의를 행하
는 것처럼 하는 자들이 아니고 무엇이겠습니까? 이는 겉으로 드러나지도
않고, 또한 임금께서 알아차리기도 어렵습니다.」

그러자 경공이 물었다.

「그렇다면 옛 성인들은 이런 일을 어떻게 처리하였습니까?」

「무릇 옛 성인의 다스림에는, 빈객을 깊이 살펴 들은 바를 미루지 않고
해결하되 날짜가 모자랄까 걱정할 정도였습니다. 또한 여러 신하들은 모두
가 그 성의를 다하기에 시간이 없었습니다. 그러니 아첨하는 무리들이 어
디에 그 사사로움을 발붙일 수가 있었겠습니까?」

안자의 이 설명에, 경공이 「그렇다면 선생께서는 과인을 도와 이를 저지
하여 주십시오. 과인 역시 다시는 그런 인물을 등용하지 않겠습니다」라고
하였다.

그러자 안자가 이렇게 말하였다.

「참부와 영인이 임금 곁에 있는 것은, 마치 사직단에 쥐가 있는 것과 같
습니다. 속담에 사직단 안에 사는 쥐는 태워죽일 수도 없다*고 하였습니다.
이들을 없애는 것이 곧 다스림의 지름길이기는 하나, 이 참녕의 무리는 임
금의 위세를 감추고 스스로를 지키는 자들이기 때문에 제거하기가 어려운
것입니다.」

【영인佞人】구변이 좋아 아첨을 잘하는 사람. 《史記》佞幸列傳 참조.
【참부讒夫】남을 헐뜯는 사람. 또 참소하는 사람.
【참녕讒佞】교묘한 변설로 남을 참소하고 아첨함.
 * 張純一 校注에 『言順君之嗜欲, 擧良臣往日令君失意之事, 以益其怨』이라 하였다.
 * 《晏子春秋》059[3-9] 참조.

【참고】1. 《晏子春秋》059[3-9] 및 071[3-21]과 관련이 있다.
2. 《群書治要》에는 卷三 問上에 실려 있다.
3. 張純一 校注本 注
   元刻注云, 此章與景公問佞人之事君何如. 景公問治國何患三章. 大旨同君, 問上二十一
章. 問治國何患, 問上九章.

185 [7-15]　景公與晏子立于曲潢之上, 望見齊國. 問晏子曰:「後世
孰將踐有齊國者乎?」晏子對曰:「非賤臣之所敢議也.」公曰:「胡
必然也?　得者無失, 則虞夏常存矣.」晏子對曰:「臣聞見足以知之
者, 智也.　先言而後當者, 惠也.　夫智與惠, 君子之事.　臣奚足以知
之乎?　雖然, 臣請陳其爲政.　君彊臣弱, 政之本也.　君唱臣和, 敎之
隆也.　刑罰在君, 民之紀也.　今夫田無宇, 二世有功于國.　而利取分
寡.　公室兼之.　國權專之.　君臣易施.　而無衰乎?　嬰聞之, 臣富主亡.
由是觀之, 其無宇之後爲幾.　齊國, 田氏之國也.　嬰老, 不能待公之
事.　公若卽世, 政不在公室.」公曰:「然則奈何?」晏子對曰:「維禮
可以已之.　其在禮也.　家施不及國.　民不懈.　貨不移.　工賈不變.　士
不濫.　官不謟.　大夫不收公利.」公曰:「善!　今知禮之可以爲國也.」
對曰:「禮之可以爲國也久矣.　與天地並立.　君令臣忠.　父慈子孝.
兄愛弟敬.　夫和妻柔.　姑慈婦聽.　禮之經也.　君令而不違, 臣忠而不
二.　父慈而敎, 子孝而箴.　兄愛而友, 弟敬而順.　夫和而義, 妻柔而貞.
姑慈而從, 婦聽而婉.　禮之質也.」公曰:「善哉!　寡人迺今知禮之尙
也.」晏子曰:「夫禮, 先王之所以臨天下也.　以爲其民, 是故尙之.」

　경공이 안자와 함께 곡황曲潢가에 서서 제齊나라를 조망하면서, 안자에
게 이렇게 물었다.

「후세에 누가 장차 이 제나라를 차지하게 될 것 같습니까?」

안자는 이렇게 대답하였다.

「저같이 천한 신하가 감히 이러쿵저러쿵할 일이 아닌가 합니다.」

이에 경공이 「꼭 그럴 필요가 있습니까? 한 번 얻은 자가 잃지 않고 끝까지 간다면 우虞·하夏가 지금까지 있을 텐데!」라고 하자, 안자가 이렇게 대답하였다.

「제가 듣기로 미세한 것을 보고 족히 큰 것을 아는 것은 지智이며, 먼저 말한 것이 나중에 그에 맞게 되는 것을 혜惠라 한다 하였습니다. 제가 어찌 족히 미세한 것을 보고 미래를 알아차리는 능력이 있겠습니까? 비록 그렇기는 하나, 청컨대 제가 정치를 가지고 진술해 보겠습니다. 임금이 강하고 신하가 약한 것이 정치의 근본입니다. 임금이 부르면 신하가 화답하여야 교화가 흥륭해집니다. 또 형벌의 권한이 임금에게 있어야 백성의 벼리가 바로 섭니다.

지금 무릇 전무우田無宇는 두 세대에 걸쳐 이 나라에 공을 세웠으면서도, 이익이 모이면 적은 자에게 나누어 줍니다. 또한 공실公室의 행동을 겸하고 있으며, 국권을 전단專斷하고 있어서 임금과 신하가 그 베푸는 임무를 바꾸어 하고 있습니다. 그러니 어찌 이 나라가 쇠퇴해지지 않겠습니까?

제가 듣기로 신하가 부유해지면 임금이 망한다고 하였습니다. 이로 말미암아 보건대 전무우의 후손이 거의 그런 일을 하고 있으니, 제나라는 전씨의 나라가 되고 말 것입니다. 저는 늙어서 앞으로 다가올 임금의 일을 더 이상 돌보아 드릴 수가 없습니다. 임금께서 지금처럼 하신다면, 정치는 공실公室에서 이루어지지 못할 것입니다.」

그러자 경공이 두려워 물었다.

「그렇다면 어찌하면 좋겠습니까?」

안자는 다시 이렇게 설명하였다.

「오직 예禮로써 다스리면 이를 그치게 할 수 있습니다. 예에 근거하는 한, 한 집안에서 사사로이 베푸는 행위는 나라가 베푸는 정도를 따를 수 없습니다. 이렇게 하여 백성이 게으르지 않도록 하며, 재화財貨가 옮겨다니지 못하게 하고, 백공百工과 상고商賈도 자기 자리를 잃지 않도록 하며, 선비도 외람된 짓을 하지 못하도록 하고, 관에서도 태만히 굴지 않도록 하며,

대부는 공리公利를 사욕을 채우기 위하여 거두어들이는 일이 없도록 하면 될 것입니다.」

이에 경공이 「훌륭합니다! 지금에서야 예라는 것이 가히 나라를 다스릴 수 있는 것임을 알았습니다」라고 하자, 안자가 이렇게 덧붙였다.

「예가 곧 나라 다스림의 표준이 된 지는 이미 오래입니다. 마치 하늘이 땅과 함께 있는 것과 같습니다. 임금이 명하면 신하는 충성을 다하고, 아버지가 자상하면 아들이 효성스럽습니다. 형제간에 우애 있고 부부간에 화목하며, 고부간에 인자함과 순종함이 있어야 하는 것이 예의 경經입니다.

또 임금은 정령政令을 행하면서 스스로 이를 어기지 않고 신하는 충성을 다하되 두 마음을 갖지 아니하며, 아버지는 자상하면서 교육에 힘쓰고 자식은 효성스러우면서 모범이 되며, 형은 사랑을 베풀면서 아껴 줌이 있고 아우는 공경을 다하면서 순종할 줄 알며, 남편은 화목하되 의롭고 아내는 부드러우면서 정숙하며, 시어머니는 자애로우면서 일을 따르고 며느리는 말을 잘 들을 줄 알면서 곱게 행동해야 하는 것, 이것이 곧 예의 질質입니다.」

그러자 경공이 이렇게 말하였다.

「훌륭합니다! 과인이 이제서야 예의 고상함을 알게 되었습니다.」

이에 안자가 이렇게 말하였다.

「무릇 예라고 하는 것은, 선왕들께서 천하에 임하신 그 자체입니다. 그 백성을 그렇게 다스렸으니, 이 때문에 그것이 숭상되는 것입니다.」

【곡황曲潢】물길을 구불구불하게 하여 놀이터로 만든 곳.
【우虞·하夏】舜임금 시대의 虞나라와 禹임금이 세운 夏나라.
【전무우田無宇】陳桓子. 田桓子. 당시의 世族으로 뒤에 田氏齊를 세우게 되었다.
【백공百公】百官. 또는 온갖 匠人.
【상고商賈】장수. 장사아치.

【참고】1.《晏子春秋》044[2-19]·058[3-8]·097[4-17]·180[7-10]과 일부가 중복되어 있다.
2.《太平御覽》71·160·177에 본장의 내용이 전재되어 있다.
3.《左傳》昭公 二十六年傳
　齊侯與晏子坐于路寢, 公歎曰:「美哉室, 其誰有此乎?」晏子曰:「敢問何謂也?」公曰:「吾以爲在德.」對曰:「如君之言, 其陳氏乎! 陳氏雖無大德, 而有施於民, 豆·區·釜·鍾之數, 其取之公也薄, 其施之民也厚. 公厚斂焉, 陳氏厚施焉, 民歸之矣. 詩曰:「雖無德與女, 式歌且舞.」陳氏之施, 民歌舞之矣, 後世若少惰, 陳氏而不亡, 則國其國也已.」公曰:

「善哉! 是可若何?」對曰:「唯禮可以已之. 在禮, 家施不及國, 民不遷, 農不移, 工賈不變,
士不濫, 官不滔, 大夫不收公利.」公曰:「善哉! 我不能矣. 吾今而後知禮之可以爲國也.」
對曰:「禮之可以爲國也久矣, 與天地並. 君令臣共 · 父慈子孝 · 兄愛弟敬 · 夫和妻柔 · 姑
慈婦聽, 禮也. 君令而不違, 臣共而不貳. 父慈而敎, 子孝而箴. 兄愛而友, 弟敬而順. 夫和
而義, 妻柔而正. 姑慈而從, 婦聽而婉. 禮之善物也.」公曰:「善哉! 寡人今而後聞此, 禮之
上也.」對曰:「先王所稟於天地, 以爲其民也, 是以先王上之.」

4.《韓非子》卷十三 外儲說 右上
　景公與晏子游於少海. 登柏寢之臺, 而還望其國. 曰:「美哉! 泱泱乎! 堂堂乎! 後世將
孰有此?」晏子對曰:「其田成氏乎.」景公曰:「寡人有此國也. 而曰田成氏有之, 何也?」
晏子對曰:「夫田成氏甚得齊民. 其於民也, 上之請爵祿行諸大臣, 下之私大斗斛區釜以出
貸, 小斗斛區釜以收之. 殺一牛, 取一豆肉, 餘以食士. 終歲布帛, 取二制焉, 餘以衣士. 故
市木之價, 不加貴於山. 澤之魚鹽龜鼈蠃蚌, 不加貴於海. 君重斂而田成氏厚施. 齊嘗大飢,
道旁餓死者, 不可勝數也. 父子相牽而趨田成氏者, 不聞不生. 故周秦之民. 相與歌之曰:
『謳乎其已乎. 苞乎其往歸田成子乎.』詩曰:「雖無德與女. 式歌且舞.」今田成氏之德, 而
民之歌舞民德歸之矣. 故曰. 其田成氏乎.」公泫然出涕曰:「不亦悲乎? 寡人有國, 而田成
氏有之, 今爲之奈何?」晏子對曰:「君何患焉? 若君欲奪之, 則近賢而遠不肖, 治其煩亂,
緩其刑罰, 振貧窮而恤孤寡. 行恩惠而給不足民將歸君, 則雖有十田成氏, 其如君何?」

5. 張純一 校注本 注
　「元刻注云, 此章與景公坐路寢, 問誰將有此. 景公問魯莒孰先亡, 因問後世孰有齊國. 晉
叔向問齊國之治若何三章. 答旨同而辭異. 故著于此篇, 純一案上文所擧, 卽本篇第十章.
問上八章. 問下十七章. 而諫下十九章, 亦宜參觀.

186 [7-16] 晏子聘于吳. 吳王問:「君子之行, 何如?」晏子對曰:
「君順懷之. 政治歸之. 不懷暴君之祿, 不居亂國之位. 君子見兆則
退. 不與亂國俱滅. 不與暴君偕亡.」

안자가 오吳나라에 초빙되어 가자, 오왕吳王이 물었다.
「군자의 행동이란 어떤 것입니까?」
안자는 이렇게 대답하였다.
「임금이 바른 도에 순종하면 그의 뜻을 따르고, 바르게 다스려지면 그에
게 의탁하여야 합니다. 폭군의 봉록을 꿈꾸지 않으며, 혼란한 나라에서는
벼슬자리에 앉지 않습니다. 군자란 어떤 조짐이 보이면 물러나서 혼란한
나라와 함께 멸망하지 않으며, 폭군과 함께 멸망하지도 않습니다.」

【참고】 1.《晏子春秋》卷四 內篇 問下 090[4-10]과 관련이 있다.

2. 張純一 校注本 注

　　元刻注云, 此章與吳王問可處司去. 事旨旣同. 但辭有詳略之異. 故著于此篇. 純一案文
見問下十章.

187 [7-17]　晏子使吳. 吳王曰:「寡人得寄僻陋蠻夷之鄕. 希見敎君
子之行. 請私而無爲罪.」晏子蹵然辟位. 吳王曰:「吾聞齊君. 蓋賊
以優. 野以暴. 吾子容焉. 何甚也?」晏子遵循而對曰:「臣聞之. 微
事不通, 麤事不能者必勞. 大事不得, 小事不爲者必貧. 大者不能致
人, 小者不能至人之門者必困, 此臣之所以仕也. 如臣者, 豈能以道
食人者哉?」晏子出. 王笑曰:「嗟乎! 今日吾譏晏子. 猶倮而訾高
撅者也.」

　　안자가 오吳나라에 사신으로 가자, 오왕吳王이 이렇게 말하였다.

　　「과인이 편벽되고 누추한 야만의 땅에 붙어 살고 있어서, 늘 군자의 행
동에 대한 가르침을 받아 보았으면 하고 기다려 왔습니다. 청컨대 사사로
운 부탁이니 허물삼지 마시기 바랍니다.」

　　이에 안자가 머뭇거리며 자리를 피해 앉았다. 그러자 오왕이 다시 물었다.

　　「제가 듣기로 귀국 제齊나라 임금은 욕심이 많고 거만하며 야만스럽고
포악하다고 하던데, 선생은 이를 용납하심이 어찌 그리 대단하십니까?」

　　이 질문에 안자는 머뭇거리며 이렇게 대답하였다.

　　「제가 듣기로 미세한 일에도 통하지 못하고, 그렇다고 거친 일에도 능력
이 없으면 반드시 노고롭게 되고, 큰일도 처리하지 못하고 작은 일도 해낼
줄 모르는 자는 가난을 벗어나지 못하며, 큰일에도 사람을 부릴 줄 모르고
작은 일에도 사람을 끌어들이지 못하는 자는 반드시 곤핍해진다고 하였습
니다. 저는 바로 이러한 인물이기에 그에게 벼슬을 하고 있는 것입니다. 저
같은 사람이 어찌 도道로써 남을 먹일 수 있는 인물쯤으로 보이겠습니까?」

　　안자가 나가자, 오왕이 웃으면서 이렇게 말하였다.

　　「아! 내 오늘 안자를 곯려 주려다가, 오히려 벌거벗은 자가 남의 옷자락
이 높이 올려져 살이 조금 보인다고 해서 비웃는 꼴이 되고 말았구나!」

【참고】 1.《晏子春秋》065[3-15] 및 091[4-11]과 관련이 있다.
2.《說苑》卷十二 奉使篇 373[12-13]
　　晏子使吳, 吳王曰:「寡人得寄僻陋蠻夷之鄕, 希見敎君子之行, 請私而毋爲罪!」晏子憱
然避位矣. 王曰:「吾聞齊君盖賊以慢, 野以暴, 吾子容焉, 何甚也?」晏子逡巡而對曰:「臣
聞之, 精事不通, 麤事不能者, 必勞. 大事不得, 小事不爲者, 必貧; 大者不能致人, 小者不
能至人之門者必困. 此臣之所以任也. 如臣豈能以道食人者哉?」晏子出. 王笑曰:「今日吾
譏晏子也, 猶倮而訾高橛者.」
3. 張純一 校注本 注
　　元刻注云, 此章與景公問天下之所以存亡. 魯君問何事回曲之君三章. 或事異而辭同. 或
旨同而辭異. 故著於此篇. 純一案上文所擧, 卽問上十五章, 問下十二章.

188 [7-18]　司馬子期問晏子曰:「士亦有不干君, 不恤民. 徒居無爲,
而取名者乎?」晏子對曰:「嬰聞之. 能足以贍上益民而不爲者, 謂
之不仁. 不仁而取名者, 嬰未得聞之也.」

　　사마자기司馬子期가 안자에게 물었다.

　　「선비 역시 그 임금에게 벼슬을 구하지도 않고,* 그렇다고 백성을 구휼
하지도 않으면서 한갓 하는 일 없이 살며 명성을 얻는 자가 있습니까?」

　　안자는 이렇게 대답하였다.

　　「내가 듣기로 능히 윗사람을 부유하게 하거나 백성에게도 이익을 줄 수
있는 능력이 있으면서, 이를 실천에 옮기지 않는 것을 불인不仁이라 한다
하였습니다. 불인하면서 이름을 드날린다는 것에 대해서는, 나는 아직 들어
본 적이 없습니다.」

【사마자기司馬子期】楚나라 平王의 公子 結. 字는 子期.

　＊ 원문의 「不干君」에서 干은 求.

【참고】 1.《晏子春秋》卷四 內篇 問下 100[4-20]과 관련이 있다.
2. 張氏本 注
　　元刻注云, 此章與叔向問徒處之義章, 旨同而有詳略之異. 故著于此篇. 純一案徒處之義,
歸問下二十章.

189 [7-19] 高子問晏子曰:「子事靈公莊公景公, 皆敬子. 三君之心
一耶? 夫子之心三也?」晏子對曰:「善哉! 問. 事君, 嬰聞一心可
以事百君. 三心不可以事一君. 故三君之心非一也. 而嬰之心非三
心也. 且嬰之于靈公也. 盡復而不能立之政. 所謂僅全其四支以從
其君者也. 及莊公陳武夫. 尙勇力. 欲辟勝于邪. 而嬰不能禁. 故退
而野處. 嬰聞之. 言不用者, 不受其祿. 不治其事者, 不與其難. 吾
于莊公行之矣. 今之君, 輕國而重樂. 薄于民而厚于養. 藉斂過量.
使令過任. 而嬰不能禁. 嬰庸知其能全身以事君乎?」

고자高子가 안자에게 물었다.

「선생께서는 영공靈公과 장공莊公·경공景公을 섬기셨습니다. 그리하여
모두가 선생을 공경하였는데, 이는 세 임금이 똑같은 한마음이었기 때문입
니까? 아니면 선생께서 그에 맞게 세 가지 마음을 썼기 때문입니까?」

안자는 이렇게 설명하였다.

「훌륭하오! 그 질문이여. 임금을 섬기는 일이라면, 제가 듣기로 한결같은
마음이면 가히 1백 명의 임금도 섬길 수 있지만, 세 가지 마음이면 단 한
임금도 섬길 수 없다고 하였습니다. 따라서 세 임금의 마음이 하나인 것도
아니고, 저의 마음이 셋인 것도 아닙니다.

또 제가 영공을 섬길 때에는 있는 대로 다 말씀을 드려도 정치에 이것을
반영시킬 수가 없었습니다. 그래서 사지나 온전히 하여 임금을 따르는 자
에 불과하였습니다.

그리고 장공에 이르러서는 무사武士를 진열시켜 놓고 용력勇力을 숭상
하였으며, 괴팍한 일을 저지르기는 사악한 사람보다 심하였습니다. 하지만
이를 금하게 해줄 수가 없어, 결국 물러나 초야에 살았던 것입니다.

제가 듣기로 자신의 말이 채납되지 않으면 그 봉록을 받지 않아야 하고,
그 일을 능히 처리하지 못하면 그로 인하여 일어난 난難에도 휩쓸리지 말
아야 한다고 하였습니다. 제가 장공에게 한 행동이 바로 그런 것이었지요.

지금의 임금인 경공은 나라를 가벼이 보고 즐거움을 중히 여기며, 백성
에게는 각박하고 자신을 돌보는 데는 후합니다. 거두어들이는 것도 양이
지나치고, 명령도 그 임무가 너무 과중합니다. 이를 저도 능히 금지시키지

못하고 있습니다. 그러니 제가 어찌 온 몸을 다 바쳐 임금을 섬길 줄 아는
인물이겠습니까?」

【고자高子】 高紏가 아닌가 한다.
【영공靈公】 春秋時代 齊나라 君主. 재위 28년(B.C. 581~554).
【장공莊公】 齊나라 君主. 재위 6년(B.C. 553~548).
【경공景公】 齊나라 君主. 재위 58년(B.C. 547~490).

【참고】 1.《晏子春秋》109[4-29]·200[8-3]·201[8-4]와 관련이 있다.
2.《群書治要》에 본장의 내용이 전재되어 있다.
3.《孔叢子》詰墨篇 ⇒109 참조.
4.《藝文類聚》卷二十 人部四 ⇒109 참조.
5. 張氏本 注
　　元刻注云, 此章與梁丘據問事三君不同心. 孔子之齊不見晏子. 旨同而辭少異. 故著于此
篇. 純一案問下二十九章, 外下三章四章旨同.

190 [7-20]　晏子治東阿三年, 景公召而數之曰:「吾以子爲可, 而使
子治東阿, 今子治而亂, 子退而自察也. 寡人將加大誅于子.」晏子
對曰:「臣請改道而行, 而治東阿三年. 不治, 臣請死之.」景公許之.
于是明年上計. 景公迎而賀之曰:「甚善矣! 子之治東阿也.」晏子
對曰:「前臣之治東阿也. 屬託不行. 貨賂不至. 陂池之魚, 以利貧
民. 當此之時, 民無飢者. 君反以罪臣. 今臣後之治東阿也. 屬託行.
貨賂至. 並重賦斂. 倉庫少內. 便事左右. 陂池之魚, 入于權家. 當
此之時, 飢者過半矣. 君迺反迎而賀臣. 臣愚不能復治東阿. 願乞骸
骨. 避賢者之路.」再拜. 便辟. 景公迺下席而謝之曰:「子彊復治東
阿. 東阿者, 子之東阿也. 寡人無復與焉.」

　　안자가 동아東阿 땅을 다스린 지 3년, 경공이 안자를 소환하여 실적을
따지면서 이렇게 질책하였다.
　　「내 그대 정도면 가능하다고 여겨 그대로 하여금 동아 땅을 다스리게 하
였습니다. 그런데 지금 그대가 다스리자마자 혼란이 일어나고 있으니, 그대
는 물러나 스스로 반성하시오. 과인은 장차 그대에게 큰 주벌誅罰을 내릴

것이오!」

그러자 안자가 이렇게 요청하였다.

「청컨대 신이 그 통치방법을 달리하여 실행해 보겠습니다. 그리하여 다시 동아를 3년 동안 다스려 보고, 그래도 잘 다스려지지 않는다면 그때는 사형을 자청하겠습니다.」

경공이 이를 허락하였다. 이에 이듬해 다시 그 실적을 평가하게 되었는데, 경공이 안자를 맞이하며 이렇게 축하하였다.

「대단히 훌륭하오! 그대의 동아 땅 다스림이여!」

그러나 안자는 이렇게 말하였다.

「지난번 제가 동아를 다스릴 때에는 부탁이나 위촉도 거절하고, 재물과 뇌물도 주고받지 못하게 하며, 못에서 나는 물고기도 가난한 백성의 몫으로 정하였습니다. 그렇게 되자 백성 가운데 굶는 자가 없었습니다. 그럼에도 임금께서는 저에게 죄를 주셨습니다.

저는 그후 다시 동아를 다스림에 부탁이나 위촉도 다 들어 주고, 재물과 뇌물도 주고받으며, 부렴賦斂도 무겁게 거두었습니다. 또한 창고에는 조금만 남겨둔 채 좌우에게 편한 대로 나누어 주고, 못의 물고기는 권세 있는 집안의 몫으로 해주었습니다. 이렇게 되자 백성 가운데 굶는 자가 반이 넘고 있습니다. 그런데도 임금께서는 도리어 저를 맞으면서 축하까지 하시니, 저는 어리석어 더 이상 동아를 다스릴 수가 없습니다. 원컨대 해골이나 온전히 보존하기 위해* 어진 이라면 피하는 그런 길로 가겠습니다.」

그리고는 재배하고 곧 물러섰다. 그러자 경공이 자리에서 내려와 이렇게 사과하였다.

「그대는 힘들더라도 다시 동아를 다스려 주시오! 동아는 그대의 땅이오. 과인이 다시는 참견하지 않겠습니다.」

【동아東阿】晏子가 다스리던 땅. 지금의 山東省 西部.
　* 원문의 「乞骸骨」은, 고대 大臣이 辭職을 원할 때 쓰던 말. 해골을 온전히 하여 묻히겠다는 뜻.

【참고】1. 《晏子春秋》114[5-4]와 중복되어 있다.
2. 《說苑》卷七 政理篇 214[7-30] ⇒114 참조.
3. 《子華子》卷上 北宮子仕篇 ⇒114 참조.

4. 기타 관련자료 역시 114를 참조할 것.

191 [7-21] 景公問太卜曰:「汝之道何能?」對曰:「臣能動地.」公
召晏子而告之曰:「寡人問太卜曰:『汝之道何能?』 對曰:『能動
地.』 地可動乎?」晏子默然不對. 出. 見太卜曰:「昔吾見鉤星在四
心之間. 地其動乎?」太卜曰:「然.」晏子曰:「吾言之. 恐子之死
也. 默然不對, 恐君之惶也. 子言, 君臣俱得焉. 忠于君者, 豈必傷
人哉?」晏子出. 太史走入見公曰:「臣非能動地, 地固將動也.」陳
子陽聞之曰:「晏子默而不對者, 不欲太卜之死也. 往見太卜者, 恐
君之惶也. 晏子仁人也. 可謂忠上而惠下也.」

경공이 태복太卜에게 물었다.
「너의 도술 중에 무엇이 가장 능한가?」
「능히 땅을 움직일 수 있습니다.」
이 대답에 경공이 안자를 불러 물어보았다.
「과인이 태복에게 『너의 도술 중에 무엇이 가장 능한가?』라고 물었더니,
『능히 땅을 움직일 수 있다』고 하였습니다. 땅도 능히 움직일 수 있는 것입
니까?」
안자는 묵연히 아무 대답도 하지 아니하고 나갔다. 그리고 태복을 보자
이렇게 물었다.
「지난번에 보니 구성鉤星이 사성四星과 심성心星 사이에 있던데, 그렇게
되면 땅이 흔들리는가?」
이에 태복이 「그렇습니다」라고 대답하였다.
이 말에 안자는 이렇게 일러 주었다.
「내가 임금에게 이 사실을 말하면, 아마 그대는 임금을 속였다는 죄로
죽음을 당하리라. 그러나 내가 묵연히 말을 아니하면, 임금이 궁금해서 못
견뎌낼 것이오. 그러니 그대가 직접 말하시오. 그러면 임금과 신하인 그대
모두 무사할 것이외다. 임금에게 충성을 다하는 자가 어찌 꼭 사람을 다치
게 할 필요가 있으리요?」

안자가 나가자, 태사太史는 급히 경공에게 달려갔다.

「제가 능히 땅을 움직일 수 있는 것이 아니라, 땅이 저절로 움직이게 되어 있는 것입니다.」

진자양陳子陽이 이 이야기를 듣고 이렇게 평하였다.

「안자가 임금 앞에서 묵연히 대답을 아니한 것은 태복을 죽이지 않게 하기 위해서였고, 태복을 찾아가 만난 것은 임금이 계속해서 의혹을 가질까 하여 그런 것이다. 안자는 어진 사람이다. 위로는 충성을 다하고, 아래로는 은혜를 베푸는 인물이라 할 수 있다.」

【태복太卜】占卜을 주관하는 관직.
【구성鉤星】《史記》天官書에『免, 一名鉤星, 出房心間地動. 房爲天駟』라 하였다.
【사성四星】天駟. 房星.
【심성心星】二十八宿의 하나. 鉤星이 四心 사이에 오면 지진이 일어난다고 한다.
【진자양陳子陽】田子陽. 齊나라 臣下.

【참고】1.《晏子春秋》卷六 內篇 雜下 144[6-4] 참조.
2.《淮南子》卷十二 道應訓
　　景公謂太卜曰:「子之道何能?」對曰:「能動地.」晏子往見公. 公曰:「寡人問太卜曰: 『子之道何能?』對曰:『能動地.』地可動乎?」晏子默然不對. 出見太卜曰:「昔吾見句星在 房心之間, 地其動乎?」太卜曰:「然.」晏子出. 太卜走往見公曰:「臣非能動地. 地固將動 也.」田子陽聞之曰:「晏子默然不對者, 不欲太卜之死. 往見太卜者, 恐公之欺也. 晏子可 謂忠於上而惠於下矣.」
3.《論衡》變虛篇
　　齊景公問太卜曰:「子之道何能?」對曰:「能動也.」晏子往見公. 公曰:「寡人問太卜曰: 『子道何能?』對曰:『能動地.』地固可動乎?」晏子嘿然不對. 出見太卜曰:「昔吾見鉤星在 房心之間, 地其動乎?」太卜曰:「然.」晏子出, 太卜走見公:「臣非能動地, 地固將自動.」
4.《說苑》卷十八 辨物篇 753[18-9]
　　齊景公爲露寢之臺, 成而不通焉. 柏常騫曰:「爲臺甚急, 臺成, 君何爲不通焉?」公曰: 「然, 梟昔者鳴, 其聲無不爲也, 吾惡之甚, 是以不通焉.」柏常騫曰:「臣請禳而去之!」公 曰:「何具?」對曰:「築新室, 爲置白茅焉.」公使爲室, 成, 置白茅焉. 柏常騫夜用事, 明日 問公曰:「今昔聞梟聲乎?」公曰:「一鳴而不復聞.」使人往視之, 梟當陛布翼伏地而死. 公 曰:「子之道, 若此其明也! 亦能益寡人壽乎?」對曰:「能.」公曰:「能益幾何?」對曰: 「天子九, 諸侯七, 大夫五.」公曰:「亦有徵兆之見乎?」對曰:「得壽, 地且動.」公喜, 令百 官趣具騫之所求. 柏常騫出, 遭晏子於塗, 拜馬前, 辭曰:「騫爲君禳梟而殺之, 君謂騫曰: 『子之道若此其明也, 亦能益寡人壽乎?』騫曰:『能.』今且大祭, 爲君請壽, 故將往. 以聞.」 晏子曰:「嘻! 亦善矣! 能爲君請壽也. 雖然, 吾聞之; 惟以政與德順乎神, 爲可以益壽. 今 徒祭可以益壽乎? 然則福名有見乎?」對曰:「得壽, 地將動.」晏子曰:「騫, 昔吾見維星絕,樞星散, 地其動. 汝以是乎?」栢常騫俯有間, 仰而對曰:「然.」晏子曰:「爲之無益, 不爲無損也. 薄賦斂, 無費民, 且令君知之!」

5. 張純一 校注本 注

元刻注云, 此章與柏常騫禳熒死, 將爲公請壽, 晏子識其妄章. 旨同而辭異. 故著於此篇. 純一案論衡變虛篇, 亦用此文. 柏常騫請壽, 卽雜下四章.

192 [7-22]　晏子相景公. 其論人也. 見賢而進之. 不同君所欲. 見不善則廢之. 不辟君所愛. 行己而無私. 直言而無諱. 有納書者, 曰:「廢置不周于君前, 謂之專. 出言不諱于君前, 謂之易. 專易之行存, 則君臣之道廢矣. 吾不知晏子之爲忠臣也.」 公以爲然. 晏子入朝, 公色不說. 故晏子歸, 備載. 使人辭曰:「嬰故老悖無能, 毋敢服壯者事.」 辭而不爲臣. 退而窮處. 東耕海濱. 堂下生藜藿. 門外生荊棘. 七年. 燕魯分爭. 百姓惛亂. 而家無積. 公自治國. 權輕諸侯. 身弱高國. 公恐. 復召晏子. 晏子至. 公一歸七年之祿. 而家無藏. 晏子立. 諸侯忌其威. 高國服其政. 燕魯貢職. 小國皆朝. 晏子沒而後衰.

　안자가 경공의 재상이 되어 사람을 논하되 어진 이를 만나게 되면 이를 등용시켰는데, 이것이 임금의 욕구와 꼭 부합하는 것만은 아니었다. 또 불선不善한 자를 보면 물러나게 하였는데, 임금이 아끼는 자라고 해서 이를 피하지도 않았다. 스스로의 행동에는 사사로움이 없었고, 직언直言을 하되 꺼리는 것도 없었다. 이때 어떤 이가 임금에게 이런 투서를 올렸다.

　「임금 앞에서 인사 문제를 옳게 하지 않는 것을 전專이라 하고, 임금 앞에서 거리낌 없이 마구 말하는 것을 이易라 합니다. 전이專易의 행동이 있는 한 군신 사이의 도는 폐지된 것입니다. 이에 저는 안자가 충신인 것인지 사뭇 의심스럽습니다.」

　경공도 그렇다고 여겼다. 이에 안자가 입조入朝하자, 경공이 이를 불쾌히 여겼다. 그러자 이를 알아차린 안자가 돌아와서 떠날 준비를 하고는, 사람을 시켜 임금에게 이렇게 사직의 말을 전하도록 하였다.

　「저는 늙고 패덕하고 무능합니다. 한창 젊은 이들과 똑같이 임금을 섬길 수가 없습니다.」

안자는 이렇게 사직하여 신하의 임무를 벗고, 물러나 궁벽한 곳에 처하였다. 그리하여 동쪽 바닷가로 나와 농사를 짓고 살았는데, 그 뜰에는 여곽藜藿이 자라나고 문 밖에는 가시 덤불이 뒤덮일 지경이었다.

이렇게 7년이 지났을 때, 마침 연燕나라와 노魯나라 사이에 분쟁이 일어나 백성이 혼란에 빠지고 그 집에는 저장된 식량조차 없게 되었다. 경공이 혼자서 나라를 다스렸지만 그 권위는 제후들에게 경시를 받았고, 그 권세 또한 고씨高氏나 국씨國氏보다 낮았다.

경공은 두려운 끝에 다시 안자를 불렀다. 안자가 돌아오자 경공이 한꺼번에 7년치 봉록을 주었지만, 안자는 이를 자기 집에 저장하지 아니하였다. 안자가 조정의 업무를 맡게 되자 제후들은 그의 위세를 두려워하게 되었고, 고씨·국씨도 그의 정치에 복종하게 되었다. 연나라와 노나라도 다시 공물을 바쳐 왔고, 그밖의 작은 나라들도 때맞추어 조공해 왔다. 이런 흥세興世는 안자가 죽고 나서야 쇠미해졌다.

【여곽藜藿】심지 않고 제멋대로 자란 콩대, 또는 가난을 표시한다.
【고씨高氏】齊나라 權臣.
【국씨國氏】齊나라 權臣.

【참고】1.《晏子春秋》卷五 內篇 雜上 115[5-5]와 관련이 있다.
2. 張氏本 注
　元刻注云, 此章與景公惡故人晏子退章, 旨同. 敍享少異. 故著于此篇. 純一案說見雜上五章.

193 [7-23] 晏子使高糾. 治家三年而辭焉. 儐者諫曰:「高糾之事夫子三年. 曾無以爵祿而逐之. 敢請其罪.」晏子曰:「若夫方立之人. 維聖人而已. 如嬰者, 仄陋之人也. 若夫左嬰右嬰之人. 不擧四維. 四維將不正. 今此子事吾三年, 未嘗弼吾過也. 吾是以辭之.」

안자는 고규高糾로 하여금 자신의 집안일을 처리토록 하였는데, 3년 만에 그만 사직시키고 말았다. 이에 다른 빈객이 안자에게 이렇게 간諫하였다.

「고규가 선생을 섬긴 지 3년이나 됩니다. 그런데 일찍이 아무런 작록爵

祿도 준 적이 없으면서 이렇듯 축출해 버리시니, 그의 죄가 무엇인지 감히 알고 싶습니다.」

안자는 이렇게 설명하였다.

「만약 바르고 훌륭하여 완전한 인간이 있을 수 있다면, 오직 성인聖人이 있을 따름입니다. 나는 기울고 누추하고 모자란 사람입니다. 그런 나를 왼쪽에서 돕고 오른쪽에서 돕는 사람이 사유四維를 바로 세워 주지 못한다면, 사유가 바르게 설 수 없을 것입니다. 그런데 고규란 인물은 나를 3년씩이나 섬기면서도, 일찍이 한번도 나의 과실을 간諫하여 보필해 준 적이 없습니다. 나는 이 때문에 그를 사직시키는 것입니다.」

【고규高糾】晏子의 家臣.《說苑》에는 高繚로 실려 있다.
【사유四維】禮義廉恥.《管子》牧民篇에『守國之度. 在飾四維. 四維不張. 國乃滅亡. 何謂四維. 一日禮. 二日義. 三日廉. 四日恥』라 하였다.

【참고】1.《晏子春秋》138[5-28]·139[5-29]와 관련이 있다.
2.《北堂書鈔》32에 본장의 내용이 전재되어 있다.
3.《說苑》卷二 臣術篇 065[2-19]
　　高繚仕於晏子, 晏子逐之, 左右諫曰:「高繚之事夫子, 三年曾無以爵位, 而逐之, 其義可乎?」晏子曰:「嬰仄陋之人也, 四維之然後能直, 今此子事吾三年, 未嘗弼吾過, 是以逐之也.」
4. 張氏本 注
　　元刻注云, 此章與景公欲見高糾章, 旨同而辭少異. 故著于此篇. 純一案高糾事, 見雜上二十八章二十九章. 說苑臣術篇用此文.

194 [7-24]　景公謂晏子曰:「昔吾先君桓公. 予管仲狐與穀, 其縣十七. 著之于帛. 申之以策. 通之諸侯. 以爲其子孫賞邑. 寡人不足以辱而先君. 今爲夫子賞邑. 通之子孫.」晏子辭曰:「昔聖王論功而賞賢. 賢者得之. 不肖者失之. 御德修禮. 無有荒怠. 今事君而免于罪者, 其子孫奚宜與焉? 若爲齊國大夫者, 必有賞邑, 則齊君何以共其社稷, 與諸侯幣帛? 嬰請辭.」遂不受.

경공이 안자에게 이런 제의를 하였다.

「지난날 우리의 선군이신 환공桓公께서는 관중管仲에게 호狐 땅과 곡穀

땅을 주었는데, 그에 속한 현현縣이 17개나 되었습니다. 게다가 이 사실을 비단에 쓰고 책策에다 기록하여 여러 제후들에게 통지하면서, 그 자손에게까지 이것이 상읍賞邑으로 이어지도록 하였습니다. 과인은 선군의 큰 뜻을 욕되게 할 수가 없습니다. 그래서 지금 선생에게 읍을 상으로 내려 자손에게까지 이어지도록 하고 싶습니다.」

그러자 안자가 이렇게 사양하였다.

「옛날 성왕聖王께서 공을 논하여, 어진 이에게는 상을 내리고 불초한 자는 쫓겨났습니다. 그리하여 덕을 닦고 예를 수양하여 황음하거나 태만한 경우가 없었던 것입니다. 그런데 지금은 임금을 섬기면서 죄를 짓지 않는 것만을 족히 여기고 있는 터에, 그 자손들까지 이익을 누려야 한다는 것이 어찌 마땅한 일이겠습니까? 이 제齊나라에서 대부가 된 자로서 누구나 반드시 읍을 상으로 받아야 한다면, 제나라의 임금된 자는 무엇으로 사직에 제사를 드릴 수 있으며, 무엇으로 제후와 선물을 주고받을 수 있겠습니까? 청컨대 사양하겠습니다.」

이리하여 끝까지 받지 아니하였다.

【환공桓公】齊나라 桓公. 春秋五霸의 首長.
【관중管仲】管夷吾. 仲父. 桓公을 도와 패업을 이룬 名臣.
【호호狐】地名.
【곡곡穀】地名.

【참고】 1. 《晏子春秋》 152[6-12]・159[6-19]・160[6-20]・166[6-26]・196[7-26]과 관련이 있다.
2. 張純一 校注本 注
　　元刻注云, 此章與景公致千金而晏子固不受. 使田無宇致封邑晏子辭章. 旨悉同而辭少異. 故著于此篇. 純一案雜下十八章, 十九章, 二十章, 大旨並同.

195 [7-25]　景公賜晏子狐之白裘, 玄豹之茈, 其賀千金. 使梁丘據致之. 晏子辭而不受. 三反. 公曰:「寡人有此二. 將欲服之. 今夫子不受, 寡人不敢服. 與其閉藏之, 豈如弊之身乎?」晏子曰:「君就賜, 使嬰修百官之政. 君服之上. 而使嬰服之于下. 不可以爲敎.」固辭而不受.

　경공이 안자에게 호백구狐白裘라는 좋은 외투와 현표玄豹의 모자를 하
사하였는데, 그 값이 1천 금이나 되었다. 경공이 이를 양구거梁丘據를 통해
안자에게 전달하였으나, 안자가 사양하며 받지를 않는 것이었다. 세 번씩이
나 이를 되돌려보내자, 경공이 이렇게 물었다.

　「과인은 이와 똑같은 것이 둘씩이나 있어 그대가 입었으면 해서 드린 것
입니다. 지금 선생께서 받지 않으시니, 과인도 입지 않겠습니다. 창고에 넣
어두고 거들떠보지도 않는 것이, 어찌 몸에 입어 닳는 것보다 낫겠습니까?」

　그러자 안자가 이렇게 말하였다.

　「임금께서 저에게 남달리 후히 내려 주시면서, 저로 하여금 백관百官의 정
치를 이끌어 달라고 하셨습니다. 그런데 위로는 임금께서 그 좋은 것을 입
고 아래로 저도 그것을 입게 하신다면, 교화가 이루어질 수 없는 것입니다.」

　그리고는 굳이 사양하고 받지 아니하였다.

【호백구狐白裘】여우의 겨드랑이에 있는 흰 털의 가죽으로 만든 썩 좋은 갖옷. 좋고
값진 옷, 사치스러운 옷의 대명사.
【현표玄豹】검은 표범가죽.
【양구거梁丘據】晏子와 동시대의 人物.

【참고】1.《晏子春秋》卷六 內篇 雜下 165[6-25]와 관련이 있다.
2. 張氏本 注
　元刻注云, 此章與景公使梁丘據遺之車馬三返不受章, 旨同而事少異. 故著於此篇. 純一
案雜下二十五章及下章旨並同.
3. 기타 관련자료는 165를 참조할 것.

196 [7-26]　晏子相景公, 布衣鹿裘以朝. 公曰:「夫子之家, 若此其
貧也? 是奚衣之惡也? 寡人不知, 是寡人之罪也.」晏子對曰:「嬰
聞之. 蓋顧人而後衣食者. 不以貪味爲非. 蓋顧人而後行者, 不以邪
僻爲累. 嬰不肖. 嬰之族, 又不如嬰也. 待嬰以祀其先人者, 五百家.
嬰又得布衣鹿裘而朝. 于嬰不有飾乎?」再拜而辭.

안자가 경공의 재상으로 있으면서 포의에 사슴의 가죽으로 만든 옷을 입고 조회에 나오자, 경공이 이렇게 자책하였다.

「선생의 집이 그렇게 가난하십니까? 어찌 옷이 이리도 초라합니까? 과인이 이를 모르고 있었으니, 이는 과인의 잘못입니다.」

그러자 안자가 이렇게 대답하였다.

「제가 듣기로, 대개 다른 사람을 돌아본 이후에 의식衣食을 대하는 이는 어려운 이들을 생각하여 그 맛을 탐함으로써 잘못을 저지르지 않으며, 사벽邪僻한 행위로써 잘못을 거듭하지 않는다 하였습니다.

저는 불초합니다. 게다가 저의 가족들은 저보다 못났습니다. 그래서 저에게 의지하여 그 조상에게 제사지내는 자가 5백 가구나 됩니다. 그러니 제가 이러한 포의나 사슴 갖옷 정도로 조회에 나올 수 있는 것만도, 저에게는 대단한 꾸밈이라 아니할 수 있겠습니까?」

그리고는 두 번 절하고 이를 사양하였다.

【참고】 1. 《晏子春秋》 152[6-12] · 159[6-19] · 160[6-20] · 166[6-26] · 194[7-24]와 관련이 있다.
2. 張氏本 注
　元刻注云, 此章與陳無宇請浮晏子. 景公睹晏子之食而嗟其貧章. 旨同而辭少異. 故著于此篇. 純一案文見雜下十二章. 又二十六章. 盧云, 此章吳本缺.

197 [7-27] 仲尼曰:「靈公汙, 晏子事之以整齊. 莊公壯, 晏子事之以宣武. 景公奢, 晏子事之以恭儉. 晏子, 君子也. 相三君而善不通下. 晏子, 細人也.」晏子聞之. 見仲尼曰:「嬰聞君子有譏于嬰. 是以來見. 如嬰者, 豈能以道食人者哉? 嬰之宗族, 待嬰而祀其先人者數百家. 與齊國之簡士, 待嬰而擧火者數百家. 嬰爲此仕者也. 如嬰者, 豈能以道食人者哉?」晏子出. 仲尼送之以賓客之禮. 再拜其辱. 反, 命門弟子曰:「救民之姓而不夸. 行補三君而不有. 晏子, 果君子也.」

중니仲尼가 이렇게 말하였다.

「영공靈公은 방종하였으나 안자가 이를 섬겨 올바르게 하였고, 장공莊公은 지나치게 과감하였으나 안자가 이를 섬겨 무武를 잘 펴는 임금으로 바로잡아 주었다. 그런가 하면 경공은 사치를 좋아하였으나, 안자가 이를 섬겨 공손하고 검소하도록 이끌어 주었다. 이렇게 보면 안자는 과연 군자로다. 그러나 세 임금을 섬긴 재상으로서 그 선善이 아래로 백성에게까지는 통하지 못하였으니, 이렇게 보면 안자도 대단치 않은 인물이다.」

안자가 이 말을 듣고서 중니를 찾아갔다.

「내가 듣기로 군자께서 나를 기롱譏弄하셨다기에 이렇게 찾아왔습니다. 나 같은 하찮은 인물이 어찌 도를 실행하는 값으로 밥을 먹는 인물이겠습니까? 나의 종족으로서 나의 힘을 빌어 그 선조에게 제사를 지내는 자가 수백 가구나 되며, 우리 제齊나라의 가난한 선비들 중에도 나의 도움을 받아 불을 지펴 밥을 먹고 사는 집이 역시 수백 가구나 되지요. 나는 이런 사람들을 위해 벼슬할 뿐, 어찌 그 높은 도를 실행한다는 명목으로 밥을 먹는 사람이겠습니까?」

안자가 나가자, 중니가 이를 빈객의 예로서 전송하며 이렇게 찾아 준 데 대해 재배하였다. 그리고 돌아와 문하의 제자들에게 이렇게 가르쳤다.

「백성을 구휼하면서도 자랑하지 아니하고, 세 임금을 보좌하고도 자기의 몫으로 여기지 않으니, 안자는 과연 군자로다!」

【중니仲尼】孔子.
【영공靈公】晏子가 섬겼던 君主. [前出]
【장공莊公】역시 晏子가 섬겼던 君主. 崔杼에게 시해당하였다. [前出]

【참고】 1.《孔叢子》卷中 詰墨篇 ⇒109[4-29] 참조.
2.《晏子春秋》092[4-12]·200[8-3]·201[8-4]과 관련이 있다.
3. 張氏本 注
　　元刻注云, 此章與仲尼之齊不見晏子, 魯君問何事回曲之君章. 旨同而述辭少異. 故著於此篇. 純一案外下三章四章, 問下十二章, 旨並同.

晏子春秋 卷八

外篇 不合經術者

198 [8-1] 仲尼見景公, 景公欲封之, 晏子以爲不可.

199 [8-2] 景公上路寢聞哭聲, 問梁丘據, 晏子對.

200 [8-3] 仲尼見景公, 景公曰先生奚不見寡人宰乎.

201 [8-4] 仲尼之齊見景公而不見晏子, 子貢致問.

202 [8-5] 景公出田顧問晏子, 若人之衆有孔子乎.

203 [8-6] 仲尼相魯, 景公患之, 晏子對以勿憂.

204 [8-7] 景公問有臣有兄弟而彊足恃乎, 晏子對不足恃.

205 [8-8] 景公游牛山少樂, 請晏子一願.

206 [8-9] 景公爲大鐘, 晏子與仲尼柏常騫知將毀.

207 [8-10] 田無宇非晏子有老妻, 晏子對以去老謂之亂.

208 [8-11] 工女欲入身于晏子, 晏子辭不受.

209 [8-12] 景公欲誅羽人, 晏子以爲法不宜殺.

210 [8-13] 景公謂晏子東海之中有水而赤, 晏子詳對.

211 [8-14] 景公問天下有極大極細, 晏子對.

212 [8-15] 莊公圖莒, 國人擾, 紿以晏子在, 迺止.

213 [8-16] 晏子死, 景公馳往哭哀畢而去.

214 [8-17] 晏子死, 景公哭之稱莫復陳告吾過.

215 [8-18] 晏子沒, 左右諛, 弦章諫, 景公賜之魚.

198 [8-1] 仲尼之齊, 見景公. 景公說之. 欲封之以爾稽, 以告晏子.
晏子對曰:「不可. 彼浩裾自順. 不可以敎下. 好樂緩于民. 不可使
親治. 立命而怠事. 不可使守職. 厚葬, 破民貧國. 久喪, 循哀費日.
不可使子民. 行之難者在內, 而儒者無其外. 故異于服. 勉于容. 不
可以道衆, 而馴百姓. 自大賢之滅, 周室之卑也. 威儀加多, 而民行
滋薄. 聲樂繁充, 而世德滋衰. 今孔丘盛聲樂以侈世, 飾弦歌鼓舞以
聚徒. 繁登降之禮以示儀. 務趨翔之節以觀衆. 博學不可以儀世. 勞
思不可以補民. 兼壽不能殫其敎. 當年不能究其禮. 積財不能贍其
樂. 繁飾邪術以營世君. 盛爲聲樂以淫愚民. 其道也不可以示世. 其
敎也不可以導民. 今欲封之以移齊國之俗. 非所以導衆存民也.」公
曰:「善!」于是厚其禮, 留其封. 敬見而不問其道. 仲尼迺行.

중니仲尼가 제齊나라에 가서 경공을 만나뵙자, 경공이 이를 즐거워하면
서 그에게 이계爾稽 땅을 봉해 주고자 하여 안자에게 그 의견을 물었다.
그러자 안자가 이렇게 반대하였다.

「안 됩니다. 저들은 오만하면서 자기의 뜻만을 고집하여 따르게 하려 하
므로, 이로써는 아랫사람을 교화시킬 수 없습니다. 또 악곡樂曲을 좋아하여
백성을 늘어지게 하므로, 그들로 하여금 몸소 백성을 다스리게 할 수 없습
니다. 그런가 하면 명령만 세워 놓고 일에는 게을러 직무를 맡길 수 없습
니다. 게다가 장례에 너무 많은 돈을 들여 백성들의 살림을 망가뜨리고, 나
라를 가난하게 하며, 상喪을 너무 오래 끌어 슬퍼하느라 세월을 허비하니
백성들을 자애롭게 할 수 없는 자들입니다.

안으로는 스스로 실행하기 힘든 것을 감추면서, 밖으로는 그것을 드러내
지 않는 것이 유자儒者입니다. 그래서 복장을 특이하게 하여 얼굴 꾸미기
에만 힘씁니다. 따라서 무리를 이끄는 것으로써 백성을 길들일 수 없습니
다. 훌륭한 현인들이 사라지자 주실周室이 쇠퇴해지기 시작하였고, 위의威
儀만을 중시하자 백성의 행동이 천박해지기 시작하였으며, 명성과 즐거움
만 번드르하게 꾸미자 세상의 덕이 점차 쇠미해지기 시작한 것입니다.

지금 공구孔丘는 음악을 무성하게 함으로써 세상을 사치에 빠지게 하며,

현弦의 가락과 장고와 춤으로 수식하여 무리를 모으고, 등강登降의 예*를
복잡하게 하여 의표儀表의 시범을 보이며, 추상趨翔의 예절*에 힘써 무리
에게 뽐내고 있습니다. 많이 배운다고 하면서 세상의 모범을 보이는 것도
아니며, 많이 생각한다고 하면서 백성을 도와 주는 것도 아닙니다. 수명을
두 배로 늘린다고 해도 그들이 요구하는 교육을 다 배울 수 없고, 살아 있
는 동안에 그들이 요구하는 예를 다 실행해 볼 수도 없습니다. 아무리 재
물을 쌓아도, 그들이 말하는 즐거움을 다 채울 수 없습니다.

　번잡하게 꾸미고 사술邪術을 부리면서 세상의 임금들을 현혹시키고, 명
성을 풍성히 하여 백성을 우매하게 만들고 있습니다. 그들의 도는 세상에
보일 수도 없는 것이며, 그들이 말하는 교화도 결코 백성을 인도할 수 있
는 것이 아닙니다. 지금 그런 자에게 봉읍을 주어 우리 제나라의 풍습을
바꾸게 하신다니, 이는 민중을 인도하고 백성을 안존安存시키는 도리가 아
닙니다.」

　경공이 이에 「좋습니다!」 하고는, 그에게 그저 후한 예물만 주고 봉지의
하사에 대한 일은 유보시킨 채, 공경히 만나면서 그의 치도治道에 대해서
는 묻지 않으니, 중니는 마침내 제나라를 떠났다.

【중니仲尼】孔子, 孔丘.
【이계爾稽】齊나라의 邑. 《墨子》에는 尼谿로 실려 있다.
【주실周室】당시의 종주국인 周나라.
　* 登降之禮. 즉 오르내릴 때의 禮.
　* 趨翔之節. 翔은 蹌과 같다. 빠른 걸음에 새가 날개를 펴는 듯한 몸짓.

【참고】1. 본 《晏子春秋》 卷八 外篇은 不合經術者(經術의 기록과 합치되지 않는 기록
들)라*하여 따로 모은 것이다. 주로 역사적 사실과 다르거나, 특히 유가의 입장과 다
른 유가 비판의 기록이다. 따라서 《吳本》에는 분리되지 아니하여 卷七에 합해져 있었
으며, 이 때문에 각장의 일련번호는 二十八부터 四十五까지 이어져 있다. 張純一本에
는 「凡十八章, 盧云, 吳本不分, 蘇云, 舊以此與上篇並合爲一卷, 意在合七略之數」라 하
여, 劉歆의 《七略》처럼 七卷이라는 숫자에 의미를 두었다고 하였다.
2. 《墨子》 卷九 非儒篇下
　孔某之齊見景公, 景公說. 欲封之以尼谿, 以告晏子. 晏子曰:「不可. 夫儒浩居而自順者
也, 不可以敎下. 好樂而淫人, 不可使親治. 立命而怠事, 不可使守職. 宗喪循哀, 不可使慈
民. 機服勉容, 不可使導衆. 孔某盛容脩飾以蠱世, 弦歌鼓舞以聚徒. 繁登降之禮以示儀, 務
趨翔之節以觀衆. 儒學不可使議世, 勞思不可以補民. 絫壽不能盡其學, 當年不能行其禮.
積財不能贍其樂, 繁飾邪術, 以營世君. 盛爲聲樂, 以淫遇民. 其道不可以期世, 其學不可以

導衆. 今君封之, 以利齊俗, 非所以導國先衆.」公曰:「善.」於是厚其禮, 留其封, 敬見而不問其道. 孔某乃恚, 怒於景公與晏子. 乃樹鴟夷子皮, 於田常之門. 告南郭惠子. 以所欲爲, 歸於魯.

3. 《孔叢子》卷中 詰墨篇

詰之曰. 卽如此言, 晏子爲非儒惡禮, 不欲崇喪遂哀也. 察傳記, 晏子之所行未有以異於儒焉. 又景公問所以爲政, 晏子答以禮云, 景公曰:「禮其可以治乎?」晏子曰:「禮於政與天地並. 此則未有以惡於禮也.」晏桓子卒, 晏嬰斬衰枕草苴絰帶, 杖菅菲食粥, 居於倚廬, 遂哀三年. 此又未有以異於儒也. 若能以口非之, 而躬行之晏子所弗爲.

4. 《鹽鐵論》論誹篇

丞相史曰:「晏子有言. 儒者華於言而寡於實. 繁於樂而舒於民. 久喪以害生. 厚葬以傷業. 禮煩而難行. 道迂而難遵. 稱往古而言訾當世. 賤所見而貴所聞. 此人本枉以己爲拭. 此顏異所以誅黜. 而狄山死於匈奴也. 處其位而非其朝. 生乎世而訕其上. 終以被戮而喪其軀. 此獨誰爲負其累而蒙其殃乎?」

5. 《叢子》詰墨篇 注

晏子曰. 孔子之齊見景公, 公悅之封之以尼谿. 晏子曰:「不可. 夫儒浩居而自順, 立命而怠事, 崇喪遂哀, 盛用繁禮. 其道不可以治國, 其學不可以導家.」公曰:「善.」

6. 張氏本 注

據史記齊世家, 晏子先景公卒十年. 亡吳之歲, 在晏子卒後二十七年. 白公之亂. 在晏子卒後二十二年. 其說不能見信於後人, 故本書不趣, 專就儒家旨趣異於墨者而非之. 此知晏子當歸墨家. 墨子非儒之文, 凡本書所無者, 皆後人增成之. 元刻注云, 此並下五章, 皆毀訛孔子. 殊不合於此篇.

199 [8-2] 景公上路寢, 聞哭聲, 曰:「吾若聞哭聲, 何爲者也?」梁丘據對曰:「魯孔丘之徒鞠語者也. 明于禮樂. 審于服喪. 其母死, 葬埋甚厚. 服喪三年. 哭泣甚疾.」公曰:「豈不可哉?」而色說之. 晏子曰:「古者, 聖人, 非不知能繁登降之禮. 制規矩之節. 行表綴之數. 以教民. 以爲煩人留日. 故制禮不羨于便事. 非不知能揚干戚鐘鼓竽瑟以勸衆也. 以爲費財留工. 故制樂不羨于和民. 非不知能累世殫國以奉死哭泣處哀以持久也. 而不爲者. 知其無補死者. 而深害生者. 故不以導民. 今品人, 飾禮煩事. 羨樂淫民. 崇死以害生. 三者, 聖王之所禁也. 賢人不用. 德毀俗流. 故三邪得行于世. 是非賢不肖雜. 上妄說邪. 故好惡不足以導衆. 此三者, 路世之政. 單事之教也. 公曷爲不察. 聲受而色說之?」

경공이 노침路寢에 올랐다가 까닭 모를 곡성哭聲을 듣고 물었다.

「내 귀에 곡성인 듯한 소리가 들리는데, 대체 어떤 사람이오?」

양구거梁丘據가 대답하였다.

「노魯나라 공구孔丘의 무리인 국어鞠語라는 사람입니다. 예악禮樂에 밝고, 복상服喪에 대해 깊이 알지요. 그의 어머니가 죽자 후한 장례를 치르고 3년의 복상중이며, 그래서 그 곡성이 심히 슬픈 것입니다.」

그러자 경공이「그 어찌 훌륭한 일이 아닌가?」하면서 얼굴에 기쁜 모습까지 나타내었다. 안자가 이를 보고서 이렇게 말하였다.

「옛날의 성인이라고 해서 등강지례登降之禮를 번거롭게 하고, 규구지절規矩之節을 제정하고, 표철지수表綴之數를 행하여 백성을 교화하여야 한다는 것을 몰랐던 것이 아닙니다. 다만 이로써 백성을 교화하면, 심할 경우 사람을 번거롭게 하고 세월을 허비한다고 여겼기 때문에, 예를 제정함에 평상시의 일에 과분하지 않도록 한 것입니다.

또 그들이 간척干戚·종고鐘鼓·우슬竽瑟의 음악을 앙양하여 백성을 권면케 해야 한다는 것을 몰랐던 것이 아닙니다. 다만 재물을 허비하고 생산에 차질이 생긴다고 여겨, 악樂을 제정할 때 백성과 화목한 것 이상을 바라지 않았을 뿐입니다.

그런가 하면 능히 대대세세로 나라의 재물까지 모두 쏟아부어서라도, 죽은 이를 위하여 소리내어 슬프게 울면서 오래도록 추모해야 한다는 것을 몰랐던 것이 아닙니다. 그런데 그렇게 하지 않은 것은, 그렇게 해봤자 죽은 이에게 아무런 보탬이 되지 않을 뿐만 아니라, 오히려 산 사람에게 해가 된다는 것을 알았기 때문입니다. 그런 까닭으로 백성을 그 길로 인도하지 않은 것입니다.

그런데 지금 사람을 품평하면서 예를 꾸미어 일을 번거롭게 하고, 음악에 빠져 백성을 나쁜 길로 몰고 가며, 죽은 이를 추모하느라 산 사람이 해를 입게 하고 있으니, 이 세 가지는 바로 성왕聖王들이 금지시켰던 것들이며, 어진 이는 하지도 않았던 일들입니다. 덕은 허물어지고, 풍속은 제멋대로 흐르고 있습니다.

따라서 그 세 가지 사악한 행동이 세상에 퍼져 나가고 있으니, 시비是非와 현賢·불초不肖가 뒤섞인 상태입니다. 그런데도 임금께서는 망령되이 그 사악함을 보고 즐거워하시다니, 이는 호오好惡가 그 정도正道를 잃어 백성을 지도하기에 부족합니다. 이 세 가지는 세상의 정교政敎를 괴패乖敗시키고, 지나치게 괴로워하는 것을 가르치는 것입니다.* 임금께서는 어찌 잘 살펴보지도 않고서, 그 소리만 듣고 얼굴에 즐거운 표정까지 지으십니까?」

【노침路寢】임금의 正宮. [前出]
【양구거梁丘據】晏子와 동시대의 人物.
【공구孔丘】孔子.
【국어鞫語】儒家를 신봉하던 孔子의 弟子. 張氏本의 注에『孫云, 疑卽皐魚』라고 하였다.
【등강지례登降之禮】오르내릴 때의 몸가짐에 대한 예.
【규구지절規矩之節】남의 垂範이 되는 예의와 절도.
【표철지수表綴之數】남의 표준이 되는 행동.《大戴禮記》曾子制言에『昔時, 伯夷叔齊, 死於溝澮之間, 言爲文章, 行爲表綴於天下』라 하였고, 孔廣森의 注에『表綴, 言爲人準望也』라 하였다.
【간척干戚】방패와 도끼. 軍禮를 행할 때 추는 樂舞에 사용되는 儀器.
【종고鐘鼓】악기. 打樂器의 총칭.
【우슬竽瑟】악기. 管樂器·絃樂器의 총칭.
* 張純一本 注에『孫本作道. 王引曰, 作單者是也. 單讀爲癉, 病也. 字或作癉, 大雅板篇, 下民卒癉, 毛傳曰, 癉, 病也. 路與單義相近也』라고 하였다.

【참고】《孔叢子》卷中 詰墨篇 注
　墨子曰. 景公祭路寢聞哭聲, 問梁丘據. 對曰:「魯孔子之徒也. 其母死服喪三年, 哭泣甚哀. 公曰:「豈不可哉?」晏子曰:「古者聖人非不能也, 而不爲者知. 其無補於死者, 而深害生事故也.」

200 [8-3]　仲尼游齊, 見景公. 景公曰:「先生奚不見寡人宰乎?」仲尼對曰:「臣聞晏子, 事三君而得順焉. 是有三心. 所以不見也.」仲尼出. 景公以其言告晏子. 晏子對曰:「不然. 非嬰爲三心. 三君爲一心故. 三君皆欲其國家之安. 是以嬰得順也. 嬰聞之, 是而非之. 非而是之. 猶非也. 孔丘必據處此一心矣.」

　중니仲尼가 제齊나라로 가서 경공을 만나자, 경공이 물었다.
　「선생께서는 어찌하여 과인의 재상宰相*은 만나보려 하지 않습니까?」
　그러자 중니가 이렇게 대답하였다.

「제가 듣기로, 재상인 안자는 세 임금을 섬기면서도 모두 순탄하였습니다. 이는 그가 세 가지 마음으로 하였기 때문이라 여겨집니다. 이 까닭으로 저는 그를 만나볼 필요를 느끼지 않습니다.」

중니가 나가자, 경공이 이 말을 안자에게 전하였다. 안자는 이렇게 말하였다.

「그렇지 않습니다. 제가 세 가지 마음을 가진 것이 아니라, 세 임금의 마음이 하나였던 까닭입니다. 즉 세 임금은 누구나 나라의 안녕을 위해 애쓰는 마음 하나였지요. 이 까닭으로 저의 길이 순탄하였던 것입니다. 제가 듣기로 옳은 것을 그르다 하고 그른 것을 옳다 하는 것, 이것이 곧 그른 것이라고 하였습니다. 공구孔丘는 틀림없이 이런 한 가지밖에 모르는 마음에 근거해서 그렇게 말하였을 것입니다.」

【중니仲尼】孔子. 孔丘.
* 구체적으로 晏子를 지칭한다.

【참고】1.《晏子春秋》109[4-29]·189[7-19]·201[8-4]와 관련이 있다.
2.《孔叢子》卷中 詰墨篇 ⇒109 참조.
3. 張氏本 注
　　此文疑本作孔丘必處一於此矣. 言以是爲非, 或以非爲是, 皆非眞也. 孔丘必處一於此矣. 孟子公孫丑下, 前日之不受是. 則今日之受非也. 今日之受是. 則前日之不受非也. 夫子必居一於此矣. 義與此同. 今本此上脫于字, 衍據字心字, 一又倒著此下, 義不可通. 此與下章並問下二十九章外上十九章旨同.

201 [8-4]　仲尼之齊, 見景公而不見晏子. 子貢曰:「見君不見其從政者. 可乎?」仲尼曰:「吾聞晏子事三君而順焉. 吾疑其爲人.」晏子聞之曰:「嬰則齊之世民也. 不維其行. 不識其過. 不能自立也. 嬰聞之, 有幸見愛. 無幸見惡. 誹譽爲類. 聲響相應. 見行而從之者也. 嬰聞之, 以一心事三君者, 所以順焉. 以三心事一君者, 不順焉. 今未見嬰之行, 而非其順也. 嬰聞之, 君子獨立不慚于影. 獨寢不慚于魂. 孔子拔樹削迹, 不自以爲辱. 身窮陳蔡, 不自以爲約. 非人不得其故, 是猶澤人之非斤斧. 山人之非網罟也. 出之其口, 不知其困

也. 始吾望儒而貴之, 今吾望儒而疑之.」仲尼聞之曰:「語有之. 言
發于爾, 不可止于遠也. 行存于身, 不可掩于衆也. 吾竊議晏子, 而
不中夫人之過. 吾罪幾矣. 丘聞君子過人以爲友. 不及人以爲師. 今
丘失言于夫子, 夫子譏之, 是吾師也.」因宰我而謝焉, 然仲尼見之.

중니仲尼가 제齊나라에 가서* 경공은 만나면서도 안자는 만나지 아니하
는 것이었다. 이에 자공子貢이 물었다.

「임금은 만나면서 그 임금의 정책을 집행하는 안자는 만나지 않으시니,
그래도 되는 것입니까?」

그러자 중니가 이렇게 설명하였다.

「내 듣기로 안자는 세 임금을 섬기면서도 순탄하였다. 나는 그의 인물됨
이 의심스럽다.」

안자가 이 말을 전해 듣고 이렇게 말하였다.

「나는 제나라의 보통 백성에 불과하다. 그 행동이 뛰어나지도 못하고, 나
의 과실에 대해 알지도 못한다. 그리고 스스로 자립할 능력도 없다. 내 듣
기로 사랑을 주면 사랑을 받게 되고, 사랑을 주지 않으면 미움을 받게 된
다고 하였다. 비방과 칭찬은 같은 근원에서 생기며, 소리와 메아리는 서로
가 응하게 되어 있다. 어떤 행동이 일어나면 그에 따른 것이 있게 마련이다.

내 듣기로 한결같은 마음으로 세 임금을 섬기는 자는 순탄하지만, 세 마
음으로 한 임금을 섬기는 자는 순탄할 수가 없다고 하였다. 지금 나의 행
동은 보지도 않고, 그 순탄한 사실만을 비방하고 있구나.

내 듣건대 군자란 홀로 있을 때라도 그 그림자에게조차 부끄러워할 일은
하지 않으며, 홀로 잘 때라도 그 혼백에게조차 부끄러워할 일은 하지 않는
다 하였다.

그런데 사마환퇴司馬桓魋가 큰 나무 아래에 있는 공자를 죽이려고 그 나
무의 자취까지 없애려 하였지만, 공자 자신은 그것이 부끄러운 일인 줄도
몰랐다. 그런가 하면 진陳·채蔡 사이에서 그토록 궁했을 때에도 스스로가
능력 없는 가난뱅이인 줄 몰랐다. 그러면서도 사람을 비방만 하였지, 그 원
인이 어디에 있는지는 터득하지도 못하고 있다.

이는 마치 못가에만 살아 도끼의 쓰임새를 모르고, 산속에만 살아 그물

이 어디에 쓰이는지를 모르는 경우와 같다. 입으로 말은 뱉아 놓고 스스로 곤궁에 처한 줄을 모르고 있다. 내 처음에는 유가儒家를 보고서 귀한 공부를 하는 줄 여겼는데, 지금 유가를 보니 그 도가 의심스럽구나.」

그러자 이번에는 중니가 이 말을 듣고 이렇게 말하였다.

「이런 말이 있다. 말이란 아무리 가까운 사람에게만 해도 멀리까지 가는 것을 그치게 할 수 없고, 행동이란 자기 자신만 알게 한다고 해도 모든 사람의 눈을 가릴 수는 없다. 내 남몰래 안자를 입에 올리되 남의 과실을 잘못된 말로 하였으니, 내 잘못도 거의 면할 길이 없도다.

그러나 내 듣기로 군자란 남에게 실수를 하는 것으로 오히려 친구 사이가 될 수도 있고, 그만 못한 자를 스승으로 삼을 수도 있다고 하였다. 지금 내가 선생에게 실언을 하였더니, 선생이 이를 지적해 주었다. 따라서 이는 나의 스승이다.」

그리고 재아宰我를 통해 사죄한 연후에, 중니는 안자를 만났다.

* 孔子가 齊나라에 간 일은, 《史記》孔子世家에 魯 昭公 二十五年의 일로 실려 있다.
【자공子貢】 孔子의 弟子. 端木賜. 당돌한 질문을 잘하였던 인물.
【사마환퇴司馬桓魋〔拔樹削迹〕】 魯 哀公 三年에 孔子가 宋나라를 떠나 제자들과 큰 나무 아래에 있을 때, 宋나라 大夫 司馬桓魋가 孔子의 무리를 미워하여 그 나무를 뽑아 죽이려고 하였다. 《史記》孔子世家 및 《論語》 참조. 《史記》孔子世家에 「孔子與弟子習禮大樹下, 宋司馬桓魋欲殺孔子, 拔其樹, 孔子去」라 하였다.
【진陳·채蔡】 孔子가 陳나라와 蔡나라 사이에서 匡人에게 포위되어 7일간이나 굶주렸던 사건. 《史記》·《新序》·《說苑》 등 참조.
【재아宰我】 宰予, 子我. 春秋時代 魯나라 사람. 孔子의 弟子로서 十哲의 한 사람. 簡公의 臣下. 言語에 뛰어났다.

【참고】 1. 《晏子春秋》 109·189·200과 관련이 있다.
2. 《孔叢子》卷中 詰墨篇 注
　　墨子曰. 孔子見景公. 公曰: 「先生素不見晏子乎?」 對曰: 「晏子事三君而得順焉. 是有三心所以不見也.」 公告晏子. 晏子曰: 「三君皆欲其國安, 是以嬰得順也. 聞君子獨立不慚於影, 今孔子伐樹削迹, 不自以爲辱. 身窮陳蔡, 不自以爲約. 始吾望儒貴之, 今則疑之.」

202 [8-5] 景公出田. 寒, 故以爲渾, 猶顧而問晏子曰: 「若人之衆, 則有孔子焉乎?」 晏子對曰: 「有孔子焉, 則無有若舜焉. 則嬰不識.」

公曰：「孔子之不逮舜爲聞矣. 曷爲有孔子焉, 則無有若舜焉, 則嬰
不識?」晏子對曰：「是洒孔子之所以不逮舜. 孔子, 行一節者也. 處
民之中, 其過之識. 況處君子之中乎? 舜者, 處民之中, 則自齊乎士.
處君子之中, 則齊乎君子. 上與聖人, 則固聖人之林也. 此洒孔子之
所以不逮舜也.」

　경공이 사냥을 나갔다. 날씨가 추웠지만, 경공은 오히려 따뜻하다고 여겼
다. 그러면서 안자를 돌아보며 이렇게 물었다.
　「이처럼 많은 사람 중에 공자孔子가 섞여 있다면, 금방 찾아낼 수 있겠
습니까?」
　안자는 이렇게 대답하였다.
　「공자 같은 이라면 금방 드러나지요. 그러나 순舜임금 같은 분이라면 얼
른 알아보고 찾아내기가 힘들 것입니다.」
　이에 경공이 이상히 여겨 물었다.
　「공자는 순임금에 미치지 못합니다. 그런데 어찌하여 공자라면 찾아낼
수 있고, 순임금이라면 찾아낼 수 없다고 하는 것입니까?」
　안자의 대답은 이러하였다.
　「그것이 바로 공자가 순임금에 미치지 못하는 이유입니다. 공자는 한 가
지 정도만 행할 수 있는 인물입니다. 그는 미미한 백성들 가운데 있어도
그 지식을 지나치게 과장하는데, 하물며 군자의 무리 속에 있다면 어떠하
겠습니까? 그러나 순임금은 미미한 백성들 틈에 끼여 있어도 스스로 다른
선비와 같이 행동하고, 군자의 무리 속에 있다 할지라도 그 군자들과 보조
를 맞춥니다. 더 나아가 위로 성인聖人들과 같이 있다 해도, 그 성인들의
숲속에 묻혀 드러나 보이지 않습니다. 이것이 곧 공자가 순임금에게 미치
지 못하는 점입니다.」

【순舜】古代의 聖人. 虞나라를 세운 始祖. 정식 이름은 虞帝舜.

203 [8-6] 仲尼相魯, 景公患之. 謂晏子曰：「鄰國有聖人, 敵國之

憂也. 今孔子相魯, 若何?」晏子對曰:「君其勿憂. 彼魯君, 弱主也.
孔子, 聖相也. 君不如陰重孔子, 設以相齊. 孔子彊諫而不聽. 必驕
魯而有齊. 君勿納也. 夫絶于魯, 無主于齊, 孔子困矣.」居期年, 孔
子去魯之齊. 景公不納. 故困于陳蔡之間.

중니仲尼가 노魯나라의 재상이 되자, 경공이 이를 두려워하며 안자에게
물었다.

「이웃나라에 성인이 있으면, 그 상대 나라에 근심이 된다고 하였습니다.
지금 공자가 노나라의 재상이 되었으니, 어떻게 하면 좋겠습니까?」

그러자 안자가 이렇게 대답하였다.

「임금께서는 걱정하지 않으셔도 됩니다. 저 노나라의 임금은 나약한 군
주입니다. 상대적으로 공자는 성스러운 재상입니다. 이때 임금께서 슬며시
공자를 높여 주면서, 우리 제나라에 재상자리를 마련해 놓으십시오. 공자는
노나라 임금에게 자꾸 간언을 하다가 먹혀들지 않게 되면 틀림없이 노나라
에 대해서 교만하게 보일 수밖에 없고, 결국 그는 우리 제나라에 마음을
두게 될 것입니다. 그때 임금께서는 공자를 받아들이지 않는 것입니다. 그
렇게 되면 공자는 노나라에서도 끊어지고, 우리 제나라에서도 임금의 도움
이 없어져 결국 곤궁에 빠지고 말 것입니다.」

그로부터 1년 뒤, 공자는 과연 노나라를 버리고 제나라로 왔다. 그러나
경공이 받아들이지 않자, 그는 진陳·채蔡 두 나라 사이에서 곤액에 빠지
게 되었다.

【진陳·채蔡】孔子가 陳나라와 蔡나라 사이에서 곤액을 당한 일. 201 注 참조. [前出]

【참고】 1. 《孔叢子》卷中 詰墨篇
　詰之曰. 按如此辭, 則景公晏子畏孔子之聖也. 上乃云非聖賢之行, 上下相反. 若晏子悖
可也, 否則不然矣.
2. 《孔叢子》卷中 詰墨篇
　墨子曰. 孔子相魯, 齊景公患之. 謂晏子曰:「鄰有聖人, 國之憂也. 今孔子相魯, 爲之若
何?」晏子對曰:「君其勿憂. 彼魯君弱主也, 孔子聖相也. 不如陰重孔子, 欲以相齊, 則必
强諫魯君, 魯君勿不聽將適齊, 君勿受則孔子困矣.」
3. 張氏本 注
　孫云, 孔叢詰墨用此文. 元刻注云, 此上五章皆毀詆孔子. 而此章復稱爲聖相. 說相齊以

困孔子. 似非平仲之所宜. 故著於此篇.

204 [8-7] 景公問晏子曰:「有臣而彊, 足恃乎?」晏子對曰:「不足恃.」「有兄弟而彊, 足恃乎?」晏子對曰:「不足恃.」公忿然作色曰:「吾今有恃乎?」晏子對曰:「有臣而彊, 無甚如湯. 有兄弟而彊, 無甚如桀. 湯有弒其君. 桀有亡其兄. 豈以人爲足恃, 可以無亡也?」

경공이 안자에게 물었다.

「강한 신하를 두고 있다면, 족히 믿고 안심할 수 있습니까?」

「믿고 안심할 수 없습니다.」

안자의 이 대답에 경공이 다시 물었다.

「그러면 강한 형제를 두고 있다면, 족히 믿고 안심할 수 있습니까?」

「역시 믿을 만하지 못합니다.」

이 말에 경공이 분연히 얼굴을 붉히며 물었다.

「그러면 지금 내가 무엇을 믿을 수 있습니까?」

그제서야 안자는 이렇게 설명하였다.

「아무리 그 신하가 훌륭한들 탕湯*만한 이가 있겠으며, 아무리 형제가 잘해 준들 걸桀처럼 훌륭한 형제를 두었던 이가 있겠습니까? 그런데도 탕은 그 임금인 걸을 죽여 없앴고, 걸은 그 형을 죽여 없앴습니다. 그러니 어찌 사람을 미덥다고만 하였다가 멸망이 없다고 할 수 있겠습니까?」

* 湯은 桀의 신하였지만, 桀이 포악하게 굴자 그를 없애 버렸다.
【걸桀】桀에게는 자신을 보좌해 줄 형제가 있었지만, 그들을 죽이고 더욱 포악해졌다. 그러나 張氏本에는 『無孝, 二句義不可曉』라 하였다.

【참고】1. 張氏本 注
　元刻注云, 此章景公問臣並兄弟之强. 而晏子對以湯桀. 無以垂訓. 故著於此篇. 此章下舊有與字. 俞云, 此與字似不當有. 寫者依他篇增之. 而不知其非. 純一今據刪. 盧云, 吳勉學本缺此與下六章. 元刻本, 沈啓南本, 吳懷保本, 皆有.

205 [8-8]　景公遊于牛山，少樂．公曰：「請晏子一願．」晏子對曰：
「不．嬰何願？」公曰：「晏子一願．」對曰：「臣願有君而見畏．有妻
而見歸．有子而可遺．」公曰：「善乎！晏子之願也．載一願．」晏子
對曰：「臣願有君而明，有妻而材，家不貧，有良鄰，有君而明，日順
嬰之行．有妻而材，則使嬰不忘．家不貧，則不慍朋友所識．有良隣，
則日見君子．嬰之願也．」公曰：「善乎！晏子之願也．載一願．」晏
子對曰：「臣願有君而可輔．有妻而可去．有子而可怒．」公曰：「善
乎！晏子之願也．」

경공이 우산牛山에 놀이를 갔다가 분위기가 무르익자 이렇게 말하였다.
「청컨대 안자께서 한 가지 소원을 말씀해 보시지요.」
그러자 안자는 이렇게 사양하였다.
「아닙니다. 제가 원하는 것이 뭐가 있겠습니까?」
이에 경공이 다시 「그래도 한 가지 소원을 말씀해 보시지요」라고 재촉하
자, 안자는 이렇게 말하였다.
「저는 임금이 있어 두려워할 대상이 있고, 아내가 있어 돌아갈 곳이 있으
며, 아들이 있어 남겨 줄 것이 있으니 이런 상태가 계속되기를 바랍니다.」
그러자 경공이 이렇게 말하였다.
「훌륭합니다! 안자의 소원이여! 다시 한 가지만 더 말씀해 보시지요.」
이에 안자는 다시 이렇게 말하였다.
「저는 임금께 명철함이 있고, 아내는 재주가 있으며, 집은 가난하지 않고,
좋은 이웃이 있기를 원합니다. 임금이 명철하면 날마다 저의 행동이 순탄
하고, 아내가 재주가 있으면 저로 하여금 항상 잊지 않게 하며, 집이 가난
하지 않으면 친구 사이에 서운함을 주는 일이 없게 되고, 좋은 이웃이 있
으면 날마다 군자들을 보게 되지요. 이것이 저의 소원입니다.」
경공은 다시 만족하였다.
「훌륭합니다! 안자의 소원이여! 다시 한 가지만 더 말씀해 보시지요.」
안자는 다시 이렇게 말하였다.
「저는 임금이 있어 가히 보좌할 수 있고, 아내가 있어 가히 부릴 수 있으
며, 자식이 있어 가히 화도 내어 볼 수 있으니 이대로가 좋습니다.」

경공은 이렇게 감탄하였다.

「훌륭합니다! 안자의 소원이여!」

【우산牛山】齊나라 경내에 있는 산 이름.

【참고】張氏本 注
　元刻注云, 此章載晏子之願如此. 無以垂訓. 故著於此篇. 純一案元刻載譌裁, 從盧校改. 盧本缺此章.

206 [8-9]　景公爲大鐘, 將縣之. 晏子, 仲尼, 柏常騫, 三人朝. 俱曰:「鐘將毁.」衝之, 果毁. 公召三子者而問之. 晏子對曰:「鐘大, 不祀先君而以燕. 非禮. 是以曰鐘將毁.」仲尼曰:「鐘大而縣下, 衝之, 其氣下回而上薄. 是以曰鐘將毁.」柏常騫曰:「今庚申, 雷日也. 音莫勝於雷. 是以曰鐘將毁也.」

　경공이 커다란 종鐘을 주조하여 장차 이를 매달아두고자 하였다. 그런데 안자晏子와 중니仲尼·백상건柏常騫 등, 이 세 사람이 입조入朝하여 모두 이렇게 말하는 것이었다.

「종이 장차 깨어질 것입니다.」

　이에 종을 매달고서 그 종을 치니, 과연 깨어지고 마는 것이었다. 그러자 경공이 세 사람을 불러 물어보았다. 먼저 안자가 이렇게 대답하였다.

「종이 이렇게 큰데 선군先君들께 제사도 지내지 아니하고 잔치부터 벌이려 하니, 이는 예에 어긋납니다. 이 까닭으로 종이 장차 깨어질 것이라고 한 것입니다.」*

　다음으로 중니는 이렇게 설명하였다.

「종이 이토록 큰데 매달아 놓고 치면, 그 기氣가 아래를 휘돌아 위는 약해지게 됩니다. 이 까닭으로 종이 장차 깨어질 것이라고 한 것입니다.」*

　끝으로 백상건은 이렇게 말하였다.

「지금은 경신년庚申年에 뇌일雷日입니다. 소리는 우뢰보다 큰 것이 없습니다. 이 까닭으로 종이 장차 깨어질 것이라고 한 것입니다.」*

* 張氏本 注에는 「此以神道說教」라 하였다.
* 《初學記》에는 「其氣不得上, 薄」이라 하였다.
* 張氏本 注에는 「此陰陽家言, 殊不足信」이라 하였다.

【참고】 1. 《初學記》 16에 본장의 내용이 전재되어 있다.
2. 《太平御覽》 575에 본장의 내용이 인용되어 있다.
3. 張氏本 注
  元刻注云, 此章與景公爲泰呂成, 將燕饗, 晏子諫章. 旨同而尤近怪. 故著於此篇. 純一
案元刻成謥臣, 據明本改. 盧校同. 景公爲泰呂成, 卽諫下十二章. 盧云, 吳本缺此章.
4. 《晏子春秋》 卷二 內篇 諫下 036[2-11]과 관련이 있다.

207 [8-10] 田無宇見晏子獨立于閨內. 有婦人出於室者. 髮班白.
衣緇布之衣. 而無裏裘. 田無宇譏之曰:「出於室何爲者也?」晏子曰:
「嬰之家也.」無宇曰:「位爲中卿. 食田七十萬. 何以老妻爲?」對曰:
「嬰聞之. 去老者謂之亂. 納少者謂之淫. 且夫見色而忘義. 處富貴
而失倫. 謂之逆道. 嬰可以有淫亂之行. 不顧于倫. 逆古之道乎?」

  전무우田無宇가 보니 안자는 집 안에 홀로 서 있고 어떤 부인이 집에서
나오는데, 그 머리카락은 희고 옷은 치포緇布로 짠 것으로 이구裏裘조차
없는 것이었다.

  전무우가 이 모습을 보고 놀라 「지금 집 안에서 나오는 이가 누굽니까?」
라고 물었다.

  이에 안자가 「나의 집사람입니다」라고 하자, 전무우가 「귀하의 직위는
중경中卿에 해당하고 식읍의 농토는 70만이나 되는데, 어찌하여 늙은 아내
와 그대로 살고 있습니까?」라고 물었다.

  그러자 안자가 이렇게 대답하였다.

  「내 듣기로 늙은이라고 내보내는 것을 난亂이라 하고, 어린 여자를 맞아
들이는 것을 음淫이라 한다 하였습니다. 무릇 색을 보고 의를 잊으면서 부
귀에 빠져 윤리를 잃는 것을 역도逆道라 한다 하였습니다. 내 어찌 음란淫
亂한 행동에 윤리를 돌아보지 아니하여, 옛날의 도에 역행하는 짓을 할 수
있단 말입니까?」

【전무우田無宇】田桓子. 陳桓子.
【치포緇布】성긴 베.
【이구裡裘】속에 입는 갖옷.

【참고】1.《韓詩外傳》卷九의 26
　　晏子之妻使人布衣緂表. 田無宇譏之曰:「出於室, 何爲者也?」晏子曰:「家臣也.」田無宇曰:「位爲中卿, 食田七十萬, 何用是人爲畜之?」晏子曰:「棄老取少, 謂之瞀, 貴而忘賤, 謂之亂, 見色而說, 謂之逆. 吾豈以逆亂瞀之道哉!」
2.《晏子春秋》卷六 內篇 雜下 164[6-24]와 관련이 있다.
3. 張氏本 注
　　元刻注云, 此章與景公以晏子妻老欲納愛女, 旨同而事異. 陳無宇雖至凡品, 亦未應以是誚晏子. 說非晏子者. 將納其說, 見棄妻乎. 無以垂訓. 故著于此篇. 純一案景公欲納愛女, 卽雜下廿四章. 盧云, 吳本缺此章.

208 [8-11]　有工女, 託于晏子之家者. 曰:「婢妾, 東郭之野人也. 願得入身. 比數于下陳焉.」晏子曰:「乃今而後自知吾不肖也. 古之爲政者. 士農工商異居. 男女有別而不通. 故士無邪行. 女無淫事. 今僕託國主民. 而女欲犇僕. 僕必色見而行無廉也.」遂不見.

　어떤 공녀工女가 안자의 집에 의탁하겠노라고 찾아와서는 이렇게 말하였다.
　「비첩은 동곽東郭의 야인野人입니다. 원컨대 이 집에 비첩의 몸을 의탁하오니, 아래에서 섬기는 사람의 숫자에 채워 주셨으면 합니다.」
　그러자 안자가 이렇게 말하였다.
　「지금 이 일이 있고 나서야, 내 스스로가 불초한 인물임을 알게 되었도다. 옛날의 위정자는 사士·농農·공工·상商이 각각 구분되어 살도록 하였고, 남녀를 유별시켜 서로 통하지 못하도록 하였다. 그래서 선비는 사악한 행동을 하지 못하였고, 여자는 음란한 일을 하지 않도록 한 것이다. 그런데 지금 나는 나라의 부탁을 받아 백성을 다스리고 있는데 여자가 달려와 내게 의탁하려 하니, 틀림없이 내가 색을 좋아하고 행동에 염치가 없는 자로 보였기에 그러할 것이다.」
　그리고는 드디어 만나보지도 아니하였다.

【동곽東郭】 地名, 혹은 齊나라 동쪽의 성곽 지역.
【야인野人】 비루한 천민. 자신을 낮추어 부르는 말.

【참고】 1.《晏子春秋》27·28·179와 관련이 있다.
2.《太平御覽》426에 본장의 내용이 전재되어 있다.
3. 張氏本 注
　元刻注云, 此章與犯傷槐之令者女求入晏子家. 事同而辭略. 且無因而至. 故著於此篇.
純一案犯槐者女事, 見諫下二章. 盧云, 吳本缺此章.

209 [8-12]　景公蓋姣. 有羽人視景公僭者. 公謂左右曰:「問之. 何
視寡人之僭也?」羽人對曰:「言亦死. 而不言亦死. 竊姣公也.」公
曰:「合色寡人也? 殺之!」晏子不時而入見曰:「蓋聞君有所怒羽
人?」公曰:「然! 色寡人, 故將殺之.」晏子對曰:「嬰聞拒欲不道.
惡愛不祥. 雖使色君, 於法不宜殺也.」公曰:「惡. 然乎? 若使沐浴,
寡人將使抱背.」

　경공은 그 모습이 아주 훌륭한 미남이었다. 그런데 어떤 우인羽人이 경공
을 불손스럽게 바라보는 것이었다. 이에 경공이 좌우에게 이렇게 말하였다.
　「물어보시오. 저자가 어찌하여 과인을 저렇듯 불손스럽게 바라보고 있는
것인지?」
　그러자 그 우인이 이렇게 대답하였다.
　「말씀을 드려도 죽음을 당할 것이요, 말씀을 드리지 않아도 죽음을 당할
것입니다. 저 혼자 가만히 생각건대, 임금께서 너무나 잘생겨서 바라본 것
입니다.」
　이에 경공이 이렇게 명령하였다.
　「과인을 색에 합당한 대상으로 보는가? 죽여 버리라!」
　안자가 이를 알고 급히 들어가 경공을 알현하였다.
　「제가 듣건대 임금께서 우인의 일로 화가 나셨다지요?」
　이에 경공이 말하였다.
　「그렇습니다! 과인을 색의 대상으로 보기에 장차 죽여 버릴 작정입니다.」

그러자 안자가 이렇게 만류하였다.

「제가 듣기로 남의 요구를 거절하는 것은 도가 아니며, 사랑한다는데 이를 미워하는 것은 상서로운 것이 아니라 하였습니다. 비록 우인이 임금을 두고서 아름답다고 이상하게 말하였지만, 법으로 보아도 죽이기까지 할 것은 아닙니다.」

그제서야 경공이 이렇게 말하였다.

「아, 그렇습니까? 만약 그자로 하여금 깨끗이 목욕을 하게 한다면, 내 장차 그로 하여금 내 등을 한 번 껴안아 보게는 해주겠습니다.」

【우인羽人】 官名.《周禮》羽人에 『下士二人, 屬地官司徒』라 하였다.

【참고】張氏本 注
元刻注云, 此章不典. 無以垂訓. 故著干此篇. 純一案此當删. 盧云, 吳本缺此章.

210 [8-13]　景公謂晏子曰:「東海之中, 有水而赤. 其中有棗, 華而不實. 何也?」晏子對曰:「昔者, 秦繆公. 乘龍舟而理天下. 以黃布裹烝棗. 至東海而捐其布. 彼黃布, 故水赤. 烝棗, 故華而不實.」公曰:「吾詳問子. 何爲對?」晏子對曰:「嬰聞之. 詳問者亦詳對之也.」

경공이 안자에게 물었다.

「동해東海 가운데 어느곳은 물빛이 붉고, 대추나무가 한 그루 있어 꽃만 피고 열매는 맺지 않는다고 하던데, 이는 어찌된 것입니까?」

그러자 안자가 이렇게 대답하였다.

「옛날 진秦나라의 목공繆公이 용주龍舟를 타고 천하를 다스릴 때에, 누런 보자기에다가 찐 대추를 싸서는 동해까지 가서 그것을 던졌다 합니다. 그 누런 보자기 때문에 동해의 물이 붉은 것이고, 찐 대추인 까닭에 꽃만 피고 열매를 맺지 못하는 것입니다.」

이에 경공이 물었다.

「내가 거짓으로 꾸며서 물은 것인데, 어찌하여 그렇게 대답하십니까?」

그러자 안자가 이렇게 대답하였다.

「제가 듣기로 거짓말로 묻는 말에는 역시 거짓말로 대답해야 한다고 하였습니다.」

【동해東海】齊나라의 동쪽 바다. 黃海.
【진秦 목공繆公】春秋五霸의 하나. 穆公으로도 쓴다. 재위 39년(B.C. 659~621).
【용주龍舟】龍의 모습으로 만든 배. 龍船.

【참고】1.《太平御覽》820·965에 본장의 내용이 전재되어 있다.
2.【藝文類聚】卷八十五 布帛部 布
　　晏子曰. 景公謂晏子曰:「東海中有水而赤, 有棗華而不實, 何也?」晏子曰:「昔秦繆公乘龍理天下. 以黃帝布裹蒸棗, 至海而投其棗布. 故水赤. 蒸棗, 故華而不實.」公曰:「吾佯問子.」對曰:「嬰聞佯問者亦佯對之.」
3.《藝文類聚》卷八十七 菓部下 棗
　　晏子曰. 景公謂晏子曰:「東海之中, 有水而赤. 其中有棗, 華而不實. 何也? 晏子曰:「昔者秦繆公乘龍理天下. 以黃布裹蒸棗, 至海而投其布, 故水赤. 蒸棗, 故華而不實.」公曰:「吾佯問子耳.」對曰:「嬰聞之, 佯問者, 亦佯對.」
4.《文選》卷五十六 陸佐公 新刻漏銘 注
　　晏子春秋曰. 齊景公謂晏子曰:「東海之中有水赤, 其中有棗, 華而不實. 何也?」晏子曰:「昔者秦穆公乘舟理天下. 黃布裹蒸棗, 至海而捄其布, 破黃布故水赤, 蒸棗故華不實.」公曰:「吾佯問子.」對曰:「嬰聞佯問者佯對也.」
5. 張氏本 注
　　元刻注云, 此並下一章, 語類俳而義無所取. 故著於此篇. 孫云, 已上七章. 據沈啓南本, 吳懷保本, 增入. 盧云, 吳本缺此章.

211 [8-14]　景公問晏子曰:「天下有極大物乎?」晏子對曰:「有. 北溟有鵬. 足游浮雲. 背凌蒼天. 尾偃天間. 躍啄北海. 頸尾咳于天地. 然而瀏瀏乎, 不知六翮之所在.」公曰:「天下有極細者乎?」晏子對曰:「有. 東海有蟲. 巢于蚊睫. 再乳再飛. 而蚊不爲驚. 臣嬰不知其名. 而東海漁者, 命曰焦冥.」

경공이 안자에게 물었다.
「천하에 지극히 큰 물건이 있습니까?」
안자는 이렇게 대답하였다.
「있지요. 북명北溟에 붕새가 있는데 다리는 뜬구름을 헤엄치고, 등은 창

천蒼天을 넘지르며, 꼬리는 하늘 사이에 늘어뜨려져 있습니다. 북해北海를 쪼고 날아오르면 목과 꼬리가 천지에 드리워, 그 모양이 크고도 아득하여 날갯죽지의 육핵六翮은 도대체 어디에 있는지조차 알 수가 없습니다.」

이에 경공이 다시 물었다.

「그러면 천하에 지극히 작은 물건은 어떻습니까?」

안자는 다시 이렇게 설명하였다.

「있지요. 동해東海에 벌레가 있는데, 모기의 눈꺼풀에 집을 짓고 삽니다. 새끼에게 젖을 먹이기도 하고 날기도 하지만, 모기는 그 때문에 놀라지도 않습니다. 저는 그 벌레의 이름을 모르나, 동해에서 고기잡이를 하는 자들은 이를 초명焦冥이라 부릅니다.」

【북명北溟】 북쪽의 큰 바다. 중국의 고대인들은 상상으로 북쪽 끝을 바다라고 보았다.
【육핵六翮】 날개를 저을 수 있는 날갯죽지의 근육.
【초명焦冥】 작은 벌레. 焦螟.

【참고】 1.《太平御覽》927·951에 본장의 내용이 전재되어 있다.
2.《藝文類聚》卷九十七 蟲豸部 蚊
　晏子曰. 景公謂晏子曰:「天下有極小乎?」對曰:「有蟲巢於蚊睫. 再乳而飛蟲不爲驚. 名曰焦螟.」
3.《列子》湯問篇
　江浦之間. 生麼蟲. 名曰焦螟. 羣飛而集於蚊睫. 弗相觸也. 栖宿去來. 蚊弗覺也.
4.《莊子》逍遙遊篇
　窮髮之北, 有溟海者, 天池也. 有鳥焉, 其名爲鵬. 背若泰山, 翼若垂天之雲.
5.《文選》卷十二 張茂先 鷦鷯賦 注
　晏子春秋. 景公曰:「天下有極細者乎?」對曰:「有東海有蟲, 巢於蚊睫, 再飛而蚊不爲驚. 臣不知其名, 而東海有通者命曰鷦螟.」
6.《文選》卷三十五 張景陽 七命 注
　晏子春秋. 景公問於晏子曰:「天下有極細乎?」對曰:「東海有蟲, 名曰焦螟, 巢於蚊睫, 飛乳去來, 而蚊不覺.」

212 [8-15]　莊公闔門而圖莒, 國人以爲有亂也, 皆操長兵而立于衢閭. 公召睢休相, 而問曰:「寡人闔門而圖莒, 國人以爲有亂, 皆操長兵而立于衢閭. 奈何?」休相對曰:「誠無亂, 而國人以爲有, 則仁

人不存. 請令于國, 言晏子之在也.」公曰:「諾!」以令于國.「孰謂
國有亂者, 晏子在焉.」然後皆散兵而歸. 君子曰:「夫行不可不務
也. 晏子存而民心安. 此非一日之所爲也. 有所以見于前信于後者.
是以晏子立人臣之位. 而安萬民之心.」

　　장공莊公이 문을 걸어 잠그고 거莒나라를 점령할 계획을 세우고 있었다.
이에 백성들이 난이 일어난 것으로 잘못 알고서 모두가 긴 창을 잡고 구려
衢閭에 모여들었다. 장공이 수휴상睢休相을 불러 물었다.
　　「과인이 문을 걸어 잠그고 거나라를 점령할 계획을 세우고 있는데, 백성
들은 난이 일어난 것으로 잘못 알고서 모두가 긴 창을 잡고 구려에 서 있
다니 어찌된 일입니까?」
　　수휴상은 이렇게 대답하였다.
　　「진실로 난이 일어나지 않았는데도 백성들이 난이 일어난 것으로 잘못
알고 있다면, 나라안에 믿을 만한 말을 해주는 어진 이가 없기 때문입니다.
청컨대 나라에 영을 내리되, 안자가 아직 그대로 건재해 있다고 해보십시오」
　　이에 경공이 「좋습니다」 하고는, 나라에 이렇게 영을 내렸다.
　　「누가 나라에 난이 생겼다고 하는가? 안자가 아직 건재하다.」
　　그런 연후에야 모두들 병기를 거두고 돌아가는 것이었다.
　　군자가 이렇게 평하였다.
　　「무릇 행동은 성심껏 하지 않으면 안 된다. 안자가 건재하다고 하자 백
성들의 마음이 편안해졌다 하였으니, 이는 하루에 이루어질 수 있는 일이
아니다. 지난날에 보여 준 바가 있으므로 뒷사람에게 믿음을 보여 줄 수
있는 것이다. 이렇게 보면 안자는 남의 신하자리에 서 있으면서도 만민의
마음을 안정시킨 사람이로다!」

【장공莊公】晏子가 모셨던 君主. 崔杼에게 시해당하였다.
【거莒】小國名. 지금의 山東省에 있었다.
【구려衢閭】거리의 閭門.
【수휴상睢休相】人名.

【참고】張氏本 注
　　元刻注云, 此章特以晏子而絟國人. 故著於此篇.

213 [8-16]　景公游于菑. 聞晏子死. 公乘侈輿服繁駔驅之. 自以爲
遲. 下車而趨. 知不若車之遬. 則又乘. 比至于國者. 四下而趨. 行
哭而往. 至. 伏尸而號. 曰:「子大夫日夜責寡人, 不遺尺寸. 寡人猶
且淫佚而不收. 怨罪重積于百姓. 今天降禍于齊. 不加于寡人. 而加
于夫子. 齊國之社稷危矣. 百姓將誰告夫?」

　경공이 치치菑 땅에 놀이를 나가 있다가 안자가 죽었다는 비보를 접하게
되었다. 이에 경공이 치여侈輿에 올라 번장繁駔을 하고 말을 몰았다. 그리
고 스스로 너무 느리다고 여겨지면 수레에서 내려 뛰었고, 수레만큼 빨리
뛰지 못한다고 여겨지면 다시 수레에 올랐다. 국도國都에 닿는 동안 이렇
게 네 번이나 수레에 내리고 오르고 하였다. 그리고는 울면서 찾아가 다다
르자 그 주검에 엎어져 이렇게 부르짖었다.

　「선생께서는 밤낮으로 과인을 책하여 주셨습니다. 한치의 빠뜨림도 없었
지요. 그런데도 과인은 오히려 음일하여 이를 충분히 받아들이지 못해, 백
성에게 많은 원망의 죄를 짓게 되었습니다. 오늘 하늘이 우리 제나라에 화
를 내리셨군요. 그런데 과인에게 내리지 아니하고 선생께 내렸으니, 이 제
나라의 사직이 위태롭게 되고 말았습니다. 백성은 장차 이를 누구에게 하
소연한단 말입니까?」

【치치菑】다른 기록에는 臨淄로 실려 있으며, 혹은 蘽로도 실려 있다. 淄水로 보았다.
【치여侈輿】侈를 趨로 보아『급히 수레를 타고 가다』의 설명어로 여기기도 한다.
【번장繁駔】말에 치장을 함. 혹은 駿馬의 이름이라고도 한다.

【참고】1.《說苑》卷一 君道篇 039[1-39]
　齊景公游於蘽, 聞晏子卒, 公乘輿素服, 驛而驅之, 自以爲遲, 下車而趨, 知不若車之速,
則又乘, 比至於國者, 四下而趨, 行哭而往矣, 至伏屍而號曰:「子大夫日夜責寡人, 不遺尺
寸, 寡人猶且淫泆而不收, 怨罪重積於百姓. 今天降禍於齊國, 不加寡人, 而加夫子, 齊國之
社稷, 危矣, 百姓將誰告矣?」
2.《韓非子》外儲說 左上
　齊景公游少海, 傳騎從中來謁曰:「嬰疾甚, 且死, 恐公後之.」景公遽起, 傳騎又至. 景公
曰:「趨駕煩且之乘, 使騶子韓樞御之.」行數百步, 以騶爲不疾, 奪轡代之, 御可數百步, 以

馬爲不進, 盡釋車而走. 以煩且之良, 而騶子韓樞之巧, 而以爲不如下走也.

3.《太平御覽》487・549에 본장의 내용이 전재되어 있다.

4.《文選》卷五十八 王仲寶 褚淵碑 注

　　晏子曰. 齊景公遊於菑. 晏子死. 公繁馹而馳, 自以爲遲, 下車而趨, 知不如車之駛, 則又乘之, 比至國四下. 而趨至則伏尸而哭:「日百姓誰復告我惡邪?」

5.《文選》卷五十九 沈休文 齊故安陸昭王碑 注

　　晏子曰. 齊景公遊於淄. 晏子死. 公繁馹而馳, 自以爲遲, 下車而趨, 知不如車之駛, 則又乘之, 比至國四下, 而趨至, 則伏尸而哭曰:「百姓誰復告我惡邪?」

6.《群書治要》에 본장의 내용이 전재되어 있다.

7. 張氏本 注

　　元刻注云, 此並下二章. 皆晏子沒後景公追懷之言. 故著于此篇. 蘇云, 治要此下接晏子沒後十有七年云云. 載此在雜下篇.

214 [8-17]　晏子死. 景公操玉加于晏子屍上. 而哭之. 涕沾襟. 章子諫曰:「非禮也.」公曰:「安用禮乎? 昔者, 吾與夫子遊于公阜之上. 一日而三不聽寡人. 今其孰能然乎? 吾失夫子則亡, 何禮之有?」免而哭. 哀盡而去.

　　안자가 죽자, 경공이 옥을 들어 안자의 주검에 올려 놓고 곡을 하였다. 이에 그 옷깃이 눈물에 젖었다. 이를 보고서 장자章子가 이렇게 간諫하였다.

　　「예에 맞지 않습니다.」

　　그러자 경공이 이렇게 말하였다.

　　「예는 무슨 예입니까? 옛날 나와 우리 선생이 함께 공부公阜에 올랐을 때에는, 하루에 세 번씩이나 과인의 말을 거부하며 고쳐 주었습니다. 지금 누가 과연 그렇게 해줄 수 있겠습니까? 내가 이러한 선생을 잃게 되면 나도 망할 것인데 무슨 예를 차린단 말입니까?」

　　그리고 곡하기를 마치고 나서 있는 애절함을 다 풀고서야 그 자리를 떠났다.

【장자章子】弦章. 景公의 臣下.
【공부公阜】地名. [前出]

【참고】《太平御覽》549에 본장의 내용이 전재되어 있다.

215 [8-18] 晏子沒十有七年. 景公飲諸大夫酒. 公射出質. 堂上唱善. 若出一口. 公作色太息. 播弓矢. 弦章入. 公曰:「章! 自吾失晏子. 于今十有七年. 未嘗聞吾不善. 今射出質. 而唱善者, 若出一口.」弦章對曰:「此諸臣之不肖也. 知不足以知君之不善. 勇不足以犯君之顏色. 然而有一焉. 臣聞之. 君好之, 則臣服之. 君嗜之, 則臣食之. 夫尺蠖食黃, 則其身黃. 食蒼, 則其身蒼. 君其猶有詔人言乎?」公曰:「善! 今日之言. 章爲君. 我爲臣.」是時海人入魚. 公以五十乘賜弦章. 章歸. 魚乘塞途. 撫其御之手曰:「曩之唱善者, 皆欲若魚者也. 昔者, 晏子辭賞以正君. 故過失不掩. 今諸臣諂諛以干利. 故出質而唱善. 如出一口. 今所輔于君. 未見于衆. 而受若魚. 是反晏子之義. 而順諂諛之欲也.」固辭魚不受. 君子曰:「弦章之廉. 乃晏子之遺行也.」

안자가 죽은 지 17년이 되는 어느 날이었다.* 경공이 여러 대부들과 활을 쏘면서 술자리를 같이하게 되었는데, 경공이 순서에 따라 활을 쏘아 그 과녁을 맞히었다. 이에 당상에 있던 자들이 모두 훌륭하다고 소리쳤는데, 마치 한 입에서 나온 듯 똑같았다.

그런데도 경공은 오히려 얼굴빛을 찡그리며 크게 탄식을 하고는 들고 있던 활과 화살을 던져 버렸다. 그때 현장弦章이 들어오자, 경공이 이렇게 말하였다.

「현장! 내 안자를 잃은 지 이미 17년이나 되었습니다. 그런데도 그동안 나의 잘못을 지적해 주는 것을 들어 본 적이 없습니다. 내 지금 활을 쏘아 과녁을 맞히었더니, 훌륭하다고 칭찬하는 소리가 마치 한 사람 입에서 나오는 것처럼 하였습니다.」

그러자 현장이 이렇게 대답하였다.

「이는 여러 신하들이 불초한 탓입니다. 그들은 지혜로운 임금일지라도 훌륭하지 못한 점이 있다는 것을 알기에 부족하고, 그들의 용기는 임금의 안색을 범하기에 부족합니다. 그러나 한 가지는 있습니다. 제가 듣건대 임금께서 무엇을 좋아하시느냐에 따라 신하들은 그것을 따르게 되어 있다고 하였습니다. 또 임금이 무엇을 즐겨 드시는가에 따라 신하들은 그것을 먹게 되어 있습니다. 무릇 자벌레는 누런 잎을 먹으면 그 몸 빛깔이 누렇게 되고, 파란 잎을 먹으면 그 몸 빛깔도 파랗게 됩니다. 그렇다면 혹시 임금께서 아첨하는 자의 말을 좋아하는 것은 아닙니까?」

경공은 이렇게 말하였다.

「훌륭합니다! 오늘 한 말은 그대가 임금 같고, 내가 신하 같습니다.」

때마침 바닷가 사람이 물고기를 헌상해 왔다. 이에 경공이 그 중 50수레 몫을 현장에게 상으로 내렸다. 현장이 돌아가는데 물고기를 실은 수레가 길을 메우고 있었다. 그러자 현장이 수레 모는 자의 손을 어루만지며 이렇게 말하였다.

「방금 임금에게 훌륭하였노라고 소리친 자들은 모두가 이 물고기를 얻고 싶었던 자들이다. 지난날 안자는 상을 사양하고 임금을 바로잡았다. 그래서 임금의 과실도 감추어질 수가 없었다. 지금 여러 신하들은 아첨으로 이익을 구하고 있으니, 그 때문에 과녁을 맞히었다고 칭찬하는 소리가 마치 한 사람 입에서 나오듯 하였던 것이다. 지금 임금을 보좌하였던 자들은 저 무리 속에 보이지 않고, 이처럼 고기를 받은 자만 있다. 이는 안자의 의에 반대되는 일이며, 동시에 아첨하는 신하들의 욕구에 순응하는 것이다.」

그리고는 물고기를 사양하고 받지 아니하였다. 군자가 이렇게 평하였다.

「현장의 청렴은 안자가 남겨 준 행동이로다!」

* 《史記》 齊世家에 의하면 景公 48년(B.C. 500)에 晏子가 죽었으며, 그로부터 10년 후(B.C. 510)에 景公도 죽었다. 따라서 여기서의 연도는 맞지 않는다.

【현장弦章】 景公의 臣下.

【참고】 1. 《太平御覽》 426·935·948에 본장의 내용이 전재되어 있다.

2. 《群書治要》에 본장의 내용이 전재되어 있다.

3. 《吳本》에는 누락되어 있다.

4. 《說苑》 卷一 君道篇 040[1-40]

晏子沒十有七年, 景公飮諸大夫酒, 公射出質, 堂上唱善, 若出一口, 公作色太息, 播弓矢. 弦章入, 公曰:「章! 自吾失晏子, 於今十有七年, 未嘗聞吾過不善, 今射出質而唱善者, 若出一口.」弦章對曰:「此諸臣之不肖也, 知不足以知君之不善, 勇不足以犯君之顏色. 然而有一焉, 臣聞之: 君好之, 則臣服之; 君嗜之, 則臣食之. 夫尺蠖食黃, 則其身黃, 食蒼則

其身蒼；君其猶有諂人言乎?」公曰：「善. 今日之言, 章爲君, 我爲臣.」是時海人入魚, 公
以五十乘賜, 弦章歸, 魚乘塞塗, 撫其御之手, 曰：「嚮之唱善者, 皆欲若魚者也. 昔者, 晏子
辭賞以正君, 故過失不掩, 今諸臣諂諛以干利, 故出質而唱善, 如出一口, 今所輔於君, 未見
於衆而受若魚, 是反晏子之義, 而順諂諛之欲也.」固辭魚不受, 君子曰：「弦章之廉, 乃晏
子之遺行也.」

5.《藝文類聚》卷九十七 蟲豸部 尺蠖

晏子曰. 弦章謂景公曰：「尺蠖倉黃即身黃, 食蒼即身蒼.」

【解 題】

1) 晏子

晏子(? ~B.C. 500)는 管仲과 더불어 春秋時代를 대표하는 두 명의 名宰相 중의 하나이다. 둘 다 齊나라 출신으로서, 春秋 초기 齊 桓公(재위 B.C. 685 ~643)을 도와 九合諸侯하고 一匡天下한 管仲은 齊 桓公을 五霸의 首長이 되도록 기초를 다진 인물이며, 春秋 말기 靈公(재위 B.C. 581~554)과 莊公 (재위 B.C. 553~548)·景公(재위 B.C. 547~490)을 섬겨 기울어져 가는 세기 말의 禮敎를 바로잡아 보려고 애쓴 인물이 바로 晏子이다.

이 때문에 司馬遷은 《史記》에서 이 두 사람을 하나의 傳으로 묶어 〈管晏 列傳〉을 마련하였던 것이다. 晏子는 이름은 嬰, 자는 平仲이며 夷維 땅 출 신이다. 그는 齊나라 靈公 26년(B.C. 556)에 아버지인 晏弱(桓子)이 죽자, 뒤 를 이어 齊나라의 卿이 되어 靈公과 莊公·景公을 차례로 섬기는 宰相의 임무를 맡았다. 그는 각각 다른 세 임금을 한마음으로 섬겨 슬기와 재치, 그리고 寸鐵殺人의 口辯으로 여러 가지 어려움을 해결해 나갔다. 특히 그 는 齊나라가 끝내 田氏의 手中으로 넘어갈 것을 예언하였으며, 결국 春秋 時代의 姜氏齊가 戰國時代의 田氏齊로 교체되는 혼란기를 직접 체험하게 된다. 게다가 晏子의 생몰연대는 孔子(B.C. 551~479)와 비슷한 春秋 말기 의 동시대로서, 둘 사이는 서로 존경하되 더러는 대립과 충돌로 껄끄럽고 불편한 묘한 인연이었음을 이 《晏子春秋》의 기록을 통해서 찾아볼 수 있 다. 특히 晏子가 宰相으로 있던 齊나라 바로 곁에 孔子의 나라였던 魯나라 가 있었고, 둘 다 문화국으로서의 긍지를 지니고 있었다. 즉 魯나라는 周公 旦이 封을 받아 周나라 姬姓의 정통이 흐르고 있었고, 齊나라는 太公望 呂 尙(姜子牙)이 봉을 받아 春秋時代에는 최초의 霸者인 桓公을 배출한 여세 가 뿌리 내리고 있었던 것이다.

이러한 시기에 남쪽 신흥세력인 吳·越과 또 하나의 강국인 楚나라, 그리고 서쪽의 晉과 秦, 북쪽의 燕 등의 국가들이 버티고 있었다. 그런가 하면 中原의 晉과 齊나라는 곧 다가올 戰國時代를 맞이하는 권력의 재편과정을 겪고 있었다. 다시 말해 晉나라는 六卿의 싸움끝에 韓·魏·趙의 三晉으로 분리되고, 齊나라는 田氏에 의해 易姓의 朝代를 맞게 되는 것이다. 이처럼 禮教가 무너지고 〈힘이 곧 정의〉인 春秋 말기의 혼란기를 힘겹게 짊어지고 이끌었던 齊나라의 宰相이 바로 晏子였던 것이다. 기록을 통해 보면, 키는 작고 볼품은 없었으나 언변과 재치가 아주 뛰어나서 그가 남긴 고사만 해도 수없이 많다.

한편 晏子는 그의 학술사상면에서는 소속이 복잡하여 뒤의 학자들의 견해에 따라 儒家에 소속시키기도 하며, 또는 墨家에 편입시키기도 한다. 이러한 이유는 《晏子春秋》를 통해 그의 언론과 사상을 찾아보면 어느 하나의 諸子學에 고정시킬 수 없는 부분이 들어 있기 때문이다.

즉 책의 내용 가운데 崇禮와 非鬼의 사상은 儒家에 가깝다고 여겨 일찍이 《漢書》 藝文志에는 儒家에 열입시켰으나, 柳宗元은 도리어 그 내용 가운데 孔子를 비판하였고 愛民·非戰·尚賢·尚儉 등의 주장이 있어, 이는 墨子의 사상과 같은 점이 많다고 보아 마땅히 墨家에 열입시켜야 한다고 여기기도 하였다. 그 뒤로 《郡齋讀書志》에서는 墨家로, 《崇文總目》에는 儒家類로, 《文獻備考》에는 墨家類로, 《四書全書本》에는 史部의 傳記類로, 孫星衍은 儒家에, 그리고 《四部叢刊本》에서는 史部로, 다시 《諸子集成本》에서는 墨家로 열입시켜 놓았다.

이는 결국 晏子의 사상은 그 나름대로의 독특한 개별성이 있고, 게다가 諸子學이 충분히 파별을 이루기 전인 春秋時代의 인물이라 구태여 漢志의 九流十家의 한 학파에 열입시키고자 하는 것이 무리라고 하는 것을 알 수 있다.

2) 《晏子春秋》

《晏子春秋》에 대하여 淸代의 孫星衍은 晏子가 죽은 후 그의 빈객들이 그의 행실과 사적을 모아 만든 것으로 보고 있다. 《晏子春秋》는 원래 劉向의 《別錄》에는 八篇이라 하였으나 그 아들 劉歆의 《七略》에는 七篇으로 기록되어 있으며, 《漢書》藝文志 諸子略 儒家에는 『晏子八篇. 名嬰, 諡平仲, 相齊景公, 孔子稱善與人交, 有列傳』이라 하여 8편이라 하였고, 《隋書》經籍志 子部에는 『晏子春秋. 七卷, 齊大夫晏嬰撰』이라 하였으며, 《唐書》經籍志 子部에는 『晏子春秋. 七卷, 晏嬰撰』이라 하여 그 권수의 출입이 있다. 지금의 《晏子春秋》는 明代 綿沙閣 刻本에는 內篇 6편, 外篇 2편을 뒤에 孫星衍이 明代 沈啓南 刻本을 저본으로 하여 註釋과 音義를 달아 전래된 것이다. 오늘날의 통행본으로는 張純一의 校注本이 가장 널리 알려져 있으며, 이는 〈新篇諸子集成〉本의 墨家에 열입되어 실려 있다. 그러나 〈四庫全書〉文淵閣本은 내용이 의외로 탈장·오간·착간이 많아 무려 12장이 빠져 있고, 그외에는 편장의 순서도 엇바뀐 것이 많다.

그외에 1972년 4월 山東省 臨沂縣 銀雀山 1號 漢墓에서 4천9백여 매의 漢代 竹簡이 발굴되었는데, 그 중에 1백2매의 竹簡은 晏子에 관한 것으로 그 내용은 16장으로 편제가 없이 지금의 《晏子春秋》 중의 각 곳 18장과 같았다. 이에 駢宇騫이 이를 정리하여 《晏子春秋校釋》(書目文獻出版社)이라는 책을 출간하게 되었다. 그리고 孫星衍 黃以周 校本은 上海古籍出版社에서 1989년 영인 출판되었고, 〈四部叢刊〉本은 1926년 商務印書館本을 바탕으로 1989년 上海出版社에서 영인 출판된 것이 널리 이용되고 있다. 그외에 현대의 譯註本으로는 《晏子春秋今註今譯》(王更生, 臺灣商務印書館, 1987, 臺北)과 《晏子春秋全譯》(李萬壽, 貴州人民出版社, 1993, 貴陽)이 있다.

한편 《晏子春秋》의 편장은 第一篇 諫上(諫言에 관한 것, 上篇) 25章, 第二篇 諫下(諫言에 관한 것, 下篇) 25章, 第三篇 問上(임금의 질문에 晏子가 대답한 것, 上篇) 30章, 第四篇 問下(임금의 질문에 晏子가 대답한 것, 下篇) 30章, 第五篇 雜上(기타 여러 가지 이야기, 上篇) 30章, 第六篇 雜下(기타 여러 가지 이야기, 下篇) 30章, 第七篇 重而異者(중복되면서 약간씩 다른 것) 27章, 第八篇 不合經術者(유가 경전의 내용과 다른 것) 18章 등 총 八篇 215章으로 이루어져 있으며, 그 중에 제1편부터 제6편까지를 內篇, 제7편과 제8편을 外篇이라 나누고 있고, 특이하게 매 장별로 그 장의 내용을 요약하여 밝힌 章別 題目이 있다.

　그외에 晏子 및 《晏子春秋》에 대한 연구와 정리는 王更生의 《晏子春秋今註今譯》이 비교적 많은 자료를 제공해 주고 있다. 이 책에는 〈劉向晏子敍錄註譯〉·〈晏子略傳〉·〈晏子春秋眞僞考〉·〈晏子所屬學派論〉·〈晏子年表〉·〈晏子春秋現存板本知見錄〉·〈晏子春秋箋校書目輯要〉 등이 있어 좋은 참고자료가 되고 있다. 그리고 우리나라에 소장되어 있는 고판본으로는 《晏子春秋》(중국목판본, 光緒元年 1875, 4책, 24.7×15.5cm, 권1-7, 音義 上下. 국립도서관 古1270-2)·《晏子春秋》(附校勘記), (중국목판본, 光緒원년 1875, 21책 23.3×15.3cm, 권1-7, 淸 黃以周 校勘記 上下, 국립도서관 古1270-1)·《晏子春秋音義》(上下 2권 1책, 중국목판본, 23.5×15cm, 국립도서관 古1235-1) 등 세 종류가 알려져 있다.

【板本 등 그림자료】

晏子像 顧沅 그림; 古聖賢像傳

明代 仇英(十洲) 그림 〈晏子見傷槐女圖〉(知不足齋 刊)

   馬笏齋藏書題跋에『晏子春秋八卷, 丁志云; 此卷本前有目錄, 及劉向校上晏子奏. 每篇又分小目, 列于每卷之首, 總二百十五章, 平津館有影寫元本每葉十八行, 行十八字, 與此符合. 全書一百三十八葉, 版匡高營造尺五寸二分, 寬七寸四分』이라 하였다.

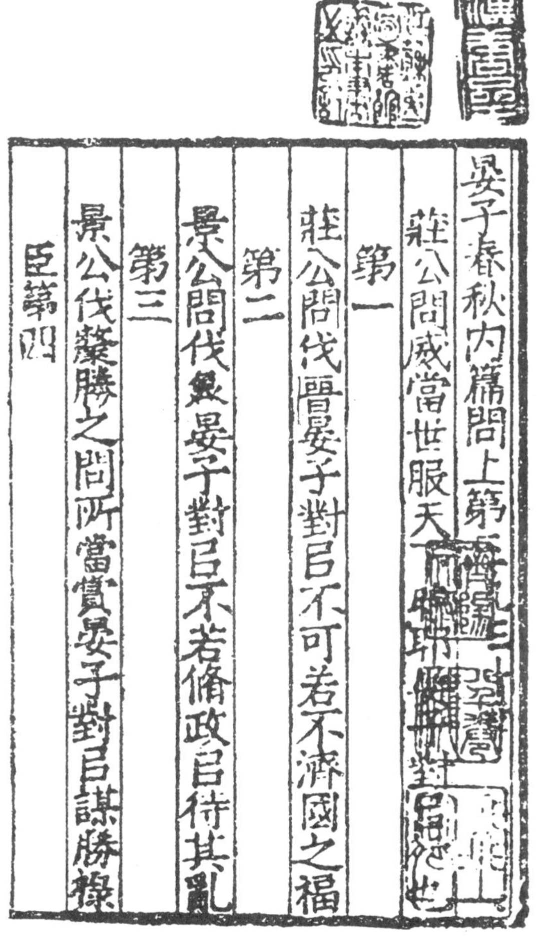

晏子春秋目錄

內篇諫上第一凡二十五章
內篇諫下第二凡二十五章
內篇問上第三凡三十章
內篇問下第四凡二十章
內篇雜上第五凡三十章
內篇雜下第六凡三十章
外篇重而異者第七凡二十七章
外篇不合經術者第八凡十八章

欽定四庫全書

晏子春秋卷一

內篇

諫上第一

莊公奮乎勇力不顧於行義勇力之士無忌於國貴戚
不為善過邇不引過故晏子見公公曰古者亦有徒以
勇力立於世者乎晏子對曰嬰聞之輕死以行禮謂之
勇誅暴不避彊謂之力故勇力之立也以行其禮義也

次定四庫全書

晏子春秋

판본 4)　四部叢刊本(初編史部)

商務印書館 1926年(1989年 上海書店 複印)《晏子春秋》

景公所愛馬死欲誅圉人晏子諫第二十

五

莊公矜勇力不顧行義晏子諫第一

莊公奮乎勇力不顧于行義勇力之士無忌于國貴賤不薦善逼邇不引過故晏子見公公曰古者亦有徒以勇力立于世者乎晏子對曰嬰聞之輕死以行禮謂之勇誅暴不避彊謂之力故勇力之立也以行其禮義也湯武用兵而不為逆并國而不為貪仁義之理也誅暴不避彊

晏子

五

판본 5)　顧廣圻 手校景元鈔本(鐵琴銅劍樓 소장)　《晏子春秋》

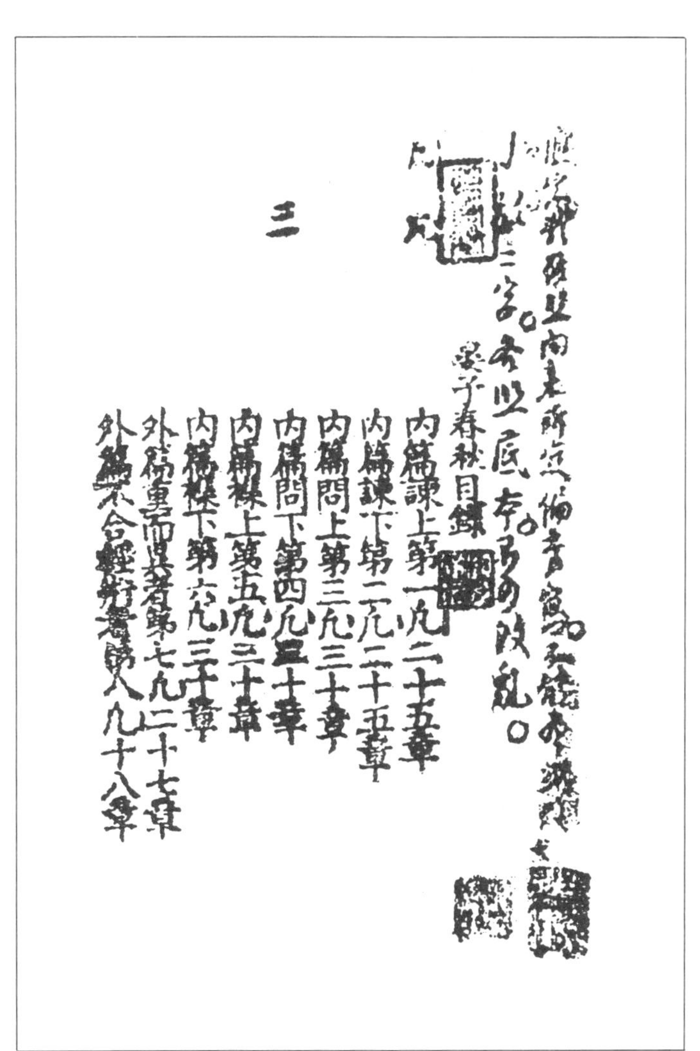

莊公矜勇力不顧行義晏子諫第一

莊公奮乎勇力不顧于行義勇力之士無忌于國貴戚不

爲義過通不引過故晏子見公曰古者亦有徒以勇力

立于世者乎晏子對曰嬰聞之輕死以行礼謂之勇誅暴

不避彊謂之力故勇力之立也以行其礼義也湯武用兵

而不爲逆并國而不爲貪仁義之理也誅暴不避彊替

不避衆勇力之行也古之爲勇力者行礼義也今上無

礼義之理下無替衆誅暴之行而徒以勇力立于世則諸侯

行之以國危匹夫行之以家殘昔夏之衰也有推侈大戲

殷之衰也有費仲惡來足走千里手裂兕虎任之以力凌

博聞彊記通於古今事齊靈公莊公景公以節儉力行盡忠極諫道齊國君得以正行百姓得以附親不用則退耕于野用則必不詘義不可脅以邪白刃雖交毋終不受崔杼之劫諫齊君懸而至順而刻及使諸侯莫能詘其辭其博通如此蓋次管仲內能親親外能厚賢居相國之位受萬鍾之祿故親戚待其祿而衣食五百餘家處士待而舉火者亦甚眾晏子衣苴布之衣麋鹿之裘駕敝車疲馬盡以祿給親戚朋友齊人以此重之晏子蓋短其書六篇皆忠諫其君文章可觀義理可法皆合六經之義又有復重文辭頗異不敢遺失復列以為一篇又有頗不合經術似非晏子言疑後世辯士所為者故亦不敢失復以為一篇凡八篇其六篇可常置旁御觀謹弟錄臣向昧死上。

內篇諫上第一

莊公奮乎勇力不顧于行義勇力之士無忌于國貴戚不薦善遏不引過故晏子見公公曰古者亦有徒以勇力立于世者乎晏子對曰嬰聞之輕死以行禮謂之勇誅暴不避彊謂之力故勇力之立也以行其禮義也湯武用兵而不為逆并國而不為貪仁義之理也誅暴不避彊替罪不避眾勇力之行也古之為勇力者行禮義也今上無仁義之理下無替罪誅暴之行而徒以勇力立于世則諸侯行之以國危匹夫行之以家殘昔夏之衰也有推侈大戲殷之衰也有費仲惡來足走千里手裂兕虎任之以力凌轢天下威戮無罪崇尚勇力不顧義理是以桀紂以滅殷夏以喪今公自奮乎勇力不顧乎行義勇力之士無忌于國身立威強行本注暴貴戚不薦善遏不引過反聖王之德而循滅君之行用此存者嬰未聞有也。

景公飲酒酣曰今日願與諸大夫為樂飲請無為禮晏子蹴然改容曰君之言過矣群臣固欲君之無禮也力多足以勝其長勇多足以弒君而禮不使也禽獸矣力為政彊者犯弱故曰易主今君去禮則是禽獸也羣臣以力為政彊者犯弱而日易主君將安立矣凡人之所以貴于禽獸者以有禮也故詩曰人而無禮胡不遄死禮不可無也公洇而不聽少間公出晏子不起公入不

판본 8) 新編諸子集成本(第六册, 墨家)

張純一 校注本(世界書局 1978년 3版 活字本)

晏子春秋校注卷一

漢陽張純一 仲如

內篇諫上第一 凡二十五章

莊公矜勇力不顧行義晏子諫第一

莊公矜勇力、不顧行義。荀子逍篇、奮扵言者華、奮扵行者伐。揚倞注、奮、振矜也。列子說符篇、矜、振矜、色盛者驕、力盛者奮。案標題作矜勇力。

莊公奮乎勇力、不顧于行義。不顧于行義。盧文弨羣書拾補曰、於與子舊本一例作于矣。自伐也。勇力之士、太平御覽作尚勇力之士。下文同。盧云、御覽四百二十六、義字作俞、非。元刻標題亦作行義。後校本云、不顧于行義。是奮字墻詰。黃以周校勘曰、行義一本作仁義、非。御覽義作俞字。一本作仁義。下文亦同。勇力之士無忌于國。孫星衍音義曰、行音俞。行義作一句是。盧氏不從御覽、當巳。下文推移、大戴、賈仲、惡來。皆古勇力無忌、爲亂于國者。引此以舊莊公、本屬勇力之士上衍俞字。下文崇尚勇力而誤。純一案鮑崇城刻仿宋御覽文同此、惟勇力之士說。不顧于行義、屬莊公言"下文勇力之故勇力之立也、以行其禮義也。皆所以對治之。無忌于國、屬勇力之士言。下文任之以力、陵轢天下、威殺又古之爲勇力者、行禮義也。又古之爲勇力者、行禮義也。故勇力之立也、以行其禮義也。

力立于世者乎。莊公之意、固知古無晏子對曰、古者亦有徒以勇邐邐、異雜之卿。引邐如禮坊記云、過則稱己是。純一案

貴戚不薦善。同雜之卿、不進善言。邐邐不引過。蘇云、過邐邐、近臣

故晏子對曰、嬰聞之、輕死以行禮謂之勇、暴舊作暴、孫云、暴當爲暴、祿省。蘇云、舊刻作暴非、說文一作暴、

誅暴不避彊謂之力。墨舊作暴、孫云、暴當爲暴、祿省。純一案家訓見舊諸篇。純一案家訓、分之甚哳。此訓惡、下當從本。純一案家訓見舊諸篇、爲天下除非禮之暴

故勇力之立也、以行其禮義也。言能不畏彊禦、墨子經上曰、勇、志之所以敢也。御覽引作以行理義也。蓋勇者貴義扵其身。如文王武

湯武用兵而不爲逆、莊公之問、言唯從禮而行、舍命不徒者、是君子之勇、勇之貴者也。顏之推家訓、分之甚哳。此訓惡、段玉裁注尤詳。誅暴不避彊謂之力、御覽引作以行理義也。墨子經上曰、勇、志之所以敢也。王、皆一怒而安天下之民。曹劌亦一怒而劫萬乘之師、存千乘之國辰、斯誠大有力者。孔子曰、見義不爲、無勇也。(太平御覽四百三十七引胡非子)

卷一 內篇諫上第一

【敍·跋 등 기록자료】

《史記》卷六十二 管晏列傳(晏子) ―司馬遷―

晏平仲嬰者, 萊之夷維人也. 事齊靈公·莊公·景公, 以節儉力行重於齊. 旣相齊, 食不重肉, 妾不衣帛. 其在朝, 君語及之, 旣危言; 語不及之, 卽危行. 國有道, 旣順命; 無道, 卽衡命. 以此三世顯名於諸侯.

越石父賢, 在縲絏中. 晏子出, 遭之塗, 解左驂贖之, 載歸. 弗謝, 入閨. 久之, 越石父請絶. 晏子戄然, 攝衣冠謝曰: 『嬰雖不仁, 免子於戹, 何子求絶之速也?』石父曰: 『不然. 吾聞君子詘於不知己而信於知己者. 方吾在縲絏中, 彼不知我也. 夫子旣已感寤而贖我, 是知己; 知己而無禮, 固不如在縲絏之中』晏子於是延入爲上客.

晏子爲齊相, 出, 其御之妻從門間而闚其夫. 其夫爲相御, 擁大蓋, 策駟馬, 意氣揚揚, 甚自得也. 旣而歸, 其妻請去. 夫問其故. 妻曰: 『晏子長不滿六尺, 身相齊國, 名顯諸侯. 今者妾觀其出, 志念深矣, 常有以自下者. 今子長八尺, 乃爲人僕御, 然子之意自以爲足, 妾是以求去也』其後夫自抑損. 晏子怪而問之, 御以實對. 晏子薦以爲大夫.

太史公曰: 吾讀管氏牧民·山高·乘馬·輕重·九府, 及晏子春秋, 詳哉其言之也. 旣見其著書, 欲觀其行事, 故次其傳. 至其書, 世多有之, 是以不論, 論其軼事.

管仲世所謂賢臣, 然孔子小之. 豈以爲周道衰微, 桓公旣賢, 而不勉之至王, 乃稱霸哉? 語曰: 『將順其美, 匡救其惡, 故上下能相親也』豈管仲之謂乎?

方晏子伏莊公尸哭之, 成禮然後去, 豈所謂『見義不爲無勇』者邪? 至其諫說, 犯君之顔, 此所謂『進思盡忠, 退思補過』者哉! 假令晏子而在, 余雖爲之執鞭, 所忻慕焉.

〈晏子敍錄〉 ―劉 向―

護左都水使者光祿大夫臣向言: 所校中書晏子十一篇, 臣向謹與長社者尉臣參校讎, 太史書五篇, 臣向書一篇, 參書十三篇, 凡中外書三十篇, 爲八百三十八章.

除復重二十二篇六百三十八章, 定著八篇二百一十五章, 外書無有三十六章, 中書無有七十一章, 中外皆有以相定, 中書以「天」爲「芳」, 「又」爲「備」, 「先」爲「牛」, 「章」爲「長」, 如此類者多, 謹頗略糕, 皆已定以殺青, 書可繕寫.

晏子名嬰, 謚平仲, 萊人・萊者・今東萊地也. 晏子博聞彊記, 通於古今, 事齊靈公・莊公・景公, 以節儉力行, 盡忠極諫道齊, 國君得以正行, 百姓得以附親, 不用則退耕于野, 用則必不詘義; 不可脅以邪, 白刃雖交胸, 終不受崔杼之劫, 諫齊君懸而至, 順而刻. 及使諸侯, 莫能詘其辭, 其博通如此, 蓋次管仲. 內能親親, 外能厚賢, 居相國之位, 受萬鍾之祿, 故親戚待其祿而衣食五百餘家, 處士待而舉火者亦甚衆. 晏子衣苴布之衣, 麋鹿之裘, 駕敝車疲馬, 盡以祿給親戚朋友, 齊人以此重之. 晏子蓋短.

其書六篇, 皆忠諫其君, 文章可觀, 義理可法, 皆合六經之義. 又有復重, 文辭頗異, 不敢遺失, 復列以爲一篇. 又有頗不合經術, 似非晏子言, 疑後世辯士所爲者, 故亦不敢失, 復以爲一篇. 凡八篇, 其六篇可常置旁御觀, 謹第錄. 臣向昧死上.

《辯晏子春秋》柳宗元集 卷四 議辯(四部刊要本, 集部, 別集類)

司馬遷讀晏子春秋, 高之, 而莫知其所以爲書. 或曰晏子爲之, 而人接焉; 或曰晏子之後爲之, 皆非也. 吾疑其墨子之徒有齊人者爲之.

墨好儉, 晏子以儉名於世, 故墨子之徒尊著其事, 以增高爲己術者. 且其旨多尚同・兼愛・非樂・節用・非厚葬久喪者, 是皆出墨子. 又非孔子, 好言鬼事, 非儒・明鬼, 又出墨子. 其言問棗及古冶子等, 尤怪誕; 又往往言墨子聞其道而稱之, 此甚顯白者.

自劉向・歆・班彪・固父子, 皆錄之儒家中. 甚矣, 數子之不詳也! 蓋非齊人不能具其事, 非墨子之徒, 則其言不若是. 後之錄諸子書者, 宜列之墨家. 非晏子爲墨也, 爲是書者, 墨之道也.

《崇文總目》宋 王堯臣 등, 卷二四 儒家類

晏子春秋十二卷 晏嬰撰原釋. 晏子八篇今亡. 此書後人採嬰行事爲之. 以爲嬰撰則非也. 徊按. 玉海引崇文目同. 隋志・舊唐志・唐志竝七卷. 今本八卷.

《郡齋讀書志》宋, 晁公武, 墨家類(卷第十一)

右齊晏嬰也. 嬰相景公, 此書著其行事及諫諍之言. 昔司馬遷讀而高之, 而莫知其所以爲書. 或曰晏子爲之而人接焉, 或曰晏子之後爲之. 唐柳宗元謂遷之言不然, 以爲『墨子之徒有齊人者爲之. 墨好儉, 晏子以儉名於世, 故墨子之徒尊著其事, 以增高爲已術者. 且其旨多尙同・兼愛・非樂・節用・非厚葬久喪・非儒・明鬼, 皆出墨子, 又往往言墨子聞其道而稱之, 此甚顯白. 自向・歆・彪・固皆錄之儒家, 非是. 後宜列之墨家』今從宗元之說.

《文獻通考》卷二百十二 經籍 三十九 墨家 ―元, 馬端臨―

龜氏曰: 齊晏嬰也, 嬰相景公, 此書著其行事及諫諍之言.

陳氏曰: 漢志八篇, 但曰晏子, 隋唐七卷, 始號晏子春秋. 今卷數不同, 未知果本書否.

柳氏辯晏子春秋曰: 司馬遷讀晏子春秋, 高之而莫知其所以爲書, 或曰晏子爲之, 而人接焉. 或曰: 晏子之後爲之, 皆非也. 吾疑其墨子之徒有齊人者爲之. 墨好儉, 晏子以儉名於世, 故墨子之徒尊著其事, 以增高爲已術者, 且其旨多尙同・兼愛・非樂・節用, 非厚葬久喪者, 是背出墨子, 又非孔子. 好言鬼事非儒明鬼, 又出墨子其言, 問棗及古冶子等, 尤怪誕. 又往往言墨子聞其道而稱之. 此甚顯白者.自劉向・歆・班彪・固父子, 皆錄之儒家中甚矣. 數子之不詳也. 蓋非齊人不能具其事. 非墨子之徒則其言不若是. 後之錄諸子書者, 宜列之墨家, 非晏子爲墨也, 爲是書者墨之道也.

崇文總目晏子八篇今亡此, 書蓋後人採嬰行事爲之以爲嬰撰則非也

《四庫全書》提要 ―紀 昀―

臣等謹案晏子春秋八卷, 舊本題齊晏嬰撰. 晁公武讀書志, 嬰相景公. 此書著其行事及諫諍之言. 崇文總目謂後人採嬰行事, 爲之, 非嬰所撰. 然則是書所記, 乃唐人魏徵諫錄李綱論事集之流, 特失其編次者. 之姓名耳. 題爲嬰者依託也. 其中如王士禎池北偶談所摘齊景公圍人一事, 鄙倍荒唐, 殆同戲劇, 則妄入. 又有所竄入非原本矣. 劉向班固俱列之儒家中, 惟柳宗元以爲墨子之徒. 有齊人者爲之其旨, 多尙兼愛非厚葬久喪者. 又往往言墨子聞其道而稱之. 薛季宣浪語集又以爲孔叢子詰墨諸條. 今皆見晏子書中, 則嬰之學, 實出于墨. 盖嬰雖略在墨翟前. 而史角止魯. 實在惠公之時. 見呂氏春秋仲春記尙梁篇. 故嬰能先宗具說也. 其書自史

記管晏列傳已稱爲晏子春秋, 故劉知幾史通稱晏子虞卽呂氏·陸賈. 其書篇第本
無年月而亦謂之春秋, 然漢志惟作晏子, 隋志乃名春秋, 盖二名兼行也. 漢志隋志
皆作八篇, 至陳氏·晁氏書目乃皆作十二卷, 盖篇帙已多有更改矣. 此爲明季氏綿
沙閣刻本, 內篇分諫上·諫下·問上·問下·雜上·雜下·六篇, 外篇上下二篇,
與漢志八篇之數相合. 若世所傳烏程閔氏刻本, 以一事而內篇外篇, 復見所記大同
小異者. 悉移而來註內篇下, 殊爲變亂無緒. 今故仍從此本著錄, 庶幾猶略近古焉.
乾隆四十五年十一月茶校上

　　　總纂官紀昀陸錫熊孫士毅
　　　總校官陸費墀

《四庫全書總目》史部 十三, 傳記類 《晏子春秋八卷》編修勵守謙家藏本

舊本題齊晏嬰撰. 晁公武讀書志. 嬰相景公此書著其行事及諫諍之言. 崇文總目
謂後人採嬰行事爲之. 非嬰所撰. 然則是書所記. 乃唐人魏徵諫錄. 李絳論事集之
流. 特失其編次者之姓名耳. 題爲嬰者. 依託也. 其中如王士禎池北偶談所摘齊景
公圍人一事. 鄙倍荒唐. 殆同戲劇. 則妄人又有所竄入. 非原本矣. 劉向班固俱列
之儒家中. 惟柳宗元以爲墨子之徒有齊人者爲之. 其旨多尙兼愛. 非厚葬久喪者.
又往往言墨子聞其道而稱之. 薛季宣浪語集又以爲孔叢子詰墨諸條. 今皆見晏子
書中. 則嬰之學實出於墨. 蓋嬰雖. 略在墨翟前. 而史角止魯. 實在惠公之時. 見呂
氏春秋仲春記當染篇. 故嬰能先宗其說也. 其書自史記管晏列傳. 已稱爲晏子春
秋. 故劉知幾史通稱晏子虞卿呂氏陸賈. 其書篇第本無年月. 而亦謂之春秋. 然漢
志惟作晏子. 隋志乃名春秋. 蓋二名兼行也. 漢志隋志皆作八篇. 至陳氏晁氏書目
乃皆作十二卷. 蓋篇帙已多有更改矣. 此爲明李氏綿眇閣刻本. 內篇分諫上諫下問
上問下雜上雜下六篇. 外篇分上下二篇. 與漢志八篇之數相合. 若世所傳烏程閔氏
刻本. 以一事而內篇外篇複見. 所記大同小異者. 悉移而夾註內篇下. 殊爲變亂無
緒. 今故仍從此本著錄. 庶幾猶略近古焉.

案晏子一書. 由後人摭其軼事爲之. 雖無傳記之名. 實傳記之祖也. 舊列子部.
今移入於此.

《晏子春秋》孫星衍, 黃以周 校本序(1989. 上海古籍出版社) 一孫星衍一

晏子春秋序

晏子八篇見藝文志. 後人以篇爲卷. 又合雜上下二篇爲一. 則爲七卷. 見七略及
隋唐志. 宋時析爲十四卷. 見崇文總目. 實是劉向校本. 非僞書也. 其書與周秦漢
人所述不同者. 問下景公問晏子轉附朝舞. 管子作桓公問管子. 昭公問莫三人而
迷. 韓非作哀公. 諫上景公遊於麥邱. 韓詩外傳新序俱作桓公. 問上景公問晏子治
國何患. 患社鼠. 韓非說苑俱作桓公問管仲. 問下柏常騫去周之齊見晏子. 家語作
問於孔子. 此如春秋三傳. 傳聞異辭. 若是僞書. 必采錄諸家. 何得有異. 唐宋已來.
傳注家多引晏子. 問上云內則蔽善惡於君上. 外則賣權重於百姓. 藝文類聚作出則
賣重寒熱. 入則矯誷奴利. 一作出則賣寒熱. 入則比周. 雜下繁組馳之. 文選注作
擊驛以馳. 韓非作煩且. 諫下接一搏狷. 而再搏乳虎. 後漢書注作持楯而再搏猛虎.
問上仲尼居處惰倦. 意林作居陋巷. 諫上天之降殃. 固於富彊. 爲善不用. 出政不
行. 太平御覽作當彊爲善. 此皆唐宋人傳寫之誤. 若是僞書. 必采錄傳注. 何得有
異. 且晏子文與經史不同者數事. 詩載驂載駟. 君子所屆. 箋訓屆爲極. 諫上則作
誡. 以箴駕八非制. 則當以誡愼之義爲長. 諫上景公游於公阜. 言古而無死. 及據
與我和. 日暮四面望睹彗星. 云夫子一日而三責我. 雜下又云昔者吾與夫子遊於公
邑之上. 一日而三不聽寡人. 是爲一時之事. 左傳則以古而無死據與我和之言在魯
昭二十年. 其齊有彗星降在魯昭二十六年者. 蓋綠陳氏有施之事. 追遡災祥及之
耳. 此事本不見春秋經. 然則彗星見實在昭二十年齊景之二十六年. 史記十二諸侯
年表誤在魯昭二十六年齊景之三十二年. 非也. 問下越石父反裘負薪息於塗側.
曰. 吾爲人臣僕於中牟. 見使將歸. 呂氏春秋及新序則云齊人累之. 亦言以負累作
僕. 實非嬰罪. 史記則則誤云越石父在縲絏中. 又非也. 他若引詩武王豈不仕. 仕
作事. 引左傳蘊利生孽. 蘊作怨. 國之諸市作國都之市. 皆足證發經義. 是以服虔
鄭康成郭璞注書多引之. 書中與管列墨荀孟韓非呂覽淮南孔叢鹽鐵論韓詩外傳說
苑新序列女傳風俗通諸書文辭互異. 足資參訂者甚多. 晏子文最古質. 玉海引崇文
總目十四卷. 或以爲後人采嬰行事爲書. 故卷帙頗多於前志. 蓋佞言矣. 晏子名春
秋. 見于史遷孔叢子順說及風俗通. 疑其文出于齊之春秋. 卽墨子明鬼篇所引. 嬰
死. 其賓客哀之. 集其行事成書. 雖無年月. 尙仍舊名. 虞卿陸賈等襲之. 書成在戰
國之世. 凡稱子書. 多非自著. 無足怪者. 儒書莫先於晏子. 今荀子有楊倞注. 孟子
有趙岐注. 唯晏子古無注本. 劉向分內外篇. 亂其次弟. 意尙嫌之. 世俗所傳本. 則
皆明人所刊. 或以外篇爲細字附著內篇各章. 或剛未詆毀仲尼及問棗諸章. 訛謬甚
矣. 惟萬歷乙酉沈啓南校梓本尙爲宗善. 自初學記文選註藝文類聚後漢書注太平

御覽諸書所引皆具於篇. 末章所缺. 又適据太平御覽補足. 既得諸本是正文字. 恐或疑其臆見. 又爲音義於後. 明有依據. 定爲八篇. 以從漢志. 爲七卷. 以從七略. 雖不能復舊觀. 以爲勝俗本遠矣. 善乎劉向之言. 其書六篇. 皆忠諫其君. 文章可觀. 義理可法. 皆合六經之義. 是以前代入之儒家. 柳宗元文人無學. 謂墨氏之徒爲之. 郡齊讀書志文獻通考承其誤. 可謂無識. 晏子尙儉. 禮所謂國奢則示之以儉. 其居晏桓子之喪. 盡禮亦與墨異. 孔叢云. 察傳記晏子之所行. 未有以異於儒焉. 儒之道甚大. 孔子言儒行有過失可微辨. 而不可而數. 故公伯寮愬子路而同列聖門. 晏子尼谿之阻. 何害爲儒. 且古人書. 外篇半由依托. 又劉向所謂疑後世辨士所爲者. 惡得以此病晏子. 乾隆五十三年歲在戊申十月晦日書.

《晏子春秋》校注敍　—張純一—

周季百家之書. 有自箸者. 有非自箸者. 晏子書非晏子自作也. 蓋晏子歿後, 傳其學者, 采綴晏子之言行而爲之也. 計孔子之偁九. 其最惽曰, 雖事惰君. 能使垂衣裳朝諸侯. 曰不出尊俎之間. 折衝千里之外. 曰救民之生而不夸. 行補三君而不有. 晏子果君子也. 吾今乃知晏子時, 知晏子者孔子一人而已. 墨子之偁二. 其最惽曰, 爲人者重. 自爲者輕. 吾今乃知晏子後, 知晏子者墨子一人而已. 綜核晏子之行. 合儒者十三四. 合墨者十六七. 如曰先民而後身. 薄身而厚民. 是其儉也. 勤也. 兼愛也. 固晏子之主惽也. 夫儒非不尙儉. 未若墨以儉爲極. 儒非不尙勤. 未若墨勤生之巫. 儒非不兼愛. 未若墨兼愛之力. 此儒墨之辯也. 然儒家囊括萬理. 允執厥中. 與墨異趣也. 晏子儒而墨. 如止莊公伐晉, 止景公伐魯伐宋, 是謂非攻, 曰男不羣樂以妨事, 女不羣樂以妨功, 是謂非樂. 曰不遁於哀, 恐其崇死以害生, 是謂節葬. 曰粒食之民. 一意同欲. 是謂尙同. 曰稱事之大小, 權利之輕重, 是謂大取. 曰舉賢以臨國, 官能以救民, 是謂尙賢. 曰獨立不慚於影, 獨寢不慚於魂, 行之難者在內, 是謂修身. 皆其墨行之彰彰者. 又必墾闢田疇, 而足蠶桑豢牧. 使老弱有養, 鰥寡有室. 其爲人也多矣. 其取財也. 權有無. 均貧富. 不以養嗜欲. 所謂事必因於民者矣. 政尙相利. 敎尙相愛. 罔非兼以正別. 況乎博聞强記. 捷給善辯. 前有尹佚. 後有墨翟. 其揆一也. 劉略班志. 列之儒家. 柳子厚以爲不詳. 謂宜列之墨家. 郡齋讀書志, 文獻通考承之. 是已. 法言云. 墨晏儉而廢禮. 張湛云, 晏嬰墨者也. 均可證. 晏子生爲貴冑. 而務刻上饒下, 重民爲治. 進賢退不肖, 不染世祿之習. 故能以其君顯. 純臣也. 其學蓋原於墨儒, 兼通名法農道. 尼父兄事之. 史遷願爲之執鞭. 有以夫吾服膺晏子書久矣. 竊歎其忘已濟物. 不矜不伐. 駸駸有大禹之風.
覃思積年, 錄爲校注八卷, 俾有志斯學者研尋云爾. 中華民國十月九年歲在庚午六
月漢陽張純一敍.

墨晏尙儉. 儉在心不在物所以不感於外也. 尙勤. 常行而不休. 所謂道. 在爲人
也. 本儉無爲而勤無不爲是之謂能盡其性以盡人物之性. 呂氏春秋知度篇云, 治.
道之要存乎知性命旨或言乎. 墨晏有焉. 純一又記.

《晏子春秋》校注題辭　一陳敦復一

巍巍晏子三代之英抗晞神禹勤儉弗矜追蹤尹佚博辯靡爭行難在內治要性存僅
以君顯匪願所乘耻躬不逮弗以學鳴纂玆經術功莫與京名曰春秋迥軼虞卿

先後知者唯孔與墨孔譽以敬兄事毋忒墨契以愛亟儔兼德救民不夸補君是力自
爲者輕爲人者急齊未殫用時未閟澤厥爲天民政敎垂則等之諸子于焉太息

秦漢以還學張空幟陵夷洎今萬象狡肆物蔽智盲剹心逞喙覬言大同種姓迫礙侈
求善群生靈顯頟敬囘克躋愛無所寄我思孔墨覬得其次茫茫六合德音誰嗣

漢陽張子古處夙敦閔亂孔憮垂老彌懃會通儒墨汲汲求仁庶幾晏子洞見本原舊
注輯校奧義專宣秕穢迅埽精一允傳斯學不弘斯士難安睠懷名也繹此卮言.

民國第一乙亥季夏旣望蘄春陳敦復敬撰

《晏子春秋》校注　凡例

晏子春秋. 孫氏淵如, 有明沈啓南本, 吳懷保本, 黃之寀本. 盧氏抱經, 有吳勉學
本, 李從先本, 黃氏元同, 有凌澄初本, 竝梁處素孫頤谷二校本. 孫盧二氏, 後見元
刻本, 均加勘補. 孫以元刻贈吳氏山尊. 山尊屬顧氏澗賓校而刻之. 每卷首皆有總
目, 又各標題於其章, 悉復劉子政之舊, 誠善本也. 然元刻間有譌脫, 不及孫校本
者. 今湖北局刻卽元本, 浙江局刻卽孫本, 二本並俑最善. 是篇以元本爲主, 輔以
孫本. 參考孫盧黃藏諸本, 並江南圖書館藏明活字本, 料簡短長. 凡一字可疑者,
必反復審校. 誼求其安而後已.

考訂書. 如孫淵如音義, 盧抱經羣書拾補, 一工懷祖伯申讀書雜志, 洪筠軒讀書
叢錄, 俞蔭甫諸子平議. 黃元同校勘, 孫仲容札迻, 劉申叔補釋, 蘇輿校, 皆有功於
晏子者. 是篇盡量采集. 惟原文過敏, 或二家重見者, 則斟酌節省. 至諸書詮證, 於.
晏子　趣間有未徹, 或不切要者, 槪不輯錄. 然有誼涉兩可, 未能質定, 且此非彼

是, 理須互證而明者, 仍竝掇之, 以資宣究.

諸家校讎. 所引孟子荀子, 呂覽淮南, 群書治要, 及太平御覽諸書, 竝文選後漢書等注. 是篇校及, 莫不搜檢原書, 詳加尋討. 確足以正訛補脫者, 則據以補正. 義可竝存及反證者. 均錄入注, 用備研覈. 否則從略, 庶免穴敏. 至諸家引書, 不無簡略差異. 今以不敢掠美, 及取文便故, 字句間時有增訂. 冀便閱者復案用, 竟先民之志耳.

晏子書箸自二千四百年前, 今讀其書, 有要綱二. 如義爲儀本字, 敓爲對叚字, 而通作能, 也讀爲邪之類. 非詳究爾雅說文等書, 及古書聲類通轉之法. 則古字古義不能明辨也. 如齊歸田氏事, 見左傳. 桓公管仲事, 見管子. 乃至墨子列子, 往往文同義合. 說苑新序, 引用尤夥. 非窮探周秦兩漢書, 無以供參稽也.

晏子向無注本. 今以其文章可觀. 義理可法, 尤宜推行於世. 除甄錄舊注外, 間附己意. 自惟學識謭陋, 閩奧罕窺. 雖寒暑兩更, 稿經五易. 恐誤解漏義, 所在多有. 幸世碩儒, 匡其不逮

余友黃君虛齋與余論學, 攻錯窮眞, 相視莫逆. 審覽是篇一過, 斧藻文字, 補綴勝義, 有稽商之益. 旣, 質之陳君匪石, 亦加諟正. 此詩所以重嬰求也.

《晏子春秋校釋》序言(駢宇騫)

簡本《晏子》的篇章分合與今本也不盡相同, 如簡本第十章, 今本析爲《內篇問上》之《景公問忠臣之行何如晏子對以不與君行邪第二十》和《景公問佞人之事君何如晏子對愚君所信也第二十一》兩章; 簡本第十一章, 今本析爲《內篇問下》之《叔向問意孰爲高行孰爲厚晏子對以愛民樂民第二十二》和《叔向問嗇吝愛之于行何如晏子對以嗇者君子之道第二十三》兩章. 劉向《晏子》敍錄云: 『定著八篇二百十五章』, 今本亦八篇二百十五章, 簡本《晏子》僅存十六章, 疑當係節選本.

……簡本《晏子》出土于西漢武帝時期的墓葬中, 六朝之說不攻自破. 而且說明西漢初年, 在當時比校僻遠的臨沂地區已有《晏子》一書的流傳, 足証《史記》記載當時『世多有之』是可信的. 在印刷術尚未發明的西漢時期, 書籍的傳授多靠簡帛的抄寫與口授, 抄書難, 流傳更難, 從成書到得以流傳都需要相當長的時間, 再傳到文化不太發送的僻遠山區, 在時間上則會更長一些. 從《史記》的記載和簡本《晏子》的重新問世, 足以說明《晏子春秋》的成書年代最晚不會晚于秦統一六國, 從書中的內容及書中的語言用字來着, 很可能還會更早一些.

【索　引】

간공簡公　24

강왕康王　302

개開　250

건騫　115

걸桀　4,9,29,36,86,306,349

경봉慶封　195

경씨慶氏　268

계즉季萴　296

계차季次　115

고固　302

고강高彊　265

고규高紏　236,237,331

고씨高氏　265,331

고야자古冶子　100

고자高子　253,325

공구孔丘　342

공손접公孫接　100

공자孔子　45,150,238,312,347

관자管子　27,116

관중이오管仲夷吾　118

관중管仲　82,95,155,203,272,284,332

국씨國氏　331

국어鞫語　342

국자國子　253

굴건屈建　302

기백箕伯　171

난씨欒氏　265

대희大戱　4

도茶　23

동곽아東郭牙　116

동문무택東門無澤　217

동야東野　20

두경杜扃　13

매백梅伯　144

목공繆公　355

무공武公　40

무왕武王　3,88

무정武丁　49

무武　306

묵자墨子　114,202

문공文公　40

문왕文王　73,144,171,300

미微　31

민자오泯子午　232

백거柏遽　11

백금伯禽　110

백상건柏常騫　187,247,351

백희伯戱　171

범소范昭 215
범회范會 302
복상卜商 115
봉백릉逢伯陵 296
봉우하逢于何 90
부차夫差 255
북곽소北郭騷 234
분성괄盆成适 312
비중費仲 4
사고史固 26
사마양저司馬穰苴 210
사마자기司馬子期 324
사마환퇴司馬桓魋 345
상구씨爽鳩氏 296
선羨 19,20
성보成甫 116
소공昭公 164,165,166,221
수조豎刁 36,95
수휴상睢休相 358
숙향叔向 170,174,175,177,179,180,
　181,182,184
순舜 54,347
숭후崇侯 144
습붕隰朋 115
신전申田 52
악래惡來 4
안환자晏桓子 238
안회顏回 115
애공艾孔 38
양공襄公 40

양구거梁丘據 13,26,38,83,92,147,186,210,
　270,281,283,289,297,301,334,342
양생陽生 23
여왕厲王 14
영공靈公 38,243,245,325,336
영왕靈王 71,73,312
영자嬰子 19,94
영척甯戚 116,155
예관裔款 31,32,83,207,301
오왕吳王 161,163
오자서伍子胥 312
오제五帝 31
옹雍 115
요堯 54
우虞 13,60
우수虞遂 171
우禹임금 60
원헌原憲 115
월석보越石父 228
월왕越王 312
위경韋冏 73
유왕幽王 14
은嚚 302
이윤伊尹 49
자공子貢 223,345
자미子尾 267
자숙소백子叔昭伯 218
자우子牛 51
자우子羽 51
자유子游 51

장공莊公　3,38,67,107,168,191,195,
　325,336, 358

장자章子　360

재아宰我　346

전개강田開疆　100

전무우田無宇　121,273,275,308,320,352

전씨田氏　170,265

전환자田桓子　261,263,274,275

정공丁公　40,66

정공定公　284

조무趙武　302

조을祖乙　49

종축宗祝　13

주紂　4,9,14,29,36,87,144,171,306

중니仲尼　69,95,115,186,216,223,335,
　339,343,345,348,351

중부仲父　157

중유仲由　115

증자曾子　185,225,238

직병直柄　171

진자양陳子陽　328

진환자陳桓子　277,278

촉추燭鄒　315

최저崔杼　164,192,193

추치推侈　4

축타祝佗　26

탕湯임금　3,49,306,349

태갑太甲　49

태공太公　38,40,250,274,293,296

태희太姬　171

평공平公　167,215

포고씨蒲姑氏　296

포숙鮑叔　157

포씨鮑氏　265

하백河伯　34

한자휴韓子休　18

현녕弦甯　115

현장弦章　9,361

호공胡公　29,171

환공桓公　20,26,36,38,40,43,95,115,118,
　155,203,272,284,332

회견會譴　26

林東錫 (호; 茁浦·負郭齋)

1949년 慶北 榮州生. 忠北 丹陽에서 성장.
京東高, 서울敎大, 國際大, 建國大大學院 졸업.
雨田 辛鎬烈 선생에게 한문 배움.
中華民國 國立臺灣師範大學 國文研究所 博士班 졸업.
中華民國 國家文學博士(1983).
전 忠北大 조교수. 현 建國大 교수.
成均館大, 延世大, 韓國外國語大, 慶熙大, 淑明大 등 대학원 강의.

저서 : 《朝鮮譯學考》(中文), 《中國學術綱論》
편·역서 : 《漢語音韻學講義》, 《廣開土王碑研究》, 《東北民族源流》,
《龍鳳文化源流》, 《戰國策》, 《世說新語》, 《韓詩外傳》, 《說苑》,
《新序》, 《晏子春秋》, 《潛夫論》, 《大戴禮記》, 《唐才子傳》 등.
그외 : 〈現代漢語零聲母研究〉, 〈漢語雙聲疊韻研究〉 등 논문 다수.

完譯詳註 漢典大系·4

晏子春秋

초판발행 : 1997년 7월 20일
2쇄발행 : 1997년 8월 20일

譯註者 : 林東錫
發行人 : 辛成大
發行所 : 東文選
제10-64호, 78. 12. 16 등록
서울 용산구 문배동 40-21
전화 : 02-719-4015

總編輯 : 韓仁淑
編輯 : 金炅姬·朴蓮美

© 1997, 林東錫, Printed in Seoul Korea

ISBN 89-8038-104-2 94140
ISBN 89-8038-100-X 94140(세트)

《漢典大系》刊行 趣旨

　우리는 동양 고전 漢籍 속에 들어 있는 많은 내용이나 典故를 일상생활은 물론, 학문이나 문장 속에 인용·활용하면서도 정작 그 원전에 대한 초보적인 註釋이나 번역이 되어 있지 않아 적이 불편을 겪고 있다. 그런가 하면 번역이 되어 있더라도 원문에 대한 철저한 주석·해설이 없거나 관련기록의 미비 등으로 충분한 활용이 어려운 경우를 가끔 보게 된다.

　또한 《四書三經》 등 널리 알려진 儒家 經典은 유가 숭상의 전통과 교양의 典範이라는 역사적 先驗틀 속에 수없이 많은 판본이 偏向的으로 출판되는 기현상을 낳은 반면, 그밖의 폭넓은 사상·교양·문화·문물·제도·언어·문학·철학·역사 등 基層思想의 《諸子百家》와 漢代 이후에 다시 분석되고 정리되어 꽃피운 여러 典籍들에 대해서는 번역이나 주석은 물론, 일반인으로서는 그 원문조차 접하기 어려운 면이 없지 않았다. 이는 물론 해당 漢典의 학문면에서의 成就의 高下, 실용면에서의 加重値, 그리고 경제성 등에 따라 선별적으로 번역·考釋되어야 하기 때문임은 말할 나위도 없다. 그렇다 하더라도 주요 漢典에 대한 기초적인 번역·校釋·註解 작업 없이 東洋學의 마지막 단계인 문학·사상의 이론적 논거를 導出하려 하거나 단편적 片鱗을 가지고 望文生義하는 것은, 마치 나무의 뿌리와 줄기는 거들떠보지도 않으면서 그 열매만 취하겠다고 서두르는 것과 다를 바 없으며, 기초는 다져 놓지도 않은 채 화려한 건물의 겉모습만 치장하려고 안달하는 것과 다를 바 없다.

　이제 우리 나라도 世界 속의 國力으로 보나 학문 발전의 成就度로 보아 이러한 기초적인 東洋 漢典(한·중·일)에 대한 철저한 주석·역주·번역·주해·교석 작업을 거친 基底·基礎에 대한 인식의 전환과 奠定 작업이 이루어져야 할 때라고 생각한다.

　이에 우선 학문적으로 중요한 基礎 漢典이면서 국내에 完譯詳註되지 않은 고전을 중심으로 시작하되, 어느 정도 성과가 확인되는 대로 기존의 널리 알려진 漢典에 대해서도 새로운 시각의 譯註 작업을 실시, 《漢典大系》(完譯詳註)를 간행하고자 한다. 學界의 도움과 有關 諸賢의 격려를 갈망한다.

1996년　東文選 編輯室

【東文選 文藝新書】

1 저주받은 詩人들　앙리 뻬이르 / 최수철·김종호　개정근간
2 民俗文化와 民衆意識　沈雨晟　개정근간
3 인형극의 기술　A. 훼도토프 / 沈雨晟　절판
4 전위연극론　J. 로스 에반스 / 沈雨晟　절판
5 남사당패연구　沈雨晟　10,000원
6 현대영미희곡선 (전4권)　노엘 코워드 外 / 李辰洙　각 4,000원
7 행위예술　로스리 골드버그 / 沈雨晟　10,000원
8 문예미학　蔡 儀 / 姜慶鎬　절판
9 神의 起源　何 新 / 洪 熹　10,000원
10 중국예술정신　徐復觀 / 權德周　18,000원
11 中國古代書史　錢存訓 / 金允子　8,000원
12 이미지　존 버거 / 편집부　10,000원
13 연극의 역사　필리스 하트놀 / 沈雨晟　9,000원
14 詩 論　朱光潛 / 鄭相泓　9,000원
15 탄트라　A. 무케르지 / 金龜山　10,000원
16 조선민족무용기본　최승희　재판근간
17 몽고문화사　D. 마이달 / 金龜山　8,000원
18 신화 미술 제사　張光直 / 李 徹　8,000원
19 아시아 무용의 인류학　宮尾慈良 / 沈雨晟　8,000원
20 아시아 민족음악순례　藤井知昭 / 沈雨晟　5,000원
21 華夏美學　李澤厚 / 權 瑚　10,000원
22 道　張立文 / 權 瑚　18,000원
23 朝鮮의 占卜과 豫言　村山智順 / 金禧慶　15,000원
24 원시미술　L. 아담 / 金仁煥　9,000원
25 朝鮮民俗誌　秋葉隆 / 沈雨晟　12,000원
26 神話의 이미지　조셉 캠벨 / 扈承喜　근간
27 原始佛敎　中村元 / 鄭泰爀　8,000원
28 朝鮮女俗考　李能和 / 金尙憶　12,000원
29 朝鮮解語花史　李能和 / 李在崑　15,000원
30 조선창극사　鄭魯湜　7,000원
31 동양회화미학　崔炳植　9,000원
32 性과 결혼의 민족학　和田正平 / 沈雨晟　9,000원
33 農漁俗談辭典　宋在璇　12,000원
34 朝鮮의 鬼神　村山智順 / 金禧慶　12,000원
35 道敎와 中國文化　葛兆光 / 沈揆昊　15,000원
36 禪宗과 中國文化　葛兆光 / 鄭相泓·任炳權　8,000원
37 오페라의 역사　레슬리 오레이 / 류연희　10,000원
38 인도종교미술　A. 무케르지 / 崔炳植　14,000원
39 힌두교 그림언어　안넬리제 外 / 金在星　9,000원

40	중국고대사회	許進雄 / 洪 熹	17,000원
41	중국문화개론	李宗桂 / 李宰碩	15,000원
42	龍鳳文化源流	王大有 / 林東錫	17,000원
43	甲骨學通論	王宇信 / 李宰錫	근간
44	朝鮮巫俗考	李能和 / 李在崑	12,000원
45	미술과 페미니즘	노르마 부루드 外 / 扈承喜	9,000원
46	아프리카미술	프랑크 윌레뜨 / 崔炳植	10,000원
47	美의 歷程	李澤厚 / 尹壽榮	15,000원
48	曼茶羅의 神들	立川武藏 / 金龜山	10,000원
49	朝鮮歲時記	洪錫謨 外/李錫浩	재판근간
50	河 殤	蘇曉康 外 / 洪 熹	8,000원
51	武藝圖譜通志 實技解題	正 祖 / 沈雨晟 · 金光錫	15,000원
52	古文字學첫걸음	李學勤 / 河永三	9,000원
53	體育美學	胡小明 / 閔永淑	10,000원
54	아시아 美術의 再發見	崔炳植	9,000원
55	曆과 占의 科學	永田久 / 沈雨晟	8,000원
56	中國小學史	胡奇光 / 李宰碩	20,000원
57	中國甲骨學史	吳浩坤 外 / 梁東淑	근간
58	꿈의 철학	劉文英 / 河永三	15,000원
59	女神들의 인도	立川武藏 / 金龜山	13,000원
60	性의 역사	J. L. 플랑드렝 / 편집부	13,000원
61	쉬르섹슈얼리티	휘트니 챠드윅 / 편집부	10,000원
62	여성속담사전	宋在璇	18,000원
63	박재서희곡선	朴栽緒	10,000원
64	東北民族源流	孫進己 / 林東錫	13,000원
65	朝鮮巫俗의 研究 (상·하)	赤松智城·秋葉隆 / 沈雨晟	28,000원
66	中國文學 속의 孤獨感	斯波六郎 / 尹壽榮	8,000원
67	한국사회주의 연극운동사	李康列	8,000원
68	스포츠인류학	K. 블랑챠드 外 / 박기동 外	12,000원
69	리조복식도감	리팔찬	10,000원
70	娼 婦	알렝 꼬르벵 / 李宗旼	20,000원
71	조선민요연구	高晶玉	근간
72	楚文化史	張正明	근간
73	시간 욕망 공포	알렝 꼬르벵	근간
74	本國劍	金光錫	30,000원
75	노트와 반노트	E. 이오네스코 / 박형섭	8,000원
76	朝鮮美術史研究	尹喜淳	7,000원
77	拳法要訣	金光錫	10,000원
78	艸衣選集	艸衣意恂 / 林鍾旭	14,000원
79	漢語音韻學講義	董少文 / 林東錫	10,000원

80	이오네스코 연극미학	크로드 위베르 / 박형섭	9,000원
81	中國文字訓詁學辭典	全廣鎭 편역	15,000원
82	상말속담사전	宋在璇	10,000원
83	書法論叢	沈尹默 / 郭魯鳳	8,000원
84	침실의 문화사	빠스깔 디비 / 편집부	9,000원
85	禮의 精神	柳 肅 / 洪 熹	10,000원
86	조선공예개관	日本民芸協會 편 / 沈雨晟	근간
87	性愛의 社會史	자크 솔레 / 李宗旼	12,000원
88	러시아미술사	A. I. 조토프 / 이건수	16,000원
89	中國書藝論文選	郭魯鳳 選譯	18,000원
90	朝鮮美術史	關野貞	근간
91	美術版 탄트라	필립 로슨 / 편집부	8,000원
92	군달리니	A. 무케르지 / 편집부	7,000원
93	카마수트라	바짜야나 / 鄭泰爀	9,000원
94	중국언어학총론	J. 노먼 / 全廣鎭	18,000원
95	運氣學說	任應秋 / 李宰碩	8,000원
96	동물속담사전	宋在璇	20,000원
97	자본주의의 아비투스	P. 부르디외 / 최종철	6,000원
98	宗敎學入門	F. 막스 뮐러 / 金龜山	10,000원
99	변 화	P. 바츨라빅크 外 / 박인철	10,000원
100	우리나라 민속놀이	沈雨晟	15,000원
101	歌 訣	李宰碩 편역	20,000원
102	아니마와 아니무스	에마 융 / 박해순	8,000원
103	나, 너, 우리	L. 이리가라이 / 박정오	8,000원
104	베케트 연극론	미셸 푸크레 / 박형섭	8,000원
105	포르노그래피	A. 드워킨 / 유혜련	12,000원
106	셸 링	M. 하이데거 / 최상욱	10,000원
107	프랑수아 비용	宋 勉	18,000원
108	중국서예 80제	郭魯鳳 편역	12,000원
109	性과 미디어	W. B. 키 / 박해순	12,000원
110	中國正史朝鮮列國傳 (전2권)	金聲九 편역	120,000원
111	질병의 기원	토마스 매큐언 / 서일·박종연	12,000원
112	과학과 젠더	E. F. 켈러 / 민경숙·이현주	10,000원
113	물질문명·경제·자본주의 (전6권)	F. 브로델 / 이문숙 外	절판
114	이탈리아인 태고의 지혜	G. 비코 / 李源斗	8,000원
115	中國武俠史	陳 山 / 姜鳳求	12,000원
116	공포의 권력	J. 크리스테바 / 서민원	근간
117	주색잡기속담사전	宋在璇	근간
118	죽음 앞에 선 인간 (상·하)	P. 아리에스 / 劉仙子	각권 8,000원
119	철학에 관하여	L. 알튀세르 / 서관모·백승욱	10,000원

120 다른 곳   J. 데리다 / 김다은 · 이혜지   8,000원

【기 타】
■ 甲骨文合集 (전18권)   60만원
■ 古陶文字徵   高　明 · 葛英會   20,000원
■ 古文字類編   高　明   24,000원
■ 金文編   容　庚   36,000원
■ 碑別字新編   秦　公   9,000원
■ 隷字編   洪鈞陶   40,000원
■ 古文字學論集 (第一輯)   中國古文字學會편   12,000원
■ 어린이수묵화의 첫걸음 (전6권)   趙　陽   42,000원

【完譯詳註 漢典大系】
1 說　苑 · 上   林東錫 譯註   25,000원
2 說　苑 · 下   林東錫 譯註   25,000원
3 韓詩外傳   林東錫 譯註   근간
4 晏子春秋   林東錫 譯註   30,000원
5 潛夫論   이하 근간
6 世說新語 · 上
7 世說新語 · 中
8 世說新語 · 下
9 戰國策 · 上
10 戰國策 · 下
11 唐才子傳
12 新　序
13 吳越春秋
14 西京雜記
15 古事記
16 搜神記 · 上
17 搜神記 · 下
18 列女傳
19 大戴禮記
20 國　語 · 上
21 國　語 · 下
22 山海經

【통신판매】 가까운 서점에서 小社의 책을 구입하기 어려운 분은 국민은행(006-21-
0567-061 : 신성대)으로 책값을 송금하신 후 전화 또는 우편으로 주소를 알려 주시면
책을 보내 드립니다. (보통등기, 송료 출판사 부담)